D1752871

Hans Huber Programmbereich Pflege

Wissenschaftlicher Beirat:
Silvia Käppeli, Zürich
Doris Schiemann, Osnabrück
Hilde Steppe †

Bücher aus verwandten Sachgebieten

▶ Pflegeausbildung

Arets/Obex/Vaessen/Wagner
Professionelle Pflege 1
Theoretische und praktische Grundlagen
ISBN 3-456-83292-3

Arets/Obex/Ortmans/Wagner
Professionelle Pflege 2
Fähigkeiten und Fertigkeiten
ISBN 3-456-83075-0

▶ Pflegegrundlagen

Eberhardt Göpel
Gesundheitsförderung
2000. ISBN 3-456-83306-7

Christine Weinhold
Kommunikation zwischen Patienten und Pflegepersonal
ISBN 3-456-82842-X

▶ Hebammenpraxis

Enkin/Keirse/Renfrew/Neilson
Effektive Betreuung während Schwangerschaft und Geburt
Handbuch für Hebammen und Geburtshelfer
ISBN 3-456-83273-7

▶ Pflegepraxis

Mave Salter
Körperbild und Körperbildstörungen
ISBN 3-456-83274-5

▶ Pflegeassessment

Blom/Duijnstee
Wie soll ich das nur aushalten?
ISBN 3-456-83139-0

▶ Fachpflege

Wierz/Kuhlenkamp
Pflege von Menschen mit HIV-Infektion und AIDS
ISBN 3-456-82824-1

Sauter/Richter
Gewalt in der psychiatrischen Pflege
ISBN 3-456-83043-2

Sandra G. Funk
Die Pflege chronisch Kranker
ISBN 3-456-82828-4

▶ Pflegetheorie

Benner/Wrubel
Pflege, Streß und Bewältigung
ISBN 3-456-82772-5

Marie-Luise Friedemann
Familien- und umweltbezogene Pflege
ISBN 3-456-82716-4

Miller/Babcock
Kritisches Denken in der Pflege
2000. ISBN 3-456-83264-8

Ida Jean Orlando
Die lebendige Beziehung zwischen Pflegenden und Patienten
ISBN 3-456-82715-6

Hildegard E. Peplau
Zwischenmenschliche Beziehungen in der Pflege
ISBN 3-456-82711-3

Jean Watson
Pflege: Wissenschaft und menschliche Zuwendung
ISBN 3-456-82713-X

Irmgard Bauer
Die Privatsphäre der Patienten
ISBN 3-456-82686-9

Friedrich/Hantsche/Henze/Piechotta
Betreuung von Eltern mit belastenden Geburtserfahrungen
Band 1: Lehrbuch
ISBN 3-456-82834-9

Friedrich/Hantsche/Henze/Piechotta
Betreuung von Eltern mit belastenden Geburtserfahrungen
Band 2: Unterrichtseinheiten
ISBN 3-456-82849-7

▶ Pflegepädagogik

Ron Groothuis
Training sozialer Fertigkeiten
2000. ISBN 3-456-83308-3

Weitere Informationen über unsere Neuerscheinungen finden Sie im Internet unter: http://Verlag.HansHuber.com oder per e-mail unter: verlag@hanshuber.com

Donna C. Aguilera

Krisenintervention
Grundlagen – Methoden – Anwendung

Aus dem Amerikanischen von Silke Hinrichs

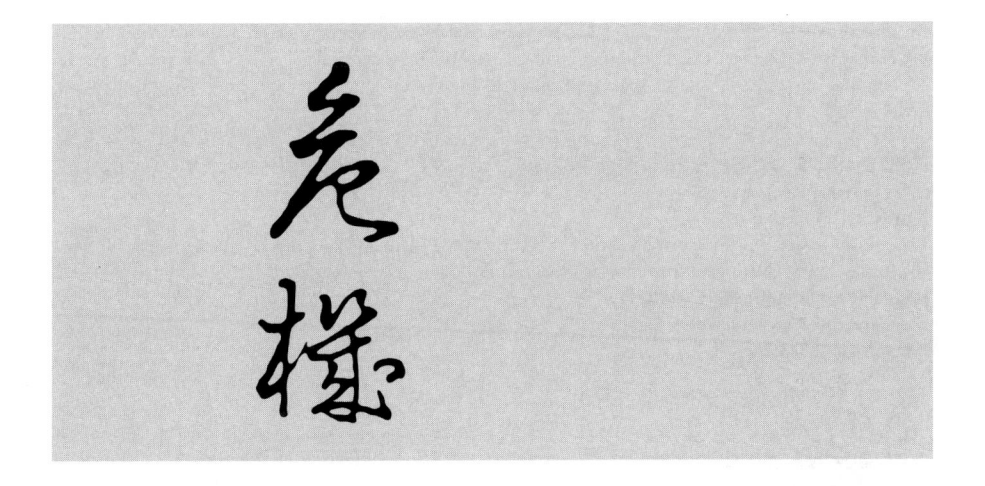

Verlag Hans Huber
Bern · Göttingen · Toronto · Seattle

Donna C. Aguilera, PhD, FAAN, FIAEP; Mitglied und Beraterin der Abteilung für Katastrophenschutz und psychische Gesundheit des Amerikanischen Roten Kreuzes, Betreiberin einer Praxis für Krisenintervention, Beverly Hills und Sherman Oaks, Kalifornien, USA.

Übersetzung: Silke Hinrichs, Limburg

Bearbeitung: Rudolf Müller, Kelkheim

Die Verfasser haben größte Mühe darauf verwandt, daß die therapeutischen Angaben insbesondere von Medikamenten, ihren Dosierungen und Applikationen dem jeweiligen Wissensstand bei der Fertigstellung des Werkes entsprechen.
Da jedoch die Pflege und Medizin als Wissenschaft ständig im Fluß sind, da menschliche Irrtümer und Druckfehler nie völlig auszuschließen sind, übernimmt der Verlag für derartige Angaben keine Gewähr. Jeder Anwender ist daher dringend aufgefordert, alle Angaben in eigener Verantwortung auf ihre Richtigkeit zu überprüfen.

Die Wiedergabe von Gebrauchsnamen, Handelsnamen oder Warenbezeichnungen in diesem Werk berechtigt auch ohne besondere Kennzeichnung nicht zu der Annahme, daß solche Namen in Sinne der Warenzeichen-Markenschutz-Gesetzgebung als frei zu betrachten wären und daher von jedermann benutzt werden dürfen.

Die Deutsche Bibliothek – CIP-Einheitsaufnahme

Aguilera, Donna C. :
Krisenintervention : Grundlagen – Methoden – Anwendung / Donna C. Aguilera. [Übers. : Silke Hinrichs].
– 1. Aufl. – Bern ; Göttingen ; Toronto ; Seattle : Huber, 2000
(Hans Huber Programmbereich Pflege)
Einheitssacht.: Crisis intervention <dt.>
ISBN 3-456-83255-9

Dieses Werk, einschließlich aller seiner Teile, ist urheberrechtlich geschützt. Jede Verwertung außerhalb der engen Grenzen des Urheberrechtsgesetzes ist ohne Zustimmung des Verlages unzulässig und strafbar. Das gilt insbesondere für Vervielfältigungen, Übersetzungen, Mikroverfilmungen sowie die Einspeicherung und Verarbeitung in elektronischen Systemen.

Das vorliegende Buch ist eine Übersetzung aus dem Amerikanischen. Der Originaltitel lautet «Crisis intervention» von Donna C. Aguilera.

© Mosby-Year Book, Inc., St. Louis, Missouri, USA 1998
1. Auflage 2000. Verlag Hans Huber, Bern
© Verlag Hans Huber, Bern 2000
Lektorat: Jürgen Georg, Detlef Kraut
Herstellung: Peter E. Wüthrich
Satz: Jung Satzcentrum, Lahnau
Druck und buchbinderische Verarbeitung: AZ Druck und Datentechnik, Kempten
Printed in Germany

Inhaltsverzeichnis

Geleitwort 13

Einleitung 17

Danksagungen 21

1. **Entwicklungsgeschichte der Krisenintervention** 25

1.1 Entwicklung. 26
1.2 Die Entstehung der Gemeindepsychiatrie 30
1.3 Der technische Fortschritt und seine Folgen 35
1.3.1 Der typische Internet-Junkie 37

2. **Die verschiedenen Formen der Psychotherapie** 41

2.1 Psychoanalyse und psychoanalytische Psychotherapie 41
2.2 Kurztherapie 45
2.3 Krisenintervention 48
2.3.1 Die Methodik der Krisenintervention. 48
    2.3.1.1 Der generelle Ansatz der Krisenintervention 48
    2.3.1.2 Der individuelle Ansatz der Krisenintervention 50
2.3.2 Die Schritte der Krisenintervention 51
    2.3.2.1 Einschätzung 51
    2.3.2.2 Planung der Intervention 52
    2.3.2.3 Intervention 52
    2.3.2.4 Auflösung der Krise und Zukunftsplanung. 53
2.3.3 Kognitive Therapie in der Krisenintervention 53
    2.3.3.1 Kognitive Triade 54

	2.3.3.2	Denkstrukturen (Schemata)	55
	2.3.3.3	Fehlerhafte Informationsverarbeitung	55
2.4		Zusammenfassung..	56

3. Der Problemlösungsansatz der Krisenintervention 61

3.1	Einflußfaktoren auf den Problemlösungsprozeß	62
3.1.1	Unmittelbare physiologische Reaktionen	63
3.1.2	Mittelfristige Reaktionen	64
3.1.3	Langfristige Reaktionen	64
3.2	Problemlösung in der Krisenintervention	65
3.2.1	Die Einschätzung des Klienten und seines Problems............	66
3.2.2	Die Planung der therapeutischen Intervention	68
3.2.3	Die Intervention	69
3.2.4	Die Zukunftsplanung	70
3.3	Das Interventionsparadigma	70
3.4	Die Ausgleichsfaktoren	71
3.4.1	Die Wahrnehmung des Ereignisses	74
3.4.2	Der verfügbare situative Rückhalt	75
3.4.3	Die Bewältigungsmechanismen	77

4. Posttraumatische Belastungsstörung und akute Belastungsstörung 85

4.1	Die posttraumatische Belastungsstörung	85
4.1.1	Die Symptome der PTBS	87
4.1.2	Kinder und PTBS	89
4.2	Akute Belastungsstörung	91
4.2.1	Dissoziative Symptome	91
4.2.2	Kognitive Symptome	91
4.2.3	Emotionale Symptome	92
4.2.4	Physiologische Symptome	93
4.2.5	Verhaltenssymptome...	93
4.2.6	Beziehungssymptome	93

4.3	Die Behandlung von Belastungsstörungen	94
4.3.1	Physiologische Folgen	97
4.4	Fallstudie: Posttraumatische Belastungsstörung	99
5.	**Gewalt in unserer Gesellschaft**	**105**
5.1	Gewalt gegen Kinder	106
5.1.1	Inzidenz und Prävalenz von Kindesmißhandlung und -vernachlässigung	107
5.1.2	Die Dynamik der Kindesmißhandlung	111
5.2	Fallstudie: Kindesmißhandlung	118
5.3	Häusliche Gewalt	128
5.3.1	Gewalt in «neuartigen» Familien	130
5.3.2	Die Dynamik häuslicher Gewalt	132
5.4	Fallstudie: Mißhandelte Ehefrau	134
5.5	Schulische Gewalt	140
5.5.1	Disziplin als Machtfaktor	142
5.5.2	Alternative Methoden zur Vermeidung schulischer Gewalt	144
5.6	Fallstudie: Gewalt unter Mitschülern	146
5.7	Die Mißhandlung und Vernachlässigung älterer pflegebedürftiger Angehöriger	149
5.7.1	Formen der Mißhandlung und Vernachlässigung	149
5.7.1.1	Physische Gewalt	150
5.7.1.2	Psychische Gewalt	150
5.7.1.3	Physische Vernachlässigung	151
5.7.1.4	Psychische Vernachlässigung	151
5.7.1.5	Finanzielle Ausbeutung	152
5.7.1.6	Beschneidung der persönlichen Rechte	152
5.7.2	Die Dokumentation von Mißhandlungen an älteren pflegebedürftigen Angehörigen	153
5.7.3	Mißhandlungsfördernde Bedingungen	154
5.8	Fallstudie: Mißhandelte Ehefrau	159

6. Das psychische Trauma der Kinderlosigkeit 167

6.1	Kinderlosigkeit als Lebenskrise	168
6.2	Die Gefühlslage kinderloser Ehepaare......................	169
6.2.1	Emotionale Reaktionen bei Unfruchtbarkeit	169
	6.2.1.1 Erstaunen	170
	6.2.1.2 Verleugnung	170
	6.2.1.3 Wut	170
	6.2.1.4 Isolation	171
	6.2.1.5 Schuldgefühle.................................	172
	6.2.1.6 Trauer	172
	6.2.1.7 Bewältigung	173
6.3	Fehlgeburt und Totgeburt.................................	174
6.4	Psychotherapie und Kinderlosigkeit	176
6.4.1	Psychosoziale Therapie.....................................	178
6.5	Ursachen der Kinderlosigkeit..............................	180
6.6	Wenn Bekannte eine Fehlgeburt haben.......................	180
6.7	Fallstudie: Kinderlosigkeit	182

7. Situative Krisen... 189

7.1	Situative Krisen – eine Definition	189
7.2	Status- und Rollenveränderungen	191
7.3	Fallstudie: Status- und Rollenveränderungen...............	193
7.4	Vergewaltigung	199
7.4.1	Vergewaltigung – eine Definition..........................	200
7.4.2	Furcht und Angst..	201
7.4.3	Depressionen..	201
7.5	Fallstudie: Vergewaltigung	202
7.5.1	Nachtrag..	207

7.6	Körperliche Krankheit	208
7.7	Fallstudie: Herzinfarkt	214
7.8	Die Alzheimer-Krankheit	219
7.9	Fallstudie: Alzheimer-Krankheit	227
7.10	Selbsttötung	235
7.10.1	Selbsttötung bei Jugendlichen	235
7.10.2	Selbsttötung bei Erwachsenen	237
7.10.3	Einflußfaktoren	238
7.10.3.1	Alter und Geschlecht	238
7.10.3.2	Planung der Selbsttötung	239
7.10.3.3	Streß	240
7.10.3.4	Symptome	240
7.10.3.5	Ressourcen	241
7.10.3.6	Lebensrhythmus	241
7.10.3.7	Kommunikation	242
7.10.3.8	Bezugspersonen	243
7.11	Fallstudie: Versuchte Selbsttötung	244

8. Die Stressoren des Lebenszyklus ... 253

8.1	Präpubertät	254
8.2	Fallstudie: Präpubertät	255
8.3	Pubertät und Jugendalter (Adoleszenz)	263
8.4	Fallstudie: Pubertät	266
8.5	Erwachsenenalter	271
8.6	Fallstudie: Mutterschaft	274
8.7	Fallstudie: Menopause	280
8.8	Rentenalter	285
8.9	Fallstudie: Rentenalter	289

9.	**Drogenmißbrauch**	299
9.1	Marihuana/Haschisch	300
9.2	Heroin	302
9.3	Speed (Methamphetamin)	303
9.4	Designerdrogen	304
9.4.1	Rohypnol	304
9.4.2	Gamma-Hydroxybuttersäure	306
9.5	Inhalationsmittel	306
9.6	Medikamentenabhängigkeit im höheren Lebensalter	308
9.7	Kokain	310
9.8	Drogenabhängigkeit bei Ärzten	317
9.9	Fallstudie: Drogenabhängigkeit	318
10.	**Aidskranke und HIV-positive Personen**	325
10.1	Historischer Hintergrund	326
10.2	Der Antikörpertest	328
10.3	Aidsberatung	328
10.3.1	Die Rolle des Therapeuten bei der Aidsberatung	329
10.3.2	Grenzen	330
10.3.3	Familiensystem	331
10.3.4	Isolation	333
10.3.5	Tod	334
10.4	Aids in den USA	335
10.4.1	Der Americans With Disabilities Act (1990)	339
10.4.2	Aids und das Gesundheitspflegesystem	340
10.5	Übertragung durch Geschlechtsverkehr	341
10.5.1	Vaginaler und analer Geschlechtsverkehr	342

10.6	Fallstudie: HIV-positive heterosexuelle Frau	343
10.7	Aidskranke und HIV-positive Jugendliche	347
10.8	Fallstudie: HIV-positiver Jugendlicher	348
10.9	Häufige Fragen zu Aids	350
10.9.1	Was ist Aids?	350
10.9.2	Wodurch wird Aids ausgelöst?	352
10.9.3	Wie wird Aids übertragen?	353
10.9.4	Welche Symptome verursacht Aids?	353
10.9.5	Wie wird Aids diagnostiziert?	354
10.9.6	Wie kann man sich vor Aids schützen?	354
10.9.7	Sollte eine HIV-positive Mutter ihr Kind stillen?	355
10.9.8	Gibt es Tests zur Feststellung einer HIV-Kontamination?	355
10.9.9	Wann ist ein Antikörpertest angebracht?	355
10.9.10	Kann man sich beim Blutspenden mit Aids infizieren?	356
10.9.11	Wie wird Aids behandelt?	356
10.9.12	Was kann man allgemein tun?	357
11.	**Das Burnout-Syndrom**	361
11.1	Arbeitsklima und Arbeitsbedingungen	362
11.2	Stressoren bei der Betreuung von Hospiz- und Aidspatienten	365
11.2.1	Hospizpatienten	365
11.2.2	Aidspatienten	367
11.3	Indikatoren des Burnout-Syndroms	367
11.3.1	Das Voranschreiten des Burnouts	368
11.3.2	Die Phasen der Desillusionierung	369
11.3.2.1	Enthusiasmus	369
11.3.2.2	Stagnation	371
11.3.2.3	Frustration	372
11.3.2.4	Apathie	373
11.3.2.5	Hoffnungslosigkeit	374
11.4	Prävention	375
11.4.1	Intervention	376
11.5	Fallstudie: Burnout-Syndrom	378

Nachwort 385

Anhang A
Auflösungen zu den Fallstudienparadigmen. 389

Anhang B
Begriffe zur Beschreibung der geistigen Verfassung eines Patienten. 411

Literaturverzeichnis 415

Anschriftenverzeichnis 417

Sachwortverzeichnis 419

Geleitwort

Die Evolution hat den Menschen dafür gerüstet, auch die schlimmsten Bedrohungen und Traumata zu überstehen – seien sie nun körperlicher oder seelischer Art. Wir haben jedoch gelernt, daß tatsächliche und drohende Traumata eng mit einer *Alarmreaktion* verbunden sind, die in den vierziger Jahren von Hans Selye erstmals ausführlich beschrieben wurde. Sie führt zur erhöhten Ausschüttung von Streßhormonen und Neurotransmittern und verursacht weitere jähe Veränderungen der Physiologie. Kommen diese Veränderungen nicht wieder ins Lot, kann es zu einer *Überreaktion* auf das Trauma kommen und im weiteren Verlauf zu physischen oder psychischen Krankheiten. Wir wissen inzwischen auch, daß Traumata und drohende Traumata eine Schwächung des Immunsystems bewirken können, die das Überleben der betreffenden Person gefährdet, wenn sie bestehen bleibt. Oft hat ein drohendes Trauma verheerendere Folgen als ein tatsächliches; dies gilt besonders für Kinder, die z. B. mit ansehen müssen, wie der Vater die Mutter verprügelt, oder für jede andere Person, die dem drohenden Trauma hilflos gegenübersteht und zum Zeitpunkt der Bedrohung nicht auf den nötigen sozialen und psychischen Rückhalt zurückgreifen kann.

Ein Mensch kann körperlich und seelisch nur überleben, wenn er bei seinen Mitmenschen physischen und emotionalen Rückhalt findet. Dieser ausgleichende Einfluß der Umwelt ist Teil unseres biologischen und sozialgeschichtlichen Erbes. Der Mensch gehört zu den sozialen Säugetieren und ist – damit die Gattung überleben kann – darauf angelegt, Kontakte zu seinen Mitmenschen zu knüpfen und kollektive Aktivitäten durchzuführen.

Diese soziale Prädisposition zur gemeinsamen Erfahrung sorgt dafür, daß Schmerzen, Traumata oder Traumadrohungen, die ein Individuum erlebt, von anderen Vertretern seiner Gattung unmittelbar oder intuitiv verstanden werden. So können individuelle Traumata oder Bedrohungen zu gemeinsam erlebten werden.

Schon lange bevor es Notärzte, Bergrettungsteams, Sorgentelefone oder Kriseninterventionszentren gab, die Traumaopfer auf kommunaler Ebene professionell betreuen (darüber dieses Buch), wurden die Leben vieler Männer, Frauen und Kinder dadurch gerettet, daß jemand auf ihr Problem aufmerksam wurde, sich um sie kümmerte und ihnen eine Zuflucht bot, ein schützendes Umfeld schuf. Was den Betroffenen half, bevor unsere heutige hochentwickelte Lebensrettungstechnologie verfügbar wurde, war in erster Linie praktische Psychologie, kombiniert mit emotionaler Wärme und Fürsorge. Dieser seelische Rückhalt, den unsere «primitiven» Vorfahren den Opfern gaben, wirkte damals genauso wie heute. Heute wissen wir aber auch, *warum* er wirkt: eine Umgebung, die im physischen und psychischen Bereich fürsorgliche Zuwendung bietet, dämpft die durch das Trauma verursachte Überreaktion von Körper und Geist, und das Gefühl der Hilflosigkeit wird abgebaut, anstatt zu einer überschießenden, fehlangepaßten und krankmachenden Reaktion zu eskalieren.

Als ich vor kurzem mit Freunden eine Rucksacktour durch die Berge machte, wurde eine Frau aus unserer Wandergruppe von einer Wespe in den Finger gestochen. Sofort begann ihre Hand anzuschwellen, und sie bekam solche Angst, sterben zu müssen, daß sie sich kaum beruhigen konnte – selbst dann nicht, als sie ein Antihistaminikum eingenommen hatte und wir die Hand in einem kalten Umschlag gehüllt hatten. Zum Glück trafen wir auf einen netten, uniformierten Forest-Ranger, der schon einmal von einem ganzen Schwarm Wespen angegriffen worden war, als er versehentlich in ihr Nest trat. Er berichtete uns von seinem Erlebnis und seiner Genesung, bestätigte uns, daß wir das Richtige getan hätten, und erklärte außerdem, daß die Gefahr weiterer Komplikationen nun vorbei sei.

Wird angemessen auf eine Krise reagiert, hilft dies der betroffenen Person, in Zukunft besser zwischen kleineren Problemen und wirklichen Katastrophen zu unterscheiden. Derartige Unterscheidungen treffen zu lernen ist außerordentlich wichtig, und der Lernprozeß kann unterstützt werden, wenn jemand vorhanden ist, der über das nötige Wissen verfügt und einer traumatisierten Person verständnisvoll zur Seite steht. Die Fähigkeit zur Unterscheidung versetzt die Betroffenen in die Lage, durch den Einsatz von Wissen und Verstand einen Ausweg aus der bedrohlichen Situation zu finden, weil das Angstsignal, das die Alarmreaktion ausgelöst hat, dann gleichermaßen eine angemessene, auf das Ausmaß der Gefahr abgestimmte Reaktion ins Gedächtnis ruft. Nicht jede Gefahr ist gleich groß; es bedarf einer abgestuften Antwort darauf.

Die Angehörigen der helfenden Berufe müssen einer Person, die in einer Krise steckt, im rechten Augenblick zeigen, daß sie für sie da sind. Sie müssen in der Lage sein, die Besonderheit eines jeden Patienten zu verstehen und ihm aus diesem Verständnis heraus zu helfen, wieder Hoffnung zu schöpfen und Zuversicht in seine Fähigkeit zu gewinnen, die Krise zu überstehen.

Eine andere, ganz wichtige Voraussetzung auf seiten des Helfers ist die Fähigkeit zu begreifen, daß die Kräfte, die zur Genesung führen, in den Betroffenen selbst liegen. Daraus folgt, daß die helfende Person ihre Klienten dabei anleitet zu erkennen, wie sie ihre eigenen Stärken und Kapazitäten nutzen können, um die Situation zu bewältigen. Emotionale Wärme, Fürsorge, Liebe und gezielte Informationen zum richtigen Zeitpunkt, verbunden mit der Befähigung der Betroffenen, zwischen vorübergehenden Widrigkeiten und langwierigen Beeinträchtigungen zu unterscheiden – all das schafft ein Umfeld, das Halt gibt und in dem die Betroffenen sich erholen können, auch wenn sie momentan vom Gefühl der Hilflosigkeit überwältigt werden.

Viele Menschen haben in den prägenden Jahren ihrer Entwicklung traumatische Erfahrungen gemacht, ohne daß sie sich daran noch erinnern können. Treten später bei nur entfernt ähnlichen Erlebnissen Überreaktionen auf, kann dies als Fehlreaktion auf die aktuelle Situation verstanden werden, der die Tendenz innewohnt, die traumatische Erfahrung immer wieder heraufzubeschwören und zu durchleben. Unerkannte posttraumatische Effekte, die auf ein Ereignis in der Kindheit zurückgehen, können bei Jugendlichen wie auch bei Erwachsenen zu Seelenqualen und Fehlanpassungen führen. Die Ursache liegt in nicht oder unzureichend verarbeitete traumatische Erlebnisse, auf die die Umwelt des Kindes inadäquat reagierte und die daher nicht vollständig ausheilen konnten. Die Qualität des Genesungsprozesses aber ist es, die darüber entscheidet, ob eine Krankheit oder ein Trauma chronisch wird oder ausgeheilt werden kann. An dieser Stelle sollte vielleicht erwähnt werden, daß das Leben auch voller Eu-Traumata (d. h. heilsamer Traumata) steckt, ein Umstand, der in den fünfziger Jahren vollständig in Selyes Streßtheorie integriert werden konnte. Eine neuere, methodisch einwandfreie Studie von Andrews et al. (1993) zeigt beispielsweise, daß bei Studenten, die im Rahmen von Austauschprogrammen ins Ausland gehen, die Anfälligkeit für neurotische Symptome im Vergleich zur Kontrollgruppe langfristig abnimmt. Parmalee (1993) weist darauf hin, wie wichtig es sei, den Familien akut und chronisch kranker Kinder bei der Anpassung an Situationen zu helfen, wie sie ein Krankenhausaufenthalt, der Ausbruch von Krisen oder die Vorbereitung auf eine möglicherweise traumatische Operation darstellen. Dabei wird betont, daß die erfolgreiche Überwindung solcher recht häufig auftretenden potentiell traumatischen Situationen bei den Kindern wie auch bei den Angehörigen zu einer Erhöhung der psychischen Stabilität und Spannkraft führt.

Der Mensch strebt von Natur aus danach, aus jeder Lebenserfahrung neues Wissen zu ziehen und einen Sinn darin zu finden, der ihm vorher verschlossen war. Die Sinnfindung ist für die Genesung von entscheidender Bedeutung, sie hilft, den langfristigen Folgen verdrängter traumatischer Erfahrungen entgegenzuwirken. Oft kommt eine posttraumatischen Belastungsstörung erst nach vielen Jahren der Verdrängung wieder an die Oberfläche.

Dieses Buch wird all jenen ein wertvoller Ratgeber sein, die bereits eine helfende Tätigkeit ausüben oder dies in Zukunft tun möchten. Wer sich allerdings näher mit dem Helfen befaßt, wird bald einsehen müssen, daß es gar nicht so leicht ist, wie es auf den ersten Blick erscheinen mag. Denn häufig verstärkt «Hilfe» die Belastung und das Trauma eher, als daß sie zu seiner Bewältigung beiträgt. Die Beschäftigung mit den komplexen bewußten und unbewußten Motiven, die jemanden dazu bewegen, anderen zu helfen, sollte Verpflichtung für jeden sein, der sich der Fürsorge verschreibt. Dieses Buch kann Sie dabei unterstützen, sich eine Vorstellung davon zu verschaffen. Doch das Gewinnen von Einsicht in diese Problematik ist ein langer und harter Weg. Für die Angehörigen der helfenden Berufe bedeutet ein solches Bemühen ständige Wachsamkeit und fortgesetzte Arbeit an der eigenen Person und Persönlichkeit.

Justin D. Call, MD
Newport Beach, California
University of California, Irvine

Literaturverzeichnis

Andrews, G., Page, A. C., Neilson, M.: Sending your teenagers away: controlled stress decreases neurotic vulnerability, Arch Gen Psychiatr 50:585, 1993.

Parmalee, A. H.: Children's illness and normal behavioral development: the role of care giver, Zero to Three 13 (4):1, 1993.

Einleitung

Die achte Auflage dieses Buches trägt der Tatsache Rechnung, daß die Technik der Krisenintervention in allen helfenden Berufen häufig zur Anwendung kommt. Personen aus allen Lebensbereichen und Altersgruppen, mit den verschiedensten Problemen und mit dem unterschiedlichsten kulturellen Hintergrund haben darauf angesprochen, und sowohl professionelle Therapeuten als auch andere im Gesundheitswesen Tätige bedienen sich dieses Ansatzes, wenn auch auf der Grundlage eines unterschiedlichen Kenntnisstandes.

Meiner Meinung nach besteht noch immer Bedarf für einen Leitfaden, der von der Entwicklungsgeschichte dieser Methode bis hin zu den gegenwärtigen Einsatzgebieten und -möglichkeiten reicht. Zwar müssen die Verfahrensweisen, mit denen ein professioneller Therapeut arbeitet, nach wie vor unter ebenso professioneller Supervision erlernt und eingeübt werden, aber dennoch glaube ich, daß ein Bewußtsein für die grundlegenden Theorien und Prinzipien der Krisenintervention für alle von Wert ist, die in helfenden Berufen arbeiten. Dieses Buch ist vor allem für jene gedacht, die ständig hautnah mit Einzelpersonen oder Familien in Kontakt kommen, die sich in Krisensituationen befinden – mit solchen Menschen also, die mit physischen, sozialen oder psychischen Problemen konfrontiert sind und allein keine Lösung dafür finden.

Kapitel 1 beschreibt die historische Entwicklung der Technik der Krisenintervention. Sein Ziel besteht darin, die breite Wissensbasis ins Bewußtsein zu rücken, die der heutigen Praxis zugrunde liegt. Neu ist in diesem Kapitel ein Blick in die Zukunft: es werden Krisen diskutiert, die aus den technischen Fortschritten unserer Gesellschaft erwachsen könnten.

Kapitel 2 behandelt die Unterschiede zwischen den psychotherapeutischen Methoden der Psychoanalyse und der psychoanalytischen Psychotherapie sowie zwischen Kurztherapie und Krisenintervention. Es stellt die Hauptziele dieser Behandlungsformen dar, ihre Schwerpunkte, das Vorgehen des Therapeuten, die jeweilige Indikation und die durchschnittliche Behandlungsdauer. Neu in diesem Kapitel ist ein Abschnitt über die kognitive Therapie und ihren Einsatz in der Krisenintervention bei depressiven Patienten.

Kapitel 3 legt den Schwerpunkt auf den Problemlösungsprozeß, und es führt den Leser in die grundlegende Terminologie der Krisenintervention ein. Außerdem wird das Kriseninterventionsparadigma vorgestellt und dessen Einsatz im Zusammenhang mit Fallstudien erläutert. Es handelt sich dabei um ein Ordnungsschema, das die aufeinanderfolgenden Schritte der Krisenentwicklung verdeutlicht. Neu an dieser Ausgabe sind die Blankoparadigmen, die zu jeder im Text dargestellten Fallstudie bearbeitet werden sollen. Zwei Fallstudien einschließlich der zugehörigen Paradigmen veranschaulichen, wie anhand der in den folgenden Kapiteln dargestellten Fallstudien damit zu verfahren ist. Der Leser kann seine Version dann mit der in Anhang A abgedruckten Auflösung vergleichen, um den Erfolg seiner Bemühungen zu überprüfen. Ich hoffe, daß diese interaktive Methode sich für das Erlernen und die praktische Anwendung des Wissens um den Kriseninterventionsprozeß als sinnvoll erweisen wird. Eine weitere Neuheit dieses Kapitels besteht in der Diskussion der physiologischen Komponenten von Streß, denn zweifellos stehen Personen, die eine Krise durchlaufen, unter erheblicher Belastung.

Kapitel 4 behandelt die posttraumatische Belastungsstörung und – neu in dieser Auflage – die akute Belastungsstörung. Gemäß dem *Diagnostic and Statistical Manual of Mental Disorders* (DSM-IV) der American Psychiatric Association sind diese Störungen voneinander abzugrenzen. Beide werden erläutert und die Unterschiede verdeutlicht. [Anmerkung des Bearbeiters: Das DSM ist das weltweit am weitesten verbreitete Klassifikationssystem für psychische Störungen; bei der Version IV handelt es sich um die neueste und aktuellste Auflage. Siehe auch den Artikel *DSM-IV* im PflegeLexikon, erschienen 1998 bei Ullstein Medical.] Am Ende des Kapitels findet sich eine Fallstudie mit dem dazugehörigen, vom Leser auszufüllenden Paradigma.

Kapitel 5 («Gewalt in unserer Gesellschaft») ist komplett neu. Es behandelt einige Probleme, mit denen Betroffene und Therapeuten leider häufig konfrontiert werden: Kindesmißhandlung, häusliche Gewalt, schulische Gewalt und die Mißhandlung älterer pflegebedürftiger Angehöriger. Zu jedem dieser Themen findet sich eine Fallstudie inklusive Paradigma.

Kapitel 6 («Das psychische Trauma der Kinderlosigkeit») ist ebenfalls neu. Gewöhnlich wird mit Frauen, die schon einen oder gar mehrere spontane Aborte (Fehlgeburten) hinter sich haben, nur ungern über dieses Thema gesprochen. Unfruchtbarkeit wird als Lebenskrise dargestellt. Auch hierzu gibt es eine Fallstudie und ein Paradigma.

Kapitel 7 beschäftigt sich mit belastenden Ereignissen, die bei jedem Menschen, ganz gleich welchen sozioökonomischen oder soziokulturellen Hintergrund er hat, eine Krise auslösen können. Behandelt werden Rollen- und Statusveränderungen, Vergewaltigung, körperliche Krankheit, Demenz vom Alzheimer-Typ sowie Selbstmord als Kulminationspunkt einer Krise. Um die Techniken zu verdeutlichen, die der Therapeut bei der Krisenintervention einsetzt, werden authentische Fallbeispiele geschildert. Jeder Fallstudie geht eine Zusammenfassung der theoretischen Aspekte der jeweiligen Krisensituation voraus.

Kapitel 8 («Stressoren des Lebenszyklus») geht auf Stressoren ein, die als Begleiterscheinung physiologischer oder sozialer Übergangsphasen auftreten können. Angesprochen werden Kindheit, Pubertät, Erwachsenenalter und der Lebensabschnitt jenseits des 65. Lebensjahres. Die konkreten Fallstudien werden durch das zugehörige theoretische Material ergänzt.

Kapitel 9 ist ein weiteres neues Kapitel; es ist dem Thema Drogenmißbrauch gewidmet. Behandelt werden sowohl die altbekannten Drogen wie Marihuana, Heroin und Kokain als auch die neuen «Designerdrogen», die zwar billig und leicht zu bekommen und zu erzeugen sind, aber tödliche Wirkung haben können. Auch hierzu wird ein Fallbeispiel geschildert. Ein Abschnitt des Kapitels beschäftigt sich mit dem Mißbrauch verordneter Medikamente durch ältere Menschen und seine Folgen.

Kapitel 10 umreißt die öffentlichen Vorbehalte im Umgang mit HIV-positiven oder aidskranken Menschen und behandelt die Ausbreitung der Krankheit unter Personen, die nicht zu den klassischen Risikogruppen gehören. Das Thema wird durch zwei Fallstudien vertieft.

Kapitel 11 ist dem Burnout-Syndrom gewidmet. Diese Erschöpfungssyndrom tritt häufig in Arbeitsbereichen auf, in denen die Beschäftigten großem Streß ausgesetzt sind. Theoretische Informationen werden am Beispiel einer Hospizkrankenschwester konkretisiert.

Das Nachwort dieses Buches gibt mir Gelegenheit, Ihnen, meinen Lesern, mitzuteilen, was ich im Hinblick auf das herannahende 21. Jahrhundert über die Zukunft von Patienten und professionellen Betreuern denke, fühle und glaube.

Am Ende des vorliegenden Buches finden sich zwei Anhänge, die den Text ergänzen sollen. Anhang A enthält die Auflösungen zu den Fallstudienparadigmen, die nach dem Ausfüllen der Blankoparadigmen zur Kontrolle herangezogen werden können. Anhang B listet einige Begriffe auf, die bei der Untersuchung und Beschreibung der geistigen Verfassung eines Patienten verwendet werden können.

Donna Conant Aguilera

Danksagungen

Bei all den vielen Menschen, die mir direkt oder indirekt beim Verfassen dieses Buches geholfen haben, möchte ich mich herzlich bedanken. Ganz besonders aber bin ich in dieser Hinsicht folgenden Personen in Dankbarkeit verbunden:

Meinen Herausgebern Jeff Burnham für seinen Enthusiasmus und seine Ermutigungen und Linda Caldwell für ihre Geduld und ihr Verständnis.

Cheryl Abbott Bozzay und Jeff Downing, Produktionsverantwortliche, für ihre Professionalität, ihre Weisheit und ihren Kenntnisreichtum.

Yael Kats, Designer, für seine künstlerische Unterstützung und das wunderbare Cover.

Dorothy und Norman Karasick, zwei ganz besonderen Freunden, die immer da waren, wenn ich sie brauchte. Sie sind mir mit inhaltlichen, grammatikalischen und computertechnischen Ratschlägen zur Seite gestanden.

Leslie Moffet, die meine Entwürfe und das endgültige Manuskript getippt hat. Ohne sie wäre dieses Buch niemals fertig geworden.

Laurel Stine, meiner Forschungsassistentin, für all ihre Bemühungen und ihre Hilfe.

Peter Berton, dem ich die chinesischen Schriftzeichen verdanke.

Janice Messick, meiner früheren Koautorin, ganz besonders für ihre moralische Unterstützung und dauerhafte Freundschaft.

Justin D. Call, dem bekannten Kinderpsychiater. Es ist mir eine besondere Ehre, daß er das Geleitwort zu diesem Buch geschrieben hat. Unsere kollegiale Freundschaft reicht schon viele glückliche Jahre zurück.

Meinem Mann und meinen Söhnen, von denen ich noch immer die freundlichsten Kritiken und die größte Unterstützung bekomme, schulde ich einen ganz besonderen Dank dafür, daß sie mir die Zeit gaben, dieses Buch zu schreiben – meine ewige Liebe.

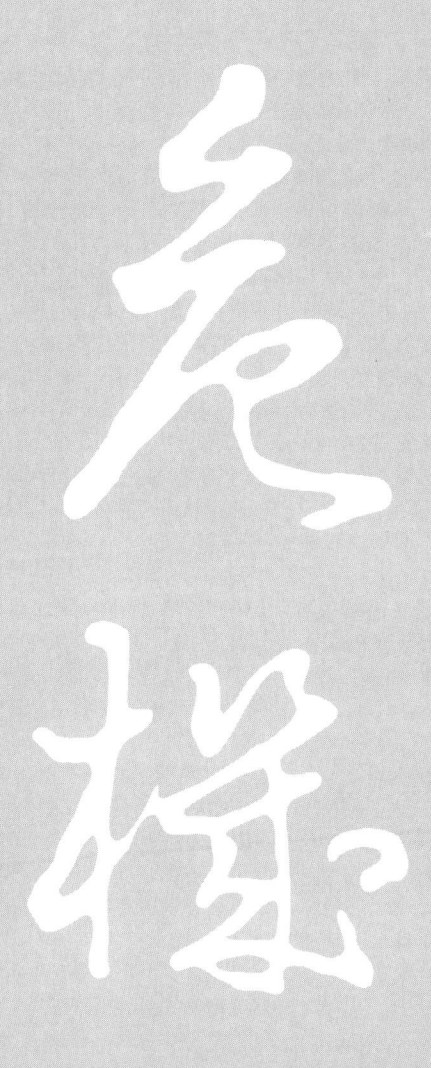

Die beiden übereinandergestellten chinesischen Schriftzeichen auf dem Haupttitel symbolisieren zusammengenommen das Wort Krise; das eine steht für Gefahr und das andere für Chance. Sie wurden dankenswerterweise von Peter Berton kalligraphiert, Professor Emeritus der University of Southern California School of International Relations und Mitglied der Far Eastern Society of Southern California.

1. Entwicklungsgeschichte der Krisenintervention

**Omnia rerum principia parva sunt.
Der Ursprung aller Dinge ist klein.**
Cicero

Der Begriff *psychische Krise* bezeichnet einen Zustand, in dem ein Individuum ein Problem nicht alleine lösen kann. Jeder Mensch lebt in einer Art emotionalen Gleichgewichts. Geschieht nun etwas Außergewöhnliches – sowohl im positiven als auch im negativen Sinne –, tritt eine Veränderung oder ein Verlust ein, so kommt es zu einer Störung dieses Gleichgewichts, und das Individuum strebt danach, die Balance zu wahren bzw. wiederherzustellen. Ein Mensch, der in einer Krise steckt, befindet sich an einem Wendepunkt. Er sieht sich mit einem Problem konfrontiert, das sich nicht einfach mit Hilfe der bisher erfolgreichen Bewältigungsmechanismen beseitigen läßt. Anspannung und Angst wachsen immer mehr, und die Lösung gerät immer weiter außer Reichweite. In einer solchen Situation empfindet man Hilflosigkeit: man ist in seiner emotionalen Erregung gefangen und fühlt sich außerstande, *ohne äußere Hilfe* Maßnahmen zur Lösung des Problems zu ergreifen.

John F. Kennedy sagte im Jahre 1959 in einer Ansprache, das chinesische Wort für *Krise* setze sich aus zwei Schriftzeichen zusammen, von denen das eine für *Gefahr* und das andere für *Gelegenheit* stehe.

Eine Krise stellt einerseits eine *Gefahr* dar, da sie das Individuum bzw. seine Familie zu überwältigen droht und möglicherweise eine Selbsttötung oder einen psychotischen Schub auslöst. Andererseits repräsentiert sie aber auch eine *Gelegenheit*, denn in einer Krisensituation steigt die Empfänglichkeit für therapeutische Einflußnahmen. Sofortige und geschickte Intervention kann nicht nur verhindern, daß es zu einer schweren langwierigen Störung kommt, sondern auch die Herausbildung neuer Bewältigungsmöglichkeiten bewirken, mit deren Hilfe eine höhere Ebene des Gleichgewichts erreicht werden kann.

Krisenintervention kann die unmittelbare Hilfe geben, die eine in eine Krise geratene Person braucht, um ihr persönliches Gleichgewicht wiederzugewinnen. Sie stellt eine kostengünstige kurzfristige Therapieform dar, die auf die Beseitigung des akuten Problems abzielt. Das wachsende Bewußtsein für soziokulturelle Faktoren, die eine Krise verursachen können, hat dafür gesorgt, daß sich die Technik der Krisenintervention in methodischer Hinsicht rasch entwickelte.

1.1 Entwicklung

Die heutige moderne Form der Krisenintervention geht auf die Arbeit Eric Lindemanns und seiner Kollegen nach dem Bostoner «Coconut Grove»-Feuer am 28. November 1942 zurück. Bei diesem bis dahin schlimmsten Gebäudebrand der amerikanischen Geschichte kamen 493 Menschen ums Leben, als die Flammen in einem vollbesetzten Nachtclub um sich griffen. Lindemann und andere Mitarbeiter des Massachusetts General Hospital bemühten sich sehr aktiv darum, den Überlebenden zu helfen, die bei der Katastrophe nahestehende Personen verloren hatten. Sein Bericht (Lindemann 1944) über die psychischen Symptome der Überlebenden wurde zum Meilenstein in der Erforschung des Trauerprozesses; er beschreibt eine Reihe von Phasen, die durchlaufen werden müssen, um den Verlust akzeptieren und verarbeiten zu können. Lindemann gelangte zu der Überzeugung, Geistliche und andere kommunale Betreuer könnten den Betroffenen in maßgeblicher Weise dabei helfen, den Trauerprozeß zu durchlaufen und durch ihre Tätigkeit eventuellen psychischen Folgeschäden entgegenwirken. Diese Erkenntnis führte 1948 zur Gründung des Wellesley Human Relations Service (Boston), wo Lindemanns Gedanken weiterentwickelt und umgesetzt wurden. Es handelte sich dabei um einen der ersten psychiatrischen Gesundheitsdienste auf kommunaler Ebene, der sich besonders auf die kurzfristige präventivpsychiatrische Therapie konzentrierte.

Das primäre Anliegen Lindemanns (1956) bestand darin, die Bemühungen zur Aufrechterhaltung der psychischen Gesundheit und zur Verhinderung emotionaler Störungen gemeindeweit auszudehnen. Um soziale Ereignisse oder Situationen aufzuspüren, die bei einem beträchtlichen Anteil der Bevölkerung vorhersehbar emotionale Störungen auslösen würden, beschäftigte er sich mit Trauerreaktionen. In seiner Studie über das Trauerverhalten der Überlebenden des «Coconut Grove»-Feuers beschreibt er sowohl sehr kurze als auch abnorm lange Trauerreaktionen auf den Verlust nahestehender Personen.

Aus seiner Erfahrung mit Trauerreaktionen schloß Lindemann, daß es interessant und für die Entwicklung präventiver Maßnahmen wichtig sein könnte, den theoretischen Hintergrund des Konzeptes der emotionalen Krise am Beispiel der Trauerreaktion einer näheren Betrachtung zu unterziehen. Bestimmte unabänderliche Ereignisse im Verlauf jedes Menschenlebens, beispielsweise ein Todesfall, die Geburt eines Kindes oder die Heirat, können laut Lindemann als kritische Momente angesehen werden. Er behauptete, jede dieser Situationen bringe emotionale Belastungen mit sich, wodurch eine Reihe von Anpassungsmechanismen zum Tragen käme, die schließlich eine Bewältigung der neuen Situation ermöglichten oder sich als untauglich erwiesen, was wiederum zu mehr oder weniger lang nachwirkenden Funktionsbeeinträchtigungen führe. Zwar stelle eine Situation des erwähnten Typs für jeden der Betroffenen eine Streßsituation dar, sie führe aber nur bei solchen Personen zur Krise, die aufgrund ihrer Persönlichkeit, bestimmter früherer Erlebnisse oder sonstiger Faktoren besonders anfällig für diese Art von Streß seien und deren emotionale Ressourcen hinter ihrem sonstigen Anpassungsvermögen zurückblieben.

Lindemanns theoretische Überlegungen führten zur Entwicklung von Kriseninterventions-Techniken, und im Jahre 1946 riefen er und Caplan das sogenannte Wellesley-Projekt ins Leben, ein regionales psychiatrisches Gesundheitsdienstprogramm für Harvard und Umgebung.

Laut Caplan (1961) sind die wichtigsten Faktoren für die psychische Gesundheit der Zustand des Ichs, sein Reifegrad und die Qualität seiner Differenzierung. Die Einschätzung des Ich-Zustandes geht von drei Hauptpunkten aus:

1. der Fähigkeit des Individuums, mit Streß und Angst umzugehen und das Ich-Gleichgewicht aufrechtzuerhalten,

2. dem Grad, inwieweit Realitäten erkannt und in die Problemlösung einbezogen werden.

3. dem Repertoire effektiver, zur Aufrechterhaltung des biopsychosozialen Gleichgewichts verfügbarer Bewältigungsmechanismen.

Sigmund Freud war der erste, der demonstrierte, wie das Kausalitätsprinzip des psychischen Determinismus wirkt, und es in sein Therapieverständnis einbezog (Bellak & Small 1965). Dieses Prinzip besagt, ganz einfach ausgedrückt, daß jedes menschliche Verhalten eine Ursache oder Quelle in der Entwicklungsgeschichte des Individuums und seiner Erfahrungswelt besitzt. Dies gilt unabhängig davon, ob die betreffende Person sich der Gründe ihres Verhaltens bewußt ist oder nicht. Der psychische Determinismus ist der theoretische Dreh- und Angelpunkt der Psychoanalyse. Die Technik der freien Assoziation, die Traumdeutung und die Bedeutungszuweisung an bestimmte Symbole beruhen auf der Annahme, daß derartige kausale Zusammenhänge unbewußt zum Tragen kommen.

Ein besonders wichtiges Ergebnis der deterministischen Position Freuds war die Formulierung einer «genetischen» Entwicklungspsychologie (Ford & Urban 1963). Das aktuelle Verhalten einer Person kann nur aus ihrer Lebensgeschichte heraus verstanden werden; der Grundstein allen künftigen Verhaltens wird bereits in der frühen Kindheit gelegt. Die bedeutsamsten Einflußgrößen sind hierbei die

«Residuen», die «Rückstände» vergangener Erfahrungen. Darunter sind erlernte Reaktionen zu verstehen, vor allem solche, die in frühester Kindheit entstanden und dem Abbau von physiologischen Spannungszuständen dienten.

Freud vermutete, ein dem Individuum eigenes Energiereservoir sei die Grundlage allen Verhaltens. Ereignisse fungieren seinem Verständnis nach dabei zwar als steuernde Einflüsse, sie lösen Verhalten aber nicht eigentlich aus, sondern lenken es lediglich in bestimmte Bahnen.

Seit dem Ende des letzten Jahrhunderts haben sich das Konzept des Determinismus und die wissenschaftlichen Grundlagen, auf die Freud seine Ideen stützte, gründlich gewandelt. Die Theoretiker der Ich-Psychologie schließen sich den Ansichten Freuds zwar weitgehend an, sind jedoch in einigen Punkten anderer Auffassung. Wenn sie der Theorie Freuds auch nicht gerade widersprechen, so weiten sie sie doch erheblich aus. Insgesamt bemängeln sie, Freud habe die Betrachtung des normalen bzw. gesunden Verhaltens vernachlässigt.

Heinz Hartmann war ein früher Vertreter der Ich-Psychologie und mit Freuds theoretischen Beiträgen sehr gut vertraut (Loewenstein 1966). Er postulierte, die psychoanalytischen Theorien Freuds könnten für normales Verhalten ebenso gelten wie für pathologisches. Hartmann begann, die Ich-Funktionen zu studieren und teilte sie in zwei Gruppen ein: diejenigen, die sich aus einem Konflikt heraus entwickeln, und solche, die «konfliktfrei» entstehen. Zur zweiten Gruppe zählte er beispielsweise Gedächtnis, Denkvermögen und Sprache. Diese Funktionen bezeichnete er als «primäre autonome Ich-Funktionen» und erachtete sie als wichtig für die Adaptation des Individuums an seine Umgebung. Da Hartmann das Ich als ein Organ der Realitätsanpassung verstand, mußte er die Entstehung des Realitätskonzeptes näher untersuchen. Er hob hervor, daß sowohl das frühkindliche Adaptationsgeschehen als auch die Fähigkeit, sich im späteren Leben an die Umgebung anzupassen, betrachtet werden müßten. Die Suche nach einem sozialen Umfeld sah er als eine weitere Form der Adaptation an, bei der Individuum und Gesellschaft aufeinander abgestimmt würden. Er glaubte, das Verhalten einer Person sei zwar erheblich durch die Kultur beeinflußt, ein Teil der Persönlichkeit bleibe jedoch relativ stark von diesem Einfluß verschont.

Sandor Rado entwickelte das Konzept der adaptationalen Psychodynamik und lieferte damit einen neuen Ansatz zur Ergründung des Unbewußten sowie neue Ziele und Techniken der Therapie (Salzman 1962). Rado sah die dynamischen Prinzipien Motivation und Adaptation als Grundlage menschlichen Verhaltens an. Ein Organismus erreiche Adaptation, indem er mit der Kultur interagiere. Verhalten wird danach beurteilt, welche Konsequenzen es für das Wohlergehen des Individuums hat, und nicht nur nach (umweltunabhängiger) Ursache und Wirkung. Durch die Adaptation werden die Interaktionsmuster des Organismus verbessert, wobei der Zweck in der Erhöhung der Überlebensfähigkeit besteht. Freud konzentrierte sich bei seiner klassischen psychoanalytischen Technik auf die vergangene

Entwicklung und die Aufdeckung unbewußter Erinnerungen, schenkte jedoch der Realität der Gegenwart, wenn überhaupt, nur wenig Interesse. Rados adaptationale Psychotherapie hingegen stellt die unmittelbare Gegenwart in den Mittelpunkt, ohne jedoch den Einfluß der vergangenen Entwicklung zu vernachlässigen. Das Hauptinteresse gilt «heutigen» Adaptationsproblemen, ihren Ursachen und den Gegenmaßnahmen, die vom Patienten erlernt werden müssen. Alle Deutungen beginnen und enden stets in der Gegenwart, einer übermäßigen Beschäftigung mit der Vergangenheit wird entgegengewirkt. Sobald die nötigen Erkenntnisse gewonnen wurden, werden diese benutzt, um den Patienten zu ermutigen, sich der betreffenden realen Lebenssituation wiederholt zu stellen. Durch diese Übungen automatisiert der Patient neue, gesunde Verhaltensmuster. Rado zufolge macht diese Automatisierung – und nicht die Einsicht in unbewußte Ursprünge des Verhaltens – letztlich den Heilungsprozeß aus. Heilung findet seiner Ansicht nach nicht passiv auf der Couch des Analytikers, sondern aktiv im real existierenden Lebensalltag statt (Ovesy & Jameson 1956).

Erik H. Erikson entwickelte die Theorien der Ich-Psychologie weiter. Er baute auf den Thesen Freuds, Hartmanns und Rados auf, indem er sich auf die Epigenese des Ichs und die Theorie der *reality relationships* konzentrierte (Rappaport 1959). Die epigenetische Entwicklung besteht in einer sequentiellen Abfolge bestimmter Entwicklungsphasen, bei der das Durchlaufen jeder Phase vom erfolgreichen Abschluß der vorherigen abhängt. Erikson beschrieb 8 Phasen der psychosozialen Entwicklung, die sich über den gesamten Lebenszyklus einer Person erstrecken und jeweils bestimmte entwicklungsbezogene Aufgaben beinhalten, die gelöst werden müssen. Die in einer Phase zur Anwendung gekommene Form der Lösung wird in den folgenden weiterverwendet. Eriksons Theorie ist so wichtig, weil sie eine Erklärung dafür liefert, inwiefern die Entwicklung des Individuums durch die Auseinandersetzung mit der sozialen Umgebung bedingt wird. Ebenfalls wichtig ist, daß er sich mit der normalen und nicht mit der pathologischen psychosozialen Entwicklung beschäftigt. Besondere Aufmerksamkeit widmete er dem Jugendalter, einem Lebensabschnitt, den er als «normative Krise» betrachtete, d. h. als normalen Reifungsprozeß, der durch vermehrte Konflikte und offen zutage tretende Schwankungen der Ich-Stärke gekennzeichnet ist (Pumpian-Mindlin 1966). Erikson arbeitete biologische, kulturelle und Selbstbestimmungsaspekte in die von ihm beschriebenen Entwicklungsphasen ein und erweiterte durch seine Theorien über Identitätsentwicklung und Identitätskrisen den Horizont der traditionellen Psychotherapie. Seine Gedanken wiederum dienten anderen Autoren als Ausgangspunkt, die das Konzept der Reifungskrise weiterentwickelten und die Existenz situationsbedingter Krisen sowie die individuelle Anpassung an die stetig und widersprüchlich sich wandelnde Umwelt nachhaltig in ihre Betrachtungen einbezogen.

Caplan vertritt die Auffassung, alle Elemente, die das emotionale Milieu einer Person ausmachten, müßten analysiert werden, um mit präventiv-psychiatrischen

Maßnahmen ansetzen zu können. Die materiellen, physischen und sozialen Anforderungen der Realität seien ebenso als wichtige Verhaltensdeterminanten zu betrachten wie die Triebe, Instinkte und Impulse des Individuums. Die Ergebnisse seiner Arbeit in Israel (1948) und spätere Erfahrungen, die er in Massachusetts bei Lindemann und dem Wellesley-Projekt sammelte, führten zur Ausarbeitung seines Konzepts der Bedeutung von krisenhaften Zeitabschnitten für die Individual- und Gruppenentwicklung (Caplan 1951).

Laut Caplans Definition tritt eine Krise auf, wenn sich eine Person in ihrem Streben nach einem wichtigen Lebensziel vor einem Hindernis findet, das sie in diesem Moment mit ihren gewohnten Problemlösungsmethoden nicht beseitigen kann. Es folge eine Zeit der Desorganisation und Aufwallung, in der viele vergebliche Lösungsversuche unternommen würden (Caplan 1961). Im wesentlichen geht auch Caplan davon aus, daß das Individuum in einem emotionalen Gleichgewicht lebt, das es stets aufrechtzuerhalten bzw. wiederherzustellen sucht. Reichen die gewohnten Problemlösungstechniken nicht aus, um die Probleme des täglichen Lebens zu bewältigen, wird dieses Gleichgewicht gestört. Das Individuum muß das Problem entweder lösen oder sich an den Zustand der Nicht-Lösung anpassen. In beiden Fällen jedoch kommt es zu einer neuen Balance, die im Hinblick auf die psychische Gesundheit entweder besser oder schlechter als der vorherige Gleichgewichtszustand ausfallen kann. Die innere Anspannung steigt, Angstsymptome treten auf, und die allgemeine Funktionalität wird in Mitleidenschaft gezogen, wodurch es zu einem anhaltenden emotionalen Erregungszustand kommt. Diesen bezeichnet Caplan als *Krise*. Die Überwindung der Krise hängt von den Interaktionen ab, die sich während dieser Periode zwischen dem Individuum und den Schlüsselfiguren seines emotionalen Milieus abspielen.

1.2 Die Entstehung der Gemeindepsychiatrie

Einen Bestandteil des heutigen Gesundheitswesens bildet die Gemeindepsychiatrie. Sie hat sich im Laufe ihrer Entwicklung immer wieder gewandelt und den ökonomischen und demographischen Gegebenheiten sowie der Nachfrage angepaßt. Mehr und mehr Frauen, traditionellerweise der fürsorgerische Mittelpunkt der Familie, arbeiten außer Haus – einerseits, weil immer mehr Familien auf ein zweites Einkommen angewiesen sind, und andererseits, weil viele Familienväter ihre Arbeit verloren haben. Aus wirtschaftlichen Gründen wurden viele Fabriken und Unternehmen geschlossen, und die Mitarbeiter stehen auf der Straße (Janoff 1992). Diese Veränderung hat sich nachhaltig nicht nur auf die Anforderungen ausgewirkt, die an eine Familie gestellt werden, sondern auch auf die familieninternen Ressourcen, die zur Erfüllung dieser Anforderungen verfügbar sind.

Wegen des wachsenden Anteils älterer Menschen in unserer Gesellschaft ist es in der Familienstruktur zu einer Lücke zwischen den Generationen gekommen. Die Kommunen sehen sich mit der Frage konfrontiert, was mit der überwältigenden Zahl von Menschen anzufangen ist, die älter als 65 Jahre sind. Genauso wie die Familien verfügen auch die Kommunen nicht immer über die notwendigen Ressourcen. Auch dieses Problem wird der Gemeindepsychiatrie aufgebürdet (Ravenscroft 1994).

Laut Bellak (1964) entstand die Gemeindepsychiatrie aus einer Verschmelzung verschiedener Disziplinen und ist untrennbar an die Entwicklung der psychoanalytischen Theorie geknüpft. Die in der ersten Hälfte des Jahrhunderts entstandene Gesellschafts- und Verhaltenswissenschaften gründeten sich auf psychodynamische Hypothesen. Zur gleichen Zeit kristallisierten sich in der kommunalen Gesundheitspflege Vorstellungen über öffentliche Gesundheitsversorgung und Epidemiologie heraus.

Nach dem Zweiten Weltkrieg begann die Öffentlichkeit zunehmend, das häufige Auftreten psychischer Probleme wahrzunehmen und zu akzeptieren, so daß es zu einem Wandel der generellen Einstellung sowie zu einer verstärkten Forderung nach kommunalen Maßnahmen kam. Die Entdeckung und der Einsatz von Psychopharmaka war ein großer Schritt voran; sie ermöglichten offene Betreuungsstätten und die Rehabilitation von Patienten in ihrem häuslichen Umfeld.

Es wäre falsch anzunehmen, alle Entwicklungen seien spontan aufgetreten und hätten sich unmittelbar zu einer effektiven und geordneten Behandlung mentaler Störungen verschmolzen. Vielmehr handelte es sich um einen langwierigen Prozeß, der nach dem Prinzip von Versuch und Irrtum ablief. Die verschiedensten Programme wurden ins Leben gerufen und mit gleichzeitig entstandenen verknüpft, und jedes versuchte, die anfallenden Probleme auf seine Weise zu lösen. Kultureller Hintergrund, Interessenlage, Wissensbasis und Verfahrenstechniken wichen deutlich voneinander ab.

Wissenschaftliche Disziplinen, die zuvor mit völlig unterschiedlichen Zielsetzungen gearbeitet hatten, stellten fest, daß sie aufeinander angewiesen waren, wenn übereinstimmend als wesentlich erkannte Resultate erzielt werden sollten. Neue, fachübergreifende Disziplinen entstanden, Berufsrollen wurden ausgetauscht und erweitert, bisher scharf abgegrenzte Aufgabenstellungen verwischten sich, und die Grenzen zwischen den einzelnen Fachrichtungen gewannen an Durchlässigkeit.

Die Entstehung von psychiatrischen Tageskliniken geht weniger auf Erneuerungsbestrebungen bei der Behandlung psychisch Kranker zurück, sondern eher auf einen Mangel an Krankenhausbetten (Ross 1964), der die Ärzte zwang, die Patienten vorzeitig nach Hause zu entlassen. Die erste Tagesklinik wurde 1933 aktenkundig, sie gehörte zum *Ersten psychiatrischen Krankenhaus* in Moskau. Dzhagarov (1937) schreibt, die Notwendigkeit, die Behandlung fortzuführen und die Patienten in einer krankenhausähnlichen Umgebung zu beobachten, habe eine praktische Lösung erforderlich gemacht, nämlich die Einweisung in die Präventivabteilung des Krankenhauses. Mit der Zeit habe sich ein Wandel vollzogen, und die Tagesklinik sei entstanden – eine Form der Betreuung, die sich als geeignet erwiesen habe, den Anforderungen nachzukommen. In bezug auf diese Moskauer Tagesklinik sagte Kramer (zitiert bei Ross 1964), auch wenn die Existenz dieses Betreuungszentrums kaum bekannt sei und vermutlich fast keine Auswirkungen auf die späteren Entwicklungen im Westen gehabt habe, so dürfte es wohl doch als die erste organisierte Tagesklinik für schwer geistig gestörte Personen bezeichnet werden.

In den späten dreißiger Jahren begann Bierer (1964) in England mit dem sogenannten Marlborough-Experiment. Die Patienten lebten als Mitglieder eines «sozialen Therapieclubs» außerhalb des Krankenhauses und wurden in Tageskliniken oder Teilzeiteinrichtungen betreut. Bierer zufolge war es das Hauptziel des Programms, die Patienten von ihrem Rollenverständnis als passives Objekt der Behandlung wegzubringen und sie zu aktiven und gleichberechtigten Teilhabern an der Behandlung zu machen, die mit den Betreuern zusammenarbeiteten. Gleichzeitig sollten auch Psychiater und Pflegepersonal ein neues Patientenverständnis entwickeln, die ihnen Anvertrauten als vernunftbegabte menschliche Wesen betrachten und sie nicht auf ihre Psychopathologie und ihre Konflikte reduzieren, sondern ihre Stärken und Ressourcen in den Vordergrund stellen. Das «Hier und Jetzt» sollte im Mittelpunkt des Interesses stehen.

Diese neue Haltung ließ das Konzept der «therapeutischen Gemeinschaft» entstehen, die den Patienten als Partner des Personals betrachtete und ihm dieselben Rechte und Möglichkeiten der Lebensgestaltung zugestand. Die Ärzteschaft und ihre Helfer fungierten als eine Art Ratgeber. Die Patientengruppe übernahm die Verantwortung für das Verhalten ihrer Mitglieder; diese mußten ihre Aktivitäten und ihre Zukunft selbst planen und einander den nötigen Rückhalt geben. Um die konstante Interaktion zwischen den Mitgliedern zu fördern, wurde auf Gruppenverfahren und sozialpsychologisch unterlegte Behandlungsmethoden zurückgegriffen. Während des Marlborough-Programms entstanden weitere Projekte, wie die Tagesklinik, die Nachtklinik, die Wochenendklinik, das Rehabilitationszentrum und die selbstverwaltete Außenwohngruppe.

Linn (1964) beschreibt Camerons erste Tagesklinik in Montreal im Jahre 1946. Dort war er zusammen mit anderen für die Strukturierung und Gestaltung dieser neuartigen Form der Betreuung verantwortlich.

Im Verlauf der weiteren Entwicklung war es nur natürlich, daß das Allgemeinkrankenhaus zu den zahlreichen Aufgaben, die es auf kommunaler Ebene wahrnahm, eine weitere hinzufügte: es wurde zu einem Brennpunkt der Präventionsmedizin und der öffentlichen psychiatrischen Gesundheitspflege.

Im Jahre 1958 regte Bellak (1960) am Stadtkrankenhaus von Elmhurst (New York), einem Allgemeinkrankenhaus mit 1000 Betten, die Einrichtung einer

«Trouble-shooting-Klinik» an. Diese Klinik sollte bei emotionalen Problemen erste Hilfe leisten, war jedoch nicht auf das Eingreifen bei akuten Krisen beschränkt. Sowohl größere Notfälle als auch kleinere Probleme (aus den Bereichen psychologische Beratung, Rechtsberatung und Eheberatung) wurden auf ambulanter Basis rund um die Uhr behandelt.

Nachdem 1958 der California Community Mental Health Act in Kraft getreten war, richtete das California Department of Mental Hygiene 1961 die erste staatliche Stelle Amerikas zur Ausbildung von Spezialisten auf dem Gebiet der Gemeindepsychiatrie ein. Man erkannte, daß Einrichtungen geschaffen werden mußten, die auf solche Gemeindemitglieder abgestimmt waren, die bisher keinen Zugang zu den herkömmlichen Formen der psychiatrischen Behandlung gefunden hatten und dadurch von der Behandlung ausgeschlossen waren. Die Gründe dafür lagen im abweichenden sozialen oder kulturellen Hintergrund, im Mangel an Aufklärung oder darin, daß der Behandlungsbedarf von der Bevölkerung oder den vorhandenen Anlaufstellen nicht (an)erkannt wurde.

Im Januar 1962 wurde das Benjamin Rush Center for Problems of Living, eine Abteilung des Los Angeles Psychiatric Service, eröffnet. Hierbei handelte es sich um ein Krisenintervfentionszentrum, das jeder und jede jederzeit in Anspruch nehmen konnte. Dieses Zentrum existiert noch heute, inzwischen untersteht es dem Didi Hirsch Community Mental Health Center. Es entstand damals in der Absicht, solche Menschen zu erreichen, die sich, obwohl sie psychiatrische Hilfe dringend nötig hatten, keiner traditionellen Behandlung unterziehen wollten, weil sie es entweder ablehnten, sich selbst als «krank» zu betrachten, sich der Rolle des Patienten verweigerten oder das Stigma einer psychiatrischen Behandlung nicht auf sich nehmen mochten. In den mehr als 30 Jahren seines Betriebes haben sich am Benjamin Rush Center erwartungsgemäß zahllose Belege dafür angesammelt, daß die Einrichtung meist von Personen aufgesucht wird, die sich in der Regel nicht an eine herkömmliche Klinik wenden würden.

Im Jahre 1967 ging man am San Francisco General Hospital dazu über, Krisenintervention zu betreiben, statt psychische Notfälle in Schutzgewahrsam zu nehmen. In jeder psychiatrischen Abteilung wurden interdisziplinäre Teams stationiert, deren Hauptaufgabe darin bestand, die eigenständigen Funktionsabläufe des Patienten so schnell wie möglich wiederherzustellen. In einer begleitenden Studie kamen Decker & Stubblebine (1972) zu dem Schluß, daß das Krisenventionsprogramm den erwarteten Rückgang in der stationären psychiatrischen Behandlung brachte.

Anfang der siebziger Jahre wurde das Bronx Mental Health Center (Centro de Hygiene Mental del Bronx) gegründet. Diese Einrichtung sollte Krisenintervention für Hispano-Amerikaner mit niedrigem sozioökonomischen Status und mangelnden Englischkenntnissen anbieten. Alle dort beschäftigten Psychiater sprachen Spanisch.

Etwa zur selben Zeit starteten einige Kirchengemeinden in den Vorstädten von Montreal ein originelles Kriseninterventionsprojekt auf Versuchsbasis (Lecker et al. 1971). Familien mit den verschiedensten Problemen sollten mit Hilfe eines ambulanten Kriseninterventionsmobils, einer fahrbaren Beratungsstelle, erreicht werden. Damit bestand die Möglichkeit, gefährdete Personengruppen, die auf anderem Wege nicht erreicht werden konnten, bereits frühzeitig, d. h. zu Beginn einer Lebenskrise zu betreuen.

Im Jahre 1968 wurde am Kinderkrankenhaus von Los Angeles das erste Sorgentelefon eingerichtet. Solche Telefondienste sowie Jugendkrisenzentren wurden vermehrt geschaffen, da man erkannte, daß die herkömmlichen Ansätze an Jugendlichen vorbeigehen. Rund um die Uhr besetzte Sorgentelefone, kostenlose Beratungsstellen mit einem Minimum an Bürokratie, Kontaktläden, Jugendasyle sowie das junge ehrenamtliche Personal solcher Einrichtungen finden bei einer Jugend, die sich zu einer eigenständigen Subkultur zu entwickeln scheint, ein immer größeres Interesse.

Da psychiatrische Einrichtungen auf Gemeindeebene inzwischen erkennen, wie wichtig es ist, sich mit ihren Dienstleistungen auf dem Gebiet der primären und sekundären Prävention nach den speziellen Bedürfnisse der jeweiligen Klienten zu richten, finden diese und ähnliche Bemühungen im ganzen Land ihre Nachahmer. Wachsende Anerkennung erfährt auch die Tatsache, daß für solche Klienten mehr Kapazitäten geschaffen werden müssen, die nach Überwindung einer akuten Krise eine kontinuierliche Nachbetreuung benötigen. Das Problem der meisten kommunalen psychiatrischen Gesundheitspflegezentren besteht nicht mehr darin, die zur Erfüllung der Bedürfnisse bestimmter Klientengruppen geeigneten Maßnahmen herauszufinden oder genug Klienten für die angebotenen Dienstleistungen zu bekommen. Die Schwierigkeit liegt vielmehr darin, einen Personalstab zusammenzustellen und zu unterhalten, der die Anforderungen erfüllt, und Finanzierungsmöglichkeiten zu finden. Um die das Angebot weit übersteigende Nachfrage befriedigen zu können, wurden professionelles Personal und Laienhelfer gleichermaßen rekrutiert und ausgebildet. Bei vielen Funktionen, die bislang nur dafür ausgewiesenen Mitarbeitern zugetraut und anvertraut worden waren, hat dieser Umstand zu einem Absinken des Professionalisierungsgrades geführt. Je stärker die individuellen Bedürfnisse der Klienten und des sozialen Gemeinwesens, aus dem sie stammen, bei der Planung adäquater Maßnahmen zum bestimmenden Faktor werden, um so mehr verwischen sich die Grenzen der Berufsrollen.

In den meisten Städten gibt es mittlerweile zahlreiche Sorgentelefone und Infolines, die Hilfesuchenden, die anonym bleiben möchten, 24 Stunden am Tag und 7 Tage in der Woche zur Verfügung stehen. Stadtbewohner haben nur selten starken und beständigen familiären Rückhalt. Man arbeitet mit beinahe völlig fremden Menschen zusammen, lebt zwischen fast gänzlich unbekannten Nachbarn oder teilt sich die Wohnung mit einem «Mitbewohner», einem weiteren Fremden. Nur selten ist jemand da, mit dem man seine Gedanken, Sorgen und Ängste austauschen kann.

Solche anonymen Sorgen- oder Infotelefone gibt es beispielsweise für Vergewaltigungsopfer oder Personen, die sich über AIDS oder den HI-Virus informieren wollen. Die meisten Großstädte verfügen über psychiatrische Notfallteams, die man gegebenenfalls per Telefon auch zu sich nach Hause rufen kann. Aufgrund der hohen Suizidzahlen gibt es in den meisten Städten auch Sorgentelefone für selbsttötungsgefährdete Personen (Brent et al. 1993; Herman 1992; Goh 1993; Jones 1990; Shneidman 1993; Foa 1992 und Janoff 1992).

1.3 Der technische Fortschritt und seine Folgen

Der rapide Fortschritt der Technik bringt neue Herausforderungen mit sich, die Krisen auslösen können. In manchen Familien hat die Anschaffung und Benutzung von PCs zu einem weiteren Anstieg von Streß geführt. Der Computer mit seiner bunten Spiele- und Internetwelt birgt die Gefahr in sich, die Quantität und Qualität der Kommunikation in der Familien einzuschränken; er kann völlig neuartige familiäre Krisen heraufbeschwören.

Die meines Wissens einzige Studie zur potentiell pathologischen Nutzung des Internets wurde im August 1996 beim jährlichen Treffen der American Psychological Association in Toronto (Ontario, Kanada) vorgelegt. Kimberley Young, klinische Psychologin der Universität of Pittsburgh in Bradford, präsentierte eine Studie über die Internetabhängigkeit (Roan 1996).

Dr. Young legt in ihrer Studie dar, es kämen immer mehr Hinweise darauf zusammen, daß das Internet ähnlich wie Drogen, Alkohol und Glücksspiel süchtig machen könne. Im Rahmen der Studie wird dafür plädiert, das krankhafte Surfen im Internet als Sucht und damit als reguläre klinische Störung mit ernsthaften Konsequenzen einzustufen.

Die Internetsüchtigen gaben an, in ihrem Leben erhebliche Schwierigkeiten zu haben, weil sie einfach keine Kontrolle mehr darüber hätten, wie lange sie «online» blieben. Der typische Internetabhängige versuche, die Zeit zu reduzieren, die er im Netz verbringe, schaffe dies jedoch nicht und zeige bei dem Versuch, «offline» zu gehen und zu bleiben, Entzugserscheinungen wie Angstzustände und Zittern.

Die Folgen des Internetmißbrauchs können von der Unfähigkeit, Telefonrechnung und Nutzungsgebühren zu bezahlen, bis hin zur Spaltung einer Familie reichen. So sind bereits Monatsrechnungen von umgerechnet über 2000 DM vorgekommen, und eine bis dato glücklich verheiratete Ehefrau und Mutter entschied sich, von ihrem Mann vor das Ultimatum «ich oder dein Computer» gestellt, für den Computer.

Dr. Young schaltete im Netz eine Anzeige, in der sie «passionierte Internet-User» suchte, und legte Handzettel an den nahegelegenen Colleges aus. Die Probanden füllten Fragebögen aus und nahmen an telefonischen oder persönlichen Interviews teil. Insgesamt waren an der Studie 396 Personen beteiligt, von denen später 296 als abhängig eingestuft wurden.

Diese Erkenntnisse deuteten darauf hin, daß sowohl Männer als auch Frauen von der Internetsucht betroffen sind. Das Alter der Probanden reichte von 14 bis hin zu 71 Jahren, die meisten davon gehörten jedoch zur mittleren Altersgruppe. Viele der Abhängigen waren eigentlich keine typischen «Computerfreaks». 42 % Prozent davon gaben an, gegenwärtig nicht berufstätig zu sein; es handelte sich um Hausfrauen, Arbeitslose, Rentner oder Behinderte.

Die Personen, die der Sucht verfielen, schienen ein hohes Maß an Zeit zur Verfügung zu haben. Viele waren noch relativ neu im Internet – sie gingen seit durchschnittlich 8 Monaten «online» – und hatten die schöne neue Welt, die sie so verlockte, gerade erst entdeckt. Während die nicht abhängigen Probanden bereits angaben, täglich zwischen ein und zwei Stunden im Netz zu verbringen, nannten die Süchtigen eine etwa achtmal längere Zeit. Youngs Studie brachte aber noch ein weiteres verräterisches Kennzeichen von Sucht zutage: die abhängigen User verbrachten die meiste Zeit in «Chatrooms», den Internet-Schwatzplätzen, oder bei gemeinschaftlichen Spielen, die es ihnen ermöglichten, eine andere Persönlichkeit anzunehmen, wohingegen die nicht süchtigen User sich vornehmlich einloggten, um e-mails zu verschicken oder im WWW zu recherchieren.

Für süchtige User ist das Internet keine Datenquelle, sondern ein emotionaler Bezugspunkt, eine «online» geschaffene Phantasie. Chatrooms können das Gefühl vermitteln, Macht auszuüben, einen hohen Status zu haben oder Freunde zu besitzen. Die wenigsten der abhängigen Probanden gaben an, momentan psychische Probleme zu haben oder solche früher gehabt zu haben. Ein Schwachpunkt der Studie könnte jedoch darin liegen, daß sie auf möglicherweise voreingenommenen Selbstauskünften der Probanden beruht. Jedenfalls hält Dr. Young fest, Internetsucht könne die Manifestation einer anderen, tiefer liegenden klinischen Störung sein.

Außerdem schreibt sie, es gebe nur wenige Warnsignale dafür, daß sich eine Abhängigkeit entwickle. Besonders dieser Bereich bedürfe der weiteren Erforschung. Die Probanden sagten, es handele sich um eine äußerst heimtückische Sucht, da den Betroffenen das Problem rasch über den Kopf wachse. Aus den zwei Stunden, die man eigentlich im Netz bleiben wolle, würden unversehens 6 oder 7 Stunden. Man bleibe länger auf als gewöhnlich und stehe mitten in der Nacht auf. Die meisten Menschen, die zu oft und zu lange «online» gewesen sind, ändern ihr Verhalten nach der ersten alarmierend hohen Rechnung, die süchtigen User hingegen mußten feststellen, daß sie sich nicht mehr beherrschen konnten. Viele nahmen ihren Computer vom Netz, konnten aber dem Zwang nicht widerstehen, ihn wieder anzuschließen.

1.3.1 Der typische Internet-Junkie

Der «süchtige» Internet-User dürfte im Verlauf eines Jahres mindestens vier der folgenden Kriterien erfüllen, die denen der Drogen- oder Alkoholabhängigkeit stark ähneln (Young 1996):

- Er denkt auch dann ans Internet, wenn er «offline» ist.
- Er ist in immer höherem Maße auf das Internet angewiesen, um Befriedigung zu verspüren.
- Er hat seine Internetausflüge nicht mehr unter Kontrolle.
- Er wird unruhig bzw. gereizt, wenn er versucht, die Internetnutzung einzuschränken oder einzustellen.
- Er benutzt das Internet, um vor Problemen zu fliehen oder um seine Stimmung zu verbessern.
- Er belügt seine Familie und seine Freunde, um zu verbergen, wieviel Zeit er wirklich im Internet verbringt.
- Er setzt zugunsten des Internets Partnerschaft, Beruf, Ausbildung oder Karriere aufs Spiel.
- Er wählt sich immer wieder ins Netz ein, obwohl er bereits riesige Beträge für die Gebühren ausgegeben hat.
- Er erlebt Entzugserscheinungen, wenn er offline ist.
- Er bleibt länger im Netz, als er eigentlich wollte.

Youngs Studie zeigt zwar einige interessante Möglichkeiten auf, die Zusammensetzung der Stichprobe (Arbeitslose, Hausfrauen, Rentner, Behinderte) ist jedoch für die Mehrheit der Internetnutzer nicht repräsentativ. Wer aus dem WWW Informationen bezieht, die er in der Kommunikation mit Berufskollegen oder Gleichgesinnten einsetzt, tut dies, weil er auf diese Weise direkten Zugriff auf Daten hat, die er auf herkömmlichem Wege nur langsam oder überhaupt nicht bekommen könnte. Informationen aus der ganzen Welt stehen ihm sofort zur Verfügung, ganz gleich, ob er sich nun für einen brandaktuellen medizinischen Durchbruch, Genforschung, pharmakologische Erkenntnisse, taufrische psychiatrische, psychologische, pflegepraktische oder soziologische Theorien und Behandlungsmethoden, ophthalmologische oder zahnmedizinische Neuerungen interessiert.

Das Internet ist das Medium der Zukunft. Auch dieses Buch hier ist, nun da Sie es in den Händen halten, bereits überholt – es ist passé. In dem Maß, wie die Datenautobahn boomt, ist heute alles Schriftliche bereits veraltet. Wie bei allen Neuheiten und Innovationen gibt es auch hier diejenigen, die nicht mithalten können, und diejenigen, die nach Wegen suchen, um diese ansonsten hoch produktive Form der Kommunikation und Information zu mißbrauchen. Das Internet jedoch wird überleben und der Menschheit weiterhin Informationen aus der ganzen Welt liefern.

Literaturverzeichnis

Bellak, I., Small, L.: Emergency psychotherapy and brief psychotherapy, New York, 1965, Grune & Stratton.
Bellak, L.: A general hospital as a focus of community psychiatry, JAMA 174:2214, 1960.
Bellak, L., editor: Handbook of community psychiatry and community mental health, New York, 1964, Grune & Stratton.
Bierer, J.: The Marlborough experiment. In Bellak, L., editor: Handbook of community psychiatry and community mental health, New York, 1964, Grune & Stratton.
Brent, D. A. and others: Adolescent witnesses to a peer suicide, J Am Acad Child Adolesc Psychiatry 32:1184, 1993.
Caplan, G.: An approach to community mental health, New York, 1961, Grune & Stratton.
Caplan, G.: A public health approach to child psychiatry, Ment Health 35:235, 1951.
Decker, J. B., Stubblebine, J. M.: Crisis intervention and prevention of psychiatric disability: a follow-up study, Am J Psychiatry, 129:101, 1972.
Dzhagrov, M. A.: Experience in organizing a day hospital for mental patients, Neuropathologica Psikhiatria 6:147, 1937 (translated by G. Wachbrit).
Foa, E.: National Victim Center and the Crime Victims Research and Treatment Center. Rape in America: a report to the nation (Research Report 1992–1), Washington DC, 1992.
Ford, D., Urban, H.: Systems of Psychotherapy, New York, 1963, John Wiley & Sons.
Goh, D. S.: The development and reliability of the attitudes toward AIDS scale, Coll Student J 27(2):208, 1993.
Herman, J. L.: Trauma and recovery, New York, 1992, Basic Books.
Janoff, B. R.: Shattered assumptions, New York, 1992, Free Press.
Jones, J.: Psychology's role in AIDS crisis grows, APA Monitor 20:6, June 1990.
Kennedy, J. F.: Adress, United Negro College Fund Convocation, Indianapolis, April 12, 1959.
Lecker, S. and others: Brief interventions: a pilot walk-in clinic in suburban churches, Can Psychiatr Assoc J 16:141, 1971.
Lindemann, E.: The meaning of crisis in indivudual and family, Teachers Coll Rec 57:310, 1956.
Lindemann, E.: Symptomatology and management of acute grief, Am J Psychiatry 101:101, 1944.
Linn, L.: Psychiatric program in a general hospital. In Bellak, L., editor: Handbook of community psychiatry and community mental health, New York, 1964, Grune & Stratton.
Loewenstein, R. M.: Psychology of the ego. In Alexander, F., Eisenstein, S., Grotjahn, M., editors: Psychoanalytic pioneers, New York, 1966, Basic Books.

Morales, H. M.: Bronx Mental Health Center, NY State Division, Bronx Bull 13:6, 1971.
Ovesy, L., Jameson, J.: Adaptational techniques of psychodynamic therapy. In Rado, S., Daniels, G., editors: Changing concepts of psychoanalytic medicine. New York, 1956, Grune & Stratton.
Pumpian-Mindlin, E.: Contributions to the theory and practice of psychoanalysis and psychotherapy. In Alexander, F., Eisenstein, S., Grotjahn, M., editors: Psychoanalytic pioneers, New York, 1966, Basic Books.
Rappaport, D.: A historical survey of psychoanalytic ego psychology. In Klein, G. S., editor: Psychological issues, New York, 1959, International Universities Press.
Ravenscroft, T: After the crisis, Nurs Times 90(12):26, 1994.
Roan, S.: Los Angeles Times, Los Angeles, August 13, 1996.
Ross, M.: Extramural treatment techniques. In Bellak, L., editor: Handbook of community psychiatry and community mental health, New York, 1964, Grune & Stratton.
Salzman, L.: Developments in psychoanalysis, New York, 1962, Grune & Stratton.
Shneidman, E. S.: Some controversies in suicidology: toward a mentalistic discipline; Suicide Life Threat Behav 23(4):292, 1993.
Young, K. S.: Personal communication, 1996, University of Pittsburgh.

Weiterführende Literatur

American Journal of Nursing: Health care reform (video), 32nd Biennial Convention of Sigma Theta Tau, 1993, Alan Trench/Helene Fuld Trust.
Bachrach, L. L.: Community psychiatry's changing role, Hosp Community Psychiatry 42:573, 1991.
Beeber, L. S.: The one-to-one relationship in nursing practice: the next generation. In Anderson, C. A., editor: Psychiatric nursing 1974 to 1994: a report on the state of the art, St. Louis, 1995, Mosby.
Betemps, E., Ragiel, C.: Psychiatric epidemiology: facts and myths on mental health and illness, J Nurs 32:23, 1994.
Bishop, J. B.: The university counseling center: an agenda for the 1990s, J Counsel Dev 68:408, 1990.
Clark, M. J.: Nursing in the community, Norwalk, Conn 1992, Appleton & Lange.
Dazord, A. and others: Pretreatment and process measures in crisis intervention as predictors of outcome, Psychother Res 1(2):135, 1991.
Fontes, L. A.: Constructing crises and crisis intervention theory, J Strat Syst Ther 10:59, 1991.
Grob, G. N.: Mental health policy in America: Health Aff Fall, p 7, 1992.
Huffman, K., Vernoy, M., Williams, B.: Psychology in action, ed 2, New York, 1995, John Wiley & Sons.

2. Die verschiedenen Formen der Psychotherapie

Es kommt darauf an, den Körper mit der Seele und die Seele durch den Körper zu heilen.
Oscar Wilde

Für die Psychoanalyse als Behandlungstechnik hat es in der Vergangenheit zahlreiche Definitionen gegeben – sowohl widersprüchliche als auch übereinstimmende. Abweichungen finden sich in der Regel hinsichtlich Methodik, Therapieziel, Therapiedauer und Indikation. Allgemeine Übereinstimmung besteht jedoch darüber, daß es sich dabei um ein Bündel von Verfahrensweisen zur Verhaltensänderung handelt, das im wesentlichen auf der Herstellung einer Beziehung zwischen zwei (oder mehreren) Personen beruht.

2.1 Psychoanalyse und psychoanalytische Psychotherapie

Die ursprünglichen Theorien Sigmund Freuds, des Begründers der Psychoanalyse, entwickelten sich in mehreren Phasen, in deren Verlauf Freud wechselnde Hypothesen einer Überprüfung durch Erprobung und systematische Beobachtung unterzog. Seine Bemühungen waren aber immer darauf ausgerichtet, das Unbewußte dem Bewußtsein zugänglich zu machen.

In Zusammenarbeit mit Breuer entwickelte Freud zunächst die psychotherapeutische Technik der *kathartischen Hypnose*. Nachdem er erkannt hatte, daß die Ich-Kontrolle über das Unbewußte durch Hypnose aufgehoben werden konnte, hypnotisierte er seine Patienten, um sie zu veranlassen, direkte Fragen zu beantworten. Damit sollten die unbewußten Ursachen ihrer Symptomatik aufgedeckt werden, und sie sollten Gelegenheit bekommen, ihre angestauten Gefühle frei zum Ausdruck zu bringen.

Freud erkannte jedoch bald, daß er die Prozedur wiederholen mußte, um therapeutische Erfolge zu erzielen. Sobald der Patient aus der Hypnose erwachte und die Kontrolle über seine Gefühle wiedererlangte, glitt das bewußt gemachte Material zurück ins Unbewußte. Das eigentliche therapeutische Ziel nämlich, den wachen Patienten in die Lage zu versetzen, sich seine verdrängten Gefühle ins Gedächtnis zu rufen und sich damit auseinanderzusetzen, um Einsichten gewinnen und die Ich-Stärke zu erhöhen – dieses Ziel war mit dieser Methode nur vorübergehend zu erreichen.

Als nächstes experimentierte Freud mit einer Technik, die er als *Wachsuggestion* bezeichnete. Er legte seine Hand auf die Stirn der Patienten und suggerierte ihnen, sie könnten sich an ihre Vergangenheit erinnern, wenn sie es nur versuchten. Freud stellte jedoch rasch fest, daß auch mit dieser Technik niemand dazu gezwungen werden konnte, sich an verdrängte, konfliktträchtige Ereignisse zu erinnern. Daraufhin entwickelte er eine indirekte Methode, um das Bewußtsein mit unbewußtem verdrängtem Material zu konfrontieren. Bei der sogenannten *freien Assoziation* sollte der Patient sämtliche Gedanken artikulieren, die ihm in den Kopf kamen, z. B. Erinnerungen aus seinem Leben, Gefühle, Phantasien und Träume, ohne dabei auf Logik oder Kontinuität zu achten. Freud konzentrierte sich darauf, ein intellektuelles Verständnis für die psychogene Vergangenheit des Patienten zu gewinnen. Er bestand auf der «Grundregel», daß der Patient dem Therapeuten alles mitteilen sollte, was ihm während der Sitzung einfiel. Nichts, ganz gleich wie belanglos es dem Patienten auch erscheinen mochte, durfte verschwiegen werden. Auf dieser Suche nach verdrängten Erinnerungen fand Freud heraus, daß verdrängte Gefühle, die auf diese Weise an die Oberfläche kamen, nach und nach abgebaut wurden, wenn der Effekt auch nicht so dramatisch war wie bei der kathartischen Hypnose.

Das Phänomen der *Übertragung* dürfte wohl eine der wichtigsten Entdeckungen Freuds sein. Freud betrachtete die Übertragung als emotionale Reaktion des Patienten auf den Therapeuten, in deren Verlauf der Patient vergangene, aus dem Unbewußten hervordringende Konflikte erneut durchlebt und dem Therapeuten Gefühle entgegenbringt, die er in seiner Kindheit Autoritätspersonen gegenüber empfunden hat. Seiner Ansicht nach war die Übertragung ein wertvolles therapeutisches Instrument, um Abwehr und Widerstand des Patienten gegen das Bewußtwerden verdrängter emotionaler Erfahrungen zu überwinden.

Freud bezeichnete dieses erneute Durchleben der neurotischen Vergangenheit in der aktuellen Therapeut-Patient-Beziehung als *Übertragungsneurose*. Der hauptsächliche therapeutische Effekt dieses Prozesses besteht in dem Umstand, daß der Patient seine Aggressionen dem Therapeuten gegenüber zum Ausdruck bringen kann, ohne die Strafe befürchten zu müssen, die ihm von der Autoritätsfigur seiner Kindheit gedroht hätte. Durch die wertungsfreie Akzeptanz des Therapeuten wird der Patient ermutigt, sich mit dem neuen, dem Unbewußten entlockten Material weitgehend angstfrei auseinanderzusetzen. Die Integration dieser neuen Erfahrungen in den bewußten Ich-Anteil steigert nach Freud das Bewältigungsvermögen und erleichtert somit die weitere Freisetzung verdrängter Erfahrungen. Alexander (1956) nennt diesen Prozeß «korrektive emotionale Erfahrung».

Psychoanalyse ist sowohl Theorie als auch Praxis. Alexander & French (1946) halten fest, der traditionelle Ansatz der psychoanalytischen Therapie sei nicht-direktiv, d. h. der Therapeut fungiere als passiver Beobachter, der sich von den Äußerungen seines Patienten leiten lasse. Tarachow (1963) schreibt, diese Form der Psychotherapie eigne sich für jene Menschen, deren Persönlichkeit und Ich-Stärke trotz neurotischer Symptome oder leichter bis mittelschwerer Charakterstörungen infolge unbewußter Konflikte relativ intakt sei. Eine ganze Reihe von Autoren hat Verfahrensänderungen bei der klassischen Psychoanalyse vorgeschlagen und vorgenommen. Stone (1951) listet 8 Grundregeln auf, die im Verlauf der Weiterentwicklung der Psychoanalyse die eine oder andere Abwandlung erfahren haben:

1. Während der Sitzung wird fast ausschließlich auf der Basis der freien Assoziationen des Patienten kommuniziert.
2. Zeitpunkt, Häufigkeit und Dauer der Sitzungen weisen eine gewisse Regelmäßigkeit auf, und es gibt eine eindeutige finanzielle Vereinbarung.
3. In der Woche finden drei bis fünf (ursprünglich 6) Sitzungen statt, gewöhnlich eine am Tag.
4. Der Patient nimmt eine liegende Position ein, wobei der Therapeut in der Regel so sitzt, daß ihn der Patient nicht direkt sehen kann.
5. Der Therapeut beschränkt sich im wesentlichen auf die Deutung der Äußerungen des Patienten oder andere rein informative Interventionen, wie z. B. gelegentliche (Rück-)Fragen.
6. Der Therapeut bleibt emotional passiv und neutral (wohlwollende Objektivität) und achtet besonders darauf, die Übertragungswünsche des Patienten nicht zu befriedigen.
7. Der Therapeut verzichtet darauf, dem Patienten Ratschläge zu erteilen, sich in sein Leben einzumischen oder auf andere Weise direkt zu intervenieren.
8. Der Therapeut unternimmt keine direkten Versuche, die Symptome zu heilen, sondern der Patient selbst steuert den Verlauf der Therapie mit seinen freien Assoziationen; die gesamte Psyche des Patienten ist das Beobachtungsfeld.

Bei der psychoanalytischen Psychotherapie übernimmt der Therapeut eine aktivere Rolle; er interagiert in höherem Maße mit seinem Patienten und interpretiert die Übertragungstendenzen nicht so umfassend wie bei der klassischen Analyse.

Als optimal hat sich eine ruhige, interessierte, mitfühlende, verständnisvolle und hilfsbereite Haltung erwiesen, die erheblich von der Neutralität des reinen Analytikers abweicht. Man geht davon aus, daß diese Ruhe, Hilfsbereitschaft und Anteilnahme des Therapeuten dem Patienten im Umgang mit Belastungen den nötigen Rückhalt gibt, seinen Realitätsbezug stärkt, ihm das Gefühl vermittelt, daß die therapeutische Beziehung ihm etwas gibt und ihn so anspornt, sich auch weiterhin mit dem aus dem Unbewußten auftauchenden Material auseinanderzusetzen.

Alexander (1956) weist darauf hin, daß bei Behandlungstechniken, die von der klassischen Psychoanalyse Freuds abweichen, meist einem bestimmten Ausschnitt aus der Lebensgesamtheit der Patienten besondere therapeutische Bedeutung beigemessen und dieser daher isoliert behandelt wird. Rank beispielsweise konzentrierte sich auf die aktuelle Lebenssituation des Patienten und sprach der Kindheitsgeschichte jegliche therapeutische Signifikanz ab, und Ferenczi betonte die Entladung aufgestauter Affekte während der Übertragung. Reich wiederum stellte die Analyse der Widerstände in den Vordergrund, durch deren Beseitigung er die Freisetzung hochgradig affektgeladener Erfahrungen ermöglichen wollte. Er strich die Bedeutung verborgener Formen des Widerstands heraus und empfahl, das Verhalten des Patienten als getrennt von seinen verbalen Äußerungen zu verstehen. Die Gesamtheit der Verfahrensweisen in der psychoanalytischen Psychotherapie wird anhand ihrer Zielrichtung traditionell in zwei Kategorien unterteilt: in stützende und aufdeckende Therapieformen.

Alexander (1956) zufolge zielt die stützende Therapie darauf ab, die Fähigkeit des Ichs zu verstärken, mit den ins Unbewußte verdrängten emotionalen Konflikten umzugehen. In der Übertragung durchlebt der Patient seine frühen interpersonalen Konflikte im Rahmen der therapeutischen Beziehung erneut. Beide Arten von Methoden überlappen sich, es fällt jedoch nicht sehr schwer, sie zu unterscheiden. Stützende Verfahren sind insbesondere dann angeraten, wenn die Einschränkung der Ich-Funktionen vorübergehender Natur ist und aufgrund akuter emotionaler Belastungen zustande kam. Alexander nannte in bezug auf stützende Verfahren folgende therapeutische Aufgaben:

- Der Therapeut kommt in Streßsituationen dem Abhängigkeitsbedürfnis des Patienten nach, wodurch dessen Angst abgebaut wird.
- Er gibt dem Patienten die Gelegenheit, aufgestaute Affekte abzureagieren und somit seinen Streß abzubauen.
- Er leitet seinen Patienten intellektuell an, indem er ihm dabei hilft, die aktuelle Streßsituation objektiv zu betrachten und die richtigen Entscheidungen zu fällen, wodurch der Patient lernt, seine Gesamtsituation realistisch einzuschätzen.
- Er unterstützt die neurotische Abwehr des Patienten so lange, bis dessen Ich der emotionalen Entladung gewachsen ist.

- Er greift aktiv in die Lebenssituation des Patienten ein, falls dies unter den gegebenen Umständen die einzige Möglichkeit zu sein scheint, um dem Patienten zu helfen.

Um eine Psychoanalyse oder eine psychoanalytische Psychotherapie durchführen zu können, benötigt der Therapeut eine langjährige intensive Ausbildung; schon aus diesem einfachen Grunde gibt es nur eine begrenzte Zahl von Therapeuten. Beide Methoden – die stützende wie die aufdeckende – erfordern, daß der Patient über einen längeren Zeitraum hinweg, oft auf Jahre hinaus, in Behandlung bleibt. Auch der zeitliche und finanzielle Aufwand, der mit einer derart extensiven Behandlung verbunden ist, macht sie bei vielen Patienten undurchführbar.

2.2 Kurztherapie

Da immer mehr Menschen behandlungsbedürftige psychische Probleme haben und es bei weitem nicht genügend Therapeuten gibt, die sich ihnen widmen könnten, entstand die Behandlungsform der Kurztherapie. Zunächst wurde ein Großteil der Kurztherapien von Assistenzärzten in der Psychiatrie im Rahmen ihrer Ausbildung durchgeführt. Später machten sich auch psychiatrisch geschulte Sozialarbeiter und Psychologen diese Behandlungsform zu eigen.

Die Wurzeln der Kurztherapie liegen zwar in der psychoanalytischen Theorie, sie weicht jedoch in einigen Punkten, z. B. was die Zielsetzung anbelangt, von der Psychoanalyse ab. So beschränkt sie sich soweit wie möglich darauf, ganz spezifische Symptome zu beseitigen oder zu mildern. Die Therapie kann zwar eine Restrukturierung der Persönlichkeit mit sich bringen, darin besteht jedoch nicht das primäre Ziel. Wie die traditionelleren Formen der Psychotherapie muß sich auch die Kurztherapie an einem geordneten Repertoire von Konzepten orientieren, die auf eine positive Veränderung beim Patienten abzielen. Im Mittelpunkt des Interesses steht die Beseitigung der vorliegenden Symptome und die Wiederherstellung bzw. Aufrechterhaltung der Funktionalität des Patienten. Um dieses Ziel zu erreichen, werden sich jedoch manche Patienten in eine längerfristige Therapie begeben müssen bzw. wollen. Ein weiteres Therapieziel besteht darin, dem Patienten nach einer (persönlichen) Katastrophe dabei zu helfen, der Entwicklung tiefgreifenderer neurotischer oder psychotischer Symptome vorzubeugen.

Freie Assoziation, psychoanalytische Deutung und Übertragungsanalyse kommen in der Kurztherapie in einer modifizierten Form zum Einsatz. Bellak & Small (1965) zufolge ist die freie Assoziation kein unabdingbares Verfahren der Kurztherapie, sie kann jedoch als Reaktion auf einen vom Therapeuten ausgesendeten Stimulus zustande kommen. Der psychoanalytischen Deutung werden durch den engen zeitlichen Rahmen sowie die Dringlichkeit des vorliegenden Problems

Grenzen gesetzt. In der Kurztherapie ist sie meist an medizinische oder umweltbezogene Interventionen geknüpft.

Bellak & Small vertreten außerdem die Auffassung, daß die positive Übertragung gefördert werden sollte. Für die Kurztherapie ist es wichtig, daß der Patient den Therapeuten als sympathisch, verläßlich und verständnisvoll erfährt. Der Patient *muß* davon überzeugt sein, daß der Therapeut ihm helfen kann. Sollen in derart kurzer Zeit bestimmte therapeutische Ziele verwirklicht werden, so ist dies nur mit Hilfe einer solch positiven Beziehung möglich. Das bedeutet aber nicht, daß negative Übertragungsgefühle ignoriert würden, sie werden lediglich nicht als Abwehr analysiert.

Der Therapeut selbst spielt bei der Kurztherapie eine aktivere Rolle als bei den traditionellen Therapieformen. Alles, was nicht unmittelbar mit dem vorliegenden Problem zu tun hat, wird außer acht gelassen. Positive Trends werden betont, und der Therapeut agiert als interessierte, hilfreiche Person. Die Schwierigkeiten, mit denen der Patient sich konfrontiert sieht, werden eingegrenzt, und der Therapeut nutzt die Position, die der Patient innerhalb seines Umfeldes einnimmt, um ihm bei der Beurteilung und Modifikation seiner Situation zu helfen. Jegliches produktives Verhalten seitens des Patienten wird bestärkt.

In der Kurztherapie sind Diagnosestellung und -überprüfung besonders wichtig. Ihr Ziel besteht darin, den Patienten und seine Symptome dynamisch zu verstehen und Hypothesen aufzustellen, die anhand historischer Daten validiert werden können. Die Ergebnisse der Diagnosestellung versetzen den Therapeuten in die Lage, darüber zu entscheiden, welche Faktoren am ehesten beeinflußt werden können und die geeignete Interventionsmethode zu wählen. Bei der Diagnosestellung sollte darauf geachtet werden, inwieweit die Phantasien des Patienten sich mit der Realität decken. Auch die vermutliche Frustrationstoleranz des Patienten hinsichtlich vergangener und zukünftiger Belastungen sollte berücksichtigt werden. Ebenfalls relevant ist die Angemessenheit seiner früheren und aktuellen Beziehungen. Die Frage, die gestellt werden muß, lautet: «Warum kommen sie gerade jetzt?» Dabei geht es nicht allein um frustrierende Ereignisse, die im Leben des Patienten vorgefallen sind, sondern auch um die Art der Hilfe, die er sich vom Therapeuten erhofft. Man darf wohl davon ausgehen, daß eine Bitte um Hilfe immer aufgrund externer oder interner emotionaler Notwendigkeiten zustande kommt, die für den Patienten wichtig sind. Die Verwirklichung kurzfristiger Therapieziele ist für *alle* Patienten vorteilhaft.

Nachdem die Ursachen der Symptome bestimmt wurden, wählt der Therapeut die angemessene Intervention. Deutungen, die darauf abzielen, dem Patienten Einsicht im Sinne der Psychoanalyse zu verschaffen, werden nur sehr behutsam vorgenommen; auf direkte Konfrontation wird weitgehend verzichtet. Der Therapeut versucht, das Ich des Patienten zu stärken, indem er sein Selbstwertgefühl steigert. Ein wichtiger Aspekt dieses Ansatzes liegt darin, dem Patienten die Empfindung zu vermitteln, daß er auf derselben Stufe steht wie sein Therapeut und nicht minderwertig ist. Die Probleme des Patienten sollten als nicht außergewöhnlicher betrachtet werden als die anderer Menschen. Dieses Vorgehen nimmt dem Patienten nicht nur seine Angst, sondern erleichtert auch die Kommunikation zwischen Patient und Therapeut. Andere Grundtechniken der Kurztherapie sind Katharsis, Triebverdrängung und -kontrolle, Testen der Realität, Intellektualisierung, Bestätigung und Unterstützung, Beratung und Verhaltensanleitung sowie gemeinsame Beratung (Bellak & Small 1965).

Die Beendigung der Therapie stellt bei der Kurztherapie eine wichtige Phase dar. Der Patient muß mit einer positiven Übertragung aus der Therapie herauskommen und wissen, daß er jederzeit wiederkommen kann, falls sich die Notwendigkeit ergibt. Die Ergebnisse des Lernprozesses, den der Patient während der Kurztherapie durchlaufen hat, müssen bekräftigt werden, damit er erkennen kann, daß er nun in der Lage ist, seine Probleme zu verstehen und selbst zu lösen. Diese Bekräftigung hat einen präventiven Effekt; sie hilft dem Patienten, sich auf mögliche zukünftige Probleme einzurichten.

Im Gegensatz zur klassischen Psychoanalyse, die nur sehr selten mit Medikamenten arbeitet, kann die Kurztherapie in Einzelfällen medikamentös unterstützt werden. Ein Eingriff in das Umfeld des Patienten wird in Betracht gezogen, wenn die Entfernung oder Modifikation eines Elementes notwendig ist, das sich störend auf die Lebensgestaltung des Patienten auswirkt. Bereiche, die besonders genau untersucht werden sollten, sind Familie und Freundeskreis, Beruf und Ausbildung sowie Reisepläne (Bellak & Small 1965).

Eine Kurztherapie ist angebracht, wenn ein Patient akute seelische Qualen erlebt, er unter hochgradig destruktiven Umständen leidet, oder wenn eine Situation vorliegt, die sein Leben oder das anderer Personen gefährdet. Sie ist weiterhin angebracht, wenn die Lebensumstände des Patienten keine langwierige Therapie zulassen. Das ist beispielsweise der Fall, wenn ein Patient keinen festen Wohnsitz hat oder beruflich viel unterwegs ist. Unter solchen Umständen kann durch eine Kurztherapie wenigstens eine Linderung quälender Symptome erreicht werden.

Es ist zwingend notwendig, daß der Patient sobald wie möglich Erleichterung empfindet, am besten schon während der ersten Sitzung. Wie viele Sitzungen sinnvollerweise stattfinden sollten, kann von Fall zu Fall entschieden werden; in der Regel liegt die Zahl der Sitzungen zwischen 6 und 20. Die Therapieziele können in kurzer Zeit erreicht werden, wenn der Hilfesuchende schnell und intensiv betreut wird. Die Auswirkungen einer gestörten Funktionalität lassen sich desto besser beeinflussen, je weniger Zeit seit ihrem Eintreten verstrichen ist. Nur aktive Konflikte sind therapeutischen Interventionen zugänglich. Ein Ungleichgewicht läßt sich am besten beseitigen, *bevor* es sich verfestigt hat, *bevor* der Patient einen sekundären Krankheitsgewinn daraus zieht und *bevor* sich ein erheblich fehlangepaßtes Verhalten ausgebildet hat.

2.3 Krisenintervention

Die Krisenintervention ist die logische gedankliche Fortführung der Kurztherapie. Das therapeutische Mindestziel der Krisenintervention ist die psychologische Auflösung der unmittelbaren Krise und die Wiederherstellung des Funktionsgrades, den die betreffende Person vor der Krise aufgewiesen hat. Im Idealfall gelingt es der Krisenintervention jedoch, eine Steigerung der Funktionalität herbeizuführen.

Caplan (1964) betont, eine Krise sei typischerweise auf einen Zeitraum von 4 bis 6 Wochen begrenzt. Dieser Zeitraum stellt eine Übergangsphase dar, die einerseits die Gefahren einer erhöhten psychischen Verletzlichkeit in sich birgt, andererseits aber auch die Chance des Persönlichkeitswachstums. Im Einzelfall entscheidet die Qualität und Verfügbarkeit der Hilfe in hohem Maße über das jeweilige Ergebnis. Aus diesen Gründen liegt die Interventionsdauer bei der Krisenintervention bei 4 bis 6 Wochen, wobei 4 Wochen eher die Regel sind (Jacobson 1965). Da die Zeit knapp ist, wird ein Therapieklima geschaffen, das die konzentrierte Aufmerksamkeit von Patient und Therapeut weckt. Hieraus entwickelt sich ein hoher Grad an Zielstrebigkeit, der in scharfem Kontrast zum gemächlichen Tempo der traditionellen Behandlungsmethoden steht.

2.3.1 Die Methodik der Krisenintervention

Jacobson (1980) und Jacobson et al. (1968) unterteilen die Krisenintervention in zwei Hauptkategorien. Diese können als *generell* und *individuell* bezeichnet werden. Beide Ansätze ergänzen einander.

2.3.1.1 Der generelle Ansatz der Krisenintervention

Die Grundannahme dieses Ansatzes besteht darin, daß es bestimmte Verhaltensmuster gibt, die den meisten Krisen gemeinsam sind. Viele Studien haben diese These bestätigt. Lindemann (1944) beispielsweise konnte einen klar umrissenen, in Phasen unterteilbaren Prozeß identifizieren, der dazu führt, daß sich ein Trauernder mit dem Tod eines Angehörigen abfindet. Das psychische Geschehen während dieses Prozesses bezeichnete er als «Trauerarbeit». Er fand heraus, daß eine Person, die nicht richtig trauert bzw. den Trauerprozeß nicht abschließt, in Zukunft möglicherweise eine psychische Krankheit ausbilden wird.

Weitere Studien über Reaktionsmuster, die generell durch Streßsituationen ausgelöst werden, folgten. Kaplan & Mason (1960) und Caplan (1964) untersuchten, wie sich eine Frühgeburt auf die Mutter auswirkt, und identifizierten vier Phasen, die durchlaufen werden müssen, damit es zu einer gesunden Adaptation kommen kann. Janis (1958) stellte diverse Hypothesen über den psychischen Streß auf, den eine bevorstehende Operation mit sich bringt, und weiterhin solche über die emotionalen Reaktionsmuster, die auf die Diagnose einer chronischen Krankheit folgen. Rapoport (1963) definierte drei Phasen der Ehe, in denen außergewöhnlicher Streß möglicherweise eine Krise auslöst. Die erwähnten Publikationen bilden nur eine kleine Auswahl aus der Vielzahl von Studien, die zum Thema Streßverhalten durchgeführt wurde.

Der generelle Ansatz der Krisenintervention konzentriert sich auf den kennzeichnenden Verlauf eines bestimmten *Typs von Krise* und nicht auf die Psychodynamik des Einzelfalles. Die Behandlung zielt auf eine adaptive Auflösung der Krise ab. Zu diesem Zweck werden spezifische Interventionsformen entwickelt, die für alle Personen einer gegebenen Gruppe effektiv sind, ohne den individuellen Unterschieden zwischen den Betroffenen wesentliche Bedeutung beizumessen. Solche personenübergreifenden Verhaltensmuster zu erkennen ist eine wichtige Aufgabe der präventiven Psychiatrie.

Nach Tyhurst (1957) könnten Erkenntnisse über feste Verhaltensmuster, die durch plötzlich oder dramatisch veränderte Lebensumstände ausgelöst werden, eine empirische Wissensbasis für den Umgang mit derartigen vorübergehenden Zuständen und die Prävention der darauffolgenden psychischen Störungen bilden. Als Beispiele führt er Studien über individuelle Reaktionen auf Naturkatastrophen, Auswanderung und Pensionierung an.

Jacobson et al. (1968) schreiben, der generelle Ansatz der Krisenintervention beinhalte

... direkte Ermutigung zu adaptivem Verhalten, allgemeinen Rückhalt, Eingriffe in das Umfeld und antizipatorische Lenkung.... Kurz gesagt, der generelle Ansatz betont

- *spezifische situative und reifungsabhängige Ereignisse innerhalb einer bestimmten Population,*

- *Interventionen zur Auflösung der durch diese Ereignisse ausgelösten Krisen und*

- *Durchführung von Interventionen durch nicht-psychiatrische Betreuungskräfte.*

(Übersetzung eines Abschnitts aus Jacobson et al. 1968)

Der generelle Ansatz hat sich als eine Interventionsmethode erwiesen, die auch von Ärzten, Pflegekräften, Sozialarbeitern und anderen Berufsgruppen erlernt und praktiziert werden kann, die keine Ausbildung auf dem Gebiet der Psychiatrie haben. Besondere Kenntnisse über die intrapsychischen und interpersonalen Prozesse, die eine in einer Krise steckende Person erlebt, sind nicht notwendig.

2.3.1.2 Der individuelle Ansatz der Krisenintervention

Dieser Ansatz unterscheidet sich insofern vom generellen, als die Einschätzung der in einer Krise befindlichen Person, d. h. ihrer intrapsychischen Prozesse und interpersonalen Relationen im Vordergrund steht. Er kommt jedoch nur in besonderen Fällen zur Anwendung, meist in solchen, in denen der generelle Ansatz nicht greift. Die Interventionen werden so angelegt, daß sie den speziellen Bedürfnissen des Betroffenen gerecht werden und die Situation und die Umstände, die zur Krise geführt haben, auflösen können. Im Gegensatz hierzu konzentriert sich der generelle Ansatz auf den Verlauf eines bestimmten Typs von Krise.

Anders als eine ausführliche Psychotherapie beschäftigt sich auch der individuelle Ansatz der Krisenintervention recht wenig mit der psychogenen Vergangenheit der betroffenen Person. Diesbezügliche Informationen werden nur dann als relevant betrachtet, wenn sie zum besseren Verständnis der bestehenden Krisensituation beitragen können. Im Mittelpunkt des Interesses stehen die unmittelbaren Ursachen für die Störung des psychischen Gleichgewichts sowie diejenigen Prozesse, die in Gang gesetzt werden müssen, um das vorherige Funktionsniveau wiederherzustellen bzw. ein höheres zu erreichen.

Jacobson (1968, 1980) führt an, die Einbeziehung von Angehörigen oder anderen wichtigen Bezugspersonen des Patienten in den Prozeß der Krisenbewältigung sei ein weiterer Unterschied zu den meisten anderen individuell ausgerichteten Formen der Psychotherapie. Für Jacobson unterscheidet der individuelle Kriseninterventionsansatz sich dadurch vom generellen, daß ein tieferes Verständnis der biopsychosozialen Prozesse nötig ist und die Interventionen sich an der speziellen Situation des Betroffenen orientieren und nur von Betreuern durchgeführt werden können, die eine Spezialausbildung in den Bereichen Psychiatrie oder Psychologie absolviert haben.

Morley, Messick & Aguilera (1967) führen einige Einstellungsmuster an, ohne die diese besondere Form der Krisenintervention nur schwer durchführbar ist. Es handelt sich dabei jedoch um die zentralen Elemente einer allgemeinen Philosophie, die ein Therapeut sich zu eigen machen muß, um überhaupt effektiv in der Krisenintervention arbeiten zu können. Will er bei der Behandlung von Krisenpatienten Erfolge erzielen, müssen diese Haltungen fester Bestandteil seiner Persönlichkeit sein. Wer nicht mit dieser Philosophie zurechtkommt, sollte besser akzeptieren, daß er für die Arbeit mit Krisenpatienten nicht geeignet ist. Es folgen die Grundpfeiler der Krisenintervention:

- Der Therapeut darf sein Vorgehen nicht als «zweite Wahl» empfinden, sondern muß davon überzeugt sein, daß die gewählte Behandlungsart die beste Methode für den Umgang mit Krisenpatienten darstellt.

- Eine effektive Intervention kommt zustande aufgrund der genauen Untersuchung des vorliegenden Problems und *nicht* durch eine eingehende psychodiagnostische Einschätzung des Patienten.
- Weder der Therapeut noch der betroffene Patient dürfen vergessen, daß der Behandlungszeitraum begrenzt ist, und beide sollten ihre gesamte Energie auf die Beseitigung des vorliegenden Problems richten.
- Material, das nicht unmittelbar mit der bestehenden Krise zusammenhängt, darf bei dieser Form der Intervention keine Beachtung finden.
- Der Therapeut muß bereit sein, eine aktive und mitunter direktive Rolle zu übernehmen. Das eher gemächliche Tempo der traditionellen Behandlungsansätze ist bei dieser Art von Therapie nicht angebracht.
- Eine maximale methodische Flexibilität des Therapeuten ist wünschenswert. In bestimmten Situationen kann es notwendig sein, daß er seinem Patienten als reine Informationsquelle dient oder diesem Kontakte zu anderen Ressourcen verschafft.
- Das Therapieziel der Krisenintervention ist eindeutig definiert: Sämtliche Bemühungen des Therapeuten müssen darauf hinauslaufen, seinem Patienten mindestens die Rückkehr auf sein vorheriges Funktionsniveau zu ermöglichen.

2.3.2 Die Schritte der Krisenintervention

Die Methodik der Krisenintervention beinhaltet bestimmte Schritte (Morley, Messick & Aguilera 1967). Auch wenn im Einzelfall nicht immer eine eindeutige Einteilung möglich sein mag, durchläuft die Intervention typischerweise die folgenden Abschnitte.

2.3.2.1 Einschätzung

Die Einschätzung des Betroffenen und seines Problems bildet die erste Phase der Krisenintervention. Der Therapeut verwendet Fokussierungstechniken, um eine genaue Vorstellung vom krisenauslösenden Ereignis sowie der eigentlichen Krise zu gewinnen, die den Betroffenen dazu gebracht hat, professionelle Hilfe zu suchen. Möglicherweise muß der Therapeut untersuchen, ob sein Patient eine Gefahr für sich selbst oder andere darstellt. Ist dies nach Meinung des Therapeuten der Fall, wird der Patient an einen Psychiater überwiesen, der dann über eine mögliche stationäre Einweisung entscheidet. Besteht jedoch nicht die Gefahr, daß der

Betroffene eine Selbsttötung begehen oder andere Personen schädigen könnte, wird mit der Intervention fortgefahren.

2.3.2.2 Planung der Intervention

Nach einer genauen Einschätzung der krisenauslösenden Umstände und der Krise selbst geht der Therapeut zur Planung der Intervention über. Ziel dieser Intervention ist es nicht, größere Veränderungen der Persönlichkeitsstruktur des Patienten herbeizuführen, sondern diesem vielmehr die Wiederherstellung des bisherigen psychischen Gleichgewichts bzw. eine qualitative Steigerung in dieser Hinsicht zu ermöglichen. In dieser Phase wird außerdem bestimmt, wie lange der Ausbruch der Krise zurückliegt. Meist geschieht das krisenauslösende Ereignis ein bis zwei Wochen vor dem Zeitpunkt, zu dem der Betroffene Hilfe sucht. Mitunter liegt dieses Ereignis aber auch erst 24 Stunden zurück. Der Therapeut muß erforschen, wie sehr die Krise das Leben der betroffenen Person beeinträchtigt und welche Auswirkungen diese Störung auf die Umwelt des Patienten hat. Ebenfalls untersucht wird, welche Stärken der Patient aufweist, welche Bewältigungsmechanismen er in der Vergangenheit erfolgreich genutzt hat und diesmal nicht nutzt bzw. nutzen kann, und welche Personen ihm normalerweise als Rückhalt dienen.

2.3.2.3 Intervention

Welche Interventionsmethoden konkret eingesetzt werden, hängt von den jeweiligen Fähigkeiten des Therapeuten, seiner Kreativität und Flexibilität ab. Morley, Messick & Aguilera (1967) empfehlen folgendes Vorgehen, das sich in der Praxis als sinnvoll erwiesen hat:

- *Helfen Sie dem Klienten, ein intellektuelles Verständnis seiner Krise zu gewinnen.* Oft sehen Krisenpatienten keine Verbindung zwischen einer bedrohlichen Situation, die in ihrem Leben eingetreten ist, und dem Ungleichgewichtszustand, den sie erleben. Schildern Sie Ihrem Patienten den Zusammenhang zwischen dem krisenauslösenden Ereignis und seiner Krise möglichst direkt.

- *Helfen Sie dem Klienten, sich über seine aktuellen Gefühle klar zu werden.* Manchmal unterdrücken Krisenpatienten sehr reale Emotionen, wie z. B. Wut oder andere «unzulässige» Gefühle gegenüber einer Person, die sie «lieben und ehren» sollten. Auch Trauer und Schuldgefühle werden oft vor sich und anderen verleugnet, oder der Betroffene ist außerstande, seine Trauerarbeit abzuschließen. Ein unmittelbares Interventionsziel besteht darin, die Anspannung des Patienten abzubauen, indem ihm die Gelegenheit gegeben wird, seine Gefühle zu erkennen und herauszulassen. Mitunter muß eine emotionale Katharsis herbeigeführt werden, um die lähmende Anspannung eines Krisenpatienten aufzulösen.

- *Ergründen Sie gemeinsam mit dem Klienten sein Bewältigungsvermögen.*
Helfen Sie dem Klienten, sich mit alternativen Bewältigungsstrategien auseinanderzusetzen. Hat er Verhaltensweisen, die von ihm in der Vergangenheit zum Abbau von Ängsten erfolgreich eingesetzt wurden, bislang unversucht gelassen, so muß überlegt werden, ob sie in der vorliegenden Situation Abhilfe schaffen könnten. Außerdem muß nach neuen Bewältigungsmethoden Ausschau gehalten werden. Häufig kommt der Klient selbst auf Möglichkeiten, die er nie zuvor versucht hat.

- *Gliedern Sie den Klienten wieder in die soziale Welt ein.*
Wurde die Krise durch den Verlust einer wichtigen Bezugsperson ausgelöst, so kann es für den Klienten sehr hilfreich sein, wenn er neue Menschen kennenlernt, die die entstandene Lücke füllen könnten. Im Idealfall kann er sozialen Rückhalt und emotionale Gratifikation, die ihm in der Vergangenheit von der «verlorenen» Person gewährt wurden, in ähnlich hohem Maße in einer neuen Bindung finden.

2.3.2.4 Auflösung der Krise und Zukunftsplanung

In dieser letzen Phase der Krisenintervention bekräftigt der Therapeut jene Bewältigungsmechanismen, die vom Klienten zum Abbau von Anspannung und Angst erfolgreich eingesetzt wurden. Das wachsende Bewältigungsvermögen und die daraus resultierenden positiven Veränderungen können noch einmal zusammengefaßt werden, damit der Betroffene seine Fortschritte nachempfinden und würdigen kann. Der Therapeut gibt seinem Klienten soweit nötig Hilfestellung bei der Formulierung realistischer Zukunftspläne und erörtert mit ihm, wie die aktuelle Erfahrung bei zukünftigen Krisen helfen kann.

2.3.3 Kognitive Therapie in der Krisenintervention

Sucht eine Person, die in einer Krise steckt, professionelle Hilfe, kann der Therapeut in der Regel zwei Hauptsymptome beobachten – *Angst* und/oder *Depression*.

Ein Verfahren, das mit kleineren Abwandlungen im Hinblick auf Dauer und Interventionsmethodik bei der Arbeit mit depressiven Krisenpatienten gut eingesetzt werden kann, ist die kognitive Therapie. Sie fußt auf der kognitiven Depressionstheorie von Beck und stellt die Gedanken und Wahrnehmungen des Patienten in den Mittelpunkt der therapeutischen Bemühungen.

Beck (1979) würdigte zwar den Anteil, den die Verhaltenstherapie an der Entstehung der kognitiven Therapie hat. Er mißt den externen (oder geistigen) Erfahrungen des Patienten jedoch weit mehr Bedeutung bei als die Verhaltenstherapeuten.

Beck geht wie andere Theoretiker davon aus, daß die Art und Weise, in der ein Individuum die Welt anhand von Überlegungen und Einschätzungen strukturiert, großen Einfluß darauf hat, wie es sich verhält und was es in seinem Leben erreicht. Wie eine Person eine Situation wahrnimmt, bestimmt über die Gefühle, die sie in bezug auf diese Situation empfindet, und diese Emotionen wiederum entscheiden darüber, wie sie sich verhalten und was sie unternehmen wird. Beck ging diesem Gedankengang nach und stellte Übereinstimmungen in der Art und Weise fest, wie depressive Personen ihre Erfahrungen strukturieren. Auf der Basis dieser Erkenntnisse erstellte er ein Depressionsmodell, das er die «kognitive Triade» nannte. Diese kognitive Triade, bestehend aus Denkstrukturen (Schemata) und fehlerhaften Formen der Informationsverarbeitung, bildet die Grundlage der Beckschen Depressionstheorie.

2.3.3.1 Kognitive Triade

Mit dem Begriff *kognitive Triade* bezeichnet Beck drei typische Kennzeichen des Denkens depressiver Personen. Erstens haben depressive Menschen ein sehr negatives Bild von sich selbst; sie empfinden sich in irgendeiner Form (psychisch, moralisch oder physisch) als minderwertig. Aufgrund dieser bei sich selbst vermuteten Defekte neigen sie dazu, sich als wertlos zu betrachten. Zweitens tendieren depressive Menschen dazu, die Ereignisse in ihrem Leben negativ zu sehen. Der depressive Patient deutet vorliegende Informationen immer so, daß er fälschlicherweise zu einem negativen Ergebnis wie Versagen, Erniedrigung, Zurückweisung, Unfähigkeit kommt. Drittens sind depressive Personen davon überzeugt, daß die Zukunft für sie keine Besserung bringen wird, sondern ihre aktuellen Schwierigkeiten weiterbestehen. Sie erwarten förmlich, daß Verzweiflung, Frustration und Versagen ihre ständigen Begleiter bleiben.

Die kognitive Triade ist grundlegend für Becks Verständnis von Depressionen. Er betrachtet alle anderen Depressionssymptome als Auswirkungen der drei folgenden Denkinhalte: negatives Selbstbild, negative Einschätzung der Gegenwart und negative Zukunftserwartung.

2.3.3.2 Denkstrukturen (Schemata)

Mit *Denkstrukturen* oder *Schemata* sind kognitive Schablonen gemeint, gemäß denen eine Person neue Informationen zu sinnvollen Mustern organisiert. Beck (1971) hebt hervor, daß der Mensch Situationen zwar auf verschiedenste Weise konzeptualisieren kann, ein einzelnes Individuum ähnliche Datenmengen jedoch stets in ähnlicher Weise interpretieren wird. Diese Denkstrukturen wurden im Verlauf der Entwicklung erlernt und repräsentieren Einstellungen oder Annahmen, die sich aufgrund eigener Erfahrungen herausgebildet haben. Sie bestimmen über die kognitive Reaktion des Individuums. Beck führt nun aus, im Falle von Depressionen gewönnen dysfunktionale Denkstrukturen die Oberhand, und die sich aus einer Situation ergebenden Informationen würden so verzerrt, daß sie dem gestörten Denkschema entsprächen. Der Betroffene ist nicht mehr in der Lage, das der Situation angemessene Schema zu aktivieren, da die dysfunktionale Denkstruktur einen Großteil seines Denkens dominiert. Jeder Stimulus aktiviert die negative dysfunktionale Denkstruktur. Dieser Zusammenhang würde erklären, warum depressive Personen die vielen positiven Aspekte ihres Lebens nicht «sehen» und auf sie reagieren können.

2.3.3.3 Fehlerhafte Informationsverarbeitung

Dieser Aspekt der Depressionstheorie bezieht sich auf ein weiteres typisches Kennzeichen depressiven Denkens. Beck (1971) bezeichnet das Denken des depressiven Menschen als «primitiv» im Vergleich zum reiferen Denken des gesunden Menschen.

Primitives Denken ist absolut und unflexibel, voreingenommen und rigide. Es ist eine Art Schwarz-Weiß-Denken, bei dem die Betonung eindeutig auf der schwarzen Seite liegt; Grautöne fehlen völlig. Primitives Denken übersieht den Kontext und die Variationen des Lebens und ist völlig starr und fixiert. Die depressive Person ist in einer flachen, eindimensionalen Denkstruktur gefangen – einer «Alles-oder-nichts»-Mentalität –, wobei sie sich selbst und ihr Tun als ganz und gar schlecht empfindet. Diese Art des Denkens führt gewissen fehlerhaften Formen der Informationsverarbeitung wie:

- *Willkürliche Schlußfolgerung*:
  Der gezogene Schluß wird durch die vorliegenden Informationen nicht gestützt.

- *Selektive Abstraktion*:
  Nur ein einzelnes Detail einer Situation wird beachtet, aus dem Kontext gerissen interpretiert und in seiner Bedeutung auf die Gesamtsituation übertragen.

- *Übergeneralisierung*:
  Aus einem einzelnen Vorfall wird ein bestimmter Schluß gezogen und verallgemeinert.
- *Übertreibung und Untertreibung*:
  Es fehlt die Fähigkeit, die Bedeutung eines Ereignisses hinsichtlich seines Störungs- oder Gefahrenpotentials korrekt einzuschätzen.
- *Personalisierung*:
  Äußere Ereignisse werden auf die eigene Person bezogen, ohne daß dazu Anlaß besteht.
- *Absolutes Denken*:
  Erfahrungen werden ausschließlich in bipolare Kategorien eingeordnet, z. B. gut – schlecht oder richtig – falsch.

Das Ziel der kognitiven Therapie nach Beck besteht darin, die Fehlwahrnehmungen und das «primitive Denken» des Patienten durch argumentative Techniken und Testung der Realität zu korrigieren.

2.4 Zusammenfassung

Ziel dieses Kapitels war es, die Unterschiede zwischen Psychoanalyse, Kurztherapie und Krisenintervention aufzuzeigen. Dabei sollte jedoch nicht der Eindruck erweckt werden, eine dieser Therapieformen sei besser oder schlechter als die anderen. **Tabelle 2-1** faßt die Hauptunterschiede noch einmal kurz zusammen.

Bei der *Psychoanalyse* besteht das Therapieziel darin, die Persönlichkeitsstruktur des Patienten wiederherzustellen; im Mittelpunkt des Interesses stehen dessen psychogenetische Vergangenheit und die Suche nach einem Zugang zum Unbewußten. Psychoanalytisch-psychotherapeutische Prozeduren werden anhand ihrer Funktion in zwei Kategorien unterteilt: aufdeckend und stützend. Der Therapeut ist ein nicht-direktiver, passiver Beobachter, der die Äußerungen seines Patienten deutet. Diese Art der Therapie eignet sich für Personen, die neurotische Persönlichkeitsstrukturen aufweisen. Wie lange die Therapie dauert, hängt vom jeweiligen Patienten und seinem Therapeuten ab.

Ziel der *Kurztherapie* ist es, spezifische Symptome zu beseitigen und tiefgreifendere neurotische oder psychotische Symptome zu verhindern. Sie beschäftigt sich mit der psychogenetischen Vergangenheit des Patienten nur insoweit, wie diese für die aktuelle Situation relevant ist; im Mittelpunkt steht die Unterdrückung des Unbewußten und die Kontrolle der Triebe. Der Therapeut spielt die indirekte, unterstützende Rolle des teilnehmenden Beobachters. Das Grundinstrumentarium

Tabelle 2-1: Hauptunterschiede zwischen Psychoanalyse, Kurztherapie und Krisenintervention

Unterscheidungen	Psychoanalyse	Kurztherapie	Krisenintervention
Behandlungsziele	Restrukturierung der Persönlichkeit	Beseitigung spezifischer Symptome	Auflösung der unmittelbaren Krise
Ansatzpunkte der Behandlung	1. Psychogenetische Vergangenheit 2. Zugang zum Unbewußten	1. Psychogenetische Aspekte, die mit der aktuellen Situation zusammenhängen 2. Verdrängung und Triebkontrolle	1. Psychogenetische Gegenwart 2. Wiederherstellung des ehemaligen Funktionalitätsgrades
Rolle und Aufgaben des Therapeuten	1. Explorativ-aufdeckend 2. Passiver Beobachter 3. Nicht-direktiv	1. Stützend 2. Teilnehmender Beobachter 3. Indirekt	1. Stützend 2. Aktive Teilnahme 3. Direkt
Indikationen	Neurotische Persönlichkeitszüge	Akute seelische Qualen und hochgradig schädliche Umstände	Plötzlicher Verlust des Bewältigungsvermögens in bezug auf eine Lebenssituation
Durchschnittliche Behandlungsdauer	Unbestimmt	1–20 Sitzungen	1–6 Sitzungen

der Kurztherapie besteht in einer Kombination aus psychodynamischen, medizinischen und umweltbezogenen Interventionen. Eine Kurztherapie ist indiziert, wenn der Patient akute seelische Qualen, zerstörerische Umstände oder Situationen erlebt, die sein eigenes oder das Leben anderer Personen bedrohen. Ebenfalls geeignet ist sie für Patienten, bei denen eine eingehende psychoanalytische Intervention überflüssig ist. Die durchschnittliche Dauer der Behandlung liegt zwischen einer und 20 Sitzungen.

Die *Krisenintervention* zielt darauf ab, eine unmittelbare Krise aufzulösen. Im Zentrum steht die Unterstützung des Patienten, dem eine Rückkehr auf sein vorheriges Funktionalitätsniveau bzw. eine Erhöhung dieses Niveaus ermöglicht werden soll. Der Therapeut ist ein aktiver Teilnehmer, der seinem Patienten helfend unter die Arme greift. Welche therapeutischen Techniken zum Einsatz kommen, ist allein eine Frage der Kreativität und Flexibilität des Therapeuten. Als sinnvoll hat es sich erwiesen, dem Patienten ein intellektuelles Verständnis seiner Krise zu vermitteln, ihm beim Herauslassen seiner Gefühle zu helfen, seine früheren und aktuellen Bewältigungsmechanismen zu erforschen, ihm situativen Rückhalt zu verschaffen und ihn bei der Zukunftsplanung zu unterstützen, um die Wahrscheinlichkeit erneuter Krisen zu senken. Diese Art der Therapie ist angebracht, wenn eine Person (oder Familie) plötzlich die Fähigkeit verliert, eine Lebenssituation zu bewältigen. Die durchschnittliche Therapiedauer beträgt 1 bis 6 Sitzungen.

Ein Patient, der sich in einer Krise befindet, leidet in der Regel unter Depressionen und/oder Angst. Becks (1971, 1979) Theorie der kognitiven Therapie kann für die Behandlung von depressiven Krisenpatienten genutzt werden, wenn bestimmte Richtlinien eingehalten werden. Seine Theorie ermöglicht Therapeuten, die mit Krisenpatienten arbeiten, ein höheres Maß an Flexibilität. Die folgenden Gesichtspunkte sind für die Philosophie der Krisenintervention grundlegend:

- Das Zeitlimit beträgt sechs Sitzungen.
- Im Brennpunkt steht das unmittelbare Problem.
- Der Therapeut benutzt einen direkten Ansatz.
- Der Therapeut ist hochgradig flexibel und kreativ.
- Der Therapeut ist von der Krisentheorie voll und ganz überzeugt und hält sie nicht nur für eine Notlösung.

Literaturverzeichnis

Alexander, F.: Psychoanalysis and psychotherapy, New York, 1956, WW Norton.
Alexander, F., French, T. M.: Psychoanalytic therapy, New York, 1946, Ronald Press.
Beck, A. T.: Depression: causes and treatment, Philadelphia, 1971, University of Pennsylvania Press.
Beck, A. T. and others: Cognitive therapy of depression, New York, 1979, Guilford Press.
Bellak, L.: Emergency psychotherapy and brief psychotherapy, New York, 1965, Grune & Stratton.
Caplan, G.: Principles of preventive psychiatry, New York, 1964, Basic Books. Strachey, A. and Strachey, J.
Jacobson, G.: Crisis theory, New Dir Ment Health Serv 6:1, 1980.
Jacobson, G.: Crisis theory and treatment strategy: some sociocultural and psychodynamic considerations, J Nerv Ment Dis 141:209, 1965.
Jacobson, G., Strickler, M., Morley, W. E.: Generic and individual approaches to crisis intervention, AM J Public Health 58:339, 1968.
Janis, I. L.: Psychological stress, psychoanalytical and behavioral studies of surgical patients, New York, 1958, John Wiley & Sons.
Kaplan, D. M., Mason, E. A.: Maternal reactions to premature birth viewed as an acute emotional disorder, Am J Orthopsychiatry 30:539, 1960.

Lindemann, E.: Symptomatology and management of acute grief, AM J Psychiatry 101:101, 1944.
Morley, W. E., Messick, J. M., Aguilera, D. C.: Crisis: paradigms of intervention, J Psychiatr Nurs 5:537, 1967.
Rapoport, R.: Normal crisis, family structure, and mental health, Fam Process 2:68, 1963.
Stone, L.: Psychoanalysis and brief psychotherapy, Psychoanal Q 20:217, 1951.
Tarachow, S.: An introduction to psychotherapy, New York, 1963, International Universities Press.
Tyhurst, J. A.: Role of transition states – including disasters – in mental illness. Paper presented at Symposium on Preventive and Social Psychiatry, sponsored by Walter Reed Institute of Research, Walter Reed Medical Center, and National Research Council, Washington, DC, April 15–17, 1957, U. S. Government Printing Office.

Weiterführende Literatur

Corrigan, P. W., Holmes, E. P., Huchins, D.: Identifying staff advocates of behavioral treatment innovations in state psychiatric hospitals, J Behav Ther Exp Psychiatry 24(3):219, 1993.
Ellis, A.: Reflections on rational-emotive therapy. J Consult Clin Psychol 61:199, 1993.
Mahoney, J. M. Introduction to special section: theoretical developments in the cognitive psychotherapies, J Consult Clin Psychol 61(2):187, 1993.
Maynard, C. K.: Comparison of effectiveness of group interventions for depression in women, Arch Psychiatr Nurs 7(5):272, 1993.
Miller, C. R., Eisner, W., Allport, C.: Creative coping: a cognitive-behavioral group of borderline personality disorder, Arch Psychiatr Nurs 8(4):280, 1994.
Newell, R., Shrubb, S.: Attitude change and behaviour therapy in body dysmorphic disorder: two case reports, Behav Cog Psychother 22(2):163, 1994.
Nobily, P., Herr, K. A., Kelley, L. S.: Cognitive-behavioral techniques to reduce pain: a validation study, Int J Nurs Stud 30(6):537, 1993.
Ofman, P. S., Mastria, M. A., Steinberg, J.: Mental health response to terrorism: the World Trade Center bombing. Special Issue: disasters and crises: a mental health counseling perspective, J Ment Health Counsel 17(3):312, 1995.
Rickelman, B. L., Houfek, J. F.: Toward an interactional model of suicidal behaviors: cognitive rigidity, attributional style, stress, hopelessness, and depression, Arch Psychiatr Nurs 9(3):158, 1995.

3. Der Problemlösungsansatz der Krisenintervention

Unsere Probleme sind von Menschen gemacht, daher können sie auch von Menschen gelöst werden.
... Kein menschliches Problem ist für den Menschen unlösbar.
John F. Kennedy

Laut Caplan (1964) ist der Mensch konstant mit Problemen konfrontiert, die er lösen muß, um seine Balance aufrechtzuerhalten. Empfindet er eine Unausgewogenheit zwischen der Schwere seines Problems und dem ihm zur Verfügung stehenden Repertoire von Bewältigungsmechanismen, so kann dies eine Krise auslösen. Wenn er keine Alternativen finden kann oder die Lösung des Problems außergewöhnlich viel Zeit und Kraft verzehrt, kommt es zu einer Störung des psychischen Gleichgewichts. Die Anspannung steigt, und er fühlt sich in seiner Situation zunehmend unwohl, verspürt Angst, Furcht, Schuldgefühle, Scham und Hilflosigkeit.

Ein Zweck des Kriseninterventionsansatzes besteht darin, dem Patienten die Möglichkeit zu verschaffen, einen Therapeuten zu konsultieren, der in den unterschiedlichen Problemlösungsverfahren bewandert ist. Dieser Therapeut wird zwar nicht auf jede Frage gleich eine Antwort wissen, man darf jedoch von ihm erwarten, daß er seinem Klienten bei der Problemlösung hilft, ihn anleitet und unterstützt, bis dieser seine Krise überwinden kann. Das Therapieziel lautet, dem Hilfesuchenden dabei zu assistieren, ein im Vergleich zur Situation vor der Krise gleichwertiges oder hochwertigeres emotionales Gleichgewicht zu erreichen.

Der Begriff *Problemlösung* meint, daß ein logischer Gedankenstrang auf eine Situation angewendet wird, die nach der Antwort auf eine Frage verlangt und in der keine unmittelbar zugängliche Quelle verläßlicher Information zur Verfügung steht (Black 1946). Dieser Prozeß kann sich sowohl bewußt als auch unbewußt abspielen. Gewöhnlich wird das Bedürfnis, eine Lösung oder Antwort zu finden, um so dringlicher wahrgenommen, je schwieriger dies ist.

Der Problemlösungsprozeß besteht aus einer strukturierten, in sich folgerichtigen Sequenz von Schritten, wobei jeder vom vorherigen abhängt. Bei den Routineentscheidungen des täglichen Lebens ist das Durchlaufen dieses Prozesses nur selten nötig. Die meisten Menschen sind sich gar nicht darüber bewußt, daß sie eine Sequenz von feststehenden logischen Überlegungen abarbeiten, um zu einer Entscheidung zu gelangen; sie merken in der Regel nur, daß einige Lösungen scheinbar leichter zu finden sind als andere. Um festzustellen, wie spät es ist, oder um zu entscheiden, welchen Schuh wir zuerst anziehen, müssen wir selten lange und eingehend nachdenken. Sehr häufig formulieren wir Fragen und Antworten ohne bewußte Anstrengungen.

3.1 Einflußfaktoren auf den Problemlösungsprozeß

Je nach ihren bisherigen Erfahrungen im Umgang mit dem vorliegenden Problem wird es manchen Menschen leichter als anderen fallen, Lösungen zu finden. Sowohl interne als auch externe Faktoren wirken sich die gesamte Zeit über auf den Problemlösungsprozeß aus, auch wenn es dem Betroffenen zu Beginn erst einmal an konkreten Informationen mangeln mag. Hat sich etwa ein Autofahrer verfahren, weil ein Straßenschild fehlte, kann die Bedeutung der Suche nach dem richtigen Weg im Hinblick auf sein körperliches, seelisches und soziales Wohlbefinden Auswirkungen darauf haben, wie schnell und leicht er eine Lösung für sein Problem findet. Je wichtiger es für ihn ist, den richtigen Weg zu finden, desto mehr Angst wird es ihm machen, die Orientierung verloren zu haben. Ist er nur zu seinem Vergnügen unterwegs, tangiert ihn das Problem vielleicht nur am Rande, steht er jedoch unter Druck, weil er einen Termin einzuhalten hat, kann dies seine Angst erheblich steigern, weil er dem (rechtzeitigen) Erreichen seines Ziels große Bedeutung beimißt.

Bleibt die durch ein Problem ausgelöste Angst innerhalb eines bestimmten Ausprägungsgrades, so kann sie ein wirksames Handlungsstimulans sein. Angst ist eine natürliche Reaktion auf eine potentielle, unbekannte Gefahr, wird als unangenehm empfunden und hilft der betroffenen Person, ihre Ressourcen zur Lösung des Problems zu mobilisieren. Wächst die Angst jedoch weiter, engt sie die Wahrnehmungfähigkeit ein, und man richtet den daraus resultierenden Tunnelblick nur noch auf das vorliegende Problem. Für eine Person, die über adäquate Problemlösungsfähigkeiten verfügt, bedeutet diese Einengung allerdings eine Schärfung ihrer Sinne; sie kann sich voll und ganz auf die Beseitigung des Problems konzentrieren.

Läßt sich keine Lösung finden, kann die Angst weiter zunehmen. Das Unbehagen verstärkt sich, und das Wahrnehmungsvermögen wird nahezu völlig gelähmt. Die Bemühung, das Geschehen zu verstehen und vergangene Erfahrungen zu nutzen, weicht der ausschließlichen Konzentration auf die Beklemmung selbst. Der Betroffene kann seine eigenen Gefühle, das Problem, die Fakten und die Situation, in die er hineingeraten ist, nicht mehr klar erkennen.

Zwar beinhaltet der Problemlösungsprozeß eine logische Denksequenz, dies bedeutet aber nicht, daß er *immer* aus einer Abfolge klar definierter Schritte bestehen muß. Am Beginn steht meist das unbestimmte Gefühl, etwas unternehmen zu müssen. Der Problembereich ist noch nicht klar umrissen, sondern eher verschwommen. Als nächstes wird das Gedächtnis nach ähnlichen Situationen und Problemen durchsucht. March & Simon (1963) bezeichnen dies als *reproduktive Problemlösung*. Ob diese Methode Erfolg hat, hängt maßgeblich davon ab, ob in der Vergangenheit Lösungen gefunden wurden. Werden keine ähnlichen Erfahrungen entdeckt, dürfte das Individuum zur *produktiven Problemlösung* übergehen. Hierbei steht es vor der Aufgabe, aus mehr oder weniger «groben» Daten neue Ideen abzuleiten. Die Person muß sich nun externen Informationsquellen zuwenden. Unser Autofahrer etwa könnte nach jemandem Ausschau halten, der ihm die nötigen Informationen geben kann, d. h. den er nach dem Weg fragen kann. Ist allerdings niemand in der Nähe, muß er auf andere Methoden zurückgreifen. Er könnte etwa nach dem Versuch-Irrtum-Verfahren handeln und mit Geduld und etwas Glück den richtigen Weg selbst finden. Ein solches Vorgehen mag zwar das aktuelle Problem beseitigen, die gesammelten Informationen dürften jedoch kaum dazu geeignet sein, ein in Zukunft auftretendes ähnliches Problem zu lösen.

Bestimmte Arten von Streß können Angst auslösen. Robinson (1990) unterscheidet zwischen *unmittelbarem*, *mittelfristigem* und *langfristigem* Streß. Da von einer Krise betroffene Klienten gewöhnlich unter Angst und/oder Depression leiden, ist es sinnvoll, einen Blick auf die biophysiologischen Komponenten zu werfen.

3.1.1 Unmittelbare physiologische Reaktionen

Nimmt eine Person eine äußere Bedrohung oder Anforderung wahr, wird das autonome Nervensystem aktiviert. Bei der Streßreaktion stimuliert der Hypothalamus die Nervenbahnen; der Körper rüstet sich für den Kampf oder die Flucht und erhöht so seine Überlebenschancen. Die Effekte dieser sympathischen Stimulation treten nach zwei bis drei Sekunden ein und halten zwischen fünf und zehn Minuten an. Das sympathische Nervensystem setzt die Katecholamine Adrenalin und Noradrenalin frei, und die betroffene Person verspürt Angst. Diese Angst wird entweder artikuliert oder kann an klinischen Anzeichen wie Schweißausbruch, Zittern, erhöhtem Puls und beschleunigter Atmung erkannt werden.

3.1.2 Mittelfristige Reaktionen

Etwa zwei bis drei Minuten nach Wahrnehmung des Stressors werden Adrenalin und Noradrenalin ausgeschüttet; diese Neurotransmitter gelangen zu den Endorganen, wo sie die bereits in Gang gesetzten Prozesse weiter vorantreiben. Diese sympathischen Effekte wirken noch ein bis zwei Stunden nach. Das Nebennierenmark produziert unterdessen nicht weiter; nur wenn das sympathische Nervensystem erneut vom zentralen Nervensystem stimuliert wird, kommt es zu einer weiteren Reaktion. Außerdem regen die Katecholamine die Glukosebildung an, wodurch dem Körper zusätzliche Energie zur Verfügung gestellt wird.

3.1.3 Langfristige Reaktion

Drei Nervenbahnen des endokrinen Systems bewirken langfristige Streßeffekte – die adrenokortikotrope Leiterbahn, die Thyroxinleiterbahn und die Vasopressinleiterbahn. Die Nebennierenrinde schüttet zwei Arten von Kortikoiden aus: Mineralokortikoide und Glukokortikoide. Aldosteron, ein Mineralokortikoid, erhöht den systemischen Blutdruck. Ohne Cortisol, eines der drei Glukokortikoide, könnten Fette und Proteine nicht aufgespalten und in Energie umgesetzt werden. Werden diese Stoffe jedoch über einen längeren Zeitraum hinweg ausgeschüttet, so hat dies negative Effekte. Die Wirkung des Thyroxins kommt erst zum Tragen, wenn ungefähr am zehnten Tag nach dem belastenden Erlebnis das Maximum an Ausschüttung erreicht ist; sie kann zwischen sechs und acht Wochen anhalten. Thyroxin steigert den Stoffwechselkreislauf um 60–100%. Vasopressin (ADH) wird vom Hypophysenhinterlappen ausgeschüttet und erhöht den Blutdruck.

Der Therapeut sollte seinen Krisenpatienten nicht nur auf physischer, sondern auch auf psychischer Ebene auf Streß und Angst hin untersuchen, denn ein unter starkem Streß stehender Klient wird nicht alles verstehen können, was der Therapeut von ihm erfahren möchte; ein Grund mehr für den Therapeuten, sich fundierte Problemlösungsfähigkeiten anzueignen und sie wohlüberlegt einzusetzen.

Zusammenfassend läßt sich sagen, daß die Problemlösung einen Prozeß darstellt, in dessen Verlauf eine schwierige Situation bewältigt oder ein unerfülltes Bedürfnis befriedigt wird, indem die Diskrepanz zwischen dem, was ist, und dem, was sein sollte, beseitigt wird. Entscheidungsfindung hingegen meint den Prozeß, in dem ein Problem oder Bedürfnis beurteilt, Ziele gesetzt und dann die zu ergreifende(n) Maßnahme(n) ausgewählt werden. Sowohl Problemlösung als auch Entscheidungsfindung beinhalten folgende Punkte:

- logisches Abwägen der relevanten Fakten und Emotionen
- Schlußfolgerungen auf der Grundlage von Analyse und Bewertung verfügbarer Informationen
- Einsatz von Erinnerungen
- Erkennen von Wissensdefiziten

Eine effektive Entscheidungsfindung ist das Ergebnis eines effektiven Problemlösungsprozesses. Eine ineffektive Entscheidungsfindung erfolgt impulsiv, ohne eingehende Überlegungen oder auf der Grundlage falscher Informationen. Effektive Problemlösung und Entscheidungsfindung hingegen sind gut durchdachte Prozesse, in deren Verlauf korrekte Informationen zusammengetragen, analysiert und umgesetzt werden (Haber et al. 1992).

3.2 Problemlösung in der Krisenintervention

John Dewey (1910) formulierte die klassischen Schritte oder Phasen des Problemlösungsprozesses:

- das Problem wird gespürt,
- das Problem wird lokalisiert und definiert,
- mögliche Lösungen werden erwogen,
- die Konsequenzen werden überdacht,
- eine Lösungsmethode wird ausgewählt.

Abgesehen von einigen kleineren Modifikationen blieb dieses Konzept des Problemlösungsprozesses über viele Jahre hinweg erhalten. Johnson (1955) vereinfachte das Konzept, indem er die Zahl der Problemlösungsschritte auf drei reduzierte: Präparation, Produktion und Bewertung.

Im Jahre 1962 erforschten Merrifield et al. eingehend die Rolle, die intellektuelle Faktoren bei der Problemlösung spielen. Sie befürworten die Rückkehr zu einem fünfphasigen Modell: Präparation, Analyse, Produktion, Verifikation und Wiederaufnahme. Mit der fünften Phase wurde der Erkenntnis Rechnung getragen, daß der Problemlöser oft in einer Art Rotationsbewegung erneut auf frühere Phasen zurückkommt und dort noch einmal ansetzt. Laut Guilford (1967) verläuft der typische Problemlösungsprozeß in folgender Weise:

- *Input*: Externe und interne Informationen werden aufgenommen.
- *Ausfilterung*: Die Aufmerksamkeit wird geweckt und gebündelt.

- *Kognition*: Das Problem wird wahrgenommen und strukturiert.
- *Produktion*: Erste Antworten werden generiert.
- *Kognition*: Neue Informationen werden gesammelt.
- *Produktion*: Neue Antworten werden generiert.
- *Bewertung*: Input und Kognition, erste Antworten, die Problemstruktur und neue Antworten werden (erneut) überprüft und erprobt.

Fortinash & Holoday-Worret (1996) glauben, dem *kritischen Denken* müsse im Therapieprozeß eine größere Bedeutung zugesprochen werden; es beinhalte viele Komponenten von Urteilsvermögen, Intuition und Spezialwissen. Die Fähigkeit des kritischen Denkens hilft dem Therapeuten, seine Wissensbasis kontinuierlich auszubauen und zu entscheiden, welche Daten wichtig sind und vorrangig behandelt werden sollten.

Aktiviert der Therapeut den Problemlösungsprozeß, benutzt er seine Erfahrungen und das Wissen, das er in anderen Bereichen gesammelt hat, um Theorien und Prinzipien praktisch umzusetzen. Das Wissen um grundlegende menschliche Bedürfnisse, Anatomie und Physiologie, Krankheitsabläufe, Wachstum und Entwicklung, soziale Verhaltensmuster und gesellschaftliche Trends sowie verschiedene Kulturen, Religionen und Philosophien ist ein entscheidender Bestandteil des kritischen Denkens. Folgende ausschlaggebenden Fertigkeiten kommen in sämtlichen Phasen des Problemlösungsprozesses zum Einsatz:

- *Beobachtung* (gezielt und konstant, nicht zufällig und sporadisch)
- *Unterscheidung* zwischen relevanten und irrelevanten Daten
- *Validierung* der Daten durch Beobachtungen und Gespräche
- *Strukturierung* der Daten in bedeutungstragende Einheiten
- *Kategorisierung* der Daten zum Zwecke der besseren Wiederauffindbarkeit und Kommunikation

3.2.1 Die Einschätzung des Klienten und seines Problems

Sucht eine Person, die in einer Krise steckt, professionelle Hilfe, ist es die Aufgabe des Therapeuten, sein logisches Denkvermögen und sein Hintergrundwissen einzusetzen, um das vorliegende Problem zu definieren und die geeignete Intervention zu planen. Im Bereich der Psychohygiene Tätige sollten mit dem Problemlösungsmodell der Krisenintervention vertraut sein.

Der Problemlösungsprozeß im Rahmen der Krisenintervention besteht aus der Einschätzung des Klienten und seines Problems, der Planung der therapeutischen Intervention, der Intervention selbst sowie der Auflösung der Krise und der Zukunftsplanung (Morley, Messick & Aguilera 1967).

In der ersten Therapiesitzung geht es vor allem darum herauszufinden, was das krisenauslösende Ereignis war und welche Faktoren die Fähigkeit des Klienten beeinträchtigen, sein Problem selbst zu lösen. Es ist wichtig, daß sowohl der Therapeut als auch sein Klient die vorliegende Situation klar definieren können, bevor Maßnahmen ergriffen werden, um sie zu verändern. Man stellt sich also Fragen wie: «Was muß ich wissen?» und: «Was ist zu tun?» Je genauer das Problem bestimmt werden kann, desto wahrscheinlicher ist es, daß nach der «richtigen» Antwort gesucht wird.

Um das vorliegende Problem zu ergründen und um herauszufinden, was mit dem Klienten und in ihm vorgeht, wird sämtlichen Hinweisen nachgegangen, die möglicherweise verwertbar sind. Der Therapeut stellt seinem Klienten Fragen und beobachtet ihn gründlich, um Informationen über den Problembereich zusammenzutragen. Der Therapeut sollte genau wissen, was in der zur Debatte stehenden Situation vorgefallen ist. Wie der Klient schwierige Situationen in der Vergangenheit bewältigt hat, kann Einfluß auf sein aktuelles Verhalten haben. Bei seinen Beobachtungen achtet der Therapeut auch auf das Angstniveau des Klienten, seine Körpersprache, seine Gefühlslage, seine verbalen Äußerungen usw. Der Therapeut sollte sich dabei stets auf das unmittelbare Problem konzentrieren und nicht von seinem eigentlichen Ziel abschweifen. Weder wird die zur Verfügung stehende Zeit dazu ausreichen, noch besteht die Notwendigkeit, die Psychogenese des Klienten zu eingehend zu untersuchen.

Eine der ersten Fragen des Therapeuten ist üblicherweise: «Warum sind Sie heute hierhergekommen?» Dabei sollte das Wort *heute* besonders betont werden. Möglicherweise wird der Klient auf diese Frage zunächst eine ausweichende Antwort geben wie: «Ich wollte schon eine ganze Weile lang kommen.» Die nächste Frage des Therapeuten würde dann lauten: «Aber warum sind Sie gerade heute gekommen?» Andere Fragen, die gestellt werden sollten, sind: «Was ist in Ihrem Leben geschehen, das *anders* ist als sonst?» und: «*Wann* ist es geschehen?»

Wenn ein Krisenpatient Hilfe sucht, liegt das krisenauslösende Ereignis gewöhnlich schon 10 bis 14 Tage zurück. In anderen Fällen handelt es sich um etwas, das am Tag oder in der Nacht zuvor geschehen ist. Beinahe jedes Ereignis kann eine Krise auslösen, beispielsweise könnte der Partner des Klienten damit drohen, ihn zu verlassen, der Klient könnte entdecken, daß sein Partner ihn betrügt oder daß eines seiner Kinder Drogen nimmt, er könnte seinen Partner, seinen Job oder seinen Status verloren haben, oder es könnte eine ungewollte Schwangerschaft vorliegen.

Der nächste Punkt, der geklärt werden muß, ist die *Wahrnehmung*, die der Klient vom krisenauslösenden Ereignis hat: Was bedeutet es für ihn? Wie, glaubt er, wird es seine Zukunft beeinflussen? Sieht er das Ereignis realistisch oder mißinterpretiert er es? Außerdem wird der Klient über den verfügbaren *situativen Rückhalt* befragt: Wer im Umfeld des Klienten könnte ihm Rückhalt geben? Mit wem lebt er zusammen? Wer ist sein bester Freund? Wem vertraut er? Steht er einem bestimmten Angehörigen besonders nahe? Krisenintervention ist ein zeitlich eng begrenzter Prozeß, und je mehr Menschen dem Klienten helfen, desto besser. Ein weiterer Vorteil besteht darin, daß Personen, die neben dem Therapeuten mit dem Problem des Klienten vertraut sind, diesem auch nach Beendung der Therapie noch situativen Rückhalt geben können.

Als nächstes wird untersucht, was der Betroffene normalerweise tut, wenn er mit einem Problem konfrontiert ist, das er nicht lösen kann: Welche *Bewältigungsmechanismen* benutzt er? Ist ihm etwas ähnliches schon einmal passiert? Wie baut er im Alltag Streß, Angst und Frustration ab? Hat er diese Vorgehensweise auch bei seinem aktuellen Problem versucht? Falls nicht, warum nicht, wenn sie doch unter normalen Umständen ihren Zweck erfüllt? Hat er seine normale Methode angewendet, und hat sie versagt? Warum hat sie diesmal nicht funktioniert? Was, denkt er, könnte seine Anspannung abbauen helfen? Den meisten Klienten fällt auf diese Frage etwas ein; Bewältigungsstrategien können sehr individuell sein. Möglicherweise erinnert der Klient sich an ein Vorgehen, das er vor Jahren zum letzen Mal im Umgang mit Angst benutzt hat. Einer meiner Klienten erinnerte sich daran, daß er seine Anspannung früher abreagierte, indem er einige Stunden Klavier spielte, also riet ich ihm, es erneut damit zu versuchen. Da er selbst kein Klavier mehr besaß, mietete er sich eines, und bis zur nächsten Sitzung hatte sich seine Angst bereits soweit gelegt, daß er aktiv mit der Problemlösung beginnen konnte.

Einer der wichtigsten Punkte der Ersteinschätzung ist, ob der Betroffene eine Gefahr für sich selbst oder andere darstellt. Der Therapeut sollte ihn möglichst direkt und konkret fragen: Plant er, sich oder jemand anderen umzubringen? Wenn ja, wie und wann? Der Therapeut muß herausfinden, wie konkret die Gefahr ist. Spielt der Klient nur mit dem Gedanken, oder hat er schon eine Methode gewählt? Hat er vielleicht schon eine geladene Waffe? Oder hat er sich schon ein Hochhaus oder eine Brücke auserkoren? Kann er dem Therapeuten genau sagen, wann er es tun will, z. B. «wenn die Kinder schlafen»? Scheint keine akute Gefahr zu bestehen, kann der Therapeut den Betroffenen als Klienten akzeptieren. Anderenfalls sollte er stationär untergebracht und psychiatrisch untersucht werden, um ihn und andere zu schützen.

3.2.2 Die Planung der therapeutischen Intervention

Nachdem das krisenauslösende Ereignis und die Faktoren identifiziert wurden, die für das seelische Ungleichgewicht des Klienten verantwortlich sind, beginnt der Therapeut mit der Planung der therapeutischen Intervention. Zunächst muß bestimmt werden, inwieweit die Krise das Leben des Betroffenen beeinträchtigt. Kann er zur Arbeit gehen? Die Schule besuchen? Den Haushalt führen? Seine Familie versorgen? Hat die Krise Auswirkungen auf diese Aktivitäten? Diese Fragen müssen beantwortet werden, um den Grad der funktionalen Störung festzustellen. Wie wirkt sich der Ungleichgewichtszustand des Klienten auf die Menschen in seiner Umgebung aus? Was denken und fühlen (Ehe-)Partner, Freunde, Zimmergenossen oder Angehörige des Klienten in bezug auf dessen Problem? Was, glauben sie, sollte unternommen werden? Belastet die ganze Angelegenheit sie ebenfalls?

Bei der Interventionsplanung handelt es sich in erster Linie um einen Prozeß der Infomationssammlung, bei dem kognitive Fähigkeiten zum Einsatz kommen und vergangene Erlebnisse aktiviert werden, um Informationen zusammenzutragen, die für das aktuelle Problem relevant sind. Der letzte Schritt dieser Phase besteht im wesentlichen in einem Denkprozeß, bei dem alternative Möglichkeiten überdacht, gegen frühere Erfahrungen und das bisherige Wissen abgewogen und im Kontext der vorliegenden Situation bewertet werden.

Es werden erste Antworten dahingehend formuliert, *warum* das aktuelle Problem besteht. Hierzu bedarf es eines Bewußtseins für theoretische Sachverhalte und der Fähigkeit, mehr als ein mögliches Ergebnis vorherzusehen. Ein wichtiger Aspekt bei der Analyse des Klientenverhaltens ist die Suche nach kausalen Zusammenhängen. Hinweise aus dem Umfeld des Klienten werden untersucht und in Beziehung zu psychosozialen Verhaltenstheorien gesetzt, um Gründe für das gestörte Gleichgewicht des Betroffenen zu finden.

3.2.3 Die Intervention

In der dritten Phase wird die eigentliche Intervention in Angriff genommen. Die Maßnahmen werden unter der Annahme durchgeführt, daß die *geplante Aktion* das *erwartete Resultat* bringen wird.

Nachdem die nötigen Informationen zusammengetragen worden sind, wird der Problemlösungsprozeß fortgesetzt, indem die Intervention eingeleitet wird. Der Therapeut formuliert anhand der vom Klienten erhaltenen Informationen das Problem und führt es diesem vor Augen. Durch dieses Vorgehen wird das Problem verdeutlicht und der Klient dazu gebracht, sich auf die unmittelbare Situation zu konzentrieren. Anschließend erforscht der Therapeut alle alternativen Möglichkeiten zur Lösung des Problems und zur Beseitigung der Krisensymptome. Zu diesem Zeitpunkt kann er seinem Klienten konkrete Direktiven geben, was dieser zunächst einmal versuchen sollte. Der Betroffene kann die erste Sitzung nun mit einigen positiven Anregungen für eine mögliche Lösung verlassen. In der nächsten Sitzung bewerten Therapeut und Klient gemeinsam die erzielten Resultate. Hat sich keiner der angestrebten Lösungsversuche als wirksam erwiesen, wird auf neue Alternativen hingearbeitet.

Hält er es für hilfreich oder notwendig, kann der Therapeut seine Beobachtungen und vorläufigen Schlußfolgerungen durch einem anderen Therapeuten validieren lassen, mit dem er den Fall durchgeht. Hierzu sollte er kurz auf das krisenauslösende Ereignis, die durch die Krise bewirkten Symptome des Klienten, den Grad der durch das Ungleichgewicht bedingten Störung des Alltags des Klienten und den Interventionsplan eingehen. Die geplante Intervention kann aus einer einzelnen, aber auch aus einer Kombination von Techniken bestehen. Beispielsweise kann sie darauf abzielen, dem Betroffenen ein intellektuelles Verständnis für seine Krise zu vermitteln oder ihm bei der Ergründung und Freisetzung seiner Gefühle zu helfen. Andere Strategien laufen darauf hinaus, daß der Klient neue, effektivere Bewältigungsmechanismen entwickeln oder andere Menschen als situativen Rückhalt nutzen soll. Schließlich wird ein Plan entwickelt, wie der Betroffene sich für die Zukunft realistische Ziele setzen kann.

3.2.4 Die Zukunftsplanung

In dieser Phase wird bewertet, inwieweit die geplanten Interventionen die erwarteten Ergebnisse gebracht haben. Um Gültigkeit zu besitzen, muß diese Bewertung objektiv und unbeeinflußt sein. Hat der Klient seinen vorherigen oder sogar einen höheren Funktionsgrad erreicht? Der Problemlösungsprozeß ist noch nicht abgeschlossen, sondern wird fortgesetzt; Therapeut und Klient arbeiten nun auf die Auflösung der Krise hin.

3.3 Das Interventionsparadigma

Laut Caplan (1964) entsteht eine Krise in vier Schritten:
- Der belastende Stimulus bleibt bestehen, das Individuum empfindet immer größeres Unbehagen, und seine Anspannung steigt.
- Seine Bewältigungsversuche scheitern, und seine Beklemmung wächst.
- Die weiter ansteigende Anspannung wird zu einem starken internen Stimulus, der innere und äußere Ressourcen mobilisiert. In dieser Phase setzt der Betroffene sein persönliches Notprogramm zur Problemlösung in Kraft. Das Problem wird eventuell neu definiert, oder es kommt zur Resignation; bestimmte unerreichbare Aspekte des ursprünglichen Zieles werden aufgegeben.
- Hält das Problem an und kann weder gelöst noch umgangen werden, wächst die Anspannung weiter, und es kommt zur ausgeprägten Desorganisation.

Tritt ein belastendes Ereignis ein, können bestimmte Ausgleichsfaktoren für die Wiedererlangung des Gleichgewichts sorgen – die *Wahrnehmung des Ereignisses*, der *verfügbare situative Rückhalt* und die *Bewältigungsmechanismen* **(Abb. 3-1)**. Der obere Teil des Schemas stellt die «normale» initiale Reaktion auf ein belastendes Erlebnis dar.

Ein belastendes Ereignis ist nur selten so klar abgegrenzt, daß die Herkunft sofort bestimmt werden kann. Der durch die äußeren Bedingungen erzeugte Streß kann von inneren Veränderungen begleitet werden, wodurch ein bestimmtes Erlebnis bei der einen Person eine starke emotionale Reaktion auslösen kann, während es eine andere Person offensichtlich völlig unbeteiligt läßt. Hierbei spielt es eine wichtige Rolle, ob die Faktoren, die eine Rückkehr zum Gleichgewichtszustand bewirken können, vorhanden sind oder nicht.

In der linken Spalte von Abbildung 3-1 erfüllen die Ausgleichsfaktoren ihren Zweck, und die Krise bleibt aus. In der rechten Spalte jedoch wird die Beseitigung des Problems dadurch verhindert, daß ein oder mehrere dieser Ausgleichsfaktoren fehlen. Das Ungleichgewicht bleibt bestehen bzw. nimmt zu, und es kommt zur Krise.

Abbildung 3-2 zeigt, wie das Paradigma zur Illustration der folgenden Fallstudien benutzt werden kann. Sinn der Übung ist es, Ihnen einen Leitfaden an die Hand zu geben, mit dessen Hilfe Sie sich die Problembereiche kompakt vor Augen führen können. Der konkrete Einsatz des Paradigmas soll nun an den Fällen zweier Personen demonstriert werden, die mit demselben belastenden Erlebnis konfrontiert sind. Während der eine Klient das Problem erfolgreich überwindet, gerät der andere in eine Krise.

3.4 Die Ausgleichsfaktoren

Zwischen den subjektiv empfundenen Auswirkungen einer belastenden Situation und der Beseitigung des Problems liegen drei Ausgleichsfaktoren, die über den Grad des psychischen Gleichgewichts entscheiden. Stärken oder Schwächen im Hinblick auf diese Faktoren können sich unmittelbar darauf auswirken, ob es zu einer Krise kommt oder nicht. Diese Faktoren sind die Wahrnehmung des Ereignisses, der verfügbare situative Rückhalt und die Bewältigungsmechanismen.

Warum also geraten manche Menschen in eine Krise, während andere es schaffen, ihre Probleme zu lösen? Abbildung 3-2 stellt die Fälle zweier Männer, Mr. A. und Mr. B., dar. Beide weisen mögliche Anzeichen für Krebs auf, und es wird ihnen geraten, sich diagnostischen Tests zu unterziehen. Mr. A. ist zwar besorgt, gerät jedoch nicht in eine Krise, Mr. B. hingegen schon. Warum reagiert Mr. A. anders als Mr. B.? Welche «Dinge» in ihrem Leben machen den Unterschied aus?

Kriseninterventi on

```
                    ┌─────────────────────────┐
                    │ Menschlicher Organismus │
                    └───────────┬─────────────┘
                                ▼
Belastendes Erlebnis ──▶ Gleichgewichtszustand ◀── Belastendes Erlebnis
                                │
                                ▼
                        ┌──────────────┐
                        │ Ungleichgewicht │
                        └──────┬───────┘
                               ▼
              ┌───────────────────────────────────────┐
              │ Bedürfnis, das Gleichgewicht wiederherzustellen │
              └───────────────────────────────────────┘
```

Vorhandene Ausgleichsfaktoren	Fehlende Ausgleichsfaktoren
Realistische Wahrnehmung des Ereignisses	Verzerrte Wahrnehmung des Ereignisses
PLUS	PLUS
Adäquater situativer Rückhalt	Kein adäquater situativer Rückhalt
PLUS	PLUS
Adäquate Bewältigungsmechanismen	Keine adäquaten Bewältigungsmechanismen
ERGEBNIS	ERGEBNIS
Lösung des Problems	Keine Lösung des Problems
▼	▼
Wiedergewinnung des Gleichgewichts	Weiterbestehen des Ungleichgewichts
▼	▼
Keine Krise	Krise

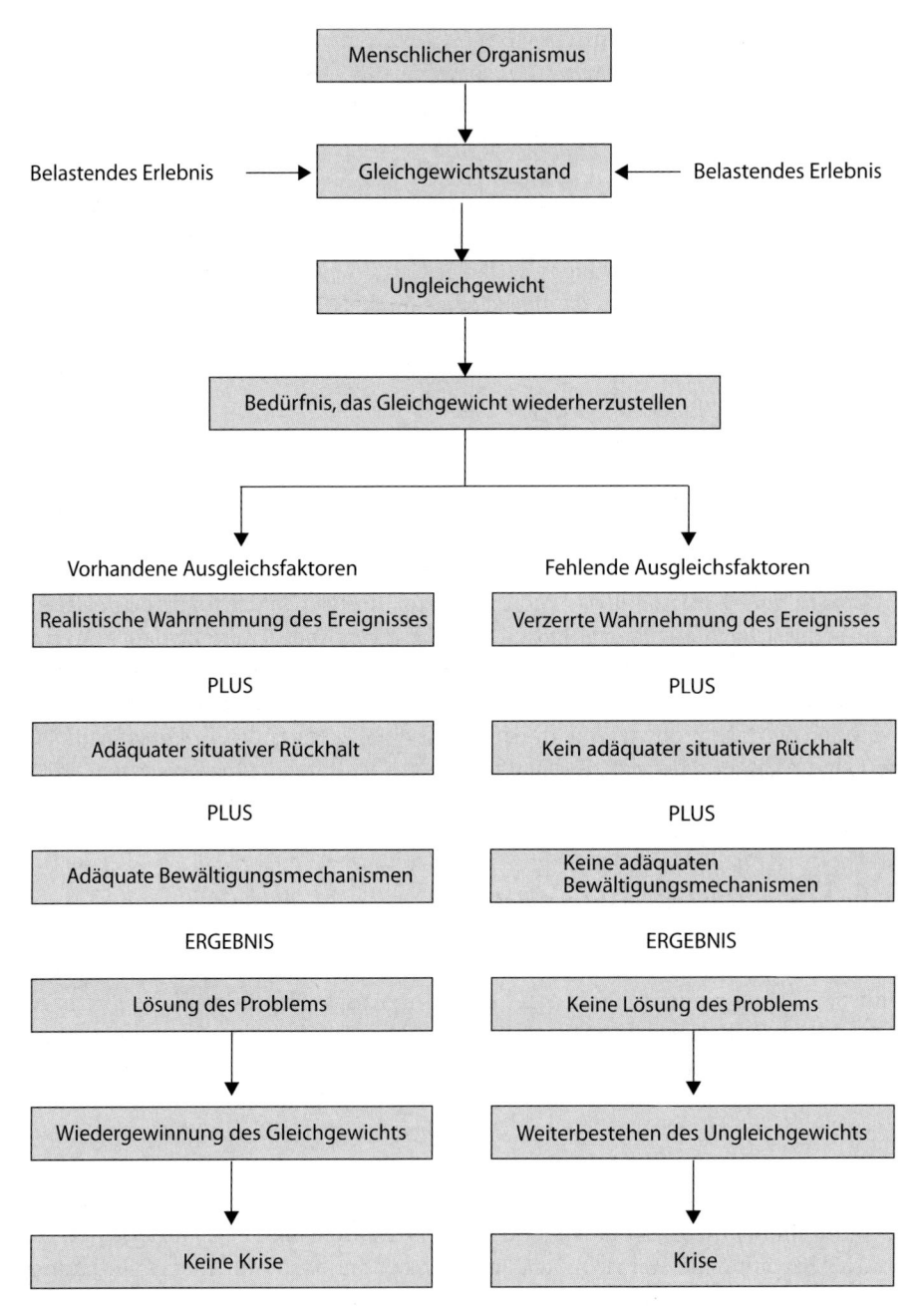

Abbildung 3-1: Paradigma: Wie Ausgleichsfaktoren bei einem belastenden Erlebnis wirken

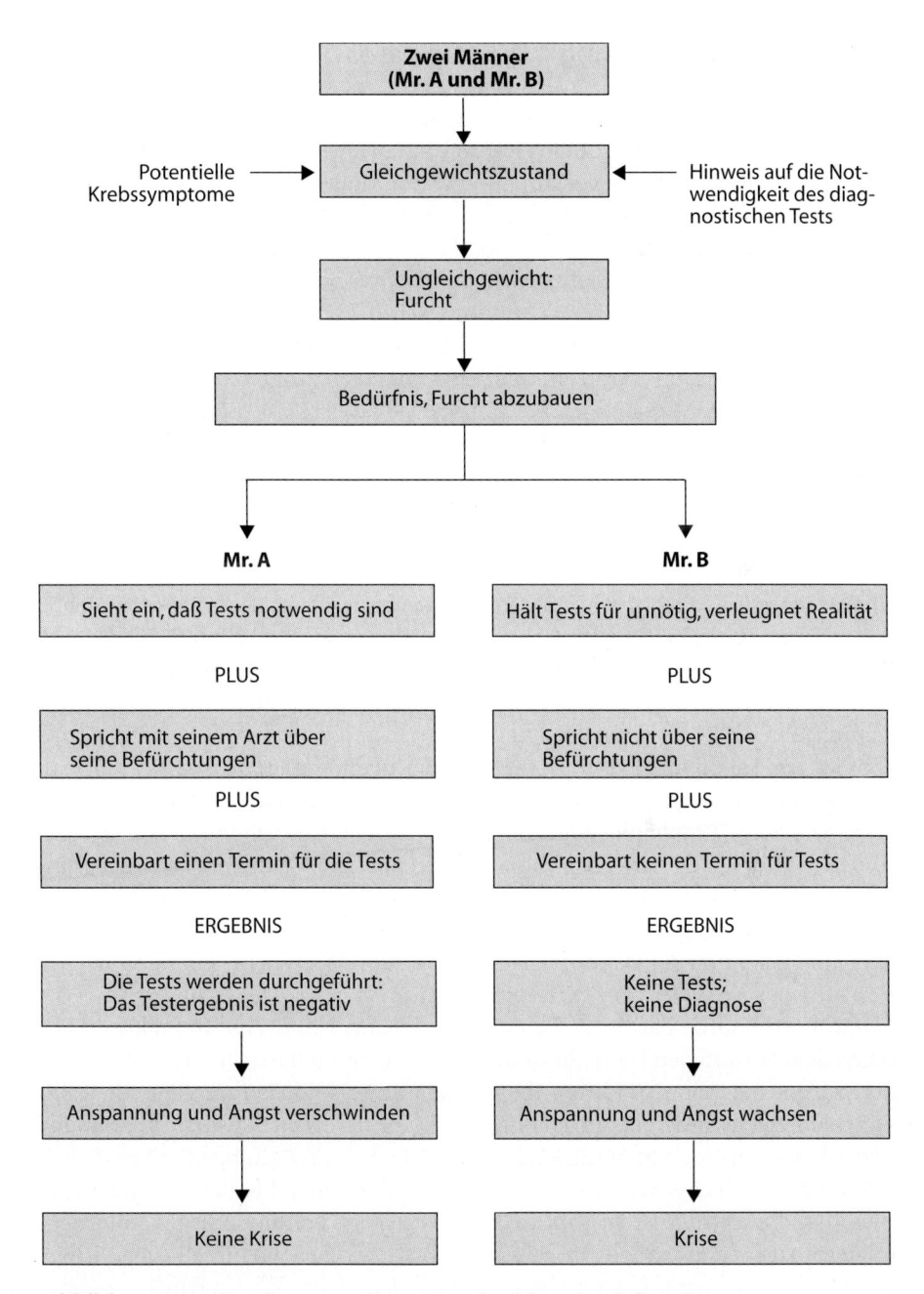

3. Der Problemlösungsansatz der Krisenintervention

```
                    ┌──────────────────┐
                    │   Zwei Männer    │
                    │ (Mr. A und Mr. B)│
                    └────────┬─────────┘
                             ▼
  Potentielle        ┌──────────────────┐      Hinweis auf die Not-
  Krebssymptome ────▶│ Gleichgewichtszustand │◀── wendigkeit des diag-
                     └────────┬─────────┘       nostischen Tests
                              ▼
                     ┌──────────────────┐
                     │   Ungleichgewicht:│
                     │       Furcht     │
                     └────────┬─────────┘
                              ▼
                     ┌──────────────────┐
                     │ Bedürfnis, Furcht abzubauen │
                     └────────┬─────────┘
                    ┌─────────┴─────────┐
                    ▼                   ▼
                 Mr. A               Mr. B
```

Mr. A	Mr. B
Sieht ein, daß Tests notwendig sind	Hält Tests für unnötig, verleugnet Realität
PLUS	PLUS
Spricht mit seinem Arzt über seine Befürchtungen	Spricht nicht über seine Befürchtungen
PLUS	PLUS
Vereinbart einen Termin für die Tests	Vereinbart keinen Termin für Tests
ERGEBNIS	ERGEBNIS
Die Tests werden durchgeführt: Das Testergebnis ist negativ	Keine Tests; keine Diagnose
Anspannung und Angst verschwinden	Anspannung und Angst wachsen
Keine Krise	Krise

Abbildung 3-2: Paradigma zur Illustration der folgenden Fallstudien

3.4.1 Die Wahrnehmung des Ereignisses

Die subjektive Bedeutung eines belastenden Erlebnisses entscheidet maßgeblich über die Art und den Grad des individuellen Bewältigungsverhaltens. Das Bewältigungsvermögen einer Person hängt in hohem Maße von deren Kognitionen ab, d. h. davon, wie sehr sie das vorgefallene Ereignis als Bedrohung wichtiger Lebensziele oder Wertvorstellungen sieht. Das Konzept des *kognitiven Stils* (Cropley & Field 1969) legt nahe, daß jeder Mensch Informationen aus seiner Umwelt auf seine ganz eigene Art und Weise aufnimmt, verarbeitet und nutzt.

Dieser kognitive Stil bestimmt demnach darüber, wie eine Person Informationen wahrnimmt und verarbeitet, und hat somit auch großen Einfluß darauf, wie sie mit alltäglichen Belastungen umgeht. Laut Inkeles (1966) ist der kognitive Stil auch dafür verantwortlich, wie viele Informationen in einer Streßsituation eingeholt werden. Außerdem beeinflußt er die Wahrnehmung anderer Menschen, zwischenmenschliche Beziehungen und die Empfänglichkeit für verschiedene Arten der psychiatrischen Behandlung.

Eine Person etwa, deren kognitiver Stil als «feldabhängig» definiert werden könnte, ist hinsichtlich ihrer Realitätsorientierung in belastenden Situationen in erster Linie auf externe Objekte angewiesen. Dieser Typ Mensch tendiert zu Bewältigungsmechanismen wie Verdrängung und Verleugnung. Der bevorzugte Abwehrmechanismus der «feldunabhängigen» Person hingegen ist die Intellektualisierung.

Wird das belastende Ereignis realistisch wahrgenommen, so kann der Betroffene den Zusammenhang zwischen diesem Erlebnis und dem empfundenen Streß erkennen. Seine Problemlösungsversuche können sich gezielt auf den Abbau der Anspannung richten, und die Wahrscheinlichkeit einer erfolgreichen Auflösung der Streßsituation steigt.

Lazarus (1966) und Lazarus et al. (1974) beschäftigten sich mit der Bedeutung der Mittlerfunktion der *Bewertung*, um herauszufinden, welche unterschiedlichen Bewältigungsmethoden von Betroffenen benutzt werden. Dieser Ansatz trägt der Tatsache Rechnung, daß jeder Bewältigungsmechanismus eine Interaktion zwischen dem betroffenen Individuum und seiner Umwelt darstellt, und daß die äußeren Umstände einer Situation die für diese Interaktion notwendigen Bewältigungsstrategien initiieren, prägen und beschränken. Aus diesem Grunde greift der Mensch im Umgang mit aktuellen oder potentiellen Bedrohungen auf eine Vielzahl unterschiedlicher verhaltensorientierter und intrapsychischer Aktivitäten zurück. Die Bewertung ist in diesem Kontext als ein kontinuierlicher Wahrnehmungsprozeß zu verstehen, in dessen Verlauf zwischen potentiell schädlichen, potentiell nützlichen und irrelevanten Ereignissen unterschieden wird.

Liegt eine bedrohliche Situation vor, wird zunächst eine *Erstbewertung* dahingehend vorgenommen, wie das Ereignis sich auf die eigenen Ziele und Werte auswirken wird. Dann folgt die *Zweitbewertung*, bei der die Bewältigungsstrategien bestimmt werden, die dem Individuum zur Verfügung stehen, um die Bedrohung zu bewältigen bzw. ein positives Resultat herbeizuführen. Hinweise auf durch die unternommenen Bewältigungsversuche bewirkten internen und externen Veränderungen führen zu ständigen *Neubewertungen* bzw. zur Modifikation der ursprünglichen Einschätzung des Ereignisses.

Dieser kontinuierliche Bewertungsprozeß hält das menschliche Bewältigungsverhalten flexibel. Treten während der Neubewertung neue Informationen und Hinweise auf, führt dies immer wieder zu qualitativen und quantitativen Veränderungen der Bewältigungsstrategien. Wird eine Situation plötzlich in einem anderen Licht gesehen, kann dies zur Aufnahme neuer Bewältigungsversuche führen.

Steht am Ende des Bewertungsprozesses die Einschätzung, die Folgen des Ereignisses überstiegen das vorhandene Bewältigungsvermögen, wird der Betroffene mit hoher Wahrscheinlichkeit Zuflucht zu intrapsychischen Abwehrmechanismen nehmen und die Realität verdrängen oder verzerren. Wird jedoch ein potentiell positives Ergebnis vorhergesehen, dürfte die betroffene Person direkte Maßnahmen zur Bewältigung wie Angriff, Flucht oder Kompromiß ergreifen.

Liegt eine verzerrte Wahrnehmung der Situation vor, ist der Betroffene möglicherweise außerstande, den Zusammenhang zwischen dem vorgefallenen Ereignis und seinem Streßzustand zu erkennen. Seine Versuche, das Problem zu lösen, sind daher zum Scheitern verurteilt, und es gelingt ihm nicht, seine Anspannung abzubauen. Konkret heißt dies: Was bedeutet das Ereignis für den Betroffenen? Wie wird es sich auf sein weiteres Leben auswirken? Schätzt er es realistisch ein oder nimmt er es verzerrt wahr? In unserem Beispiel akzeptierte Mr. A. die Notwendigkeit diagnostischer Tests; er nahm die Situation realistisch wahr. Mr. B. hingegen sah die Notwendigkeit, den Krebsverdacht auszuschließen oder zu bestätigen, nicht ein; er nahm die Situation verzerrt wahr und verleugnete die Realität.

3.4.2 Der verfügbare situative Rückhalt

Der Mensch ist von Natur aus ein soziales Wesen und darauf angewiesen, daß seine Mitmenschen seine Selbstbewertungen wiederum bewerten. Bei der Herausbildung von Lebensentwürfen bedeuten bestimmte Fremdbewertungen dem einzelnen Menschen mehr als andere, weil sie seine Selbstwahrnehmung bestätigen. Bindungen geht er in der Regel eher mit solchen Personen ein, deren Bewertungen ihn vor dem Gefühl der Unsicherheit schützen oder seine Ich-Integrität stärken.

Diese Art von Beziehungen gibt dem Individuum den Rückhalt, ohne den es die Vielzahl der alltäglichen Stressoren nicht bewältigen könnte. Soziale Isolation, ganz gleich, wodurch sie bedingt ist, nimmt dem Menschen die Möglichkeit zu interagieren und die so wichtigen zwischenmenschlichen Bindungen zu entwickeln.

Plötzliche oder unerwartete soziale Isolation bedeutet den Verlust des ansonsten vorhandenen situativen Rückhalts. Ohne diese Unterstützung aber fehlt dem Betroffenen ein wichtiger Schutzschild gegen die Belastungen des Alltags.

Verliert eine Person ihren Rückhalt, droht ihr der Verlust von Rückhalt oder gibt ihr eine bestehenden Bindung nicht (mehr) genügend davon, so ist sie besonders verletzlich. Wird sie nun mit einer Streßsituation konfrontiert, kann dies ihr seelisches Gleichgewicht aus dem Lot bringen und eine Krise auslösen.

Die Selbstbewertungen hängen unter anderem auch von Alter, Geschlecht und den sozialen Rollen ab, die jemand innehat. Das dem Selbstkonzept und Selbstwertgefühl zugrundeliegende System subjektiver Überzeugungen entwickelt sich aus den Erfahrungen, die ein Mensch im Verlauf seines Lebens im Umgang mit wichtigen Bezugspersonen sammelt. Zwar ist das Selbstwertgefühl einer Person mehr oder weniger stabil, es variiert jedoch in gewissem Maße mit internen und externen Umweltfaktoren, die zu einem bestimmten Zeitpunkt und in einer bestimmten Situation auftreten. Um Selbstsicherheit und Selbstvertrauen entwickeln und aufrechterhalten zu können, muß die betreffende Person das Gefühl haben, von anderen geliebt zu werden und ihr Selbst-Ideal erreichen zu können – ein Selbst-Ideal, das stark, fähig und gut ist und anderen Liebe geben kann.

Ist das Selbstwertgefühl einer Person niedrig oder nimmt sie eine Situation als besonders bedrohlich wahr, dann braucht und sucht sie andere Menschen, deren Bewertungen ihr Selbstvertrauen stärken. Je niedriger das Selbstbewußtsein bzw. je größer die empfundene Bedrohung, desto größer ist das Bedürfnis nach situativem Rückhalt. Umgekehrt meidet die betroffene Person natürlich Kontakte zu Menschen, die ihr Selbstvertrauen zu untergraben drohen, sei diese Befürchtung nun berechtigt oder eingebildet. Jede potentiell belastende Situation kann Selbstzweifel auslösen; man beginnt, sich zu fragen, wie man von anderen wahrgenommen wird, welchen Eindruck man bei ihnen hinterläßt und welche realen oder imaginären Makel enthüllt werden könnten (Mechanic 1974).

Ob ein Bewältigungsversuch erfolgreich ist oder scheitert, wird in hohem Maße durch den sozialen Kontext bestimmt, in dem er stattfindet. Als die wohl wichtigste Umweltvariable konnten hierbei die Bezugspersonen des Betroffenen identifiziert werden. An sie wendet er sich, wenn er Ratschläge und Hilfe im Umgang mit alltäglichen Problemen braucht. Ob er sich von diesen Menschen geliebt und respektiert fühlt, hängt davon ab, inwieweit diese seine Erwartungen in bezug auf Rückhalt in der Vergangenheit erfüllt haben. Werden seine psychosozialen Bedürfnisse nicht in der erhofften Form befriedigt, kann dies eine Streßsituation zur Folge haben bzw. eine bestehende verschärfen. Ausbleibende oder «negative» Unterstützung kann ebenso schädlich für das Selbstwertgefühl einer Person sein.

Als situativer Rückhalt fungieren diejenigen Menschen, die im Umfeld des Betroffenen verfügbar sind und von denen dieser sich Hilfe im Umgang mit seinem Problem erwartet. In unserem Beispiel etwa besprach sich Mr. A. mit seinem Arzt und erzählte ihm von seinen Befürchtungen, an Krebs zu leiden. Er erkundigte sich nach den durchzuführenden Tests und fragte, was geschehen werde, wenn die Tests positiv ausfielen. Er sprach mit seiner Frau und seinen Kindern darüber, daß er möglicherweise Krebs haben könnte, und erhielt sowohl von seinem Arzt als auch von seiner Familie den nötigen Rückhalt, so daß er mit seiner schwierigen Situation nicht alleine war. Mr. B. hingegen fühlte sich seinem Arzt nicht nahe genug, um mit ihm über seine Befürchtungen zu reden, und sprach auch nicht mit seiner Familie oder seinen Freunden über seine mögliche Krankheit. Durch die Verleugnung isolierte er sich selbst. Er hatte niemanden, den er um Hilfe hätte bitten können, daher fühlte er sich überfordert und allein gelassen.

3.4.3 Die Bewältigungsmechanismen

Der Alltag lehrt die Menschen viele Methoden, mit Angst umzugehen und Streß abzubauen. Die Entwicklung ganzer Lebensstile geschieht auf der Grundlage von Reaktionsmustern, die dazu dienen, belastende Situationen zu bewältigen. Diese Lebensstile sind von Mensch zu Mensch außerordentlich unterschiedlich, gerade in ihrer Verschiedenheit aber unbedingt notwendig, um das seelische Gleichgewicht zu bewahren.

Die frühen Arbeiten Cannons (1929, 1939) bildeten die Basis für die spätere systematische Erforschung der Wirkung, die Streß auf den menschlichen Organismus hat. Gemäß Cannons «fight or flight»-Theorie (Angriff oder Flucht) sind akute Angstreaktionen, ähnlich jenen der Furcht, notwendig, um einen Menschen physiologisch gegen eine reale oder imaginäre Bedrohung zu wappnen. Ausgehend von seinen Studien über die Homöostase beschrieb er die Mechanismen, mit deren Hilfe Mensch und Tier einen einmal erreichten Zustand aufrechterhalten, und wie sie das Ziel verfolgen, wieder zum ursprünglichen Zustand zurückzukehren, wenn irgendwelche Umstände eine Veränderung erzwangen.

Zwischen Begriffen wie Bewältigung (coping), Anpassung (adaptation), Abwehr (defense) und Meisterung (mastery) gibt es Unterschiede.

In der psychologischen Streßtheorie bezeichnet *Bewältigung* eine Vielfalt von Strategien, die bewußt oder unbewußt eingesetzt werden, um mit einer Belastung zurechtzukommen, die durch die Wahrnehmung einer Bedrohung der psychischen Integrität ausgelöst wird. Die Formen der Bewältigung können unterschiedlichster Art sein; jeder Mensch geht mit momentan existierenden oder erwarteten Herausforderungen anders um. Der Begriff ist nicht gleichbedeutend mit dem Meistern einer problematischen Lebenssituation; hierbei steht das konsequente Ansteuern eines bestimmten Zieles im Vordergrund. Bewältigung hingegen meint den gesamten *Prozeß*, in dessen Verlauf der Betroffene Versuche unternimmt, eine Lösung zu finden (Lazarus 1966).

Coleman (1950) definierte *Bewältigung* als Anpassungsreaktion auf tatsächlichen oder subjektiv empfundenen Streß, die darauf abzielt, die psychische Integrität zu wahren. Seinem Konzept nach reagiert der Mensch auf Streß mit Angriff, Flucht oder einem Kompromiß. In Abhängigkeit vom Grad der Ich-Beteiligung, werden in diese drei Grundformen der Reaktion verschiedene Abwehrmechanismen hinein verwickelt.

Durch einen Angriff wird in der Regel versucht, die Hindernisse zu beseitigen oder zu überwinden, von denen der Betroffene glaubt, daß sie für die Streßsituation verantwortlich sind, wobei diese Vorgehensweise nicht unbedingt zerstörerische Auswirkungen haben muß, sondern durchaus konstruktiv sein kann.

Eine Flucht- oder Furchtreaktion besteht oft einfach in der Entfernung der Bedrohung (z. B. wird das Feuer gelöscht) oder im Rückzug aus der bedrohlichen Situation (z. B. wird das brennende Haus verlassen). In Abhängigkeit vom subjektiv empfundenen Ausmaß der Bedrohung und von der Einschätzung der Fluchtmöglichkeiten können aber auch hochkomplexe psychische Operationen eintreten.

Zum Kompromiß oder zur Ersatzreaktion kommt es, wenn sowohl Angriff als auch Flucht unmöglich erscheinen. Diese Form der Bewältigung kommt am häufigsten bei der Problemlösung zum Einsatz; der Betroffene akzeptiert Ersatzziele oder ändert seine verinnerlichten Werthaltungen und Anforderungen an sich selbst.

Masserman (1946) konnte zeigen, daß es mit zunehmender Frustrationsdauer immer leichter fällt, Ersatzziele zu finden und anzustreben. Hierbei wirkt oft der Abwehrmechanismus der *Rationalisierung*, der dem Betroffenen den Spatz in der Hand erstrebenswerter erscheinen läßt als die Taube auf dem Dach.

Spannungsreduzierende Mechanismen können offener oder verdeckter Natur sein und bewußt oder unbewußt aktiviert werden. Dazu gehören Reaktionen wie Aggression, Regression, Rückzug und Verdrängung. Welche Reaktion gewählt wird, hängt davon ab, welche Strategien in der Vergangenheit in ähnlichen Situationen geholfen haben, Angst und Spannung abzubauen. Durch häufige Wiederholung kann sich eine solche Reaktion von einer bewußt durchgeführten Maßnahme zu einer habituellen, automatisierten Verhaltensweise entwickeln. Oft ist sich jemand nicht einmal darüber im klaren, *wie*, geschweige denn *warum* er in bestimmten Situationen auf Streß reagiert. Abgesehen von einem vagen Gefühl des Unbehagens merkt man vielleicht überhaupt nichts von dem durch Streß bewirkten Anstieg und dem darauffolgenden Abbau der Spannung. Tritt jedoch ein neues streßauslösendes Ereignis ein und die erlernten Bewältigungsmechanismen versagen, wird dieses Unbehagen auf bewußter Ebene erlebt. Die Notwendigkeit, «etwas zu tun», bekommt oberste Priorität und schränkt die Wahrnehmung aller anderen Dinge des Lebens ein.

Im Normalfall werden Abwehrmechanismen im Rahmen des Bewältigungsprozesses konstruktiv genutzt. Dies gilt besonders, wenn die Gefahr einer psychischen Überforderung besteht. Nahezu alle Abwehrmechanismen dienen dem Überleben;

sie gelten erst dann als pathologisch, wenn sie die Bewältigung behindern, d. h. wenn sie zur Folge haben, daß die Realität zu verleugnet oder die Wahrnehmung verfälscht wird.

Bandura et al. (1977) zufolge wird ein Bewältigungsversuch überhaupt nur unternommen, wenn die betreffende Person daran glaubt, eine problematische Situation in den Griff bekommen zu können. Der Mensch fürchtet und meidet Situationen, von denen er denkt, daß sie sein Bewältigungsvermögen übersteigen. In Situationen hingegen, denen er sich gewachsen fühlt, tritt er selbstsicher auf; er zweifelt nicht an seinem Erfolg. Es ist also die subjektiv empfundene Bewältigungsfähigkeit, die darüber bestimmt, ob und welche Bewältigungsstrategien gewählt und mit welcher Beharrlichkeit sie verfolgt werden.

Unter dem Begriff *verfügbare Bewältigungsmechanismen* ist das zu verstehen, was eine Person *normalerweise* tut, wenn sie ein Problem hat. Möglicherweise setzt sie sich hin und durchdenkt die Angelegenheit sorgfältig oder spricht sich mit einem guten Freund aus. Manch einer weint oder schreit sein Problem aus sich heraus oder versucht, Wut und Feindseligkeit abzureagieren, indem er laut flucht, gegen einen Stuhl tritt oder die Türen hinter sich zuschlägt. Wieder andere liefern sich mit ihren Freunden wahre Wortgefechte oder ziehen sich vorübergehend ganz in sich zurück, um das Problem erneut zu begutachten. Dies sind nur einige wenige Bewältigungsstrategien, die Menschen nutzen, um ihre durch ein Problem verursachte Anspannung und Angst abzubauen. Jeder dieser Bewältigungsmechanismen wurde von seinem Nutzer irgendwann in seiner Vergangenheit eingesetzt, als wirksames Mittel zur Wahrung der emotionalen Stabilität erkannt und als solches zu einem festen Bestandteil der Art und Weise gemacht, in der diese Person mit den Belastungen des Alltags umgeht.

Um auf unser Beispiel zurückzukommen: Mr. A. ließ sich einen Termin für die von seinem Arzt empfohlenen Tests geben, und das Ergebnis war negativ. Seine Anspannung und Angst gingen zurück, das Gleichgewicht wurde wiederhergestellt, und die Krise blieb aus. Mr. B. hingegen kehrte der Situation den Rücken; ihm fehlten die nötigen Bewältigungsstrategien. Er ließ die Tests nicht durchführen und erhielt daher auch keine definitive Diagnose, wodurch seine Anspannung und Angst wuchsen. Da er das Problem nicht lösen konnte und sein seelisches Ungleichgewicht seine Funktionalität beeinträchtigte, geriet er in eine Krise.

Die vorhandenen bzw. fehlenden Ausgleichsfaktoren werden in Abbildung 3-2 dargestellt. Mr. A. nahm das Ereignis *realistisch* wahr und kehrte zu seinem vorherigen Gleichgewichtszustand zurück. Die Krise blieb aus. Mr. B. hingegen nahm die Situation *verzerrt* wahr, verleugnete die Realität und verblieb in seinem Ungleichgewichtszustand. Als Folge davon kam es zur Krise.

Was aber wäre geschehen, wenn Mr. A. s Testergebnisse nicht negativ, sondern *positiv* ausgefallen wären? **Abbildung 3-3** führt einen dritten Fall – Mr. C. – ein, dessen Ausgleichsfaktoren bis auf einen mit jenen von Mr. A. übereinstimmen –

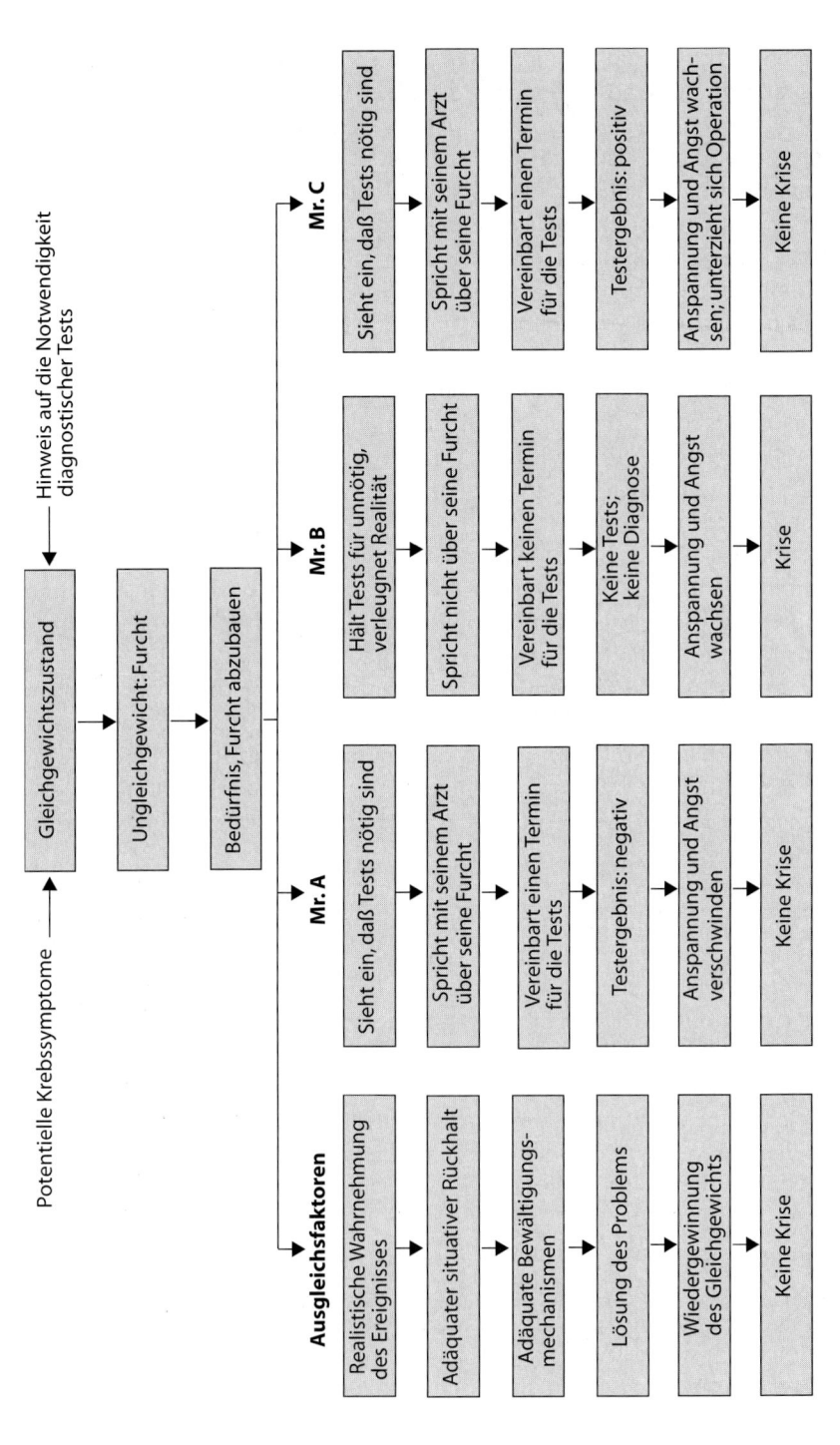

Abbildung 3-3: Vergleich mehrerer Fälle

Potentielle Krebssymptome → Gleichgewichtszustand → Ungleichgewicht: Furcht → Bedürfnis, Furcht abzubauen

Hinweis auf die Notwendigkeit diagnostischer Tests

Ausgleichsfaktoren
- Realistische Wahrnehmung des Ereignisses
- Adäquater situativer Rückhalt
- Adäquate Bewältigungsmechanismen
- Lösung des Problems
- Wiedergewinnung des Gleichgewichts
- Keine Krise

Mr. A
- Sieht ein, daß Tests nötig sind
- Spricht mit seinem Arzt über seine Furcht
- Vereinbart einen Termin für die Tests
- Testergebnis: negativ
- Anspannung und Angst verschwinden
- Keine Krise

Mr. B
- Hält Tests für unnötig, verleugnet Realität
- Spricht nicht über seine Furcht
- Vereinbart keinen Termin für die Tests
- Keine Tests; keine Diagnose
- Anspannung und Angst wachsen
- Krise

Mr. C
- Sieht ein, daß Tests nötig sind
- Spricht mit seinem Arzt über seine Furcht
- Vereinbart einen Termin für die Tests
- Testergebnis: positiv
- Anspannung und Angst wachsen; unterzieht sich Operation
- Keine Krise

Mr. C. hat tatsächlich Krebs; das Testergebnis fiel positiv aus. Seine Anspannung und Angst stiegen an, bis er sich einer Operation unterzog, bei der der Tumor erfolgreich entfernt werden konnte. Die Gefahr einer Krise war gebannt. Der entscheidende Ausgleichsfaktor war in diesem Falle Mr. C. s realistische Wahrnehmung der Situation; er erkannte den Zusammenhang zwischen der belastenden Diagnose und seinen Streßsymptomen. Sein Vorgehen bei der Problemlösung war korrekterweise auf den Abbau der Anspannung ausgerichtet, und die Streßsituation konnte erfolgreich entschärft werden.

Am Beispiel von Abbildung 3-2 ist leicht zu erkennen, wie das Paradigma dem Therapeuten helfen kann, sich auf die wesentlichen Aspekte eines Falles zu konzentrieren. Der Nutzen des Paradigmas zeigt sich auch in der Gegenüberstellung der drei Fälle in Abbildung 3-3. In den folgenden Kapiteln werden Sie zu jeder Fallstudie ein Paradigma finden, dessen leere rechte Spalte Sie nach dem Beispiel von Abbildung 3-2 und 3-3 ausfüllen sollen.

Anschließend können Sie Ihr Paradigma mit der zugehörigen Auflösung in Anhang A vergleichen. Falls Sie Probleme mit dem Ausfüllen haben, sollten Sie sich in diesem Kapitel rückversichern. Diese Übung soll Ihnen helfen, Ihre Fähigkeit zu verbessern, Krisen aufzulösen.

Literaturverzeichnis

Bandura, A. and others: Cognitive processes mediating behavioral change, J Pers Soc Psychol 35:125, 1977.
Black, M.: Critical thinking: an introduction to logic and scientific method, Englewood Cliffs, NJ, 1946, Prentice-Hall.
Cannon, W. B. Bodily changes in pain, hunger, fear, and rage, New York, 1929, D Appleton.
Cannon, W. B.: The wisdom of the body, ed 2, New York, 1939, WW Norton.
Caplan, G.: Principles of preventive psychiatry, New York, 1964, Basic Books.
Coleman, J. C.: Abnormal psychology and modern life, Chicago, 1950, Scott, Foresman.
Cropley, A., Field, T.: Achievement in science and intellectual style, J Appl Psychol 53:132, 1969.
Dewey, J.: How we think, Boston, 1910, DC Heath.
Fortinash, K. M., Holoday-Worret, P. A.: Psychiatric-mental nursing, St. Louis, 1996, Mosby.
Guilford, J. P.: The nature of human intelligence, New York, 1967, McGraw-Hill.
Haber, J. and others: Comprehensive psychiatric nursing, ed 4, St. Louis, 1992, Mosby.
Inkeles, A.: Social structure and socialization of competence, Harv Ed Rev 36:265, 1966.
Johnson, D. M.: The psychology of thought and judgment, New York, 1955, Harper & Row.
Lazarus, R. S.: Psychological stress and the coping process, New York, 1966, McGraw-Hill.
Lazarus, R. S. and others: The psychology of coping: issues in research and assessment. In Goehlo, G. V. and others, editors: Coping and adaptation, New York, 1974, Basic Books.
March, J. G., Simon, H. A.: Organizations, New York, 1963, John Wiley & Sons.

Masserman, J. H.: Principles of dynamic psychology, Philadelphia, 1946, WB Saunders.
Mechanic, D.: Social structure and personal adaptation: some neglected dimensions. In Goehlo, G. V. and others, editors: Coping and adaptation, New York, 1974, Basic Books.
Merrifield, P. R. and others: The role of intellectual factors in problem-solving, Psychol Monogr 76:1, 1962.
Morley, W. E., Messick, J. M., Aguilera, D. C.: Crisis: paradigms of intervention, J Psychiatr Nurs 5:538, 1967.
Robinson, L.: Stress and anxiety, Nurs Clin North Am 25(4):935, 1990.

Weiterführende Literatur

Altmaier, E. M.: Linking stress experiences with coping resources and responses: comment on Catanzaro, Horaney, and Creasey (1995), Long and Schutz (1995), Heppner and others (1995), and Bowman and Stern (1995), J Counseling Psychol 42(3):304, 1995.
Antonietti, A., Gioletta, M. A.: Individual differences in analogical problem solving, Pers Individual Differences 18(5):611, 1995.
Bergan, J. R.: Evolution of a problem-solving model of consultation, J Educational Psychol Consultation 6(2):111, 1995.
D'Zurilla, T., Chang, E. C.: The relations between social problem solving and coping, Cognitive Ther Res 19(5):547, 1995.
D'Zurilla, T. J., Maydeu-Olivares, A.: Conceptual and methodological issues in social problem-solving assessment, Behav Ther 26(3):409, 1995.
Davila, J. and others: Poor interpersonal problem-solving as a mechanism of stress generation in depression among adolescent women, J Abnorm Psychol 104(4):592, 1995.
Diehl, M., Willis, S. L., Schaie, K. Warner: Everyday problem-solving in older adults: observational assessment and cognitive correlates, Psychol aging 10(3):478, 1995.
Goodman, S. H., Gravitt, G. W., Kaslow, N. J.: Social problem solving: a moderator of the relation between negative life stress and depression symptoms in children, J Abnorm Child Psychol 23(4):473, 1995.
Littlepage, G. E. and others: An input-process-output analysis of influence and performance in problem-solving groups, J Pers Soc Psychol 69(5):877, 1995.
Nickols, F. W.: Reengineering the problem-solving process (finding better solutions), Performance Improvement Q 7(4):3, 1994.
Nystul, M. S.: A problem-solving approach to counseling: integrating Adler's and Glasser's theories, Elementary School Guidance Counseling 29(4):297, 1995.
Powell, C. A.: Cognitive hurdles in the use of decision support systems to enhance problem understanding. Special issue: decision making under conditions of conflict, Group Decision Negotiation 3(4):413, 1994.
Rooney, E. F. and others: I can problem solve: an interpersonal cognitive problem-solving program, J Sch Psychol 31(2):335, 1993.
Sautter, F. J., Heaney, C., O'Neill, P.: A problem-solving approach to group psychotherapy in the inpatient milieu, Hosp Community Psychiatry 42:814, 1991.
Sternberg, J. A., Bry, B. H.: Solution generation and family conflict over time in problem-solving therapy with families of adolescents: : the impact of therapists behavior, Child Fam Behav Ther 16(4):1, 1994.

Stewart, S. L., Rubin, K. H.: The social problem-solving skills of anxious-withdrawn children, Dev Psychopathol 7(2):323, 1995.
Tomic, W.: Training in inductive reasoning and problem solving, Contemporary Educational Psychol 20(4):483, 1995.

4. Posttraumatische Belastungsstörung und akute Belastungsstörung

In jeder Angelegenheit bedenke, was war und was sein wird.
Epiktet

Nach den Kriterien des *Diagnostic and Statistical Manual of Mental Disorders* (DSM-IV) der American Psychiatric Association aus dem Jahre 1994 stellen die *posttraumatische Belastungsstörung* (PTBS) und die *akute Belastungsstörung* (ABS) zwei unterschiedliche psychische Störungen dar. **Tabelle 4-1** stellt die beiden Störungen gegenüber. Dieses Kapitel soll einen kurzen Überblick über die Hauptunterschiede geben. In Anhang B findet sich eine Aufstellung von Begriffen, die bei der Einschätzung des psychischen Zustands eines Klienten zur Anwendung kommen können.

4.1 Die posttraumatische Belastungsstörung

Andere Bezeichnungen für die posttraumatische Belastungsstörung weisen auf die jeweilige Ursache hin und lauten Kugelschock, *battle fatigue*, Unfall-Neurose oder Vergewaltigungstrauma. Obwohl diese Störung durch sehr spezifische Symptome gekennzeichnet ist, die sie zu einem eindeutig abgrenzbaren Syndrom machen, wird die Diagnose oft falsch gestellt und die Symptomatik mißverstanden.

Tausende von Menschen, die ein traumatisches Erlebnis (z. B. Vergewaltigung, Mißhandlung, Krieg, Unfall, Naturkatastrophe, Folter etc.) hinter sich haben, sind von PTBS betroffen. Psychiater schätzen, daß zwischen 1 und 3% der Bevölkerung an einer klinisch diagnostizierbaren PTBS leiden. Weitaus mehr Personen zeigen einzelne Symptome des Syndroms. Ursprünglich wurde angenommen, daß diese Störung typischerweise bei Soldaten auftritt, die an schweren Kämpfen teilgenommen haben. Inzwischen hat die Forschung aber ergeben, daß jegliche Form eines

Traumas eine PTBS auslösen kann, besonders allerdings solche Traumata, die mit einer Lebensbedrohung einhergehen. Allgemein gesehen kann es immer dann zu dieser Störung kommen, wenn eine Person Zeuge eines überwältigenden traumatischen Ereignisses wurde oder selbst unmittelbar davon betroffen war. Das gilt für Männer und Frauen gleichermaßen (Bile 1993; Symes 1995).

Nicht jeder, der an PTBS leidet, muß professionell behandelt werden. Einige Betroffene werden sich auch mit der Hilfe ihres normalen situativen Rückhalts erholen, d. h. mit der Unterstützung von Angehörigen, Freunden oder mit dem geistlichem Beistand eines Pfarrers, Priesters, Rabbis etc. Viele PTBS-Kranke benötigen jedoch professionelle Hilfe, um den psychischen Folgeschäden ihrer Erlebnisse entgegenzuwirken.

Tabelle 4-1: Posttraumatische Belastungsstörung und akute Belastungsstörung: ein Vergleich

Art des Traumas	PTBS	ABS
Betroffener erlebte oder beobachtete ein Ereignis, das aktuell oder potentiell das Leben, die Gesundheit oder die physische Integrität der eigenen oder einer fremden Person bedrohte.	Ja	Ja
Betroffener reagierte mit intensiven Gefühlen der Angst, des Entsetzens oder der Hilflosigkeit.	Ja	Ja
Symptome		
Ständiges Wiedererleben des Traumas	Ja	Ja
Meiden von Dingen oder Tätigkeiten, die an das Trauma erinnern könnten	Ja	Ja
Physische Kennzeichen der Übererregung	Ja	Ja
Anzeichen von Dissoziation	Nein	Ja
Klinisch auffällige Angst- und Schuldgefühle	Ja	Ja
Zeitliche Aspekte		
Dauer der Symptome	1 Monat	Zwischen 2 Tagen und 4 Wochen
Auftreten der Symptome	Jederzeit (sogar Jahre) nach dem Trauma	Nach 2 Tagen bis 4 Wochen

4.1.1 Die Symptome der PTBS

Die Symptome der PTBS mögen zunächst als Teil einer normalen Reaktion auf ein überwältigendes Erlebnis erscheinen. Erst wenn sie länger als drei Monate anhalten, kann von einer psychischen Störung die Rede sein. Eine solche Störung kann mitunter Monate oder gar Jahre nach dem eigentlichen Trauma auftreten.

PTBS-Studien wurden zwar bisher vorwiegend an Erwachsenen durchgeführt, das Syndrom tritt jedoch auch bei Kindern auf. Es ist eine bekannte Tatsache, daß traumatische Erlebnisse (z. B. sexueller Mißbrauch, körperliche Mißhandlung, Verlust der Eltern oder Krieg) nachhaltige Auswirkungen auf das Leben von Kindern haben können. Abgesehen von den Symptomen einer posttraumatischen Belastungsstörung kann es bei Kindern zusätzlich zur Auslösung von Lernschwierigkeiten sowie Konzentrations- und Merkschwächen kommen. Das Kind wird unter Umständen überängstlich oder überanhänglich und gerät in Gefahr, sich selbst oder andere zu schädigen und zu mißhandeln.

Personen, die an PTBS leiden, erleben häufig Momente, in denen das traumatische Erlebnis in ihr aktuelles Leben «einbricht». Dies kann in der Form plötzlicher, sehr lebendiger Erinnerungen geschehen, die von schmerzlichen Gefühlen begleitet werden. Mitunter wird das Trauma regelrecht «wiedererlebt». Dieses Phänomen wird als *Flashback* (Rückblende) bezeichnet, es handelt sich um eine Erinnerung, die so intensiv ist, daß die betreffende Person glaubt, das Trauma tatsächlich noch einmal zu erleben, oder es vor ihren Augen ablaufen sieht. Bei traumatisierten Kindern tritt das Wiedererleben des Traumas oft in Form des Nachspielens auf. Mitunter kehrt das traumatische Erlebnis auch in Alpträumen wieder. Bei kleinen Kindern kann es zu generalisierten Alpträumen kommen, in denen Monster auftreten, der Träumer andere Personen rettet oder er selbst oder andere bedroht werden.

Das Wiedererleben kann die Form einer plötzlichen, schmerzlichen Gefühlsaufwallung annehmen, für die es keinen Auslöser zu geben scheint. Dabei kommt es oft zur Stimmungsverdüsterung und zum Auftreten von Weinanfällen, Furcht oder Wut. Viele Betroffene sagen, diese Zustände kehrten immer wieder, ähnlich wie es bei Erinnerungen oder Träumen der Fall ist, die das traumatische Ereignis zum Gegenstand haben.

Ein anderer Symptomkomplex besteht im sogenannten Vermeidungsverhalten, das sich auf die Beziehungen zu anderen Personen auswirken kann, da die betreffende Person engen emotionalen Kontakten mit Angehörigen, Freunden und Kollegen aus dem Wege geht. Der Betroffene fühlt sich wie taub, hat kaum noch Gefühle und kann nur noch mechanisch ablaufende Routineaktivitäten ausführen. Tritt das Phänomen des Wiedererlebens auf, scheinen diese Personen ihre ganze Energie darauf zu verwenden, die Emotionsflut zu unterdrücken. Oft haben sie nicht mehr die Kraft, angemessen auf ihre Umgebung zu reagieren; Personen, die unter PTBS leiden, geben häufig an, keine Gefühle mehr zu haben, besonders den Menschen gegenüber, denen sie sehr naheststehen. Durch ihr Vermeidungsverhalten wirken die Betroffenen gelangweilt, kalt oder völlig mit sich selbst beschäftigt. Familienangehörige fühlen sich oft abgewiesen, da die Betroffenen keine Zuneigung zeigen und sich gleichsam wie Roboter verhalten (Blake, Cook & Kane 1992).

Für den Therapeuten, der mit der Symptomatik der PTBS in Berührung kommt, sind die Gründe für die emotionale Erstarrung und das verminderte Interesse an wichtigen Aktivitäten häufig nur schwer nachvollziehbar. Dies gilt besonders bei Kindern. Deshalb sollten Angehörige, Freunde, Eltern, Lehrer und andere Personen, die etwas zur Aufklärung beitragen können, unbedingt gehört werden. Da die Symptome sich möglicherweise verschlimmern, wenn das ursprüngliche Trauma durch bestimmte Geschehnisse oder Aktivitäten wieder ins Bewußtsein dringt, vermeidet der PTBS-Kranke Situationen, die ihn daran erinnern könnten. So könnte der Überlebende eines Kriegsgefangenenlagers beispielsweise überreagieren, wenn er Uniformierte sieht. Mit der Zeit kann eine Person soviel Furcht vor gewissen Situationen entwickeln, daß ihr gesamter Tagesablauf von der Bemühung bestimmt wird, diese zu vermeiden.

Viele Kriegsveteranen beispielsweise lehnen es ab, Verantwortung für andere Menschen zu übernehmen, weil sie glauben, bei der Aufgabe versagt zu haben, diejenigen zu schützen, die durch das traumatische Ereignis gefallen sind. Andere Personen fühlen sich schuldig, weil sie eine Katastrophe überlebt haben, die andere (womöglich sogar Angehörige oder Freunde) das Leben gekostet hat. Bei Soldaten oder den Überlebenden von nichtmilitärischen Katastrophen manifestieren sich diese Gefühle häufig, wenn sie Maßnahmen ergreifen oder mit ansehen mußten, die zum Überleben notwendig, aber gesellschaftlich inakzeptabel waren. Solche Schuldgefühle können zu Depressionen führen, wenn der Betreffende beginnt, sich als unwürdig, als Versager oder als einen Menschen anzusehen, der sich gegen seine eigentlichen Wertvorstellungen versündigt hat. Kinder, die von PTBS betroffen sind, legen oftmals eine völlig veränderte Einstellung zur Zukunft an den Tag. Beispielsweise könnte ein Kind die Vorstellung entwickeln, niemals einen Partner zu finden oder Karriere machen zu können. Es kommt auch vor, daß Kinder sich einbilden, widrige Ereignisse vorhersagen zu können.

Da der PTBS-Patient nicht in der Lage ist, sich mit seiner Trauer oder Wut über den erlittenen Verlust oder Schaden auseinanderzusetzen, wird das Trauma auch weiterhin sein Verhalten bestimmen, ohne daß er sich dessen bewußt wäre. Depressionen sind eine häufige Folge dieser Unfähigkeit, schmerzliche Gefühle abzubauen (Symes 1995).

Menschen, die an PTBS leiden, können dadurch veranlaßt werden, sich so zu verhalten, als ob sie noch immer von dem krankheitsverursachenden Trauma bedroht seien. Sie sind oft sehr reizbar, haben Schwierigkeiten, sich zu konzentrieren oder sich an neuere Informationen zu erinnern, und neigen zu Schlaflosigkeit. Da sie chronisch übererregt sind, erbringen viele Betroffene schlechte Leistungen, haben Ärger mit ihren Vorgesetzten und ein schlechtes Verhältnis zu ihren Angehörigen und Freunden (Henry 1993).

Die Fortdauer des biologischen Alarmzustands kommt in Schreckreaktionen zum Ausdruck. Veteranen etwa verfallen häufig in Kampfverhalten und gehen in Deckung, wenn sie eine Fehlzündung oder die Explosion eines Feuerwerkskörpers hören. Mitunter haben PTBS-Betroffene Panikattacken; sie stehen Ängste aus, die jenen ähneln, die sie während des Traumas erlebt haben. Viele traumatisierte Kinder, aber auch Erwachsene, befinden sich nicht nur in immerwährender Alarmbereitschaft, sondern zeigen auch somatische Symptome wie Kopf- oder Bauchschmerzen (Herman 1992).

Eine posttraumatische Belastungsstörung gilt als *akut*, wenn die Symptome ein bis drei Monate andauern, und als *chronisch*, wenn sie länger als drei Monate bestehen bleiben. Setzen die Symptome erst mehr als sechs Monate nach dem traumatischen Erlebnis ein, so ist von einem *verzögerten Eintritt* die Rede (APA 1994).

4.1.2 Kinder und PTBS

Bei Kindern ist es noch unwahrscheinlicher als bei Erwachsenen, daß sie direkt über ihre Probleme sprechen werden; möglicherweise ist es ihnen nicht einmal bewußt, daß sie welche haben. Ihre Schwierigkeiten im Zusammenhang mit Streß äußern sich vielmehr häufig auf dem Gebiet der schulischen Leistungen, in den Beziehungen zu Altersgenossen oder in ihren Interaktionen mit Angehörigen. Kinder, die an PTBS leiden, sind besonders verletzlich, weil sie kaum Erfahrungen im Umgang mit belastenden Ereignissen haben. Aus diesem Grund können ihnen ihre Probleme unüberwindbar erscheinen, und es ist möglich, daß sie die Hoffnung völlig verlieren.

Je nach Alter und Entwicklungsstand des betroffenen Kindes müssen spezifische Bewältigungsvoraussetzungen geschaffen werden; die folgenden Punkte gelten insbesondere für Kinder:

- Eltern und Lehrer sollten sich die Sorgen und Gedanken, die ein Kind in bezug auf ein belastenden Erlebnis (z. B. Krieg oder Familienzusammenführung) äußert, wertungsfrei anhören.

- Erwachsene sollten dem Kind Wärme und Trost spenden, ohne jedoch zu versuchen, seine Sorgen als nichtig abzutun. Ein Kind muß das Gefühl haben, jederzeit bei einem starken Erwachsenen Zuflucht suchen zu können.

- Erwachsene sollten Kinder nicht mit ihren eigenen Sorgen und Ängsten belasten. Ein Kind sollte zwar nicht völlig von familiären Schwierigkeiten abgeschirmt werden, es darf aber auch nicht den Eindruck gewinnen, daß Verantwortlichkeiten auf seinen Schultern lasten, die seine entwicklungsgemäßen Fähigkeiten übersteigen.

- Gewöhnlich sind Erwachsene bei der Bewältigung ihre Probleme früher oder später erfolgreich, selbst wenn sie im Verlauf ihrer Bemühungen harte Zeiten durchleben müssen, und sie wissen das auch. Es ist notwendig, Kindern ebenfalls Vertrauen in die Zukunft zu geben. Da ihr Erfahrungshorizont noch begrenzt ist, müssen besonders Kinder, die einem länger andauernden Stressor wie z. B. der Trennung von den Eltern ausgesetzt sind, lernen, sich diese Perspektive zu eigen zu machen.

- Die Reaktionen eines Kindes spiegeln oft jene seiner Eltern wider. Verarbeiten Eltern Stressoren effektiv, werden auch ihre Kinder das Gefühl entwickeln, ihre Probleme überwinden zu können. Scheitern Eltern jedoch bei ihren Bemühungen, kann dies ihre Kinder zu der Annahme bringen, die Problembewältigung sei unmöglich, und sie verlieren ihren wichtigsten Rückhalt. Es ist wichtig, daß Eltern erkennen, daß es für ihre verstörten Kinder die beste Therapie ist, wenn *sie* sich Hilfe suchen.

- Ein Kind braucht genaue Informationen über das, was geschehen ist und warum es geschehen ist. Die Aufklärung sollte vor, während und nach dem belastenden Ereignis in einer kindgerechten Form erfolgen. Außerdem muß ein Kind erfahren, warum es sich in einer bestimmten Weise verhalten soll, und es benötigt meist konkrete Verhaltensvorbilder. Verhaltensweisen, über die es nicht verfügt, muß es zunächst üben. Man sollte nicht annehmen, daß Kinder die «dunkle Seite» des Lebens nicht kennen. Hat ein Kind etwa im Fernsehen etwas Schreckliches gesehen oder ein nicht für es bestimmtes, beängstigendes Gespräch mitgehört, obliegt es den Erwachsenen, mit dem Kind über das Gesehene oder Gehörte zu sprechen und es ihm zu erklären, ihm den nötigen seelischen Rückhalt zu geben und – falls das Kind traumatisiert wurde – für eine professionelle Betreuung zu sorgen.

- Wie Erwachsene auch sollten Kinder ebenfalls in heilsame und sinnvolle Aktivitäten einbezogen werden. Wird ein Kind in Schule, Familie und Gemeinde aktiv an Problemlösungsprozessen beteiligt, fördert dies sein Gefühl, schwierigen Situationen gewachsen zu sein und die Kontrolle über sein eigenes Leben übernehmen zu können, und es wird besser in der Lage sein, wirklich belastende Erlebnisse, wie z. B. eine militärische Auseinandersetzung, zu verarbeiten.

Insgesamt gesehen bringen diese Regeln zum Ausdruck, daß eine Anpassung ihre Zeit braucht und die Fürsorge für die Betroffenen nicht auf kurze Zeiträume beschränkt werden darf (Milgram 1989).

4.2 Akute Belastungsstörung

Die akute Belastungsstörung (ABS) unterscheidet sich in drei Punkten von der posttraumatischen: der Betroffene weist mindestens drei auf eine Dissoziation hinweisende Symptome auf, Entwicklungszeit und Dauer der Symptome sind kürzer, und die Dissoziationssymptome hindern den Betroffenen daran, das Trauma erfolgreich zu verarbeiten.

4.2.1 Dissoziative Symptome

- Subjektives Gefühl der Erstarrung oder Entrückung
- Vermindertes Umgebungsbewußtsein (Benebelungszustand)
- Realitätsverlust
- Depersonalisierung
- Dissoziative Amnesie (Blackout)

Was die Zeitdauer angeht, so können die Symptome zwischen zwei Tagen und einem Monat anhalten. Die Dissoziation kann schon während des traumatischen Erlebnisses oder aber kurz danach einsetzen. Das Hauptkennzeichen für das Vorliegen seelischer, sozialer oder beruflicher Funktionsstörungen ist, daß die betroffene Person außerstande ist, bestimmten Notwendigkeiten nachzukommen, z. B. die notwendige medizinische oder juristische Hilfe in Anspruch zu nehmen (Fortinash & Holoday-Worret 1996). Die klinischen Bilder von PTBS und ABS umfassen eine Reihe von Person zu Person unterschiedlich stark ausgeprägter Symptome in den Bereichen Kognition, Emotionalität, Physiologie, Verhalten und Beziehungen (Haber 1997).

4.2.2 Kognitive Symptome

- Konzentrationsschwäche
- Wiederholte intensive Erinnerungen an das traumatische Erlebnis
- Plötzliches Wiedererleben des traumatischen Erlebnisses (Illusionen, Halluzinationen)
- Erlebnisse der Dissoziation; psychogene Amnesie; Unvermögen, sich an bestimmte Aspekte des Traumas zu erinnern

- Jahrestagsreaktion in bezug auf das traumatische Erlebnis
- Vermeidung von Gedanken an das traumatische Erlebnis
- Mangelnder Glaube an die eigene Karriere, Ehe, Familiengründung etc.
- Wiederkehrende sehr plastische Träume/Alpträume
- Ungewöhnliche und oft verzerrte Wahrnehmung der Realität
- Selbstbeschuldigungen
- Mangelnde kognitive Integration des traumatischen Erlebnisses; subjektiver Eindruck der Verletzlichkeit: harmlose/neutrale Situationen werden als Bedrohung und Gefahr wahrgenommen
- Absolutistisches Denken
- Wut und Angst verhindern Problemlösung

4.2.3 Emotionale Symptome

- Reizbarkeit; plötzliche Wutausbrüche
- Starke Niedergeschlagenheit bei Konfrontation mit Ereignissen, die das traumatische Erlebnis symbolisieren oder ihm ähneln
- Vermeidung von Gefühlen, die mit dem traumatischen Erlebnis zusammenhängen
- Begrenzter Emotionsrahmen
- Unfähigkeit, Liebe und Zuneigung zu empfinden
- Herabgesetzte emotionale Empfänglichkeit (emotionale Betäubung bzw. psychische Abstumpfung)
- Emotionale Labilität
- Schuldgefühle
- Unvermögen, Freude an Aktivitäten zu empfinden
- Niedergeschlagenheit
- Angstsymptome (Nervosität, Angespanntheit, Zittrigkeit, Panikattacken)
- Entfremdungsgefühle
- Phobien

4.2.4 Physiologische Symptome

- Einschlaf- oder Durchschlafschwierigkeiten
- Übertriebene Schreckreaktion
- Körperliche Reaktion auf Stimuli, die Erinnerungen, Gefühle oder Wahrnehmungen wachrufen, die mit dem traumatischen Erlebnis zusammenhängen
- Übermäßige Alarmbereitschaft
- Rascherer Herzschlag; höherer Blutdruck; vermehrte Katecholamine im Urin

4.2.5 Verhaltenssymptome

- Phobische Vermeidung von Situationen, die Erinnerungen an das traumatische Erlebnis wachrufen
- Vermindertes Interesse und geringere Teilnahme an wichtigen Aktivitäten
- Psychogene Fugue (unerwartete Entfernung vom Wohnort, Annahme einer neuen Identität)
- Ruhelosigkeit
- Impulsivität (plötzliche Reisen, nicht näher erläuterte Abwesenheit, Änderung des Lebensstils oder des Wohnorts)
- Schwierigkeiten, Aufgaben zu Ende zu bringen
- Episoden unvermittelter Aggressivität
- Alkohol-/ Drogenmißbrauch
- Abhängigkeit von Beruhigungs- oder Schmerzmittel, die zur Behandlung traumabedingter Depressionen bzw. Schmerzen verordnet wurden
- Selbstverstümmelung als Versuch, der Depersonalisierung entgegenzuwirken
- Sexuelle Störungen

4.2.6 Beziehungssymptome

- Rückzug, Entfremdung und Isolation von anderen Personen
- Beeinträchtigte Fähigkeit, Intimität, Zärtlichkeit und Sexualität zu erleben

- Eheprobleme
- Gestörte Beziehung zu den eigenen Kindern
- Große zwischenmenschliche Distanz zu anderen Personen aufgrund einer früheren Erfahrung, betrogen worden zu sein (z. B. der Soldat, der von seinem Kameraden unnötig in Gefahr gebracht wurde; das Kind, das von einem Elternteil körperlich mißhandelt oder sexuell mißbraucht wurde; die Ehefrau, die von ihrem Mann körperlich mißhandelt oder sexuell mißbraucht wurde; das Raub- oder Vergewaltigungsopfer)
- Vermeidung emotionaler Öffnung aufgrund des Mißtrauens gegenüber anderen Personen und der Furcht vor Zurückweisung

4.3 Die Behandlung von Belastungsstörungen

Psychiatern und ähnlichen Berufsgruppen steht heute eine Reihe effektiver psychologischer Methoden und pharmakologischer Mittel zur Verfügung, um die beiden psychischen Störungen PTBS und ABS zu behandeln. Diese Behandlungen zielen darauf ab, dem Patienten das Gefühl zurückzugeben, sein Leben unter Kontrolle zu haben und die Macht zu vermindern, die das Vergangene über die Gegenwart hat. Je eher die Behandlung erfolgt, desto wahrscheinlicher kommt es zur Heilung. Aber auch für chronische traumabedingte Störungen gibt es wirksame Behandlungsmethoden (Shelby & Tredinnick 1995).

Der Psychotherapeut hilft dem betroffenen Patienten, das traumatische Erlebnis zu akzeptieren, ohne sich von seiner Erinnerung überwältigen zu lassen oder zu versuchen, alles aus seinem Leben zu verbannen, was ihn an das Geschehene erinnern könnte. Der Patient muß in seinem Alltag wieder ein Gefühl der Sicherheit und Kontrolle entwickeln; nur dann wird er sich der Konfrontation mit dem traumatischen Ereignis gewachsen fühlen. Für Menschen, die ein schweres Trauma erlitten haben, ist es entscheidend, daß ihre Bezugspersonen ihnen seelischen Rückhalt und Geborgenheit geben. Freunde und Angehörige sollten dem Drang widerstehen, der traumatisierten Person zu sagen, sie solle wieder zu sich kommen und das Geschehene hinter sich lassen, sondern ihr statt dessen Raum und Zeit geben, um intensiv trauern zu können. Kann die betroffene Person über das Erlebte reden und wird sie mit ihren Schuldgefühlen, ihren Selbstzweifeln und ihrer Wut nicht allein gelassen, so hilft ihr dies meist erheblich dabei, das Ereignis zu verarbeiten. Die Psychotherapie weiß, daß die Bezugspersonen eines traumatisierten Menschen großen Einfluß darauf haben, wie dieser seine Erfahrung langfristig verkraftet. Sie sollten an der Erstellung des Behandlungsplans mitwirken – ihm helfen, sich zu artikulieren und sich Gedanken darüber machen, was er braucht, um sein seelisches Gleichgewicht wiederzuerlangen. Soll die Behandlung erfolgreich sein, muß der traumatisierte Patient sich aktiv in den Planungsprozeß einbezogen wissen (Glynn et al. 1995).

Schlaflosigkeit und andere Symptome der Übererregung können die Genesung beeinträchtigen und dazu führen, daß der Betroffene an gar nichts anderes mehr denken kann als an das traumatische Erlebnis. Die Psychiatrie verfügt über verschiedene Medikamente (Benzodiazepine und die neue Klasse der Serotonin-Wiederaufnahmehemmer), die dem Patienten helfen, Schlaf und Ruhe zu finden. Werden diese Medikamente im Rahmen eines Therapieplanes verabreicht, können sie dazu beitragen, langwierige psychische Probleme der traumatisierten Person zu verhüten (Herman 1992).

Hat der behandelnde Psychotherapeut es mit einem Patienten zu tun, dessen Traumatisierung schon Jahre oder gar Jahrzehnte zurückliegt, muß er den – oft tief verwurzelten und verborgenen – Verhaltensweisen besondere Aufmerksamkeit widmen, die der Patient entwickelt hat, um mit seinen Symptomen zurechtzukommen. Viele Menschen, deren Trauma schon vor langer Zeit zustande gekommen ist, haben still vor sich hingelitten, ohne jemals über ihre Symptome, ihre Alpträume, ihre Apathie oder ihre Reizbarkeit sprechen zu können. Können solche Personen nunmehr mit ihrem Therapeuten über das Geschehene reden und den Zusammenhang zwischen dem Trauma und ihren aktuellen Beschwerden herstellen, erlangen sie das Gefühl der Kontrolle, das sie brauchen, um ihr jetziges Leben zu bewältigen und gewinnbringende Beziehungen aufzubauen.

Gerade im Bereich der Beziehungen haben Personen, die an einer Belastungsstörung leiden, viele Schwierigkeiten. Bei Konflikten reagieren sie oft mit emotionalem Rückzug oder mit körperlicher Gewalt. Die Therapie kann ihnen helfen, ungesunde Beziehungsstrukturen zu erkennen und zu vermeiden. Dies ist für den Heilungsprozeß von entscheidender Bedeutung; erst wenn der Patient ein Gefühl der Stabilität und Sicherheit entwickelt hat, kann er damit anfangen, die Wurzeln seines Leidens aufzuspüren.

Um den andauernden Flashbacks (Rückblenden) und anderen schmerzlichen Gedanken und Gefühlen ein für allemal zu entkommen, müssen sich PTBS-Patienten der Erinnerung ihres traumatischen Ereignisses bewußt stellen und mit Hilfe der erneuten Konfrontation lernen, das traumatische Ereignis als einen Teil ihrer Vergangenheit zu akzeptieren. Zur Erleichterung dieses Prozesses können verschiedene psychiatrische oder psychotherapeutische Methoden herangezogen werden.

Eine wichtige Therapieform für PTBS- und ABS-Patienten ist die *kognitiv orientierte Verhaltenstherapie*. Dabei geht es in erster Linie darum, schmerzliche und störende Denkmuster und Gedankengänge zu korrigieren, indem dem Patienten Entspannungstechniken vermittelt und seine Denkprozesse untersucht – und herausgefordert – werden. Ein Verhaltenstherapeut etwa, der mit einem PTBS-Patienten arbeitet, bei dem lauter Straßenlärm Panikattacken auslöst, könnte einen Behandlungsplan erstellen, der den Patienten in einem kontrollierten Umfeld so lange immer wieder und immer stärkeren «Dosen» dieser Geräusche aussetzt, bis er *desensibilisiert* ist und sie ihm keine Angst mehr machen. Im Rahmen anderer Therapiemethoden erforschen Therapeut und Patient gemeinsam das Umfeld des Kranken, um herauszufinden, wodurch die PTBS-Symptome verstärkt werden könnten, und arbeiten darauf hin, die Sensibilität des Patienten zu senken und sein Bewältigungsvermögen zu steigern.

Eine andere Möglichkeit zur Behandlung von Belastungsstörungen ist die *psychodynamische Psychotherapie*. Belastungsstörungen resultieren zumindest teilweise aus der Diskrepanz zwischen dem individuellen Wertesystem bzw. der Weltsicht des Patienten einerseits und der während des traumatischen Ereignisses erlebten Realität andererseits. Bei der psychodynamischen Psychotherapie konzentriert man sich nun darauf, gemeinsam mit dem Patienten dessen persönliche Werthaltungen zu ergründen und festzustellen, inwieweit und in welcher Form das traumatische Geschehen dagegen verstoßen hat. Ziel dieses Vorgehens ist es, die auf bewußter und unbewußter Ebene entstandenen Konflikte aufzulösen. Außerdem arbeitet der Patient an seinem Selbstbewußtsein und seiner Selbstkontrolle, entwickelt einen Sinn für persönliche Verantwortlichkeit und frischt seine Integrität und seinen Stolz auf.

Ganz gleich, ob eine Belastungsstörung nun mit den Methoden der kognitiv orientierten Verhaltenstherapie, der psychodynamischen Psychotherapie oder der Krisenintervention behandelt wird, wichtig ist, daß der Patient die folgenden drei Dinge erkennt:

- die Auslöser seiner Erinnerungen an das Trauma,

- die Lebenssituationen, die bei ihm das Gefühl des Kontrollverlustes hervorrufen und

- die Bedingungen, unter denen er sich sicher fühlt.

Der jeweilige Therapeut kann seinem Patienten dabei helfen, Wege zu finden, mit der Übererregung und den schmerzhaften Flashbacks (Rückblenden) umzugehen, die er erlebt, wenn er durch irgendwelche Umstände an das ursprüngliche Trauma erinnert wird. Damit das nötige Gefühl der Sicherheit entstehen kann, muß die Beziehung zwischen Therapeut und Patient von gegenseitigem Vertrauen geprägt sein (Davidson 1992).

Die Behandlung von PTBS- und ABS-Patienten findet üblicherweise auf ambulanter Basis statt. Bei Patienten jedoch, die aufgrund ihrer Symptome nicht mehr funktionsfähig sind oder die infolge ihres Leidens weitere Symptome ausgebildet haben, kann eine stationäre Behandlung angeraten sein. Nur sie kann die nötige

Atmosphäre der Geborgenheit schaffen, in der ein solcher Patient seine Flashbacks (Rückblenden) ergründen, das Trauma reinszenieren und sein selbstzerstörerisches Verhalten untersuchen kann. Auch Patienten, die infolge ihrer «Selbstmedikationsversuche» Alkohol- oder Drogenprobleme haben, sollten unbedingt stationär therapiert werden. Gelegentlich ist eine stationäre Behandlung auch sehr gut geeignet, um einem Patienten durch eine besonders schmerzliche Phase seiner Therapie hindurch zu helfen.

Erst vor kurzem hat man PTBS und ABS in den Vereinigten Staaten als bedeutende Gesundheitsprobleme erkannt. Die Forschung der vergangenen 20 Jahre hat einen enormen Wissensschatz über die Art und Weise zusammengetragen, wie Menschen mit traumatischen Erlebnissen umgehen – welche Faktoren sie für die Entwicklung langwieriger Beschwerden prädestinieren und welche ihnen bei der Bewältigung helfen. Psychiatrie und Psychologie geben sich große Mühe, dieses Wissen zu verbreiten, und viele Vertreter dieser Berufsgruppen absolvieren eine speziellen Ausbildung, damit sie auch Patienten helfen können, die an PTBS oder ABS leiden.

Viele US-amerikanische Kommunen waren in den letzten Jahren traumatischen Situationen ausgesetzt. Erwähnt seien in diesem Zusammenhang Naturkatastrophen in Form dramatischer Überschwemmungen, schwerer Erdbeben, schlimmer Hurrikans oder Tornados, aber auch von Menschen verursachte Tragödien wie der Bombenanschlag von Oklahoma City, die Explosion des TWA-Fluges 800 und das Bombenattentat bei den Olympischen Spielen 1996 in Atlanta. Und dies sind nur einige wenige von vielen Ereignissen, die bei den betroffenen Männern, Frauen und Kindern eine Belastungsstörung auslösen können.

4.3.1 Physiologische Folgen

Wer in einem Krisencenter, in der Notaufnahme oder in anderen Bereichen des Gesundheitswesens mit Opfern von Belastungsstörungen in Kontakt kommt, muß mit den entsprechenden körperlichen Symptomen und den damit verbundenen Empfindungen vertraut sein. Zu den wichtigsten Reaktionen gehören gesteigerte Herzfrequenz, erhöhter Blutdruck, beschleunigte Atmung, verminderte Verdauungstätigkeit, verminderter Speichelfluß, angespannter Muskeltonus, erweiterte Pupillen, erhöhter Blutzuckerspiegel sowie kalte Hautoberfläche und kalte Extremitäten.

Einschätzungsdaten

Beobachtungen	Subjektive Angaben
Schweißausbrüche	Schwächegefühl
Erhöhter Puls	Wunsch, der Situation zu entfliehen
Beschleunigte Atmung	Allgemeine Erschöpfung
Erhöhter Blutdruck	Zittern, Wackeligkeit
Freßattacken oder Anorexie	Mundtrockenheit bzw. Durstgefühl
Schlafschwierigkeiten	Ruhelosigkeit
Gerötetes Gesicht	Leerer Magen
Kalte Hände und Füße	Übler Geschmack im Mund
Erweiterte Pupillen	Kaltschweißige Hände/Füße
Schwankende Stimme	
Harndrang	
Verspannte bzw. verhärtete Muskeln	
Herabgesetzte Schmerzempfindung	

Zusammenhang mit anderen Emotionen

Quelle	Manifestation	Bezug zu PTBS/ABS
Schuldgefühle (wegen eines Verstoßes gegen das eigene Gewissen)	Gefühl der Wertlosigkeit (auf sich selbst bezogen)	Angst vor Bestrafung
	Gefühl der Wertlosigkeit (für andere)	Angst vor Entdeckung und Verachtung
Scham (über von anderen mißbilligte Handlungen oder Wünsche)		Angst vor Trennung
	Traurigkeit bzw. Einsamkeitsgefühle Frustrationsgefühle bzw. Groll	Angst vor Kontrolle durch Autoritäten
Trauer (über den Verlust eines Liebesobjekts)		
Wut (feindselig und fordernd zu sein)		

Vom klinisch-deskriptiven Standpunkt aus könnten PTBS und ABS als zwei vielschichtige Bündel psychischer und physischer Symptome betrachtet werden, von denen angenommen wird, daß sie in Verbindung mit einem außergewöhnlich starken Trauma auftreten und durch Streßsituationen und verschiedenste Erlebnisse verschlimmert werden können. Kolb (1987) drängte darauf, die beiden Störungen je nach Anzahl der auftretenden Symptome, ihrem Erscheinungsbild und ihrer Tendenz zur Verschlimmerung bei erneuter Streßeinwirkung als leicht, mittel oder schwer zu klassifizieren.

Es scheint Uneinigkeit darüber zu herrschen, welches theoretische Gerüst am besten geeignet sei, um diese Syndrome zu verstehen, insbesondere, was Ursachen, Manifestation und Verlauf angeht. Belastungsstörungen lassen sich von allen psychischen Störungen vielleicht am besten durch psychologische Konstrukte erklären, wobei Lern- und Konditionierungsprozesse sowie Verhaltensänderungen aufgrund von Erfahrungen besondere Beachtung finden. Auch wenn es eine biologische und wahrscheinlich dispositionelle Veranlagung für diese Art psychischer Störung geben mag, macht es die besondere Bedeutung, die dem Trauma für den Ausbruch der Störung beigemessen wird, notwendig, sowohl die Stimulus- als auch die Reaktionsaspekte des Syndroms sowie des betroffenen Patienten zu erforschen.

Die folgende kurze Fallstudie illustriert, wie eine Mutter und ihre 7jährige Tochter auf eine Naturkatastrophe reagierten. Beide wurden im örtlichen Krisencenter untersucht.

4.4 Fallstudie: Posttraumatische Belastungsstörung

Ann und ihre 7jährige Tochter Tiffany schliefen, als am 17. Januar 1994 das Erdbeben losbrach. Ihr Mann Neal, der an diesem Tag unterwegs war, war gebürtiger Kalifornier, Ann hingegen stammte aus dem Mittleren Westen und war erst nach Kalifornien gezogen, als sie Neal vor 8 Jahren geheiratet hatte.

Obwohl das Epizentrum des Bebens ziemlich weit weg lag, waren die Erschütterungen nicht unerheblich. Ann wachte abrupt auf und war verwirrt. Sie begriff, daß es sich vermutlich um ein Erdbeben handelte, sprang aus dem Bett, griff sich ihren Mantel und rannte aus dem Haus. Sie war völlig verängstigt; die Alarmanlage schrillte, und sie konnte hören, daß Wasser die Straße entlanglief.

Die ganze Nachbarschaft war auf den Beinen und rannte durcheinander. Der Strom war ausgefallen, und man überlegte, was nun zu tun sei. Einige der Männer gingen von Haus zu Haus und drehten die Gashähne zu. Plötzlich drehte sich eine der Frauen zu Ann um und fragte: «Wo ist Tiffany?» Ann starrte sie entsetzt an und sagte: «Oh, mein Gott, ich habe sie im Haus gelassen!» Als Ann sich umdrehte und wieder zu ihrem Haus laufen wollte, nahm ihr Nachbar Jim, der erkannte, wie durcheinander sie war, sie am Arm.

«Ich habe eine Taschenlampe, ich werde mit dir gehen», bot er an. Um sie zu beruhigen, fügte er hinzu: «Wahrscheinlich schläft sie seelenruhig.»

Als sie an die Haustür kamen, die Ann offengelassen hatte, hörten sie Tiffany weinen und rufen: «Mommy! Mommy!» Ann brach fast zusammen.

Jim fragte, wo Tiffanys Zimmer sei. Ann deutete nach links den Flur hinunter, und Jim rief: «Tiffany, Mommy kommt schon!» Hätte er sie nicht aufrecht gehalten, wäre Ann in sich zusammengefallen, und er mußte sie förmlich zu Tiffanys Zimmer schleifen. Energisch sagte er zu Ann: «Reiß dich um Himmels willen zusammen, denk doch an das Kind! Sag ihr, daß du kommst!»

Ann, die stark zitterte, sagte: «Tiffany, Mommy kommt.» Jim leuchtete Tiffany mit der Taschenlampe an, und sie sahen, daß ihr Blut über das Gesicht lief. Offensichtlich war ein kleines Bild von der Wand über ihrem Bett gefallen und hatte sie mit einer Ecke am Kopf getroffen. Jim nahm sie hoch und sagte: «Es ist alles in Ordnung. Mommy ist hier. Siehst du?» Er leuchtete Ann an und wollte ihr Tiffany in den Arm drücken, aber Ann war so schwach, daß sie sie beinahe hätte fallen lassen. Jim, in jedem Arm eine von beiden, sagte: «Laßt uns raus zu den anderen gehen!» Tiffany schluchzte immer noch vor sich hin.

Als sie nach draußen kamen, waren die Straßenlaternen und alle anderen Lampen, die vor dem Erdbeben gebrannt hatten, wieder an und beleuchteten die Szene: alle jubelten – bis auf Ann. Sie schien noch immer unter Schock zu stehen. Alle starrten sie verwundert an; Jim hatte Tiffany noch immer auf dem einen Arm, während er mit dem anderen Ann stützte.

Jims Frau Linda sagte sehr behutsam: «Tiffany, du und deine Mommy, ihr kommt jetzt mit zu uns. Ich habe gestern Plätzchen gebacken, und du kriegst ein Glas Milch, und deine Mommy und ich trinken einen Kaffee.» Bestimmt fügte sie hinzu: «Es ist alles in Ordnung, niemandem ist etwas passiert!» Tiffany steckte den Daumen in den Mund und hörte auf zu weinen. Ann folgte ihnen ins Haus.

Während Linda die Kekse aus dem Schrank holte, Tiffany ein Glas Milch eingoß und den Kaffee aufstellte, plauderte sie lustig daher, um das Mädchen auf andere Gedanken zu bringen. Als sie das Blut von Tiffanys Gesicht wischte, sagte sie zu den beiden: «Es ist nur ein kleiner Kratzer. Wir werden ein schönes Pflaster draufkleben!»

Als Tiffany später auf Lindas Schoß saß und ihre Plätzchen aß, schaute sie plötzlich ihre Mutter an und fragte: «Wo warst du, Mommy? Es war so dunkel, und ich konnte nichts sehen.»

«Ich war draußen. Ich dachte, du wärst OK», antwortete Ann. Linda schwieg.

Als Ann ihren Kaffee ausgetrunken und Tiffany ihre Kekse aufgegessen hatte, bedankten sie sich bei Linda und gingen in ihr Haus zurück, wo das Telefon klingelte, als sie ankamen. Es war Neal, der wissen wollte, ob sie das Erdbeben gespürt hätten. Ann bejahte dies und fragte ihn, wann er nach Hause käme, sie brauche ihn. Neal antwortete, er werde sofort losfahren und könne in ein paar Stunden zu Hause sein.

Als Neal ankam, stellte er zu seiner Beruhigung fest, daß abgesehen von der kleinen Schnittwunde an Tiffanys Kopf nichts passiert zu sein schien. Als Ann Neal sah, fing sie an zu weinen und sagte: «Ich habe dich gebraucht... nie bist du da, wenn ich dich brauche!» Sie war totenbleich, zitterte am ganzen Leib und hatte ihre Hände fest ineinander gekrallt.

Neal versuchte, sie zu beruhigen, nahm sie in den Arm und sagte, alles werde gut, und er werde sich um alles kümmern. Er fragte Tiffany, ob sie denn gemerkt habe, wie der «Boden wackelte», und sie entgegnete, sie habe das zwar gespürt, aber Angst habe sie erst bekommen, als sie nach ihrer Mummy rief und diese nicht antwortete.

Diese Antwort verstärkte Anns Schuldgefühle um so mehr. Neal fand, daß Ann sofort Hilfe brauchte. Also fragte er Jim und Linda, ob Tiffany bei ihnen bleiben könne, während er Ann ins nächstgelegene Krisencenter brachte. Sie sagten natürlich ja: Tiffany könne mit ihnen frühstücken und anschließend mit ihren beiden Töchtern spielen.

Neal bedankte sich bei ihnen und bat Ann, ihren Mantel zu holen. Aber seine Frau schaute ihn nur an, als ob sie völlig benommen sei. Er nahm ihre Hand und sagte: «Mach dir keine Gedanken, ich hole deinen Mantel schon!» Ihm wurde klar, daß Ann unter Schock stand. Er zog ihr den Mantel an und brachte sie ins Auto. Als sie im Krisencenter ankamen, herrschte Hochbetrieb. Neal fragte einen der freiwilligen Helfer, ob jemand nach seiner Frau sehen könne, da er sich große Sorgen um sie mache. Der Helfer brachte sie in ein Büro und hieß sie warten. Ann sagte kein einziges Wort; sie schien wie betäubt zu sein.

Füllen Sie das Paradigma (**Abb. 4-1**) für diese Fallstudie aus und vergleichen Sie es mit der Auflösung in Anhang A. Orientieren Sie sich, falls nötig, an den Paradigmen in Kapitel 3.

Eine Therapeutin kam herein und fragte Neal, was das Problem sei. Er erzählte ihr, daß Ann ihre Tochter während des Erdbebens im Haus zurückgelassen habe und sich vermutlich sehr schuldig fühle. Die Therapeutin stimmte ihm zu und versuchte, sich mit Ann zu unterhalten. Diese saß völlig zusammengesunken und weinend da und versuchte der Therapeutin zu erklären, wie sie sich fühlte. Es war unverkennbar, daß Ann sehr angespannt war und schwere Schuldgefühle hatte, weil sie Tiffany alleine im Haus gelassen hatte. Die Therapeutin informierte Neal, daß Ann vermutlich unter einer posttraumatischen Belastungsstörung litt, und sagte, sie werde Ann ein Medikament geben, damit diese ein wenig Ruhe fände. Sie empfahl, daß Ann zu einer Krisentherapie und anschließend auch noch zu einer vermutlich längere Zeit in Anspruch nehmenden Therapie kommen solle. Tiffany solle eine der Kindertherapiegruppen besuchen, die bald an allen Schulen eingerichtet würden. Sie fragte Neal, ob er in der Stadt bleiben könne, bis Ann und

Kriseninterventionen

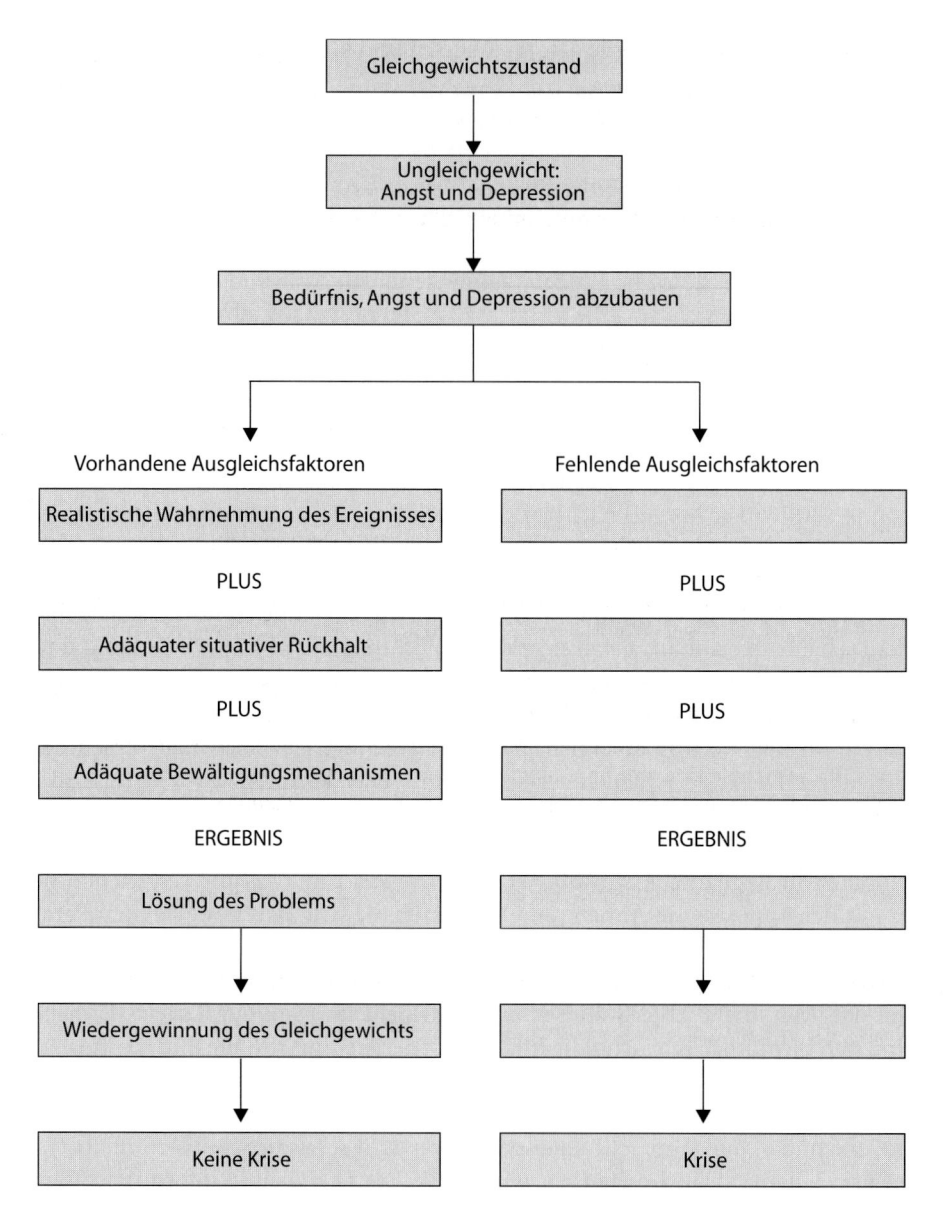

```
                    ┌─────────────────────────┐
                    │  Gleichgewichtszustand  │
                    └───────────┬─────────────┘
                                ▼
                    ┌─────────────────────────┐
                    │      Ungleichgewicht:   │
                    │    Angst und Depression │
                    └───────────┬─────────────┘
                                ▼
              ┌──────────────────────────────────────┐
              │ Bedürfnis, Angst und Depression abzubauen │
              └──────────┬───────────────┬───────────┘
                         │               │
              ┌──────────▼──┐         ┌──▼──────────┐
```

Vorhandene Ausgleichsfaktoren	Fehlende Ausgleichsfaktoren
Realistische Wahrnehmung des Ereignisses	
PLUS	PLUS
Adäquater situativer Rückhalt	
PLUS	PLUS
Adäquate Bewältigungsmechanismen	
ERGEBNIS	ERGEBNIS
Lösung des Problems	
▼	▼
Wiedergewinnung des Gleichgewichts	
▼	▼
Keine Krise	Krise

Abbildung 4-1: Fallstudie: Ann

Tiffany sich einigermaßen erholt hätten, und dieser antwortete, keine zehn Pferde könnten ihn jetzt vertreiben. Auch er fühlte sich schuldig, weil er während des Erdbebens nicht für Ann und Tiffany dagewesen war.

Eine der Wirrungen der Furcht ist es, die Sinne zu verwirren und zu machen, daß uns die Dinge anders erscheinen, als sie sind.
Cervantes

Literaturverzeichnis

American Psychiatric Association: Diagnostic and statistical manual of mental disorders, ed 4, Washington, DC, 1994, The Association.
Bile, D. A.: Road to recovery: post-traumatic stress disorder: the hidden victim, J Psychosoc Nurs Ment Health Serv 31(9):19, 1993.
Blake, D. D., Cook, J. D., Keane, T. M.: Post-traumatic stress disorder and coping in veterans who are seeking medical treatment, J Clin Psychol 48:695, 1992.
Davidson, J.: Drug therapy in post-traumatic stress disorder, Br J Psychiatry 160:309, 1992.
Fortinash, K. M., Holoday-Worett, P. A.: Psychiatric-mental health nursing, St. Louis, 1996, Mosby.
Glynn, S. M. and others: Behavioral family therapy for Vietnam combat veterans with posttraumatics stress disorder, J Psychother Pract Res 4(3):214, 1995.
Haber, J. and others: Comprehensive psychiatric nursing, ed 5, St. Louis, 1997, Mosby.
Henry, J. P.: Psychological and physiological responses to stress: the right hemisphere and the hypothalamopituitary-adrenal axis, an inquiry into problems of human bonding, Physiol Behav Science 28:369, 1993.
Herman, J. L.: Trauma and recovery, New York, 1992, Basic Books.
Kolb, L. C.: A neuropsychological hypothesis explaining post traumatic stress disorder, Am J Psychiatry 144:989, 1987.
Milgram, N. A.: Social support versus self-sufficiency in traumatic and posttraumatic stress reactions. In Lerner, B., Gershon, S., editors: New directions in affective disorders, New York, 1989, Springer-Verlag.
Shelby, J. S., Tredinnick, M. C.: Crisis intervention with survivors of natural disasters: lessons from Hurricane Andrew, J Counsel Dev 73(5):491, 1995.
Symes, L.: Posttraumatic stress disorder: evolving concepts, Arch Psychiatr Nurs 69(4):195, 1995.

Weiterführende Literatur

Breslau, N. and others: Traumatic events and posttraumatic stress disorder in an urban population of young adults, Arch Gen Psychiatry 48:216, 1991.
Davidson, J. and others: A diagnostic and family study of posttraumatic stress disorders, Am J Psychiatry 142:90, 1985.

Kleber, R. J., Brom, D., Defares, P. B.: Coping with trauma: theory prevention and treatment, Amsterdam-Berwyn, Penn, 1992, Swets & Zeitlinger.

van der Kolk, B. A.: Group therapy with traumatic stress disorder. In Kaplan H. I., Sadock B. J., editors: Comprehensive textbook of group psychotherapy, New York, 1993, Williams & Wilkins.

Kulka, R. A. and others: Trauma and the Vietnam War Generation, New York, 1990, Brunner & Mazel.

Nader, K. and others: Children's PTSD reactions one year after a sniper attack at their school, Am J Psychiatry 147:1526, 1990.

Stewart, A. L. and others: Psychological distress/well-being and cognitive functioning measures. In Stewart, A. L., Ware, J. E., editors: Measuring functional status and well-being: the medical outcomes study approach, Durham, NC, 1992, Duke University Press.

Terr, L. C.: Childhood traumas: an outline and overview, Am J Psychiatry 147:1526, 1990.

Ursano, R. J., McCaughey, B, Fullerton, C. S.: Individual and community responses to trauma and disaster: the structure of human chaos, Cambridge, England, 1993, The Cambridge University Press.

5. Gewalt in unserer Gesellschaft

Jetzt ist der Tag da, wo Anwendung von Gewalt gegen ein anderes menschliches Wesen als ebenso verwerflich angesehen werden muß wie Menschenfresserei.
Martin Luther King

Das 20. Jahrhundert ist nicht gerade ruhig und friedlich. Kaum eine Woche vergeht, ohne daß wir in den Zeitungen von mindestens einem scheinbar sinnlosen oder einem geplanten Mord, einer Vergewaltigung, einer Entführung, der Mißhandlung einer Ehefrau, eines pflegebedürftigen Angehörigen oder eines Kindes lesen. Täglich ereignet sich eine Vielzahl traumatischer Geschehnisse, und die Gewalt scheint auch vor unserem eigenen Leben und dem der Menschen nicht haltzumachen, die wir lieben. Die Gewalt, die wir in unserem eigenen Umfeld miterleben, mag vielleicht keine Schlagzeile in einer Zeitung wert sein, oder wenn sie es doch ist, dann vielleicht nur für kurze Zeit und ohne bei vielen Leuten einen bleibenden Eindruck zu hinterlassen oder besonderen Bekanntheitsgrad zu erlangen.

Dieses Kapitel präsentiert einige der vielen schlimmen Ereignisse, die sich jeden Tag zutragen. Auch wenn wir nicht zwangsläufig persönlich betroffen sind, so können sie uns doch betroffen machen. Wie könnte es uns als Menschen gleichgültig sein, wenn wir lesen, daß Kinder vernachlässigt, mißhandelt, sexuell mißbraucht oder von ihren Angehörigen oder Betreuern getötet werden? Wie können wir unbeteiligt bleiben, wenn wir lesen, daß ein Mann seine Frau und seine drei Kinder ermordet hat, weil die Frau seine Beschimpfungen und Mißhandlungen nicht mehr länger ertragen und sich scheiden lassen wollte? Machen wir uns nicht alle Sorgen darüber, daß unsere Kinder in der Schule oder in ihrem Freundeskreis mit Drogen und Gewalt in Berührung kommen könnten? Natürlich macht es uns angst, wenn wir hören, daß «Gangs» unschuldige Kinder verprügeln oder gar töten, weil diese *mutmaßlich* einer feindlichen Gruppe angehören. In den meisten Großstädten ist die Polizei hoffnungslos unterbesetzt, überfordert und unterbezahlt. Selbst wenn sie ihr Bestes gibt, ist das eben nicht genug.

Am 6. November 1996 war in der *Los Angeles Times* etwa folgendes zu lesen: «Ein früher bei der Stadt angestellter Elektriker wurde für schuldig befunden, vier städtische Bedienstete getötet zu haben. Wegen des Mordes an vier seiner Vorgesetzten wurde er zum Tode verurteilt. Nach Angaben der Polizei war er in die Kommunikationsabteilung der Stadtverwaltung gekommen, wo er als Radiotechniker arbeitete, war mit jemandem über seine Arbeit in Streit geraten und wieder verschwunden, um kurz darauf mit einer halbautomatischen Pistole zurückzukehren. Dann hat er seine Opfer gezielt ausgesucht und erschossen.» Und das ist nur *ein* Vorfall in *einer* Stadt an *einem* Tag – in Wirklichkeit geschehen Tag für Tag Hunderte solcher Dinge an Hunderten von Orten!

5.1 Gewalt gegen Kinder

Seit Jahrzehnten wird die amerikanische Bevölkerung mit Bildern benachteiligter Kinder überschüttet. Obwohl diese Bilder aus den unterschiedlichsten Quellen stammen, vermitteln sie immer dasselbe Klischee: Benachteiligte Kinder stammen aus armen und kaputten Familien; sie werden vernachlässigt oder mißhandelt, und sie (oder ihre Eltern) nehmen Drogen; die meisten dieser Kinder sind schwarz und leben in Ghettobezirken. Die Zukunft dieser Kinder scheint schon bei ihrer Geburt besiegelt zu sein – sie sind dafür prädestiniert, in der Schule zu versagen, viel zu früh selbst Kinder zu bekommen und diese dann ebenfalls zu vernachlässigen und zu mißhandeln, im Gefängnis zu landen, immer wieder arbeitslos zu werden und nie ein geregeltes Einkommen zu haben. Die meisten dieser Kinder werden ihr ganzes Leben in Armut verbringen, und auch ihren Kindern wird die Armut förmlich angeboren sein (Cowen 1994).

In vielen dieser Stereotypen steckt ein Kern Wahrheit. Ein Kind, das in Armut aufwachsen muß, hat keine allzu schöne Kindheit, und sein Weg zum Erwachsenwerden ist steinig und steil. Um vor schlimmem Schaden geschützt zu sein, sollten alle Kinder ein Umfeld haben, das ihnen ein Minimum an Ordnung bietet und ihre elementarsten physischen und materiellen Bedürfnisse erfüllt. Jedes Kind sollte in einer andauernden Beziehung mit einem verantwortungsbewußten und liebevollen Erwachsenen leben, der es als etwas Besonderes behandelt (und nicht nur als ein weiteres zu stopfendes Maul), der es motivieren und fördern kann, der ihm Aufgaben stellt, an denen es wachsen kann, aber nicht zerbricht, und der ihm soziale und moralische Werte vermittelt. Alle Kinder, besonders aber diejenigen, die keine festen oder verläßlichen Bezugspersonen haben, brauchen gute Freunde und die Anerkennung und Liebe der anderen Erwachsenen in ihrer Umgebung. Jedes Kind sollte in seinem Umfeld leben können, ohne ausgebeutet oder diskriminiert zu werden, ein Gefühl für soziale Gerechtigkeit entwickeln können und in Schule und Gemeinde die Gelegenheit haben, konstruktive Leistungen zu erbringen. Viele Kinder brauchen aufgrund angeborener und erworbener Krankheiten und Behinderungen außerdem eine spezielle medizinische, soziale und pädagogische Förderung. Sind all diese Voraussetzungen gegeben, kann ein Kind trotz aller Widrigkeiten und Probleme Selbstbewußtsein, Vertrauen, innere Kraft und Weisheit entwickeln und zu einem ausgeglichenen Erwachsenen heranreifen, der Spaß am Leben und an seiner Arbeit hat und die Fähigkeit besitzt, Liebe zu geben und zu empfangen.

Natürlich mangelt es nicht nur solchen Kindern an diesen Voraussetzungen, die aus dem afro-amerikanischen Kulturkreis oder aus unterprivilegierten Familien stammen, oder die mit nur einem Elternteil aufwachsen. Legt man die obigen Kriterien an, müssen Gesetzgeber und Öffentlichkeit erkennen, daß zum einen auch viele andere Kinder, weiße ebenso wie solche aus anderen ethnischen Gruppen, in Armut leben, und daß zum anderen nicht nur Kinder aus armen Familien benachteiligt sind. Gestreßte Eltern, mangelnde Bildungsmöglichkeiten, Probleme mit Altersgenossen, fehlende Bezugspersonen sowie Lernschwächen und andere Behinderungen, all dies sind Faktoren, von denen Kinder jeder Rasse und Klasse betroffen sein können (Weissbourd 1996).

Seltsamerweise tendiert unsere Gesellschaft dazu, denn Umstand totzuschweigen, daß immer wieder Säuglinge und auch ältere Kinder durch die Schuld ihrer Eltern oder Betreuer zu Tode kommen; dieses Problem scheint nicht zu interessieren. Nur wenig Geld wird dafür aufgewendet, dieses tragische Phänomen zu erforschen; die wahren Zahlen und Hintergründe bleiben unbekannt, und so nehmen viele Kinder das grausige Geheimnis ihrer Mißhandlung oder Vernachlässigung mit in ihr Grab.

5.1.1 Inzidenz und Prävalenz von Kindesmißhandlung und -vernachlässigung

Im Jahre 1988 richtete der amerikanische Kongreß eine 15köpfige Kommission ein, die das Ausmaß der Kindesmißhandlung in Amerika erforschen und Vorschläge zur Verbesserung des Kinderschutzes einbringen sollte. Ihr Bericht trägt den Titel *A Nation's Shame: Fatal Child Abuse and Neglect in the United States* (etwa: Die Schande einer Nation: Aus Kindesmißhandlung und -vernachlässigung resultierende Todesfälle in den USA) und stellt die bislang umfassendste Studie über Kinder dar, die von ihren Eltern oder Betreuern getötet wurden.

Auch wenn ausdrücklich betont wird, daß es kein allgemeingültiges Profil gibt, das auf sämtliche Fälle zutreffen würde, stellt dieser Bericht doch einen ersten Versuch dar, die Frage nach dem *Wer*, *Wie* und *Warum* zu beantworten. Eines der Ergebnisse lautet beispielsweise, daß die meisten tödlich endenden Verletzungen von Kindern auf das Konto wütender, entnervter Väter, Stiefväter oder männlicher Partner gehen, die angesichts solcher «Auslöser» wie Kindergeschrei oder eingenäßter Hosen ihre Beherrschung verlieren. Ertrinkt ein Kind hingegen in der

Badewanne, verhungert oder stirbt es infolge anderer Vernachlässigungen, ist hierfür meist die Mutter verantwortlich. Folgende Punkte zählen ebenfalls zu den Ergebnissen der Studie:

- Die meisten Todesfälle bei mißhandelten Kindern gehen auf *Schädel-Hirn-Traumata* zurück. Das sogenannte *Shaken-Baby-Syndrom* führt bei etwa 25% der betroffenen Kinder zum Tode, und die meisten überlebenden Kinder weisen Hirnschädigungen auf.

- Häusliche Gewalt steht in einem engen Zusammenhang mit Kindesmißhandlung und dadurch verursachten Todesfällen. In schätzungsweise 50% der Haushalte, in denen Gewalt zwischen Erwachsenen vorkommt, werden auch Kinder mißhandelt oder vernachlässigt.

- In vielen US-Bundesstaaten fehlen adäquate Gesetze. Nur in 21 Staaten können Eltern, die ihre Kinder getötet haben, wegen Mordes oder Totschlags rechtlich zur Verantwortung gezogen werden.

Was das Vorkommen und die Formen von Kindesmißhandlung anbelangt, so kommt der Bericht zu dem Schluß, daß besonders viele sehr kleine Kinder an ihren Verletzungen sterben, weil sie erstens für ihr weiteres Umfeld und die Behörden weitgehend «unsichtbar» und zweitens wegen ihres zarten Körperbaus wesentlich empfindlicher sind als ältere Kinder.

Der Weg zum Erwachsenwerden ist steinig und steil. Weissbourd (1996) schreibt, es gebe diverse Beweise dafür, daß die am schlimmsten betroffenen Kinder *nicht* in Armut aufwachsen. Derzeit diskutiert zwar ganz Amerika darüber, die Situation der Kinder verbessern zu wollen, man konzentriert sich dabei aber vorwiegend auf finanzschwache Familien und alleinerziehende Elternteile. Diese beiden Faktoren sind aber nur zwei von vielen Problemen, unter denen Kinder zu leiden haben. Ob die Eltern chronisch gestreßt oder frustriert sind, ist für das Schicksal eines Kindes wesentlich entscheidender, als ob beide Elternteile vorhanden sind oder ausreichend Geld zur Verfügung steht. Die vielleicht gewichtigste falsche Vorstellung in diesem Zusammenhang ist das Konzept der *Unterschicht*. Es läßt keine weitere Unterscheidung zwischen den verschiedenen Formen der Armut zu und lenkt von den wahren Ursachen dafür ab, daß die Grundbedürfnisse von Kindern, die in ärmlichen Verhältnissen aufwachsen, unbefriedigt bleiben. Dieses und ähnliche Klischees nähren einen weiteren gefährlichen Mythos: daß arme Kinder im wesentlichen deswegen zu einem Leben als Abschaum und Versager verdammt sind, weil ihre mittellosen Eltern unfähig waren, sie anständig aufzuziehen. Solche Klischees von armen Familien sind keinesfalls neu. Zwar gab es schon immer die Tendenz, die Armut zu romantisieren und Würde, Lauterkeit und Unschuld hineinzulegen, diese Sentimentalitäten wurden jedoch unter der Flut von Bildern vernachlässigter, armer Kinder begraben. Kindesmißhandlung und -vernachlässigung sind aber weder ein «Privileg» der Armen, noch sind sie afro-amerikanischen, benachteiligten oder alleinerziehenden Eltern vorbehalten. Man begegnet ihnen bei Angehörigen aller Rassen, Hautfarben und Religionen – diese Form des Verbrechens kennt offenbar keine Grenzen und Schranken.

Die Gewalt gegen Kinder hat inzwischen solche Ausmaße angenommen, daß sie ein ernsthaftes Problem für die öffentliche Gesundheitspflege darstellt; jährlich sind circa 2000 zu Tode mißhandelte und mehr als 140 000 schwerverletzte Kinder zu beklagen (Rivera 1995). Eine zweieinhalbjährige nationale Studie des U. S. Advisory Board on Child Abuse and Neglect (1995) ergab, daß selbst die Schätzungen der Experten weit hinter dem tatsächlichen Ausmaß der tödlich endenden Mißhandlungen von Kindern zurückblieben. Häusliche Mißhandlung und Vernachlässigung ist eine der Haupttodesursachen bei Kleinkindern; die Mehrheit der mißhandelten und vernachlässigten Kinder ist jünger als 4 Jahre. Die Todesrate unter den Kindern dieser Altersgruppe ist so hoch wie seit 40 Jahren nicht mehr, eine Entwicklung, die in ihrem grausigen Umfang nur mit der Anzahl der bei Straßenschießereien ums Leben gekommenen Jugendlichen zu vergleichen ist. Nicht minder erschreckend ist die Erkenntnis, daß das Kinderschutzsystem weitgehend versagt hat. Der Bericht legt dar, daß eine alarmierend hohe Zahl tödlich endender Mißhandlungsfälle gar nicht erst aktenkundig wird, daß Ermittler, Staatsanwälte, Richter, Pflegekräfte und Ärzte unzureichend ausgebildet sind, daß bei Autopsien geschlampt wird und daß die amerikanische Öffentlichkeit Todesfälle bei Kindern als «seltene Kuriositäten» betrachtet.

Die Kongreßkommission verweist auf Forschungsstudien, die zu dem Schluß kommen, daß 85% der durch Mißhandlung und Vernachlässigung verursachten Todesfälle fälschlicherweise als Unfälle oder als Folge natürlicher Todesursachen ausgelegt werden, weil Polizisten, Ärzte und Coroner (Leichenbeschauer; in England und in den USA Beamte, die plötzliche und unter verdächtigen Umständen eingetretene Todesfälle untersuchen) unfähig sind, die Anzeichen für vorsätzliche Verletzungen und schwere Vernachlässigung zu erkennen. Hinzu kommt, daß 69% der Ärzte, Pädagogen, Sozialarbeiter etc., die den Verdacht haben, daß ein Kind mißhandelt wurde, ihre Beobachtungen nicht an die zuständigen Stellen weiterleiten. Es gibt sogar einige Fälle, in denen solche Personen versucht haben, die Täter zu *schützen*. Viele Strafverfolger räumen ein, daß die Tötung von Kindern als mindere Straftat behandelt wird, weil viele Staatsanwälte und Richter keine oder nur wenig Erfahrung mit aktiver oder passiver Kindesmißhandlung haben. Außerdem dokumentiert der Bericht die Entstehung und die ersten Erfolge spezieller Untersuchungsteams, in denen sich lokale Ermittler und Vertreter sozialer Einrichtungen zusammenfinden, um Todesfällen bei Kindern nachzugehen. Zu den weiteren Empfehlungen des Berichts gehören (Rivera 1995):

- die bundesweite gesetzmäßige Verankerung von Regelungen für Autopsien bei Kindern,
- die Intensivierung der Forschung über Todesfälle aufgrund von Kindesmißhandlung und deren genaue Dokumentation,
- die gezielte Schulung von Personen, die im Gesundheits- und Sozialbereich tätig sind und
- die Förderung von Familienfürsorgefonds.

Die bekannte Journalistin Abigail («Dear Abby») van Buren schrieb kürzlich in ihrer vielgelesenen ständigen Kolumne: «Das Nationalkomitee zur Verhinderung von Kindesmißhandlung... bittet jedermann, Kindesmißhandlung zu verhindern, bevor sie geschieht. Würde jeder Erwachsene nur einen kleinen Beitrag dazu leisten, müßten weniger Kinder infolge von Mißhandlungen Schmerzen, Verletzungen oder den Tod erleiden.»

Sieben Vorbeugungsregeln gegen Kindesmißhandlung

1. Melden Sie eine mutmaßliche Mißhandlung oder Vernachlässigung
Informieren Sie die Behörden, wenn Sie den Verdacht haben, daß einem Kind Schaden zugefügt wird. Ihre Aufmerksamkeit kann helfen, ein Kind vor Schaden zu bewahren.

2. Befürworten Sie Familienhilfsdienste
Kommunen benötigen umfassende Programme für den Umgang mit familiären Problemen. Sollen Kinder und Familien gesund bleiben, brauchen sie Aufklärung, medizinisch-pflegerische Versorgung und Wohnung.

3. Helfen Sie ehrenamtlich bei Kinderschutzprogrammen mit
Elternselbsthilfegruppen, Krisenzentren und Notrufdienste suchen oft freiwillige Helfer. Sehen Sie in Ihrem örtlichen Telefonbuch nach.

4. Stehen Sie Freunden, Nachbarn und Verwandten zur Seite
Vielleicht hat jemand, den Sie kennen, Schwierigkeiten mit seinen elterlichen Pflichten. Leihen Sie ihm ein offenes Ohr oder reichen Sie ihm eine helfende Hand. Das Angebot, gelegentlich auf das Kind achtzugeben oder kommunale Unterstützungsmöglichkeiten aufzuspüren, kann für jemand, der unter großem Streß steht, eine enorme Entlastung sein.

5. Holen Sie sich selbst Hilfe
Achten Sie auf Zeichen dafür, daß Sie fremde Hilfe brauchen. Fühlen Sie sich überfordert, sind sie ständig traurig, wütend oder unbeherrscht, dann suchen Sie sich Hilfe. Um Hilfe zu bitten, ist ein Zeichen von Stärke, nicht von Schwäche.

> 6. *Unterstützen Sie lokale Programme zur Prävention von Kindesmißhandlung*
> Alle Arten von Vereinen, Kirchengemeinden oder Hobbygruppen bieten hervorragende Gelegenheiten, um auf die Inhalte dieser Programme aufmerksam zu machen.
>
> 7. *Fördern Sie schulische Programme*
> Die Vermittlung von Vorbeugungsmaßnahmen kann Kinder vor Menschen schützen, die sie mißhandeln könnten. Kindesmißhandlung geht uns alle an; Mitmenschen, die ihre Augen nicht verschließen, werden ebenso gebraucht wie gut funktionierende Organisationen.

5.1.2 Die Dynamik der Kindesmißhandlung

Kindesmißhandlung hat vielerlei Gestalt. In neuerer Zeit umfaßt dieser Begriff zunehmend nicht mehr nur physische Gewalt, sondern auch psychische Grausamkeit und sexuellen Mißbrauch sowie körperliche und seelische Vernachlässigung. Generell läßt sich jedoch sagen, daß in Fachkreisen Uneinigkeit darüber herrscht, was nun genau unter *Mißhandlung* oder *Vernachlässigung* von Kindern zu verstehen sei. Die verschiedenen Definitionen variieren erheblich, da bei der Kindererziehung zahlreiche soziokulturelle Werte und Praktiken mitspielen, von denen einige das Potential physischer oder psychischer Schädigungen in sich tragen.

Menschen, die Kinder mißhandeln, stammen nicht aus einer deutlich umschriebenen homogenen Gruppe; sie finden sich in sozialen Verbänden, die sich hinsichtlich sozioökonomischem Status, Rassenzugehörigkeit, kulturellem Hintergrund, Alter und anderen sozialen Determinanten erheblich unterscheiden. Beispielsweise spielen Körpergröße und Kraft des Täters bei der Mißhandlung von Kindern keine so große Rolle wie bei der Mißhandlung anderer Erwachsener, da Säuglinge oder Kleinkinder in der Regel immer kleiner und schwächer sind als ihr Peiniger.

Kindesmißhandlung und -vernachlässigung gab und gibt es schon immer. Man geht daher davon aus, daß es sich dabei keineswegs um neuartige Probleme handelt; vielmehr wurde die Problematik erst in neuerer Zeit von der Gesellschaft erkannt und juristisch geahndet. Erst 1871 wurde die erste Organisation zum Schutz des Kindes gegründet, *The Society for the Prevention of Cruelty to Children*. Fast ein ganzes Jahrhundert mußte verstreichen, bis im Jahre 1968 alle 50 US-Bundesstaaten Gesetze verabschiedet hatten, nach denen Kindesmißhandlung meldepflichtig ist.

Im Jahre 1962 prägte Kempe die Bezeichnung *Battered-child-Syndrom* und lenkte damit die Aufmerksamkeit von Fachkreisen und Öffentlichkeit nachdrücklich auf die Mißhandlungen, denen bestimmte Gruppen von Kindern seitens ihrer Eltern und anderer erwachsener Bezugspersonen ausgesetzt waren (Kempe 1962). Der Begriff bildete den Ausgangspunkt für die gezielte Beschreibung der schwersten Formen der Kindesmißhandlung und ihrer klinisch nachweisbaren Anzeichen. Dazu gehören Hämatome, Abschürfungen, Schnittverletzungen, Knochenbrüche, Verbrennungen, Verbrühungen, Verletzungen im Bauch- und Brustbereich sowie Augenverletzungen. Sehr oft treten bei der Untersuchung aktueller Verletzungen klinische Anzeichen für frühere Verletzungen zutage. Manche Kinder sind nur ein einziges Mal einer solchen Gewalttat ausgesetzt, andere müssen eine lange Folge von Mißhandlungen über sich ergehen lassen. Der Begriff *Battered-child-Syndrom* wurde später durch die umfassendere Bezeichnung *Kindesmißhandlung und -vernachlässigung* bzw. *aktive und passive Kindesmißhandlung* ersetzt (Helfer & Kempe 1976).

Das US-amerikanische Bundesgesetz zur Verhütung und Behandlung von Kindesmißhandlung wurde im Jahr 1992 durch ein Gesetz aktualisiert und erweitert, das Kindesmißhandlung, häusliche Gewalt, Adoption und familienbezogene Dienstleistungen zum Inhalt hat. Dort wird unter *Kindesmißhandlung und -vernachlässigung* verstanden «körperliche oder seelische Verletzung, sexueller Mißbrauch bzw. sexuelle Ausbeutung, Vernachlässigung oder Mißhandlung eines Kindes durch eine für dessen Wohlbefinden verantwortliche Person in einer Art und Weise, die die Gesundheit oder das Wohlbefinden des Kindes schädigt oder gefährdet» (Übersetzung eines Abschnitts aus: Public Law 102-255, 18. Juni 1992).

Das *Battered-child-Syndrom* mag zwar eine der juristisch am leichtesten nachzuweisenden Formen der Kindesmißhandlung sein, es stellt jedoch nur die Spitze des Eisbergs dar. Die Veröffentlichungen über die Häufigkeit von Inzest mit und sexueller Ausbeutung von Kindern sind zugegebenermaßen unvollständig und stellen bestenfalls fachlich begründete Schätzungen dar. Der Nachweis gestaltet sich sehr schwer, ein Tatverdacht entsteht meist nur, wenn das Kind wegen anderer oder begleitender gesundheitlicher Probleme (z. B. wegen einer Geschlechtskrankheit oder einer Schwangerschaft) zu einer medizinischen Untersuchung bzw. Behandlung gebracht wird. Justice & Justice (1979) zufolge gibt es bei sexuellem Mißbrauch – wie auch bei Kindesmißhandlungen – meist noch weitere Beteiligte, nicht nur Täter und Opfer. Es existieren Mitwisser, z. B. andere Familienmitglieder oder für das Opfer verantwortliche Personen, die die Vorfälle dulden.

Normalerweise wirken Personen, die inzestuöse Straftaten begehen, äußerlich weder psychotisch noch verhalten sie sich deviant (Giarretto 1976). Bei den Tätern handelt es sich in der Regel um 30 bis 50 Jahre alte Männer, in 75 % der Fälle um den Vater des Opfers. Bei den aktenkundigen Fällen überwiegt die Zahl der weiblichen Opfer die der männlichen Opfer um ein erhebliches. Untersuchungen an Erwachsenen, die als Kinder mißhandelt wurden, ergaben, daß 20 % der Mädchen und 10 % der Jungen auch Opfer sexueller Belästigung, sexuellen Mißbrauchs oder sexueller Ausbeutung geworden waren (Rubinelli 1980; Salholz et al. 1982).

Menschen, die sich des sexuellem Mißbrauchs von Kindern schuldig machen, sind gewöhnlich Männer, die emotional unselbständig sind, sich minderwertig fühlen und deren Leben von einer weiblichen Bezugsperson dominiert wurde. Außerdem scheint ein signifikanter Zusammenhang zwischen dem eigenen sexuellen Mißbrauch im Elternhaus und dem späteren Begehen dieses Deliktes zu bestehen. Das mißbrauchte Kind ist mit dem Täter häufig bekannt und läßt sich nur mit ihm ein, um seine Aufmerksamkeit und Zuneigung zu gewinnen. Kinder sind in dieser Hinsicht besonders gefährdet, weil ihnen das nötige Wissen fehlt, weil sie Angst haben, die Liebe des Täters zu verlieren, oder weil sie sich schämen und schuldig fühlen bzw. befürchten, man werde ihnen nicht glauben, daß sie ein «unschuldiges» Opfer seien. All diese Faktoren können dazu beitragen, daß das Kind schweigt und so den Täter zu allem Überfluß auch noch schützt. Es gibt immer mehr Belege für die psychischen und sozialen Schäden, die aus einem Erziehungsverhalten resultieren können, das Mißhandlungen beinhaltet. Diese Schäden wiederum können dazu führen, daß Eltern, die als Kind selbst mißhandelt wurden, diesen Erziehungsstil auch an ihren eigenen Kindern praktizieren und ihn somit weitergeben. So kann es geschehen, daß Gewalt zur Erziehungsnorm und als solche von Generation zu Generation weitergereicht und vermehrt wird (Silver 1968; Gelles 1972).

Das National Center for Child Abuse and Neglect konnte drei Faktoren identifizieren, die eng mit Kindesmißhandlung verknüpft sind (U.S. Department of Health and Human Services 1990):

- Das Vorliegen von Gewaltbereitschaft bei den Eltern oder bei einem Elternteil.

- Die Empfindung der Eltern, eines der Kinder sei in irgendeiner Form außergewöhnlich.

- Das Eintreten von einem oder mehreren krisenauslösenden Ereignissen vor der Mißhandlung.

Von großer Wichtigkeit ist auch, zu bedenken, daß das, was dem Außenstehenden als ein vorsätzlicher Akt der Mißhandlung erscheinen mag, vom Opfer vielleicht als ganz normal empfunden wird. Für viele Kinder ist Gewalt die einzige Form der Aufmerksamkeit, die sie von ihren Eltern oder Bezugspersonen erwarten können; für sie sind Liebe und Mißhandlung untrennbar miteinander verbunden. Unglücklicherweise haben die Personen, die einem Kind am nächsten stehen, auch immer die Macht, es körperlich oder seelisch zu bestrafen (Bandura 1973). Indikatoren dafür, daß ein Kind möglicherweise mißhandelt wird und Schutz braucht, sind in einer Tabelle aufgelistet.

Verschiedene Theorien haben versucht, Erklärungen dafür zu liefern, daß manche Eltern ihre Kinder mißhandeln. Einzeln betrachtet kann keine davon das Phänomen der Kindesmißhandlung erschöpfend erklären, jede hat jedoch einen kleinen Beitrag zur Entstehung des Wissensfundamentes geleistet, das man benötigt, um dieses vielschichtige Problem zu verstehen. Immer mehr kristallisiert sich ein ganzes Spektrum von kausalen Zusammenhängen heraus, die erst in Kombination miteinander Sinn machen. Jedes theoretische Modell schildert immer nur einen bestimmten, auf einen speziellen Problembereich beschränkten Teil dieser Kausalzusammenhänge. Nimmt man alle diese Theorien zusammen, ergibt sich eine rapide wachsende Wissensbasis, die zeigt, daß ein holistischer Interventionsansatz vonnöten ist.

Es wurden unterschiedliche Anstrengungen unternommen, Persönlichkeitszüge oder kennzeichnende Eigenschaften von Personen herauszufinden, die Kinder mißhandeln. Das Hauptproblem bestand jedoch darin, daß die Ausgangsdaten solcher Studien stets empirischer Art waren und in der klinischen Praxis, d. h. anhand identifizierter Mißhandlungsfälle erhoben wurden. Daher können sie keine Erklärung dafür liefern, warum andere Personen mit ähnlicher Persönlichkeitsstruktur und unter ähnlichen Umständen ihre Kinder *nicht* mißhandeln.

Zu den Persönlichkeitszügen, die man glaubt als charakteristisch für mißhandelnde Eltern erkannt zu haben, gehören emotionale Unreife, Unfähigkeit zur Streßbewältigung, Argwohn und Feindseligkeit in chronischer Ausprägung sowie mangelnde Impulskontrolle. Jede dieser Eigenschaften könnte angesichts von Frustration oder großem Streß zu einem Wutausbruch führen. Werden Eltern, die das entsprechende Persönlichkeitsprofil aufweisen, mit den Forderungen eines Kindes konfrontiert, kann dies eine nach innen gerichtete Wutreaktion auslösen. Stauen sich Wut und Frustration an, kann die betroffene Person ganz plötzlich explodieren und physisch oder psychisch auf die schwächste Person in ihrem Umfeld losgehen – das Kind (Halper 1979; Walker-Hooper 1981).

Nicht selten ist der «Sündenbock» der Familie das Opfer eines solchen Wutausbruchs. Ein Familienmitglied zum Sündenbock zu stempeln ist ein ausgezeichnetes Beispiel für seelische Mißhandlung. Um als Einheit überleben zu können, schieben manche Familien einem ihrer Mitglieder die Rolle des ewig Schuldigen zu. Ein Kind ist für diese Rolle besonders gut geeignet, da es abhängig ist und der Macht der Eltern nichts entgegenzusetzen hat (Vogel & Bell 1960).

Das Stempeln zum Sündenbock beruht auf den Mechanismen der Projektion und der Verschiebung und dient häufig dazu, die Konflikte zwischen den Eltern umzulenken. Wird die Spannung unerträglich und sind die Eltern nicht imstande, ihre Reaktion auf Streßsituationen offen zu diskutieren, werden unerwünschte Wesenszüge und Gefühle auf das Kind verschoben oder projiziert.

Das von Kempe & Helfer (1972) entwickelte Modell der Mißhandlungsdynamik basiert auf der Annahme, daß multiple dynamische Faktoren miteinander interagieren. Kempe postulierte 7 solcher Faktoren, die miteinander in Wechselwirkung stehen und die Wahrnehmung beeinflußten, die der betreffende Elternteil von seinem Kind habe: Fürsorgebereitschaft (mothering imprint), Isolation, Selbstbewußtsein, Rollenumkehr, Unterstützung durch den Partner, Wahrnehmung des Kindes und Krisenereignisse.

Fürsorgebereitschaft meint die Fähigkeit, für ein Kind Sorge zu tragen und es aufzuziehen; sie wird durch die eigenen Kindheitserfahrungen bestimmt. Eltern, die als Kind selbst keine Liebe und Fürsorge erfahren haben, werden ihren Kindern wenig davon geben können. Überwältigt von den eigenen unbefriedigten Abhängigkeitsbedürfnissen übersehen sie die Abhängigkeitsbedürfnisse ihrer Kinder oder nehmen sie falsch wahr. Ihnen fehlt die Erinnerung an die Annehmlichkeiten der Abhängigkeit, so daß sie unfähig sind, die Bedürfnisse ihrer Kinder zu erspüren oder nachzuempfinden. Beruhigt sich ein hilfloses Baby oder Kind nicht und weint trotz ihrer Bemühungen weiter, löst dies bei ihnen nicht Mitgefühl oder Besorgnis aus, sondern gibt ihnen das Gefühl, kritisiert zu werden. Sie gewinnen den Eindruck, versagt zu haben und machtlos zu sein, was ihr Selbstwertgefühl herabsetzt und ihre Wut und Frustration steigert. Da sie nicht in der Lage sind, diese Emotionen konstruktiv abzubauen, lasten sie ihre negativen Gefühle dem scheinbaren Verursacher an – dem «bösen Kind».

Mißhandelte Kinder werden von ihren Eltern oft als außergewöhnlich bzw. unnormal angesehen. Diese Besonderheit kann real sein, z. B. ein körperliches oder seelisches Problem, sie kann aber auch auf Einbildung beruhen. Eine weitere Möglichkeit besteht darin, daß die Eltern in ihrem Kind eine verhaßte oder gefürchtete Gestalt aus der eigenen Vergangenheit wiederzuerkennen glauben. In jedem Falle aber wirft ein Kind, das sich nicht so verhält, wie es die Eltern sich wünschen oder deren Bedürfnisse und Erwartungen nicht erfüllt, ein schlechtes Licht auf die elterlichen Fähigkeiten und gefährdet damit Selbstwertgefühl und Selbstkontrolle der Eltern. Ein solches Kind wird zum «bösen Kind», das «erzogen», bestraft und verprügelt werden muß (Broadhurst et al. 1992). Entsprechende disziplinarische Maßnahmen werden von den Eltern als positiv und als notwendiges Korrektiv empfunden, nicht jedoch als Mißhandlung. Eltern, die wiederum von ihren Eltern geschlagen wurden, halten es für ganz normal, ihre Kinder ebenfalls zu schlagen usw.

Die Reaktion des Opfers besteht oft in Schuldgefühlen, und es glaubt, zukünftige Mißhandlungen dadurch abwenden zu können, daß es sich stärker darum bemüht, ein «gutes Kind» zu sein. Diese unlogische Folgerung wird vom Täter noch bestärkt, und es kommt zu weiteren Schuldgefühlen auf seiten des Kindes. Häufig wird der Teufelskreis erst durchbrochen, wenn Umstände eintreten, die eine medizinische oder gar juristische Intervention erforderlich machen – wenn das Kind also z. B. an den Mißhandlungen stirbt, Verletzungen davonträgt, die professionell behandelt werden müssen, plötzlich deviantes Verhalten an den Tag legt oder von zu Hause fortläuft.

Indikatoren für Mißhandlung

Körperliche Mißhandlung

Physische Indikatoren
Das Kind weist unerklärliche Hämatome (in unterschiedlichen Heilungsstadien), Striemen, menschliche Bißspuren, kahle Stellen, unerklärliche Verbrennungen (besonders von Zigaretten) und Verbrühungen, unerklärliche Knochenbrüche, Schnittwunden und Abschürfungen auf.

Verhaltensindikatoren
Das Kind zeigt ein selbstzerstörerisches, verschlossenes und aggressives Verhalten, neigt zu Verhaltensextremen, hat eine Abneigung gegen Körperkontakte, kommt sehr früh zur Schule und geht nach dem Unterricht nicht sofort heim, als ob es Angst vor dem eigenen Zuhause hat, läuft immer wieder von Zuhause weg (Jugendliche), klagt über Schmerzen oder bewegt sich so, als hätte es Schmerzen, trägt dem Wetter unangemessene Kleidung, um seinen Körper zu verbergen.

Vernachlässigung

Das Kind wirkt unordentlich, hat verschleppte Krankheiten oder medizinische Beschwerden, ist ständig unbeaufsichtigt, immer hungrig, unangemessen gekleidet, ungepflegt, hat Läuse, einen aufgeblähten Bauch, ist abgemagert, ständig müde und lustlos, schläft im Unterricht ein, stiehlt Lebensmittel, bettelt bei Klassenkameraden, gibt an, bei ihm sei niemand zu Hause, kommt häufig zu spät zur Schule oder versäumt den Unterricht, zeigt selbstzerstörerische Tendenzen oder bricht die Schule ab (Jugendliche).

Sexueller Mißbrauch

Das Kind trägt zerrissene, fleckige oder blutige Unterwäsche, klagt über Schmerzen oder Juckreiz im Genitalbereich, hat Schwierigkeiten beim Gehen oder Sitzen, weist Hämatome oder Verletzungen der äußeren Genitalien auf, leidet an Geschlechtskrankheiten, häufigen Harnwegsinfekten oder Pilzerkrankungen, ist verschlossen, chronisch depressiv, für sein Alter zu verführerisch, zeigt Tendenzen zur Rollenumkehr, ist auffallend um seine Geschwister besorgt, hat mangelndes Selbstvertrauen, wertet sich selbst ab, mißtraut jedem, hat Probleme im Umgang mit seinen Altersgenossen, ist unbeteiligt, zeigt massive Gewichtsveränderungen, versucht sich das Leben zu nehmen (besonders Jugendliche), neigt zu Hysterie und unvermittelten Gefühlsausbrüchen, kommt plötzlich in der Schule nicht mehr mit, weiß für sein Alter zu viel über Sex, hat Angst vor Körperkontakten oder körperlicher Nähe, neigt zu Promiskuität.

> **Seelische Mißhandlung**
>
> Sprachstörungen, verzögerte physische und psychische Entwicklung, Drogenmißbrauch, Magengeschwüre, Asthma, schwere Allergien, Verhaltensstörungen (Daumenlutschen, Schaukeln), antisoziales oder destruktives Verhalten, neurotische Züge (Schlafstörungen, Hemmungen beim Spiel), extreme Passivität oder Aggressivität, kriminelle Aktivitäten (besonders Jugendliche)

Ein weiterer dynamischer Faktor ist die Rollenumkehr. In diesem Falle drängen die Eltern ihr Kind in die Rolle eines Erwachsenen und verlangen von ihm, daß es ihre emotionalen Bedürfnisse erfüllt. Solche Menschen sind meist nicht in der Lage, intakte Beziehungen zu anderen Erwachsenen aufzubauen oder die Bedürfnisse anderer wahrzunehmen. Ist eine solche Person nun mit der Notwendigkeit konfrontiert, ein Kind zu versorgen, und ihre eigenen Bedürfnisse bleiben unbefriedigt, kommt es zu einem Konflikt.

Andere Studien liefern Hinweise darauf, daß die Mißhandlung eines Kindes erfolgen kann, wenn es von einem Elternteil als erfolgreicher Konkurrent um die Liebe und Fürsorge des anderen Elternteils empfunden wird. Dieses Konzept geht von der Annahme aus, daß die Eltern eine starke symbiotische Bindung aneinander entwickelt haben, die nach der Ankunft des Kindes gefährdet wird. Die Mißhandlung hat in diesem Falle das Ziel, die Konkurrenz physisch oder psychisch zu eliminieren (Justice & Justice 1976).

Soziale Isolation wurde in allen theoretischen Modellen der Kindesmißhandlung als wichtiger Faktor erkannt. Menschen, die ein geringes Selbstwertgefühl haben und anderen gegenüber mißtrauisch sind, können keine positiven zwischenmenschlichen Beziehungen aufbauen und sind unfähig, fremde Hilfe zu erbitten oder anzunehmen. Isolation kann auch als Folge eines erlernten Verhaltensmusters gesehen werden. In diesem Fall vermitteln die Eltern ihren Kindern, sich von Erfahrungen fernzuhalten, mit deren Hilfe sie lernen könnten, positive soziale Kontakte zu knüpfen. Aber auch Umweltfaktoren wie sozioökonomische Deprivation, einsame Wohngegend, mangelnde Kontakte nach einem Umzug bzw. eine Kombination dieser oder ähnlicher Elemente können zur Isolation führen.

Eltern, die ihre Kinder mißhandeln, sind anderen gegenüber oft mißtrauisch, meist aus dem einfachen Grunde, daß sie fürchten, bloßgestellt zu werden. Solche Personen streben in hohem Maße danach, ihre Familien weitgehend von der Umwelt zu isolieren und nur ein minimales Netz sozialer Kontakte aufrechtzuerhalten. Ihr Ziel ist es, sich ihrem Umfeld als «normal» funktionierende Familie zu präsentieren und sich so vor Entdeckung und fremdem Eingreifen zu schützen (Bohn 1990).

Es wurde festgestellt, daß soziale Isolation, unabhängig von ihren Ursachen, immer problematisch ist, da es der betroffenen Person dadurch erschwert wird, situativen Rückhalt und verfügbare Ressourcen zu nutzen. Ohne diese jedoch bedeutet die Kinderbetreuung für die Eltern eine anwachsende Belastung, und sie sind außerstande, ihre Machtlosigkeit, Frustration und Wut in bezug auf die Elternrolle zu bewältigen.

Das folgende Beispiel beschreibt den Fall einer jungen geschiedenen Frau, die nach einem Umzug von ihrer Familie und ihren Freunden isoliert ist. Die Mutter von zwei kleinen Kindern hat ihren sechsjährigen Sohn körperlich mißhandelt. Als sie mit ihrem Sohn und ihrer Tochter in der Notaufnahme vorspricht, wird ihr empfohlen, mit einem Therapeuten des hauseigenen Krisenteams zu sprechen.

5.2 Fallstudie: Kindesmißhandlung

Alice, 24jährige geschiedene Mutter von zwei kleinen Kindern, wurde von einem Arzt der Notaufnahme an einen Therapeuten überwiesen. Zuvor hatte sie ihre einjährige Tochter Joan in die Notaufnahme gebracht. Das kleine Mädchen hatte an der Stirn eine tiefe Platzwunde, die stark blutete. Alice erklärte, daß Joan vor nicht ganz einer Stunde aus ihrem Gitterbettchen geklettert und gestürzt sei; beim Fallen habe sie sich den Kopf an der Bettkante gestoßen. Sie selbst habe sie nicht fallen hören, da sie auf der Wohnzimmercouch eingeschlafen sei. Sie seien erst vor zwei Tagen in die neue Wohnung eingezogen, und sie sei vom vielen Auspacken erschöpft gewesen. Ihr sechsjähriger Sohn Mike habe laut nach ihr gerufen und sie damit geweckt. Sie sei sofort in das Zimmer der Kleinen gerannt, wo Joan laut weinend und stark aus der Wunde an ihrem Kopf blutend auf dem Boden gelegen habe. Mike habe offensichtlich vergeblich versucht, sie aufzuheben, sie dabei aber nur noch ein weiteres Mal fallen lassen. Als sie in den Raum gekommen sei, habe er ebenfalls angefangen zu weinen und sich an sie geklammert. Alice sagte, plötzlich habe sie nur noch den Wunsch gehabt, sich hinzusetzen und ebenfalls zu weinen. «Ich wollte einfach, daß das alles aufhört. Ich wollte, daß diese Probleme aus meinem Leben verschwinden. Ich habe mich noch nie so wütend und hilflos gefühlt!»

Sie habe dann versucht, die Blutung zu stillen. Als ihr das nicht gelingen wollte, entschied sie, Joan ins nahegelegene Krankenhaus zu bringen. Also habe sie Mike befohlen, schnell seinen Bademantel überzuwerfen und zum Auto zu gehen, aber: «Er fing an mit mir zu streiten – er wolle sich zuerst anziehen – und wollte aus dem Zimmer rennen. Plötzlich hatte ich die Nase so gestrichen voll! Ich ging total in die Luft und habe ihn so fest geschlagen, daß er quer durch den Flur an die Wand flog. Ich war immer noch so wütend auf ihn, daß ich Joan hochnahm und ihn einfach am Arm packte und zum Auto schleifte. Als wir alle im Auto saßen, fing ich am ganzen Leib zu zittern an. Ich war darüber entsetzt, was ich mit Mike getan hatte.

Natürlich habe ich ihm ab und zu mal eine verpaßt, aber in diesem Moment hatte ich solche Angst und fühlte mich so verlassen. Jetzt fürchte ich mich davor, jemals wieder mit einem der Kinder allein zu sein.»

Nachdem sich der Arzt Joan angesehen und die Platzwunde an ihrem Kopf versorgt hatte, ließ er Mike ins Zimmer bringen. Bei der Untersuchung waren frische Abschürfungen an seiner rechten Gesichtshälfte und Schulter festzustellen. Als der Arzt ihn zu seinen Verletzungen befragte, reagierte Mike sehr zurückhaltend und sagte: «Mommy hat mich gehauen, weil ich böse war!» Er weinte nicht mehr und klammerte sich an die Hand seiner Mutter, als er antwortete. Es waren keine Anzeichen für frühere Verletzungen ersichtlich. In Anbetracht des emotionalen Zustandes der Mutter beschloß der Arzt, die Kinder für die Nacht im Krankenhaus zu behalten, um sie zu beobachten und sie auf Hinweise auf frühere Mißhandlungen zu untersuchen. Alice riet er sehr nachdrücklich, einen Therapeuten vom Krisenteam des Krankenhauses zu konsultieren. Sie stimmte zu, und so wurde der Therapeut angerufen, der sie eine Stunde später im Krankenhaus treffen wollte. Als der Therapeut ankam, fand er die wartende Alice zusammengesunken in einem Sessel in seinem Büro vor. Sie wirkte ungepflegt, verheult und körperlich erschöpft. Als sie über den Hergang des Abends zu berichten begann, klang ihre Stimme sehr deprimiert, aber defensiv. Sie erzählte, daß sie und die Kinder erst vor wenigen Tagen aus einem kleinen Ort im Norden des Staates in die Stadt gezogen waren. In der nächsten Woche sollte sie ihren neuen Job am Empfang einer großen Kanzlei antreten. Vor fast einem Jahr war sie geschieden worden, und sie hatte keine Verwandten oder Bekannten in der Nähe.

Als sie nach ihrer Ehe gefragt wurde, sagte sie, sie habe bereits mit 18 Jahren, im zweiten Collegejahr, geheiratet. Die Ehe habe fünf Jahre gehalten. Sie fügte hinzu, ihr Sohn Mike sei nur fünf Monate nach der Hochzeit zur Welt gekommen. «Das», so bemerkte sie zynisch, «war ein klassischer Fall von überstürzter Heirat und langer Reue! Fünf lange Jahre haben wir versucht, das Beste daraus zu machen. Letztes Jahr Joan zu bekommen war wohl unser letzter großer Fehler!» Sie berichtete, sie sei schwanger geworden, kurz nachdem ihr Mann Bob seine Ausbildung abgeschlossen und seine Kanzlei eröffnet habe. Diese Schwangerschaft sei geplant gewesen, weil sie beide geglaubt hätten, die Dinge in ihrem Leben würden sich zum Besseren wenden, wenn Bob erst auf eigenen Füßen stände. Es habe sich jedoch gezeigt, daß die Kanzlei nur sehr träge anlief, und es habe geschienen, als würden sie dauerhaft auf Alices zusätzliches Einkommen angewiesen sein. Sie hätten immer öfter gestritten, bis sie, ohne es wirklich zu wollen, «eines Tages in die von Bob verlangte Scheidung eingewilligt habe». Sie habe, so fügte sie hinzu, das volle Sorgerecht für die Kinder bekommen.

Bob habe vor weniger als einem Jahr wieder geheiratet, sobald die Scheidung rechtskräftig war, und zwei Tage vor dem Umzug habe sie erfahren, daß Bobs neue Frau einen Sohn bekommen habe.

Auf die Frage nach ihrer Kindheit antwortete Alice, sie sei ein Einzelkind gewesen, und als sie 12 Jahre alt war, hätten sich ihre Eltern scheiden lassen. Sie sei bei ihrer Mutter geblieben. Ihr Vater, ein Rechtsanwalt, sei bald in einen anderen Bundesstaat gezogen und habe etwa ein Jahr später ein zweites Mal geheiratet. Sie habe ihn nie wieder gesehen, hatte ihn aber als einen strengen Vater in Erinnerung, dem man in heiklen Situationen besser aus dem Weg ging, da er bei jeder Kleinigkeit «aus der Hose gesprungen» sei. Als sie 15 Jahre alt war, sei er bei einem Autounfall umgekommen. Das Leben bei der Mutter sei «eher langweilig und ereignislos» verlaufen. Bob habe sie während ihres ersten Jahres auf dem College kennengelernt, und sie hätten sich bald darauf verlobt. Nach Bobs Examen in etwa vier Jahren hätten sie heiraten wollen. Sie selbst habe ebenfalls einen Abschluß in Jura machen wollen und wäre ein Jahr nach Bob mit der Ausbildung fertig gewesen.

Alice erklärte, Bob sei damals genau der Mann gewesen, den sie sich immer gewünscht hatte, sie hätte sich einfach nicht vorstellen können, daß sie irgend jemanden mehr lieben könnte. Sie habe geglaubt, Bob empfinde genauso.

Als sie nach den Ferien ihr zweites Jahr am College antrat, stellte sie fest, daß sie bereits im vierten Monat schwanger war, eine Abtreibung kam für sie nicht mehr in Frage. Da weder sie noch Bob ausreichend Geld hatten, um ein Kind aufzuziehen, war keiner von beiden «besonders glücklich» über das «freudige Ereignis». Größere Sorgen machten sie sich aber darüber, wie ihre Eltern auf die Neuigkeit reagieren würden. Die einzige Lösung, die ihnen einfallen wollte, war, sofort zu heiraten und den Eltern zu sagen, sie hätten bereits im vergangenen Frühjahr geheiratet.

Wie nicht anders zu erwarten, war keine der beiden Familien besonders begeistert über die «heimliche Hochzeit» und die bevorstehende Geburt eines Enkelkindes. Sie vertraten die Ansicht, Bob und Alice seien noch zu jung und hätten nicht die finanziellen Mittel, um eine Familie zu unterhalten *und* das College zu besuchen. Keines der Elternpaare war in der Lage, die jungen Leute finanziell stärker zu unterstützen, als sie es ohnehin schon taten. Nach langen Diskussionen stimmte Bob Alices Vorschlag zu, sie werde das College verlassen und sich einen Job suchen, der sie über Wasser halten würde, bis Bob seinen Abschluß in der Tasche hatte. Dann würde sie ans College zurückgehen und ihren Abschluß nachholen.

Schnell fand sie einen Teilzeitjob am Empfang einer Kanzlei, und so konnte sie noch einige Monate arbeiten, bevor Mike zur Welt kam. Nach seiner Geburt erhielt sie das Angebot, als Ganztagskraft zu arbeiten. Diesen Job hatte sie behalten, bis sie kürzlich in die neue Stadt gezogen war. Ihr neuer Job ähnelte dem vorigen; die Stelle hatte sie durch Beziehungen erhalten, die ihr bisheriger Arbeitgeber für sie geknüpft hatte.

Als Alice die Beziehungen zwischen ihr, ihrem Exmann und den Kindern schilderte, fiel dem Therapeuten auf, daß die Eltern in ihrem Sohn Mike offenbar für alles den Sündenbock suchten. Immer wieder beschrieb Alice ihren Sohn als ein schwieriges Kind, das ihnen seit dem Tag seiner Geburt nur Probleme gemacht habe. In ihrer Erinnerung hatten sie und Bob zum ersten Mal «richtigen» Streit, als es darum ging, Mike in einer Kindertagesstätte unterzubringen, damit sie wieder arbeiten gehen konnte. Wann immer sie Bedenken dagegen geäußert habe, Mike bei «Fremden» zu lassen, sei Bob wütend geworden und in die Defensive gegangen. Einmal habe er sogar gesagt: «Es war ja nicht meine Idee, zu heiraten und eine Familie zu gründen. Aber du mußtest ja schwanger werden! Hättest du besser aufgepaßt, könntest du heute noch auf dem College sein. Das Problem ist doch das Baby, und nicht ich.»

Mike, sagte sie, sei nie ein «Sonnenschein» gewesen, oft habe er in der Tagesstätte die anderen Kinder geärgert, und je älter er wurde, desto mehr Probleme habe er ihr und Bob gemacht.

Immer öfter schien es in ihren Streits um Mike zu gehen. Bob mäkelte immerfort an Alices Entscheidungen über Mikes Erziehung herum, machte aber nie eigene Vorschläge. Auf die Frage, wie sie und Mike damit umgegangen seien, antwortete Alice, Bob habe sich stets vor disziplinarischen Fragen gedrückt; diese Dinge habe er immer ihr überlassen. Sie habe es nie für falsch gehalten, Mike hin und wieder eine Ohrfeige zu verpassen oder ihn für eine Weile in sein Zimmer zu schicken. Sie fügte hinzu, schließlich hätte es ihr, als sie klein war, auch nicht geschadet, wenn ihre Eltern ihr einen Klaps gegeben hätten, also habe Mike, «wenn er eine verdient hatte, auch eine gekriegt».

Ihre Tochter Joan beschrieb sie als das vollkommene Gegenteil von Mike, ein süßes, herziges und sehr braves Kind. Mit einem scharfen Lachen fügte sie hinzu: «Aber Mike – Gott helfe mir, er scheint seinem Vater jeden Tag ähnlicher zu werden. Er spielt sich immer in den Vordergrund und will in allem seinen Kopf durchsetzen!»

Der Therapeut fragte Alice nun, warum sie ihren alten Job und ihren Freundeskreis aufgegeben habe und weggezogen sei. Sie gab zur Antwort, seit der Scheidung sei ihr der alte Wohnort zu klein erschienen, um Begegnungen mit Bob und seiner neuen Familie vermeiden zu können.

Nach der Scheidung habe sie Bob ermutigt, den Kontakt mit seinen Kindern – und durch diese mit ihr – aufrechtzuerhalten. So sei es auch nach seiner Wiederverheiratung geblieben. Mehrmals habe sie sich sogar dabei ertappt, wie sie ihn anrief und um Rat fragte. Tatsächlich habe sie sich mehr auf seinen Rat verlassen als vor der Scheidung.

Vor einiger Zeit habe sie dann erfahren, daß Bobs neue Frau schwanger sei. Als erstes habe sie an die Kinder gedacht und sich gefragt, ob er sie auch nach der Geburt seines neuen Kindes noch so häufig besuchen würde oder ob er sich voll auf seine neue Familie konzentrieren und kaum noch Kontakt zu ihr halten würde. Je mehr sie darüber nachgegrübelt habe, desto mehr habe sie das dringende Bedürfnis gespürt, der Situation den Rücken zu kehren, noch bevor sie eintrat. Sie erinnerte sich: «Auf einmal merkte ich, daß ich es nicht aushalten würde, in derselben Stadt zu leben wie er, wenn das neue Baby da war.»

Während sie all dies mit dem Therapeuten besprach, wurde sie zusehends angespannter und verängstigter. Plötzlich begann sie, mit den Fäusten auf die Armlehnen zu schlagen, und schluchzte laut: «Diese Frau! Sie wird das Leben mit Bob leben, von dem ich immer geträumt habe. Und ich? Ich werde bis ans Ende meines Lebens arbeiten und meine Kinder deshalb bei Fremden abstellen müssen. Ich werde nie mehr ans College können – das ist einfach nicht fair! Keiner ist mehr da, um mir zu helfen. Ich bin ganz alleine, und daran ist nur Bob schuld. Ich hasse ihn! Warum hat er mich mit all diesen Problemen alleine gelassen?»

Der Therapeut merkte, daß Alice sich nie mit der Scheidung abgefunden oder ihre unerkannten Gefühle Bob gegenüber verarbeitet hatte. Dies belegten ihre kontinuierlichen Versuche, Bob wieder zurückzuholen, indem sie ihn bei der Betreuung der Kinder um Rat fragte und ihn zu häufigen Besuchen bei den Kindern und ihr ermutigte. Sie befand sich in einer Krise, die durch die Nachricht von der Geburt des neuen Babys und durch das Versagen ihres alten Bewältigungsmechanismus (Flucht vor der Situation) ausgelöst worden war und durch die Belastungen des Umzuges und des Jobwechsels sowie den Verlust ihres bisherigen situativen Rückhalts noch verstärkt wurde. Sie fühlte sich isoliert und in einer Situation gefangen, die sie nicht ganz alleine verschuldet hatte.

Joans plötzliche Verletzung traf sie völlig unvorbereitet und brachte das Faß zum Überlaufen. Sie war der Katalysator eines Gefühlsausbruches, bei dem Alices angestaute Frustration und Wut über ihre aktuelle Lebenssituation aus ihr herausbrachen. Ihre Bemerkung, Mike werde seinem Vater von Tag zu Tag ähnlicher, ließ stark vermuten, daß sie bei ihrem Angriff gegen Mike eigentlich ihre Wutgefühle gegen Bob abreagierte, die sie auf das Kind verschob.

Die Interventionsziele bestanden darin, Alice dazu zu bringen, ihre unerkannten Gefühle Bob und der Scheidung gegenüber zu erforschen und herauszulassen, ihr zu helfen, die Geburt von Bobs neuem Sohn im Hinblick auf ihre Zukunft und die ihrer Kinder realistisch wahrzunehmen, ihr klarzumachen, daß sie ihren Sohn psychisch mißhandelte, indem sie ihre Wut, die eigentlich Bob galt, auf ihn verschob, und ihr den nötigen situativen Rückhalt zu verschaffen, während sie lernte, im Umgang mit ihren neuen Rollen und Verantwortungen als alleinerziehende Mutter neue Bewältigungsmechanismen zu entwickeln.

Noch bevor die erste Sitzung zu Ende war, wurde der Therapeut angerufen: bei der genaueren Untersuchung von Mike waren zwei verheilte Rippenbrüche sowie eine angebrochene, aber ebenfalls abgeheilte Schulter entdeckt worden. Der Röntgenarzt teilte dem Therapeuten mit, daß die Verletzungen zu verschiedenen Zeitpunkten innerhalb der vergangenen drei Jahre stattgefunden haben mußten. Alice sagte man, die Kinder müßten für einige Tage im Krankenhaus bleiben.

Alice wurde totenbleich und fing zu weinen an. Sie fragte den Therapeuten:

«Warum? Sie sind doch okay, oder?» Der Therapeut erzählte ihr von Mikes alten Verletzungen und fragte, ob sie wisse, wie sie zustande gekommen seien. Sie gab ihre Verteidigung auf, begann, im Zimmer auf und ab zu laufen, und sagte: «Sie können sich ja nicht vorstellen, wie schwer es ist, Mike im Zaume zu halten – und Bob war ja nie da!» Der Therapeut fragte Alice nun direkt, ob sie Mike geschlagen habe; sie schaute auf und sagte leise: «Ja, ich habe das nicht gewollt – ehrlich – aber er hat mich einfach zur Weißglut getrieben.» Gemeinsam wurde entschieden, daß es für sie und die Kinder jetzt das Wichtigste war, daß sie zu Hause so bald wie möglich Hilfe bekam. Zweck dieser Maßnahme war es, die Kinder vor weiteren körperlichen Mißhandlungen zu schützen und Alice emotionalen Rückhalt zu verschaffen, bis sie der Belastung besser gewachsen und in der Lage war, sich ein neues soziales Gefüge aufzubauen und sich in ihre neue Umgebung einzuleben. Man gab ihr den Namen und die Telefonnummer einer Frau, die wöchentlich ein Treffen einer Selbsthilfegruppe organisierte. Dort kamen Eltern zusammen, die ihre Kinder mißhandeln. Sehr eindringlich bat man sie, die Frau sofort anzurufen, wenn sie wieder zu Hause sei, und Alice versprach, das werde sie tun.

Gemeinsam mit Alice überlegte der Therapeut, ob es eventuell möglich wäre, daß Alice jemanden aus ihrer Verwandtschaft oder Bekanntschaft bat, für ein paar Wochen bei ihr zu bleiben. Alice befand das für eine sehr gute Idee; sie hatte Angst, mit den Kindern alleine zu sein, weil sie befürchtete, «wieder auszuflippen, wenn sie mich ärgern». Sie wisse einfach nicht, wieviel sie noch «wegstecken» könne.

Sie beschloß, ihre Mutter anzurufen und bemerkte mit sehr depressiver Stimme: «Bob anzurufen hat gar keinen Sinn. Der ist viel zu sehr mit seiner neuen Familie beschäftigt, als daß er mir jetzt helfen könnte.» Noch vom Büro des Therapeuten aus nahm sie Kontakt zu ihrer Mutter auf, erklärte ihr kurz, daß sie Hilfe brauche, und bat sie, für einige Wochen zu kommen. Ihre Mutter stimmte sofort zu und versprach, am nächsten Nachmittag da zu sein. Bevor sie nach Hause ging, sagte Alice noch: «Wissen Sie, plötzlich fühle ich mich schon gar nicht mehr ganz so allein. Vielleicht lege ich mich gleich ins Bett, nachdem ich diese Dame angerufen habe, und versuche, zur Abwechslung mal etwas Schlaf zu kriegen.»

Als Alice eine Woche später zu ihrer zweiten Sitzung kam, wirkte sie viel entspannter und weniger deprimiert. Sie erzählte, ihre Mutter sei genau in dem Moment angekommen, als auch die Kinder aus dem Krankenhaus kamen. «Noch nie in meinem Leben war ich so froh, meine Mutter zu sehen! Sie ist mir eine Riesenhilfe, und ich hätte nie gedacht, daß sie so verständnisvoll sein kann.» Außerdem hatte Alice auch die Zusammenkunft einer Selbsthilfegruppe besucht.

Besonders überrascht war Alice darüber, wie einfühlsam ihre Mutter gewesen sei, als sie über Alices viele Probleme nach der Scheidung gesprochen hätten. Bis zu diesem Moment habe sie nie erkannt, daß ihre Mutter fast dieselben Gefühle und Schwierigkeiten erlebt hatte, als es bei ihr zur Scheidung gekommen war. Die

Kinder seien über den Besuch ihrer Großmutter sehr glücklich und verhielten sich «wie die kleinen Engel»; sie könne gar nicht glauben, daß Mike sie nicht mehr ständig «nerve».

In dieser und den beiden folgenden Sitzungen begann Alice, ihre Krise mit Hilfe direkter Fragen und Anregungen des Therapeuten als eine Folge des Umstandes zu sehen, daß sie ihre Scheidung und Bobs anschließende Wiederverheiratung in unrealistischer Weise wahrgenommen hatte. Während ihrer Ehe war sie stets davon überzeugt gewesen, sie müsse die Rolle des starken, unabhängigen Entscheidungsträgers übernehmen, damit sich Bob, von seinen familiären Pflichten befreit, ganz auf sein Jurastudium konzentrieren konnte. Ihr fiel wieder ein, daß er ihr und den gemeinsamen Freunden oft gesagt habe, auf seinem Abschlußzeugnis müßten eigentlich ihrer beider Namen stehen.

Auf die Frage, ob sie diese Gefühle jemals mit Bob besprochen habe, antwortete sie, sie habe es zunächst versucht, er sei jedoch so wütend geworden, daß er sie «anbrüllte und aus dem Haus stürmte», so daß sie bald gelernt hätte, daß es besser war, nicht mit ihm zu diskutieren. Nach kontinuierlichen Fragen und Überlegungen begann Alice allmählich zu erkennen, wie sie aufgrund der Unfähigkeit, Bob unmittelbar mit ihrer Enttäuschung und Wut zu konfrontieren, Mike zum Schuldigen an ihrem Unglück gemacht hatte. Sie hatte ihren Sohn als Ursache der Streits mit Bob empfunden, und daher war es Mike, den sie glaubte, bestrafen zu müssen. Sie war offensichtlich ziemlich überrascht über die Erkenntnis, daß Mikes Verhaltensprobleme im Umgang mit anderen Kindern möglicherweise eine Reaktion darauf war, daß das Kind zu Hause zum Sündenbock gemacht und mißhandelt wurde. Nach weiteren Überlegungen brachte sie dann die Sorge zum Ausdruck, wie sich dies wohl auf seine zukünftigen Beziehungen zu ihr und anderen auswirken möge. Den Vorschlag des Therapeuten, Mike psychologisch beurteilen zu lassen und falls nötig zu einem Berater zu schicken, wollte sie abwägen.

An das Jahr nach Bobs Abschluß erinnerte Alice sich als eine außergewöhnlich glückliche Zeit, in der sie so optimistisch waren, daß sie entschieden, nun ein zweites Kind zu bekommen.

Bald mußten sie jedoch erkennen, daß Bobs Kanzlei nicht so gut anlief, wie sie es erwartet hatten, und Alice mußte die ganze Schwangerschaft hindurch weiterarbeiten. Bis Joan dann zur Welt kam, war ihre Ehe so gut wie kaputt. Worüber sie auch sprechen wollten, es lief immer darauf hinaus, daß sie sich gegenseitig ihre ganze Wut und Frustration entgegenschleuderten. Bob verbrachte die meiste Zeit außer Haus, und als er schließlich eine Scheidung vorschlug, schien dies die einzige mögliche Lösung für ihre Probleme zu sein.

Als der Therapeut sie direkt danach fragte, gab Alice zu, wie sehr sie diese Scheidung jetzt bedauere. Sie fügte hinzu, sie habe immer geglaubt, daß Bob genauso empfinde. Der Therapeut merkte, daß Alice sich trotz Bobs Wiederverheiratung noch immer Hoffnungen machte, er werde eines Tages zurückkommen. Seine häufigen Besuche bei den Kindern, auch als er schon mit seiner neuen Frau verheiratet war, hatten diesen Glauben noch verstärkt. Erst als sie hörte, daß Bobs neue Frau schwanger war, kamen ihr erste Zweifel, und sie bekam Angst.

Als der Therapeut sie in der dritten Sitzung direkt mit ihren Gefühlen in bezug auf diese Neuigkeit konfrontierte und sie sich mit ihnen auseinandersetzen mußte, rief sie plötzlich aus: «Betrogen! So habe ich mich gefühlt, als ich es gehört habe. Ich habe mich gefühlt wie eine betrogene Ehefrau, war wütend, daß er mir und den Kindern das angetan hatte. Schlagartig wurde mir klar, daß er nun nicht mehr einfach seine Sachen packen und zu uns zurückkommen konnte, selbst wenn er das gewollt hätte. Irgendwie hatte ich das Gefühl, weg zu müssen. Ich wollte ihn einfach nicht mit seiner neuen Familie sehen. Wenn ich geblieben wäre, da war ich mir ganz sicher, hätte ich nie wieder in Frieden leben können.» Nachdem sie das gesagt hatte, lachte sie überrascht und sprach weiter: «Haben Sie gehört, was ich gerade gesagt habe? Ich habe es genauso gemacht wie während unserer Ehe! Ich habe immer versucht, den Frieden zu bewahren, indem ich vor der Situation weglief – einen Spaziergang machte oder so was. Nun, das war wohl ein ziemlich langer Spaziergang, den ganzen Weg bis hierher in diese Stadt!»

Nun erkannte sie, daß ihre als Bewältigungsversuch geplante Flucht fehlgeschlagen war, als Bobs neuer Sohn zwei Tage vor ihrem Umzug geboren wurde. Zu diesem Zeitpunkt hatte sie geglaubt, ihre Anspannung und Angst sei eine normale Reaktion darauf, daß sie alten Freunden und bekannten Orten den Rücken kehrte. Sie hatte es vermieden, mit irgend jemandem über ihre Emotionen zu sprechen, da sie befürchtete, über ihre Gefühle im Hinblick auf die Geburt des neuen Babys reden zu müssen. Sie hatte so getan, als sei sie mit dem Packen und anderen Umzugsvorbereitungen viel zu beschäftigt, um Freunde zu besuchen.

Füllen Sie das Paradigma (**Abb. 5-1**) für diese Fallstudie aus und vergleichen Sie es mit der Auflösung in Anhang A. Orientieren Sie sich, falls nötig, an den Paradigmen in Kapitel 3.

Nach dem Umzug fand sie sich völlig isoliert und jeglichen situativen Rückhalts beraubt vor. Sie telefonierte mit niemandem, erneut unter dem Vorwand, zu viel zu tun zu haben.

Ihre Anspannung und Angst wuchsen, und bald war sie seelisch und körperlich so erschöpft, daß sie kaum mehr tat, als den Kindern etwas zu essen zu machen und sie davon abzuhalten, in den Umzugskisten zu wühlen. Nach einer langen Pause sagte sie: «Wissen Sie, wenn ich jetzt darüber nachdenke, muß ich gewesen sein wie eine Zeitbombe, die jederzeit explodieren konnte. Ich weiß jetzt, daß dies nicht das erste Mal war, daß ich mich so fühlte. Vielleicht war es vorher leichter, einfach einen Spaziergang zu machen und eine Weile wegzukommen. So brauchte ich mich nicht mit der wahren Ursache meiner Wut auseinandersetzen – Bob. Es war immer viel einfacher, durch *Mikes* Probleme mit Bob zu sprechen, als ihn *direkt* auf *unsere* Probleme anzusprechen!»

Kriseninterventon

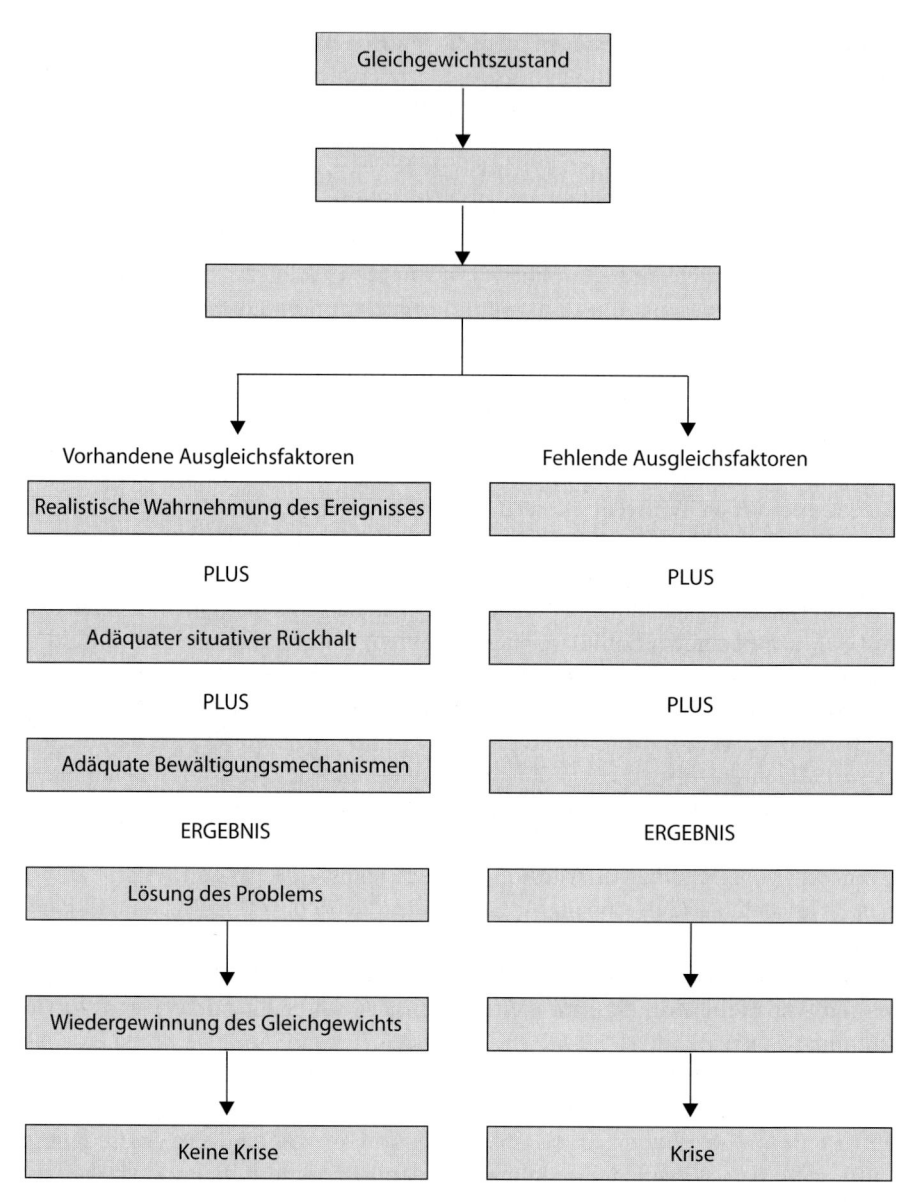

```
                    Gleichgewichtszustand
                              ↓
                         [          ]
                              ↓
                    [                    ]
                    ↓                    ↓
      Vorhandene Ausgleichsfaktoren    Fehlende Ausgleichsfaktoren
    Realistische Wahrnehmung des Ereignisses    [          ]
                  PLUS                         PLUS
      Adäquater situativer Rückhalt           [          ]
                  PLUS                         PLUS
      Adäquate Bewältigungsmechanismen        [          ]
               ERGEBNIS                      ERGEBNIS
         Lösung des Problems                  [          ]
                   ↓                           ↓
      Wiedergewinnung des Gleichgewichts     [          ]
                   ↓                           ↓
            Keine Krise                       Krise
```

Abbildung 5-1: Fallstudie: Alice

Indem der Therapeut Alice den nötigen situativen Rückhalt verschafft und sie dazu ermutigt hatte, ihre unerkannten Gefühle Bob gegenüber zu identifizieren und herauszulassen, hatte er ihr geholfen, ihre neue Lebenssituation realistischer einzuschätzen.

Bis zur vierten Woche hatte Alice sich gut in ihrem neuen Job eingelebt und hatte viel Spaß daran. Sie hatte neue Freundschaften geschlossen und sagte, es mache ihr sehr viel Freude, Zeit mit ihren Kindern zu verbringen. Sie habe sogar Bob angerufen und ihm zur Geburt seines Sohnes gratuliert. Für Joan hatte sie eine tolle Kinderkrippe gefunden und für Mike einen organisierten Spielkreis aufgetan, der nach dem Unterricht stattfand. Dort konnte er bleiben, bis sie am Abend von der Arbeit kam.

Wie der Therapeut vorgeschlagen hatte, war sie mit Mike zum Beratungslehrer der neuen Schule gegangen und hatte mit ihm vereinbart, so lange regelmäßig zu ihm zu kommen, bis Mike sich an die vielen neuen Dinge in seinem Leben gewöhnt hätte. Noch wichtiger aber war, daß sie – und zwar aus völlig eigenen Stükken – beschlossen hatte, an den Treffen einer Gruppe alleinerziehender Elternteile teilzunehmen, die sich regelmäßig in einer nahegelegenen Jugendherberge trafen, und auch die Selbsthilfegruppe weiter zu besuchen.

Als sie in der letzten Sitzung ihre Ehe reflektierte, faßte Alice so zusammen: «Vielleicht hätten wir nie geheiratet, wenn ich nicht schwanger geworden wäre. Aber das war nie Mikes Schuld, und ich hätte es nie ihm in die Schuhe schieben dürfen, daß etwas schieflief. Bob und ich sind die eigentlichen Schuldigen. Ich werde wohl nie erfahren, ob alles anders gekommen wäre, wenn wir hätten warten können, aber ich glaube ganz fest, daß ich viel mehr von meinem eigenen Leben aufgegeben habe als Bob, um die Sache mehr schlecht als recht am Laufen zu halten. Aber es ist Bob, auf den ich sauer bin, und nicht Mike. Ich weiß jetzt, warum ich so wütend und frustriert war, als wir uns scheiden ließen. Alles, was ich sah, war, daß Bob nun völlig frei war und ein neues Leben anfangen konnte. Es schien ihm nie leid zu tun, daß er mich und die Kinder im Stich ließ. Ich habe wohl gehofft, daß er ein schlechtes Gewissen kriegt oder so und reumütig zu uns zurückkommt.»

Das Allerwichtigste war jedoch, daß Alice ein intellektuelles Verständnis für den Zusammenhang zwischen ihren angestauten Gefühlen und ihrem gegen Mike gerichteten verschobenen Wutausbruch entwickelte. Diese Augenblicke, so erklärte sie dem Therapeuten, werde sie nie in ihrem Leben vergessen, und sie sei sich ziemlich sicher, daß so etwas nie wieder vorkomme: «Lieber stelle ich mich mitten auf die Straße und schreie, bis ich mich wieder besser fühle!»

Bevor sie auseinandergingen, untersuchten und bewerteten Alice und ihr Therapeut die Anpassungen, die sie vorgenommen, und die Einsichten, die sie in bezug auf ihr Verhalten gewonnen hatte. Alice sah sehr optimistisch in ihre eigene Zukunft und die ihrer Kinder. Sie erhielt die Zusage, daß sie den Therapeuten jederzeit kontaktieren könne, wenn sie sich von ihren Problemen wieder einmal überwältigt fühle.

Nichts ist so entsetzlich wie der Zusammenstoß zwischen roher Gewalt und kindlicher Hilflosigkeit.

Rita Bockelmann

5.3 Häusliche Gewalt

Häusliche Gewalt – das mag ein etwas weit gefaßter Begriff sein; im Gegensatz zu der Formulierung *familiäre Gewalt* bezieht er sich jedoch nicht nur auf die Angehörigen der Kernfamilie, sondern auf *alle* Personen, die in einem Haushalt leben. Welche Interaktionen, Verhaltensweisen und Reaktionen treten in diesem Haushalt auf?

Zunächst einmal können Kinder Mitglieder eines Haushalts sein. Den erschütternden Fakten und Zahlen der Kindesmißhandlung war der erste Teil dieses Kapitels gewidmet. Dann gehören zu einem Haushalt auch Eltern. Wie interagieren diese miteinander *und* mit ihren Kindern?

Leben noch weitere Verwandte im Haus, die nicht zur Kernfamilie gehören, ein Onkel oder eine Tante etwa? Wie fügen diese sich in die Familienkonstellation ein? Sind sie den anderen Familienmitgliedern eine Hilfe oder Unterstützung? Oder stellen sie eine Belastung dar, da sie (unabsichtlich) die Privatsphäre der Kernfamilie stören?

Leben Oma und/oder Opa mit im Haus? Sind sie bei guter Gesundheit und helfen sie den anderen Familienmitgliedern? Oder haben sie physische oder psychische Probleme und sind daher eher eine Belastung als eine Hilfe?

Zunächst soll nur die Kernfamilie selbst betrachtet werden. Ist diese stabil oder liegen Probleme vor, die sie labil macht? In jeder Familie kommt es hin und wieder zu Streit, absolute Harmonie ist eine Utopie. Herrscht jedoch eine Atmosphäre der Offenheit, sind Mann und Frau in der Lage, sich zusammenzusetzen und über das zu diskutieren, was zwischen ihnen zu Spannungen führt, und sind beide Partner bereit, dem anderen zuzuhören und Kompromisse zu schließen, müßten sie den Standpunkt des jeweils anderen verstehen und eine Lösung für ihr Problem finden können. Leider ist dies jedoch nicht immer der Fall.

Bis vor etwa 25 Jahren machte man sich in der Öffentlichkeit noch kaum Gedanken über mißhandelte Ehefrauen. Von einem Mann wurde erwartet, daß er seine Frau in ihre Schranken verwies, ganz gleich, welche Maßnahmen dies erforderte. Mußte er sie dazu schlagen, nun ja, dann war es eben ihre eigene Schuld. In der letzten Zeit jedoch erlangte das Phänomen der ehelichen Gewalt durch Bücher, Filme und bekannt gewordene Gerichtsverfahren zunehmendes öffentliches

Interesse. Ein Beispiel wäre der Fall Joel Steinberg, ein Rechtsanwalt, der nicht nur seine Frau Hedda Nussbaum brutal mißhandelte, sondern 1989 auch noch die gemeinsame Tochter tötete. Nachdem sich die Forschung des Problems angenommen hatte, entwickelten Frauen ein neues Bewußtsein und dadurch auch den Mut und die Kraft, sich nachdrücklicher gegen Mißhandlungen zu wehren (Miller 1995).

- Dem früheren amerikanischen Gesundheitsminister C. Everett Koop zufolge ist eheliche Gewalt die Hauptursache für von Frauen erlittene Verletzungen; es werden mehr Frauen von ihren eigenen Männern verletzt als bei Unfällen, Vergewaltigungen und Straßenraub zusammen.
- Laut Statistiken des FBI wird alle 15 Sekunden eine Frau geschlagen.
- 21% der Frauen, die in Notaufnahmen chirurgisch behandelt werden, wurden mißhandelt.
- Jährlich werden 4000 Frauen von Familienangehörigen zu Tode geprügelt, das ist etwa ein Drittel aller getöteten Frauen.
- 95% der Frauen, die einen Familienangehörigen oder Partner töten, wurden von diesem mißhandelt.
- In der Hälfte aller Ehen fällt mindestens einmal eine Gewalttat vor; bei nahezu einem Drittel handelt es sich um schwere Mißhandlungen (Dutton 1995).

Daß viele Männer ihre Frauen körperlich mißhandeln, ist heute kein Geheimnis mehr. Anders hingegen sieht es mit der seelischen Gewalt aus, die noch immer gerne totgeschwiegen wird. Die Battered Women's Task Force der New York State Coalition Against Domestic Violence hat gemeinsam mit Organisationen in anderen amerikanischen Bundesstaaten schon vielen Frauen geholfen, die von ihren Partnern mißhandelt wurden. Der erste Schritt besteht darin, den Frauen einige Fragen zu stellen, die sich auf potentielle Mißhandlungen beziehen (siehe Kasten).

Fragestellungen bei potentiellen Mißhandlungen

Schlägt, boxt, schubst oder beißt Ihr Partner Sie?
Droht Ihr Partner damit, Sie oder Ihre Kinder zu verletzen?
Droht Ihr Partner damit, Freunde oder Verwandte zu verletzen?
Hat Ihr Partner plötzliche Wutausbrüche?
Verhält sich Ihr Partner überbehütend?
Wird Ihr Partner ohne Grund eifersüchtig?

> Hindert Ihr Partner Sie daran, Verwandte oder Freunde zu treffen?
> Hindert Ihr Partner Sie daran, zu gehen, wohin Sie wollen und wann Sie wollen?
> Hindert Ihr Partner Sie daran, einen Beruf auszuüben oder eine Schule zu besuchen?
> Zerstört Ihr Partner Dinge, die Ihnen gehören oder an denen Sie hängen?
> Verweigert Ihr Partner Ihnen den Zugang zu Bankkonten, die Verwendung der Kreditkarte, die Benutzung des Autos o. ä.?
> Kontrolliert Ihr Partner die Finanzen und zwingt er Sie, Rechnung über alle Ausgaben abzulegen?
> Bedrängt Ihr Partner Sie, sexuelle Handlungen vorzunehmen, die Ihnen unangenehm sind?
> Beschimpft oder beleidigt Ihr Partner Sie?
> Versucht Ihr Partner, Sie oder Ihre Kinder einzuschüchtern oder zu manipulieren?
> Erniedrigt Ihr Partner Sie vor den Kindern?
> Bricht Ihr Partner wegen jeder Kleinigkeit einen Streit vom Zaun?
> Quält Ihr Partner Ihre Haustiere oder droht er damit, sie zu quälen?

Beantwortet eine Frau eine oder mehrere dieser Fragen mit Ja, wird sie möglicherweise mißhandelt. Beachten Sie bitte, daß nur einer dieser Punkte direkt mit physischer Gewalt zu tun hat, die übrigen beziehen sich auf andere Formen der Mißhandlung (Miller 1995).

Mißhandlungen hören selten, wenn nicht gar niemals von alleine auf; Gewalt hat die Tendenz, zu eskalieren. Beschimpfungen werden nach und nach zu öffentlichen Bloßstellungen, Isolation, Drohungen und Tätlichkeiten, bis schließlich alles auf ein «Bis daß der Tod uns scheidet» hinausläuft.

5.3.1 Gewalt in «neuartigen» Familien

Bis vor kurzem sprach man nur von «mißhandelten Ehefrauen». Aber das Leben ist ein Prozeß kontinuierlicher Veränderung. Als sich immer mehr Menschen, zunächst langsam und dann immer schneller (zum Teil im Zusammenhang mit HIV-Infektionen oder anderen durch Geschlechtsverkehr übertragbaren Krankheiten), als homosexuell entpuppten, mußte sich auch das Konzept «Familie» wandeln. Homosexuelle Paare, die seit Jahren zusammenleben, sind durchaus als Familie zu betrachten, erst recht natürlich, wenn sie außerdem gemeinsam Kinder aufziehen, die aus früheren Beziehungen stammen, adoptiert oder durch künstliche Befruchtung gezeugt wurden.

Bevor ich nun also mit den aktuellen theoretischen Konzepten und Vorstellungen über familiäre Gewalt fortfahre, möchte ich kurz auf diese «neuartigen» Familien eingehen. Wie funktionieren derartige Familienstrukturen überhaupt? Momentan gibt es noch sehr wenig Literatur zu diesem Thema, und falls in Zukunft mitunter noch mißverständliche Begriffe wie *mißhandelte Ehefrau, eheliche Gewalt* o. ä. auftauchen, sollte man Nachsicht üben. Wissenschaftlern, die verstehen und akzeptieren, daß homosexuelle Beziehungen und Familienstrukturen kein vorübergehendes «Problem» sind, bietet sich hier sicher ein lohnenswertes Neuland für ihre Forschungen.

Leider hat die traditionelle Kernfamilie nicht das alleinige Monopol auf familiäre Gewalt. Im Jahre 1996 gestand Hawaii Homosexuellen als erster Staat das Recht auf Eheschließung zu. Zwar hat es wenig mit der sexuellen Orientierung eines Paares zu tun, ob ein Partner den anderen mißhandelt, diese hat jedoch erhebliche Auswirkungen darauf, ob, wann und in welcher Form die Gesellschaft eingreift. Das Schwulen- und Lesbenzentrum von Los Angeles hat sich die Publikation und Prävention häuslicher Gewalt unter homosexuellen Paaren zur Aufgabe gemacht (Hanania 1996). Eine neue Terminologie ist vonnöten; statt *mißhandelte Ehefrau* sollten Begriffe gebraucht werden, die geschlechtsneutral sind, z. B. *mißhandelter Partner* oder *häusliche Gewalt* etc.

Eine heterosexuelle Frau kann vor den Mißhandlungen ihres Partners in ein Frauenhaus flüchten, zu dem ihr Peiniger keinen Zutritt hat; eine Lesbierin hingegen, die dort Zuflucht sucht, kann unversehens ihrer gewalttätigen Partnerin gegenüberstehen. Ein heterosexueller Mann, der dem explosiven Temperament seiner Frau entfliehen möchte, kann dies in der Regel ungehindert tun; ein homosexueller hingegen sieht sich möglicherweise physisch bedroht. Sollte ihm die Flucht gelingen und wendet er sich hilfesuchend an die Behörden oder sonstige Organisationen, wird er möglicherweise in die Psychiatrie oder ein Obdachlosenasyl geschickt, wo sein Ex-Partner ihn aufspüren kann.

Während eine heterosexuelle Frau, die vor ihrem Mann flieht, normalerweise mit dem Schutz der Polizei rechnen kann, ist dies für einen homosexuellen Mann nicht so selbstverständlich. Im Gegenteil, Polizisten betrachten Mißhandlungen unter homosexuellen Partnern häufig als normale «Männerraufereien» oder gar «Liebesspielchen» und halten es dann nicht für nötig, etwas zu unternehmen, um die Sicherheit des Opfers zu gewährleisten. Ob man als mißhandeltes Opfer von der Polizei Schutz erhält oder nicht, hängt also in hohem Maße von der sexuellen Orientierung ab.

Diese geheime Welt homosexueller häuslicher Gewalt ist deswegen um so gefährlicher ist, weil sowohl Hetero- als auch Homosexuelle sie lieber ignorieren möchten. Und dennoch fallen vermutlich in 25–33% aller homosexuellen Beziehungen körperliche Mißhandlungen mit teilweise tödlichem Ausgang vor. Susan Holt, die Programmkoordinatorin des Schwulen- und Lesbenzentrums von Los

Angeles, das pro Monat 250 Personen berät, spricht von schätzungsweise einer Million mißhandelter homosexueller Männer und Frauen.

Um dieser Gewalt entgegenzuwirken, hat Susan Holt das Programm des Zentrums ausgeweitet. Das vielleicht wichtigste Angebot des Zentrums sind die Dienste von 75 ehrenamtlichen Beratern und Beraterinnen, die genau darüber Bescheid wissen, wie die Abneigung gegen Homosexualität die Dynamik häuslicher Gewalt zusätzlich intensivieren kann.

Ein homosexueller Täter hat oft zusätzliche Druckmittel gegen sein Opfer in der Hand. Er kann ihm drohen, es vor Freunden und Angehörigen zu «outen», falls es ihn verläßt, seinen Arbeitgeber von seiner HIV-Infektion zu unterrichten, wodurch sein Job gefährdet sein könnte, oder ihm die finanziellen Ressourcen abzuschneiden und es ohne einen Pfennig Geld zurückzulassen. In solchen Fällen verfolgt der Täter das Ziel, sein Opfer einzuschüchtern und sein emotionales und spirituelles Wohlbefinden zu untergraben, um es völlig in der Hand zu haben. Die Botschaft lautet: «Du kannst dich meinem Willen nicht widersetzen!»

Da es dem Opfer häufig mißlingt, dem Täter zu entfliehen, rät Susan Holt Betroffenen oft, vorerst bei ihrem Peiniger zu bleiben, aber bestimmte Vorsichtsmaßnahmen zu ergreifen. Zu diesen Vorkehrungen gehört es, einen Autoschlüssel und etwas Kleingeld in der Tasche einer Jacke zu verstauen, die in der Nähe der Wohnungstür hängt, ein Notköfferchen bei einem Freund unterzustellen, das nächstgelegene Münztelefon oder eine rund um die Uhr geöffnete Tankstelle auszukundschaften und scharfe Gegenstände außerhalb der Reichweite des Täters aufzubewahren.

Das Zentrum unterhält aber auch ein Programm, das Tätern, die vom Gericht überwiesen werden oder aus eigenem Antrieb kommen, zu erkennen hilft, wie sie den Partner durch ihr Verhalten vertreiben und so selbst zur eigenen Isolation und ihrem Selbsthaß beitragen. In Therapiegruppen erforschen die Täter die Gründe für ihr Verhalten und erlernen alternative Methoden, um Wut und Frustration abzureagieren.

Außerdem steht das Zentrum in engem Kontakt mit herkömmlichen Gewaltpräventions- und Schutzprogrammen, indem es Mitarbeiter entsendet, die ihre im «Normalbereich» tätigen Kollegen über die oft außergewöhnlichen Umstände informieren, unter denen viele homosexuelle Mißhandlungsopfer zu leiden haben.

5.3.2 Die Dynamik häuslicher Gewalt

Mißhandlungsopfer sind in einer Spirale eskalierender Gewalt gefangen, aus der sie nicht entkommen zu können glauben. Da Männer in der Regel körperlich stärker sind als Frauen, sind sie weniger von Mißhandlungen betroffen. Viele Mißhandlungsopfer sind schon mit häuslicher Gewalt aufgewachsen und halten sie daher für eine Form der Zuwendung oder zumindest für einen unumgänglichen

Bestandteil jeglicher Beziehung. Vielleicht hält die mißhandelte Ehefrau die Welt für einen gefährlichen Ort, an dem selbst ein gewalttätiger Ehemann besser ist als gar kein Beschützer. Viele Mißhandlungsopfer ergeben sich verzweifelt in ihre Situation, weil sie sich schämen, Angst haben, durch Widerstand noch schlimmere Mißhandlungen zu provozieren, von ihren Familien und Freunden isoliert sind und oft niemanden außer dem sie mißhandelnden Partner haben. Sie können ihrer Lage nur entkommen, wenn ihr Peiniger endlich stirbt, sie tötet oder von ihnen getötet wird, oder wenn sie sich das Leben nehmen.

Ärzte, Sozialarbeiter und Psychiater helfen einem Mißhandlungsopfer oft weniger als die Polizei. Strauss (1980) kam in einer Studie über familiäre Gewalt zu dem Schluß, daß Mediziner und Sozialeinrichtungen selbst ein wesentlicher Bestandteil des Mißhandlungssyndroms sind und das Gefühl des Gefangenseins oft noch verstärken. Sie behandeln das Opfer, als sei es «verrückt», übersehen eindeutige Anzeichen für eine Mißhandlung, stufen die mißhandelte Person als psychotisch oder hypochondrisch ein, verschreiben ihr Beruhigungsmittel und schicken sie wieder nach Hause. Beordern sie Mißhandlungsopfer zwecks Psychotherapie zu einem Familientherapeuten, läßt dies viele an ihrer psychischen Gesundheit zweifeln.

Welcher Typ von Mann schlägt seine Frau – und damit nicht genug –, verpaßt ihr ein blaues Auge, zertrümmert ihr die Backenknochen, boxt ihr in die Brüste, tritt ihr in den Bauch oder bedroht sie mit einer Waffe? Mit hoher Wahrscheinlichkeit wurde er selbst als Kind mißhandelt. Vielleicht aufgrund dieses frühen Traumas ist er emotional abgestumpft. Eine interessante Parallele besteht zwischen männlichen Gewalttätern und einem zwei bis drei Jahre altem Kind; ihre Wutanfälle weisen auffällige Ähnlichkeiten auf. Wie ein narzißtisches Kind beißt und tritt der mißhandelnde Partner um sich, wenn er in Wut gerät.

Vermutlich trinkt der Täter, aber er schlägt seine Frau nicht, weil er trinkt, sondern er trinkt eher, um schlagen zu können. Arbeitslosigkeit ist zwar keine direkte Ursache für Mißhandlungen, aber schwere Zeiten können ihr Ausmaß verschlimmern. Der typische Vertreter dieser Gattung Mann kommt mit dem traditionellen Männerbild nicht zurecht, das stoische Ruhe verlangt. Es verlangt von den Männern, keine Vertrauten zu brauchen, immer alles unter Kontrolle zu haben, sich von niemandem etwas sagen zu lassen und jede Schwierigkeit «bei den Hörnern zu packen». Das Problem ist, daß neun von zehn Männern diese Kriterien nicht erfüllen, zumindest was ihre eigene Einschätzung angeht. Menschen, die ihre Partner mißhandeln, sind oft extrem unsicher. Der mißhandelte Partner ist der emotionale Leim, der sie zusammenhält, und daher fürchten sie nichts mehr, als ihn zu verlieren. Um ihn enger an sich zu binden, versuchen sie, ihn physisch zu beherrschen, und merken nicht, daß sie ihn dadurch nur immer weiter wegdrängen (O'Reilly 1983).

Sollen Täter zur Rechenschaft gezogen werden, erweisen sie sich oft als geschickte Blender, die ihr Auftreten dem Partner und der Gerichtsbarkeit gegenüber genauestens berechnen. Viele gewalttätige Ehemänner verstehen es, ausgesprochen nett und freundlich zu wirken. Sie spielen ihren Therapeuten gegen den Richter aus und schaffen es häufig, sich vor der Verantwortung zu drücken.

Die erste Selbsthilfegruppe gewalttätiger Ehemänner wurde 1977 in Boston gegründet. Inzwischen existieren 85 solche Gruppen. Die wenigsten Männer suchen jedoch aus eigenem Antrieb dort Hilfe. Entweder hat ihr Partner sie verlassen oder damit gedroht, oder sie wurden vom Gericht dorthin überwiesen. Die meisten haben keinerlei Schuldbewußtsein; viele leugnen sogar, chronische Gewalttäter zu sein. Diejenigen, die zugeben, ab und an gewalttätig zu werden, schieben die Schuld hierfür ihren Partnern zu.

Gewalt in der Ehe war in der Vergangenheit nie ein wirkliches Verbrechen, die Täter wurden weder als verrückt noch als kriminell betrachtet. Ein Mann verprügelte seine Frau, weil er die Macht dazu hatte. Bei seinem Chef oder einem männlichen Bekannten hätte er sich dies nie erlaubt; zu viele negative Konsequenzen könnten ihm daraus erwachsen – er könnte seinen Job verlieren, angezeigt werden oder im Gegenzug Prügel kassieren. Inzwischen kann ein Mann, der seine Frau mißhandelt, nicht mehr so fest damit rechnen, straffrei auszugehen. Frauenhäuser bieten den Opfern Schutz, die anderenfalls nie gewagt hätten, ihren Peiniger anzuzeigen. Journalisten, Richter, Ärzte und Pflegekräfte, Nachbarn und Polizisten beginnen, die Dimensionen des Problems zu erfassen. Viel wichtiger ist es jedoch, daß Länder und Gemeinden Gesetze erlassen, die mißhandelten Frauen eine realistische Chance geben, vor Gericht Recht zu erhalten und entschädigt zu werden.

Die strengeren Gesetze gegen die Mißhandlung von Ehepartnern haben dazu geführt, daß inzwischen mehr Täter überführt werden. Noch immer wird aber nur ein Bruchteil der Mißhandlungsfälle aktenkundig, und noch seltener kommt es tatsächlich zu einer Verhaftung oder Verurteilung des Täters. Für die aalglatten jähzornigen Männer, die ihre Frauen verprügeln, hat es mitunter einen heilsamen Effekt, mit dem Gesetz in Konflikt zu kommen. Eine Verhaftung verfehlt ihre Wirkung selten, weil sie dem Täter deutlich macht, daß er sich falsch verhalten hat. Dem Opfer hingegen zeigt sie, daß ihm nun endlich geholfen wird.

Der folgende Fall einer mißhandelten Ehefrau illustriert, wie eine Frau, die von ihrem Mann wiederholt verprügelt wurde, fälschlicherweise annahm, sie «verdiene» die Schläge. Die geschilderte Krise wurde dadurch ausgelöst, daß das Opfer nach einer erneuten Mißhandlung durch ihren Mann mit schweren Verletzungen in ein Krankenhaus eingeliefert wurde.

5.4 Fallstudie: Mißhandelte Ehefrau

Suzan, 39jährige Hausfrau und Mutter zweier Töchter (Karen, 15 und Leslie, 12), wurde in die Notaufnahme eines großen städtischen Krankenhauses eingeliefert. Ihr 42jähriger Ehemann Ron hatte sie ins Krankenhaus gefahren und angegeben, sie sei «zu Hause die Treppe runtergefallen». Als der Assistenzarzt ihn nach dem Namen des Hausarztes fragte, zuckte Ron mit den Schultern und sagte: «Wir haben keinen.» Da er glaubte, Suzan habe schwerwiegende Verletzungen, bat der Assistenzarzt Ron um die Erlaubnis, einen Internisten und einen Orthopäden hinzuzuziehen.

Er ordnete an, daß Suzan «von Kopf bis Fuß» geröntgt wurde, und informierte die beiden Fachärzte, daß er einen Fall von ehelicher Gewalt vermute. Beide Kollegen versprachen, in einer halben Stunde im Krankenhaus zu sein, um die Röntgenbilder und Suzan zu begutachten. Suzan wurde zum Röntgen geschickt und dann auf Station gebracht.

Der Internist Dr. W. und der Orthopäde Dr. V. wollten ihren Augen kaum trauen, als sie die Röntgenaufnahmen sahen. Suzans aktuelle Verletzungen bestanden in zwei blau geschlagenen Augen, zwei Beckenbrüchen und zwei gebrochenen Rippen, die Bilder zeigten daneben aber auch noch diverse frühere Verletzungen: vier gebrochene Rippen, einen doppelten Bruch des linken Handgelenks und Arms und einen Knöchelbruch am rechten Fuß.

Die beiden Ärzte gingen in das Zimmer, in dem Suzan lag, stellten sich vor und fragten ihre Patientin, ob sie sich setzen dürften. Suzans Augen waren so stark geschwollen, daß sie kaum noch sehen konnte, dennoch war die Angst in ihren Augen nicht zu übersehen, als sie prüfend an den Ärzten vorbeischaute, ob ihr Mann im Zimmer war. Dr. W. ordnete an, daß Suzan auch von Familienangehörigen nur besucht werden durfte, wenn zuvor das Einverständnis eines der Ärzte eingeholt worden war. Daraufhin schien Suzan sich ein wenig zu entspannen.

Bei der Erstellung ihrer Krankengeschichte gab Suzan an, keine früheren Verletzungen zu haben. Als Dr. W. wie beiläufig fragte, wie sie sich ihre derzeitigen Verletzungen zugezogen habe, antwortete Suzan hastig: «Ich bin gestolpert und unsere Treppe heruntergefallen!»

Dr. V. klärte sie über ihre aktuellen Verletzungen auf und bemerkte, diese seien für einen Sturz auf der Treppe ziemlich umfangreich. Er setzte sie dann davon in Kenntnis, daß sie vier bis sechs Wochen im Krankenhaus würde bleiben müssen, bis ihre Beckenbrüche verheilt seien. Suzan schnappte nach Luft und wiederholte: «Vier bis sechs Wochen! Und was ist mit meinen Töchtern? Sie brauchen mich doch!» Dr. V. fragte, ob jemand aus der Verwandtschaft kommen und sich um die Mädchen kümmern könne, und Suzan antwortete: «Meine Mutter würde sicher gerne kommen, aber Ron kommt nicht mit ihr klar.»

Die Ärzte informierten Ron über das Ausmaß von Suzans Verletzungen. Dr. W. teilte ihm mit, er werde Suzans Mutter verständigen, damit diese sich um die Töchter kümmere. Als Dr. W. bei Suzans Mutter anrief und ihr von dem «Unfall» berichtete, kommentierte diese, Ron habe seine Frau wohl wieder einmal geschlagen und sagte zu, am nächsten Morgen ins Krankenhaus zu kommen.

Als Dr. W. Suzan nun mit der Beschuldigung ihrer Mutter, Ron habe sie in der

Vergangenheit geschlagen, konfrontierte, leugnete sie dies ab. Nachdem sie den Fall miteinander erörtert hatten, entschieden Dr. W. und Dr. V., einen Psychotherapeuten hinzuzuziehen, der Erfahrungen mit mißhandelten Ehefrauen hatte.

Der Krankenhauspsychologe, der um seine Mithilfe gebeten wurde, wollte mit Suzans Mutter und den beiden Töchtern zusammenarbeiten, um Suzans Verleugnungshaltung zu durchbrechen. Als ersten Schritt wollte er Suzan mit den Röntgenbildern konfrontieren, die ihre früheren Verletzungen eindeutig belegten, und eine Erklärung verlangen. Die Äußerung der Mutter, Ron habe Suzan «schon öfter geschlagen», würde er benutzen, um Suzans Leugnen auszuhebeln. Dann wollte er sich mit den beiden Töchtern alleine treffen und herausfinden, ob diese bestätigen würden, daß ihr Vater die Mutter in der Vergangenheit und als Ursache des jetzigen Krankenhausaufenthalts mißhandelt habe. Als zweiten Schritt plante er, Suzan zu vermitteln, daß auch andere Frauen von ihren Männern mißhandelt wurden und es nicht ihre Schuld war, daß sie geschlagen wurde. Sie sollte zu einer realistischen Wahrnehmung ihrer Situation gebracht werden. Der dritte Schritt würde darin bestehen, Suzan situativen Rückhalt zu verschaffen und sie mit anderen mißhandelten Frauen zusammenzubringen, damit sie sehen könnte, wie diese mit ihrer Situation fertig geworden waren. Als vierten Schritt wollte er sie über Einrichtungen informieren, die mißhandelten Ehefrauen zur Verfügung standen, sowie über die therapeutischen Gruppen, in denen Ron sich mit anderen Männern treffen konnte, die ihre Ehefrauen geschlagen hatten.

Am nächsten Morgen stellte sich der Psychotherapeut bei Suzan vor und erklärte, daß die Arbeit mit mißhandelten Ehefrauen eines seiner Spezialgebiete sei. Er zeigte seiner Patientin all ihre verheilten Brüche auf den Röntgenaufnahmen und fragte sie, wie diese zustande gekommen seien. Falls sie ihm nicht antwortete, so ließ er anklingen, werde er ihre Mutter und ihre Töchter danach fragen. Dann setzte er sich auf einen Stuhl und wartete schweigend, während Suzan anfing zu weinen. Die ganze Zeit über tat er nichts anderes, als ihr hin und wieder ein frisches Taschentuch zu reichen, bis Suzan schließlich fragte: «Warum sagen Sie denn nichts?» Der Therapeut entgegnete: «Weil es an Ihnen ist, auf meine Fragen zu antworten!» (Da die meisten Menschen sich unwohl fühlen, wenn man sich anschweigt, kann dies eine sehr effektive psychotherapeutische Methode sein – vorausgesetzt, der Therapeut kann damit umgehen.)

Suzan sagte schließlich, keiner der anderen Ärzte habe ihr jemals Fragen gestellt, und der Therapeut bat sie, ganz von vorne zu beginnen. Suzan begann: «Ich weiß, daß Ron mich liebt, und ich liebe ihn auch. Sie werden sehen, noch heute kriege ich wahrscheinlich ein Dutzend gelbe Rosen mit einer Karte, auf der er mich bittet, ihm zu verzeihen. Und das werde ich, das tue ich jedesmal. Ich verdiene es wohl, geschlagen zu werden. Ich bin weder eine gute Ehefrau noch eine gute Mutter!»

Sie fuhr fort: «Es ist alles meine Schuld. Ron wollte nicht heiraten, aber ich habe nicht aufgepaßt und wurde schwanger. Ron wollte, daß ich abtreibe, aber das konnte ich nicht, denn ich bin katholisch. Also haben wir geheiratet. Karen wurde 7 Monate nach unserer Hochzeit geboren. Ich habe ihn wahnsinnig geliebt und ich war mir ganz sicher, daß er mich auch liebte.» Sie sagte, Ron sei ein guter Ehemann und ein wundervoller Vater. «Ich hatte keine Ahnung, wie man einen Haushalt führt, einen Ehemann und ein Baby versorgt. Ich konnte nicht einmal kochen – Gott sei Dank habe ich zur Hochzeit ein gutes Kochbuch gekriegt. Ich kann seine Hemden noch immer nicht so bügeln, daß er zufrieden ist. Ich war eine richtige Niete. Wissen Sie, ich war ein Einzelkind, und meine Eltern haben mich furchtbar verwöhnt. Ich mußte nie im Haushalt helfen.»

Das erste Mal habe Ron sie nach etwa zwei Jahren Ehe geschlagen, weil ihr das Essen angebrannt war. Sie sagte, sie habe sich um Karen gekümmert, die Fieber hatte, und den Braten im Herd völlig vergessen. Als Ron nach Hause gekommen sei, habe sie gerade versucht, die Kleine in den Schlaf zu wiegen. Er sei in Karens Zimmer gekommen und kühl gesagt: «Leg' das Kind ins Bettchen und komm' mit mir.» Suzan habe Karen hingelegt, und Ron habe sie am Arm gepackt und in die Küche gezerrt. Er habe den Braten aus dem Ofen genommen, der zu einem winzigen schwarzen Etwas zusammengeschrumpft war; die ganze Küche sei voller Qualm gewesen. Ron habe sie gefragt, ob sie eigentlich glaube, daß das Geld einfach vom Himmel falle, und sie wieder und wieder geschlagen. Sie sagte: «Ich habe ihn angefleht, damit aufzuhören, aber er hat mich immer weiter geschlagen. Nach einer halben Ewigkeit hat er endlich aufgehört, wahrscheinlich weil er müde wurde. So bin ich zu meinem ersten blauen Auge gekommen. Sie sehen also, ich hatte es verdient! Es war meine eigene Schuld.» Der Therapeut erklärte Suzan, daß sie es *nicht* verdient habe, geschlagen zu werden, und fragte, ob es so weitergegangen sei. Suzan antwortete: «Ich konnte ihm einfach nichts recht machen. Es gefiel ihm nicht, wie ich seine Hemden bügelte – das war, als er mir die Rippen gebrochen hat. Wenn ich das Essen nicht richtig gewürzt habe, hat er mich auch geschlagen. Immer, wenn ich etwas verkehrt machte, hat er mich geschlagen. Deshalb hatten wir auch nie einen festen Hausarzt. Jedesmal hat er mich zu einem anderen Arzt oder in ein anderes Krankenhaus gebracht.»

Der Therapeut erkundigte sich, ob Ron viel trinke, und sie antwortete, er trinke gewöhnlich ein paar Bierchen, manchmal vielleicht etwas mehr. Der Therapeut fragte nun, ob sie sich daran erinnern könne, ob Ron immer etwas getrunken habe, wenn er sie schlage. «Ja, ja, das stimmt», antwortete sie, «immer wenn er mich schlägt, hat er getrunken. Nicht, daß er betrunken wäre, wissen Sie! Auch gestern hatte er etwas getrunken!» Und dann fragte sie den Therapeuten, ob er glaube, daß der Alkohol Ron dazu bringe, sie zu schlagen. Dieser entgegnete: «Nicht ganz. Er trinkt vielleicht, um Sie zu schlagen, aber er schlägt Sie nicht, weil er trinkt.»

Als der Therapeut nach Rons Familie fragte, antwortete Suzan, sie kenne sie nicht, und Ron stehe ihr nicht besonders nahe. Sein Vater sei wohl ein brutaler

Mann, der seine drei Söhne und seine Frau geschlagen habe. Sie ergänzte, Rons Vater sei Alkoholiker und die Mutter vor fünf Jahren gestorben. Der Therapeut erklärte ihr, da Rons Vater ihn und die Mutter geschlagen habe, halte dieser das für ein akzeptables Verhalten zwischen Mann und Frau.

Er informierte Suzan, für mißhandelte Ehefrauen und ihre Kinder stünden spezielle Zufluchtsstätten zur Verfügung und für gewalttätige Ehemänner gebe es besondere Therapiegruppen. Dann fragte er sie, ob er eine Frau, die in einem solchen Frauenhaus lebte, zu einem Gespräch einladen dürfe. Suzan erwiderte, sie würde sich sehr gerne mit jemandem unterhalten, der dasselbe durchgemacht habe wie sie. Der Therapeut versprach, diesen Besuch so rasch wie möglich zu arrangieren. Er versicherte ihr, daß sie im Krankenhaus absolut sicher sei, ermahnte sie aber, sich zu überlegen, was sie nach der Entlassung tun wolle: nach Hause zurückkehren, wo sie weitere Mißhandlungen erwarteten, oder mit ihren Töchtern in ein Frauenhaus gehen.

Füllen Sie das Paradigma (**Abb. 5-2**) für diese Fallstudie aus und vergleichen Sie es mit der Auflösung in Anhang A. Orientieren Sie sich, falls nötig, an den Paradigmen in Kapitel 3.

Wie Suzan schon vorhergesagt hatte, schickte Ron ihr einen Strauß Rosen und bat um Verzeihung. Gleichzeitig mit den Blumen traf auch Suzans Mutter ein, und der Therapeut ließ die beiden für eine Weile alleine. Als er zurückkam, hatten Mutter und Tochter beschlossen, daß Suzan sich von Ron scheiden lassen und mit den Kindern zu Suzans Eltern nach Chicago ziehen würde. Suzan rief Ron an und bat ihn ins Krankenhaus zu kommen, damit sie ihm ihre Entscheidungen mitteilen könnte.

Als Ron kam, teilte Suzan ihm mit, daß sie die Scheidung wolle und sie und die Mädchen wegzögen. Zunächst war Ron geschockt und versuchte kurz, sie umzustimmen. Dann wurde er ausfallend gegen Suzans Mutter, die er für deren unerwartete Beschlüsse verantwortlich glaubte. An dieser Stelle schickte der Therapeut Ron aus dem Zimmer und bot ihm an, sich später mit ihm über seine Probleme im Umgang mit Suzan zu unterhalten. Ron sagte, er werde in einigen Tagen anrufen und verließ das Krankenhaus. Natürlich rief Ron nie an. Der Therapeut besuchte Suzan weiterhin alle paar Tage, bis sie nach fünf Wochen entlassen wurde. Unter der liebevollen Betreuung ihrer Mutter blühte sie förmlich auf. Sie beantragte die Scheidung, ohne daß von Ron Protest kam. Die beiden Töchter waren von dem Gedanken begeistert, bei den Großeltern in Chicago zu leben. Sie räumten ein, daß sie sich vor ihrem Vater fürchteten und Angst gehabt hätten, irgend jemandem etwas zu sagen. Sie berichteten, er sei ausgezogen, weil er es in der Nähe ihrer Großmutter nicht ausgehalten habe. Suzan war der Eindruck vermittelt worden, sie sei als Ehefrau und Mutter ungeeignet. Bis zu ihrer Hochzeit hatte sie ein sehr behütetes Leben geführt und keine Erfahrungen mit der Führung eines Haushalts oder dem Aufziehen von Kindern gesammelt. Sie hatte geglaubt, die Schläge

5. Gewalt in unserer Gesellschaft   139

```
                    Gleichgewichtszustand
                            │
                            ▼
                    [                    ]
                            │
                            ▼
            [                                    ]
                    │                   │
                    ▼                   ▼
    Vorhandene Ausgleichsfaktoren    Fehlende Ausgleichsfaktoren
```

Vorhandene Ausgleichsfaktoren	Fehlende Ausgleichsfaktoren
Realistische Wahrnehmung des Ereignisses	
PLUS	PLUS
Adäquater situativer Rückhalt	
PLUS	PLUS
Adäquate Bewältigungsmechanismen	
ERGEBNIS	ERGEBNIS
Lösung des Problems	
Wiedergewinnung des Gleichgewichts	
Keine Krise	

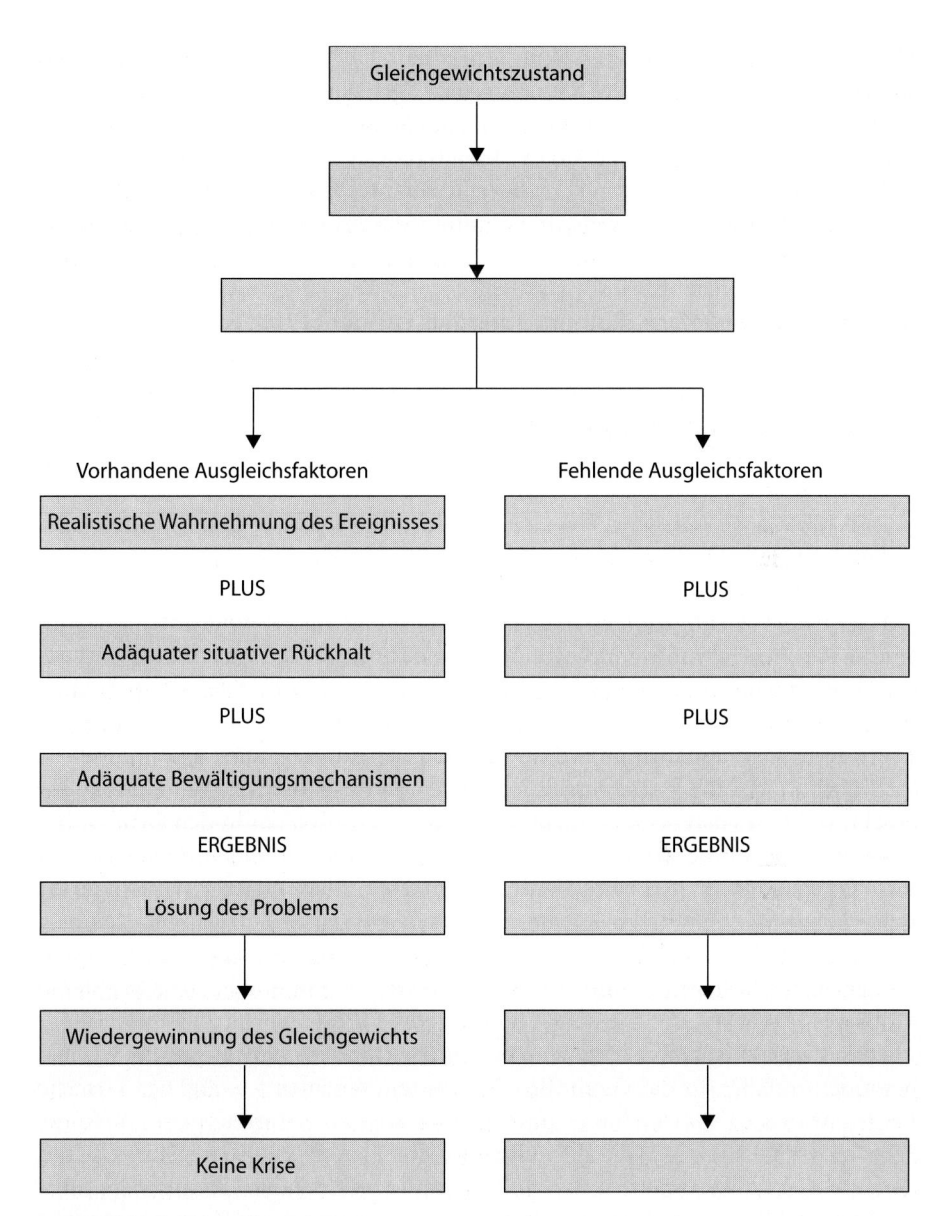

Abbildung 5-2: Fallstudie: Suzan

ihres Mannes verdient zu haben, und ihre Scham hatte sie davon abgehalten, mit anderen darüber zu sprechen. Sie nahm ihre Situation völlig unrealistisch wahr. Ihr einziger situativer Rückhalt war ihre Familie, die in einem anderen Bundesstaat lebte, und ihr fehlten adäquate Bewältigungsmechanismen. Die Verletzungen, die sie bei ihrem letzten «Unfall» erlitten hatte, waren zu schwer, als daß sie die Angst vor ihrem Mann weiter hätte unterdrücken können, und so geriet sie in eine Krise.

Niemand ist in Gefahr, stumpf zu werden, wie der höchst Reizbare.
Grillparzer

5.5 Schulische Gewalt

Das Problem der schulischen Gewalt ist ein Teil des allgemeinen Gewaltproblems in unserer Gesellschaft und hat sich zu einer der drängendsten Fragen der amerikanischen Sozialpolitik entwickelt. An vielen Schulen ist die Verhütung von Gewalt zu einem wichtigeren Thema geworden als das Ausbildungsniveau, das im amerikanischen Bewußtsein traditionell immer hoch im Kurs stand. Der Gewaltverhütung wird inzwischen in bezug auf Reformen und Interventionen absolute Priorität eingeräumt (Noguera 1995). Die lautstarke Forderung der Öffentlichkeit, es müsse endlich etwas gegen die Gewalt an amerikanischen Schulen unternommen werden, hat die ganze Angelegenheit an einen kritischen Wendepunkt gebracht: gelingt es den Schulen nicht bald, das Gewaltproblem in den Griff zu bekommen, besteht die Gefahr, daß das öffentliche Bildungswesen endgültig sein Ansehen und die Unterstützung der breiten Masse verliert. Ausgelöst durch die rapide Zunahme gewalttätiger Vorfälle und die offensichtliche Unzulänglichkeit herkömmlicher Methoden der Einflußnahme hat man mit der Suche nach neuen Strategien zur Gewährleistung der Sicherheit von Schülern und Lehrern begonnen (Toby 1993/94).

Dieses Kapitel versucht Erklärungen dafür zu finden, warum gerade Schulen besonders anfällig für das Gewaltproblem zu sein scheinen – wobei der Tatsache Rechnung getragen wird, daß es unrealistisch wäre zu erwarten, man könne die Schulen völlig von der Gewalt freihalten, die überall in unserer Gesellschaft herrscht. Gerade in Anbetracht der immer weiter verfallenden moralischen Autorität der Ausbildungseinrichtungen könnten die gegenwärtigen Bemühungen, der schulischen Gewalt Herr zu werden, den gegenteiligen Effekt haben. Bei der Suche nach Lösungen ist man auf Maßnahmen verfallen, die jenen sehr ähnlich sind, mit denen die allgemeine Gewalt und Kriminalität in der amerikanischen Gesellschaft bekämpft werden soll (Currie 1994). Die drei wohl am häufigsten geforderten Maßnahmen sind:

- Installation von Metalldetektoren an Schuleingängen, damit die Schüler keine Waffen mit in die Schule bringen können.
- Umsetzung einer rigiden Schulpolitik, nach der jeder gewalttätige Schüler automatisch von der Schule verwiesen wird.
- Einsatz von Polizisten und Sicherheitsleuten, die während des Unterrichts in der Umgebung der Schule sowie auf dem Schulgelände patrouillieren, um verdächtiges Verhalten festzustellen (Kemper 1993).

Zusätzlich zu diesen und ähnlichen Maßnahmen sind viele Schulleitungen dazu übergegangen, gewalttätige (und manchmal auch andere vorschriftswidrige) Akte ihrer Schüler nicht länger als schulinterne Angelegenheiten zu betrachten, sondern vielmehr an die zuständigen Polizeibehörden und Gerichte weiterzuleiten. Aus dem Wunsch heraus, Härte zu zeigen und der Öffentlichkeit zu beweisen, daß sie die Situation unter Kontrolle haben, sind viele Schulleitungen inzwischen so unnachgiebig und inflexibel geworden, daß sie selbst bei der Bestrafung normaler Vergehen mit übergroßer Härte reagieren (Davila 1995; Freed 1994).

Aber auch andere, weniger strenge Ansätze wurden bemüht, um die Gewalt an Schulen einzudämmen. Um die Schüler zu lehren, Meinungsverschiedenheiten gewaltlos beizulegen, wurden Konfliktlösungsprojekte ins Leben gerufen. An vielen amerikanischen Schulen wurden auch Mentorenprogramme eingeführt, in deren Rahmen gefährdeten Schülern erwachsene Vorbilder zugeteilt werden, die den potentiell gewaltbereiten Jugendlichen mit Rat und Tat zur Seite stehen (McPartland & Nettles 1991). Die Lehrer sind angehalten, ihren Schülern im Unterricht zu vermitteln, wie sie Gewalttätigkeiten aus dem Weg gehen können, und weiterhin die ethischen und moralischen Aspekte der Gewalt zu behandeln. Und schließlich wurde eine Vielzahl von Beratungsmöglichkeiten eingerichtet, indem die Zusammenarbeit zwischen Schulen und Sozialinstitutionen gefördert und den Schülern so ein leichterer Zugriff auf deren Dienstleistungen ermöglicht wurde. Obwohl sich einige dieser moderateren Strategien zur Gewaltverhütung an bestimmten Schulen durchaus als erfolgreich erwiesen haben, läuft die Verfahrensweise an den meisten Schulen auf eine «Politik der Härte» hinaus.

Die Wendung *Kampf der Gewalt* scheint ein Widerspruch in sich zu sein. Sucht man nach Wegen, um Gewalt zu verhindern oder abzubauen, ist der *Kampf dagegen* vermutlich nicht gerade eine ideale Gegenmaßnahme. Die Wahl der Worte kommt jedoch nicht von ungefähr. Die vorherrschende Meinung von Politikern und Rektoren lautet, daß der Gewalt mit Gegengewalt begegnet werden muß, daß Schulen zu sicheren Orten gemacht werden können, indem man sie in eine Art Hochsicherheitstrakt verwandelt, und daß die beste Methode zur Verringerung der Gewalt darin besteht, gewaltbereite Schüler zu identifizieren, zu ergreifen und auszusondern (Noguera 1995).

Immer wenn es um das Thema Gewaltbekämpfung geht, bekommen Symbole wie Verbrechensstatistiken plötzlich große Bedeutung, obwohl sie kaum etwas damit zu tun haben, wie die Bevölkerung tatsächlich über das Auftreten von Gewalt denkt. Unter dem Zwang, der Öffentlichkeit beweisen zu müssen, daß die Maßnahmen zur Gewalteindämmung Erfolge zeitigen, verfallen die Schulbehörden in der Regel auf eine der beiden folgenden Strategien: entweder sie veröffentlichen Statistiken, in denen die Ergebnisse ihrer Bemühungen detailliert quantifiziert werden, oder sie verhängen in der Hoffnung, die Bevölkerung werde denken, keine Nachrichten bedeuteten gute Nachrichten, eine totale Nachrichtensperre (Nemeth 1993). Metalldetektoren, Stacheldrahtzäune, bewaffnete Wächter und Polizisten, aber auch Direktoren, die einen Baseballschläger schwingend durch ihre Schule patrouillieren – all dies sind Symbole eines harten Kurses. Ein Schüler, der es darauf anlegt, eine Waffe mit in die Schule zu bringen, findet einen Weg vorbei an allen Metalldetektoren, und es ist höchst unwahrscheinlich, daß der Herr Direktor mit seinem Schlagholz auf einen Schüler einschlagen wird; die Symbolik jedoch wird aufrechterhalten, um zu verdecken, daß die Verantwortlichen in Wahrheit keinen blassen Schimmer haben, wie sie die Flut der Gewalt eindämmen und die Sicherheit an den Schulen wiederherstellen sollen. Statt das Problem durch erhöhte Sicherheitsmaßnahmen und verbesserte Technik lösen zu wollen, sollten die Schulämter sich lieber Gedanken darüber machen, *warum* ihre Lehranstalten so anfällig für Gewalttaten geworden sind.

5.5.1 Disziplin als Machtfaktor

Denkt man daran zurück, daß die Entwicklung des amerikanischen Schulwesens in der Anfangsphase stark von Überlegungen hinsichtlich Ordnung, Effizienz und Kontrolle bestimmt wurde, so müssen wir uns heute fragen, wie dieses Erbe sich auf das gegenwärtige öffentliche Bildungswesen ausgewirkt hat. In gleichem Maß, wie sich die demographische Zusammensetzung der Metropolen in den fünfziger und sechziger Jahren durch die Ankunft neuer Immigranten (z. B. aus der Karibik und Puerto Rico) und den Zuzug afro-amerikanischer Südstaatler veränderte (Moynihan & Glaser 1987), und parallel zur Verschlechterung der sozialen und ökonomischen Bedingungen in den urbanen Gebieten, wandelten sich auch Natur und Grundlage schulischer Ausbildung. Dieser Wandel brachte jedoch nicht die nötigen Neuerungen mit sich, denn obwohl die Schülerpopulation sich veränderte, blieben die Lehrer vielerorts dieselben. Die meisten Pädagogen behielten ihre altbewährten Kontrollmethoden bei. In bezug auf Schulen, die in den von ihm so bezeichneten «Slums» lagen, schrieb James B. Conant, der frühere Rektor der Harvard-Universität, man müsse strengere disziplinarische Maßnahmen ergreifen, um Zucht und Ordnung aufrechterhalten zu können:

> **Viele Pädagogen wären zweifelsohne schockiert von der Praxis, sämtliche Schüler, die sich an Raufereien beteiligen, ad hoc und ohne weitere Fragen um ein ganzes Jahr zurückzustufen. Doch an einer mir bekannten Junior-Highschool fand ein ausgesprochen fähiger Direktor eine derart unerträgliche Situation vor, daß er spontan zu genau dieser Regelung griff. Als Folge davon gibt es unter den Schülern, von denen viele schon einmal oder mehrmals Schwierigkeiten mit der Polizei hatten, erheblich weniger Prügeleien. Die Schule muß versuchen, wenigstens etwas Ordnung in ihre chaotischen Lebensumstände zu bringen ... Diese strenge Atmosphäre scheint ihre Wirkung zu tun. Es hat sich eine Art Schulgeist entwickelt ... Kinder müssen zur Schule gehen, bis sie 16 Jahre alt sind oder ihren Abschluß haben, damit nicht eine Horde arbeitsloser Schulabgänger die Straßen unsicher macht. (Übersetzung eines Abschnitts aus: Conant 1961, S. 22)**

Bis zur Mitte der sechziger Jahre hatte die Situation sich jedoch gewandelt. Immer häufiger verhielten Schüler sich ihren Lehrern gegenüber ungehorsam und aggressiv, und schulische Gewalt, besonders unter den Schülern selbst, galt bald in weiten Bereichen als die Norm (Metz 1978). Einige Pädagogen konstatierten einen Zusammenhang zwischen den Schwierigkeiten, die die Schulen mit der Disziplinierung ihrer Schüler hatten, den politischen Unruhen, die mit der Bürgerrechtsbewegung einhergingen, und den Aufständen, die in vielen amerikanischen Städten stattfanden. Allan Ornstein äußerte sich zur politischen Dimension des Problems und riet den betroffenen Lehrern folgendes:

> **Einige schwarze Kinder haben ein neues Selbstbewußtsein gewonnen, das auch in der sozialen Revolution Ausdruck findet, die durchs Land fegt. Sie betrachten sich als Anführer und nicht als hilflose, grundsätzlich unterlegene Grünschnäbel. Dieser neue Stolz zeigt sich in ihrer Neigung, Autoritäten in Frage zu stellen. Der Lehrer sollte auf diese Dynamik vorbereitet sein, sie fördern und in konstruktive Bahnen lenken. (Übersetzung eines Abschnitts aus: Ornstein 1972)**

Da es immer schwieriger wurde, die Schüler zu lenken und zur Mitarbeit zu bewegen, senkten viele Schulen in den urbanen Zentren ihre Erwartungen in bezug auf das Schülerverhalten. An die Stelle des Versuchs, die herrschenden Regeln umzusetzen, trat allmählich der Wunsch, wenigstens dafür zu sorgen, daß eine gewisse Anzahl der Schüler täglich zum Unterricht erschien – war dies doch die elementarste Grundlage jedes Schulbetriebs. Inzwischen haben die Lehrer erkannt, daß sie Gehorsam nicht durch einen «Terror der Degradierung» erzwingen können, und sie denken aus Sicherheitsgründen zweimal darüber nach, ob und wie sie einen Schüler bestrafen. Denn der Versuch einer Bestrafung könnte zu einer physischen Konfrontation führen, und darauf sind die meisten nicht vorbereitet.

Noch haben die Schulen die Hoffnung nicht gänzlich aufgegeben, ihre Schüler unter Kontrolle zu halten. Auch wenn diese Aufgabe heute schwerer denn je zu realisieren sein mag, wird erwartet, daß die Schulen wenigstens ein Mindestmaß an Ordnung aufrechterhalten. Abgesehen einmal davon, daß schulische Gewalt eine reelle Bedrohung der Sicherheit von Schülern und Lehrern darstellt, fordert sie die Autorität und Macht der Schulbehörden heraus. Da sie mit der Ausbildung der jungen Generation beauftragt sind, fungieren Schulleiter als symbolische und juristische Vertreter der Staatsgewalt. Mit Hilfe der mit dieser Position verbundenen Macht sollen sie das Verhalten ihrer Schutzbefohlenen kontrollieren und lenken. Bleibt Gewalt ungestraft, droht die Autorität untergraben zu werden. Daher erfolgt eine Diskussion des Gewaltproblems selten in Abgrenzung von anderen Autoritätsfragen. Vielmehr wird das Auftreten von Gewalt in der Regel mit Ungehorsam, schülerseitigem Fehlverhalten und dem allgemeinen Problem der Aufrechterhaltung der schulischen Ordnung gleichgesetzt. Die Art und Weise, wie all diese Probleme miteinander vermengt werden, gibt Aufschluß darüber, wie heutige Schulen ihre Aufgabe in Zusammenhang mit der historisch überkommenen Kontrollfunktion sehen.

5.5.2 Alternative Methoden zur Vermeidung schulischer Gewalt

Die Tatsache, daß an amerikanischen Schulen heute soviel Wert auf Disziplin gelegt wird, geht darauf zurück, daß schon viele Lehrer und Schüler Opfer von Gewalt geworden sind. Lehrer wie Schüler haben aber das Recht, daß sie an einer sicheren Schule unterrichten bzw. unterrichtet werden. An vielen Schulen ist Gewalt ein reales Problem, und es ist nur verständlich, daß dieser Umstand Angst auslöst. Während manche Lehrer mit manchen Klassen effektiv arbeiten können, die Kommunikation angstfrei vonstatten geht oder gar ein freundschaftliches Miteinander zustandekommt, sind andere Lehrer ständig damit beschäftigt, das Verhalten ihrer Schüler in den Griff zu bekommen – ein Unterfangen, das selten von Erfolg gekrönt ist. Möglicherweise zeigen dieselben Schüler sich bei einem anderen Lehrer lernwillig und kooperationsbereit.

Viele dieser «Ausnahme»-Lehrer müssen «Grenzen überschreiten» und Rassen-, Klassen- und Erfahrungsunterschiede ausdiskutieren, um einen Zugang zu ihren Schülern zu finden (Giroux 1992). Der Begriff *Grenzüberschreitung* wurde von Henry Giroux geprägt; er meint damit die Persönlichkeitswandlung, die Lehrer und Schüler erleben, wenn sie einen kritischen Diskurs führen und im Rahmen einer kritischen Pädagogik arbeiten. Er schreibt:

Kritische Lehrer betrachten die Kultur als eine unabdingliche Quelle für die Entwicklung einer Politik der Identität, Gemeinschaft und Pädagogik. Kultur ist weder monolithisch noch unveränderlich, sondern ein Gefüge multipler und heterogener Grenzen, innerhalb dessen sich inmitten verschiedener Macht- und Privilegierungsstrukturen unterschiedliche individuelle

Vorgeschichten, Sprachen, Erfahrungen und Stimmen vermischen. In dem uns als *Schule* bekannten pädagogischen Grenzgebiet stürmen zahlreiche untergeordnete Kulturen gegen die angeblich selbstverständlichen und homogenen Grenzen der dominanten Kulturformen und -praktiken an und durchdringen sie... Radikalpädagogen müssen ihren Schülern die Gelegenheit verschaffen, sich zu artikulieren, damit sie über ihre Äußerungen Bestätigung erfahren können. (Übersetzung eines Abschnitts aus: Giroux 1992, S. 169)

Fragt man Schüler, was das «Besondere» an einem bestimmten Lehrer ausmacht, so daß sie ihn respektieren, werden immer wieder drei Aspekte genannt: Konsequenz, Mitgefühl und ein interessanter, engagierter Unterrichtsstil, der sie fordert. Natürlich kann auch ein Lehrer, der bei seinen Schülern beliebt und angesehen ist, ein Opfer von Gewalt werden – auch oder gerade weil das Auftreten von Gewalt zunehmend vom Zufall abhängt. Manche Lehrer kämpfen unbeirrbar gegen bestimmte Verhaltensweisen von Schülern an, die andere nicht einmal anzusprechen wagen würden, gehen mutig dazwischen, wenn es zu Kämpfen kommt, zerschlagen Zockergruppen oder treten unverschämten Schülern gegenüber, ohne auch nur das kleinste bißchen Angst zu zeigen (Noguera 1995).

Es gibt eine Vielzahl von Möglichkeiten, um die Schule menschlicher zu machen und dadurch das Gewaltpotential zu reduzieren. Wird bei der Gestaltung von Schulen mehr Wert auf Ästhetik und Kunst gelegt oder den Schülern die Möglichkeit gegeben, gärtnerisch tätig zu werden, können Bildungseinrichtungen an Attraktivität gewinnen. Durch die Überwindung der Kluft zwischen der Institution Schule und der zugehörigen Gemeinde kann der Tatsache Rechnung getragen werden, daß es zu wenige Erwachsene gibt, die in den Augen der Kinder Autorität haben und Respekt verdienen. Erwachsene Gemeindemitglieder können angeworben werden, um als ehrenamtliche oder, falls möglich, bezahlte Mentoren zu fungieren, die den Schülern mit Rat und Tat zur Seite stehen oder ganz einfach bei schulischen Aktivitäten aushelfen.

Diese Beispiele sollen die Diskussion über alternative Strategien zur Entwicklung humanerer Schulen anregen. Zweifellos kann dies auf unterschiedlichste Weise erreicht werden; und wenn solche Bemühungen die Gefahr wahlloser Gewalt auch nicht völlig eliminieren mögen, so können sie doch helfen, die Schulen sicherer und weniger unpersönlich zu machen und den Schülern das Gefühl zu vermitteln, wenigstens etwas Halt in ihrem Leben zu haben.

Schon zu lange hat die Schule versucht, soziale Kontrolle durch Zucht und Ordnung aufrechtzuerhalten. Frühere Generationen konnten vielleicht dazu gebracht werden, die Passivität und die Zwänge zu akzeptieren, die mit dieser Praktik einhergingen, die heutigen jedoch nicht. Die meisten Großstadtjugendlichen sind weder passiv noch unterwürfig. Der Lohn für gute schulische Leistungen – ein anständiger Job und materieller Wohlstand – wird von zu vielen von ihnen entweder als nicht erstrebenswert oder als unerreichbar eingestuft. Es ist an der Zeit, neue Strategien für ein Bildungswesen zu entwickeln und zu fördern, das von den Schülern als sinnvoll und relevant empfunden wird und an den natürlichen Wissensdurst jedes Menschen appelliert. Gelingt dies nicht, werden wir in einer Situation gefangen sein, die von Tag zu Tag frustrierender und bedrohlicher wird.

Schulen, an denen sich Lehrer und Schüler sicher fühlen, haben keine Metalldetektoren und Wachleute, und ihre Direktoren laufen nicht mit Baseballschlägern herum. Was diese Schulen haben, ist vielmehr ein Gemeinschaftssinn; jeder Schüler trägt Mitverantwortung. Eine solche Schule gilt bei ihren Schülern als «sakrosanktes Territorium», zu schade, um durch Gewalt und Kriminalität in den Schmutz gezogen zu werden und zu wichtig, um einen Ausschluß zu riskieren. Solche Schulen sind selten, aber ihre Existenz beweist, daß es durchaus Alternativen gibt, sowohl zu den chaotischen Verhältnissen, die an von Gewalt geplagten Schulen herrschen, als auch zu dem straff durchorganisierten Drill, mit dessen Hilfe eine Generation unterwürfiger Jasager herangezogen werden soll (Noguera 1995).

Die folgende Fallstudie illustriert, wie eine Therapeutin sehr effektiv mit einem Klienten arbeitet, der einer anderen Kultur angehört. Aber nicht nur ihre Kulturkreise sind verschieden, sondern auch ihr sozialer Hintergrund, ihre Wertvorstellungen und ihre Ideale.

5.6 Fallstudie: Gewalt unter Mitschülern

Ricardo wurde einer bestimmten Therapeutin des Krisencenters zugeteilt, weil eine Aushilfe fälschlicherweise angenommen hatte, sie sei ebenfalls eine Latino. Die Therapeutin traf Ricardo im Flur, stellte sich vor und bat ihn in ihr Büro. Dort angekommen bot sie ihm einen Stuhl an und warf einen kurzen Blick in das Formular, das er ausgefüllt hatte. Als Grund seines Besuches hatte er «schulische Probleme» angegeben.

Die Therapeutin fragte Ricardo, welche Schule er besuche, und er nannte den Namen einer großen innerstädtischen Schule, die als Brutstätte zweier bekannter verfeindeter Gangs berüchtigt war. Die Therapeutin fragte Ricardo, ob er Bandenmitglied sei. Er schwieg einige Minuten und fragte dann: «Sie sind keine Latino, oder?» Die Therapeutin antwortete: «Nein, aber mein Mann kommt aus Spanien, deshalb denkt jeder, ich sei eine Latino. Warum fragst du?» Ricardo entgegnete: «Vielleicht können Sie mein Problem ja gar nicht verstehen.» Die Therapeutin sagte mit einem Lächeln: «Nun, das werden wir wohl nie erfahren, wenn du es mir nicht erzählst, nicht wahr?»

Füllen Sie das Paradigma (**Abb. 5-3**) für diese Fallstudie aus und vergleichen Sie

5. Gewalt in unserer Gesellschaft **147**

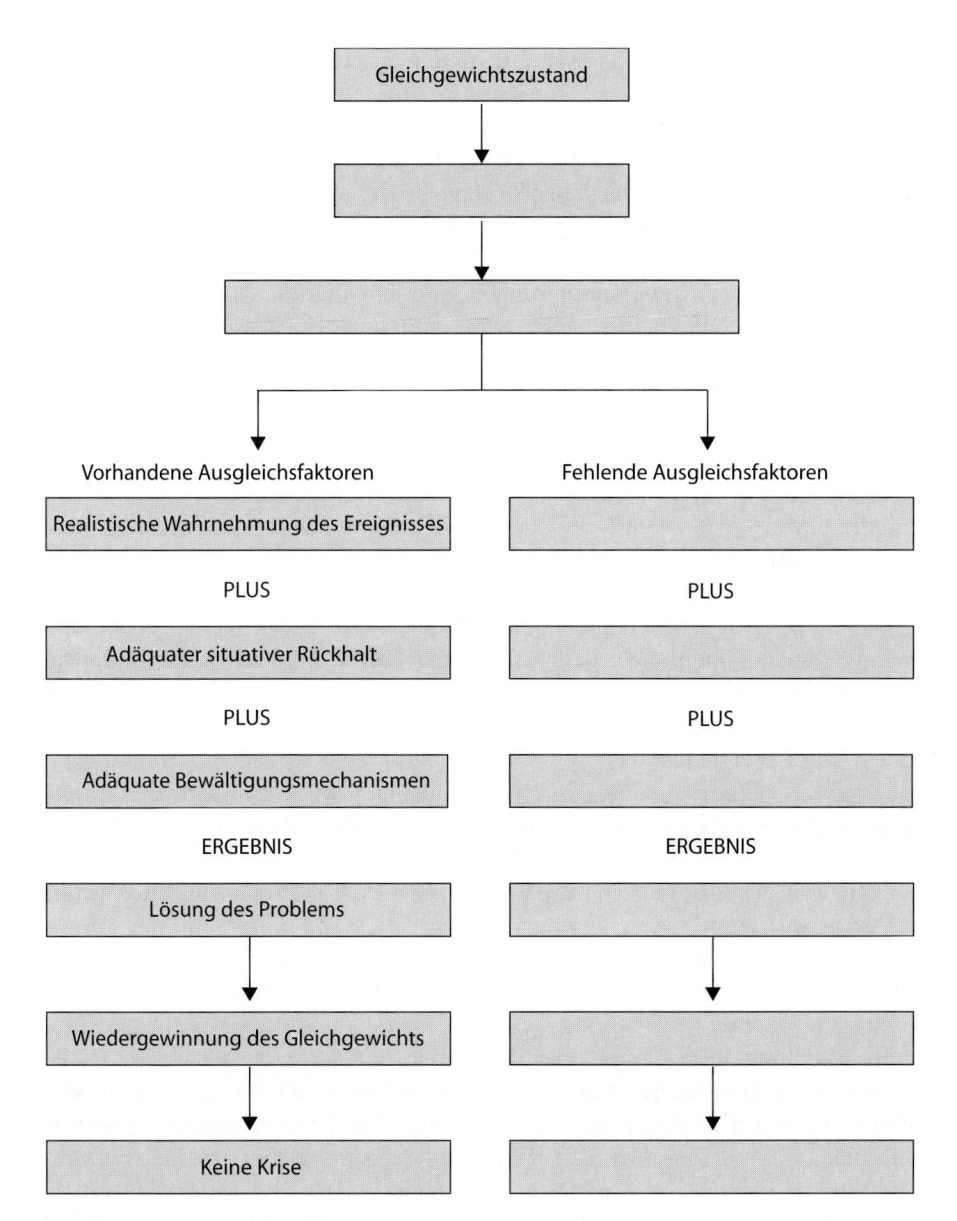

```
                    Gleichgewichtszustand
                              │
                              ▼
                    [                    ]
                              │
                              ▼
        [                                        ]
              │                           │
              ▼                           ▼
  Vorhandene Ausgleichsfaktoren   Fehlende Ausgleichsfaktoren
```

Vorhandene Ausgleichsfaktoren	Fehlende Ausgleichsfaktoren
Realistische Wahrnehmung des Ereignisses	
PLUS	PLUS
Adäquater situativer Rückhalt	
PLUS	PLUS
Adäquate Bewältigungsmechanismen	
ERGEBNIS	ERGEBNIS
Lösung des Problems	
↓	↓
Wiedergewinnung des Gleichgewichts	
↓	↓
Keine Krise	

Abbildung 5-3: Fallstudie: Ricardo

es mit der Auflösung in Anhang A. Orientieren Sie sich, falls nötig, an den Paradigmen in Kapitel 3.

Ricardo erwiderte ihr Lächeln: «Ich habe bis jetzt mit keinem darüber geredet; ich weiß einfach nicht, was ich tun soll.» Die Therapeutin entgegnete: « Bitte erzähl' mir doch einfach, was dich bedrückt, vielleicht kann ich dir helfen, vielleicht auch nicht!» Ricardo sah die Therapeutin sehr intensiv an und sagte schließlich: «Okay, irgend jemandem muß ich ja trauen.»

Zunächst fragte er die Therapeutin, ob sie etwas über die zwei rivalisierenden Banden an seiner Schule wisse. Die Therapeutin antwortete, daß wohl jeder von ihnen gehört habe. Soweit sie wisse, bestehe die eine Gang aus Latinos, die andere aus Afroamerikanern. Die Feindschaft zwischen den beiden Gruppen eskaliere regelmäßig, und es komme zu Messerstechereien und Schießereien. Bei diesen Gewaltausbrüchen seien aber nicht nur Bandenmitglieder, sondern auch Unbeteiligte getötet worden. Diese Unschuldigen hätten sich entweder Schußverletzungen zugezogen und seien daran gestorben oder seien bei Autocrashs schwer verletzt worden, weil Angehörige der einen Gang sie fälschlicherweise für Mitglieder der anderen Gruppe gehalten hatten.

Die Therapeutin fragte noch einmal, ob Ricardo zur Latino-Gang gehöre, und er antwortete: «Nein, und genau das ist mein Problem!» Ein Freund von ihm sei in der Gang, und er habe diesen zufällig über ein Mitglied der feindlichen Bande reden hören. Dieses Mitglied, so habe der Freund gesagt, stehe auf der «Abschußliste», und «es» sei für den nächsten Abend geplant. Sogar, wo die Aktion stattfinden solle, habe er mitgehört. Er wolle kein Mitglied der Gang sein, so erklärte er, weil er nicht glaube, daß Gewalt eine Lösung sei. Er wolle seinen Freund aber auch nicht in Schwierigkeiten bringen, deshalb habe er in der Schule nichts sagen können. Zur Polizei könne er auch nicht gehen, da es bestimmt herauskommen werde, daß er der «Verräter» sei.

Die Therapeutin fragte Ricardo, ob er jemandem erzählt habe, daß er ins Krisencenter gehe. Er verneinte: «Jesus, nein, wenn jemand erfährt, daß ich hier war, bin ich erledigt!»

Die Therapeutin fragte nun, ob er denn wolle, daß die Polizei von der «Aktion» erfahre, und Ricardo entgegnete: «Ja, ich weiß nur nicht, wie ich das schaffen soll, ohne daß jemand Wind davon bekommt!» Die Therapeutin sagte: «Ricardo, was wäre denn, wenn ich aus dem Zimmer ginge und – ganz zufällig – die Telefonnummer einer ‹Hotline› auf meinem Schreibtisch liegen ließe, die keine persönlichen Fragen stellt, aber sich solcher Probleme wie deinem annimmt?» Sie machte eine kurze Pause und sagte dann: «Ich hole mir jetzt einen Kaffee; möchtest du auch was trinken? Eine Limo vielleicht?» Fast flüsternd fügte sie hinzu: «Falls du nach draußen telefonieren willst, während ich weg bin, mußt du eine ‹0› vorwählen.» Ricardo zögerte: «Können die Ihre Telefongespräche zurückverfolgen?» – «Nein, das haben sie noch nie getan!» Ricardo schaute sie wissend an und sagte: «Sie haben das schon öfter gemacht, stimmt's?» – «Was gemacht?» Ricardo und die Therapeutin grinsten einander an. «Möchtest du nun einen Kaffee oder etwas Kaltes trinken?» Ricardo griff das Stichwort auf: «Ich hätte gerne eine Cola, wenn das geht.» Die Therapeutin nahm eine Karte aus ihrem Adreßkasten und legte sie direkt neben das Telefon. «In zehn Minuten bin ich mit meinem Kaffee und deiner Cola wieder da, okay?» Ricardo lächelte: «Danke!» Sie lächelte zurück, verließ ihr Büro und zog die Tür vernehmlich hinter sich ins Schloß.

Als die Therapeutin zurückkam, steckte die Telefonnummer wieder in der Kartei und auf dem Tisch lag ein Zettel: «Danke, Kumpel! R.» Sonst hatte er keine «Spuren» hinterlassen.

Wie Ricardo schon richtig erkannt hatte, war dies nicht die erste Erfahrung der Therapeutin mit Gangs, und sie bezweifelte, daß es ihre letzte gewesen sein würde.

Gewalt ist stumm und kann nur dort auftreten, wo Logik und vernünftige Kommunikation zusammengebrochen sind.
Mohandas K. Gandhi

5.7 Die Mißhandlung und Vernachlässigung älterer pflegebedürftiger Angehöriger

Wie viele alte Menschen leiden wohl in Amerika still vor sich hin – mißhandelt, vernachlässigt, ausgenutzt und isoliert? Wie viele vegetieren nur noch – gefangen in funktionsunfähigen Körpern oder geschlagen mit einem verwirrten Geist? Abgesehen davon, daß in der Literatur bereits vor 20 Jahren vom «Oma-Klatschen» die Rede war und daß die Mißhandlung und Vernachlässigung älterer Menschen im kommenden Jahrhundert ein noch größeres Problem darstellen wird, wissen wir nicht viel über dieses Phänomen; nicht einmal sein ungefähres Ausmaß ist uns bekannt. Zwar gibt es erschreckende Belege dafür, daß in Heimen lebende alte Menschen in höherem Maße gefährdet sind als solche, die im eigenen Zuhause wohnen, die verfügbaren Daten über Mißhandlungen in Institutionen sind jedoch so spärlich, daß die nationale Dimension dieses Phänomens nicht abgeschätzt werden kann. Dank der Berichte von Unterstützungsgruppen, aus den Medien sowie aus einigen wenigen zufällig zustandegekommenen Studien wissen wir aber, daß es existiert und keineswegs selten ist.

5.7.1 Formen der Mißhandlung und Vernachlässigung

Es ist keine Seltenheit, daß ältere Menschen mißhandelt oder vernachlässigt werden. Man vermutet, daß dieses Problem ebenso weit verbreitet ist wie die Mißhandlung und Vernachlässigung von Kindern. Schätzungen besagen, daß jährlich ungefähr 2 Millionen ältere Menschen davon betroffen sind, einige von ihnen sogar wiederholt. Nur wenn man sich der Tatsache bewußt ist, daß dieses Phänomen existiert, und um die Risikofaktoren und Anzeichen weiß, ist man in der Lage zu erkennen, ob ein älterer Mensch mißhandelt oder vernachlässigt wird.

Obwohl in der Literatur schon vor 20 Jahren Berichte über mißhandelte ältere Menschen erschienen, gibt es bis heute noch keine eindeutige Definition dafür, was genau als Mißhandlung oder Vernachlässigung eines alten Menschen zu werten ist – und das weder in fachlicher noch in juristischer Hinsicht. Einige Autoren verwenden den Begriff *Seniorenmißhandlung*, um Handlungen und Unterlassungen zu bezeichnen, die in einer aktuellen oder potentiellen Gefährdung oder Schädigung der Gesundheit und des Wohlbefindens eines älteren Menschen resultieren.

Die Kategorien, in die Mißhandlungen an älteren Menschen eingestuft werden, variieren von Text zu Text. Die häufigsten dieser Kategorien sind: physische Gewalt, physische Vernachlässigung, psychische Gewalt, psychische Vernachlässigung, finanzielle/materielle Ausbeutung und Beschneidung der persönlichen Rechte

5.7.1.1 Physische Gewalt

Unter physischer Gewalt sind Handlungen zu verstehen wie Stoßen, Schütteln, Schlagen, Boxen, Treten, Beißen, Würgen, Fesseln, Betäuben, gewaltsames Füttern, Verbrennen, Verbrühen, Bedrohen oder Attackieren mit Gegenständen oder Waffen. Sexueller Mißbrauch bzw. sexuelle Ausbeutung werden mitunter ebenfalls dieser Kategorie zugeordnet; gemeint ist damit jegliche nicht im Einvernehmen mit dem alten Menschen durchgeführte sexuelle Handlung, d. h. jeder sexuelle Kontakt, zu dem der Betroffene durch körperliche Gewalt oder Drohungen gezwungen oder gegen seinen Willen überredet wird bzw. zu dem er nicht sein freiwilliges Einverständnis gibt. Ebenfalls in diese Kategorie fallen obszöne Äußerungen, Witze und Beleidigungen, unwillkommene Berührungen und Liebkosungen, Vergewaltigung, amoralische sexuelle Beziehungen (z. B. zu einem Kind oder einer Pflegekraft) und sämtliche anderen sexuellen Aktivitäten, die der betroffene ältere Mensch nicht versteht oder möchte bzw. denen er nur unter Gewaltanwendung oder -androhung zustimmt.

5.7.1.2 Psychische Gewalt

Psychische Mißhandlungen sind Akte, die zu seelischem Leid führen, z. B. Drohung, Einschüchterung, Provokation, Schikanierung, Spott, Liebesentzug, Isolation von anderen Menschen, Infantilisierung, Entmündigung und Beschneidung von Rechten.

5.7.1.3 Physische Vernachlässigung

Physische Vernachlässigung bedeutet, daß ein pflegender Angehöriger, eine professionelle Pflegekraft oder der Betroffene selbst entweder unfähig ist oder es bewußt unterläßt, alles zu tun, was nach gesundem Menschenverstand zur Bewahrung der körperlichen und geistigen Gesundheit und des Wohlbefindens notwendig ist. Das betrifft beispielsweise Essen, Kleidung, medizinische Versorgung, Wohnung Aufsicht etc. Vernachlässigung kann in wiederholten Unterlassungen bestehen, aber auch in einer einmaligen Nachlässigkeit, durch die eine ernste körperliche oder geistige Schädigung oder gar der Tod des alten Menschen herbeigeführt wird bzw. herbeigeführt werden könnte.

Vernachlässigung kann absichtlich oder unabsichtlich geschehen. Sie kann verschiedene konkrete Formen annehmen, besteht aber immer darin, daß eine für den alten Menschen verantwortliche Person diesem Dienstleistungen oder Materialien vorenthält, die für seine optimale Funktionalität oder die Vermeidung von Schmerzen notwendig wären. Beispiele hierfür sind:

- Unzureichende Versorgung mit Nahrung und Flüssigkeit
- Unterlassung praktischer Unterstützung (z. B. Hilfe bei der Körperpflege oder beim Toilettengang)
- Vorenthalten von Medikamenten oder medizinischer Versorgung
- Unzureichende Gewährleistung von Sicherheit

Passive Vernachlässigung ist definiert als die Unfähigkeit oder Weigerung, die Rolle des Pflegenden zu übernehmen, ausgenommen bewußter oder vorsätzlicher Versuche, der pflegebedürftigen Person körperlichen oder seelischen Schaden zuzufügen.

Selbstvernachlässigung ist eine kontrovers diskutierte Kategorie, die in einigen amerikanischen Bundesstaaten einen juristisch faßbaren Sachverhalt darstellt und die Unfähigkeit einer Person bezeichnet, sich selbst so zu versorgen, daß die physische und psychische Gesundheit erhalten bleibt.

5.7.1.4 Psychische Vernachlässigung

Psychische Vernachlässigung ist oft schwer festzumachen. Sie bezeichnet den Fall, daß einer abhängigen älteren Person die nötige soziale Stimulation vorenthalten wird, d. h. daß die pflegende Person sie über längere Zeit hinweg alleine läßt, ihr keine Gesellschaft leistet oder ihr die Gesellschaft anderer vorenthält, sie daran hindert, am Gemeindeleben teilzuhaben und sie sozial oder physisch isoliert.

5.7.1.5 Finanzielle Ausbeutung

Finanzielle oder materielle Ausbeutung bezeichnet die unerlaubte Nutzung des Vermögens eines älteren Menschen zum Zwecke der Selbstbereicherung. Gemeint ist, daß eine Person seines Vertrauens den älteren Menschen betrügt, Geld veruntreut oder ihn unter Druck setzt, um an sein Vermögen heranzukommen. Denkbar wäre, daß die betreffende Person selbst Bargeld oder (Wert-)Gegenstände ihres Schützlings stiehlt, eine andere Person dazu zwingt, solche Gegenstände an sich zu bringen oder juristische Dokumente zu ändern oder ihre Vormundschaft oder Vollmacht zu persönlichen Zwecken ausnutzt. Folgende Punkte können Anzeichen für eine finanzielle oder materielle Ausbeutung sein:

- Auf dem Bankkonto des älteren Menschen finden außergewöhnliche Transaktionen statt, z. B. unerklärliche Überweisungen oder Abhebungen.
- Zwischen dem Einkommen bzw. Vermögen und der Lebenshaltung des älteren Menschen besteht eine erhebliche Diskrepanz.
- Der alte Mensch leistet überhöhte Zahlungen für die Dienstleistungen anderer.
- Ein Dritter zeigt ungewöhnliches Interesse für die finanzielle Lage des älteren Menschen.
- Ein Dritter wurde von dem alten Menschen bevollmächtigt, obwohl dieser außerstande ist, seine finanzielle Situation zu überblicken und eine gültige Vollmacht zu erteilen.
- Obwohl jemand mit der Begleichung der anfallenden Rechnungen beauftragt ist, fallen zahlreiche unbezahlte Rechnungen an, insbesondere überfällige Mietzahlungen.
- Eine neue Bekanntschaft zeigt plötzlich eine überschwengliche Zuneigung zu einem wohlhabenden älteren Menschen.
- Ein Freund, eine Haushaltshilfe o. ä. des älteren Menschen versucht, diesen von seiner Familie oder seinem Bekanntenkreis zu isolieren.

5.7.1.6 Beschneidung der persönlichen Rechte

Die Rechte eines ansonsten zurechnungsfähigen alten Menschen werden verletzt, wenn

- er daran gehindert wird, Entscheidungen selbst zu fällen,
- seine Privatsphäre mißachtet wird,

- ihm das Recht auf Selbstbestimmung genommen wird,
- er daran gehindert wird, seine Religion auszuüben,
- er daran gehindert wird, an Wahlen teilzunehmen,
- in Gesundheitsfragen über ihn bestimmt wird und ihm medizinische Behandlungsmaßnahmen verwehrt werden,
- er durch die Schuld anderer in unfreiwilliger Abgeschiedenheit leben muß,
- er daran gehindert wird, einen Rechtsanwalt oder Notar aufzusuchen,
- er mit Hilfe physischer oder chemischer Mittel «ruhiggestellt» wird.

Anzeichen, die auf die Mißhandlung eines älteren Menschen hinweisen können, sind verdächtige Hämatome oder sonstige Verletzungen, die eine morphologische Ähnlichkeit mit bestimmten Gegenständen aufweisen, z. B. Striemen, die von einem Gürtel stammen könnten, Handabdrücke, Läsionen der Mundwinkel, die auf die Benutzung eines Knebels hindeuten könnten, oder Spuren, die von Fesseln verursacht worden sein könnten. Außerdem gehören dazu Verbrennungen, Verbrühungen (besonders von Händen oder Füßen) sowie unerklärliche Brüche und Stürze. Die Möglichkeit eines sexuellen Mißbrauchs sollte erwogen werden, wenn folgende Anzeichen vorhanden sind: Traumata oder Beschwerden im Genital-, Rektal- oder Oralbereich, Hämatome an den Oberschenkeln, am Gesäß, im Gesicht oder im Bauch- und Brustbereich, Gehbeschwerden aufgrund genitaler bzw. analer Traumata oder Geschlechtskrankheiten. Das gilt besonders, wenn die betreffende Person eigentlich nicht in der Lage ist, bewußt sexuelle Kontakte zu pflegen. Verdächtig sind weiterhin das Auftreten von Furcht, Scham, Angst oder anderen nonverbalen Signalen, wenn die betreffende Person gewaschen oder untersucht wird. Weitere potentielle Indikatoren für Mißhandlung bzw. Vernachlässigung finden sich im Kasten auf Seite 154.

5.7.2 Die Dokumentation von Mißhandlungen an älteren pflegebedürftigen Angehörigen

Liegt der Verdacht vor, daß ein älterer Mensch mißhandelt oder vernachlässigt wird, ist es von entscheidender Bedeutung, den Fall genauestens zu dokumentieren. Informationen, die in Gesprächen mit dem potentiellen Opfer, dem mutmaßlichen Täter und möglichen Zeugen gesammelt wurden, sollten möglichst detailgetreu und wörtlich festgehalten und eine umfassende Beschreibung der körperlichen Untersuchung (Verletzungen, funktioneller Status, kognitiver Status) angefügt werden. Jede vorliegende Verletzung sollte genau beschrieben (Art,

Größe und Lage) und, falls möglich, fotografiert werden. Solche Dokumente können sich als sehr wertvolle Beweismittel herausstellen.

Allgemeine Anzeichen für die Mißhandlung bzw. Vernachlässigung eines älteren Menschen

Herauszögern notwendiger Behandlungsmaßnahmen

Unterernährung, Dehydratation

Kontrakturen

Wundgelegene Stellen

Unangemessene Medikation, Überdosierung von Beruhigungs- oder Schlafmitteln, Nichtverabreichung von Antihypertensiva oder Insulin

Häufiger Arztwechsel

Alte, unerklärliche Verletzungen bzw. Verletzungen, die nicht in unmittelbarem Zusammenhang mit dem eigentlichen medizinischen Problem stehen

Unangemessene Kleidung, fehlende oder mangelhafte Sehhilfen, Hörgeräte, Prothesen

Bestimmte nonverbale Verhaltensweisen, die typisch für Mißhandlungsopfer sind, z. B. Verschüchterung, Angst, Verschlossenheit oder Passivität

Unwilligkeit, Auskunft zu geben

Depressionen bzw. schwere Hilflosigkeit oder Hoffnungslosigkeit

Anorexie

Weinerlichkeit

5.7.3 Mißhandlungsfördernde Bedingungen

Das Auftreten von Mißhandlungen hängt zunächst einmal von den Persönlichkeitseigenschaften der Täter ab. So besitzen die psychischen Merkmale der Täter für die Vorhersage einer Mißhandlung höhere Aussagekraft als die der Opfer. Johnson (1986) weist darauf hin, daß Menschen, die andere mißhandeln, oft psychopathologische Symptome zeigen. Sie sind typischerweise von ihrem Opfer abhängig, wohnen bei ihm, sind auf seine finanzielle oder emotionale Unterstützung angewiesen. Oft hatten sie schon einmal Schwierigkeiten mit dem Gesetz, wurden stationär wegen einer psychischen Krankheit behandelt oder hatten Probleme mit Alkohol oder anderen Drogen. In der Regel sind sie sozial und kommunikativ gestört, was sich oft auch in privaten und beruflichen Problemen äußert, und ihre emotionalen Reserven und Bewältigungsmechanismen sind ungenügend ausgebildet. Pillemer & Finkelhor (1988) bringen das Profil des typischen Täters auf den Punkt, indem sie schreiben, es handle sich dabei keineswegs um eine wohlmeinende Person, die durch die pflegerischen Ansprüche des Opfers dahin getrieben werde, es zu mißhandeln, sondern um einen schwer gestörten Menschen, der schon früher als antisozial oder psychisch labil aufgefallen sein dürfte.

Für die Erfassung potentieller Mißhandlungsfälle wurden spezielle Protokolle entwickelt, die sich auf die physischen und verhaltensbezogenen Symptome konzentrieren. Diese Bögen wurden unter der Annahme konzipiert, daß nach der Mißhandlung faßbare Probleme vorliegen, und sollen helfen, Mißhandlungsfälle zu erkennen. Durch Hilfsdienste und Meldepflicht konnten solche Probleme identifiziert werden (Faulkner 1982; Salend et al. 1984). Trotz all dieser Maßnahmen ist die Mißhandlung und Vernachlässigung älterer Menschen ein weitgehend unsichtbares Problem. Das House Select Committee on Aging des US-Kongreß schätzt, daß zwar jeder dritte Fall von Kindesmißhandlung, aber nur jeder sechste Fall von Seniorenmißhandlung gemeldet wird (Elder Abuse: The Hidden Problem 1980).

Verschiedene Erklärungsansätze für den Umstand, daß Mißhandlungen an älteren Menschen oft unentdeckt bleiben, berücksichtigen auch Faktoren, die Forschung und Prävention behindern. Die Familie ist heilig, und Einmischungen von außen werden nicht zugelassen – auch wenn Fachleute der Auffassung sind, ein Eingreifen sei wegen der familiären Dysfunktionen gerechtfertigt. Die betreffende Familie wird sich wahrscheinlich hinter einer Verschwörung des Schweigens verstecken und alle Versuche abblocken, ihre Lebensweise in Augenschein zu nehmen und zu verändern.

Die American Medical Association (AMA) hat inzwischen erste Richtlinien zur Erkennung von Mißhandlungen an älteren Menschen veröffentlicht und drängt Ärzte, Pflegekräfte und anderes medizinisches Personal, genauer auf mögliche Anzeichen für eine Mißhandlung oder Vernachlässigung zu achten (Formica 1992). Der 42seitige Ratgeber ist Bestandteil einer AMA-Kampagne gegen familiäre Gewalt und erschien zu einem Zeitpunkt, als die amerikanische Öffentlichkeit sich verstärkt für ein lange im dunkeln gebliebenes Problem zu interessieren begann, von dem schätzungsweise zwei Millionen ältere Mitbürger betroffen sind (Formica 1992). Da diese Art der Mißhandlung meist in der Abgeschiedenheit von Privatwohnungen geschieht, bleibt sie fremden Blicken weitgehend verborgen. Im Gegensatz zu Kindern gibt es für ältere Menschen keine Schulpflicht oder Vorsorgeuntersuchungen, bei denen eine eventuelle Mißhandlung entdeckt werden könnte. Viele ältere Menschen kommen gar nicht mehr aus dem Haus, und so ist die Wahrscheinlichkeit gering, daß ihr Martyrium von Außenstehenden bemerkt wird.

Nur wenige ältere Menschen haben den Mut, Mißhandlungen durch Familienangehörige zu melden. Lau & Kosberg (1979) stellten fest, daß ein Drittel der alten Menschen, die als Mißhandlungsopfer eingestuft wurden, abstritten, daß es ein Problem gebe. Es fällt wohl nicht schwer, die Gründe für dieses Verhalten zu verstehen. Viele Opfer glauben, ihr Problem sei eine Familienangelegenheit, die niemanden etwas angehe. Sie fürchten, ihr Peiniger könnte sich an ihnen rächen, oder schämen sich für dessen Verhalten. Sie haben Angst, juristische Schritte gegen ihre pflegenden Angehörigen einzuleiten, weil ihnen die Lösung des Problems – eine Heimunterbringung – noch schlimmer erscheint als das Problem selbst. Oder sie glauben, nun die Strafe für die Mißhandlungen zu erhalten, die sie früher an ihrem Kind oder Partner begangen haben.

Selbst eine Meldepflicht kann nicht völlig verhindern, daß Ärzte oder andere im Gesundheitsbereich Tätige eine potentielle Mißhandlung eines älteren Menschen übersehen oder verschweigen. Zwar gibt es keine empirischen Belege; in Anbetracht der Tatsache, daß nachgewiesenermaßen viele Fälle von Kindesmißhandlung nicht gemeldet werden, steht jedoch zu vermuten, daß mit der Meldepflicht für Seniorenmißhandlungen ebenso lax umgegangen wird. Vermutlich wissen nicht einmal alle betroffenen Berufsgruppen, daß es eine derartige Meldepflicht überhaupt gibt (O'Brien 1986).

Aus all diesen Gründen bleibt die Mißhandlung alter Menschen häufig unentdeckt. Kommunale Bemühungen, Schutzdienste und Meldepflicht helfen nur einem Bruchteil der Betroffenen, und das auch nur, nachdem es bereits zu einer Mißhandlung gekommen ist. Dementsprechend wichtig ist es, gebrechliche und verletzliche ältere Menschen nur in die Obhut vertrauenswürdiger Familienmitglieder bzw. sonstiger Betreuer zu geben.

Verwandtschaft schützt einen älteren Menschen nicht vor Mißhandlungen, im Gegenteil, es hat sich herausgestellt, daß es in den meisten Fällen Angehörige sind, die sich der Mißhandlungen schuldig machen. In Zukunft sollte die Betreuung alter Menschen daher nicht mehr bedenkenlos und unkritisch ihren Familien überlassen werden. Um sicherzustellen, daß der pflegebedürftige alte Mensch nicht mißhandelt wird, müßten die Fähigkeiten aktuell oder potentiell pflegender Angehöriger systematisch eingeschätzt werden (Kosberg 1988).

Das klassische Bild der Seniorenmißhandlung leitet sich aus früheren Studien und Medienberichten her und besteht darin, daß ältere Menschen in erster Linie von ihren eigenen Kindern mißhandelt werden. Das gängige Klischee ist das des körperlich und geistig hinfälligen alten Menschen, der nicht mehr alleine zurechtkommt und daher zu Sohn und Schwiegertochter oder zu Tochter und Schwiegersohn zieht und diesen sehr bald zur Last fällt. Dem frustrierten Sohn bzw. der frustrierten Tochter rutscht dann schon einmal die Hand aus, oder er bzw. sie gibt sich nicht mehr ganz soviel Mühe mit der Betreuung. Pillemer & Finkelhor (1988) stellten fest, daß 4,1 % der älteren Menschen, die mit ihrem Partner alleine leben, und 4,4 % der älteren Menschen, die bei ihren Kindern leben, mißhandelt werden.

In 58% aller Mißhandlungsfälle ist der Ehepartner und in 24% der Fälle ein Kind des Opfers der Täter. Dieser prozentuale Unterschied rührt aber daher, daß mehr ältere Menschen von ihrem Partner betreut werden als von ihren Kindern, denn eigentlich scheinen sich Ehepartner ihren pflegebedürftigen Gatten oder Gattinnen gegenüber nicht brutaler zu verhalten als Kinder ihren Eltern gegenüber, sie halten sich nur mit größerer Wahrscheinlichkeit in deren Umgebung auf und haben daher auch eher die Gelegenheit, sie zu mißhandeln.

Die Mißhandlung älterer Menschen ist diejenige Form familiärer Gewalt, die als letzte ins öffentliche Bewußtsein rückte. Diejenigen, die sich bemüht haben, dieses Interesse zu wecken, versuchten, das Problem so ergreifend wie möglich darzustellen; die Vorstellung, daß ein alter Mensch einen anderen schlägt oder vernachlässigt, ist nicht so schockierend wie die, daß eine ältere Person von ihrem eigenen, inzwischen erwachsenen Kind mißhandelt wird.

Obwohl die Variablen, die mit der Mißhandlung alter gebrechlicher Menschen einhergehen, hinreichend belegt sind, kommt es noch immer dazu, daß diese in die Obhut ungeeigneter oder unfähiger Leute gegeben werden. Die meisten Gemeindeprogramme und Gesetze beschäftigen sich mit dem Problem der Seniorenmißhandlung erst, nachdem sie bereits vorgefallen ist, und verlangen, daß Mißhandlungen festzustellen und zu melden seien. Dennoch bleibt ein Großteil der Taten im Verborgenen, und deswegen müßte viel mehr Wert auf die Beurteilung der potentiellen Betreuer älterer Personen gelegt werden. Bei der Einschätzung sollte auf sämtliche Risikofaktoren geachtet werden, die der alte Mensch selbst, seine pflegenden Angehörigen und das gesamte Familiensystem erkennen lassen, und es sollte überprüft werden, wie die einzelnen Familienmitglieder die Situation empfinden. Zwar können solche Einschätzungen das Problem selbst nicht eliminieren, aber öffentliche Aufklärung, ein erhöhtes Bewußtsein bei den geforderten Berufsgruppen, die Ermöglichung alternativer Betreuungsformen, die Unterstützung pflegender Angehöriger und eine entsprechende Sozialgesetzgebung können einen wesentlichen Beitrag dazu leisten, daß diese Form der Mißhandlung verhütet wird (AMA 1992).

Die Kooperation zwischen Forschern, Gesetzgebern, Ärzten, Pflegekräften und der Öffentlichkeit muß fortgesetzt werden. Wer mit alten Menschen arbeitet, sollte immer daran denken, daß kein älterer Mensch vor Mißhandlung gefeit ist.

Solange es auf dieser Welt alte Menschen gibt und solange es auf dieser Welt Gewalt gibt, so lange werden auf dieser Welt auch alte Menschen mißhandelt werden. Die folgenden Vorbedingungen scheinen das Risiko, daß eine ältere Person mißhandelt wird, zu erhöhen:

- *Weibliches Geschlecht*
  Erstens gibt es mehr alte Frauen als alte Männer, daher werden auch mehr alte Frauen mißhandelt als alte Männer. Zweitens können sich ältere Frauen weni-

ger gegen körperliche Mißhandlungen wehren, und drittens sind sie eher sexuellen Belästigungen ausgesetzt.

- *Hohes Alter*
  Je älter eine alte Person ist, desto größer ist die Gefahr einer Mißhandlung, da mit steigendem Alter auch die körperlichen Gebrechen und geistigen Schwächen zunehmen, während die Fähigkeit, sich zu wehren, abnimmt.

- *Abhängigkeit*
  Je mehr ein alter Mensch auf seinen Betreuer angewiesen ist, desto stärker ist er mißhandlungsgefährdet. Ist der Pflegende wirtschaftlich vom Gepflegten abhängig, so kann dies bei ihm Feindseligkeit auslösen und ihn zur Gewalt verleiten.

- *Internalisierte Schuld*
  Ein älterer Mensch, der zu Selbstvorwürfen neigt, wird leicht Opfer von Mißhandlungen, weil er die Schuld bei sich selbst sucht und nicht beim Täter.

- *Falsch verstandene Loyalität*
  Ein älterer Mensch, der sich seinem Peiniger gegenüber zu Treue verpflichtet fühlt, wird vermutlich keine Anstalten machen, ihn anzuzeigen.

- *Frühere Mißhandlungen*
  Eine Person, die schon früher von einem Angehörigen mißhandelt wurde, läuft Gefahr, auch als alter Mensch mit zunehmender Gebrechlichkeit und Abhängigkeit Opfer von Mißhandlungen zu werden.

- *Isolation*
  Ein älterer Mensch, der keinen Kontakt zu Außenstehenden hat, ist besonders mißhandlungsgefährdet, da der Täter nicht befürchten muß, von Nachbarn, Freunden, Verwandten etc. entdeckt zu werden.

Berufsgruppen, die mit älteren Menschen zu tun haben, müssen über das Problem der Mißhandlung durch Ehepartner aufgeklärt werden. Hat in ihrem Kopf nur das gängige Klischee des von seinen erwachsenen Kindern mißhandelten älteren Menschen Platz, können sie leicht übersehen, wenn alte Menschen von ihrem Partner drangsaliert werden.

Auch die älteren Menschen selbst müssen über das Problem der Mißhandlung durch Ehepartner aufgeklärt werden. Sie sind in einer Zeit aufgewachsen, in der es noch üblich war, daß ein Mann seine Frau züchtigt, daher fehlt es ihnen an den nötigen Informationen. Eine ältere Frau toleriert es vielleicht, daß ihr Mann sie schlägt, weil sie glaubt, das habe seine Richtigkeit. Sie muß ermutigt werden, sich zu wehren und die Mißhandlung nicht länger hinzunehmen, sondern sie als schwerwiegendes Problem zu betrachten. Gezielte Aufklärung nimmt den Opfern ihre Scham und erleichtert es ihnen, Maßnahmen zu ergreifen, um die Mißhandlung zu stoppen.

Die Problematik der Seniorenmißhandlung erfordert spezielle Maßnahmen. Die Unterbringung in einem Pflegeheim, die in vielen Fällen als Lösung für die Probleme mißhandelter älterer Menschen gewählt wird, ist oft unangemessen, da diese Einrichtungen für Personen gedacht sind, die sich wirklich nicht mehr alleine versorgen können. Frauenhäuser wären eventuell besser geeignet, diese sind jedoch meist nicht auf die Bedürfnisse älterer Frauen eingerichtet. Außerdem könnte die Tatsache, daß dort viele junge Frauen mit ihren Kindern leben, eine ältere Frau einschüchtern und sie davon abhalten, dort Hilfe zu suchen. Am besten wäre es, wenn für ältere Mißhandlungsopfer spezielle Wohnanlagen mit sicheren Appartements eingerichtet würden. Für ältere mißhandelte Frauen sollten ähnliche Selbsthilfegruppen zur Verfügung stehen, wie sie vielen jungen Frauen geholfen haben. Dort könnten sie eventuell lernen, den Mißhandlungen Einhalt zu gebieten, den Mut finden, ihren Peiniger zu verlassen, oder sich sonstige Unterstützung verschaffen (Pillemer & Finkelhor 1988).

Das folgende Beispiel schildert den Fall einer 72jährigen Frau, die regelmäßig von ihrem 76 Jahre alten Mann mißhandelt wurde.

5.8 Fallstudie: Mißhandelte Ehefrau

Ein Junge, der in der Nachbarschaft Freunde besuchte, schoß seinen Ball versehentlich in den Hinterhof von Hattie und Max. Er kletterte über den Zaun, um seinen Ball zurückzuholen, und hörte Hattie um Hilfe rufen. Der Junge schaute zum Fenster hinein und sah, daß Hattie Blutergüsse im ganzen Gesicht und ein blaues Auge hatte und aus der Nase blutete. Er rannte zu den Leuten, bei denen er zu Besuch war, und berichtete, was er gesehen hatte, und die Nachbarn riefen die Polizei und den Krankenwagen.

Der Krankenwagen brachte Hattie in das örtliche Krankenhaus, und sie wurde in der Notaufnahme sofort untersucht. Wie der Arzt feststellte, war außerdem ihre Nase gebrochen, sie hatte eine Gehirnerschütterung und ihr Unterarm wies einen komplizierten Bruch auf. Sie war ausgemergelt und verwirrt, und auf die Frage, was geschehen sei, antwortete sie: «Ich muß gestürzt sein.» Als man sie fragte, ob sie verheiratet sei, entgegnete sie: «Ja, Max ist zum Einkaufen gegangen.»

Die Polizisten hatten an der Haustür eine Nachricht hinterlassen, die besagte, Hattie sei ins örtliche Krankenhaus gebracht worden. Nach etwa einer Stunde tauchte Max im Krankenhaus auf und wurde von der Polizei befragt. Er war sehr wütend und wollte wissen, wo seine Frau sei und was sie im Krankenhaus mache. Für die Polizisten war klar, daß er getrunken hatte. Sie fragten ihn, wo er gewesen sei, und er erwiderte: «Im Supermarkt, das Bier war alle.» Man setzte ihn über

Hatties Verletzungen in Kenntnis und fragte ihn, ob er sie geschlagen habe. Er antwortete: «Zur Hölle, nein. Ich habe ihr nur einen Schubs verpaßt. Sie hatte das Essen nicht rechtzeitig fertig – das schafft sie nie!» Man teilte ihm mit, daß seine Frau im Krankenhaus bleiben müsse und er in Polizeigewahrsam genommen werde, bis seine Frau in der Lage wäre zu berichten, was passiert sei.

Hattie kam auf Station, und die meisten ihrer Verletzungen wurden versorgt; der Armbruch mußte jedoch operiert werden. Der behandelnde Arzt ordnete eine Untersuchung durch das sogenannte EAT (Elder Assessment Team) des Krankenhauses an, das auf derartige Fälle spezialisiert war. Das Team bestand aus Pflegekräften, Sozialarbeitern, Ärzten, Psychologen und einem Ethikspezialisten. Der Arzt setzte sich kurz mit Vertretern dieser Gruppe zusammen und berichtete ihnen von Hatties Verletzungen und seinem Verdacht, Max könne seine Frau mißhandelt haben. Die Krankenschwester Ellen und der Psychologe James sollten Hattie befragen, während der Sozialarbeiter Bill und der Ethikspezialist Alan sich bereit erklärten, am nächsten Tag mit Max zu sprechen, der ins Gefängnis gebracht worden war.

Ellen und James besuchten Hattie in ihrem Zimmer. Sie war von den Schmerzmitteln etwas schläfrig, schien jedoch nicht verwirrt zu sein. Die beiden stellten sich vor und erklärten, sie seien Mitglieder des EAT. Dann fragten sie Hattie, ob sie mit ihnen reden wolle. Ihr traten die Tränen in die Augen, und nach einer Weile sagte sie: «Ja, das möchte ich. Max ist ein guter Ehemann, und er will mir wirklich nicht weh tun. Es ist nur so, daß ich nichts so hinbekomme, wie er es sich vorstellt. Ich bin wirklich selbst daran schuld, ich weiß doch, daß er sein Essen um 12 Uhr auf dem Tisch haben will – nicht fünf Minuten früher und nicht fünf Minuten später. Es ist mal wieder alles meine Schuld. Können wir morgen weiterreden? Ich bin plötzlich so müde. Können wir morgen unsere Tochter Angela anrufen?» Ellen und James stimmten zu, sich am folgenden Tag erneut mit Hattie zu treffen und ihr dabei zu helfen, ihre Tochter anzurufen.

Zuerst mußte dafür gesorgt werden, daß Hattie Hilfe bekam. Als zweites mußte herausgefunden werden, wie lange Max Hattie schon mißhandelte und als drittes mußte festgestellt werden, ob die Tochter Angela von den Mißhandlungen wußte und wie sie ihren Eltern helfen könnte.

Am Morgen nach Hatties Einlieferung kamen die Teammitglieder zusammen, um zu besprechen, was sie in ihren Gesprächen mit Hattie und Max an Informationen gesammelt hatten. Bill und Alan, die Max im Gefängnis besucht hatten, berichteten, was sie von diesem erfahren hatten. Max habe erzählt, daß er sich erst spät (mit 70 Jahren) zur Ruhe gesetzt habe und zuvor Ingenieur gewesen sei – «ein verdammt guter». Er und Hattie seien seit 52 Jahren verheiratet und hätten eine Tochter, die 49jährige Angela. Angela sei geschieden und lebe beinahe 4000 km weit entfernt in einem anderen Bundesstaat. Sie sähen sie nur selten, da sie «als hohes Tier Karriere gemacht» habe. Hattie habe bis zu ihrer Hochzeit als «dämliche Verkäuferin» gearbeitet. Er habe dafür gesorgt, daß sie kündigte. «Ich habe gutes

Geld verdient – meine Frau hatte das Arbeiten nicht nötig», sagte er. Auf die Frage, was Hattie denn den ganzen Tag getan habe, während er arbeitete, antwortete er: «Das, was eine gute Ehefrau tun *sollte*, den Haushalt führen. Sie wissen schon, putzen, kochen, waschen, bügeln und den Rasen mähen und sprengen. Sie hatte genug zu tun!» Als die EAT-Mitglieder ihn nun fragten, was Hattie und er getan hätten, als er in Rente gegangen sei, schaute er sie verwirrt an und sagte: «Was meinen Sie? Es hat sich nichts geändert. Sie hat das Haus in Ordnung gehalten, und ich habe ferngesehen.» Auf die Frage, ob sie jemals mit Freunden ausgegangen oder verreist seien, entgegnete er: «Wozu? Für *so etwas* schmeiße ich doch mein Geld nicht zum Fenster raus! Glauben Sie mir, ich kann mich bis an mein Lebensende selbst versorgen; ich war nicht einen einzigen Tag in meinem Leben krank!»

Bill und Alan erklärten, daß das Gespräch mit Max sie sehr frustriert habe. Als Alan Max fragte, warum er Hattie geschlagen habe, antwortete dieser: «Weil sie förmlich darum gebeten hat! Immer steckt sie ihre Nase in ein Buch oder in ihr Strickzeug. Sie weiß genau, daß ich mein Essen um Punkt zwölf auf dem Tische haben will! Es war schon viertel vor, und sie hatte noch nicht einmal angefangen!»

Alan fragte: «Prügeln Sie sie oft, wenn das Essen nicht fertig ist?» Max erwiderte: «Ich würde das nicht Prügeln nennen. Ich haue sie nur ein wenig.» Darauf sagte Bill: «Wir nennen das schon Prügeln. Wissen Sie eigentlich, wie schlimm Sie sie zugerichtet haben?» Max machte ein etwas betretenes Gesicht und sagte: «Ich hatte wohl ein oder zwei Bier zuviel.» Bill hakte nach: «Wieviel Bier trinken Sie gewöhnlich pro Tag?» «Vielleicht einen Sechserpack», antwortete Max, «manchmal ein bißchen mehr.» «Sie trinken mindestens sechs Flaschen Bier pro Tag?» fragte Alan zurück. «Na und?» entgegnete Max, «Ich bezahle schließlich gutes Geld dafür!»

Bill und Alan berichteten den EAT-Mitgliedern, daß sie Max für einen chronischen Prügler hielten. Sie fragten Ellen und James, was sie über Hattie erfahren hätten. Ellen sagte, nach dem Gespräch mit Hattie seien sie beim Radiologen gewesen, der ihnen Hatties Röntgenaufnahmen gezeigt habe. Diese zeigten multiple Brüche: Rippen, Finger, Zehen und Gesichtsknochen. Auch sie waren davon überzeugt, daß Max seine Frau seit vielen Jahren mißhandelte.

James hatte Angela angerufen und ihr von Hatties Verletzungen erzählt. Ihre Reaktion lautete: «Es wundert mich, daß er sie nicht umgebracht hat. Seit ich denken kann, hat er sie verprügelt und herumgeschubst. Ich bin von zu Hause weg, sobald ich konnte. Mich hat er nur einmal geschlagen, als ich 13 war. Ich habe ihm gesagt, wenn er das noch einmal tut, bringe ich ihn um. Mum hat einfach nie die Traute gehabt, sich gegen ihn zu wehren. Ich habe sie angefleht, ihn aufzugeben und zu mir zu ziehen, aber sie will ihn einfach nicht verlassen. Aber dieses Wochenende setze ich mich in den Flieger und werde sie dazu zwingen, mit mir zu kommen.»

Die Teammitglieder einigten sich darauf, alles zu unternehmen, um Hattie davon zu überzeugen, daß sie Max verlassen und zu ihrer Tochter oder wenigstens in deren Nähe ziehen solle.

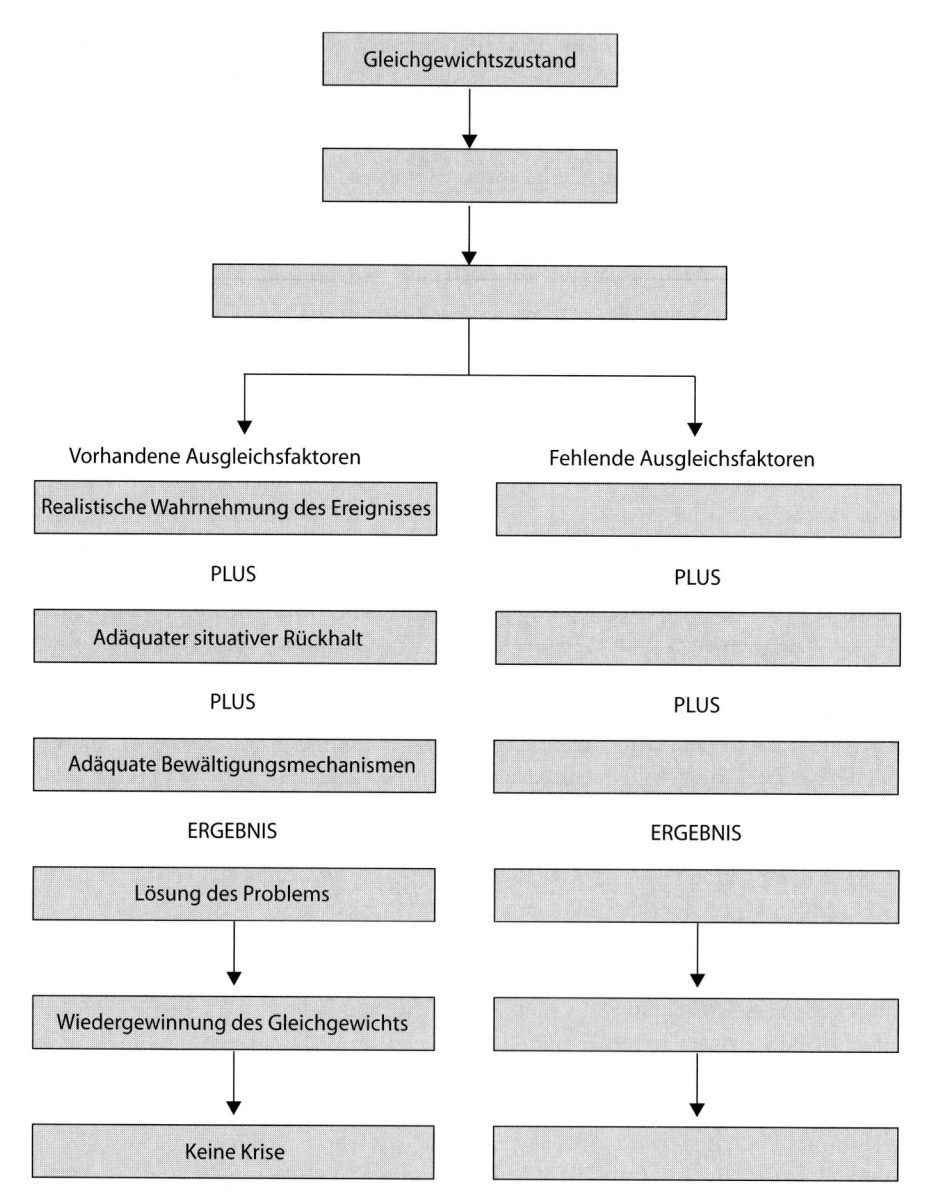

```
                    ┌─────────────────────────┐
                    │  Gleichgewichtszustand  │
                    └───────────┬─────────────┘
                                ▼
                    ┌─────────────────────────┐
                    │                         │
                    └───────────┬─────────────┘
                                ▼
            ┌───────────────────────────────────────┐
            │                                       │
            └───────┬───────────────────────┬───────┘
                    ▼                       ▼
    Vorhandene Ausgleichsfaktoren   Fehlende Ausgleichsfaktoren
```

Vorhandene Ausgleichsfaktoren	Fehlende Ausgleichsfaktoren
Realistische Wahrnehmung des Ereignisses	
PLUS	PLUS
Adäquater situativer Rückhalt	
PLUS	PLUS
Adäquate Bewältigungsmechanismen	
ERGEBNIS	ERGEBNIS
Lösung des Problems	
↓	↓
Wiedergewinnung des Gleichgewichts	
↓	↓
Keine Krise	

Abbildung 5-4: Fallstudie: Hattie

Füllen Sie das Paradigma (**Abb. 5-4**) für diese Fallstudie aus und vergleichen Sie es mit der Auflösung in Anhang A. Orientieren Sie sich, falls nötig, an den Paradigmen in Kapitel 3.

Der Chirurg wurde gebeten, Hatties Arm so bald wie möglich zu operieren. Hattie überstand den Eingriff gut und wurde von Tag zu Tag kräftiger; sie aß und schlief gut. Angela kam an und führte mit ihrer Mutter ein langes Gespräch. Hattie erklärte sich bereit, mit ihr zu kommen, wollte aber ausdrücklich nicht bei ihr wohnen. Angela erzählte ihrer Mutter, daß es ganz in ihrer Nähe ein schönes Altenheim gebe. Hattie war einverstanden, es auszuprobieren, befürchtete aber, Max werde ihr kein Geld geben, wenn sie ihn verlasse und wegzöge. Darauf sagte Angela: «Er wird bezahlen, oder ich sorge dafür, daß er seinen Lebensabend im Gefängnis verbringt! Ich habe schon mit einem Anwalt gesprochen, und du bekommst die Hälfte von allem, was Vater besitzt – und mehr!» Hattie sagte: «Na dann ist ja alles gut. Ich wollte dir auf keinen Fall eine Last sein. Du arbeitest ja so hart.» Hattie erkundigte sich, wann sie aufbrechen könnten, und Angela und die EAT-Mitglieder versicherten ihr, sie könne am nächsten Tag entlassen werden. Hattie und Angela waren beide sehr zufrieden.

Hattie war in der Vergangenheit immer wieder von ihrem Mann Max mißhandelt worden. Er hielt sie in Isolation und verbot ihr, Freundschaften zu unterhalten. Das einzige Kind lebte weit entfernt. Hattie hatte sich nie gegen ihren Mann gewehrt. Nach einer schweren Mißhandlung wurde sie ins Krankenhaus eingeliefert und ihr Mann ins Gefängnis gesteckt. Ihre Tochter kam, um sie mitzunehmen, und sie wurde in einem Altenheim untergebracht.

Der letzte Akt,
Mit dem die seltsam wechselnde Geschichte schließt,
Ist zweite Kindheit, gänzliches Vergessen,
Ohn' Augen, ohne Zahn, Geschmack und alles.
William Shakespeare

Literaturverzeichnis

American Medical Association: Panel to curb elderly abuse, New York, 1992, The Association.

A nation's shame: fatal child abuse and neglect in the United States, U. S. Bureau of Census, Washington, DC, 1995.

Bandura, A.: Aggression: a social learning analysis, Englewood Cliffs, NJ, 1973, Prentice Hall.

Bohn, D.: Domestic violence and pregnancy implications for practice, J Nurse Midwifery 35:86, 1990.

Broadhurst, D. D. and others: Early childhood programs and the prevention and the treatment of child abuse and neglect, The Users Manual Service, Washington, DC, 1992, U. S. Department of Health and Human Services.
Conant, J. B.: Slums and suburbs, New York, 1961, McGraw Hill.
Conant, p. 22.
Cowen, P. S.: Child abuse: current issues in nursing, ed 4, St. Louis, 1994, Mosby.
Currie, E.: What's wrong with the crime bill? The Nation, p. 4, January 31, 1994.
Davila, F.: Denver debates school ousters, Washington Post, p. 18, January 20, 1995.
Dutton, D. G.: The batterer: a psychological profile, New York, 1995, Basic Books.
Faulkner, L. R.: Mandating the reporting of suspected cases of elder abuse: an inappropriate, ineffective and ageist response to the abuse of older adults, Fam Law Quart 16:69, 1982.
Formica, P. E.: AMA hopes to curb abuse of the elderly, Washington Post, December 3, 1992.
Freed, K.: Youth receives three years for stealing ice cream, Los Angeles Times, p. 23, September 30, 1994.
Gelles, R. J.: The violent home, Beverly Hills, Calif, 1972, Sage.
Giarretto, H.: Humanistic treatment of father-daughter incest. In Helfer, R. E. and Kempe, C. H., editors: Child abuse and neglect: the family and the community, Cambridge, Mass, 1976, Ballinger.
Giroux, H.: Border crossings, New York, 1992, Routledge.
Halper, M.: Helping maltreated children: school and community involvement, St. Louis, 1979, Mosby.
Hanania, J.: A hidden world of violence, Los Angeles Times, November 19, 1996.
Helfer, R. D., Kempe, C. H., editors: Child abuse and neglect: the family and the community, Cambridge, Mass, 1976, Ballinger.
Johnson, T.: Critical issues in the definition of elder mistreatment. In Pilemar, K. A., Wolf, R. S., editors: Elder abuse: conflict in the family, Dover, Mass, 1986, Auburn House.
Justice, B., Justice, R.: The broken taboo, New York, 1979, Human Sciences Press. Kempe, C. H.: The battered child syndrome, JAMA 181:17, 1962.
Kosberg, J.: Preventing elder abuse: identification of high risk factors prior to placement discussions, Gerontologist 28:43, 1988.
Lau, E. E., Kosberg, J. I.: Abuse of the elderly by informal care providers, Age Ageing, September/October, 1979.
McPartland, Nettles, S. M.: Using community adults as advocates or mentors for at-risk middle school students: a two-year evaluation of project RAISE, Am J Education 99(4):568, 1991.
Metz, M. H.: Classrooms and corridors: the crisis of authority in desegregated secondary schools, Berkeley, 1978, University of California Press.
Miller, M. S.: No visible wounds, Chicago, 1995, Contemporary Books.
Moynihan, D. P., Glazer: Beyond the melting pot. Cambridge, Mass, 1987, Joint Center for Urban Studies.
Nemeth, P.: Controlling school violence, Editorial, New York Times, p. A 24, May 3, 1993.
Noguera, P.: Preventing and producing violence: a critical analysis of response to school violence, Harv Educ Rev, vol 63, No. 2, Summer 1995.

O'Brien, J.: Elder abuse: barriers to identification and intervention, paper presented at the meeting of the Gerontological Society of America, Chicago, III, November 1986.
O'Reilly, J.: Battered wives, Time, September 5, 1983.
Ornstein, A.: Discipline: a major function in teaching the disadvantaged. In Heidenreich, R., editor: Urban education, Arlington, Va, 1972, College Readings.
Ornstein, p. 8.
Pillemer, K., Finkelhor, D.: The prevalence of elder abuse: a random sample survey, Gerontologist 28:51, 1988.
Rivera, C.: Child abuse rose 9.4% last year, Los Angeles Times, November 15, 1996.
Rivera, C.: Child abuse in U.S. is at crisis levels, panel says. Los Angeles Times, April 26, 1995.
Rubinelli, J.: Incest: it's time we faced reality, J Psychiatr Nurs 18:17, 1980.
Salend, E. and others: Elder abuse reporting: limitations of statutes, Gerontologist 24:61, 1984.
Salholz, E. and others: Beware of child molesters, Newsweek, p 45, August 9, 1982.
Silver, L. B.: Psychological aspects of the battered child and his parents, J Child Hosp Clin Proc 24:355, 1968.
Straus, M. A. and others: Behind closed doors: violence in the American family, Garden City, NY, 1980, Doubleday.
Toby, J.: Everyday school violence: how disorder fuels it, Am Educator, p. 4, Winter 1993/1994.
U. S. Department of Health and Human Services: Study of national incidence and prevalence of child abuse and neglect, DHHS Publ No. (OHDS) 105–85–1702, Hyattsville, Md, 1992, U. S. Government Printing Office.
Van Biema, D.: Abandoned to her fate, Time 146(24):32, 1995.
Vogel, E. F., Bell, N. W.: The emotionally disturbed child as a family scapegoat, J Psychoanal 47:21, 1960.
Walker-Hooper, A.: Domestic violence: assessing the problem. In Warner, C. G., editor: Conflict intervention in social and domestic violence, Bowie, Md, 1981, Brady.
Weissbourd, R.: The vulnerable child, Reading, Mass, 1996, Addison-Wesley.

Weiterführende Literatur

Barnett, O. W., Kyson, M., Thelen, R. E.: Women's violence as a response to male abuse, Paper presented at the meeting of the American Psychological Association, Washington, DC, August 1992.
Bennett, G., Kingston, P.: Elder abuse, London, 1993, Chapman & Hall.
Browne, A.: Violence against women by male partners: prevalence, outcomes and policy implications, Am Psychot 48:1077, 1993.
Byers, J.: Seven steps to stamp out child abuse, Los Angeles Times, 1996, National Committee to Prevent Child Abuse.
Coontz, S.: The way we never were: American families and the nostalgia trap, New York, 1992, Basic Books.
Cremin, L.: American education: the metropolitan experience 1875–1980, New York, 1988, Harper & Row.

Foner, N.: The caregiving dilemma: work in an American nursing home, Berkeley, 1994, University of California Press.
Garbarino, J. and others: Children in danger, San Francisco, 1992, Jossey-Bass.
Gleason, W. J.: Mental disorders in battered women: an empirical study, Violence Vict 8:53, 1993.
Hallisey, E.: Gang activity in state's prisons on the increase, San Francisco Chronicle, p 14, May 17, 1994.
Hamberger, L. K., Saunders, D. G., Hovey, M.: Prevalence of domestic violence in community and rate of physician inquiry, Fam Med 24:283, 1992.
Hendricks-Matthews, M.: Family physicians and violence: looking back, looking ahead, Am Fam Physician 45(5):2033, 1992.
Hewlett, S. A.: When the bough breaks: the cost of neglecting our children, New York, 1991, Harper Collins.
Johnson, J., Immerwahr, J.: What Americans expect from the public schools, p. 4, Winter 1994/1995.
Kemper, P.: Disarming Youth. Calif School Boards J, p. 25, Fall 1993.
Kemper, p. 27.
Lach, M. S., Pilemer, K.: Abuse and neglect of elderly persons, N Engl J Med 332:437, 1995.
Morrison, G., Furlong, M. J., Morrison, R. L.: School violence to school safety: reframing the issue for school psychologists, School Psychol Rev 23(2):236, 1994.
Nemeth, P.: Caught in the crossfire, Am Teach 77(2):6, 1994.
Potakow, V.: Lives on the edge: single mothers and their children in the other America, Chicago, 1993, University of Chicago Press.
Prothrow-Stith, Weissman, D. and M: Deadly consequences: how violence is destroying our teenage population and a plan to begin solving the problem, New York, 1991, Harper-Collins.
Rothman, D.: Discovery of the asylum, Boston, 1971, Little, Brown.
Rothman, p. 15.
Rothman, p. 137.
Rothman, p. 235.
Sherman, A.: Wasting America's future: the children's defense fund report on the cost of child poverty, 1994, Beacon Press.
Wilson, G.: Abuse of elderly men and women among clients of a community psychogeriatric service, Br J Soc Work 124(6):681, 1994.
Wilson, H. E.: School violence and campus security, School Manage Advisor No. 20, 1993, North Carolina Department of Education.

6. Das psychische Trauma der Kinderlosigkeit

Ihr seid die Bögen, von denen eure Kinder als lebende Pfeile ausgesandt werden.
Kahlil Gibran

Viele Ehepaare gehen bei ihrer Familienplanung heute genauso sorgfältig vor wie bei der Planung von Ausbildung, Karriere, Lebensweise oder größeren Ausgaben. Sie berücksichtigen alle Faktoren und warten den richtigen Moment ab, um eine Familie zu gründen.

Für jedes sechste amerikanische Ehepaar im zeugungsfähigen Alter ist Fertilität jedoch keine Eigenschaft, die wie auf Knopfdruck aktiviert werden kann. Etwa 15% der amerikanischen Bevölkerung im zeugungsfähigen Alter sind von *Infertilität* bzw. *Sterilität* betroffen, dem Unvermögen, nach einem Jahr regelmäßigen sexuellen Kontakts ein Kind zu zeugen bzw. ein Kind bis zur Geburt auszutragen. Nach den Angaben des U. S. Census Bureau (1993) gibt es derzeit 300 Millionen US-Amerikaner; davon sind rund 66 Millionen oder 30% zwischen 22 und 40 Jahre alt. Überträgt man die geschätzte Unfruchtbarkeitsquote von 15% auf diese Zahlen, so müßten mehr als 10 Millionen US-Bürger dauerhaft oder vorübergehend außerstande sein, ein Kind zu zeugen bzw. auszutragen. In jeweils 40% der Fälle geht die Unfruchtbarkeit alleine zu Lasten der Frau oder des Mannes. In den übrigen 20% der Fälle tragen entweder beide Partner zur Unfruchtbarkeit bei oder es liegen unbekannte Ursachen vor (Halpert 1994).

Noch vor ungefähr 30 Jahren ging man davon aus, daß 40–50% der Infertilitätsfälle auf emotionale Ursachen zurückzuführen seien. Unfruchtbaren Ehepaaren wurden typische Charakterzüge nachgesagt, die dazu führten, keine Kinder bekommen zu können. In neuerer Zeit werden emotionale Faktoren aufgrund unseres gewachsenen neuroendokrinologischen Wissens sowie anderer medizinischer Fortschritte nur noch mit 5% veranschlagt.

Obwohl Kinderlosigkeit heute bei weitem nicht mehr so stark gesellschaftlich verpönt ist wie in früheren Zeiten, gibt es immer noch viele unfruchtbarer Ehepaare, die sich von ihrer Umwelt dazu gedrängt fühlen, Kinder zu bekommen. Unfruchtbarkeit ist für die betroffenen Ehepaare unbestreitbar eine häufige Ursache emotionaler Traumata und kann ihre Beziehung erheblich belasten (Eisener 1963), und wenn eine Frau und ihr Partner zu erkennen beginnen, daß sie möglicherweise niemals ein eigenes Kind haben werden, tritt oft ein emotionaler Zustand ein, der als *Infertilitätskrise* bezeichnet werden kann (Bresnick & Laymor 1979).

6.1 Kinderlosigkeit als Lebenskrise

Es ist ein ganz normaler Vorgang, wenn eine infertile Person im Verlauf der diesbezüglichen Untersuchungen und Therapieversuche früher oder später in eine Krise gerät. Unter Krise ist in diesem Falle eine Störung des Normalzustandes zu verstehen, eine *Phase des Ungleichgewichts*. Da es während der Untersuchungen und Behandlungsbemühungen wiederholt zu Krisensituationen kommen kann, besteht einerseits ein hohes Risiko, daß fehlangepaßte Verhaltensweisen entwickelt werden, andererseits aber auch die Chance für psychische Wachstumsprozesse und vertiefte Einsichten. Welche der beiden Möglichkeiten tatsächlich eintritt, hängt in hohem Maße davon ab, ob eine professionelle Betreuungskraft zur Verfügung steht, die in verständnisvoller, kenntnisreicher und fürsorglichen Weise Krisenintervention betreibt (Menning 1980).

Es wäre naiv, wenn ein Arzt, der Infertilität behandelt, behaupten würde, Gefühle fielen nicht in seinen Fachbereich. Durch das, was er tut oder unterläßt, hat er enormen Einfluß auf den Ausgang der Krise. Jemand, der in einer Krise steckt, ist besonders verletzlich, und Desinteresse, pseudopsychologische Ratschläge oder Vergleiche mit Personen, «die noch viel schlimmer dran sind», können äußerst schmerzhaft für ihn sein.

Als folgten sie einer stillschweigenden Übereinkunft, geraten selten beide Ehepartner gleichzeitig in eine Krise. Der leidende Partner kann dadurch den Eindruck gewinnen, der andere könne ihn nicht verstehen. Möglicherweise haben die beiden einander auch nicht viel zu geben, so daß der in der Krise befindliche Partner auf fremde Hilfe angewiesen ist. In einem solchen Moment ist der Arzt sehr wichtig, und wenn er selbst nicht über die nötigen Beraterfähigkeiten verfügt, so kann er doch die Weichen in Richtung einer therapeutischen Intervention stellen (Winkleman 1995).

Der Ungleichgewichtszustand und die Verletzlichkeit, die mit einer Krise einhergehen, haben auch ihre gute Seite. Da die vorhandenen Bewältigungsmechanismen versagt haben, ist die betreffende Person offen für Veränderungen und Weiterentwicklung. Alte, gescheiterte Bewältigungsmuster werden in Krisensituationen häufig abgelegt, und der Patient hat die Möglichkeit, neue, besser geeignete

Strategien zu erlernen. Die Angst, die die meisten Menschen in einer Krise erleben, ist im Grunde eine sehr mächtige Kraft. Gelingt es dem geübten Therapeuten, diese Kraft geballt auf das bestehende Problem zu lenken, kann sie bei der Überwindung der Krise helfen. Der Grundsatz der Krisenintervention sollte lauten: *primum noli nocere*, was soviel bedeutet wie: vor allem keinen Schaden zufügen. Das therapeutische Ziel der Krisenintervention besteht darin, daß die betroffene Person in einen Gleichgewichtszustand zurückfindet, der auf dem Niveau vor der Krise liegt oder – noch besser – sogar von höherer Qualität ist.

6.2 Die Gefühlslage kinderloser Ehepaare

Eine Infertilitätskrise löst bei dem betroffenen Ehepaar eine Vielzahl von Gefühlen aus. Einige dieser Emotionen sind sehr berechtigt und gründen sich auf nur allzu reale und zutreffend empfundene Kränkungen, die aus dem Verhalten der Umwelt bzw. den Prozeduren der Infertilitätsuntersuchung und -therapie erwachsen. Andere Gefühle hingegen sind eher unberechtigt und beruhen zum Teil auf Mythen und Aberglauben oder auf magischem, kindlichem Denken. Auch wenn Abfolge und Intensität der Emotionen variieren können, erleben die meisten unfruchtbaren Patienten bei ihrem Versuch, die Infertilitätskrise aufzuarbeiten, ein ähnliches Gefühlssyndrom. Unabhängig vom eigentlichen Grund der Unfruchtbarkeit empfinden sich sowohl Frauen als auch Männer als «fehlerhaft» und «minderwertig». Viele Frauen sagen, sie fühlten sich «hohl» und «leer», während Männer in bezug auf den Geschlechtsverkehr häufig von «Rohrkrepierern», «Fehlschüssen» o.ä. sprechen. Außerdem glauben viele Paare, sie machten etwas verkehrt oder sie wüßten vielleicht nicht genug über Sex.

6.2.1 Emotionale Reaktionen bei Unfruchtbarkeit

Rosenfeld & Mitchell (1979) heben hervor, daß die unfruchtbaren Ehepartner in ihrer Krisensituation sowohl als Paar als auch als Individuen unter einer enormen Belastung stehen. Sie bezeichnen die verschiedenen Stadien der emotionalen Reaktion auf Infertilität als Erstaunen, Trauer, Wut, Isolation, Verleugnung und Akzeptanz. Ihrer Meinung nach kann eine Therapie in allen diesen Phasen sehr hilfreich sein, besonders jedoch in der letzten. Nach Menning (1982) treten die folgenden 7 Gefühlsstadien in einer schlüssigen Reihenfolge auf.

6.2.1.1 Erstaunen

Die meisten Menschen, die von ihrer Unfruchtbarkeit erfahren, reagieren zunächst völlig schockiert und überrascht. Die überwiegende Anzahl der Ehepaare im zeugungsfähigen Alter machen sich eher Gedanken über Empfängnis*verhütung*. Sie zweifeln nicht daran, jederzeit Kinder haben zu können, wenn sie es wollen. Ironischerweise haben die meisten Paare oft über viele Jahre hinweg Verhütungsmittel benutzt, bevor sie feststellen, daß sie keine Kinder bekommen können. Diese Entdeckung kommt besonders solche Menschen hart an, die in hohem Maße leistungsorientiert und fest davon überzeugt sind, daß sie jedes Hindernis beseitigen können, wenn sie sich nur genug bemühen und es wirklich wollen.

6.2.1.2 Verleugnung

«Das kann mir/uns doch nicht passieren», ist die Reaktion vieler Paare, bei denen Unfruchtbarkeit festgestellt wurde, besonders wenn die ersten Tests ein irreparables Problem bei einem der Partner andeuten. Diese Verleugnung erfüllt einen Zweck. Sie erlaubt es Körper und Geist, sich in der ihnen eigenen Geschwindigkeit auf die neue, außergewöhnliche Situation einzustellen. Verleugnung ist daher *nur* gefährlich, wenn sie sich zu einem länger andauernden oder gar permanenten Bewältigungsmechanismus entwickelt, z. B. wenn eine chronisch depressive infertile Frau standhaft behauptet, sie habe ohnehin nie Kinder gewollt, oder wenn eine Person sich hartnäckig gegen die Bezeichnung «unfruchtbar» wehrt, obwohl sie seit 5–10 Jahren vergeblich versucht, Kinder zu bekommen. Für Menschen, die in extremer Form auf diesen Abwehrmechanismus zurückgreifen, ist meist eine länger andauernde Psychotherapie angezeigt.

6.2.1.3 Wut

Ein Ehepaar, das sich einer Infertilitätsuntersuchung und -behandlung unterzieht, gibt seinen Körper in fremde Hand. Selbst in der besten Arzt-Patient-Beziehung kann es zu Frustration, Hilflosigkeit und Schamgefühlen kommen. Dieser Verlust der Kontrolle wird mit hoher Wahrscheinlichkeit Wut auslösen. Diese kann in hohem Maße nachvollziehbar sein und sich auf tatsächlich erlittene und zutreffend wahrgenommene Kränkungen beziehen, z. B. auf den gesellschaftlichen oder familieninternen Druck, Kinder zu bekommen, oder auf durch Tests und Behandlungsmaßnahmen bedingte Schmerzen oder Unannehmlichkeiten. Manchmal aber ist die Wut der Betroffenen ziemlich irrational und richtet sich gegen andere Personen wie etwa den Arzt oder Partner oder aber gegen allgemeine gesellschaftliche Erscheinungen wie Abtreibungsgegner oder «Leute, die sich vermehren wie die Karnickel». Diese irrationale Wut dient in der Regel dazu, andere, elementarere Gefühle (z. B. tiefe Trauer) zu überdecken, die noch nicht akzeptiert sind. Ganz gleich, wie die Wut sich äußert oder woher sie stammt, die betroffene Person muß die Gelegenheit bekommen, sie abzureagieren. Wie Wut es nun einmal so an sich hat, verfliegt sie meist, wenn man immer wieder über die Demütigungen spricht, die sie ausgelöst haben. Dies kann beispielsweise in einer Selbsthilfegruppe geschehen, ohne daß die betroffene Person selbst oder andere Schaden nehmen.

6.2.1.4 Isolation

Sehr oft berichten unfruchtbare Paare, sie seien in ihrem Bekanntenkreis die einzigen, die keine Kinder bekommen können. Den meisten Menschen fällt es schwer, über Infertilität zu sprechen, da es sich hierbei, zumal auch der Bereich der Sexualität angesprochen werden muß, um eine sehr persönliche Angelegenheit handelt.

Möglicherweise hält ein Paar seine Unfruchtbarkeit geheim, weil es nicht bemitleidet werden möchte, oder es fürchtet, so abgeschmackte Ratschläge wie «Entspannt euch!» oder «Warum gönnt ihr euch nicht zweite Flitterwochen?» zu bekommen. Eine Geheimhaltung kann aber auch zahlreiche schwerwiegende Folgen haben. Beispielsweise kann es geschehen, daß Angehörige und Freunde immer weiter in das Paar dringen, um zu erfahren, wann es endlich eine Familie gründen will. Aber noch schwerwiegender ist es, daß das Paar sich in einer Zeit extremer Belastung von möglichen Quellen des Trostes und Rückhalts abschneidet. In Extremfällen reagieren unfruchtbare Paare so empfindlich auf den Anblick von Kindern oder Schwangeren, daß sie sämtliche Situationen meiden, in denen sie damit konfrontiert werden könnten. Dies kann bis hin zum Wechsel der Arbeitsstelle oder zum Umzug gehen.

Auch zwischen den Partnern selbst kann es zu einer Entfremdung kommen. Vielleicht grämt die Frau sich darüber, daß ihr Mann unfähig zu sein scheint, ihre Enttäuschung über ein erneutes Einsetzen der Menstruation, ihre Fixierung auf die Temperaturmessung um den Termin des Eisprungs herum oder ihre nervöse Hoffnung beim Ausbleiben der Menstruation nachzuvollziehen. Der Mann hingegen hat vielleicht Angst, mit seiner Frau darüber zu reden, was es für ihn bedeutet, sich einer Samenuntersuchung zu unterziehen oder, ganz gleich ob er Lust dazu empfindet oder nicht, auf Kommando Sex haben zu müssen. Infolgedessen kann es passieren, daß die Kommunikation zwischen den beiden Partnern zusammenbricht oder sie den Spaß am Sex verlieren. Nicht selten kommt es vor, daß sich unfruchtbare Paare über sexuelle Belange streiten. Da die Partner niemanden haben, mit dem sie über die Berechtigung ihrer Gefühle sprechen könnten, neigen sie oft zu der Annahme, daß sie nicht nur keine Kinder bekommen können, sondern außerdem auch ihre Ehe und ihr Sexualleben in Gefahr sei. Daher bedeutet es für sie immer eine große Erleichterung, sich mit anderen betroffenen Paaren austauschen zu können, die ihre Gefühle und Sorgen teilen. Eine der besten Methoden, um der durch ihre Infertilität bedingten Isolation entgegenzuwirken, besteht darin, betroffenen Paaren dabei zu helfen, beispielsweise in einer Selbsthilfegruppe mit anderen Betroffenen zusammenzukommen.

6.2.1.5 Schuldgefühle

Ein weiterer Grund für die Geheimniskrämerei, die so oft mit Unfruchtbarkeit einhergeht, sind Schuldgefühle. Der Mensch muß offenbar für alles, was ihm zustößt, ein Ursache-Wirkung-Modell konstruieren. Viele unfruchtbare Paare suchen in ihrer gemeinsamen oder individuellen Vergangenheit nach «Sünden», für die sie nun bestraft werden. Klassische Beispiele für potentielle Auslöser solcher Schuldgefühle sind vorehelicher Sex, die Verwendung von Verhütungsmitteln, eine frühere Abtreibung, Geschlechtskrankheiten, Ehebruch oder außereheliche Flirts, Masturbation, homosexuelle Gedanken oder Akte und sogar sexuelle Lust. Ist die vermeintliche Sünde erst einmal entdeckt, wendet sich die betroffene Person der selbst auferlegten Buße bzw. der Bemühung um Vergebung zu, ein Prozeß der recht langwierig sein kann. Diese Buße kann von religiösen Akten über Selbstverleugnung bis hin zur Übernahme selbstverletzender Aufgaben reichen, wie z. B. alleinerziehende Mütter beraten oder anderer Leute Kinder unterrichten. Dieses Phänomen scheint in keinem Zusammenhang zum Bildungsgrad der betreffenden Person zu stehen; gerade auch viele gebildete Menschen entwickeln in bezug auf ihre Unfruchtbarkeit einen geradezu mystischen Glauben an eine «göttliche Bestrafung», selbst wenn sie eigentlich überhaupt nicht gläubig sind. Die Lehren des Alten Testaments und traditionelle Überlieferungen aus vergangenen Zeiten können die Ansicht verstärken, die unfruchtbare Person (besonders, wenn es sich um eine Frau handelt) sei in Ungnade gefallen und werde nun von einer höheren Macht bestraft. Je geringer das Selbstbewußtsein einer Person ist, desto anfälliger ist sie für derartige Schuldgefühle. Tief in ihrem Innersten glaubt sie, eine Schwangerschaft und ein Kind nicht verdient zu haben, und verheimlicht ihre Infertilität vor anderen aus Angst, es könne herauskommen, wie schlecht sie in Wirklichkeit ist.

6.2.1.6 Trauer

Das fraglos bezwingendste Gefühl, das von einer eindeutig diagnostizierten Infertilität ausgeht, ist die Trauer. Oft folgt sie auf eine Phase der Depression, wenn sämtliche Tests und Therapiemaßnahmen vergebens waren. Ist alle Hoffnung auf eine Schwangerschaft und ein eigenes Kind dahin, ist Trauer die einzig richtige und absolut notwendige Reaktion. Da der erlittene Verlust nicht ein tatsächliches, sondern vielmehr ein potentielles Leben zum Inhalt hat, handelt es sich um eine sehr befremdliche und verwirrende Art der Trauer. In unserer Gesellschaft gibt es konkrete Rituale, die den Trauernden nach einem Todesfall Trost spenden. Bei Infertilität ist dies nicht der Fall; es gibt keine Totenwache, keine Beerdigung und kein Grab. Angehörige und Freunde wissen vielleicht nicht einmal, was geschehen ist. Das unfruchtbare Paar ist mit seiner Trauer oft ganz alleine. Eine Fehl- oder Totgeburt wird wesentlich leichter als tatsächlicher Tod empfunden, Freunde und Verwandte wissen um den erlittenen Verlust und geben Trost und Unterstützung

Liegt definitiv Unfruchtbarkeit vor, kommt es zu einer Vielzahl von Verlusten: die Betroffenen verlieren die Möglichkeit, Kinder zu bekommen und sich fortzupflanzen, sie verlieren ihre Fruchtbarkeit mit ihrer Bedeutung für die Sexualität, und ihnen entgeht die Schwangerschaftserfahrung selbst. Welcher Gesichtspunkt des Verlustes am schwersten wiegt, ist von Mensch zu Mensch verschieden. Trauer über Unfruchtbarkeit tritt in ziemlich konzentrierter Form auf. So schmerzhaft aber die Trauerarbeit anfangs auch sein mag, mit all den Tränen und körperlichen Symptomen wie Appetitmangel, Erschöpfung, Beklemmungs- und Erstickungsgefühle – ihr Verlauf ist vorhersehbar, und sie findet irgendwann einmal ein Ende. Es ist wichtig, dies einer betroffenen Person mitzuteilen, wenn sie sich scheut, ihre Gefühle aus sich herauszulassen.

6.2.1.7 Bewältigung

Der wünschenswerte Ausgang einer jeden Krise, auch der Infertilitätskrise, ist die erfolgreiche Bewältigung. Damit es zu einer wirklichen Bewältigung kommen kann, muß jedes der oben angeführten schmerzlichen Gefühle aufgespürt, verarbeitet und akzeptiert werden. Gefühle können niemals völlig abgeschüttelt werden. Besondere Erinnerungen, etwa der Jahrestag eines Verlustes, aber auch neue, ganz anders gelagerte Krisensituationen können sie wieder an die Oberfläche bringen. Nie wieder jedoch werden sie so stark oder so schwer zu überwinden sein, wie sie es anfangs einmal waren. Eine solche Reaktivierung ist in der Regel von kurzer Dauer und kann vorhergesehen werden.

Das Bewältigungsstadium ist erreicht, wenn die Energie zurückkehrt, vielleicht sogar ein erster Funke der Lebensfreude und des Wohlgefühls aufflammt. Optimismus, Zuversicht und der Sinn für Humor kommen wieder, und vielleicht geben sogar einige der vergangenen Absurditäten Anlaß zu Belustigung. Die Annahmen über Sexualität, das Selbstbild und das Selbstwertgefühl rekonstruieren sich und lösen sich von der Vorstellung, Kinder bekommen zu sollen oder zu müssen. Dennoch aber bleiben diese Aspekte des Selbstkonzepts vollständig und geschlossen. Das Paar beginnt, wieder Zukunftspläne zu schmieden und findet Wege, die am Hindernis der Unfruchtbarkeit vorbeiführen. Ist die Krise überwunden, kann es voller Zuversicht einen alternativen Lebensentwurf entwickeln und ist bereit, sein Leben in Selbstvertrauen weiterzuführen.

6.3 Fehlgeburt und Totgeburt

Der Zustand der Infertilität stellt eine komplexe Lebenskrise dar. Selten verläuft der Bewältigungsprozeß so glatt wie in den vorangegangenen Abschnitten beschrieben: von der Entdeckung des Problems über die Verarbeitung der Gefühle bis hin zur Entwicklung eines Alternativplans zur Lebensgestaltung. Ein Aspekt der Kinderlosigkeit, der noch weit schwerer wiegt als die Unfruchtbarkeit, ist eine Fehl- oder Totgeburt.

Bei einer *Fehlgeburt* liegt das Problem nicht darin, daß das betroffene Paar keine Kinder bekommen kann, sondern darin, eine einmal bestehende Schwangerschaft auch zu einem glücklichen Ende zu bringen. Fehlgeburten kommen häufiger vor, als die meisten Menschen glauben. Man schätzt, daß eine von sechs Schwangerschaften mit einer Fehlgeburt endet. 75 % Prozent aller Fehlgeburten ereignen sich im ersten Drittel der Schwangerschaft und sind die Folge mangelnder Verfügbarkeit von Einrichtungen der Schwangerschaftsbetreuung und medizinisch nicht behandelbarer Probleme wie beispielsweise falscher Ernährung, Vitaminmangel oder lückenhafter Geburtsvorsorge. Insofern handelt es sich bei der Fehlgeburt um eine eher zufällig auftretende Maßnahme der Natur, die sich im Leben eines normalen Paares nur selten wiederholt. Als unfruchtbar gelten Paare, bei denen es vermutlich aufgrund organischer, hormoneller oder genetischer Probleme wiederholt zu Fehlgeburten kommt. Es gibt Hinweise darauf, daß Paare, bei denen im Hinblick auf die Empfängnis große Schwierigkeiten vorliegen, ein höheres Risiko aufweisen. Die Gefahr, das Kind zu verlieren, wird bei ihnen auf 40 % geschätzt, wobei die Ursache der Fehlgeburten oft im selben Problem liegt, das die Empfängnis erschwert.

Vom medizinischen Standpunkt aus betrachtet ist eine Fehlgeburt potentiell gefährlich, unter Umständen sogar lebensbedrohlich. Kommen zu dem physischen Trauma noch emotionale Aspekte hinzu, kann sie zu einem lebensprägenden Ereignis werden. Eine Fehlgeburt tritt in aller Regel völlig unerwartet ein. Findet sie in einem frühen Schwangerschaftsstadium statt, kann sie schon in wenigen Minuten vorüber sein, andererseits besteht aber auch die Möglichkeit, daß sie sich über Tage oder Wochen hinzieht. Meist hören die Blutungen und Krämpfe erst auf, wenn der Fetus abgegangen ist. Mitunter können medizinische Interventionen den Abortus verhindern, und das Paar sieht dem, was letztlich «herauskommt», mit einer Mischung aus Hoffen und Bangen entgegen.

Es gibt viele Dinge, die bei einer Fehlgeburt neben der rein medizinischen Versorgung zu berücksichtigen sind. Ein großes Problem besteht darin, daß Frauen, bei denen eine Fehlgeburt droht, in vielen Krankenhäusern auf die Entbindungsstation kommen. Hier befinden sie sich in unmittelbarer Nähe gebärender Frauen, frisch gebackener Mütter und neugeborener Babys. Die Krankenhäuser rechtfertigen diese Maßnahme damit, daß es sich bei einer Fehlgeburt nicht um ein routinemäßiges gynäkologisches Ereignis handele und diese daher in der Entbindungsabteilung stattfinden sollte, wo im Falle der Notwendigkeit eines operativen Eingriffs der Kreißsaal zur Verfügung stehe. Die emotionalen Auswirkungen eines solchen Vorgehens auf das betroffene Paar können jedoch immens sein. Daher sollte es einem Paar, das gerade eine Fehlgeburt hinter sich hat, zumindest erspart werden, mit ansehen zu müssen, wie andere Frauen in den Wehen liegen oder ihre Neugeborenen im Arm halten. Die Tür des Zimmers, in dem die betroffene Frau liegt, sollte gekennzeichnet werden, so daß das Krankenhauspersonal um die Situation weiß. Der Partner darf nicht als Besucher behandelt werden, sondern muß seine Frau jederzeit sehen können. Damit das Paar unbehelligt trauern kann, sollten so wenig Personen wie möglich ihre Privatsphäre stören.

Die Notwendigkeit von Trauer nach einer Fehlgeburt ist unumstritten – besonders wenn das Paar sich schon lange nach einem Kind gesehnt hat. Leider gibt es viele Ärzte und Pflegekräfte, die sich angesichts dieses elementaren menschlichen Gefühls unwohl fühlen, Trauer als Wehleidigkeit auslegen oder befürchten, sie könne das Wohlbefinden anderer Patienten beeinträchtigen. Nur allzu gerne verschreiben Ärzte Beruhigungsmittel oder gar Antidepressiva. Am besten ist es wohl, das trauernde Paar so bald wie möglich nach Hause zu entlassen, wo sowohl Trauerarbeit als auch Genesung in einer vertrauten Umgebung und ungestört stattfinden können.

Angehörige und Freunde reagieren auf die Nachricht von einer Fehlgeburt meist mit kurzen Trostworten und der Versicherung, die nächste Schwangerschaft werde sicherlich gutgehen. Solche Platitüden sind nicht nur medizinisch falsch, sondern sprechen dem Paar außerdem das Recht ab, den Verlust zu betrauern.

In manchen Fällen ertragen die betroffenen Paare fünf, sechs oder mehr Fehlgeburten, bevor sie aufgeben. Die Nachricht von jeder neuen Schwangerschaft nehmen sie mit Furcht und schlimmen Vorahnungen entgegen, anstatt mit Freude. Damit sich Familie und Freunde keine falschen Hoffnungen machen, halten sie die Schwangerschaft geheim, und sie greifen in großem Umfang auf Verleugnungsmechanismen zurück, um ihre eigene bange Hoffnung nicht von Woche zu Woche anwachsen zu lassen. Der emotionale Preis aber, den sie dafür bezahlen, ist außerordentlich hoch. Einige Paare entschließen sich schließlich sogar zur Sterilisation, um weitere Schwangerschaften zu vermeiden.

Eine *Totgeburt* ist der Abort eines Fetus, der ausreichend entwickelt wäre, um außerhalb des Mutterleibs zu überleben, und mindestens 1000 Gramm wiegt (in der Regel ab der 28. Woche), aber keines der für eine Lebendgeburt maßgeblichen

Zeichen (Herzschlag, natürliche Lungenatmung, Pulsation der Nabelschnur) aufweist. Totgeburten sind wesentlich seltener als Fehlgeburten und wiederholen sich üblicherweise nicht. Es gibt verschiedene Arten der Totgeburt, und jede davon verursacht ihre eigenen Formen von seelischem Schmerz oder emotionalem Aufruhr. Entweder der Fetus stirbt im Mutterleib, so daß die Eltern schon bei der Einweisung ins Krankenhaus, also vor der Geburt, wissen, daß ihr Baby tot ist. Oder das Baby lebt, stirbt jedoch während der Wehen oder der Geburt oder – infolge angeborener Defekte – bei der Abnabelung. In diesem Fall tritt der Tod überraschend ein. Oder aber Mutter und Kind machen eine kritische Situation durch, wie es z. B. bei einer vorzeitigen Ablösung der Plazenta der Fall ist, wobei es zu starken Blutungen kommt und die Sauerstoffversorgung des Kindes zusammenbricht. In diesem Fall handelt es sich um eine lebensbedrohliche Situation, und der emotionale Aspekt tritt zumindest vorerst in den Hintergrund.

Unabhängig von den genauen Umständen einer Totgeburt ergeben sich einige gemeinsame Aspekte. Da die Schwangere zwangsläufig in die Entbindungsstation eingewiesen wird, muß sorgsam darauf geachtet werden, daß sie von normal gebärenden und frisch gebackenen Müttern abgeschirmt wird und ihre private Sphäre bekommt. Steht der Tod des Babys fest, sollte dies der Mutter möglichst schonend und im Beisein ihres Mannes oder einer anderen Person ihres Vertrauens mitgeteilt werden. Offenbar ist es für den Trauerprozeß wichtig, daß das Paar sein totes Baby sehen und im Arm halten kann. Ein entsprechender Vorschlag sollte den Eltern behutsam unterbreitet werden, und auf ihre Nachfrage hin sollte die Möglichkeit dazu bestehen. Da im Falle einer Totgeburt häufig eine Autopsie durchgeführt wird, wäre es besser, wenn die Eltern den Leichnam sehen, bevor er in die Pathologie geschickt wird. Eine Frau, die eine Totgeburt hatte, befindet sich nicht nur in einem Trauerzustand, sondern auch noch in einem postpartalen Zustand. Zusätzlich zu ihren emotionalen Bedürfnissen hat sie also auch noch die postpartalen Bedürfnisse einer Normalgebärenden. Die fürsorgliche Betreuung durch das Krankenhauspersonal sowie das uneingeschränkte Besuchsrecht des Partners werden ihre Genesung begünstigen. Eltern, die eine Totgeburt erlebt haben, müssen die Gründe hierfür erfahren. Möglicherweise bilden sie sich ein, etwas verkehrt gemacht und so das Geschehene verschuldet zu haben. Jeder durch eine Autopsie zutage tretende medizinisch relevante Umstand sollte genau erforscht und den Eltern mitgeteilt werden – besonders wenn er für zukünftige Schwangerschaften von Belang ist (Menning 1982).

6.4 Psychotherapie und Kinderlosigkeit

Nimmt ein unfruchtbares Paar ärztliche Hilfe in Anspruch, so ist die Entscheidung dafür, wie leicht ersichtlich, immer mit Enttäuschung und Angst verbunden.

Sturgis et al. (1957) halten es für sinnvoll, zu Beginn der Betreuung *eines jeden* unfruchtbaren Paares ein psychiatrisches Screening-Interview durchzuführen. Auch die selbstverständliche Mitwirkung eines Psychotherapeuten bei der Routineeinschätzung unfruchtbarer Paare wird als ratsam erachtet. Nach Karahasanglu et al. (1972) fallen dem Therapeuten vier wesentliche Aufgaben zu, nämlich:

- Screening und Einschätzung
- Beziehungsverbesserung
- Beratung hinsichtlich sexueller Kompatibilität
- stützende Begleitung

Die Erkenntnis, daß die meisten unfruchtbaren Paare davon ausgingen, mit der Ehe kämen unweigerlich auch Kinder und die Unfähigkeit zur Fortpflanzung sei gleichbedeutend mit einem Versagen im Hinblick auf die biologische Bestimmung, brachte andere Forscher dazu, gruppentherapeutische Verfahren als unterstützende Ergänzung bei der Therapie unfruchtbarer Paare einzusetzen. Die Teilnahme daran vermittelte den Partnern ein besseres gegenseitiges Verständnis und steigerte dadurch die Spontaneität und Häufigkeit ihrer sexuellen Kontakte. Die Einstellungen der Patienten wandelte sich zum Positiven hin, und die Anspannung nahm ab. Das Interesse der männlichen Partner nahm aktiveren Charakter an, und beide Partner fühlten sich weniger isoliert.

Die gruppentherapeutischen Sitzungen brachten außerdem das Ergebnis, daß der Druck und das Gefühl, persönlich versagt zu haben, weitgehend zurückgingen, als die unfruchtbaren Patienten sich mit anderen Betroffenen über ihre Gefühle und Ängste austauschen konnten. In Zusammenhang mit Unfruchtbarkeit sollte der Therapeut ein breites Spektrum an Maßnahmen zur Anwendung bringen. Dazu gehören neben gängigen psychotherapeutischen Interventionen auch Aufklärung, Ermutigung, verhaltensbezogene Empfehlungen und die Vermittlung von situativem Rückhalt. Außerdem kann der Therapeut dem Paar beim Trauern über die Kinderlosigkeit beistehen und ihm dabei helfen, Entscheidungen in bezug auf eine künstliche Befruchtung oder Adoption zu treffen oder mit der Ungewißheit umzugehen, falls die Unfruchtbarkeit nicht auf eine eindeutige Ursache zurückzuführen ist.

Auch wenn es dem Arzt oder Therapeuten klar ist, daß für eine bestimmte Patientin kaum Hoffnung auf Schwangerschaft besteht – solange sie medikamentös behandelt wird oder auf Testergebnisse wartet, wird sie die Bewältigung ihrer Infertilitätskrise hintanstellen, indem sie Entscheidungen bezüglich ihrer beruflichen und privaten Pläne oder einer möglichen Adoption hinauszögert und die endgültige Konfrontation mit ihrer Kinderlosigkeit verschiebt. In dieser schweren Zeit kann der Therapeut seinen Patientinnen eine große Hilfe dabei sein, ihre

Situation zu erkennen, zu verarbeiten und zu überwinden. Bevor es nicht absolut sicher ist, sollte der Therapeut besonders in Fällen, in denen keine medizinische Ursache für die Infertilität festzustellen ist, sorgsam darauf achten, nicht versehentlich Andeutungen darüber zu machen, daß die Patientin ihren Zustand auf psychogene Weise «selbst verursacht» habe. Taymor & Bresnick (1978) vertreten in diesem Zusammenhang die Auffassung, in den meisten Fällen sei es die Infertilität, die zu emotionalen Spannungszuständen führe, und nicht umgekehrt. Sie beschreiben die intensive, gefühlsbeladene Infertilitätskrise, die sich auf alle Bereiche des Privat- und Berufslebens des betroffenen Paares auswirkt. Davon ausgehend schlagen sie eine Intensivierung der Infertilitätsberatung vor, um die verschiedenen Formen von Angst, Depression, Frustration, Schuldgefühlen, Isolation und Obsession zu lindern, die durch eine solche Krise ausgelöst werden können. In einer späteren Studie (1979) zeigen die Autoren, wie Infertilitätsberatung die Lebensqualität vieler Patienten erhöhen kann, die in eine Infertilitätskrise geraten.

6.4.1 Psychosoziale Therapie

Viele Paare, die eine oder mehrere spontane Fehlgeburten oder eine Totgeburt erlebt haben, brauchen aufgrund des psychischen Traumas psychologische Hilfe. Sie haben einen ungeheuren Verlust erlitten, müssen die verschiedenen Phasen des Trauerprozesses durchlaufen und benötigen emotionalen Rückhalt und einen einfühlsamen Therapeuten, der ihnen unvoreingenommen zuhört. Menning (1980) rät folgendes:

- *Behandeln Sie die Unfruchtbarkeit als ein gemeinsames Problem beider Partner.*
  Unabhängig davon, bei welchem Partner das eigentliche Problem liegt, auch der andere Partner hat ein großes Interesse daran, daß die Ursachen ergründet und beseitigt werden. Optimal ist es, den Partner von Anfang an in die Gespräche und die Planung einzubeziehen. Auch für den eigentlichen Patienten hat es diverse Vorteile, als Teil einer Einheit betrachtet zu werden. Suchen zwei Personen gemeinsam einen Arzt auf, pendelt sich ein gewisses Gleichgewicht ein. Jedem macht die Anwesenheit des anderen Mut, und die beiden Partner werden ihre Wünsche und Bedürfnisse von vornherein offener diskutieren. Der Gedanke der «Schuld» scheint sich zu verflüchtigen; beide Partner sind beteiligt. In einer Zeit der Angst hat jeder zweimal die Gelegenheit, Informationen zu bekommen, und zweimal die Gelegenheit, Fragen zu stellen und sich Klarheit zu verschaffen.

- *Planen Sie die Untersuchung und Behandlung gemeinsam mit dem Paar.*
  Nur der Arzt weiß, welche Tests oder Therapiemaßnahmen in einem konkreten Fall angeraten sind. Diese sollten aber stets als Möglichkeiten angeboten wer-

den und nicht als Verpflichtungen. In vielen Bereichen gibt es einen erheblichen Verhandlungsspielraum: Die *Reihenfolge* der Tests kann oft flexibel festgelegt werden, sofern die Testergebnisse dadurch nicht verfälscht werden. Das Tempo der Untersuchungen und Behandlungsmaßnahmen kann für zögerliche Patienten verlangsamt und für solche Patienten beschleunigt werden, die einer Altersgrenze entgegengehen oder es aus anderen Gründen besonders eilig haben. Schon zu Beginn muß geklärt werden, was die verschiedenen Prozeduren kosten und ob sie von der Versicherung der Patienten getragen werden bzw. ob die Patienten sich die Durchführung finanziell leisten können.

- *Geben Sie Ihren Patienten emotionalen Rückhalt und fachliche Informationen.*
Es ist die Aufgabe des Arztes und seines Personals, die Patienten emotional zu stützen und sie aufzuklären. Einige Ärzte beschäftigen inzwischen Pflegekräfte oder Therapeuten, die ihre Patienten beispielsweise in die korrekte Messung der Basaltemperatur einführen, ihnen emotionalen Rückhalt geben und ihnen bei wichtigen Entscheidungen, z. B. in bezug auf eine Samenanalyse, beistehen. Ein informierter Patient ist wesentlich angenehmer als einer, der nur über Halbwissen verfügt. Gleich von Anfang an sollten Bücher oder Informationsbroschüren bereitgestellt werden, die von anerkannten Infertilitätsspezialisten verfaßt wurden. In Anbetracht der Tatsache, daß der Arzt nur begrenzte Zeit für jeden einzelnen Patienten hat, kann die Mitwirkung eines Therapeuten eine wichtige Ergänzung darstellen. Die physische und die emotionale Seite der Infertilität sind keine voneinander unabhängigen Aspekte, sondern eng miteinander verwoben. Für das unfruchtbare Paar ist der Arzt eine wichtige und einflußreiche Person. Für ein irreparabel oder auch «normal» unfruchtbares Paar ist es sehr schwer zu ertragen, nach Abschluß der Untersuchungs- und Behandlungsprozeduren weggeschickt zu werden, da für weitere Treffen ja «keine Notwendigkeit» mehr besteht. Wird den Paaren Gelegenheit gegeben, einige weitere Therapiesitzungen wahrzunehmen und über ihre Gefühle zu reden, kann das für sie enorm aufschlußreich sein und einen Rettungsanker darstellen, an dem sie sich festhalten können, bis sie anderweitig emotionalen Rückhalt gefunden haben.

- *Schicken Sie das Paar zu einem qualifizierten Infertilitätsspezialisten.*
Die Ärzteschaft ist sich oft selbst nicht darüber einig, wer die nötige Qualifikation besitzt, um eine komplette Infertilitätsuntersuchung und -therapie durchzuführen. Kein Wunder also, daß viele unfruchtbare Paare verwirrt sind. Glücklicherweise gibt es aber inzwischen Ärzte, die sich auf das Problem der Infertilität spezialisiert haben und über eine Zusatzausbildung in Reproduktionsendokrinologie, Geburtshilfe, Gynäkologie und Urologie verfügen. Die meisten Universitätskliniken führen Listen solcher Fachleute.

6.5 Ursachen der Kinderlosigkeit

Der erste Schritt einer Infertilitätstherapie besteht darin, daß der entsprechend qualifizierte Arzt – beispielsweise ein Reproduktionsendokrinologe – eine eingehende diagnostische Überprüfung durchführt. Zu den diagnostischen Maßnahmen können eine normale gynäkologische Untersuchung, ein postkoitaler Test und ein Hysterosalpingogramm (HSG) gehören. Beim postkoitalen Test wird kurz nach einem ungeschützten Geschlechtsverkehr die Konsistenz des Scheidensekrets und die Bewegungsfähigkeit des Spermas mikroskopisch untersucht; beim Hysterosalpingogramm wird Kontrastmittel in den Uterus injiziert, um festzustellen, ob Gebärmutter und Eileiter frei sind. Auch ein Blutbild, eine Hormonbestimmung, eine Laparoskopie und genetische Überlegungen können angeraten sein.

Der männliche Partner sollte sich einer Spermaanalyse sowie einer kompletten medizinischen Untersuchung unterziehen. Schätzungen zufolge liegen die Ursachen der Kinderlosigkeit in 30% der Fälle beim Mann, ebenfalls 30% gehen auf die Frau zurück; in 20% der Fälle handelt es sich um eine Kombination von Faktoren bei beiden Partnern, und die letzten 20% haben ungeklärte Ursachen.

Einer der Gründe für Unfruchtbarkeit kann im Lebensalter liegen. Ab dem 30. Lebensjahr nimmt die Fruchtbarkeit der Frau von Jahr zu Jahr kontinuierlich ab, eine Entwicklung, die sich ab dem 40. Lebensjahr noch beschleunigt. Je älter eine Frau ist, desto wahrscheinlicher ist eine rein mechanische Infertilitätsursache. Endometriose etwa, eine Störung, bei der Fragmente der Gebärmutterschleimhaut in die Eileiter wandern und diese verstopfen können, ist eines von vielen Beispielen für solche Probleme.

Nachdem beide Partner von Kopf bis Fuß durchgecheckt worden sind, folgt der nächste Schritt der Infertilitätstherapie, die Behandlung. Voraussetzung hierfür ist natürlich, daß die Ursachen der Sterilität gefunden werden konnten. Der Arzt wird versuchen, offensichtliche körperliche Störungen, wie etwa eine Blockierung der Eileiter, zu beheben. Darüber hinaus gibt es ein ganzes Spektrum von Behandlungsmöglichkeiten mit unterschiedlicher Aussicht auf Erfolg. In der Regel wird der behandelnde Arzt mit Maßnahmen zur Empfängnisunterstützung beginnen, weil sie am wenigsten invasiven Charakter tragen (Winkleman 1995).

6.6 Wenn Bekannte eine Fehlgeburt haben

Oft versuchen Freunde und Angehörige, eine Frau nach einer Fehlgeburt durch gutgemeinte Platitüden zu trösten, was aber häufig nur dazu führt, daß diese sich noch schlechter fühlt als zuvor. Damit Sie einen Anhaltspunkt dafür haben, wie Sie einer Betroffenen durch die schwere Zeit nach einer Fehlgeburt hindurchhelfen können, folgt nun eine Liste von Dingen, die Sie tun oder sagen können, und solchen, die Sie besser vermeiden sollten (Bennetts 1994):

Sagen Sie nicht, die Fehlgeburt sei eine Methode der Natur, um einen kranken Fetus abzustoßen. Das ist nicht nur höchst unsensibel, sondern stimmt häufig auch gar nicht.

Sagen Sie nicht, der abgegangene Fetus sei ja noch gar kein «richtiges Baby» gewesen. Für die Frau, die bereits eifrig Babysachen gestrickt hat, *war* es ein Baby, und das Ableugnen ihrer emotionalen Realität wird ihr nur zusätzlichen Kummer bereiten.

Sagen Sie nicht: «Du wirst bald wieder schwanger werden!» Das steht keineswegs fest, und sollte es doch so sein, möchte die Frau, die befürchtet, keine Babys bekommen zu können, das momentan sicher nicht hören. Falsche Versicherungen sind bestenfalls ärgerlich.

Sagen Sie nicht: «Es wird nicht wieder passieren!» Selbstverständlich kann es erneut geschehen. Eine solche Behauptung ist ausgesprochen vermessen.

Denken Sie daran, daß Trauer ein Prozeß ist, der seine Zeit braucht. Wenn Sie ihr raten, ihre Erinnerungen abzustreifen, wird sie das nur wütend machen, weil Sie offenbar nicht verstehen können, was in ihr vorgeht. Gefühle lassen sich nicht einfach abschalten. Sie wird soweit sein, wenn sie soweit ist.

Fragen Sie sie: «Wie fühlst du dich? Möchtest du darüber reden?» Und dann hören Sie ihr einfach nur zu. Versuchen Sie nicht, ihr ihre Gefühle auszureden oder sie zu schmälern. Versuchen Sie ruhig, sich in ihre Lage zu versetzen, aber behaupten Sie nie, zu wissen, was sie empfindet, es sei denn, Sie haben tatsächlich schon einmal ähnliches erlebt.

Beziehen Sie den Vater mit ein. Er hat denselben Verlust erlitten, und die Trauer der Männer wird oft völlig übersehen.

Bieten Sie Ihre Hilfe an, wenn es darum geht, Bücher oder Informationsmaterial zu besorgen oder lokale Selbsthilfegruppen ausfindig zu machen.

Es gibt zahlreiche Organisationen und Selbsthilfegruppen, an die sich als unfruchtbar diagnostizierte Personen bzw. Paare wenden können. (Eine Liste mit Selbsthilfegruppen kann von der NAKOS abgefordert werden.)

Das folgende Beispiel schildert den Fall einer jungen Frau und ihres Ehemannes. Die beiden wurden vom Gynäkologen der Frau an ein Krisencenter überwiesen, nachdem diese zum zweiten Mal eine Fehlgeburt erlitten hatte.

6.7 Fallstudie: Kinderlosigkeit

Angela und Barry wurden einer Therapeutin zugeteilt, die Erfahrungen im Umgang mit Patienten hatte, die gerade einen Verlust (insbesondere den Tod eines Kindes oder eine Fehlgeburt) erlebt hatten. Sie traf die beiden, stellte sich vor und bat sie in ihr Büro. Sie bemerkte, sie habe bereits gelesen, was die beiden auf dem Aufnahmeformular eingetragen hatten, und drückte ihnen ihr tief empfundenes Mitgefühl aus. Sie fragte Angela, ob sie ihr erzählen wolle, was geschehen sei, oder ob sie es vorzöge, daß Barry ihr von der Krise berichte. Angela schaute Barry an; der nahm ihre Hand und sagte: «Angela, laß mich ihr von uns erzählen, nicht nur über die Krise, sondern auch über uns, dich und mich – über alles. Ich glaube, sie kann uns besser helfen, wenn sie alles über uns weiß, sowohl als Einzelpersonen als auch als Ehepaar.» Angela, die Tränen in den Augen hatte, stimmte zu. Barry hielt seine Frau fest an der Hand und begann, der Therapeutin «alles» zu erzählen.

Angela hatte vor sechs Tagen ihre zweite spontane Fehlgeburt gehabt. Sie konnte das Geschehene noch immer nicht ganz begreifen. Angela war 35, Barry 39 Jahre alt. Die beiden waren seit fünf Jahren verheiratet. Sie stammten ursprünglich von der Ostküste, waren aber vor eineinhalb Jahren an die Westküste gezogen. Barry war von seiner Firma für einen höheren Posten in einer Schwesterngesellschaft vorgeschlagen worden. Angela und Barry waren freudig erregt gewesen; sie hatten es sich schon immer gewünscht, «in einer trockeneren Gegend zu leben». Barry erklärte, Angelas Firma habe ebenfalls eine Filiale an der Westküste, und es sei für sie gar kein Problem gewesen, sich dorthin versetzen zu lassen. Da Angela nun Leitende Programmiererin sei, habe der Wechsel für sie ebenfalls eine berufliche Verbesserung gebracht.

Die beiden kauften ein Haus, in das sie sich «verliebt» hatten, und verbrachten ihre Wochenenden damit, es so einzurichten, wie sie es sich «immer vorgestellt» hatten. Bereits vor ihrer Hochzeit hatten sie sich Gedanken über Kinder gemacht. Angela war das älteste von vier Kindern, sie hatte zwei Schwestern und einen Bruder. Sie hatte Barry gesagt, daß sie sich zwei Kinder wünsche, aber nicht mehr.

Barry war ein Einzelkind und stimmte mit Angela darin überein, daß zwei die ideale Zahl sei. «Ich war nicht gerne ein Einzelkind», sagte er. Die beiden verreisten gerne, liebten Skifahren und Wasserski. Sie planten ihre Urlaube stets zusammen und hatten beschlossen, noch einige Zeit «nur für sich» zu verbringen, bevor sie eine Familie gründeten.

Nachdem sie an die Westküste gezogen waren, ihr Haus gekauft hatten und an der Einrichtung arbeiteten, sprachen sie erneut darüber, Kinder zu bekommen. Vor etwa 9 Monaten beschlossen sie dann, daß die Zeit «reif» sei, um Kinder zu haben. Nachdem sie beide befördert worden waren, fühlten sie sich auch finanziell in der Lage, eine Familie zu unterhalten. Sie planten, eine Haushälterin einzustellen, wenn die Kinder da wären, damit Angela wieder in ihren Beruf zurückkehren könnte, den sie sehr liebte. Angela setzte die «Pille» ab und wurde vor 8 Monaten schwanger. Beide waren aufgeregt und freuten sich.

Da sie an ihrem neuen Wohnort noch keine Ärzte kannten, fragten sie eine Kollegin, die selbst eine zweijährige Tochter hatte. Diese empfahl ihnen ihren eigenen Gynäkologen, den sie als einen «tollen Arzt» bezeichnete. Angela vereinbarte einen Termin bei ihm. Später erzählte sie Barry, der Arzt sei älter, als sie erwartet habe (er erinnere sie an ihren Vater), aber sehr nett. Er bestätigte die Schwangerschaft, verordnete einige Vitaminpräparate und sagte Angela, sie sei «sehr gesund» und werde sicher ein kerngesundes Baby bekommen.

Abgesehen von den drei Wochen, in denen sie mit der üblichen Morgenübelkeit zu kämpfen hatte, ging es Angela recht gut. Sie war zwar gegen Nachmittag immer recht müde und erschöpft, aber da sie arbeitete, ignorierte sie dies einfach.

Als sie im vierten Monat schwanger war, bat Angela Barry eines Abends nach dem Essen, ihr den Rücken zu massieren, da sie sich nicht wohl fühle. Barry massierte ihr lange und zärtlich den Rücken, was sie zwar als angenehm fand, ihr aber nicht wirklich half. Sie stand auf und ging zur Toilette, wo sie feststellte, daß sie Blutflecken im Schlüpfer hatte. Sie rief nach Barry, und als er kam, erzählte sie ihm davon. Er schlug vor, sie solle nach oben gehen, sich ausziehen und ins Bett legen, er werde inzwischen den Arzt rufen. Er rief bei Angelas Gynäkologen an und berichtete ihm, daß Angela blute. Dieser entgegnete, das sei «sehr häufig», und Angela solle einfach im Bett bleiben, dann werde die Blutung vermutlich aufhören.

Die Blutung wurde aber immer stärker, und Angela bekam Krämpfe. Barry rief den Arzt erneut an und schilderte ihm, was geschah. Der Arzt sagte Barry, er solle seine Frau ins Krankenhaus bringen, wo er sie treffen werde. Auf dem Weg ins Krankenhaus wurden die Krämpfe immer schlimmer, und die Blutung verstärkte sich von Minute zu Minute. Sowohl Barry als auch Angela hatten große Angst. Im Krankenhaus wartete der Gynäkologe bereits auf sie. Er untersuchte Angela und stellte fest, daß sie das Baby vermutlich schon «verloren» habe und er eine Ausschabung vornehmen müsse, um die Blutung zu stoppen.

Füllen Sie das Paradigma (**Abb. 6-1**) für diese Fallstudie aus und vergleichen Sie es mit der Auflösung in Anhang A. Orientieren Sie sich, falls nötig, an den Paradigmen in Kapitel 3.

Angela bekam eine Narkose, und als sie wieder aufwachte, fühlte sie sich bis auf ein paar leichte Schmerzen gut. Sie blieb für drei Stunden im Krankenhaus; Barry saß solange an ihrem Bett. Bis auf einige kleine Tropfen blutete sie nicht mehr, und der Arzt sagte, sie könne nach Hause, solle aber am nächsten Tag nicht zur Arbeit gehen, sondern daheim bleiben und sich schonen. Für die folgende Woche solle sie sich einen Kontrolltermin geben lassen, und falls sie wieder zu bluten anfange, solle sie ihn anrufen.

Kriseninterventionen

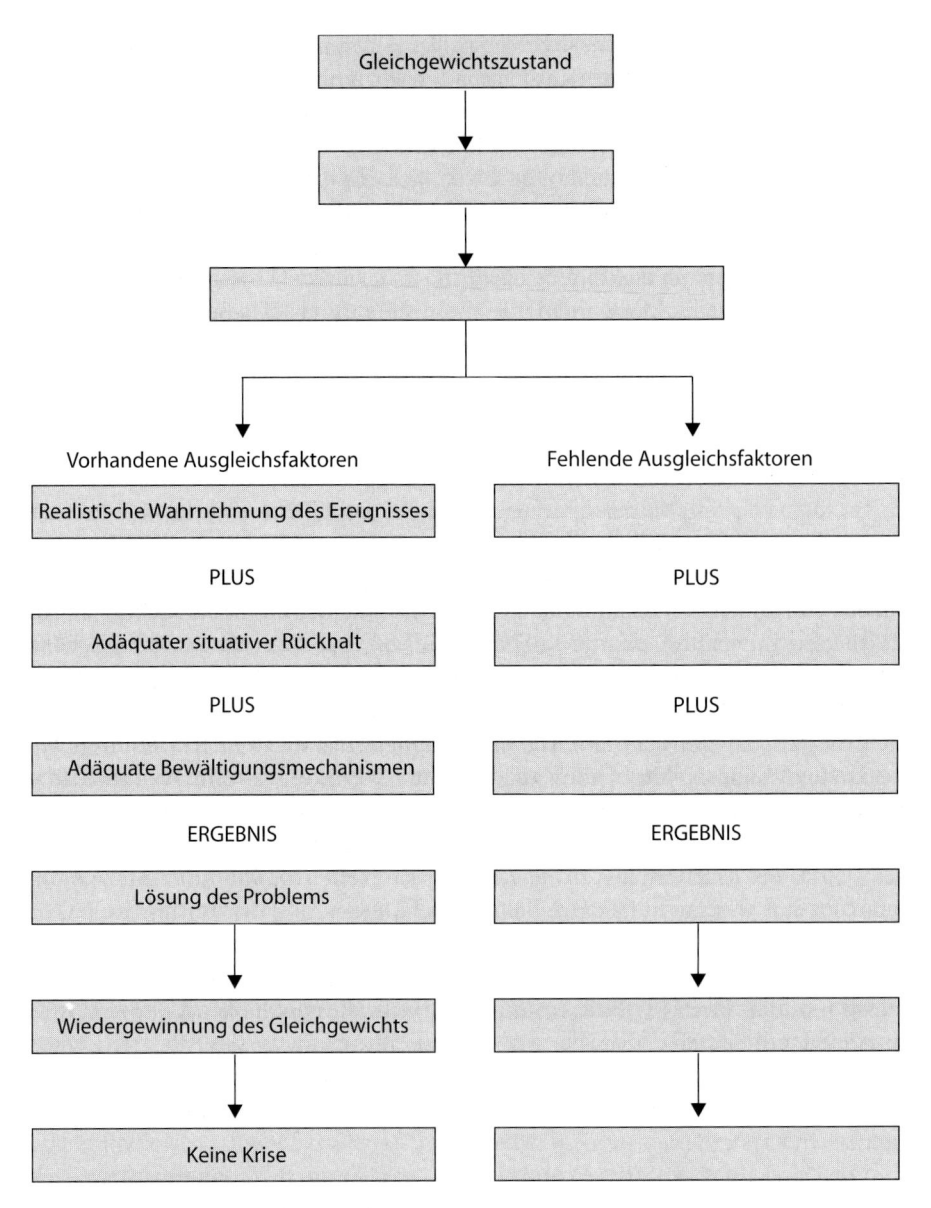

```
                    Gleichgewichtszustand
                            │
                            ▼
                    ┌─────────────────┐
                    └─────────────────┘
                            │
                            ▼
              ┌──────────────────────────────┐
              └──────────────────────────────┘
                   │                    │
                   ▼                    ▼
       Vorhandene Ausgleichsfaktoren    Fehlende Ausgleichsfaktoren

       Realistische Wahrnehmung des Ereignisses    ┌──────────────┐

                PLUS                                PLUS

       Adäquater situativer Rückhalt               ┌──────────────┐

                PLUS                                PLUS

       Adäquate Bewältigungsmechanismen            ┌──────────────┐

              ERGEBNIS                              ERGEBNIS

       Lösung des Problems                         ┌──────────────┐
                │                                         │
                ▼                                         ▼
       Wiedergewinnung des Gleichgewichts          ┌──────────────┐
                │                                         │
                ▼                                         ▼
       Keine Krise                                 ┌──────────────┐
```

Abbildung 6-1: Fallstudie: Angela

Die Therapeutin fragte Angela, was sie und Barry in bezug auf den Verlust des Kindes empfunden hätten. Barry antwortete: «Wir waren sehr aufgewühlt, aber ich habe mir mehr Sorgen um Angela gemacht. Ich wollte sicher sein, daß sie körperlich und seelisch in Ordnung war. Ich dachte mir, wir könnten immer noch andere Kinder bekommen, aber eine zweite Angela würde ich sicher nicht finden.»

Angela lächelte ihn an und drückte seine Hand. Die Therapeutin wandte sich Angela zu und fragte sie: «Wie haben Sie sich gefühlt, als Sie das Baby verloren hatten?» Angela schaute die Therapeutin mit Tränen in den Augen an und sagte: «Furchtbar! Ich wußte nicht, wie es passiert war ... ich weiß nicht, warum ich dieses Baby vor 6 Tagen verloren habe ... mit mir muß etwas nicht stimmen.» Die Therapeutin hakte nach: «Was hat Ihr Arzt denn gesagt? Sie haben jetzt schon zwei Babys verloren.» Barry ergriff das Wort und sagte: «Das ist ja das Problem ... er hat gar nichts gesagt ... wir wissen nicht, warum. Er hat nur so dumme Sprüche abgelassen wie ‹Solche Dinge passieren eben› und ‹Manchmal soll es eben nicht sein›!»

Die Therapeutin erkundigte sich: «Hat er Ihnen einen Infertilitätsspezialisten empfohlen?» Angela und Barry sahen einander an und sagten wie aus einem Munde: «NEIN!» Barry fügte hinzu: «Ich wußte gar nicht, daß es so etwas überhaupt gibt!» Die Therapeutin sagte, solche Fachleute gebe es durchaus und sie glaube, Angela und Barry sollten einen besuchen. Sie riet Barry, in der Uniklinik anzurufen und sich die Namen der drei besten Infertilitätsspezialisten geben zu lassen. Sie betonte, *beide* sollten sich dort einen Termin geben lassen. «Vielleicht liegt es gar nicht an Ihnen», sagte sie zu Angela, «vielleicht liegt es an Ihrem Mann.»

Barry erbleichte. «AN MIR? Was sollte denn mit mir falsch sein?» Die Therapeutin lächelte und sagte: «Es muß ja gar nichts falsch mit Ihnen sein, Barry, aber Sie sollten ebenfalls einige Tests machen lassen. Viele Faktoren können zu einer Fehlgeburt beitragen ... Es liegt nicht immer an der Frau alleine. Genau das soll ein Infertilitätsspezialist ja herausfinden ... Das ist ja sein Spezialgebiet.»

«Und was sagen wir Angelas Gynäkologen?» fragte Barry die Therapeutin. «Die Wahrheit», antwortete diese, «daß Sie herausfinden wollen, warum Angela diese Fehlgeburten hatte, und deshalb zu einem Infertilitätsspezialisten gehen!»

Die Therapeutin nahm eine Liste mit Selbsthilfegruppen aus ihrem Schreibtisch und reichte sie Angela mit den Worten: «In der Zwischenzeit könnte es nichts schaden, wenn Sie sich an eine dieser Gruppen wenden. Sie haben alle dasselbe durchgemacht wie Sie – wiederholte Fehlgeburten. Sie können nicht nur wertvolle Informationen geben, sondern Ihnen und Barry vielleicht auch helfen, Ihre Gefühle herauszulassen. Sie können Ihnen helfen, die Ängste und falschen Vorstellungen loszuwerden, die Ihnen momentan zu schaffen machen.»

Angela und Barry wurden sichtlich lockerer. Die Therapeutin fragte sie, ob sie fünf Wochen lang zur Krisentherapie kommen wollten. Während dieser Zeit sollten sie einen Infertilitätsspezialisten auswählen und konsultieren, die ersten Tests hinter sich bringen und außerdem eine Selbsthilfegruppe besuchen.

Angela entgegnete: «Natürlich wollen wir gerne weiter zu Ihnen kommen, aber warum nur noch fünfmal?» Die Therapeutin lächelte und antwortete: «Bis dahin sollte Ihre Krise vorbei sein, und Sie werden bereits erste Antworten von Ihrem Infertilitätsspezialisten erhalten haben. Es interessiert mich, was er herausfinden wird. Sollen wir einen Termin für nächste Woche vereinbaren?» Barry antwortete mit Nachdruck: «Wir kommen auf jeden Fall! Zum ersten Mal spüre ich, daß wir einer Lösung näherkommen.» Angela fügte mit einem Lächeln hinzu: «Ich auch!»

Angela und Barry kamen zu all ihren Terminen. Sie erzählten stets begeistert alles, was ihnen seit dem letzten Treffen widerfahren war. Beide sagten, die Selbsthilfegruppe sei toll. Es tue ihnen nicht nur gut, andere Paare zu treffen, die dasselbe erlebten wie sie, sondern sie könnten auch so viel von ihnen lernen. Von ihrem Infertilitätsspezialisten waren beide begeistert. Er sei noch sehr jung und erkläre ihnen immer ganz genau, was er tue und warum und worauf sie sich einstellen müßten. Angela sagte, sie und Barry hätten den größten Respekt vor ihm. Sie fügte hinzu, er habe zwar noch nichts finden können, aber sie hätten ja auch gerade erst mit den Tests begonnen. Diese würden sich noch über sechs Wochen hinziehen. Sie versprachen, die Therapeutin wissen zu lassen, was herausgekommen sei. Beide dankten ihr herzlich dafür, daß sie sie «auf den richtigen Weg» gebracht hatte.

Wir wünschen, daß, was lieblich, sich vermehrt.
William Shakespeare

Literaturverzeichnis

Bennetts, L.: Preventing miscarriages, Parents p. 64, February 1994.
Bresnick, E., Taymor, M. L.: The role of counseling in infertility, Fertil Steril 32:154, 1979.
Eisner, B. G.: Some psychological differences between fertile and infertile women, J Clin Psychol 19:391, 1963.
Halpert, F. E.: When you can't conceive again, Parents p. 29, September 1994.
Karahasanglu, A., Barglow, P., Growe, G.: Psychological aspects of infertility, J Reprod Med 9:241, 1972.
Menning, B. E.. The emotional needs of infertile couples, Fertil Steril 34:313, 1980.
Menning, B. E: The psychosocial impact of infertility, Nurs Clin North Am 17(1):155, 1982.
Rosenfeld, D. L., Mitchell, E.: Treating the emotional aspects of infertility: counseling services in an infertility clinic, Am J Obstet Gynecol 135:177, 1979.
Sturgis, S. H., Taymor, M., Morris, T.: Routing psychiatric interviewe in a sterility investigation, Fertil Steril 8:521, 1957.
Taymor, M., Bresnick, E.: Infertility counseling in infertility, 1978, Grune & Stratton.
U. S. Census Bureau: Estimates and projections, October 1993.
Winkleman, M.: The struggle for a second child, Parenting p. 64, June/July 1995.

Weiterführende Literatur

Allen, M., Marks, S.: Miscarriage: women sharing from the heart, 1993, John Wiley & Sons.
Berg, B. J., Wilson, J. F.: Psychological functioning across stages of treatment for infertility, J Behav Med 14(9):11, 1991.
Borg, S., Lasker, J.: When pregnancy fails, 1992, Bantam Press.
De Cherney, A. H.: Male infertility. In Kase, N. G., Weingold, A. B., Gersen, D. M., editors: Principles and practice of clinical gynecology, New York, 1990, Churchill Livingstone.
Isle, S.: Empty arms: coping with miscarriage, stillbirth & infant death, 1982/1990, Wintergreen Press.
Isle, S., Hammer Burns, L.: Miscarriage: a shattered dream, 1985, Wintergreen Press.
Keaggy, B., Keaggy, J.: A deeper shade of grace, 1993, Sparrow Press.
Kedem, P. and others: Psychological aspects of male infertility, Br J Med Psychol 63(1):73, 1990.
Kohn, I., Moffitt, P. L., Wilkins, M. D.: Silent sorrow: pregnancy loss, 1992, Dell.
Meerabeau, L.: Husband's participation in fertility treatment: they also serve who only stand and wait, Sociol Health III 13(3):369, 1991.
Menning, B. E.: Counseling infertile couples, Contemp Obstet Gynecol 13:101, 1979.
Menning, B. E.: The emotional needs of infertile couples, Fertil Steril 34(4):313, 1980.
Menning, B. E.: The infertile couple: a plea for advocacy, Child Welfare 54:454, 1975.
Oldereid, N. B., Rui, H., Purvis, K.: Male partners in infertile couples, personal attitudes and contact with the Norwegian health service, Scand J Soc Med 18(3), 207, 1990.
Pines, D.: Emotional aspects of infertility and its remedies, Intl J Psychoanal 71:561, 1990.
Schiff, H. S.: The bereaved parent, 1978, Penguin Books.
Seibel, M. M., Taymor, M. L.: Emotional aspects of infertility, Fertil Steril 37(2):137, 1982.
Shapiro, C. H.: The impact of infertility on the marital relationship, Soc Casework 67:387, 1982.
Taylor, P. J.: When is enough enough, Fertil Steril 54(5):772, 1990.
Williamson, W.: Miscarriage: sharing the grief... facing the pain... healing the wounds, 1987, Walker.
Wright, J. and others: Psychological distress and infertility: men and women respond differently, Fertil Steril 55(1):100, 1991.

7. Situative Krisen

Nichts, das wirklich wertvoll ist, kann ohne Schmerzen und Mühen erreicht werden.
Joseph Addison

7.1 Situative Krisen – eine Definition

Alles, was in unserer Umgebung geschieht, wirkt sich in irgendeiner Form auf uns aus. Diese Auswirkungen können auf physiologischer, psychologischer oder sozialer Ebene eintreten. Sie können, je nach unserer persönlichen Einstellung und unserem individuellen Standpunkt, angenehm oder unangenehm sein. Jeder Mensch reagiert ganz individuell auf die Situation, in der er sich befindet. Was der eine als belastend oder traumatisch empfindet, hat sich der andere vielleicht sehnsüchtig gewünscht. Darum ist es entscheidend, daß dem Klienten bei der Krisenintervention immer wieder die gleiche Frage gestellt wird: «Was bedeutet das für Sie, und wie wird es sich auf Ihr Leben auswirken?» Ob der Therapeut selbst ein krisenauslösendes Ereignis als «unbedeutend» erachtet oder nicht, als besonders schön oder besonders schlimm, ist ohne Belang. Der Bezugsrahmen muß sich stets an der Perspektive des Klienten orientieren.

Es ist unerläßlich, daß der Therapeut die vorliegende Situation als eine akzeptiert, die für seinen Klienten problematisch und belastend ist. Dieselben Umstände, die bei einer Person vielleicht nur milde Besorgnis auslöst, kann bei einer anderen große Angst, starke Depressionen oder hohen Streß verursachen. Der Therapeut muß von Fall zu Fall ergründen, welche Faktoren Einfluß auf die Wiedererlangung des emotionalen Gleichgewichts haben. Dazu gehören die Wahrnehmung des Ereignisses, der vorhandene situative Rückhalt sowie die verfügbaren Bewältigungsmechanismen.

Wie ein Individuum das krisenauslösende Ereignis wahrnimmt, hängt davon ab, welche Erfahrungen es in der Vergangenheit gesammelt hat, welche Erwartungen es an die Gegenwart stellt und welche an die Zukunft. Ein Hauptgrund dafür, daß es bei der Erfassung und Einschätzung von Lebensereignissen zu Verwirrung kommen kann, ist die strikte Trennung zwischen *subjektiven* und *objektiven* Vorfällen.

Subjektive Lebensereignisse (z. B. sexuelle Probleme, eine massive Zunahme ehelicher Auseinandersetzungen, eine wesentliche Veränderung der Schlafgewohnheiten) stellen meist die Manifestation einer zugrundeliegenden Pathologie dar oder sind die Reaktion darauf. Ein Problem kann aber nicht immer allein auf subjektive Ereignisse zurückgeführt werden, da auch viele objektive (z. B. eine Scheidung oder Kündigung) ebenfalls sowohl Folge als auch Ursache pathologischer Entwicklungen sein können. Die Reduzierung auf eine einzige Kausalrichtung wiegt bei der Diagnose von psychischen Störungen, die oft heimtückisch einsetzen und lange andauern, besonders schwer.

Betrachtet man Stichproben krisenauslösender Ereignisse, so erkennt man, daß es sich in vielen Fällen auch um schwere körperliche Krankheiten oder Verletzungen handelt. Diese Tatsache erscheint folgerichtig, da es sich dabei um negative Erlebnisse handelt, die oft eine erhebliche Beeinträchtigung der gewohnten Aktivitäten mit sich bringen. Es ist eine Grundannahme der psychosomatischen Medizin, daß physische Probleme immer auch von einem gewissen Maß an emotionalen Störungen begleitet werden, während psychische Probleme stets auch ein gewisses Maß an somatischen Beschwerden mit sich bringen.

Unbestreitbar haben Krisentheorie und Krisenintervention viel mit belastenden Lebensereignissen zu tun. Es geht jeweils um die Veränderungen, die im Leben eines Individuums stattfinden, und um die Auswirkungen, die diese Veränderungen auf die körperliche und geistige Gesundheit des Betroffenen haben. Die Krisentheorie orientiert sich eng an der Praxis und zielt in erster Linie darauf ab festzustellen, welche Umstände einer unmittelbaren therapeutischen Intervention bedürfen. Sie erforscht, ob und wenn ja welche wichtigen Zusammenhänge zwischen belastenden Ereignissen und Krankheiten bestehen. Wer in der Krisenintervention arbeitet, geht im allgemeinen von der Annahme aus, daß belastende Ereignisse, sei es der Verlust eines geliebten Menschen, eine Frühgeburt oder andere einschneidende Vorfälle, sich auf das Wohlbefinden der Betroffenen auswirken.

Im folgenden wird vor jeder Fallstudie ein kurzer Überblick über das für die Krisensituation relevante theoretische Material gegeben. Wenn Sie bereits Erfahrungen mit Krisenintervention haben, werden Sie feststellen, daß in der Praxis weit mehr theoretisches Hintergrundwissen vonnöten ist, als in diesem und den nächsten Kapiteln zu den einzelnen Fällen geliefert wird. Ziel dieses Buches ist es jedoch lediglich, dem Leser einige elementare Anhaltspunkte zu geben; wer sich ein umfassenderes Wissen über die Methode der Krisenintervention verschaffen möchte, sollte sich erheblich eingehender mit den zur Debatte stehenden Problembereichen beschäftigen.

Um die einzelnen Schritte der Krisenintervention zu verdeutlichen, wurden die Fallstudien auf das Wesentliche reduziert. Jemand, der in einer Krise steckt, sieht sich meist mit einer Vielzahl belastender Ereignisse konfrontiert, die alle fast gleichzeitig eintreten. Der Betreffende ist sich möglicherweise gar nicht voll darüber bewußt, *was* geschehen ist, geschweige denn, welches Ereignis bei der Problemlösung im Vordergrund stehen sollte. Die folgenden Studien mögen demjenigen, der sich bereits einmal durch den mühseligen Prozeß gequält hat, ein derartiges Problem zu definieren und die entsprechenden Interventionen zu planen, daher zu stark vereinfacht erscheinen.

Das Übungsparadigma wurde konzipiert, um dem Leser den eigentlichen Problembereich sowie die vorhandenen bzw. fehlenden Ausgleichsfaktoren konstant vor Augen zu halten, die darüber bestimmen, ob sich die betreffende Person in einer Krise befindet oder nicht. In der Praxis würde es sich jedoch kaum als ein Formular eignen, das zum Zweck einer Ersteinschätzung ausgefüllt werden könnte; nur in den seltensten Fällen lassen sich belastende Ereignisse so rasch definieren und einordnen. Es liegt in der Natur einer Krise, daß die auf komplizierte Weise miteinander verwobenen internen und externen Streßfaktoren den eigentlichen Problembereich und die Ursachen objektiver und subjektiver Symptome verschleiern. Ein Kriseninterventions-Therapeut darf nie vergessen, sich zunächst über die Entstehungsbedingungen der vorliegenden Krise zu informieren.

7.2 Status- und Rollenveränderungen

Vom Moment unserer Geburt an bis zu unserem Tode «spielen» wir in unserem Leben die unterschiedlichsten Rollen, und unser Status verändert sich immer wieder. Diese Veränderungen hängen sowohl vom Lebensalter als auch von einer Vielzahl anderer Umstände ab. Chaplin (1985) definiert den Begriff *Rolle* als «die Funktion bzw. das Verhalten, das von einem Individuum erwartet wird bzw. für es kennzeichnend ist». *Status* wird von Chaplin definiert als «die Stellung eines Individuums innerhalb einer gesellschaftlichen Gruppe, d. h. seine relative Position innerhalb der Klassenstruktur, der Respekt, der ihm entgegengebracht wird, und die formelle und informelle Macht, die mit dieser Position einhergeht». Ändern wir unsere Rollen oder unseren Status freiwillig bzw. aus eigenem Antrieb, so wird dies keinen Konflikt auslösen. Zwingen uns jedoch interne oder externe Umstände dazu, eine Statuserniedrigung hinnehmen zu müssen, empfinden wir dies als Streß, unser Selbstwert sinkt, wir werden wütend und deprimiert, und es kann zu einem Trauerzustand kommen.

Jede Zeit hat ihre eigene Sprache und Terminologie. Während man heute von «Stellenabbau» und «Wegrationalisierung» spricht, hätte man gestern gesagt, man habe seinen «Job verloren» oder sei «entlassen worden». Unsere Arbeit oder unser Beruf bildet einen wichtigen Teil unserer Identität, der andere wissen läßt, welcher sozialen Gruppe wir angehören. Verlieren wir, aus welchen Gründen auch immer, unsere Arbeit, verlieren wir mehr, sehr viel mehr, als nur einen Job.

Parallel zu den Versuchen der Unternehmen, sich kurzfristigen Fluktuationen und längerfristigen zyklischen Entwicklungen des Wirtschaftssystems anzupassen, sind auch Karriereverläufe und berufliche Übergänge einer kontinuierlichen Veränderung unterworfen. Das kann für die arbeitende Bevölkerung drastische Folgen haben. Den Arbeitnehmern werden immer neue berufliche Fähigkeiten und personengebundene Eigenschaften abverlangt sowie eine steigende Flexibilität hinsichtlich Arbeitszeit und Wohnort zugemutet. Besonders eine Versetzung oder ein Stellenwechsel kann erhebliche Auswirkungen sowohl auf das Leben des einzelnen als auch auf das seiner Familie haben. Möglicherweise müssen die Kinder die Schule wechseln, der Partner muß sich eine neue Arbeit suchen, oder man sieht sich aufgrund des schwankenden Marktes mit Problemen konfrontiert, wenn man Immobilien kaufen oder verkaufen muß (Munton et al. 1993).

Eine von Munton & West (1995) durchgeführte Studie zeigte, daß die Menschen sich mit größerer Wahrscheinlichkeit beruflich weiterentwickeln, wenn sie das Gefühl haben, eben das sei ihnen freigestellt. Der Zusammenhang zwischen beruflicher Entscheidungsfreiheit und Rollenerneuerung mag schlicht und einfach die Folge der zugrundeliegenden Operationalisierung der beiden Konzepte sein. Möglicherweise kann der Mensch sein Innovationspotential nur ausloten, indem er an die Grenzen seiner Entscheidungsfreiheit geht.

Zumindest im Kontext beruflicher Veränderungen treten klare, verhältnismäßig stabile interindividuelle Differenzen hinsichtlich der geäußerten Symptome auf, die über den Selbstwert erfaßt werden können. Dabei dürfte es sich in Wirklichkeit aber um die Auswirkung neuer (beruflicher) Rollenanforderungen handeln, die wiederum Veränderungen in bezug auf Persönlichkeit und Rollenselbstverständnis bedingen. Dies legt nahe, daß die Theorie beruflicher Rollenveränderungen weiterentwickelt werden müßte, da sich gezeigt hat, daß der Zusammenhang zwischen Rollenfaktoren und Adaptationsstrategien tatsächlich von interindividuellen Unterschieden beeinflußt wird.

Wenn aber die Rollenadaptation durch individuelle Faktoren beeinflußt wird, so wäre zu erwarten, daß der Prozeß des Hineinfindens in eine neue Rolle gefördert werden kann, indem das Vertrauen der betreffenden Person in ihre neue Rolle gestärkt wird. Dies könnte durch gezieltes Training, Coaching oder ähnliche Techniken geschehen. Wenn nun aber Wertschätzung eine wichtige Vorhersagevariable für die Richtung der Anpassung darstellt, legt dieser Umstand ferner nahe, daß sozialer Rückhalt und unterstützende Supervision dem Versuch des Individuums entgegenwirken könnten, sich über eine Persönlichkeitsveränderung anzupassen, die sich negativ auf sein subjektives Wohlbefinden auswirkt.

Der Zusammenhang zwischen Rollenerneuerung und Selbstwert könnte widerspiegeln, wie sich Selbsteinschätzungen auf die Wahl der Adaptationsstrategien auswirken. Eine Person mit niedrigem Selbstwert spricht sich möglicherweise die nötigen Fähigkeiten ab, oder es fehlt ihr der Mut, um sich nach einer beruflichen Veränderung erneut zu behaupten.

Da sich niemand der konstanten Veränderung entziehen kann und Arbeitnehmer immer öfter an andere inländische oder ausländische Standorte versetzt werden, ist es von erheblicher praktischer und theoretischer Bedeutung, daß wir die Adaptationsmuster verstehen, die nach einer beruflichen Veränderung einsetzen. Die Praktiker im Gesundheitswesen müssen sich beider Dimensionen der Adaptation – Persönlichkeitswandel und Rollenwandel – sowie der unterschiedlichen interindividuellen Faktoren bewußt sein, die eine Adaptation beeinflussen können (Munton & West 1995).

7.3 Fallstudie: Status- und Rollenveränderungen

Mr. E suchte auf Anraten seines Anwalts Hilfe im Krisencenter. Er litt unter schweren Depressionen und Angstzuständen. Als Symptome nannte er Schlaflosigkeit, allgemeine Konzentrationsschwäche, Hoffnungslosigkeit und ein Gefühl des Versagens. Mr. E. war ein gut gekleideter 47jähriger, wirkte aber aufgrund seiner angespannten Körperhaltung, seines teilnahmslosen depressiven Gesichtsausdrucks und seiner monotonen Stimme wesentlich älter. Er war seit 22 Jahren verheiratet und hatte drei Kinder, eine 13jährige Tochter und zwei Söhne im Alter von 8 und 10 Jahren.

Seine Symptome waren vor etwa drei Wochen erstmals aufgetreten, als seine Firma ihre Filiale an der Westküste geschlossen hatte und er arbeitslos geworden war. In den beiden vorangegangenen Tagen hatten sich die Symptome so sehr verschlimmert, daß er schließlich nur noch in seinem Zimmer blieb, im Bett lag und nichts aß. Seine depressiven Gedanken machten ihm angst, und er fürchtete, völlig die Kontrolle über sich zu verlieren.

In der ersten Sitzung erklärte Mr. E. dem Therapeuten, er sei noch nie zuvor arbeitslos gewesen. Gleich nach seinem Collegeabschluß vor 22 Jahren habe er in New York seine eigene Werbeagentur eröffnet, die mit den Jahren immer größer geworden sei. Er habe dann einige andere Firmen übernommen, wobei er sich stets die Aktienmehrheit und den Vorsitz bewahrte. Mehrmals seien größere Firmen an ihn herangetreten und hätten mit ihm fusionieren wollen. Vor etwa einem Jahr habe ihm eine der «drei großen» Werbefirmen angeboten, er solle den alleinigen Vorsitz über eine neue Filiale an der Westküste übernehmen. Diese Stellung sei mit einem erheblichen Zuwachs an Prestige und Verdienst verbunden gewesen. Außerdem wollte die Firma sämtliche Kosten für den Umzug der Familie tragen.

Mr. E. sah dies als seine Chance «ganz groß rauszukommen» – eine Gelegenheit, die vielleicht nie wieder kommen würde. Seine Frau und die Kinder hingegen teilten seinen Enthusiasmus nicht. Mrs. E. hatte ihr ganzes Leben in New York verbracht und war dagegen, daß er seine Agentur aufgab, in der er «sein eigener Boß» war. Sie war mit ihrem bisherigen sicheren Leben sehr zufrieden und wollte es nicht zugunsten einer ungewissen Zukunft aufgeben. Die Kinder schlugen sich auf ihre Seite und erhoben zusätzlich auch noch eigene Einwände. Sie waren es gewohnt, in der Großstadt zu leben, wollten ihre gewohnten Schulen nicht aufgeben und hielten nichts davon, in den «Wilden Westen» zu ziehen. Trotz des Widerstands seiner Familie entschied Mr. E. sich dafür, das Angebot anzunehmen. Seine Geschäftsfreunde bewunderten seinen Mut, die Gelegenheit zu ergreifen, und drückten ihm ihr volles Vertrauen in seine Fähigkeiten aus. Er verkaufte seine Anteile an der eigenen Firma an seinen Partner und zog innerhalb eines Monats mit seiner Familie gen Westen.

In Anbetracht seiner guten finanziellen Situation und des Prestiges, das sein neuer Job mit sich brachte, mietete er ein großes Haus in einer exklusiven Wohnlage. Den Großteil der Verantwortung für die Einrichtung des Hauses und die Eingewöhnung der Familie überließ er seiner Frau und stürzte sich sofort in den Aufbau des neuen Unternehmens. Seiner Meinung nach reagierte seine Frau auf die neue Situation «so negativ, wie sie es sich vorgenommen hatte». Die Kinder mochten ihre neuen Schulen nicht, fanden nur wenige neue Freunde und konnten keinen rechten Gefallen an den Aktivitäten ihrer Altersgenossen finden. Seine Frau konnte keine Haushaltshilfe finden, die ihr paßte, und fühlte sich daher mit der Hausarbeit überfordert. Sie vermißte ihre Freunde und Clubs, war mit den vorhandenen Geschäften unzufrieden und zog fortwährend negative Vergleiche zwischen dem neuen Lebensstil der Familie und dem alten. Mr. E. bemerkte, daß sie kaum noch miteinander redeten. Seine neue Arbeit war ihr fremd, und er konnte nicht verstehen, warum sie so viele Probleme hatte, nur weil sie umgezogen waren. Mit Vorliebe machte sie seine Entscheidung, an die Westküste zu ziehen und den neuen Job anzunehmen, für alles verantwortlich, was irgendwie schieflief.

Vor etwa einem Monat verlor die Firma dann plötzlich vier Großaufträge. Zwar war keiner dieser Verluste eine Folge von Mr. E. s Management, aber um die Gesamtfirma zu retten, wurde die sofortige Einleitung einer Sparpolitik auf nationaler Ebene nötig. Die Firmenleitung entschied, die neueste Filiale – seine Filiale – zu schließen. In den verbleibenden Zweigstellen war keine vergleichbare Position frei, und so bot man ihm eine niedrigere Stellung mit geringerem Gehalt im Mittleren Westen an. Er erhielt zwei Monate Zeit, um seine Filiale zu schließen und eine Entscheidung zu treffen.

Mrs. E. s Reaktion auf diese neuen Ereignisse kam prompt: «Ich hab's dir ja gleich gesagt!» Sie warf ihm vor, daran schuld zu sein, daß sie nun «ohne Freunde und ohne Geld am A... der Welt» säßen. Diese Reaktion hatte er erwartet, sie überraschte ihn nicht. In den vergangenen Monaten hatte er ihre andauernden Beschwerden ignorieren können, da er in seinem neuen Job so viel zu tun hatte, aber nun waren sie gezwungen, gemeinsam Pläne für die Zukunft der Familie zu machen und ihre angespannte finanzielle Lage durchzusprechen. Seiner Meinung nach hatte er sich unter der Doppelbelastung, seine Firma schließen und für die zukünftige Sicherheit der Familie sorgen zu müssen, recht gut gehalten. Vor knapp einer Woche hatte seine Frau ein kleineres Haus gefunden, das sie in der Übergangsphase auch mit ihrem begrenzten Budget bezahlen konnten, bis er sich für einen neuen Job entschieden hatte. Er war erleichtert, daß sie sich beruhigt hatte und zur Abwechslung «mit mir statt gegen mich» arbeitete.

Vor zwei Tagen jedoch hatte der Besitzer des ersten Hauses einen Rechtsanwalt geschickt, der mit einem Prozeß gedroht hatte, falls Mr. E. sich nicht an den Mietvertrag halte. Mrs. E. wurde hysterisch, schrie ihn an, wie er einen solchen Vertrag habe unterzeichnen können, und nannte ihn einen egoistischen Versager, der das Leben seiner Familie ruiniert habe. «Plötzlich fühlte ich mich, als habe man mir den Boden unter den Füßen weggezogen. Ich fühlte mich wie eingefroren und konnte keinen klaren Gedanken fassen, was ich als nächstes zu tun hatte, wohin ich gehen sollte und wen ich um Hilfe bitten könnte. Meine Familie, meine Angestellten, alle machten sie mich für dieses Chaos verantwortlich. Und vielleicht *war* ja auch alles meine Schuld!»

Bisher war Mr. E. beruflich und privat auf der Gewinnerstraße gewesen. Kleinere Fehlschläge hatte er in der Regel vorhersehen und ohne größere Hilfe von außen bewältigen können. Zum ersten Mal in seinem Leben fühlte er sich völlig hilflos und wurde mit seiner Situation nicht alleine fertig. An ein Haus gebunden zu sein, das sie sich nicht länger leisten konnten, untergrub nicht nur seine familiären Pläne, sondern raubte ihm auch das letzte bißchen Unterstützung, das er von seiner Frau erhalten hatte. Seine Schuldgefühle und seine Hoffnungslosigkeit wurden durch den drohenden Prozeß und den Verlust des situativen Rückhalts noch verstärkt.

Dadurch, daß er sich voll und ganz auf seine neue Aufgabe konzentrierte, hatte Mr. E. seinen bisherigen beruflichen und familiären Rückhalt verloren. Seine plötzliche Arbeitslosigkeit gefährdete die Rollen, die er zu erfüllen gewöhnt war, ebenso wie seinen ökonomischen Status, und ihm fehlten die nötigen Erfahrungen und Bewältigungsmechanismen für den Umgang mit einer solchen Situation. Er, der sich zuvor als erfolgreicher Selfmademan gesehen hatte, empfand sich nun als Versager aus eigener Schuld, sowohl in seinem Beruf als auch als Vater und Ehemann.

Als der Therapeut ihn nach früheren erfolgreichen Bewältigungsmethoden fragte, antwortete er, es habe ihm immer sehr geholfen, mit seinen Geschäftsfreunden zu reden. Nun schäme er sich aber zu sehr, mit ihnen Kontakt aufzunehmen, weil sie dann erfahren würden, daß er «versagt habe». Familiäre Probleme habe er stets gerne mit seiner Frau diskutiert, und gewöhnlich hätten sie gemeinsam eine Lösung gefunden. Auf die Frage, ob er schon einmal daran gedacht habe, sich das Leben zu nehmen, erwiderte er: «Nein, das wäre für mich *niemals* ein Ausweg. Das würde mir nie in den Sinn kommen!» Als nun geklärt war, daß keine akute Suizidgefahr bestand, leitete der Therapeut die Interventionen ein.

Ein Interventionsziel bestand darin, Mr. E. dabei zu helfen, seine unerkannten

Gefühle in bezug auf die Veränderung seiner Rollen und seines Status zu erforschen. Als weitere zu beachtende Problembereiche wurden der Verlust des situativen Rückhalts und ein Mangel an verfügbaren, für die belastende Situation geeigneten Bewältigungsmechanismen festgestellt.

In den folgenden vier Wochen begann Mr. E. infolge direkter Fragen seitens der Therapeuten, seine Krise als Widerspiegelung seiner ehemaligen beruflichen und familiären Rollen zu sehen. Er hatte sich stets als starken, unabhängigen Selfmademan betrachtet und seine Rollen als Firmenchef, Ehemann und Vater für sicher gehalten. Nun schämte er sich, weil er bei der Gestaltung dieser Rollen auf die Hilfe anderer angewiesen war. Sein früheres Bewältigungsverhalten stellte sich als inadäquat für den Umgang mit plötzlichen, unerwarteten Veränderungen innerhalb des sozialen Gefüges heraus, in dem er lebte. Weiterhin trug es zu seiner ohnehin großen Anspannung und Angst bei, daß seine Frau ihm den gewohnten situativen Rückhalt entzog, so daß auch die letzten scheinbar noch wirksamen Bewältigungsmechanismen scheiterten und er in eine Krise geriet.

Nach der vierten Sitzung hatte Mr. E. s Depression und Hoffnungslosigkeit bereits abgenommen. Er nahm seine Gesamtsituation nun realistischer wahr und hatte erkannt, daß er nichts dafür konnte, daß seine Firmenfiliale geschlossen werden mußte. Wäre er in der entsprechenden Position gewesen, so glaubte er, hätte er genau dieselbe Entscheidung getroffen. Er wußte nun auch, wie wichtig er es genommen hatte, daß dieser Job seine «letzte Chance zur großen Karriere» sein könnte. Die neue Erfahrung hatte sein Bewältigungsvermögen nicht vollends untergraben, sondern vielmehr ausgedehnt.

Bis zur fünften Woche hatte sich Mr. E. s Situation, sowohl in beruflicher als auch in privater Hinsicht, schon wesentlich verbessert. Er hatte es über sich gebracht zu ergründen, warum er immer der Boß sein wollte, und warum es ihn so beschämte, sich bei anstehenden Entscheidungen auf andere Menschen stützen zu müssen. Er konnte die Streßerlebnisse nun realistisch sehen und war imstande, mit seinen Ängsten umzugehen.

Er traf sich mit dem Hausbesitzer und verhinderte den drohenden Prozeß im Vorfeld; es konnte eine für beide Seiten befriedigende Lösung gefunden werden. Die Familie hatte bereits entschieden, in ein kleineres Haus zu ziehen, und seine Frau und die Kinder waren aktiv an der Planung beteiligt. Mr. E. hatte Kontakt zu Geschäftsfreunden an der Ostküste aufgenommen und eines von mehreren Angeboten angenommen, in einer niedrigeren Position zu arbeiten. Er wollte zunächst alleine in den Osten zurückkehren; seine Familie sollte folgen, wenn er sich wieder etabliert hatte. Für seine Frau und die Kinder war dieses Vorgehen besser, weil sie nicht schon wieder wie vor einem Jahr unvorbereitet in eine unsichere Zukunft umziehen mußten. Es schmeichelte Mr. E., daß seine Geschäftsfreunde um seine Mitarbeit konkurriert hatten, statt ihn wie befürchtet mit einem «wir haben dich ja gewarnt» abblitzen zu lassen.

Füllen Sie das Paradigma (**Abb. 7-1**) für diese Fallstudie aus und vergleichen Sie es mit der Auflösung in Anhang A. Orientieren Sie sich, falls nötig, an den Paradigmen in Kapitel 3.

Bevor sie die Therapie abschlossen, setzten sich Therapeut und Klient noch einmal mit den erheblichen Adaptationsleistungen und riesigen Fortschritten auseinander, die Mr. E. in so kurzer Zeit vollbracht hatte. Der Therapeut unterstrich, welch hohes Maß an Stärke Mr. E. bewiesen hatte, daß es ihm gelang, ein derart niederschmetterndes Erlebnis zu verarbeiten. Er beglückwünschte seinen Klienten dazu, daß er so zielsicher erkannt hatte, welche Faktoren er würde ändern können und welche nicht und welchen neuen Status er zu erwarten hatte.

Mr. E. selbst beurteilte seine Erfahrung im nachhinein als momentan sehr aufwühlend, glaubte aber, viel daraus gelernt zu haben. Seiner Meinung nach würde er in Zukunft mit einer ähnlichen Situation wesentlich besser zurechtkommen. Er war recht stolz auf seine Fähigkeit, sich aus einer scheinbar ausweglosen Situation zu befreien. Über seine Zukunftsplanung sagte er, er glaube nun nicht mehr, seine letzte Chance zum beruflichen Aufstieg verpaßt zu haben. Er schätze die vergangenen Erlebnisse und die Möglichkeit, noch einmal in eine derartige Krise zu geraten, realistisch ein. Er war glücklich darüber, daß sich seine Familie so rasch damit abgefunden hatte, daß er nun einen niedrigeren Status innehatte als zuvor. Seine Frau und die Kinder freuen sich darauf, in den Osten, zu ihrer Familie und zu ihren alten Freunden, zurückzukehren. Mr. E. war optimistisch, daß er wieder in eine höhere Position aufsteigen werde, und sagte schließlich: «Ich frage mich, ob ich mich jemals mit weniger zufriedengeben könnte.»

Mr. E.s Krise war durch eine plötzliche Veränderung seines Rollenstatus (Verlust der Arbeit) und die dadurch drohenden finanziellen, sozialen und persönlichen Verluste ausgelöst worden. Bei der Einschätzung der Krisensituation zeigte sich, daß er zwar depressiv, aber nicht suizidgefährdet war. Das Gefühl, beruflich und privat versagt zu haben, überwältigte ihn und trübte seinen Blick für die Realität. Da er nie zuvor ein (scheinbar) persönliches Versagen dieser Größenordnung erfahren hatte, wurde er mit seinen Schuldgefühlen und seiner Frustration nicht fertig. Das Verhalten seiner Frau drückte sein Selbstwertgefühl noch tiefer und beraubte ihn seines gewohnten situativen Rückhalts.

Mit Hilfe des Therapeuten gelang es Mr. E., seine Gefühle zu erforschen und herauszulassen und seine realistische Wahrnehmung wiederzugewinnen: er erkannte den Zusammenhang zwischen seinen Depressionssymptomen und dem Streß der Situation. Während Mr. E. seine neuen Bewältigungsfähigkeiten erfolgreich zur Beseitigung der Krise einsetzte, nahm auch Mrs. E. die Rolle der ihren Mann situativ unterstützenden Ehefrau wieder auf.

Handle – und das Geschick selbst beugt sich.
Ralph Waldo Emerson

Kriseninterventio

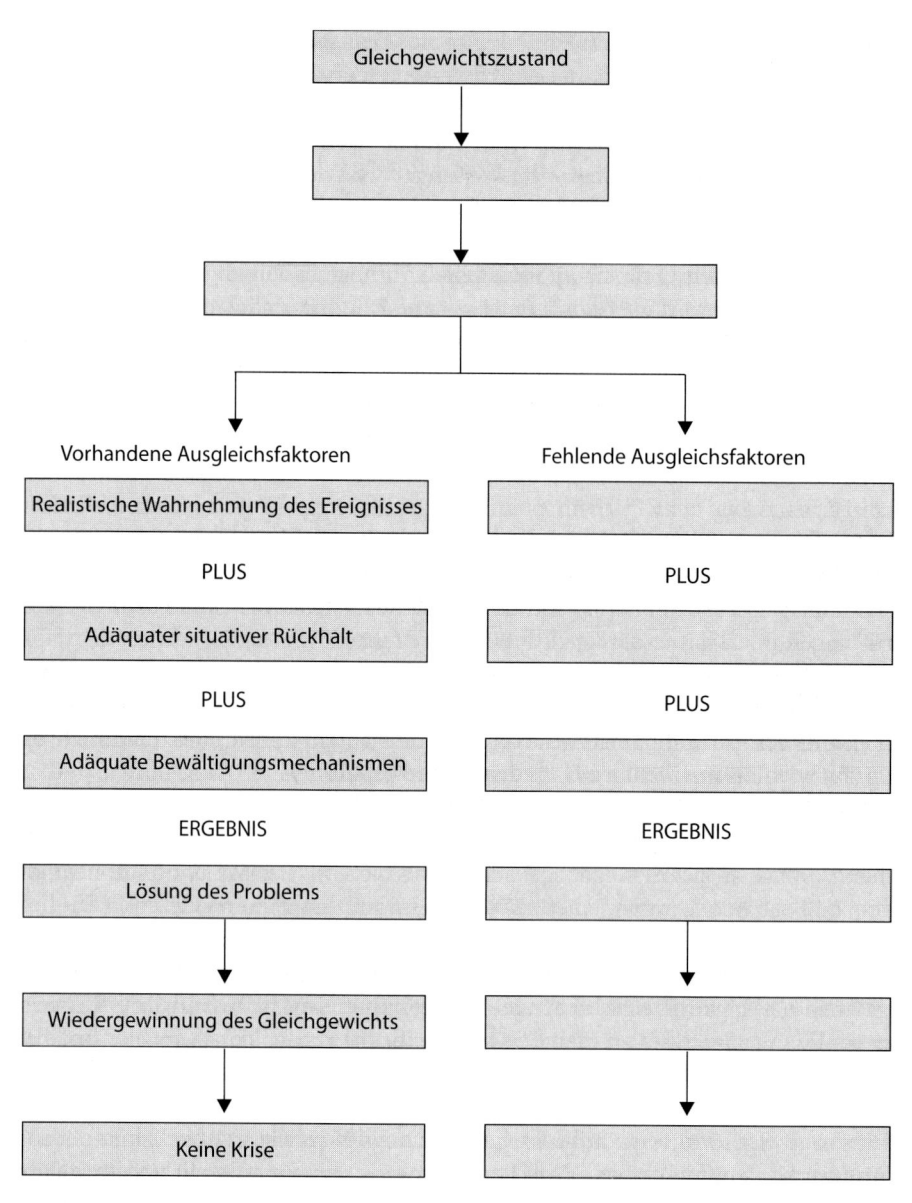

```
                    ┌─────────────────────────┐
                    │   Gleichgewichtszustand │
                    └───────────┬─────────────┘
                                ▼
                    ┌─────────────────────────┐
                    │                         │
                    └───────────┬─────────────┘
                                ▼
        ┌───────────────────────────────────────────┐
        │                                           │
        └─────────────────┬─────────────────────────┘
                ┌─────────┴──────────┐
                ▼                    ▼
```

Vorhandene Ausgleichsfaktoren	Fehlende Ausgleichsfaktoren
Realistische Wahrnehmung des Ereignisses	
PLUS	PLUS
Adäquater situativer Rückhalt	
PLUS	PLUS
Adäquate Bewältigungsmechanismen	
ERGEBNIS	ERGEBNIS
Lösung des Problems	
↓	↓
Wiedergewinnung des Gleichgewichts	
↓	↓
Keine Krise	

Abbildung 7-1: Fallstudie: Mr. E.

7.4 Vergewaltigung

Der Begriff *Vergewaltigung* ist beinahe ebenso stark mit Angst besetzt wie der Begriff *Mord*. In einem gewissen Sinne tötet eine Vergewaltigung sowohl den Vergewaltiger als auch das Vergewaltigungsopfer. Ersterer stirbt emotional – er kann Zärtlichkeit und Liebe weder geben noch empfinden – und letzteres erleidet ein schweres emotionales Trauma.

Die Angst, sexuell mißbraucht zu werden, bereitet vielen Frauen Alpträume; es quält sie die Frage, was im Ernstfall zu tun sei. Sollen sie sich wehren in der Hoffnung, den Täter abzuschrecken, oder sollen sie ihn gewähren lassen und hoffen, daß er sie nicht ernstlich verletzt oder gar tötet? Leider werden diese Ängste in der heutigen Zeit durch die weite Verbreitung einer Vielzahl von sexuell übertragbaren Krankheiten noch verstärkt; ein Vergewaltigungsopfer muß damit rechnen, mit HIV, Herpes, einem Pappilomavirus, Chlamydien oder anderen Erregern infiziert worden zu sein.

In den neunziger Jahren hat außerdem ein Phänomen Beachtung gefunden, das seit langem auftritt, aber bislang weitgehend ignoriert wurde – die Vergewaltigung durch bekannte oder verwandte Personen. Die vermehrte Aufmerksamkeit in dieser Hinsicht dürfte in erster Linie der feministischen Bewegung zu verdanken sein. Frauen sind sich ihrer Rechte heute besser und genauer bewußt als in früheren Zeiten und bestehen energischer auf ihrer Einhaltung. Viel zu lange waren sie die schweigende Mehrheit.

In den vergangenen 20 Jahren erfuhr das Thema Vergewaltigung in der Öffentlichkeit und den Medien wachsendes Interesse. Allen voran führte die feministische Bewegung der Gesellschaft das Problem der sexuellen Gewalt gegenüber Frauen vor Augen und schaffte es schließlich, daß die Gesetze reformiert und vielerorts Krisenzentren für Vergewaltigungsopfer eingerichtet wurden. In vielen Polizeistationen gibt es inzwischen speziell ausgebildete Beamtinnen und Beamte für Sexualkriminalität, und viele Krankenhäuser bieten spezifische Programme für die medizinische und psychologische Behandlung von Vergewaltigungsopfern an. Die klinische Forschung arbeitet weiter an der Entwicklung und Evaluation von Einschätzungs- und Behandlungsmethoden, sowohl für die Opfer sexueller Gewalt als auch für die Täter. Die Angst, vergewaltigt zu werden, stellt in unserer Gesellschaft allerdings noch immer ein großes Belastungsmoment für viele Frauen dar, und trotz der gewachsenen öffentlichen Aufmerksamkeit und aller Spezialprogramme scheint die Zahl der Vergewaltigungsfälle nicht zurückzugehen (Bekker & Kaplan 1991).

7.4.1 Vergewaltigung – eine Definition

Die US-amerikanische Rechtsprechung definiert Vergewaltigung traditionell als «gewaltsam gegen den Willen einer Frau erzwungener Beischlaf» (Koss & Harvey 1991). Beischlaf meint hierbei nur die vaginale Penetration.

In den vergangenen Jahren wurden die Vergewaltigungsgesetze in vielen amerikanischen Bundesstaaten reformiert. Die Bestrebungen gingen dahin, den Straftatbestand auch auf andere sexuelle Gewalttaten auszuweiten, wie z. B. sexuelle Belästigung, sexuellen Mißbrauch, sexuelle Nötigung etc. Hierbei wurde das Vergehen des Täters in den Vordergrund gestellt und der Gewaltaspekt der Tat stärker betont. Im allgemeinen definieren die reformierten Gesetze Vergewaltigung nun als gegen den Willen eines Menschen durch Androhung oder Anwendung körperlicher Gewalt erzwungene Penetration. Bei Personen, die geistig zurückgeblieben oder psychisch gestört sind und bei solchen, die unter Alkohol oder illegalen Drogen stehen, wird davon ausgegangen, daß sie nicht in der Lage sind, ihr willentliches Einverständnis zu geben. Außerdem beziehen sich die neuen Gesetze auf beide Geschlechter, sowohl Frauen als auch Männer können Opfer bzw. Täter sein.

Forschungsstudien, die sich mit Vergewaltigung befassen, sollten die verschiedenen Formen und Arten der Vergewaltigung berücksichtigen. Eine Vergewaltigung kann von einem Einzeltäter, aber auch von zwei oder mehreren Tätern begangen werden; der Vergewaltiger kann ein Fremder, ein Bekannter oder Verwandter, ein Partner oder Ehepartner sein; die Penetration kann oraler, vaginaler oder analer Art sein; die Vergewaltigung kann geplant oder spontan stattfinden; das Opfer kann die Vergewaltigung der Polizei melden, Angehörigen oder Freunden davon berichten oder den Vorfall verschweigen. Die Forschung muß den Begriff *Vergewaltigung* und die verschiedenen Arten sexueller Gewalt sehr genau definieren und voneinander abgrenzen.

Auch wenn die Reaktion auf eine sexuelle Gewalttat von Person zu Person sehr unterschiedlich ist, konnten dennoch gewisse generelle Übereinstimmungen gefunden werden. Koss et al. (1991) nennen drei aufeinanderfolgende Stufen, die das Opfer in seiner Reaktion auf eine Vergewaltigung durchläuft: Schock, äußerliche Adaptation und Integration. Sie beschreiben eine Gruppe zusammengehöriger Symptome, die die meisten Vergewaltigungsopfer aufweisen; diese Symptome fassen sie unter der Bezeichnung *Vergewaltigungstrauma-Syndrom* zusammen. Das Syndrom umfaßt zwei Phasen: die akute Phase, während der das Leben des Opfers durch die Vergewaltigung völlig aus seiner gewohnten Bahn geraten ist, und den langwierigen Heilungsprozeß, in dem das Opfer versucht, sein Leben wieder unter Kontrolle zu bringen.

Während der akuten Phase (*Desorganisationsphase*) können beim Opfer physische und psychische Reaktionen auftreten. Zu den physischen Reaktionen gehören Schlafstörungen und Eßstörungen sowie körperliche Symptome, beispielsweise

Beschwerden im Mund- und Rachenraum nach erzwungenem Oralverkehr, Ausfluß oder Jucken im Genitalbereich, urogenitale Beschwerden, Schmerzen oder Blutungen im Rektalbereich, aber auch generalisierte Schmerzen.

Zu den psychischen Reaktionen gehören Furcht (vor dem Tod oder vor körperlichen Verletzungen), Demütigungs- und Schuldgefühle, Scham, Wut, Selbstzweifel etc. Sehr oft neigen die Opfer während dieser Zeit zu Stimmungsschwankungen. Auf kognitiver Ebene versuchen viele Opfer, den Gedanken an das Geschehene abzublocken, oder sie denken unaufhörlich darüber nach, wie sie ihrem Peiniger eventuell hätten entkommen können oder ob sie sich anders hätten verhalten sollen.

Der Genesungsprozeß (*Reorganisationsphase*) kann sich über viele Wochen, Monate oder Jahre hinziehen, und die verschiedensten Faktoren wirken darauf ein. Möglicherweise ändert die betroffene Person ihren Lebensstil aus eigenem Antrieb oder muß ihn aufgrund äußerer Zwänge ändern, unter Umständen wechselt sie den Wohnort, verläßt ihren Partner oder wird von ihm verlassen. Eventuell hat sie Schwierigkeiten in Beruf oder Schule, vielleicht reduziert sie ihre Aktivitäten auf ein Minimum. Schlafstörungen und Alpträume, die in Bezug zu der Vergewaltigung stehen, können über einen langen Zeitraum hinweg anhalten. Manche Opfer bilden auch Phobien oder andere Formen von Angststörungen aus.

7.4.2 Furcht und Angst

Die wohl häufigste Folge einer sexuellen Gewalttat ist Angst. Während der Tat selbst muß das Opfer oft um sein Leben fürchten; nach der Attacke fürchtet es um seine Sicherheit, und daß der Täter zurückkommen und es erneut angreifen könnte. Neuerdings kommt für Vergewaltigungsopfer, die ihren Angreifer nicht kennen, noch die Angst vor einer möglichen HIV-Infektion hinzu. Einige Opfer entwickeln infolge der Vergewaltigung Phobien.

7.4.3 Depressionen

Auch Depressionen sind bei vielen Opfern unmittelbar nach der Tat zu beobachten. In 75% der aktenkundigen Vergewaltigungsfälle geben die Opfer während des ersten Monats nach dem Angriff leichte bis schwere Depressionssymptome an. Vier Monate nach der Vergewaltigung sind die meisten der Symptome wieder auf ein Normalmaß zurückgegangen. Auch ein Selbsttötungsversuch kann eine Vergewaltigungsfolge sein.

Calhoun & Atkeson (1991) halten fest, daß wir auch nach beinahe drei Jahrzehnten klinischer Beobachtung und empirischer Forschung erst beginnen, die schwerwiegenden Konsequenzen zu verstehen, die ein sexueller Übergriff für das Opfer und seine engste Umgebung haben kann. Die gesammelten Fakten zeigen, daß eine nicht unerhebliche Anzahl von Frauen Opfer einer Vergewaltigung wird. Die Tat kann kurz- und langfristige Auswirkungen haben. Eine Vergewaltigung kann die emotionale, kognitive, soziale und physische Funktionalität des Opfers beeinträchtigen und auch für die Angehörigen oder Bezugspersonen des Opfers emotionale Folgen haben.

Studien über den Therapieerfolg bei Vergewaltigungsopfern sollten die seit der Tat verstrichene Zeit kontrollieren, und die Opfer sollten in einer Selbsthilfegruppe aktiv betreut werden. Auch Faktoren wie sozialer Rückhalt und Bewältigungsstrategien müssen beachtet werden.

Leider sind nur die wenigsten Vergewaltiger der Meinung oder geben zu, daß sie eine öffentliche Gefahr darstellen. Selbst verurteilte Vergewaltiger, die langjährige Haftstrafen verbüßen, streiten ihre Schuld ab; sie behaupten hartnäckig, Frauen ermutigten und wollten sexuelle Übergriffe. Diese Männer erzählen anderen, sie seien die größten Liebhaber auf der Welt.

Die folgende Fallstudie schildert, wie eine junge Sekretärin auf ihre Vergewaltigung reagierte. Nach der Tat ging sie nach Hause, um zu duschen und sich umzuziehen, und ging dann zur Arbeit. Offensichtlich befand sie sich in einem Zustand des Schocks und der Ungläubigkeit.

7.5 Fallstudie: Vergewaltigung

Ann, eine attraktive 26jährige Anwaltssekretärin, wurde von ihrem Arbeitgeber ins Krisencenter gebracht. Auf ihrem morgendlichen Weg zur Arbeit war sie vergewaltigt worden. Nach der Vergewaltigung ging sie zurück nach Hause, duschte, zog sich frische Kleider an und ging ganz ruhig zur Arbeit.

Um etwa 11.30 Uhr erzählte sie ihrem Chef völlig sachlich, daß sie vergewaltigt worden sei, und schilderte ihm die Details. Ihr Chef war schockiert und entsetzt und sagte ihr, sie solle sich im Krankenhaus untersuchen und behandeln lassen und die Polizei verständigen. Wie unbeteiligt entgegnete sie, es gehe ihr «prima», sie habe nur einige «Kratzer» an Brust und Bauch und werde weiterarbeiten. Am Nachmittag glaubte ihr Chef festzustellen, daß sie unter Schock stand; sie erschien desorientiert und verwirrt. Er fuhr sie zum Krisencenter, wo sie in der Notaufnahme sofort von einer Therapeutin übernommen wurde, die sich auf die Arbeit mit Vergewaltigungsopfern spezialisiert hatte.

Die Therapeutin bot Ann eine Tasse Kaffee an, und sie akzeptierte. Während sie zusammen ihren Kaffee tranken, fragte die Therapeutin Ann behutsam, was geschehen sei. Ann fing sofort zu weinen an. Die Therapeutin reichte ihr einige Taschentücher, legte ihr den Arm um die Schultern, hielt sie fest und sagte ihr, sie könne verstehen, wie sie sich jetzt fühle. Ganz allmählich beruhigte Ann sich und hörte zu weinen auf. Dann sagte sie: «Ich fühle mich so schmutzig; ich habe das Gefühl, mich nicht genug gewehrt zu haben; ich bin so durcheinander.» Die Therapeutin versicherte ihr, daß diese Gefühle völlig normal seien, und bat sie, ihr zu erzählen, was vorgefallen sei.

Ann berichtete, sie stehe morgens sehr früh auf und fahre mit dem Bus zur Arbeit, da dies bequemer sei. Sie sei dann immer die erste im Büro. Sie räume gerne ihren Schreibtisch auf, bevor sie zu arbeiten anfange, und koche Kaffee, damit sie den Rechtsanwalt, für den sie arbeite, mit einer Tasse Kaffee empfangen könne, wenn er ins Büro komme. Sie lächelte ein wenig und sagte: «Bevor er nicht zwei Tassen Kaffee intus hat, bringt er morgens kaum ein Wort heraus. Er wohnt außerhalb der Stadt und muß sich vor der Arbeit schon ein bis eineinhalb Stunden durch den Berufsverkehr quälen.» Die Therapeutin lächelte ebenfalls und bat ihre Klientin fortzufahren. Diese holte tief Luft und erzählte, an diesem Morgen sei sie wie immer aufgestanden und mit dem Bus in die Stadt gefahren. Als sie von der Bushaltestelle zum Bürogebäude gegangen sei, das etwa drei Blocks entfernt liege, sei ein Mann auf sie zugekommen. Er sei groß, attraktiv und gut gekleidet gewesen. Als sie an ihm vorbeigekommen sei, habe er sie angelächelt und gefragt: «Können Sie mir sagen, wo die Fifth Street ist?» Sie habe zurückgelächelt, in die Richtung gedeutet, in die sie lief und gesagt: «Sie laufen in die falsche Richtung; es ist gleich die nächste Straße!» Er habe sich bedankt und umgedreht, sei neben ihr hergelaufen, habe begonnen, über das Wetter zu reden – «was für ein wunderschöner Morgen» – und anderen Smalltalk mit ihr betrieben. Sie seien ungefähr 100 Meter weit gekommen, als er plötzlich ein Messer gezückt, sie an ein Auto gedrängt, ihr das Messer an die Kehle gehalten und gesagt habe: «Keinen Mucks, oder ich bringe Sie um. In den Wagen!» Ann fing an zu zittern, und die Tränen rollten ihr über die Wangen. Die Therapeutin sagte: «Wie furchtbar! Was haben Sie dann getan?» Ann antwortete: «Ich war total geschockt und eingeschüchtert; ich habe wirklich geglaubt, daß er mich umbringen würde. Also bin ich einfach eingestiegen, als er die Tür aufgemacht hat.»

Ann fuhr mit ihrem Bericht fort: er habe sie auf den Fahrersitz hinüberrutschen lassen, ihr das Messer in die Seite gepreßt, befohlen, sie solle losfahren, und ihr gesagt, wo sie hinfahren solle (in eine einsame Gegend am Fluß). Dann habe sie sich ausziehen und auf den Rücksitz legen müssen. Er habe angefangen, sie zu liebkosen und ihr Obszönitäten zu erzählen. Er habe gesagt, er werde «es» ihr «besser besorgen als jeder andere Mann». Ann sagte, sie habe zu weinen angefangen und ihn angefleht, sie in Ruhe zu lassen, aber das habe ihn nur wütend gemacht. Er habe angefangen, ihr mit dem Messer kleine Schnitte an Brust und Bauch zuzufügen, und ihr angedroht, er werde sie töten, wenn sie nicht «kooperiere». Ann beschrieb, er habe sich wie «ein Irrer» verhalten und einen glasigen Blick in den Augen gehabt, als ob er nicht sie *persönlich* vergewaltige, sondern einfach irgendeine Frau.

Ann erzählte, als er wieder von ihr abgelassen habe, sei er scheinbar «zu sich gekommen». Er habe zu weinen begonnen und gesagt: «Es tut mir so leid. Ich wollte Ihnen nicht weh tun. Bitte verzeihen Sie mir; ich kann einfach nichts dagegen tun. Bitte erzählen Sie niemandem etwas.» Sie habe sich dann angezogen, und er habe ihr auf den Beifahrersitz geholfen. Dabei habe er immer wieder gefragt, ob sie in Ordnung sei, und sich besorgt nach ihrem Wohlbefinden erkundigt. Er habe gefragt, ob er sie irgendwohin bringen könne, und sie habe ihn gebeten, sie etwa vier Blocks von ihrem Apartment entfernt abzusetzen, und ihm erzählt, sie werde zu einer Freundin gehen, um sich «frisch zu machen». Er habe sie herausgelassen und erneut angefleht, niemandem etwas zu erzählen und ihm bitte zu vergeben. Ann sagte, als sie sich sicher gewesen sei, daß er weg war, sei sie ganz benommen zu ihrer Wohnung gegangen. Das einzige, woran sie habe denken können, sei gewesen, unter die Dusche zu gehen, um «wieder sauber zu sein», und etwas anderes anzuziehen, um das Gefühl der Erniedrigung abzustreifen. Sie habe geglaubt, es sei das beste, zur Arbeit zu gehen, um «auf andere Gedanken zu kommen». Am Nachmittag, als sie die Ereignisse in ihrem Kopf noch einmal «erlebte», habe sie sich plötzlich furchtbar schuldig gefühlt, weil sie sich nicht «gewehrt» habe, als er das Messer zog. Völlig niedergeschlagen sagte sie: «Ich habe ja nicht mal geschrien!»

Die Therapeutin hielt es für angebracht, daß Ann ihre Verletzungen sofort im Krankenhaus behandeln lassen solle. Außerdem empfahl sie ihr, sich gynäkologisch auf etwaige Spermaspuren untersuchen zu lassen und den Vorfall dann polizeilich anzuzeigen. Anschließend solle sie ins Center zurückkommen, sich mit der Therapeutin treffen und die seelische Entlastung fortsetzen. Die Therapeutin erklärte Ann, daß jemand vom Frauennotruf mit ihr zum Krankenhaus gehen und bei ihr bleiben werde, während sie sich untersuchen ließ und die Anzeige erstattete. Die Therapeutin versprach, im Krankenhaus anzurufen und zu veranlassen, daß Ann von einer Gynäkologin untersucht und von einer Polizistin befragt werde. Ann war einverstanden, und eine Vertreterin des Frauennotrufs wurde bestellt, um sie zu begleiten und anschließend wieder ins Krisencenter zu bringen.

Als Ann zurückkam, war sie bleich und zitterte, schien ihre Gefühle jedoch unter Kontrolle zu haben. Wieder nahm sie den angebotenen Kaffee an und sprach mit der Therapeutin darüber, wie es ihr im Krankenhaus und bei der polizeilichen Befragung ergangen war. Ann bemerkte, es sei natürlich nicht gerade «angenehm» gewesen, aber sie habe es sich schlimmer vorgestellt. Sie fügte hinzu: «Zum Glück hatte ich keine Spülung gemacht!»

Die Therapeutin fragte Ann, ob sie nicht jemanden aus ihrer Verwandtschaft oder ihrem Freundeskreis anrufen und darum bitten wolle, über Nacht bei ihr zu bleiben, da ihr Erlebnis ihr psychisch immer noch sehr zu schaffen mache. Ann wurde noch ein wenig bleicher und rief: «Ach du lieber Gott, Charles!» Auf die Frage, wer Charles sei, antwortete sie zögernd: «Mein Verlobter.» Die Therapeutin fragte Ann, ob sie Charles anrufen und ihm erzählen könne, was passiert sei. Ann fing zu weinen an und sagte: «Ich schäme mich ja so! Er wird mich wahrscheinlich hassen! Er wird mich nie wieder anfassen wollen! Was habe ich nur getan?» Die Therapeutin versuchte, sie zu trösten und ihr klarzumachen, daß *sie* nichts Falsches getan habe, aber Ann fuhr fort, sich selbst zu beschuldigen und zu weinen. Die Therapeutin gab ihr ein leichtes Beruhigungsmittel und hieß sie, sich hinzulegen und auszuruhen. Zwanzig Minuten später fragte Ann die Therapeutin, ob nicht sie Charles anrufen und ihm erzählen könne, was geschehen sei. Sie fügte hinzu, daß sie ihn erst sehen wolle, wenn sie wisse, wie er über ihre Vergewaltigung denke und fühle. Die Therapeutin war einverstanden und ließ sich Charles' Telefonnummer geben.

Die Therapeutin erklärte Charles am Telefon, daß Ann vergewaltigt worden sei; sie habe zwar keine schlimmen körperlichen Verletzungen, aber ein ziemlich starkes psychisches Trauma davongetragen. Charles reagierte sehr besorgt und wütend und fragte, ob er Ann sehen könne. Die Therapeutin bat ihn, ins Krisencenter zu kommen und nach ihr zu fragen.

Charles kam und war sehr aufgeregt und wütend. Die Therapeutin bat ihn in ihr Büro und erklärte ihm ausführlich, was Ann widerfahren war und was man seitdem unternommen hatte. Charles fing an zu weinen und zu fluchen: «Die arme Ann! – Ich werde dieses Dreckschwein finden und umbringen!» Die Therapeutin ließ ihn sein Bedauern und seine Wut ausleben, und allmählich beruhigte er sich. Als er wieder ruhiger schien, fragte die Therapeutin ihn: «Hat das Geschehene Auswirkungen auf Ihre Gefühle für Ann?» Er wirkte überrascht und sagte: «Nein, ich liebe sie. Wir werden heiraten!» Die Therapeutin berichtete ihm, daß Ann befürchtete, er werde sie nun nicht mehr lieben. Er entgegnete: «*Sie* kann doch nichts dafür; natürlich liebe ich sie noch!»

Die Therapeutin erklärte Charles, daß sich fast jede Frau nach einer Vergewaltigung «schuldig» und «schmutzig» fühle und sich vor den intimen Berührungen eines Mannes fürchte, selbst wenn sie diesen sehr liebe. Sie fügte hinzu, Ann brauche jetzt seine ganze Stärke und Liebe und die fortwährende Bestätigung, daß sich zwischen ihnen nichts geändert habe. Charles hörte ihr aufmerksam zu und sagte schließlich: «Ich werde alles tun, was in meiner Macht steht, damit sie das Geschehene vergessen kann.»

Auf die Frage, ob er manchmal bei Ann übernachte, antwortete er: «Ja, sehr oft sogar.» Die Therapeutin fragte ihn nun, ob er eventuell diese Nacht bei Ann verbringen (falls sie dies wolle), sie festhalten (falls sie ihn ließe), sie berühren, ihr seine Liebe beweisen und mit ihr über die bevorstehende Hochzeit reden könne, ohne jedoch intim mit ihr zu werden (es sei denn, sie fange damit an). Er stimmte zu und bat darum, Ann sehen zu dürfen. Die Therapeutin äußerte die Bitte, zunächst einige Minuten alleine mit Ann sprechen zu dürfen.

Als die Therapeutin ins Zimmer kam, lag Ann auf der Couch und starrte die Decke an. Nun schaute sie ängstlich zur Tür. Die Therapeutin lächelte sie an, setzte sich zu ihr, nahm ihre Hand und sagte: «Ich mag Ihren Charles. Er ist ein netter junger Mann. Und wenn ich ihn jetzt nicht zu Ihnen lasse, wird er vermutlich diese Tür eintreten!» Ann erkundigte sich, was er gesagt habe. Die Therapeutin erzählte ihr, er habe gesagt, daß er sie sehr liebe und daß er alles tun wolle, um sie diese Vergewaltigung vergessen zu lassen, daß es nicht ihre Schuld sei und daß er den «Bastard umbringen» wolle, «der ihr weh getan» habe.

Ann fragte zaghaft: «Sind Sie sicher?» Die Therapeutin erwiderte mit Nachdruck: «Absolut sicher! Und jetzt kämmen Sie sich und pudern ihr Näschen, damit ich ihn reinlassen kann!» Ann lächelte schwach und tat wie ihr geheißen.

Charles kam in das Büro, nahm Ann in die Arme, strich ihr über die Haare und das Gesicht und sagte: «Das tut mir so leid, mein Schatz. Jetzt kümmere ich mich um dich. Alles wird gut. Ich liebe dich. Du bist das Wichtigste in meinem Leben.» Ann legte ihren Kopf an seine Schulter und weinte leise.

Die Therapeutin sagte: «Warum gehen Sie beiden jetzt nicht einfach nach Hause und ruhen sich ein wenig aus? Ich sehe Sie dann nächste Woche!» Ann und Charles waren einverstanden und verließen das Büro eng umschlungen, Anns Kopf an seiner Schulter.

(Anmerkung: Während die Therapeutin Anns Bericht über die Vergewaltigung und die Vorgehensweise des Täters lauschte, machte sich bei ihr ein immer stärker werdendes Gefühl der Hilflosigkeit und Wut breit. In den vergangenen drei Monaten hatte sie mit zwei anderen Vergewaltigungsopfern gearbeitet, die beinahe dieselbe Geschichte erzählt hatten, mit einem wichtigen Unterschied jedoch: das erste Opfer hatte nur einen winzigen Kratzer am Hals davongetragen, als der Täter sie gegen das Auto drängte, das zweite Opfer hatte einige wenige kleine Schnitte an der Brust erlitten, während Ann, das dritte Opfer, bereits zahllose Schnitte auf Brust und Bauch aufwies. Offensichtlich wurde der Vergewaltiger von Mal zu Mal brutaler.)

Zu den nächsten Sitzungen kamen Ann und Charles gemeinsam. Das Hauptziel der Therapiearbeit war es, daß die beiden ihren Gefühlen Luft machten und daß Ann lernte, die Wut gegenüber ihrem Peiniger zu artikulieren. Gegen Ende der sechsten Sitzung hatten die beiden zu ihrer normalen sexuellen Aktivität zurückgefunden und ihre Hochzeit um drei Monate vorverlegt. Charles sagte, er lebe ja ohnehin die meiste Zeit in Anns Apartment, weil er möglichst viel mit ihr zusammensein wolle, also könnten sie ebensogut auch schon früher heiraten.

Da eine Vergewaltigung ein so außerordentlich traumatisierendes Erlebnis ist, wurde Ann von der Therapeutin als Notfallklientin behandelt. Je früher bei einem Vergewaltigungsopfer mit den Interventionen begonnen wird, desto geringer bleibt der psychische Schaden.

Die meisten Frauen sind auf eine Vergewaltigung völlig unvorbereitet. Vergewaltigungsopfer müssen daher eine vollkommen neuartige traumatische Erfahrung verarbeiten, und die bisherigen Abwehr- und Bewältigungsmechanismen reichen in der Regel nicht aus, um die Krise zu bewältigen.

Ann hatte große Angst davor, von ihrem Verlobten abgelehnt zu werden, was nach Vergewaltigungen sehr häufig vorkommt. Aus diesem Grunde bestellte die Therapeutin Ann und Charles gemeinsam zu den Sitzungen, so daß die beiden ihre Gefühle auch gemeinsam erforschen und zum Ausdruck bringen konnten.

Ann glaubte, die Vergewaltigung sei ihre eigene Schuld, da sie sich nicht sofort gewehrt und geschrien hatte. Dieses Gefühl tritt bei vergewaltigten Frauen sehr häufig auf. Gewöhnlich geht alles sehr schnell, und die alles durchdringende Angst, getötet oder ernstlich verletzt zu werden, lähmt die Opfer förmlich.

7.5.1 Nachtrag

Vier Monate später wurde der Therapeutin ein Klient zugewiesen, der wegen Vergewaltigung auf Bewährung verurteilt worden war. Als er auf die Frage nach dem Wie und Warum seine Vorgehensweise beschrieb, *wußte* die Therapeutin, daß es sich um den Mann handelte, der Ann und ihre beiden anderen Klientinnen vergewaltigt hatte. Nachdem der Vergewaltiger seine Gefühle – Schuldgefühle, Schamgefühle und Hilflosigkeit gegenüber seinen Trieben – beschrieben hatte, erkundigte die Therapeutin sich nach seinem familiären Hintergrund. Ihr neuer Patient, Phillip, schilderte seine Kindheit als lieblos. Seine Mutter hatte den Vater verlassen, und Phillip war von einer Tante großgezogen worden, die kalt, verschlossen und ihm gegenüber gleichgültig und streng war.

Auf die Frage nach seinen momentanen Lebensumständen antwortete er, er sei glücklich verheiratet und habe drei kleine Kinder. Als die Therapeutin wissen wollte, warum er das Bedürfnis verspüre, Frauen zu vergewaltigen, sagte er: «Ich weiß es nicht.» Er fing zu weinen an und bat: «Bitte helfen Sie mir. *Ich* kann mir nicht helfen.»

Die Therapeutin erkundigte sich, ob seine Frau wisse, daß er wegen Vergewaltigung verurteilt sei und unter Bewährung stehe. Er antwortete sehr zögerlich: «Nein. Aber ich weiß, daß sie *spürt*, daß mit mir etwas nicht stimmt.» Die Therapeutin erzählte Phillip, daß sie mit drei seiner Opfer gearbeitet habe und den Eindruck habe, er gehe von Mal zu Mal brutaler vor. Dies zeige sich daran, daß er sein Messer immer öfter benutze und offenbar immer mehr Blut sehen müsse, um sich zu stimulieren.

Phillip sah die Therapeutin eindringlich an und sagte mit Überraschung in seiner Stimme: «Mein Gott, Sie müssen mich doch hassen! Ich hasse mich ja selbst!» Die Therapeutin konnte ihm gegenüber zum Ausdruck bringen, daß ihre Sympathien zwar bei den Opfern lägen, sie jedoch glaube, daß er Hilfe brauche, da sie befürchte, er könne sein nächstes Opfer töten. Er gestand ein, daß er nicht wisse, ob er fähig wäre, jemanden zu töten oder nicht.

Füllen Sie das Paradigma (**Abb. 7-2**) für diese Fallstudie aus und vergleichen Sie es mit der Auflösung in Anhang A. Orientieren Sie sich, falls nötig, an den Paradigmen in Kapitel 3.

Die Therapeutin fragte ihn nun, wie sich seine Frau und seine Kinder wohl fühlen würden, wenn sie herausfänden, daß er ein potentieller Mörder sei. Er schauderte sichtlich und sagte: «Helfen Sie mir! Ich weiß alleine nicht mehr weiter!» Die Therapeutin schlug vor, er solle seiner Frau von seiner Bewährungsstrafe und den Vergewaltigungen erzählen, dann werde sie alles tun, damit er die nötige Hilfe erhalte. Er war einverstanden, rief seine Frau an und bat sie, ins Krisencenter zu kommen.

Seine Frau kam, und Phillip beichtete ihr, was er getan hatte und möglicherweise in Zukunft tun könnte. Sie fing zu weinen an und sagte: «Ich wußte, daß etwas nicht stimmt, aber ich wußte nicht, was.» Sie drehte sich zur Therapeutin um und fragte: «Was können wir tun?» Die Therapeutin war sehr direkt und eröffnete den beiden, daß Phillip in ein bestimmtes bekanntes Hochsicherheitsgefängnis gehöre, wo er sich einer regelmäßigen intensiven psychiatrischen Behandlung unterziehen könne. Nur so könnten der Ruf der Familie und die öffentliche Sicherheit gewahrt werden.

Die beiden stimmten ihr zu, und die Therapeutin rief den Richter an und teilte ihm die Fakten mit. Auch er war der Meinung, es sei höchste Vorsicht angebracht, und sagte, er werde einen Wagen schicken, der Phillip ins Gefängnis bringe.

Es ist *sehr selten*, daß ein Therapeut sowohl das Opfer einer Vergewaltigung als auch seinen Peiniger betreut. Für die Therapeutin war es sehr schwer, «ruhig und gefaßt» zu bleiben, während Phillip seine Taten schilderte. Trotzdem war auch er ein «Opfer», das Hilfe brauchte und erhielt.

> **Verbrechen sind nicht schädlich, weil sie verboten sind, sondern verboten, weil sie schädlich sind.**
> *Benjamin Franklin*

7.6 Körperliche Krankheit

Man sagt, jede Krankheit habe ihren Ort und ihre Zeit (siehe Kapitel 11). Typisch für primitive Gesellschaften sind Gesundheitsprobleme, die durch immer wiederkehrende Hungersnöte ausgelöst werden, während in urbanen Gesellschaften Epidemien von Infektionskrankheiten auftreten. Die moderne Industriegesellschaft wiederum weist neuartige Krankheitsformen auf: Adipositas, Arteriosklerose, Hypertonie, Diabetes und weitverbreitete Angstsymptome. Daraus erwachsen zwei der größten Geißeln unserer Zeit: koronare Herzkrankheiten und Apoplexien.

In den vergangenen Jahren hat sich die Forschung nicht nur auf die Ätiologie und Epidemiologie kardiologischer Erkrankungen konzentriert, sondern auch auf

7. Situative Krisen

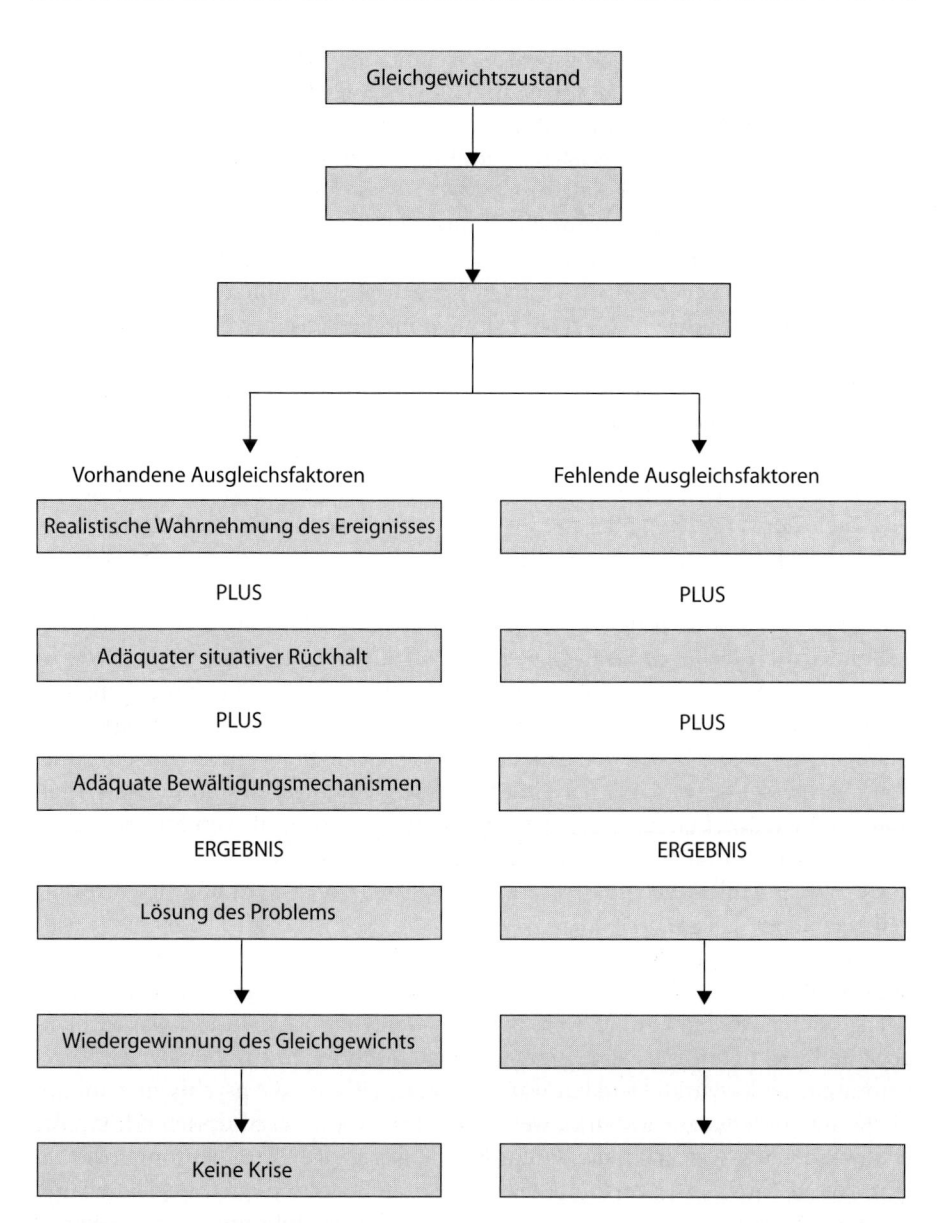

```
                    Gleichgewichtszustand
                            │
                            ▼
                    ┌───────────────┐
                    └───────────────┘
                            │
                            ▼
            ┌───────────────────────────────┐
            └───────────────────────────────┘
                  │                   │
                  ▼                   ▼
      Vorhandene Ausgleichsfaktoren    Fehlende Ausgleichsfaktoren
```

Vorhandene Ausgleichsfaktoren	Fehlende Ausgleichsfaktoren
Realistische Wahrnehmung des Ereignisses	
PLUS	PLUS
Adäquater situativer Rückhalt	
PLUS	PLUS
Adäquate Bewältigungsmechanismen	
ERGEBNIS	ERGEBNIS
Lösung des Problems	
↓	↓
Wiedergewinnung des Gleichgewichts	
↓	↓
Keine Krise	

Abbildung 7-2: Fallstudie: Ann

die Faktoren, die den Genesungsprozeß beeinflussen. US-amerikanische Statistiken lassen den Schluß zu, daß ungefähr 35% der Todesfälle in der Population der 25- bis 44jährigen Amerikaner auf chronische medizinische Probleme wie Herzbeschwerden, Krebs, zerebrovaskuläre und pulmonare Krankheiten zurückgehen (National Center for Health Statistics 1994).

Zweifelsohne stellt eine chronische Krankheit eine große Belastung für alle Familienmitglieder dar. Kotchick et al. (1996) haben festgestellt, daß krankheitsbedingte Umstände bei chronisch kranken Erwachsenen in höherem Maße zu Niedergeschlagenheit führen. Leidet ein Familienmitglied an einer Krankheit, so kann sich dies auf alle anderen Familienmitglieder auswirken, da das kranke Mitglied nicht vom Rest der Familie isoliert ist. Dies verursacht Streß und oft auch Rollenveränderungen, die ihrerseits zu weiteren familiären Belastungen führen.

Man geht davon aus, daß der Einsatz effektiver Bewältigungsstrategien einen Faktor darstellt, der darüber bestimmt, ob eine Familie an der Krankheit eines ihrer Mitglieder verzweifelt oder mit ihr fertig wird. Bewältigung wird allgemein definiert als eine Konstellation von Reaktionen, die dazu dienen, den emotionalen Streß angesichts eines von außen kommenden Problems, z. B. einer chronischen Krankheit, unter Kontrolle zu bringen bzw. abzubauen. Aktive Bewältigung bezeichnet dabei diejenigen Strategien, die darauf abzielen, den Stressor unmittelbar zu beeinflussen, sei es durch Maßnahmen auf der Verhaltensebene (wie z. B. Bemühungen, die Ursache des Problems zu beseitigen) oder durch kognitive Maßnahmen (wie z. B. den Versuch, den Stressor in einem positiveren Licht zu sehen). Vermeidende (passive) Bewältigungsstrategien hingegen sind solche Verhaltens- und Denkweisen, deren Ziel es ist, die Aufmerksamkeit vom Stressor abzulenken; denkbar wäre es etwa, daß der Betreffende irgend etwas tut, um nicht an das Problem denken zu müssen, oder die Existenz oder Wirkung des Stressors verleugnet.

Auch wenn ein Zusammenhang zwischen dem Einsatz bestimmter Bewältigungsstrategien und den sich daraus für das Individuum ergebenden Resultaten nachgewiesen werden konnte, weiß man nur wenig darüber, wie sich das fehlangepaßte Bewältigungsverhalten eines Familienangehörigen auf die übrigen Familienmitglieder auswirkt. Denkbar wäre, daß es negativ auf die psychische Funktionalität der anderen zurückwirkt, weil es den Frustrationsgrad dessen erhöht, der es anwendet, was wiederum die Funktionalität der übrigen Familienmitglieder beeinträchtigt. Greift eine Person auf vermeidende Bewältigungsstrategien zurück, kann dies zu einer Zunahme von Depression und Angst führen.

Betrachtet man den Genesungsprozeß bei einer Herzkrankheit als Reaktion auf eine Krise, so bringt dies einige strategische Vorteile bei der Annäherung an das Problem. Auf diese Weise kann man sich auf die adaptiven und maladaptiven Mechanismen konzentrieren, die ein Patient zur Bewältigung seiner Krankheit heranzieht, auf die verschiedenen Phasen der Genesung sowie auf die Ressourcen, die der Patient während dieser Phasen benötigt und nutzt. Stufen wir die Reaktion auf eine koronare Herzkrankheit als ein Problem ein, das mit Hilfe der Kriseninterventionsmethodik angegangen werden kann, so erlaubt uns dies, die der Krisentheorie eigenen Konzepte und Formulierungen anzuwenden.

Ein Bericht der Weltgesundheitsorganisation (WHO) aus dem Jahre 1996 diskutiert die Rehabilitation herzkranker Patienten und unterscheidet die Phasen des Genesungsprozesses hinsichtlich Zeitdauer und anstehender Bewältigungsaufgaben. Die erste Phase umfaßt den Zeitraum von etwa zwei Wochen, die der Patient unter minimaler körperlicher Aktivität im Bett verbringt. In den darauffolgenden sechs Wochen der zweiten Phase bleibt er noch zu Hause und beschränkt sich auf leichte Aktivitäten. In der dritten Phase, die zwischen zwei und drei Monaten dauert, kehrt der Patient Schritt für Schritt ins normale Berufsleben zurück.

Lee & Bryner (1961) teilen den Genesungsprozeß anhand der vom Arzt für seinen Patienten zu leistenden Betreuung in drei Phasen ein: erstens die Einschätzung des Patienten und seines Umfeldes, zweitens die behandelnde Begleitung des Patienten und drittens die Wiedereingliederung des Patienten in sein normales Umfeld.

Andere Einteilungen des Genesungsprozesses stellen die Art der therapeutischen oder rehabilitativen Beziehungen in den Vordergrund, die in den verschiedenen Abschnitten im Mittelpunkt stehen. Goldstone (1954) schreibt, in der ersten oder akuten Phase sei die Beziehung zwischen Arzt und Patient von primärer Bedeutung. Dann folge die Rekonvaleszenzphase, in der die Beziehung zwischen dem Patienten und seinen Angehörigen und Freunden in den Vordergrund rücke. In der dritten oder Genesungsphase spielt der Arbeitgeber oder Berufsberater eine entscheidende Rolle bei der Rehabilitation eines herzkranken Patienten.

Auch anhand der emotionalen Anpassung des Patienten wurden Phasen unterschieden. Kubie (1955) legt dar, die erste Phase sei vom initialen Schock und die zweite von der Erkenntnis des vollen Ausmaßes der Krankheit gekennzeichnet. In der dritten Phase werde der Patient von der Krankenhausbetreuung entwöhnt, und in der vierten und letzten Phase stelle er sich seinem «selbständigen und leistungsorientierten Leben».

Die für den Ausgang des Gesundungsprozesses wichtigsten Faktoren sind die Schwere des entstandenen Herzschadens, der Grad der bleibenden Behinderung und die physischen Ressourcen des Patienten. Zwar stehen Herzschädigungen in engem Zusammenhang mit Leistungseinschränkung und erreichbarem Anpassungsgrad auf seiten des Patienten, Studien jedoch, die sich allein mit den körperlichen Faktoren befassen, können nur teilweise Aufschluß über den Genesungsprozeß geben. Forschungsstudien über die Bedeutung der prämorbiden Patientenpersönlichkeit für die Adaptation an eine Krankheit legen nahe, daß es sich hierbei um einen weiteren für den Gesundungsprozeß wichtigen Aspekt handelt.

Ebenfalls erheblichen Einfluß auf den Erholungsprozeß haben die verschiedenen psychischen Mechanismen, von denen der Patient im Umgang mit seiner Krankheit Gebrauch macht. Betrachtet man den Genesungsprozeß als eine Reaktion auf eine Krisensituation, so muß man davon ausgehen, daß diese individuellen Strategien für die Überwindung der Krise eine wesentliche Rolle spielen. In der Diskussion über die für die Genesung entscheidenden Faktoren wurde immer wieder betont, wie wichtig die emotionale Reaktion des Patienten auf die Krankheit ist. McIver (1960) schreibt, die Weise, wie emotional mit einer Krise umgegangen werde, könne maßgebliche Auswirkungen auf den Ausgang eines Falles haben, indem sie die Dauer des Genesungsprozesses sowie den Grad der Rehabilitation beeinflusse. Reiser (1951) streicht heraus, wenn die Behandlung einer Herzkrankheit das bestmögliche Ergebnis bringen solle, müsse man zwangsläufig die Ängste berücksichtigen, die mit der Diagnose und den Symptomen dieser Krankheit einhergehen. Die gängige Auffassung geht dahin, daß der emotionale Zustand eines Patienten während der akuten Phase einer jeglichen schweren Krankheit von Angst geprägt ist, da die Krankheit seine gesamte Integrität bedroht und seine Selbständigkeit sowie seinen Wert für sich und andere in Frage stellt.

Im Vergleich zu anderen schweren Krankheiten weisen Herzkrankheiten einige ganz eigene Aspekte auf. Durch die sofortige Assoziation mit einem plötzlichen und unerwarteten Tod werden sie vom Patienten und dessen Angehörigen als unmittelbare und gefährliche Lebensbedrohung empfunden. Hollender (1958) schreibt, selbst bei den psychisch stabilsten Patienten breche gleichzeitig mit einer Herzkrankheit auch Angst aus. Während der ersten Krankheitstage muß der Patient eine völlig passive Rolle annehmen, wodurch nach Ansicht einiger Fachleute die Angst noch verstärkt wird. Eine körperliche Ruhigstellung fördert das Gefühl der Hilflosigkeit, Verletzlichkeit und Mutlosigkeit. Dieses Gefühl wiederum behindert den Patienten darin, seine Abwehrmechanismen zu aktivieren, die ihm eigentlich helfen sollten, sich der veränderten Situation anzupassen.

Auch wenn das Bewältigungsverhalten von Patient zu Patient verschieden ist, scheint es doch einen harten Kern relativ einheitlicher Adaptationsreaktionen zu geben. So werden in vielen Fällen Depression und Regression als initiale Reaktion auf eine Erkrankung angegeben. Einige Patienten verhalten sich aggressiv und feindselig und machen externe Faktoren für ihre Krankheit verantwortlich; andere reagieren auf die Bedrohung ihres Lebens, indem sie die Krankheit verleugnen.

Man geht davon aus, daß bestimmte Bewältigungsstrategien in dem einen Genesungsstadium angemessen, in einem anderen jedoch unpassend sind. Vergleicht man unterschiedliche Patienten, die sich im selben Gesundungsstadium befinden, so stellt sich häufig heraus, daß sich ähnliche Reaktionen völlig verschieden auswirken können: was bei einem Patienten zu konstruktiven Ergebnissen führt, behindert den anderen in seiner Genesung. Uneinigkeit herrscht derzeit über die Rolle, die Verleugnung im Heilungsprozeß spielt. Die eine Seite betrachtet die Verleugnung, die dazu führen kann, daß der Patient nicht mit seinen Ärzten kooperiert, als eine destruktive Reaktion. Andere glauben, Verleugnung gehe aus dem Glauben an die Integrität des Selbst und die Unverletzlichkeit des Körpers hervor, und sehen sie daher als konstruktive und gesundheitsförderliche Reaktion an.

Da jeder Patient in einer solchen lebensbedrohlichen Situation individuell reagiert, wird der Therapeut sich aller Wahrscheinlichkeit nach mit einer Kombination unterschiedlicher Bewältigungsstrategien konfrontiert sehen. Die Aufgabe des Therapeuten ist nicht, das Bewältigungsmuster des Patienten zu verändern, er muß vielmehr akzeptieren, daß die Art, wie ein Patient auf eine Krankheit reagiert, ein Teil seiner persönlichen Verteidigungsstrategie ist.

King (1962) schreibt, wie ein gesunder oder kranker Mensch handele, beruhe auf einer Kombination vieler Faktoren. Eine wesentliche Variable sei dabei die Art und Weise, wie er die Situation wahrnehme sowie sämtliche damit einhergehenden sozialen Folgen. Diese Wahrnehmungen werden durch seine Einbettung in einen bestimmten soziokulturellen Kontext bestimmt. Wie ein Patient auf seine Krankheit reagiert, hängt davon ab, was er gelernt hat. Der Inhalt des Gelernten wiederum wird von den Normen und Werten der Gesellschaft bestimmt, in der er lebt. Die subjektive Bedeutung der Krankheit, seine Einstellung gegenüber Medizinern, seine Bereitschaft, medizinische Anordnungen und Ratschläge zu befolgen und seine Lebensführung nach einer Herzattacke, all dies steht unter dem Einfluß der erlernten Werte und Überzeugungen.

Für den Genesungsprozeß relevant ist das Konzept der «Krankenrolle», die Parson (1951) als eine soziale Rolle mit eigenen kulturell definierten Rechten und Pflichten bezeichnet. Ein kranker Mensch wird erst dann als krank anerkannt, wenn er die von der Gesellschaft dafür angesetzten Kriterien bzw. Standards erfüllt. Wurde ihm die «Krankenrolle» offiziell zuerkannt, wird von ihm erwartet, daß er bestimmten Erwartungen nachkommt. Beispielsweise muß er sich aktiv darum bemühen, gesund zu werden, und er muß Hilfe suchen. Im Gegenzug hat er das Recht, bestimmte Verhaltensweisen von seiner Umwelt zu erwarten, z. B. daß man ihm zugesteht, für die Dauer der Krankheit seine normalen Rollenverantwortlichkeiten zu vernachlässigen.

Ist ein herzkranker Patient bereit, die «Krankenrolle» einzunehmen, wird er vermutlich die Anweisungen des Arztes befolgen und dafür sorgen, daß er sich so rasch und gut wie möglich erholt. Allerdings kann sich auch die Weigerung, die «Krankenrolle» zu übernehmen, positiv auf den Genesungsprozeß auswirken. Ein solcher Patient ist möglicherweise so ängstlich darauf bedacht, nicht als krank eingestuft zu werden, daß er sich – genauso wie der bereitwillig Kranke – streng an den Behandlungsplan hält, um die Zeit, während der er außer Gefecht gesetzt ist, möglichst kurz zu halten. Die Weigerung, sich als krank zu betrachten, kann andererseits aber auch dazu führen, daß der Patient die medizinischen Ratschläge ignoriert und seine volle Aktivität wieder aufnimmt, bevor er dazu körperlich in der Lage ist.

Die folgende Fallstudie schildert den Fall eines Geschäftsmannes, der auf einen unerwarteten Herzinfarkt reagierte, indem er seinen Zustand verleugnete.

7.7 Fallstudie: Herzinfarkt

Der 43jährige Mr. Z. leitete gerade eine Vorstandssitzung seiner großen, erfolgreichen Produktionsfirma, als er plötzlich Atemnot, Schwindel und einen drückenden Vernichtungsschmerz hinter dem Brustbein verspürte. Der Notarzt wurde gerufen, und Mr. Z. wurde ins Krankenhaus gebracht. Dort angekommen, wurde er in die Kardiologie eingewiesen; die Diagnose lautete auf drohenden Herzinfarkt.

Mr. Z. war verheiratet und hatte drei Kinder. Er war Generaldirektor und größter Anteilseigner einer großen Produktionsfirma. Bislang hatte er keine kardiovaskulären Beschwerden gehabt, sein Vater allerdings war mit 38 Jahren an einem schweren Koronararterienverschluß gestorben, sein ältester Bruder im Alter von 42 Jahren. Sein zweiter Bruder lebte zwar noch, war aber nach zwei Herzattacken im Alter von 44 und 47 Jahren Teilinvalide.

Mr. Z. war groß, schlank, sonnengebräunt und ein sehr sportlicher Typ. Er ging täglich schwimmen, joggte jeden Morgen eine halbe Stunde, spielte regelmäßig Golf und war ein begeisterter Segler, der an jeder Segelregatta teilnahm und meist sogar gewann. Er lebte sehr gesundheitsbewußt, ließ sich jedes Jahr gründlich ärztlich untersuchen, ernährte sich gesund und hatte das Rauchen aufgegeben, weil er nicht wie sein Vater und seine beiden Brüder jung sterben oder zum Invaliden werden wollte.

Als er in die kardiologische Abteilung eingeliefert wurde, war Mr. Z. bei vollem Bewußtsein. Obwohl er starke Schmerzen litt, schien er fest entschlossen zu sein, sein Schicksal selbst zu bestimmen. Während seines Aufenthalts auf der Kardiologiestation war er ein außerordentlich schwieriger Patient, eine konstante Herausforderung für das Pflegepersonal und seinen Arzt. Nichts, was um ihn herum geschah, entging ihm, und er verlangte, über alle Prozeduren, Apparate und Medikamente bis ins letzte Detail aufgeklärt zu werden. Wenn er schlief, dann immer nur für kurze Zeit und immer nur dann, wenn er völlig erschöpft war. Obwohl er sehr angespannt und ängstlich war, stabilisierte sich sein Zustand. Der an seinem Herzen entstandene Schaden wurde als minimal erachtet, und die Prognose war gut. Sobald die Schmerzen nachließen, begann Mr. Z. zu fragen, wann er nach Hause gehen und wieder arbeiten könne. Ungeduldig wartete er auf seine Verlegung in ein Einzelzimmer, wo er wenigstens einige geschäftliche Angelegenheiten per Telefon erledigen konnte.

Obwohl sein Verhalten auf der Station ihn Lügen strafte, leugnete Mr. Z. jegliche Angst oder Besorgnis bezüglich seines Zustandes. Der behandelnde Arzt merkte, daß Mr. Z. den Streß seiner Krankheit nicht adäquat bewältigte, und zog eine Therapeutin hinzu. Diese Therapeutin hatte sich auf Krisenintervention spezialisiert und sollte Mr. Z. über seine Krise hinweghelfen.

Die Therapeutin stimmte zu, über einen Zeitraum von sechs Wochen einmal wöchentlich für eine Stunde mit Mr. Z. zu arbeiten. Die erste Sitzung wurde für Mr. Z.s zweiten Tag in der Kardiologie angesetzt. Um den körperlichen Zustand ihres Klienten und andere Faktoren (sozioökonomischer Status, Familienstand, familiäre Vorgeschichte etc.) korrekt einschätzen und seine biopsychosozialen Bedürfnisse besser beurteilen zu können, ging die Therapeutin vor dem ersten Treffen Mr. Z.s Krankenakte durch und unterhielt sich mit dem behandelnden Arzt.

In der ersten Sitzung beobachtete die Therapeutin Mr. Z. auf offene und verborgene Zeichen für Angst und Depression und eruierte im Gespräch, was der Krankenhausaufenthalt für ihren Klienten bedeutete, wie er normalerweise mit Streß umging und welcher situative Rückhalt verfügbar war. Indem sie Mr. Z. direkte Fragen stellte und ihm seine eigenen Äußerungen vor Augen führte, konnte sie die Gründe für sein Verhalten und seine Reaktion auf seine Krankheit und den unfreiwilligen Aufenthalt auf der Kardiologiestation herausfinden.

Die Therapeutin fragte Mr. Z., der mit seinem braungebrannten und athletischen Körper sehr jugendlich aussah und das Auftreten eines aktiven und eifrigen Sportlers hatte, nach seinem Leben vor dem Krankenhausaufenthalt. Mr. Z. wies es weit von sich, «schwer krank» zu sein und sich möglicherweise schonen zu müssen. Er erklärte, sich der Tatsache sehr wohl bewußt zu sein, daß seine Familie zu Herzproblemen neige, sagte aber: «Ich habe immer sehr auf mich geachtet, damit ich nicht so ein herzkranker Krüppel werde wie mein Bruder.» Darüber, daß er sterben könnte, schien er sich keine Gedanken zu machen; offenbar machte ihm diese Vorstellung weniger aus, als ein nutzloser, abhängiger Invalide zu werden.

Er äußerte sich besorgt darüber, wie lange er möglicherweise im Krankenhaus würde bleiben müssen. Auf die Frage, warum ihn dies interessierte, antwortete er: «Ich *muß* bis zum 2. Dezember (in etwa dreieinhalb Monaten) wieder voll in Form sein. Ich habe mich für die große Yachtregatta angemeldet und habe die Absicht, wieder zu gewinnen!»

Als die Therapeutin ihn fragte, wie seine Frau und die Kinder auf seine Krankheit und den Krankenhausaufenthalt reagierten, spiegelten sein Gesichtsausdruck und seine Körperhaltung sichtlich Entspannung wider. Er lächelte und sagte: «Meine Frau, Sue, ist einfach unglaublich; sie läßt sich von nichts unterkriegen. Sie ist immer total cool, ruhig und gefaßt. Sie ist sogar zu den Leuten vom Vorstand gegangen und hat sie gebeten, alle wichtigen Entscheidungen zu verschieben, bis ich wieder da bin... die kleineren Entscheidungen werde sie selbst fällen!» Die Therapeutin fragte, ob sie sich einmal mit seiner Frau treffen könne, und Mr. Z.

erwiderte, Sue werde ihn jeden Moment besuchen und die Therapeutin solle doch warten, bis sie komme.

Nachdem sie sich kurz mit beiden Partnern unterhalten hatte, bat die Therapeutin Mrs. Z., in ihrem Büro vorbeizuschauen, bevor sie nach Hause gehe. Als Mrs. Z. im Büro der Therapeutin ankam, ließ sie sich dankbar auf den angebotenen Stuhl fallen. Plötzlich war die strahlende, optimistische Stimmung verschwunden, die sie im Beisein ihres Mannes ausgestrahlt hatte. Die Therapeutin, die ihren besorgten Gesichtsausdruck und ihre zusammengesunkene Haltung sah, fragte: «Sie machen sich große Sorgen um Ihren Mann, nicht wahr?» Mrs. Z. gab dies bereitwillig zu, sagte aber, sie wolle nicht, daß ihr Mann es merke. Auf die Frage, was genau ihr Sorgen bereite, antwortete sie: «Daß Jim sich nicht damit abfinden will, daß er nicht so weitermachen kann wie bisher, und sich weigert, gezwungenermaßen kürzer zu treten. Er kann den Gedanken einfach nicht *ertragen*, krank oder von irgend jemandem oder irgend etwas abhängig zu sein!»

Die Therapeutin erklärte ihr, daß es vielen Patienten schwerfalle, während ihrer Krankheit eine passive, abhängige Rolle zu akzeptieren, und daß sie Zeit bräuchten, um sich an ihren neuen Lebensrhythmus zu gewöhnen. Dann erzählte sie Mrs. Z., daß sie mit Mr. Z. auf Veranlassung des Arztes sechs Sitzungen vereinbart habe, um ihm bei der Bewältigung seiner Krise zu helfen. Mrs. Z. schien sehr erleichtert darüber zu sein, daß außer ihr noch jemand bemerkt hatte, daß ihr Mann Probleme hatte, und ihm helfen würde, seine Gefühle in bezug auf seine Krankheit und die verhaßten, aber dennoch unumgänglichen Veränderungen in seinem Leben zu verarbeiten. Die Therapeutin deutete an, daß möglicherweise auch Mrs. Z. Hilfe brauchen werde, da auch sie sich erst an die Krankheit ihres Mannes gewöhnen müsse. Die beiden Frauen wurden sich einig, daß sie sich ebenfalls einmal wöchentlich treffen würden, um die Krise zu bewältigen. Sie vereinbarten einen für Mrs. Z. passenden Termin: sie würde jeweils zuerst ihren Mann besuchen und sich dann mit der Therapeutin treffen.

Im Mittelpunkt der Therapie stand die Tatsache, daß Mr. Z. die Möglichkeit leugnete, er könnte wie sein Vater oder sein ältester Bruder sterben oder wie sein zweiter Bruder ein «nutzloser und abhängiger» Invalide werden. Zunächst sollte Mr. Z. dazu gebracht werden, seine Gefühle bezüglich seiner Krankheit und des Krankenhausaufenthalts zu artikulieren. Das nächste Interventionsziel bestand darin, ihm zu einer realistischen Sicht des Ereignisses zu verhelfen. Und schließlich sollte auch Mrs. Z. der nötige Rückhalt verschafft und ihr bei der Bewältigung der durch die Krankheit ihres Mannes ausgelösten Belastung geholfen werden.

Die Therapeutin ging davon aus, daß Mr. Z.s große Angst sich hindernd auf seine Fähigkeit auswirkte, seine Gefühle in bezug auf seine Krankheit und den Klinikaufenthalt zum Ausdruck zu bringen. Um diese Angst zu vermindern, machte die Therapeutin Mr. Z.s Arzt zwei Vorschläge, die dieser gerne annahm. Die erste dieser Empfehlungen war, daß Mr. Z. so bald wie möglich von der Kardiologie in ein normales Zimmer verlegt werden sollte. Es war nicht zu übersehen, daß die Atmosphäre der kardiologischen Abteilung mit ihren beeindruckenden und komplexen Apparaten, ihrer seltsamen Geräuschkulisse und der regen Betriebsamkeit des Personals Mr. Z.s Angst noch steigerte. Dieser äußere Streß hielt ihn davon ab, sich angemessen zu entspannen und auszuruhen. Nachdem Mr. Z. am Nachmittag in ein Einzelzimmer verlegt worden war, begann er, sich merklich zu entspannen, das Personal nicht mehr in derart hohem Maße zu fordern und besser zu essen und zu schlafen.

Die zweite Empfehlung der Therapeutin lautete, daß man Mr. Z. erlauben sollte, dreimal täglich für eine halbe Stunde zu telefonieren. Diese Maßnahme würde es ihm ermöglichen, einige geschäftliche Angelegenheiten vom Bett aus zu regeln; so fühlte er sich weniger abhängig und die geistige Ablenkung nahm ihm etwas von seiner Angst, ein «hilfloser» Invalide zu werden.

In der nächsten Sitzung fing Mr. Z. an – zunächst nur zögerlich, dann aber immer offener – darüber zu sprechen, was er in bezug auf seine Krankheit und den dadurch bedingten Krankenhausaufenthalt empfand. Er erzählte, wie er als Teenager den plötzlichen Tod seines Vaters erlebt hatte und wie verloren er sich gefühlt haben würde, wenn nicht sein älterer Bruder eingesprungen wäre und die Vaterrolle übernommen hätte. Alle drei Brüder hatten sich sehr nahegestanden, und so war die Trauer, die Mr. Z. über den Tod des Vaters empfunden hatte, reaktiviert worden, als auch sein ältester Bruder starb; damals war Mr. Z. gerade am College gewesen. Gerade als er etwa ein Jahr später begann, sich mit dem Tod des einen Bruders abzufinden, erlitt der andere einen schweren Herzanfall und mußte sich aus dem Familienunternehmen zurückziehen. Mr. Z.s Meinung nach war sein Bruder seit dieser Zeit ein «hilfloser» Invalide. Als jüngster der Brüder übernahm Mr. Z. nun selbst den Vorsitz der Firma und hielt die Mehrheit der Aktien. Mr. Z. sagte, auch wenn er natürlich nicht sterben *wolle*, fürchte er sich dennoch weniger vor dem Tode als davor, nutzlos, hilflos und eine Last für seine Familie zu sein.

Mit Hilfe offener Gespräche und des verbalen Feedbacks der Therapeutin gelang es Mr. Z., seine Krankheit und die Veränderungen, die diese in seinem Leben bewirken würde, realistisch zu sehen. *Nein*, er war *kein* Invalide. *Ja*, er *würde* wieder arbeiten und ein normales Leben führen können. *Nein*, er würde das Segeln *nicht* aufgeben müssen; er würde sich dabei nur einen Partner suchen müssen, der einen Großteil der anstrengenden Arbeiten übernahm. *Ja*, er *würde* seine Aktivitäten wieder aufnehmen können; er würde dabei nur einen Gang zurückschalten müssen. Statt 15 Dingen würde er sich für einen Tag eben nur noch 7 vornehmen dürfen. Schritt für Schritt versöhnte er sich mehr mit seiner Situation; er erkannte, daß sein leichter Herzinfarkt eine Warnung gewesen war, die er nicht ignorieren durfte, und daß er, mit der richtigen Vorsicht und einem etwas weniger hektischen Lebensrhythmus, noch immer ein produktives und sinnvolles Leben würde führen können.

Die Therapeutin traf sich weiterhin auch mit Mrs. Z., um ihr den nötigen situativen Rückhalt zu geben und ihr bei der Planung der häuslichen Rekonvaleszenz ihres Mannes zu helfen. Sie sprachen über Mr. Z.s starkes Bedürfnis, unabhängig zu sein und sein Leben selbst unter Kontrolle zu haben, und die Therapeutin riet Mrs. Z., ihren Mann auch in Zukunft familiäre Entscheidungen treffen zu lassen. Sie versicherte Mrs. Z., daß ihr Mann ein relativ normales Leben würde führen können und daß sie ihn nicht schonen und «hätscheln» müsse, was er ohnehin verabscheuen würde. Auf die Frage, wie die Kinder mit dem Krankenhausaufenthalt ihres Vaters zurechtkämen, entgegnete Mrs. Z.: «Zuerst waren sie furchtbar betroffen und still; jetzt fangen sie zu fragen an: ‹Wann kommt er nach Hause, und was können wir tun?›» Es war offensichtlich, daß Mr. Z. in seiner Familie einen starken situativen Rückhalt hatte.

Mr. Z.s Genesung ging recht gut voran, und er fing an, umherzugehen und seine Grundversorgung wieder selbst zu übernehmen. Obwohl er schon wesentlich besser damit zurechtkam, daß er in bestimmten Dingen auf die Hilfe anderer angewiesen war, wurde er noch immer ärgerlich und ungeduldig, wenn das Pflegepersonal ihm bei Routineverrichtungen zur Hand gehen wollte.

Nach zwei Wochen wurde Mr. Z. unter strengen Vorschriften für seine weitere Rekonvaleszenz nach Hause entlassen. Die Therapeutin besuchte Mr. und Mrs. Z. die nächsten vier Male zu Hause, um der Familie bei der Gewöhnung an Mr. Z.s reduzierten Aktivitätenkatalog sowie bei der Zukunftsplanung zu helfen.

Nach fünf Wochen war Mr. Z. mit Unterstützung seiner Familie und der Therapeutin in der Lage, seine Krankheit und seine Empfindungen in bezug auf die Reduzierung seiner hektischen Aktivitäten versöhnlicher und realistischer zu betrachten. Seine Frau und die Kinder fragten ihn in Familienangelegenheiten nach wie vor um Rat und nach seiner Meinung, was ihn fühlen ließ, daß er noch immer ein aktives, ebenbürtiges Familienmitglied war.

Den größten Teil seiner geschäftlichen Aktivitäten konnte Mr. Z. von zu Hause aus erledigen, indem er die Vorstandssitzungen dort abhielt und regelmäßig mit seinen Angestellten telefonierte. Seine Sekretärin kam dreimal pro Woche zum Diktat ins Haus und legte ihm gegebenenfalls Dokumente zur Unterzeichnung vor. Außerdem konnte Mr. Z. Materialien und Anweisungen per Fax ins Büro schicken. Auf diese Art und Weise behielt er die Kontrolle über seine Firma, was erheblich zur Erhöhung seines Selbstwertgefühls beitrug.

Mrs. Z. und die Kinder wurden von der Therapeutin dazu ermutigt, ihre alltäglichen Aktivitäten ganz normal fortzusetzen, so daß Mr. Z. nicht das Gefühl bekam, ihr Leben durch sein Zuhausesein durcheinanderzubringen. Außerdem half es Mrs. Z., ihre Gefühle zu verarbeiten und sie von dem Wunsch abzulenken, ihren Mann vor jeglicher Belastung zu schützen. Mit der Zeit erkannte sie, daß er sehr wohl ein bestimmtes Maß an Streß ertragen konnte und nicht so zerbrechlich war, wie sie es befürchtet hatte.

Füllen Sie das Paradigma (**Abb. 7-3**) für diese Fallstudie aus und vergleichen Sie es mit der Auflösung in Anhang A. Orientieren Sie sich, falls nötig, an den Paradigmen in Kapitel 3.

Bevor sie die Therapie beendeten, gingen die Therapeutin und Mr. Z. noch einmal die Anpassungsleistungen durch, die dieser bewerkstelligt, sowie die Einsichten, die er in sein eigenes Verhalten gewonnen hatte. Er war nun in der Lage, auf intellektueller Ebene zu verstehen, warum er seine Situation verleugnet hatte und warum er in einen Abhängigkeits-Unabhängigkeits-Konflikt geraten war. Er sah sehr optimistisch in die Zukunft und glaubte, er könne sich daran gewöhnen, mit vermindertem Einsatz zu arbeiten. Insgeheim hoffte er immer noch, sein Arzt werde ihm erlauben, an der Segelregatta teilzunehmen. Seinen körperlichen Zustand und die Möglichkeit einer erneuten Herzattacke schätzte er realistisch ein und sagte: «Immerhin habe ich inzwischen gelernt, mich zu entspannen und auch mal fünfe gerade sein zu lassen.»

Mrs. Z. und die Kinder fühlten sich Mr. Z.s gelegentlichen Frustrationszuständen und Temperamentsausbrüchen gewachsen. Sie waren sich jetzt bewußt, wie schwer es ihm fiel, sich an die vielen Veränderungen zu gewöhnen, die sein neues Leben mit sich brachte.

Mr. Z.s Befürchtung, wie sein Bruder ein «herzkranker Krüppel» zu werden, hatte seine Wahrnehmung der Ereignisse verzerrt. Er konnte sich nicht fallenlassen und in die Hände der Ärzte und des Pflegepersonals der Kardiologieabteilung geben; Angst und Anspannung wiederum hinderten ihn daran zu akzeptieren, daß er einen Herzinfarkt gehabt hatte. Seine Familie und seine Kollegen, bei denen er normalerweise Rückhalt fand, konnten aufgrund der Krankenhausregeln und der Anordnung, er müsse sich ausruhen, nicht bei ihm sein. Er konnte und wollte nicht akzeptieren, daß er sein Leben würde ändern müssen, daher verleugnete er seine Situation völlig. Da es sich um seinen ersten Krankenhausaufenthalt handelte und er zum ersten Mal in eine abhängige Rolle geriet, wuchs seine Angst erheblich.

**Wer allzu straff die Segeltaue spannt
und niemals schießen läßt, der kentert bald
und mag, den Kiel nach oben, weitersegeln.**
Sophokles

7.8 Die Alzheimer-Krankheit

Die Alzheimer-Krankheit ist eine progressiv-degenerative Krankheit, die das Gehirn angreift und das Urteils- und Denkvermögen beeinträchtigt. Die Betroffenen leiden meist an zunehmender Verwirrtheit und durchleben Persönlichkeits- und Verhaltensveränderungen. Ist das Endstadium erreicht, müssen sie rund um die Uhr beaufsichtigt oder in einem Heim untergebracht werden. Die Ursachen der

Kriseninterventionen

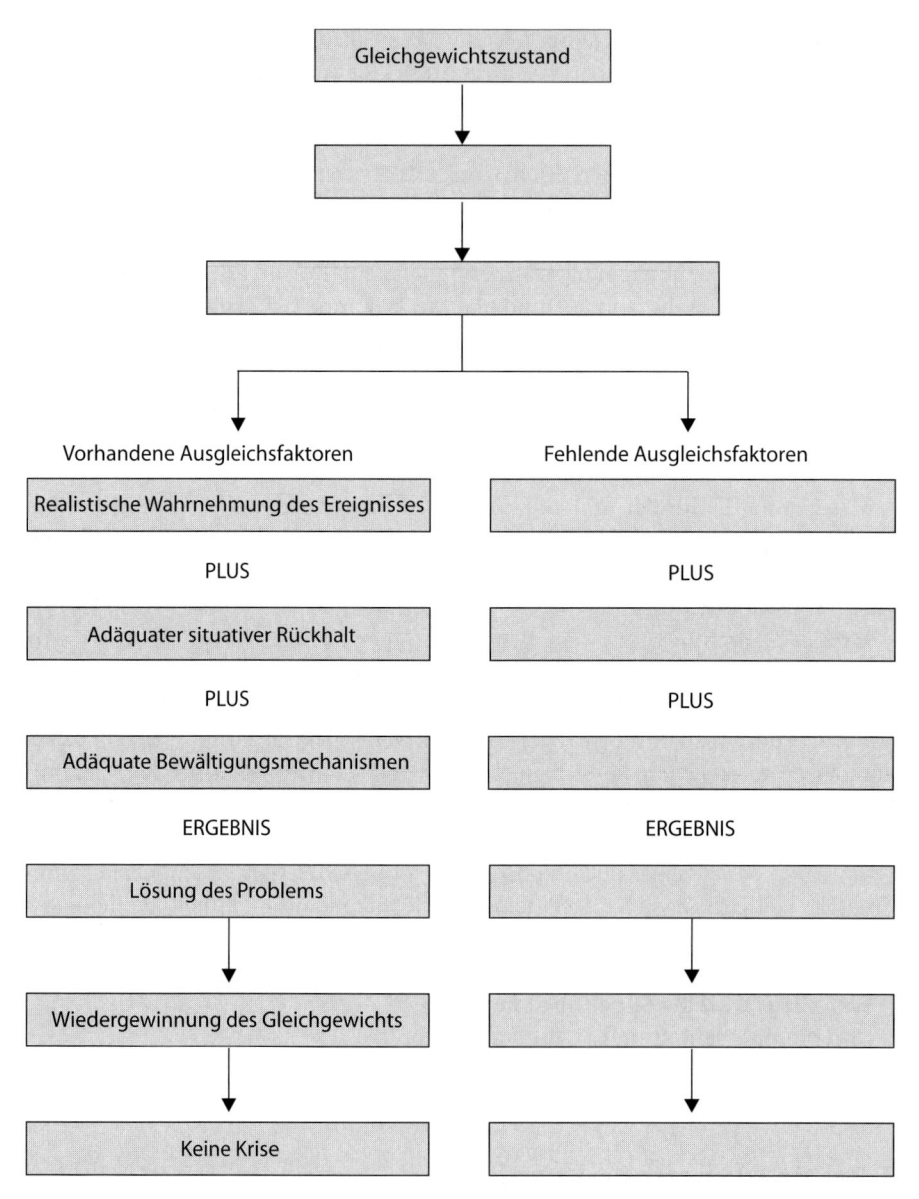

```
                    ┌─────────────────────────┐
                    │   Gleichgewichtszustand │
                    └───────────┬─────────────┘
                                ▼
                    ┌─────────────────────────┐
                    │                         │
                    └───────────┬─────────────┘
                                ▼
            ┌───────────────────────────────────────┐
            │                                       │
            └───────┬───────────────────────┬───────┘
                    ▼                       ▼
```

Vorhandene Ausgleichsfaktoren	Fehlende Ausgleichsfaktoren
Realistische Wahrnehmung des Ereignisses	
PLUS	PLUS
Adäquater situativer Rückhalt	
PLUS	PLUS
Adäquate Bewältigungsmechanismen	
ERGEBNIS	ERGEBNIS
Lösung des Problems	
▼	▼
Wiedergewinnung des Gleichgewichts	
▼	▼
Keine Krise	

Abbildung 7-3: Fallstudie: Mr. Z.

Erkrankung konnten noch nicht eindeutig ermittelt werden. Zwar hat die Forschung herausgefunden, daß zwei bestimmte Gene die Anfälligkeit für die Krankheit determinieren, es steht jedoch fest, daß auch diverse, bislang noch unbekannte Umweltfaktoren eine wesentliche Rolle spielen. Versuche an im Labor erzeugten Gehirnzellen haben gezeigt, daß elektromagnetische Felder die normale Konzentration von Kalziumionen in den Zellen verändern können. Diese durch den Elektromagnetismus bewirkte Kalziumanreicherung, so spekulieren die Forscher, könnte eine bestimmte Kaskade von Reaktionen auslösen, die schließlich zu einer Akkumulation schädigender Plaques und Fibrillen führt (Maugh 1996).

Rund vier Millionen Amerikaner leiden an der Alzheimer-Krankheit; die meisten der Patienten sind älter als 65 Jahre. Die typischen Kennzeichen der Erkrankung sind Gedächtnisverlust, Orientierungsstörungen, Depressionen und körperlicher Verfall. Die Krankheit führt schließlich zum Tode; jährlich sterben in den USA etwa 100 000 Menschen an der Alzheimer-Krankheit (Maugh 1996).

Wird nicht bald eine Heilungs- oder Präventionsmöglichkeit gefunden, werden im Jahre 2000 12 bis 14 Millionen Amerikaner von der Krankheit betroffen sein. Schon heute sind etwa 10% der über 65jährigen daran erkrankt; in der Population der über 85jährigen sind es sogar 47,2%. Diese Tatsache ist deshalb so wichtig, weil der Anteil der älteren Menschen an der Bevölkerung rasant zunimmt. Man schätzt, daß diese Bevölkerungsgruppe bis zum Jahre 2050 von derzeit 25,5 auf 67,5 Millionen anwachsen wird. Wir haben es hier tatsächlich mit dem «Ergrauen Amerikas» zu tun! Mehr als 50% aller Pflegeheimbewohner sind Alzheimer-Patienten oder leiden an damit verbundenen Problemen. Die jährlichen Kosten für die Betreuung bewegen sich zwischen 24 000 und 36 000 US-Dollar pro Patient.

Schätzungen besagen, daß die Gesamtkosten für die Betreuung von Alzheimer-Kranken (Diagnose, Behandlung, Pflegeheimbetreuung, Angehörigenpflege und Einkommensverluste) sich pro Jahr auf mehr als 580 Milliarden US-Dollar belaufen. Die US-Regierung zahlt hiervon 4,4 Milliarden, die Bundesstaaten übernehmen weitere 54,1 Milliarden. Der Großteil der verbleibenden Kosten wird von den Patienten selbst und ihren Familien getragen.

Die anfänglichen Symptome der Alzheimer-Krankheit sind tückisch und werden häufig überhaupt nicht als solche erkannt. Die organischen Veränderungen beginnen im Gehirn, und ein Verfall intellektueller und physischer Fähigkeiten setzt ein. Zunächst werden noch keine objektiven oder subjektiven Symptome beklagt. Schreitet die Krankheit dann weiter fort, treten meist Gedächtnisstörungen auf. In diesem Stadium sind motorische Aktivitäten zwar noch uneingeschränkt möglich, der Patient beginnt aber zu bemerken, wie seine Gedächtnisprobleme sich mehr und mehr auf seinen Alltag auswirken. Es dürfte unter uns kaum jemanden geben, der nicht schon einmal einen Schlüssel verlegt oder eine wichtige Adresse oder Telefonnummer vergessen hätte, oder dem der Name eines guten Bekannten entfallen wäre. Treten solche Aussetzer nicht zu oft auf, werden sie kaum mehr als momentane Beschämung oder Verärgerung auslösen. Wir führen sie darauf zurück, daß wir müde sind, unter Streß stehen oder gerade zu viel anderes im Kopf haben. Nie zweifeln wir jedoch daran, daß es uns früher oder später wieder einfallen wird.

Beim Alzheimer-Patienten jedoch wird diese Vergeßlichkeit chronisch, sie kann nicht mehr so einfach als ein vorübergehendes Problem beiseitegeschoben werden. Je mehr sich der Patient dieses Gedächtnisverlustes bewußt wird und sich Gedanken darüber macht, desto geringer wird sein Vertrauen in die eigene Erinnerungsfähigkeit. Viele Menschen machen es sich dann zur Regel, alles aufzuschreiben. Irgendwann aber verlieren auch diese Gedächtnishilfen ihre Wirkung, denn auch die Notizzettel werden ab einem bestimmten Krankheitsstadium verlegt oder vergessen.

Während der Gedächtnisverlust voranschreitet, treten auch die ersten Anzeichen von Verwirrtheit auf. Der Alzheimer-Kranke verirrt sich in unbekannten Umgebungen immer häufiger und braucht immer mehr die Hilfe anderer, wenn er sich außerhalb seiner eigenen, bekannten Welt bewegen will, ohne sich zu verlaufen. Gerät er in eine ihm unbekannte Umgebung, bekommt er Angst, besonders, wenn ein belastendes Ereignis im Spiel ist, z. B. wenn er aufgrund einer Krankheit ins Krankenhaus muß. Die Vergeßlichkeit des Patienten fällt nun auch Außenstehenden auf und kann nicht mehr einfach als vorübergehende Erscheinung oder «normales» Verhalten angesehen werden. Der Patient bemerkt, daß sein Kurzzeitgedächtnis immer schlechter wird. Die Konzentrationsfähigkeit läßt nach, und der Abwehrmechanismus der Verleugnung kommt zunehmend zum Tragen.

In dieser Phase des intellektuellen Verfalls treten die offen erkennbaren Symptome der Alzheimer-Krankheit in Erscheinung, und die Regression schreitet in das Spätstadium der Verwirrtheit fort. Der Kranke ist zwar noch in der Lage, seine unmittelbaren körperlichen Bedürfnisse zu befriedigen, seine motorischen Fähigkeiten lassen jedoch schon stark nach. Auch das Sprachzentrum ist nun beeinträchtigt, und es fällt dem Patienten immer schwerer, die richtigen Worte zu finden. Die Konzentrationsfähigkeit läßt weiter nach, und der Kranke ist immer weniger imstande, seine finanziellen Angelegenheiten zu regeln, sich Mahlzeiten zuzubereiten oder andere alltägliche Entscheidungen zu treffen. Er zieht sich immer mehr in sich selbst zurück, und seine Angst wächst. Je weniger die Verleugnung wirkt, desto frustrierter und wütender wird er. Er kann es sich selbst und anderen gegenüber nicht länger verbergen, daß mit ihm etwas nicht stimmt.

Früher oder später kommt es im Verlauf der Regression zu einem Frühstadium der Demenz. In diesem Stadium angelangt, kann der Kranke ohne fremde Hilfe nicht mehr überleben. Er beginnt, die Namen seiner Angehörigen zu vergessen und ist zeitlich nicht mehr voll orientiert. Der Patient kann zwar die Grundanforderungen des täglichen Lebens noch selbst erfüllen (z. B. alleine essen, Harn- und Stuhlausscheidung kontrollieren und Körperpflege betreiben), mit abnehmenden intellektuellen und motorischen Fähigkeiten ist er jedoch zunehmend auf Betreuung angewiesen. Bei vielen Alzheimer-Kranken verläuft der Verfall in dieser mittleren Demenzphase rasant.

Unterdessen leidet der Patient an halluzinatorischen Wahrnehmungen, auf die er mit Furcht, Erregung und mitunter sogar Gewalt reagiert. Möglicherweise erkennt er vertraute Gesichter noch, sein Namengedächtnis jedoch ist beinahe funktionsunfähig. Nur noch bruchstückhaft und undeutlich erinnert er sich an jüngere Ereignisse und an seine Vergangenheit.

Mit fortschreitender Abnahme der motorischen Fähigkeiten setzen Blasen- und Darminkontinenz ein. Der Kranke muß nun bei sämtlichen Aktivitäten des täglichen Lebens beaufsichtigt und unterstützt werden. Viele Angehörige und Freunde sind mit der Betreuung des Patienten überfordert, und es bleibt ihnen nichts anderes mehr übrig, als den Kranken in ein Heim zu geben. In der späten, finalen Demenzphase der Alzheimer-Krankheit vegetiert der Patient nur noch vor sich hin und ist vollständig pflegebedürftig. Er spricht nur noch einzelne Wörter, seine intellektuellen Fähigkeiten verschwinden völlig und seine motorischen Fähigkeiten nehmen immer weiter ab, so daß er schließlich gefüttert werden muß und sich nicht einmal mehr im Bett herumdrehen kann. Schließlich fällt er ins Koma und stirbt.

Wird bei einem Familienmitglied die Alzheimer-Krankheit diagnostiziert, so bedeutet dies, daß nicht nur der Kranke selbst, sondern auch die gesamte Familie lernen muß, mit der Krankheit zu leben. Da die Alzheimer-Krankheit zunächst nur sehr schwer zu erkennen ist, werden die anfänglichen Symptome häufig fehlgedeutet, was für alle Beteiligten zu einer zusätzlichen Belastung führen kann. Nur allzu oft werden die frühen Anzeichen wie Gedächtnisstörungen, Depressionen, Passivität und Unselbständigkeit und emotionale Labilität mißverstanden oder als vorübergehende Reaktionen auf situationsbedingten Streß abgetan.

Schreitet die Krankheit fort, ist der Alzheimer-Patient nicht mehr in der Lage, seine Emotionen angemessen zu artikulieren oder zu erfassen, was sein Verhalten für andere bedeutet. Er neigt zu Gefühlsschwankungen, überreagiert häufig und scheint den Gefühlen anderer gegenüber völlig unsensibel zu sein. Die emotionalen Veränderungen zeigen sich oftmals in Überzeichnungen früherer Verhaltensmerkmale. Ein passiver, introvertierter Mensch beispielsweise könnte noch unselbständiger, mißtrauischer und depressiver werden, während eine energische, aggressive Person sich plötzlich vereinnahmend, hysterisch oder gar manisch verhält.

Je weiter die organischen Veränderungen im Gehirn voranschreiten, desto mehr steigt die Abhängigkeit von anderen. Dies mag bei einer Person, die schon immer eher passiv und unselbständig war, nicht weiter auffallen; handelt es sich bei dem Patienten jedoch um jemanden, der früher sehr aktiv, unabhängig und entschlossen war, wird ihm seine wachsende Abhängigkeit frustrieren und erbosen. Dies wiederum kann zu einer sogenannten *Katastrophenreaktion* führen, einer emotionalen Überreaktion, die der angsterzeugenden Situation völlig unangemessen ist. Sie tritt auf, wenn die intellektuelle Beeinträchtigung zu- und die emotionale Kontrolle abnimmt. Da der Betroffene immer wieder an Aufgaben scheitert, die ihm zuvor als simpel erschienen, ist diese Reaktion durchaus verständlich. In dem Glauben, die betreffende Person habe volle Kontrolle über ihr Verhalten, reagieren Freunde und Angehörige oft unangemessen, was wiederum die Belastung für den Kranken erhöht und so die auftretenden Symptome verstärkt. Alle Angehörigen von Alzheimer-Kranken müssen sich früher oder später mit Furcht, Wut, Schuldgefühlen, Scham und Isolation sowie Trauer auseinandersetzen. Je nach Lebensgeschichte, Wertvorstellungen, Ressourcen und aktueller Lebenssituation des einzelnen können diese Gefühle mehr oder weniger häufig auftreten und von unterschiedlicher Dauer und Intensität sein.

Kommt es im Umgang mit dem Kranken zu außergewöhnlichen Problemen, so kann dies an einem Versagen der familiären Strukturen liegen. Nicht selten treten die Angehörigen nur noch über die Probleme des Patienten miteinander in Beziehung – sie sind nicht mehr in der Lage, sich offen und ohne Umwege auszutauschen. Es ist beinahe so, als müsse der Patient Probleme haben, um die Familie nicht auseinanderfallen zu lassen, was das problematische Verhalten des Patienten natürlich nur verstärkt.

Steht die Diagnose unverrückbar fest und nehmen die Verleugnungstendenzen ab, beginnen die einzelnen Familienmitglieder zu erkennen, was die Krankheit für sie selbst und für den Kranken bedeutet. Jeder ist nachhaltig bestrebt, eine befriedigende Erklärung für das Auftreten der Krankheit zu finden oder ihr eine bestimmte Bedeutung zu verleihen. Solange dies nicht geschehen ist – sei es auf realer oder fiktiver Ebene – herrschen Gefühle der Hilflosigkeit, Machtlosigkeit und Unsicherheit vor. Natürlich dürfen die Angehörigen ängstlich und verwirrt sein und sich alleingelassen fühlen. Oft können sie gar nichts mit einer Diagnose wie «Alzheimer-Krankheit» anfangen, und es fehlt ihnen am nötigen Wissen. Möglicherweise stammen ihre Informationen nur vom Hörensagen, und es handelt sich dabei um Halb- oder Unwahrheiten. Oder sie haben die korrekten Informationen mißverstanden, die ihnen bei der Diagnosenstellung gegeben wurden.

Die natürliche Folge sind Wut und Aggressionen, wodurch die Angehörigen aber durchaus zu konstruktiven Maßnahmen mobilisiert und gleichzeitig die Gefühle der Macht- und Hilflosigkeit gedämpft werden können. Ebensogut kann es aber auch zu einem destruktiven Verhalten kommen, das Hilflosigkeit und Wut nur noch weiter verstärkt und zudem noch Schuldgefühle auslöst. Depressionen und Entmutigung sind unter engen Freunden oder Angehörigen von unheilbar und chronisch Kranken weit verbreitet. Nicht selten kommt es bei einem progressiven Krankheitsverlauf wie dem der Alzheimer-Krankheit vor, daß Ärger und Frustration zu offenen Wutausbrüchen führen oder in Selbsttötungsgedanken münden.

Die Familienangehörigen müssen jeder für sich erkennen, was der Verlust der familiären Funktionen des kranken Familienmitgliedes für sie bedeutet; familiäre Rollen müssen neu definiert und Aufgaben umverteilt werden. Solange diese Punkte nicht geregelt sind, muß es zwangsläufig zu Konflikten und chaotischen Verhältnissen kommen. Der familiäre Zusammenhalt lockert sich, und es besteht die Gefahr, daß die Familie auseinanderbricht und sich auflöst. Jede Veränderung einer familieninternen Rolle, sei sie schleichend oder plötzlich, bewirkt fast unweigerlich, daß sich auch die Rollen der anderen Familienmitglieder wandeln. Ob dies nun erwünscht oder unerwünscht, beabsichtigt oder unbeabsichtigt ist, eine Rollenveränderung kann sich auf das Denken, Fühlen und Verhalten jedes einzelnen Mitgliedes auswirken. Besonders Gefühle haben einen großen Einfluß auf die Wahrnehmung sowie auf Denkprozesse.

Handelt es sich bei dem Kranken um einen Elternteil, und werden die Kinder in den Pflegeprozeß einbezogen, müssen sich diese zwangsläufig mit dem Problem des Rollentauschs auseinandersetzen. Sowohl abstrakte, intellektuelle Entscheidungen als auch körperliche Grundfunktionen entgleiten allmählich der Kontrolle des Patienten und müssen von den pflegenden Kindern übernommen werden. Gerade dies ist oft schwer zu akzeptieren, da die Alzheimer-Krankheit in vielen Fällen nicht erst beim alten Menschen ausbricht und ihr Beginn und Verlauf etwas Heimtückisch-Schleichendes hat. Für viele pflegende Kinder geht ein derartiger Rollentausch mit äußerst ambivalenten Gefühlen einher und löst Wut aus; es widerstrebt ihnen, ihre Kinderrolle aufzugeben und statt dessen die Verantwortung für den kranken Elternteil zu übernehmen. Diese Gefühle werden dadurch noch verstärkt, daß der Kranke in der Anfangsphase der Krankheit körperlich noch recht gesund wirkt und sich selbst versorgen kann. Die Rollenumkehr zu akzeptieren bedeutet gleichzeitig auch, die letztliche Trennung durch den Tod ein Stück weit vorwegzunehmen.

Im Verlauf der Krankheit erleben die Angehörigen ein Wechselbad der Gefühle; das Spektrum der Emotionen reicht von hoffnungsfrohem Optimismus bis hin zu verzweifelter Hoffnungslosigkeit. Die verschiedenen Gefühlslagen sind genauso hochkomplex und variabel wie die Auffassungen, die das jeweilige Familienmitglied von der Situation und deren Konsequenzen für das eigene Leben hat. Frustration und Wut können auch dadurch verursacht werden, daß die pflegerischen Anforderungen von Tag zu Tag wachsen, während die Nerven der pflegenden Angehörigen immer dünner werden.

Ziemlich viele Personen, die sich von einer belastenden Situation überfordert fühlen, reagieren zunächst mit Verleugnung. Bei anderen Personen, die Verleugnung nicht als Bewältigungsmechanismus gebrauchen, setzt ein Trauerprozeß ein; sie antizipieren den kommenden Verlust. Je stärker eine Person emotional an den Kranken gebunden ist, desto bedrohlicher wird ihr der anstehende Verlust erscheinen.

Wegen der enormen Anforderungen, mit denen sie sich konfrontiert sehen, stellt die Pflege eines Alzheimer-Kranken für die Angehörigen eine außerordentliche Beanspruchung dar. Mitunter kann es den Pflegenden erscheinen, als wolle der Kranke sie absichtlich ärgern und plagen, und sie reagieren mit Entrüstung und Vermeidungsverhalten. Beispielsweise kommt es vor, daß ein Alzheimer-Kranker in unregelmäßigen Abständen inkontinent ist, seine körperlichen Krankheitssymptome übertreibt, um Zuwendung zu gewinnen oder vor Außenstehenden so tut, als könne er kein Wässerchen trüben, während er seine pflegenden Angehörigen nach Strich und Faden tyrannisiert. Solche Verhaltensweisen gehen entweder darauf zurück, daß Gepflegter und Pflegender schon vor der Krankheit kein allzu gutes Verhältnis zueinander hatten, oder sie sind Ausdruck einer unfreundlichen mentalen Grundhaltung des Pflegenden (Jivanjee 1994).

Wie pflegende Angehörige auf das Verhalten des Kranken reagieren, hängt maßgeblich davon ab, wie sie die Situation wahrnehmen. Daher ist es wichtig, daß sie lernen zu erkennen, was dem Verhalten des Patienten zugrunde liegt. Aufklärung über die Ursachen des jeweiligen Verhaltens und die Auswirkungen einer dementiellen Erkrankung kann ihnen dazu verhelfen, ihre negativen Reaktionen besser in den Griff zu bekommen. Mintzer et al. (1993) schreiben, die Unruhe eines Alzheimer-Patienten könne durch Umwelteinflüsse ausgelöst und gesteigert, aber auch vermindert werden. Personen, die lange in einer unglücklichen Beziehung zum Kranken gestanden haben, mag es schwerfallen, ihre Einstellung zu ändern, aber pflegende Angehörige können verstehen lernen, wie sich Umweltreize auf das Verhalten des Patienten auswirken. Möglicherweise sind sie auch in der Lage, die häusliche Umgebung umzugestalten und ihr eigenes Verhalten umzustellen. Letztlich besteht auch die Aussicht, daß sie an der Herausforderung wachsen und von der zunehmenden Unterstützung anderer Familienangehöriger profitieren.

Steht der betroffenen Familie von Anfang an ein Sozialarbeiter zur Seite, der sie unterstützt und ihr die nötigen Informationen gibt, so hilft dies, kritischen Situationen vorzubeugen und das Wohlbefinden aller Beteiligten zu steigern. Eine umfangreiche Aufklärung über die Alzheimer-Krankheit und die damit verbundenen Probleme sowie die pflegerischen Möglichkeiten kann helfen, in der Bevölkerung ein größeres Bewußtsein für die Problematik zu schaffen und den Betroffenen den nötigen Rückhalt zu verschaffen. Aufgabe des Gesetzgebers ist es, den betroffenen Familien die entsprechende Hilfe und Unterstützung zukommen zu lassen und dafür zu sorgen, daß sich die Kosten für häusliche, ambulante und Heimpflege in Grenzen halten. Damit die Belastung möglichst gering gehalten wird und geeignete Dienstleistungen in Anspruch genommen werden können, müssen pflegende Angehörige finanziell unterstützt werden.

Die vier Phasen des Trauerprozesses treffen auf jede Art von Verluste zu, nicht nur auf den Tod einer geliebten Person. Während sich eine Person, die einen geliebten Menschen durch Tod verliert, mit einem zunächst schier überwältigenden

Gefühl der Trauer konfrontiert sieht, das jedoch mit der Zeit abklingt, zieht sich die Trauer der Angehörigen von Alzheimer-Patienten über einen langen Zeitraum hin. Der Kummer über den Tod einer geliebten Person ist von unserer Gesellschaft sanktioniert, die Trauer um den schleichenden Verlust eines chronisch kranken Menschen jedoch, der äußerlich zudem auch noch recht gesund wirkt, wird selten akzeptiert. In vielen Fällen wird sie sogar als Selbstmitleid oder Schwäche mißverstanden.

Wird die Belastung für die Betroffenen so groß, daß eine familiäre oder persönliche Krise droht, ist oft professionelle Hilfe nötig, um fehlangepaßtes durch angemessenes Bewältigungs- und Problemlösungsverhalten zu ersetzen. Die folgende Fallstudie schildert, wie ein Vater in eine Krise gestürzt wurde, weil seine Tochter sich mit der Betreuung ihrer kranken Mutter überfordert sah.

7.9 Fallstudie: Alzheimer-Krankheit

Frank wurde vom Hausarzt der Familie an eine kommunale Krisenklinik überwiesen, da er zunehmend unter Anspannung, Angstzuständen und Depressionen litt. Als er ankam, wirkte er angespannt, und seine Hände zitterten sichtlich. Die Empfangsschwester rief einen der Therapeuten an und schickte Frank in sein Büro.

Als der Therapeut ihn fragte, warum er in die Klinik gekommen sei, antwortete Frank mit deprimierter Stimme: «Meine ganze Welt bricht um mich herum zusammen. Meine Frau, Molly, ist krank, aber ich bin – bis jetzt – ganz gut damit zurechtgekommen. Meine Tochter war mir eine große Hilfe, aber jetzt kehrt sie uns den Rücken. Noch mehr könnte ich kaum ertragen; alleine schaffe ich es nicht.» Während er sprach, wurde er immer erregter, und in seiner Stimme war zunehmend Wut zu hören. Nach einer langen Pause schien er seine Fassung wiedergewonnen zu haben. Auf direkte Fragen des Therapeuten beschrieb er nach und nach das Problem, das ihn schließlich dazu gebracht hatte, in der Krisenklinik Hilfe zu suchen.

Frank erzählte, er und seine Frau seien beide 56 Jahre alt und seit 20 Jahren miteinander verheiratet. Sie hätten nur eine Tochter, die 17jährige Kim, die gerade die Highschool abgeschlossen habe. Sein Familienleben beschrieb er als «gut»; sie hätten «nicht mehr Probleme als andere Leute auch» gehabt, bis Molly vor etwa einem Jahr ihren Beruf habe aufgeben müssen. Sie hatte seit ihrer Heirat immer für denselben Chef gearbeitet, bis dieser vor etwas mehr als einem Jahr in den Ruhestand ging. Molly konnte bei ihrer alten Firma bleiben, wurde aber in ein anderes Büro versetzt. Schon nach wenigen Tagen beklagte Molly sich, ihr neuer Boß sei sehr chaotisch und förmlich darauf aus, ihr Fehler bei der Arbeit nachzuweisen. Sie sagte, er habe ihr sogar eine Reihe lächerlicher Vorwürfe gemacht, beispielsweise daß sie Akten verlege oder vergesse, ihm seine Termine mitzuteilen. Sie fing an, früher zur Arbeit zu gehen und später nach Hause zu kommen, um «dem Boß hinterherzuräumen», aber er kritisierte sie weiterhin und beschwerte sich über ihre Arbeit. Frank erzählte, Molly sei während dieser Zeit zu Hause immer gereizter geworden, sei mit ihren Gedanken stets woanders gewesen und habe alles mögliche vergessen. Scheinbar habe sie in Frank und Kim den Sündenbock für ihre beruflichen Probleme gesucht.

Schließlich kam sie eines Tages nach Hause und erzählte Frank, man habe sie vor die Entscheidung gestellt, entweder von sich aus zu kündigen oder auf eine niedrigere Stelle zurückgestuft zu werden. Frank riet ihr, zu kündigen und einige Wochen Urlaub zu machen, bevor sie sich nach einem neuen Job umsah. Er hoffte, wenn sie sich eine Weile erholt hätte, würde sie «wieder die alte fröhliche und ordentliche Molly» sein. Dies war jedoch nicht der Fall.

Die Wochen verstrichen, und Molly schien immer zerstreuter zu werden. Sie sprach nicht einmal mehr davon, einen neuen Job finden zu wollen. Sie fing immer öfter Streit an und beschuldigte Frank und Kim, ihre Sachen zu verlegen, Telefonnotizen zu verschlampen und anderes mehr. Rechnungen verschwanden in ihrem Schreibtisch, ohne daß sie beglichen wurden, bis Frank schließlich dazu überging, sie sofort abzufangen, wenn sie mit der Post kamen.

Weder er noch Kim konnten vernünftig mit ihr über diese Vorfälle reden. Wann immer die Rede auf ihre Vergeßlichkeit kam, reagierte sie mit Verleugnung und Wut. Mit der Zeit lernten sie, so gut wie eben möglich mit ihrer Sprunghaftigkeit und Unzuverlässigkeit umzugehen. Nach und nach übernahmen sie all ihre häuslichen Pflichten.

Die ersten offensichtlichen Anzeichen für Desorientierung und Gedächtnisverlust traten bei Molly auf, als sie vor etwa sechs Monaten ins Krankenhaus ging, um sich einer freiwilligen Operation zu unterziehen. Mitten in der Nacht wurde sie von Krankenschwestern angetroffen, wie sie barfuß durch die Flure lief und «das Schlafzimmer» suchte. Als die Krankenschwestern ihr sagten, sie habe sich wohl verlaufen, beschimpfte sie diese dafür. Noch vor Sonnenaufgang saß sie voll angezogen in der Halle auf einem Stuhl und sagte, sie warte auf Frank, der sie «zur Arbeit fahren» solle. Weitere Nachfragen ergaben, daß sie weder wußte, wo sie sich befand, noch welcher Wochentag war. Den Namen ihres Arztes hatte sie ebenso vergessen wie den Grund für ihren Krankenhausaufenthalt.

Nach diesem Vorfall wurden weitere Untersuchungen und Tests durchgeführt und schließlich die Alzheimer-Krankheit diagnostiziert. Die Testergebnisse ließen darauf schließen, daß Mollys Krankheit bereits die frühe Verwirrtheitsphase erreicht hatte.

Auf die Frage, wie er und Kim auf diese Neuigkeiten reagiert hätten, antwortete Frank, sie hätten zunächst sehr gemischte Gefühle gehabt. «Wir waren einerseits froh, daß endlich eine physische Ursache für ihre Verhaltensänderungen gefunden worden war, andererseits aber auch schockiert, denn wir wollten nicht glauben, daß keine Heilungsmöglichkeit bekannt ist. Ich war wirklich sauer, daß es ausgerechnet uns treffen mußte.»

Obwohl ihm dringend geraten worden war, Kontakt zu einer örtlichen Alzheimer-Selbsthilfegruppe aufzunehmen, wo er Rückhalt finden und Informationen über Mollys häusliche Pflege bekommen könnte, sah Frank zunächst keine Notwendigkeit, dies zu tun. Ihm erschien Molly recht gesund. Seiner Meinung nach mußten er und Kim «nur ein wenig mehr Geduld mit Molly haben», wenn sie etwas vergaß oder die Beherrschung verlor. Mit der Zeit hatten sie gelernt, belastende Situationen von ihr fernzuhalten, auch wenn dies das Leben für sie selbst nicht gerade einfacher machte. Nach und nach jedoch verbrachte er immer mehr Zeit an seinem Arbeitsplatz, und er und seine Tochter entfremdeten sich zunehmend voneinander.

Zunächst hatte Kim sich nie darüber beschwert, mehr Zeit bei ihrer Mutter zu Hause verbringen zu müssen. Nachbarn und Freunde kamen häufig auf einen Sprung vorbei, und sie konnte Molly noch kurzzeitig alleine lassen. In gleichem Maß jedoch, wie die Gedächtnisschwierigkeiten der Mutter zunahmen, sank deren Frustrationstoleranz. Immer öfter brauste sie ohne jeglichen Anlaß auf, und bald kam niemand mehr zu Besuch. Parallel hierzu mußte Kim immer mehr häusliche Aufgaben übernehmen, die früher ihre Mutter erledigt hatte. Jeglicher Versuch, eine Haushaltshilfe oder eine Gesellschafterin für Molly zu engagieren, scheiterte an deren offener Feindseligkeit.

Zwei Abende zuvor war Frank spät nach Hause gekommen und von einer in Tränen aufgelösten, wutentbrannten Kim empfangen worden. Sie erklärte ihm, sie «halte es einfach nicht mehr aus» und werde ausziehen, wenn er nicht jemanden fände, der sich um ihre Mutter kümmere. Frank sagte, dieser Ausbruch habe ihn völlig überrascht. Als er seine Tochter gefragt habe, was diesen plötzlichen Sinneswandel verursacht hätte, habe sie wütend entgegnet: «Plötzlich? Ich kann nichts Plötzliches daran finden! Seit Wochen erzähle ich dir, wie ich mich fühle, aber du hörst mir ja überhaupt nicht mehr zu. Du verbringst deine ganze Zeit mit deiner Arbeit, und wenn du nach Hause kommst, scheinst du einfach nicht sehen zu wollen, wie sehr Mutter sich verändert hat. Sie ist wie ein anstrengendes, verwöhntes Kind geworden. Ich komme mir eher vor wie ihr Vollzeitbabysitter als wie ihre Tochter. Ich habe überhaupt kein eigenes Leben mehr – und dir scheint es gar nichts auszumachen, was mit mir passiert!» Die Unterhaltung endete sehr abrupt, als Kim aus dem Haus stürmte und die Tür hinter sich zuschlug. Etwa eine Stunde später rief sie ihren Vater an und sagte, sie werde die Nacht bei einer Freundin verbringen. Sie fügte hinzu, sie müsse noch über einiges nachdenken, werde aber am nächsten Morgen nach Hause kommen.

Frank erzählte, er habe die ganze Nacht kein Auge zugetan und die ganze Zeit über sei ihm im Kopf herumgegangen, was Kim gesagt hatte. Er war bestürzt und sah sich überwältigt von außerordentlich ambivalenten Gefühlen in bezug auf

Molly, die oben im Schlafzimmer seelenruhig schlief. Er sagte, er «habe plötzlich die Wahrheit erkannt – und sie hat mir gar nicht gefallen». Er habe sich völlig alleine und in einer ausweglosen Situation gefangen gefühlt. Er beschrieb seinen Zustand: «Am Morgen zitterte ich am ganzen Körper, konnte mich auf nichts konzentrieren und fühlte mich wie durch den Fleischwolf gedreht.»

Als Kim zurückkam, erwähnte keiner der beiden, was am Abend zuvor geschehen war. Frank brach so schnell wie möglich ins Büro auf. Die nächsten Stunden fuhr er ziel- und planlos durch die Stadt und dachte darüber nach, was im vergangenen Jahr in seinem Leben geschehen war. Erst dann, so sagte er, sei ihm bewußt geworden, daß er die Molly, die er liebte und heiratete, für immer verloren hatte, und nun auch noch seine Tochter zu verlieren drohte. Plötzlich habe ihn sein Kummer völlig übermannt, so daß er am Straßenrand anhalten mußte. Ihm sei so übel gewesen und er habe so stark gezittert, daß er es nicht gewagt habe weiterzufahren. Sobald er sich wieder einigermaßen erholt hatte, sei er direkt zur Praxis des Hausarztes gefahren, der ihn sofort untersucht und an die Krisenklinik überwiesen habe.

Nach Einschätzung des Therapeuten hatte Frank Mollys Krankheit so lange erfolgreich verleugnet, bis Kim ihn damit konfrontierte. Diese Auffassung wurde auch von der Tatsache gestützt, daß er nicht auf die Empfehlung eingegangen war, bei einer örtlichen Selbsthilfegruppe mehr Informationen über das Krankheitsbild seiner Frau einzuholen.

Als Mollys Symptome immer deutlicher hervortraten, hatte er sich davor gedrückt, «etwas unternehmen zu müssen», indem er immer länger in seinem Büro geblieben war. Wann immer Kim versuchte, ihm zu zeigen, daß sie seine Hilfe und sein Verständnis brauchte, hatte er es geschafft, ihr aus dem Wege zu gehen. Daher hatte er nicht einmal bewußt gelogen, als er sagte, Kims «plötzlicher Sinneswandel» habe ihn völlig überrascht.

Franks Krise wurde durch den akut drohenden Verlust seiner Tochter ausgelöst und durch die unverarbeiteten Gefühle der Trauer über den schleichenden Verlust seiner Frau noch verstärkt. Das Interventionsziel bestand darin, Frank dabei zu helfen, seine unerkannten Gefühle gegenüber seiner Frau zu identifizieren und abzubauen, bei der Planung von Mollys zukünftiger Betreuung für den nötigen situativen Rückhalt für ihn und Kim zu sorgen und ihm ein intellektuelles Verständnis für das Phänomen der Rollenumkehr zu vermitteln, von dem seine Tochter im Umgang mit ihrer Mutter betroffen war.

Während der ersten Sitzung konnte der Therapeut feststellen, daß Frank nicht suizidgefährdet war. Auf die Bitte, sich so zu beschreiben, wie er «normalerweise» sei, erklärte Frank, er sei immer stolz darauf gewesen, sein Leben selbst in der Hand zu haben. Er glaube, um erfolgreich sein zu können, müsse man in der Lage sein, sich Ziele zu setzen, und diese durch geschickte Planung verwirklichen. Nachdem er genauer über seine Gefühle Molly gegenüber nachgedacht hatte, gestand

Frank dem Therapeuten, tief in seinem Inneren habe er stets gedacht, Molly hätte ihr Verhalten kontrollieren können, wenn sie es wirklich gewollt hätte. Ihre Unfähigkeit, dies zu tun, war für ihn in gewisser Weise eine persönliche Kränkung gewesen. Da er mit seiner Frau nicht mehr über seine Gefühle reden konnte, hatte er Verleugnung und Vermeidung als neue Bewältigungsmechanismen eingesetzt. Je schlimmer Mollys Zustand wurde, desto wütender und enttäuschter war er, und er benutzte seine Arbeit, um die immer längeren Zeiten zu rechtfertigen, die er außer Hause verbrachte.

Im weiteren Verlauf des Gespräches und bei der Reflexion von Mollys Verhaltensänderungen wurde offenbar, wie wenig Frank wirklich über die Alzheimer-Krankheit wußte. Als die Ärzte ihn über die Diagnose seiner Frau informiert hatten, war seine Angst so groß gewesen, daß er kaum etwas anderes hörte, als daß ihre Gedächtnisstörungen zunehmen würden und es keine Heilung gab.

Als Mollys grundlose Wutausbrüche immer häufiger wurden, begannen auch die wenigen verbliebenen Freunde, sich allmählich von ihr zurückzuziehen. Als er sich nun mit Hilfe des Therapeuten wieder daran erinnerte, erkannte Frank, daß ihm dies im Grunde eine Erleichterung gewesen war, da er sich nicht mehr darum sorgen mußte, was seine Frau den Freunden gegenüber tun oder sagen würde, wenn sie sich aufregte.

Was er jedoch nicht wahrgenommen hatte, war, wie dies Kim zusätzlich belastet hatte. Nach weiteren Fragen und Überlegungen sagte er: «Könnte es sein, daß ich Kim nicht zuhörte, weil ich es im Grunde gar nicht wissen wollte? Ich wollte einfach nicht hören, wie schlimm es schon geworden war.» Er schwieg einen Moment und fuhr dann sanft fort: «Die Molly, die ich geliebt habe, ist schon lange verschwunden. Ich vermisse sie so sehr und wünsche mir nichts mehr, als daß sie zurückkommt, und wenn es nur für kurze Zeit wäre. Ich möchte ihr noch so vieles sagen. Wenn ich im Büro bin, kann ich mir einreden, daß sie zu Hause auf mich wartet. Nach Hause zu kommen tut so weh!»

Der Therapeut riet Frank, Kontakt mit der lokalen Alzheimer-Selbsthilfegruppe aufzunehmen, um etwas darüber zu erfahren, welche alternativen Möglichkeiten es gab, um Molly zu Hause zu betreuen. Er machte Frank klar, daß er auch Kim verlieren könnte, wenn er sich nicht endlich der Realität von Mollys Krankheit und der häuslichen Situation stelle.

Als er genauer über die Konfrontation befragt wurde, die sich am Abend zuvor zwischen ihm und Kim zugetragen hatte, schien er nicht verstehen zu können, warum Kim so wütend über das Verhalten ihrer Mutter war. Der Therapeut sprach ihn daher darauf an, wie sehr sich Kims familiäre Rollen und Verantwortlichkeiten während der letzten paar Monate geändert hatten. Während Frank sich diese Veränderungen Schritt für Schritt vergegenwärtigte, begann er, ein intellektuelles Verständnis davon zu gewinnen, was es für ein Kind bedeutet, wenn das Eltern-Kind-Verhältnis umgekehrt wird.

Ganz allmählich fing Frank an, Kims Angriff als das zu erkennen, was er war: ein Schrei nach Verständnis für das, was ihr widerfuhr. Ohne seine Hilfe kam sie mit ihrer Unfähigkeit, der kontinuierlich zunehmenden Abhängigkeit ihrer Mutter gerecht zu werden, nicht zurecht. Da sie niemanden hatte, der ihrem eigenen Bedürfnis nach Wärme und Unterstützung nachkam, sah sie die Flucht vor der gesamten Situation als einzige Möglichkeit an, die ihr verblieb.

Der Therapeut erläuterte Frank, seine wichtigste Aufgabe sei es, jemanden zu finden, der die Hauptverantwortung für Mollys Betreuung und Beaufsichtigung übernehmen würde. Anderenfalls müsse Frank sich auf weitere Auseinandersetzungen mit Kim gefaßt machen und dürfe sich nicht wundern, wenn seine Tochter ihre Drohung, von zu Hause wegzuziehen, wahr mache.

Als Zwischenlösung entschied Frank sich dafür, einige Wochen seines lange überfälligen Urlaubs zu nehmen und selbst zu Hause auszuhelfen, bis er jemanden gefunden hätte, die ihnen ganztägig bei Mollys Versorgung helfen würde.

Als Frank in der zweiten Sitzung die vergangene Woche beschrieb, in der er zu Hause geblieben war, schien er schon wesentlich optimistischer zu sein. Er berichtete, er und Kim hätten «stundenlang» miteinander geredet, als er von seiner ersten Sitzung in der Krisenklinik gekommen sei. Er erinnerte sich, daß es ihnen zunächst beiden schwergefallen sei, den anderen mit den eigenen Gefühlen zu konfrontieren. «Aber», fügte er hinzu, «als wir es endlich hinter uns gebracht hatten, waren wir sehr erleichtert. Bis dahin hatte keiner von uns beiden gemerkt, wie weit wir uns schon voneinander entfernt hatten, und wie sehr wir eigentlich aufeinander angewiesen waren, um die Dinge auf die Reihe zu kriegen.»

Außerdem hatte sich Frank in der vergangenen Woche an die Selbsthilfegruppe gewandt. Nachdem er einen Termin vereinbart hatte, waren zwei Mitglieder der Gruppe zu ihnen nach Hause gekommen, um sich mit ihm, Kim und Molly zu treffen. Er erinnerte sich, wie überrascht er gewesen war, daß Molly den Besuch der «Fremden» so rasch akzeptierte und mit welcher Leichtigkeit diese Molly in das Gespräch integriert hatten. Bei diesem Besuch waren die Ressourcen eingeschätzt worden, die bei Mollys Betreuung genutzt werden sollten. Nach diversen Gesprächen mit Bewerberinnen für den Haushälterinnenposten und mit Mollys Einverständnis hatten sie die Frau eingestellt, die Mollys Bedürfnissen am besten gewachsen zu sein schien. Die neue Haushälterin war zwei Tage vor der Sitzung eingezogen, und Molly hatte sie nach Franks Aussage «bis jetzt noch nicht vergrault». Er wollte dennoch eine weitere Woche zu Hause bleiben, um Molly dabei zu helfen, sich an die Veränderungen ihres Alltags zu gewöhnen.

Frank und Kim hatten gemeinsam ein Treffen der lokalen Selbsthilfegruppe besucht. Es hatte sie ziemlich überrascht, daß noch mehr junge Leute in Kims Alter anwesend waren. Auf die Frage nach seinen Gefühlen in bezug auf das Treffen antwortete Frank, er habe sich «nicht viel davon erwartet, außer vielleicht eine Tasse Kaffee, ein Stück Kuchen und ein wenig Mitgefühl». Statt dessen hätten sie eine

Gruppe von Menschen vorgefunden, die genau zu wissen schienen, was seine Familie gerade durchmachte. Er habe gelernt, daß die meisten seiner Erfahrungen nicht außergewöhnlich, sondern allen Anwesenden gemeinsam und wohlbekannt waren. «Zum ersten Mal», so sagte er, «bekam ich die Antworten, die ich brauchte. Zwar konnte mir niemand von ihnen sagen, warum sie diese Krankheit bekommen hat, aber sie konnten mir einige gute Ratschläge geben, wie wir damit umgehen können.» Das wichtigste Gefühl, das er und Kim von diesem Treffen mit nach Hause genommen hatten, sei jedoch gewesen, daß sie mit ihren Problemen nicht mehr alleine dastanden, sondern jemanden gefunden hatten, an den sie sich wenden konnten, wenn Schwierigkeiten auftraten.

Vor Ende der Sitzung betrachteten und diskutierten Frank und der Therapeut die Anpassungsleistungen, die Frank vollbracht hatte, und die Einsichten, die er in seine Gefühle in bezug auf Molly und die zukünftigen Auswirkungen ihrer Krankheit gewonnen hatte. Außerdem besprachen sie seine Auffassung von der Wirkung, die der Prozeß der Rollenumkehr auf Kim hatte. Der Therapeut riet Frank nachdrücklich, Kim zur weiteren Teilnahme an den Treffen der Selbsthilfegruppe zu ermutigen. Damit sollte ihr anhaltender Rückhalt in Form von Kontakten mit Altersgenossen verschafft werden, während sie den Wandel in der Mutter-Kind-Beziehung durchmachte.

Der Therapeut lobte seinen Klienten dafür, daß er seit der letzten Begegnung selbst die Initiative ergriffen und sich um geeignete Ressourcen und Hilfsmaßnahmen gekümmert hatte. Dieses Verhalten war ein deutlicher Hinweis darauf, daß er nicht mehr versuchte, die Realität zu verleugnen und vor ihr davonzulaufen, sondern sich bewußt darum bemühte, die Situation realistisch zu sehen. Frank wurde dazu ermutigt, weiterhin offen und direkt mit Kim zu reden und ihr zu zeigen, daß er um ihre Bedürfnisse wußte. Außerdem erhielt Frank die Zusage, daß er sich jederzeit an den Therapeuten wenden könne, wenn in Zukunft Probleme aufträten.

Frank hatte Verleugnung und Vermeidung benutzt, um mit seinen Gefühlen in bezug auf Mollys Krankheit und ihren möglichen Tod umzugehen. Kim, die versucht hatte, ihm klarzumachen, wie es wirklich um ihre Mutter bestellt war und wie sich dies auf ihre eigenen Abhängigkeitsbedürfnisse auswirkte, hatte sein Verhalten als Zurückweisung ausgelegt. Unfähig zu erkennen, welche Folgen die Rollenumkehr für Kims Leben hatte, nahm Frank ihre Ankündigung, von zu Hause fortzugehen, als erneute Ablehnung und als Anzeichen für einen weiteren Verlust einer ihm nahestehenden Person wahr. Da es Frank im Umgang mit seinen neuen Rollenanforderungen an Erfahrung fehlte, stiegen seine Angst und Depression über die Toleranzgrenze hinaus an, und er geriet in eine Krise.

Füllen Sie das Paradigma (**Abb. 7-4**) für diese Fallstudie aus und vergleichen Sie es mit der Auflösung in Anhang A. Orientieren Sie sich, falls nötig, an den Paradigmen in Kapitel 3.

234 Krisenintervention

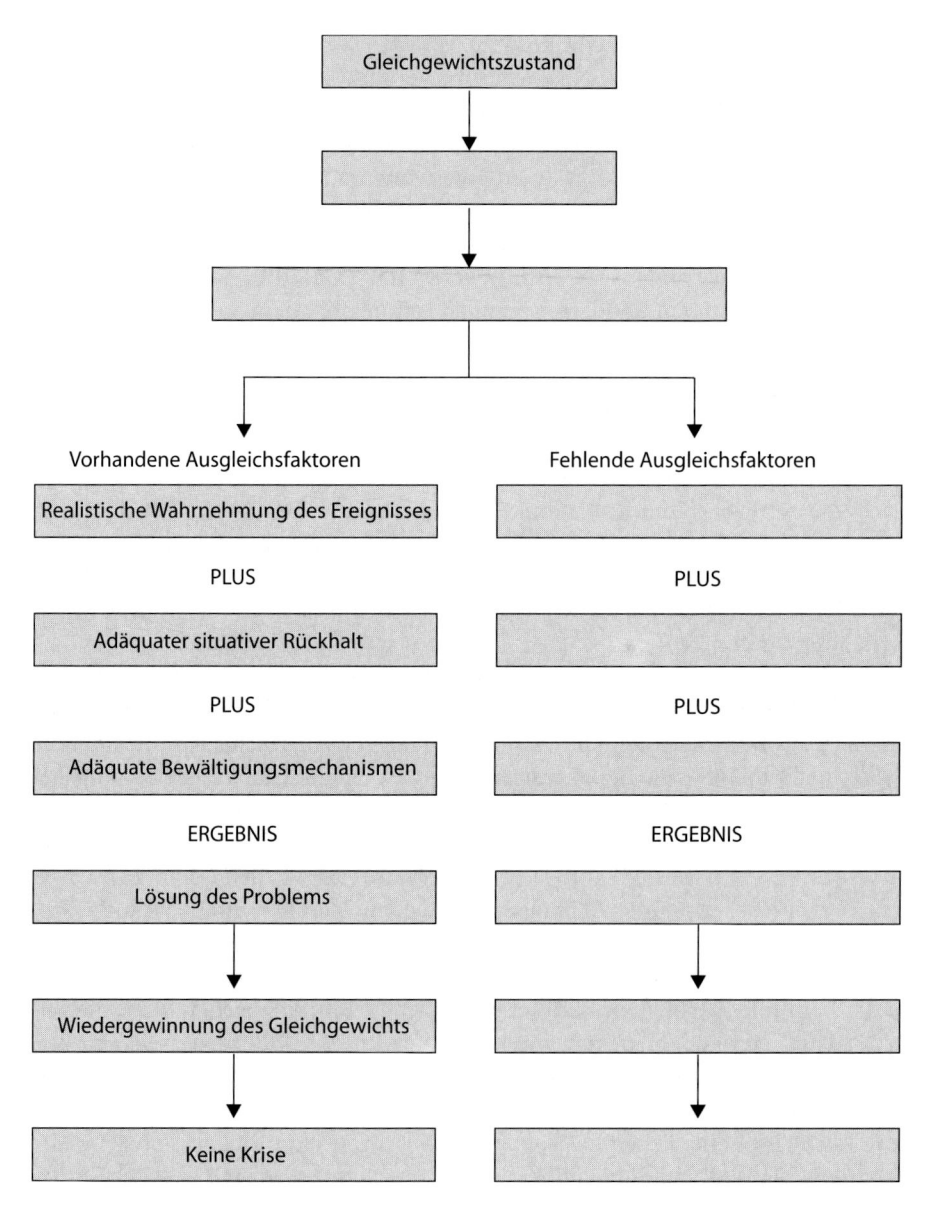

```
                    Gleichgewichtszustand
                              │
                              ▼
                    ┌──────────────────┐
                    │                  │
                    └──────────────────┘
                              │
                              ▼
         ┌────────────────────────────────────────┐
         │                                        │
         └────────────────────────────────────────┘
              │                             │
              ▼                             ▼
   Vorhandene Ausgleichsfaktoren   Fehlende Ausgleichsfaktoren

  Realistische Wahrnehmung des Ereignisses        [            ]

              PLUS                         PLUS

   Adäquater situativer Rückhalt          [            ]

              PLUS                         PLUS

  Adäquate Bewältigungsmechanismen        [            ]

            ERGEBNIS                     ERGEBNIS

       Lösung des Problems               [            ]
              │                             │
              ▼                             ▼
  Wiedergewinnung des Gleichgewichts      [            ]
              │                             │
              ▼                             ▼
          Keine Krise                     [            ]
```

Abbildung 7-4: Fallstudie: Frank

Die Interventionen des Therapeuten zielten darauf ab, Frank seine unerkannten Gefühle Molly gegenüber entdecken und verstehen zu lassen, ihm ein intellektuelles Verständnis der Effekte der Rollenumkehr zu vermitteln und der Familie den angemessenen situativen Rückhalt zu verschaffen, damit sie als Individuen wie als Einheit den potentiell belastenden Situationen gewachsen wären, die Mollys fortschreitende Krankheit unausweichlich mit sich bringen würde.

Je älter man wird, desto törichter und weiser wird man.
de La Rochefoucauld

7.10 Selbsttötung

7.10.1 Selbsttötung bei Jugendlichen

Selbsttötung steht in den Vereinigten Staaten bei den Todesursachen an achter Stelle und ist bei den 20- bis 24jährigen sowie den 15- bis 19jährigen die dritthäufigste Todesursache (National Institute of Mental Health 1996). Die vielen Selbsttötungen unter jungen Menschen stellen in Amerika ein offensichtliches Problem dar und sollten Eltern, Lehrer und Pflegepraktiker aufmerken lassen. Die Suizidrate bei den 15- bis 24jährigen hat sich in den letzten 30 Jahren mehr als verdreifacht. Die Suizidrate bei den 15- bis 19jährigen hat sich von 8,7 pro 100 000 auf 14,96 pro 100 000 im Jahr 1994 erhöht. Es besteht der Verdacht, daß zu diesen aktenkundigen Fällen noch eine hohe Dunkelziffer hinzukommt. Eine Durchsicht der Coroner-Berichte über Selbsttötungen, ungeklärte Todesfälle und ominöse Unfälle der vergangenen 24 Jahre führte zu dem Schluß, daß etwa 24% der Selbsttötungen nicht als solche in die Akten eingingen (Ladely & Puskar 1994). Der *Statistical Abstract of the United States* (1995) gibt für Selbsttötungen eine Quote von 33,6 pro 100 000 Todesfälle an.

Selbsttötung ist ein Phänomen, daß inzwischen epidemische Ausmaße anzunehmen droht; bereits jetzt ist er die dritthäufigste Todesursache unter Teenagern. Im Verwaltungsbezirk Los Angeles werden pro Jahr etwa 300 bis 400 Teenagerselbsttötungen registriert; mit anderen Worten: täglich nimmt sich dort ein Jugendlicher das Leben. Es gibt Belege dafür, daß auf jede tatsächliche Selbsttötung außerdem zwischen 50 und 100 Selbsttötungsversuche kommen (Student Health and Human Services Divisions 1996). Weil Selbsttötung in unserer Gesellschaft verpönt ist, drücken diese statistischen Zahlen das Ausmaß des Problems möglicherweise unzureichend aus. Trotzdem zeigen sie in erschreckender Weise, daß der Selbsttötungsepidemie unserer Jugend dringend Abhilfe geschaffen werden muß.

Die Mehrheit der jugendlichen Suizidanten zeigt vor ihrem Tod Symptome einer psychischen Störung, nur ein sehr kleiner Prozentsatz jedoch erhält psychiatrische Hilfe. Das wichtigste Anliegen von Präventionsprogrammen muß es sein, Eltern und Lehrer in die Lage zu versetzen, die Symptome der Suizidgefährdung zu erkennen. Erwachsene sollten auf plötzliche, auffallende Veränderungen im Verhalten des Jugendlichen achten, die über längere Zeit hinweg anhalten und sich durch alle oder viele Lebensbereiche hindurchziehen. Folgenden Signale können Anzeichen für eine Suizidgefährdung darstellen, und Eltern, Lehrer und medizinisch-pflegerisches Personal sollte ihnen gegenüber wachsam sein:

- Der Betroffene hat schon einmal versucht, eine Selbsttötung zu begehen.
- Er spricht davon oder droht damit, eine Selbsttötung zu begehen.
- Er verschenkt Dinge, die ihm persönlich viel bedeuten.
- Er informiert sich über Selbsttötungsmethoden oder spricht darüber.
- Er bringt Hoffnungslosigkeit, Hilflosigkeit und Wut auf sich selbst oder die Welt im allgemeinen zum Ausdruck.
- Tod und Depression sind die Themen seiner verbalen, schriftlichen oder künstlerischen Äußerungen oder seiner Lektüre.
- Er deutet an, daß er niemandem fehlen werde, wenn er nicht mehr da sei.
- Er verletzt sich vorsätzlich selbst.
- Er hat vor kurzem einen Freund oder Angehörigen (oder auch ein Haustier) durch Tod oder eine Selbsttötung verloren oder mußte eine andere Art des Verlustes hinnehmen, z. B. den Verlust eines Elternteiles durch Scheidung oder Trennung der Eltern.
- Er zeigt akute Persönlichkeitsveränderungen, ist ungewöhnlich verschlossen, aggressiv oder launisch oder übt seit neuerem häufig gefährliche Aktivitäten aus.
- Die schulischen Leistungen sinken plötzlich dramatisch ab, er schwänzt den Unterricht, kommt ständig zu spät oder läuft fort.
- Er zeigt physische Symptome wie Eßstörungen, Schlaflosigkeit oder chronische Müdigkeit, dauernde Kopf- oder Bauchschmerzen oder Apathie.
- Er greift (vermehrt) zu Suchtmitteln.

Spricht ein Kind oder ein Jugendlicher von Selbsttötung, sollten Sie:

- *Zuhören* – Ermutigen Sie das Kind, mit Ihnen oder einer anderen Person seines Vertrauens zu sprechen. Hören Sie sich an, was das Kind empfindet. Geben Sie ihm keine guten Ratschläge und fühlen sich nicht verpflichtet, einfache Lösungen für sein Problem zu finden. Versuchen Sie nur, sich in seine Lage zu versetzen.

- *Ehrlich sein* – Erschrecken die Äußerungen oder das Tun des Kindes Sie, dann teilen Sie ihm dies mit. Geben Sie offen zu, wenn Sie sich Sorgen machen oder nicht wissen, was Sie tun sollen. Spielen Sie ihm keine falsche Unbeschwertheit vor.

- *Gefühle zeigen* – Irgendwann ist jeder einmal traurig, verletzt oder hoffnungslos. Auch Sie wissen, wie das ist. Geben Sie Ihre Gefühle offen zu und zeigen Sie dem Kind, daß es nicht alleine ist.

- *Hilfe organisieren* – In Zusammenhang mit einer so ernsten Sache wie Selbsttötung ist professionelle Hilfe wichtig. Diese finden Sie bei Notruftelefonen oder Krisenzentren, lokalen Psychiatrieeinrichtungen oder Geistlichen. Informieren Sie sich, ob es an der Schule des Kindes ein Suizidpräventionsprogramm gibt. Nehmen Sie Kontakt zu den zuständigen Ansprechpartnern auf. Weiß ein Kind, daß und wo es sich Hilfe holen kann, sinkt die Wahrscheinlichkeit, daß es in seinem Leben jemals an einen Punkt kommen wird, an dem ihm die Selbsttötung als der einzige Ausweg erscheint. Führen Sie dem Kind vor Augen, daß eine Selbsttötung keine dauerhafte «Lösung» für ein vorübergehendes Problem ist.

7.10.2 Selbsttötung bei Erwachsenen

Mit etwa 40 Jahren haben die meisten von uns den Höhepunkt ihres Lebens erreicht. Mit einigen wenigen Ausnahmen sind wir ziemlich genau das, was wir immer sein werden. Die meisten Entwicklungs- bzw. Sozialpsychologen haben sich mit der frühen Kindheit beschäftigt und nicht mit dem mittleren Erwachsenenalter. Haben wir ein Alter von 40 oder 45 Jahren erreicht, müssen wir aufhören, unseren Jugendträumen nachzuhängen, das Vergangene akzeptieren, uns von unseren Illusionen frei machen und uns möglicherweise mit weiteren Veränderungen wie Scheidung, Auszug der erwachsenen Kinder, Karriereende, sinkender Spannkraft und ähnlichem abfinden. Wir sind nicht mehr so sehr damit beschäftigt, unsere Umgebung in den Griff zu bekommen, sondern können uns stärker nach innen wenden und vier Gegensatzpaare auflösen: jung–alt, hervorbringen–zerstören, maskulin–feminin und Bindung–Trennung. Wir müssen unsere Lebensziele neu überdenken und erkennen, daß Erfolg nicht notwendigerweise glücklich macht.

Menschen mittleren Alters sind einer systematischen Beobachtung nicht so leicht zugänglich wie Jugendliche oder alte Menschen, da sie weder Schulen besuchen noch häufig in Heimen leben. Meist sind sie selbst die Überwacher der Gesellschaft und unterliegen als solche keiner routinemäßigen Überwachung. Gerät eine Person mittleren Alters in Schwierigkeiten, so fällt das oft niemandem auf.

Die folgende Liste nennt einige Personengruppen, die aufgrund ihres Suizidpotentials im Auge behalten werden sollten (Maris 1995):

- Personen, besonders Männer, die dazu neigen, alles kontrollieren zu wollen, autoritär aufzutreten und in starren Bahnen zu denken, z. B. Polizisten;
- Frauen in den Wechseljahren, die glauben, nach dem Verlust ihrer Fortpflanzungsfähigkeit ausgedient zu haben, oder ihrer mütterlichen Pflichten und Verantwortungen überdrüssig sind;
- Jüngere, in der Großstadt lebende Afroamerikaner, die oft wuterfüllt, drogen- oder alkoholabhängig, von ihren Familien entfremdet und gewaltbereit sind;
- Aids-Kranke und andere «hoffnungslos» Kranke wie z. B. Krebspatienten und Herzkranke. (Hierbei ist zu beachten, daß die meisten körperlich kranken Menschen ihre Probleme nicht durch Selbsttötung zu lösen versuchen!)
- Personen mit Entwicklungsrückständen, die in einem bestimmten Entwicklungsstadium verblieben sind und daher ausgeprägte kumulative Entwicklungsdefizite aufweisen; sie sind chronisch depressiv, und ihr Leistungsvermögen und ihre emotionale Reife entsprechen nicht ihrem Alter
- Männer, die sich in einer Midlife-Crisis befinden oder vom Burnout-Syndrom betroffen sind; sie haben sich von ihren Ehepartnern und erwachsenen Kindern entfremdet, mißbrauchen häufig Suchtmittel und haben berufliche, finanzielle, zwischenmenschliche und/oder sexuelle Probleme

Natürlich gibt es Überlappungen zwischen diesen Gruppen potentieller Suizidanten, und neben diesen spezifischen Kriterien müssen auch noch circa 15 generelle Indikatoren für eine Suizidgefährdung berücksichtigt werden. Viele der genannten Gruppen sind noch nicht erschöpfend erforscht, und es ist nicht auszuschließen, daß es weitere gibt, die bislang noch nicht erkannt wurden. Kennzeichnend für Personen, die einen Selbsttötungsversuch hinter sich haben, ist offenbar, daß sie sagen, die Selbsttötung sei für sie die «einzige» Möglichkeit gewesen.

7.10.3 Einflußfaktoren

7.10.3.1 Alter und Geschlecht

Statistiken zufolge sind Suizid*versuche* bei Frauen häufiger als bei Männern, während letztere öfter tatsächlich eine Selbsttötung *begehen*. Gegenwärtig verlagert sich der Trend jedoch, da Frauen angesichts ihrer sich wandelnden sozialen Rollen zunehmend den gleichen Belastungen ausgesetzt sind wie Männer. Auch beginnen sie, wirksamere Selbsttötungsmethoden anzuwenden. Da statistisch mit zunehmendem Alter die Wahrscheinlichkeit steigt, daß aus einem Suizidversuch eine tatsächlicher Selbsttötung wird, ergibt sich, daß das Suizidrisiko für ältere Männer am höchsten und für junge Frauen am niedrigsten liegt. Auf diesem Hintergrund stellen Alter und Geschlecht einen allgemeinen, wenn auch groben Ausgangspunkt für die Beurteilung der Suizidgefahr dar. Außerdem ist zu bedenken, daß sich junge Menschen immer wieder umbringen, obwohl sie eigentlich nur beabsichtigt hatten, andere zu manipulieren. Jeder Fall muß für sich betrachtet werden.

7.10.3.2 Planung der Selbsttötung

Die Frage, wie und womit jemand plant, sich das Leben zu nehmen, liefert außerordentlich wichtige Anhaltspunkte zur Einschätzung der Suizidgefahr. Der Therapeut muß die folgenden drei Punkte berücksichtigen:

1. *Wie gefährlich ist die geplante Suizidmethode?*
   Eine Person, die plant, sich zu erschießen, von einem hohen Gebäude zu springen oder sich zu erhängen schwebt in weitaus größerer Gefahr als jemand, der beabsichtigt, Tabletten zu schlucken oder sich die Pulsadern aufzuschneiden, denn die letzten beiden Methoden führen nicht unmittelbar zum Tod. Anders als bei einem Schuß in den Kopf kann der Betreffende wiederbelebt oder einer medizinischen Behandlung zugeführt werden.

2. *Hat der potentielle Suizidant die nötigen Mittel zur Verfügung?*
   Es muß überprüft werden, ob die betreffende Person die geplante Suizidmethode auch zur Anwendung bringen kann. Die Drohung, sich zu erschießen ist weitaus realistischer, wenn eine Waffe vorhanden ist.

3. *Wie konkret ist der Selbsttötungsplan?*
   Kann die betreffende Person genau sagen, wann sie den Plan ausführen will (z. B. wenn die Kinder schlafen)? Hat sie bereits Zeit darauf verwendet, sich Details auszudenken und Vorbereitungen zu treffen, ist die Suizidgefahr wesentlich erhöht. Das ist ebenfalls der Fall, wenn der potentielle Suizidant bereits sein Testament verfaßt oder geändert, einen Abschiedsbrief geschrieben, Tabletten gesammelt, sich eine Pistole besorgt oder Zeitpunkt und Ort der Selbsttötung festgelegt hat. Ist der Selbsttötungsplan offensichtlich konfus oder unrealistisch, sollte der Therapeut eine zugrundeliegende psychische Problematik in Erwägung ziehen. Hegt eine psychotische Person Selbsttötungsgedanken, ist sie besonders stark gefährdet, da sie aufgrund ihrer Wahnvorstellungen möglicherweise außerordentlich ungewöhnliche Wege der Selbsttötung wählen wird.

Der Therapeut sollte immer überprüfen, ob sein Klient eine psychiatrische Vorgeschichte hat und schon einmal in einer psychiatrischen Einrichtung oder anderweitig in entsprechender Behandlung war.

7.10.3.3 Streß

Der Therapeut muß herausfinden, ob ein belastendes Ereignis eingetreten ist und das suizidale Verhalten ausgelöst hat. In den meisten Fällen handelt es sich bei einem solchen krisenauslösenden Stressor um einen Verlust, etwa um den Tod einer geliebten Person, Scheidung oder Trennung vom Partner, Verlust des Arbeitsplatzes, von Geld, Prestige oder Status, Verlust der Gesundheit durch Ausbruch einer Krankheit, nach einer Operation oder infolge eines Unfalls oder Verlust des Ansehens aufgrund einer Straftat oder strafrechtlicher Verfolgung. Nicht jede Form von Streß hat jedoch etwas mit Trauer zu tun; Angst und Anspannung können auch durch Erfolg ausgelöst werden, etwa durch die Beförderung auf einen Posten mit erhöhter Verantwortung. Der Therapeut muß jegliche plötzliche Veränderung im Leben des Klienten berücksichtigen. Außerdem muß er lernen, den vorliegenden Stressor aus der Sicht des Betroffenen zu beurteilen und nicht aus der Perspektive des Außenstehenden. Was der Therapeut selbst vielleicht als Lappalie abtun würde, kann für den Klienten eine außerordentliche Belastung darstellen. Für die Erstellung einer Prognose ist es von erheblicher Bedeutung, daß der Zusammenhang zwischen Stressor und Symptomatik erkannt wird.

7.10.3.4 Symptome

Die häufigsten und wichtigsten Suizidsymptome stehen in engem Zusammenhang mit depressiven Zuständen. Mangelnder Appetit, Gewichtsverlust, Schlafprobleme, mangelndes Interesse, soziale Abkehr, Apathie und Niedergeschlagenheit, schwere Hoffnungslosigkeit und Hilflosigkeit sowie ein allgemeiner körperlich-geistiger Erschöpfungszustand sind typische Depressionssymptome. Bei anderen Betroffenen treten Symptome auf wie Anspannung, Angstzustände, Schuldgefühle, Schamgefühle, mangelnde Impulskontrolle oder Wut, Feindseligkeit oder Rachegelüste. Alkoholiker und alle anderen Suchtkranken weisen generell ein hohes Suizidrisiko auf. Bei einem sowohl hoch erregten als auch depressiven Patienten ist die Suizidgefahr besonders groß; ein Patient im Zustand der agitierten Depression kann dem Ansturm seiner Gefühle nicht standhalten und zeigt große Anspannung, Angst und Unruhe. Irgendwann erreicht er einen Punkt, an dem er etwas tun muß, um seinen Gefühlen zu entkommen. Nicht selten sucht er dann Zuflucht in der Selbsttötung.

Suizidsymptome können auch zusammen mit psychotischen Zuständen auftreten. In solchen Fällen liegen beim Patienten Wahnvorstellungen, Halluzinationen oder gestörte Sinneswahrnehmungen vor, er zeigt Realitätsverlust und Desorientierungserscheinungen, oder er schildert bizarre Gedanken und Empfindungen. Bei der Bewertung psychotischer Verhaltensweisen sollte der Therapeut sein eigenes Gefühl für Realität und Normalität als Richtschnur heranziehen.

7.10.3.5 Ressourcen

Die äußeren Ressourcen, auf die der Patient zurückgreifen kann, können dem Therapeuten oft maßgeblich bei der Entscheidung helfen, wie das vorliegende Problem zu lösen sei. Wer kann dem Patienten situativen Rückhalt geben? Wer steht ihm nahe? Der Therapeut muß feststellen, welche Personen seinem Patienten durch die traumatische Zeit hindurchhelfen könnten: Angehörige, gute Freunde, Arbeitgeber, Ärzte oder Geistliche. Ist der Patient bereits bei einem anderen Therapeuten in Behandlung, sollte der neue Therapeut versuchen, Kontakt mit diesem aufzunehmen.

Oft kann nicht frei auf die verschiedenen potentiellen Ressourcen zugegriffen werden, da der Patient und/oder seine Familie versucht, die Suizidgefahr geheimzuhalten, ja oft sogar sich selbst und anderen gegenüber zu verleugnen. Im allgemeinen sollte der Therapeut diesen Tendenzen entgegenwirken, indem er offen mit der Situation umgeht. In der Regel ist es für beide Seiten, Patient und Therapeut, besser, wenn sich möglichst viele Personen die Verantwortung für den potentiellen Suizidanten teilen. Diese gemeinschaftlichen Bemühungen vermitteln dem Patienten ein Gefühl, das er vermißt: daß sich andere für ihn interessieren, sich Sorgen um ihn machen und bereit sind, ihm zu helfen.

Wenn sich keine anderen Ressourcen finden lassen, ist der Therapeut häufig der einzige situative Rückhalt seines Patienten, seine letzte Verbindung zum Leben. Dies gilt auch, wenn die verfügbaren Ressourcen erschöpft sind oder Angehörige und Freunde sich vom Betroffenen abgewendet haben. In den meisten Fällen wird die soziale Umgebung jedoch bereitwillig auf die Situation der suizidgefährdeten Person eingehen und die Gelegenheit ergreifen, ihr Unterstützung zukommen zu lassen.

7.10.3.6 Lebensrhythmus

Wie hat sich der Betroffene in der Vergangenheit in belastenden Situationen verhalten? War sein bisheriger Lebensrhythmus stabil oder instabil? Ist seine Suizidneigung akut oder chronisch? Ein emotional stabiles Individuum kann gewöhnlich auf ein geregeltes Arbeitsleben zurückblicken, lebt in gefestigten ehelichen und familiären Beziehungen und besitzt keine suizidale Vorgeschichte. Ein labiler Mensch hingegen mag in der Vergangenheit schwere Persönlichkeitsstörungen bis hin zu psychotischen Borderline-Erscheinungen entwickelt haben oder im Hinblick auf wichtige Situationen (z. B. in zwischenmenschlichen Beziehungen oder im Berufsleben) wiederholt in Schwierigkeiten geraten sein.

Reagiert eine Person auf akuten Streß – z. B. den Verlust eines geliebten Menschen durch Tod oder Trennung, schlechte Neuigkeiten oder eine Kündigung – mit Suizidgedanken, bedarf sie der besonderen Aufmerksamkeit seitens des Therapeuten. Das Risiko eines plötzlichen Suizids ist in solchen Fällen hoch, allerdings stehen die Chancen für eine erfolgreiche therapeutische Intervention besser als bei anderen Personengruppen. Kann die Suizidgefahr während der kritischen Phase gebannt werden, bestehen gute Aussichten, daß die Krise überwunden wird und in Zukunft keine Selbsttötungsabsichten mehr auftreten.

Im Gegensatz hierzu kann der Therapeut jemandem, der bereits mehrfach versucht hat, sich das Leben zu nehmen, zwar vielleicht über die momentane Krise hinweghelfen, die Suizidgefahr wird jedoch fast sicher zu einem späteren Zeitpunkt wiederkehren. Allgemein ist davon auszugehen, daß bei Vorliegen eines ernsthaften Selbsttötungsversuchs von vornherein ein erhöhtes Suizidrisiko vorhanden ist. Auch wenn Personen mit chronischen Suizidtendenzen vorübergehend auf Interventionen ansprechen, muß das Hauptaugenmerk auf einer kontinuierlichen Betreuung und der Beibehaltung des Kontaktes liegen.

Akutes Suizidverhalten kann sowohl bei stabilen als auch bei labilen Personen auftreten, chronisches Suizidverhalten hingegen ist ausschließlich bei labilen Personen zu beobachten. Im Umgang mit einer stabilen Person sollte der Therapeut in hohem Maße interventionsbereit und aktiv sein, wohingegen er bei einer labilen langsamer und bedächtiger vorgehen und den Patienten immer wieder daran erinnern sollte, daß er ähnliche Belastungsproben bereits früher durchgestanden hat. Das Hauptziel der Intervention besteht darin, dem Patienten durch die momentane kritische Phase hindurchzuhelfen und ihn dabei zu unterstützen, eine stützende Beziehung zu einer stabilen Person oder beispielsweise einer Selbsthilfegruppe aufzubauen.

7.10.3.7 Kommunikation

Die kommunikativen Aspekte suizidalen Verhaltens sind für den Bewertungs- und Einschätzungsprozeß von erheblicher Bedeutung. Die wichtigste Frage ist hierbei, ob der Suizidgefährdete noch mit seinen Bezugspersonen kommuniziert. Ist es nahezu oder vollkommen unmöglich, mit dem Betreffenden zu kommunizieren, so deutet dies darauf hin, daß er jede Hoffnung auf Rettung aufgegeben hat.

Kommunikation kann auf verbaler oder nonverbaler Ebene, direkt oder indirekt stattfinden. Eine suizidgefährdete Person, die ihre Absichten nonverbal und indirekt mitteilt, macht es dem Empfänger schwer, die Botschaft zu erkennen bzw. zu verstehen. Außerdem läßt diese Art der Kommunikation vermuten, daß der Austausch zwischen dem potentiellen Suizidanten und anderen Personen gestört ist; die Gefahr, daß der Betroffene seine suizidalen Impulse ausführt, steigt. Der erste Schritt der Intervention muß darin bestehen, die Kommunikation zwischen allen Beteiligten wiederzubeleben und deren Inhalte zu klären.

Die Äußerungen der suizidgefährdeten Person können sich an eine oder mehrere Personen in ihrem Umfeld richten; möglicherweise bringt sie Feindseligkeit zum Ausdruck, beschuldigt andere oder verlangt offen oder indirekt, daß andere ihr Verhalten und ihre Gefühle ändern. Die Botschaften können Gefühle der Schuld, Minderwertigkeit und Nutzlosigkeit beinhalten und erhebliche Angst und Anspannung zum Ausdruck bringen.

7.10.3.8 Bezugspersonen

Kommuniziert der Klient mit einer bestimmten Person, stellt deren Reaktion bei der Einschätzung des Suizidrisikos einen wichtigen Faktor dar. Es muß geklärt werden, ob diese Bezugsperson dem Patienten bei der Bewältigung seiner Krise helfen kann, ob sie bestenfalls als ungeeignet angesehen werden muß, oder ob sie dem Klienten vielleicht sogar schaden könnte.

Ungeeignete bis schädliche Bezugspersonen weisen den Patienten entweder ab oder verleugnen die Suizidgefährdung, indem sie sich in psychischer oder physischer Hinsicht aus der weiteren Kommunikation zurückziehen. Manchmal lösen die wachsenden Ansprüche, die der Patient an sie richtet, und sein Bestehen auf Befriedigung seiner Abhängigkeitsbedürfnisse Ärger bei ihnen aus. Gleiches gilt für seine Forderung, ihr Verhalten zu ändern. Oder aber die betreffenden Bezugspersonen verhalten sich hilflos, unentschlossen oder ambivalent und zeigen damit, daß sie nicht wissen, was als nächstes zu tun ist und aufgegeben haben. Solche Reaktionen spiegeln Hoffnungslosigkeit wider und vermitteln dem potentiellen Suizidanten den Eindruck, aus einer bisher zuverlässigen Quelle keine Hilfe mehr erwarten zu können, wodurch seine eigene Hoffnungslosigkeit noch verstärkt werden kann.

Eine hilfreiche Reaktion wäre es hingegen, wenn die Bezugsperson die Botschaft empfängt und versteht, sich des Problems bewußt ist und sich bemüht, dem Betroffenen Hilfe zu geben oder zu verschaffen. Dadurch merkt der Patient, daß seine Äußerungen ein offenes Ohr finden, und daß jemand etwas unternimmt, um ihm zu helfen (Yu-Chin & Arcuni 1990).

Die folgende Fallstudie beschreibt, wie eine junge Frau einen Selbsttötungsversuch unternahm, weil die Kommunikation mit ihrem Partner versagte. Da sie in der Vergangenheit schon einmal etwas Ähnliches erlebt hatte, befürchtete sie, von ihm zurückgewiesen zu werden.

7.11 Fallstudie: Versuchte Selbsttötung

Carol war von einem Arzt der Notaufnahme eines kleinen Vorstadtkrankenhauses an das Krisencenter überwiesen worden. Am Abend zuvor hatte sie versucht, sich das Leben zu nehmen, indem sie sich mit einem großen Küchenmesser mehrfach ins linke Handgelenk schnitt. Dabei hatte sie eine Sehne verletzt.

Als sie sich im Krisencenter zum ersten Mal mit ihrem Therapeuten traf, waren ihr linkes Handgelenk und der Arm dick mit Mullbinden umwickelt. Sie wirkte angespannt, ungepflegt, sehr blaß und zittrig. Als Beschwerden nannte sie Schlaflosigkeit, Appetitlosigkeit, Konzentrationsschwäche und überwältigende Gefühle der Hoffnungslosigkeit und Hilflosigkeit. Carol war 30 Jahre alt, unverheiratet und lebte alleine. Vor etwa vier Jahren war sie aus dem Osten in die Großstadt im Mittleren Westen gezogen, gleich nachdem sie das Studium der Betriebswirtschaft abgeschlossen hatte. Schon nach wenigen Wochen war sie von einer großen Vertriebsfirma als Trainee eingestellt worden. Im Verlauf der folgenden drei Jahre stieg sie rasch bis zu ihrer augenblicklichen Stellung als Managerin des Hauptfilialbüros auf. Sie gab an, ihre Mitarbeiter hielten sie für außerordentlich geeignet für den Posten. Die Existenz beruflicher Probleme verneinte sie – außer den «normalen Dingen, mit denen sich jeder in meiner Position täglich auseinandersetzen muß». Aufgrund ihres schnellen beruflichen Aufstiegs hatte sie sich jedoch nicht viel Freizeit gegönnt, weshalb sie kaum private Kontakte zu anderen Menschen aufgebaut hatte, weder zu Frauen noch zu Männern.

Vor etwa einem Jahr hatte Carol John kennengelernt, einen 40jährigen Witwer, der bei einer anderen Firma in einer ähnlichen Position arbeitete wie sie selbst. Sein Büro lag in derselben Etage wie das ihre. Schon nach wenigen Wochen verbrachten die beiden fast ihre gesamte Freizeit miteinander, behielten jedoch ihre eigenen Wohnungen bei.

Carols Beschwerden hatten vor etwa zwei Wochen begonnen, als John eine Beförderung angenommen hatte, ohne ihr zuvor davon zu erzählen. Diese berufliche Weiterentwicklung bedingte, daß er in ein anderes Büro versetzt werden würde, das ungefähr 50 Kilometer von seinem jetzigen entfernt lag. Carol sagte, sie habe sich über seine Mitteilung «nur ein paar Minuten» innerlich aufgeregt; sie erklärte: «Ich denke, das war, weil er mir vorher nicht das geringste davon gesagt hatte.»

Um das Ereignis zu feiern, waren die beiden am Abend zum Essen gegangen; anschließend wollten sie tanzen. Aber noch bevor das Dinner vorbei war, mußte

John sie nach Hause bringen, da sie plötzlich mit Schwindel, Übelkeit und Schüttelfrost, «den Symptomen einer bösen Magen-Darmgrippe», zu kämpfen hatte.

Die nächsten drei Tage verbrachte Carol zu Hause in ihrem Bett; sie erlaubte John nicht, sie zu besuchen, da sie fürchtete, ihn anzustecken. Als sie wieder arbeiten ging, fühlte sie sich noch immer sehr schlapp, konnte sich kaum konzentrieren, hatte keinen Appetit und war «ohne wirklichen Grund deprimiert und weinerlich». Sie redete sich ein, sie habe sich noch nicht völlig von ihrer «Grippe» erholt und sagte mehrere Verabredungen mit John ab, damit sie mehr Ruhe habe. John sei in diesem Punkt sehr verständnisvoll gewesen, meinte sie, und habe ihr sogar geraten, sich einige Tage frei zu nehmen und zu verreisen, um sich richtig auszuruhen und zu entspannen.

Gleichzeitig verbrachte John immer mehr Zeit in seinem neuen Büro. Ihre täglichen Begegnungen während der Kaffeepause wurden immer seltener. Schon für die nächste Woche rechnete er damit, völlig überzusiedeln. An dem Abend, bevor Carol ins Krisencenter kam, war sie in der Erwartung nach Hause gegangen, später mit John zum Abendessen zu gehen. Statt dessen fand sie einen Zettel des Nachbarn an der Tür, auf dem stand, daß John am frühen Abend angerufen und für sie die Nachricht hinterlassen habe, er habe die Stadt unerwartet verlassen müssen; er wisse nicht, wann er wiederkomme, werde aber später anrufen.

Carol berichtete dem Therapeuten: «Plötzlich fühlte ich mich leer ... und daß zwischen uns alles aus war. Das war einfach zu viel für mich. Ich würde ihn nie wiedersehen, und er war auch noch zu feige, mir das ins Gesicht zu sagen! Da habe ich völlig abgeschaltet; ich wollte einfach nur noch tot sein.» Sie schwieg für einige Minuten, den Kopf gesenkt und weinend, dann holte sie tief Luft und fuhr fort: «Ich kann mich überhaupt nicht daran erinnern, wie ich es getan habe; das nächste, was ich weiß, ist, daß das Telefon klingelte. Als ich die Hand ausstreckte, um abzunehmen, merkte ich, daß ich ein Fleischermesser in der Hand hatte und mein linkes Handgelenk aufgeschlitzt war und fürchterlich blutete! Ich ließ das Messer fallen und ergriff den Hörer. Es war John, der vom Flughafen aus anrief, um mir zu sagen, warum er so plötzlich abreisen mußte – sein Vater war schwer erkrankt.»

In Tränen aufgelöst berichtete sie ihm, was sie sich angetan hatte. Er sagte ihr, sie solle ein Geschirrhandtuch zu nehmen und fest um das Handgelenk wickeln. Nachdem sie das getan hatte, wies er sie an, die Wohnungstür zu öffnen und dort zu warten; er werde Hilfe schicken.

Er rief sofort die Nachbarn an, die zu ihrer Wohnung gingen und sie mit blutgetränkten Handtüchern am Arm auf dem Boden neben der Tür sitzend vorfanden. Sie brachten sie ins Krankenhaus, während John seine Reise fortsetzte. Nachdem sie in der Notaufnahme versorgt worden war, nahmen die Nachbarn Carol mit zu sich nach Hause, wo sie die Nacht verbrachte. Am nächsten Morgen brachten sie sie ins Krisencenter.

Während der ersten Sitzung erzählte Carol dem Therapeuten, daß sie keine nahen Verwandten mehr habe. Ihre Eltern waren während ihres letzten Studienjahres kurz nacheinander gestorben. Kurz darauf hatte sie sich in einen Kommilitonen verliebt, und auf seine Anregung hin waren die beiden zusammengezogen. Carol hatte geglaubt, sie würden heiraten, wenn sie beide ihr Studium beendet und Arbeit gefunden hätten.

Kurz vor der Abschlußprüfung jedoch war ihr Freund nach Hause gekommen und hatte ihr mitgeteilt, daß er ein Habilitationsstipendium für Frankreich erhalten habe und noch im selben Monat abreisen werde. Sie gingen an diesem Abend zum Dinner aus, «um zu feiern», denn, so sagte Carol: «Ich mußte mich einfach für ihn freuen – das war ja eine ziemliche Ehre für ihn – ich konnte ihm einfach nicht sagen, wie verletzt ich war!»

Am nächsten Morgen, als er zur Vorlesung gegangen war, habe sie plötzlich gemerkt, «daß ich ihn nach dem Abschluß nie wieder sehen würde – daß er nie vorhatte, mich zu heiraten – und daß ich nichts, aber auch gar nichts tun konnte». Sie nahm Klebeband und dichtete das Küchenfenster damit ab, verschloß die Tür, legte Handtücher vor die untere Ritze und drehte sämtliche Ventile des Gasherdes auf.

Nach etwa einer Stunde roch ein Nachbar das Gas und rief die Feuerwehr. Die Feuerwehrmänner brachen die Wohnungstür auf, fanden Carol bewußtlos auf dem Fußboden und brachten sie sofort ins Krankenhaus: Sie lag zwei Tage lang im Koma und mußte für eine Woche im Krankenhaus bleiben. Ihr Freund kam sie nur einmal besuchen. Als sie in die gemeinsame Wohnung zurückkam, mußte sie feststellen, daß er ausgezogen war. Er hatte ihr einen Zettel hinterlassen, auf dem stand, daß er nach Hause gefahren sei, um seine Familie zu besuchen, bevor er nach Frankreich abreise. Er meldete sich nie wieder bei ihr. Einen Monat später zog Carol in den Mittleren Westen.

Nachdem Carol John kennengelernt hatte, empfand sie einige Monate lang sehr zwiespältige Gefühle ihm gegenüber. Sie hatte große Angst und befürchtete häufig, daß sie «einer zweiten Enttäuschung entgegensteuerte». Selbst als John sie bat, ihn zu heiraten, konnte sie dies nicht ernsthaft in Erwägung ziehen, sondern erklärte ihm, sie sollten noch eine Weile warten, «um sicherzugehen, daß wir es beide wollen». Sie fuhr fort: «Bis vor zwei Tagen fühlte ich mich so sicher wie nie zuvor in meinem Leben. Ich habe wirklich darüber nachgedacht, ihm einen Antrag zu machen! Und dann löste sich plötzlich der Boden unter meinen Füßen auf.»

Als John den neuen Job annahm, ohne vorher mit ihr darüber zu sprechen, betrachtete Carol dies als den Beginn einer erneuten Zurückweisung durch eine ihr wichtige Person. Ihre Angst nahm immer mehr zu, und sie fing an, John «wegen meiner Grippe» aus dem Wege zu gehen. Johns bereitwillige Zustimmung, ihre gemeinsamen Verabredungen abzusagen, damit sie sich ausruhen könne, nahm ihr die letzte Möglichkeit, ihm ihre Gefühle zu zeigen. Sein Ratschlag, alleine wegzufahren, verstärkte ihre ohnehin schon sehr große Angst vor der scheinbar bevorstehenden Zurückweisung.

Als sie den Zettel des Nachbarn an ihrer Tür fand, brachte dies «das Faß zum Überlaufen»; für Carol war er der endgültige Beweis dafür, daß er sie verlassen würde «wie mein Freund an der Uni». Unfähig, mit ihren überwältigenden Gefühlen des Verlustes und der Wut darüber umzugehen, «daß ich es wieder zuließ, verlassen zu werden», unternahm sie einen impulsiven Selbsttötungsversuch.

Abgesehen von der benutzten Methode waren beide Selbsttötungsversuche sehr ähnlich gelagert. Beide wurden durch den drohenden Verlust einer wichtigen Bezugsperson ausgelöst; in beiden Fällen handelte es sich um impulsive, untaugliche Versuche, mit Frustration, Hoffnungslosigkeit und Hilflosigkeit umzugehen, und beide Male zeigte sich die Unfähigkeit, in schwierigen Situationen die eigenen Gefühle zu artikulieren. Auf die Frage, wie sie in der Vergangenheit mit Angst umgegangen sei, antwortete Carol, sie stürze sich gewöhnlich so in ihre Arbeit, daß ihr keine Zeit dafür bleibe, über private Probleme nachzudenken. Auf diese Weise sei sie, bis zu ihrem ersten Selbsttötungsversuch, auch schon während ihrer Schul- und Studienzeit mit Ängsten fertig geworden. Da sie in den vergangenen beiden Wochen zu krank gewesen war, um voll arbeiten zu können, hatte sie diese zuvor erfolgreiche Form der Bewältigung nicht wirksam zum Einsatz bringen können.

Carol war nicht in der Lage, die durch den drohenden Verlust ausgelöste Frustration und Angst zu artikulieren. Das Interventionsziel bestand deshalb darin, ihr dabei zu helfen, ein intellektuelles Verständnis für den Zusammenhang zwischen ihrer Krise und diesem Unvermögen zu entwickeln.

Bereits gegen Ende der ersten Sitzung schätzte der Therapeut Carol nicht mehr als akut suizidgefährdet ein. Da sie sich aber immer noch sehr deprimiert fühlte, wurden eine ärztliche Untersuchung arrangiert und ein Antidepressivum verordnet. Carol und der Therapeut trafen eine mündliche Vereinbarung: falls sie erneut das Bedürfnis verspürte, sich das Leben zu nehmen, würde sie ihn verständigen. Carol nahm den Rat an, eine Bekannte bei sich wohnen zu lassen, bis die Schmerzen im Arm nachließen. Als sie nach Hause ging, versprach sie dem Therapeuten, ihn sofort anzurufen, falls ihre Angst sie vor dem nächsten Treffen zu überwältigen drohe.

Als Carol zur zweiten Sitzung kam, war sie sichtlich weniger depressiv. Sie berichtete dem Therapeuten, kurz nachdem sie in der letzten Woche vom Krisencenter nach Hause gekommen sei, habe John bei ihr angerufen. Obwohl dieser sich große Sorgen um sie gemacht habe, sei sie nicht imstande gewesen, ihm zu erklären, warum genau sie versucht hatte, sich umzubringen. «Ich konnte ihm einfach nicht sagen, daß ich geglaubt habe, er hätte mich im Stich gelassen. Er hätte doch gedacht, ich gebe ihm die Schuld. Schließlich hatte ich ihm monatelang erzählt, wir sollten uns beide unsere Unabhängigkeit bewahren!» Sie sagte aber, sie sei sich seiner Liebe nun wesentlich sicherer. John wollte in etwa zwei Wochen zurück sein.

Während der zweiten und den darauf folgenden Sitzungen überlegte der Therapeut zusammen mit Carol, warum es ihr so schwerfiel, jemandem ihre Gefühle mitzuteilen, der ihr so wichtig war.

Carol wollte sich zunächst selbst nicht recht eingestehen, daß dies das Problem sein könnte, das ihre aktuelle Krise mit ausgelöst hatte. Sie betrachtete sich als jemanden, der sehr gut alleine zurechtkam und verleugnete jegliche Abhängigkeit von John. Als Kind hatte man von ihr erwartet, daß sie ihre Emotionen unter Kontrolle hielt und stets «ladylike» und gefaßt wirkte. Wann immer sie während der normalen Entwicklungskrisen in Kindheit und Jugend versucht hatte, ihre Gefühle zum Ausdruck zu bringen, war sie auf Ablehnung seitens der wichtigsten Bezugspersonen gestoßen – ihrer Eltern. Ganz allmählich gewann sie Einsicht in die Art und Weise, wie sie untaugliche Methoden zur Streßbewältigung erlernt hatte. Dazu gehörte beispielsweise, sich von anderen Personen zurückzuziehen, wenn sie sich mit einer bedrohlichen Situation konfrontiert sah, oder ihre Angst in körperliche Symptome umzuwandeln, anstatt zuzugeben, daß sie ihr Bewältigungsvermögen überstieg. Gegen Ende der dritten Sitzung erklärte sie, daß sie es geschafft habe, offener mit John über ihre Gefühle zu sprechen, als es jemals zuvor der Fall gewesen sei. Sie schien überrascht und erfreut, daß John so positiv darauf reagiert hatte. Als der Therapeut sie fragte, was sie getan hätte, wenn er anders reagiert hätte, dachte sie lange nach und antwortete dann: «Ich mußte das Risiko eingehen. Ich mußte herausfinden, ob ich es diesmal schaffen würde.» Sie betonte, daß sie während des Gesprächs zwar die ganze Zeit über große Angst, aber nie das Gefühl gehabt habe, nicht weiterleben zu können, falls es anders gekommen wäre.

Gegen Ende der vierten Sitzung war John zurück in der Stadt, und Carol arbeitete wieder voll. Sie war nicht mehr depressiv, und der Zustand ihres Handgelenks besserte sich zusehends. Obwohl ihre Arbeitsstellen weit voneinander entfernt waren, sahen die beiden sich häufig, und Carol sagte, es falle ihr inzwischen wesentlich leichter, mit John über alles zu reden.

Da Carol schon einmal infolge einer ähnlichen Situation in eine Krise geraten war und einen Selbsttötungsversuch unternommen hatte, blieb sie die vollen sechs Wochen lang in Therapie. Man wollte sicherstellen, daß sie auf den situativen Rückhalt des Therapeuten zurückgreifen konnte, während sie sich an die Tatsache gewöhnte, daß sie John nun nicht mehr so häufig sehen konnte. Sie wurde dazu ermutigt, den Therapeuten jederzeit anzurufen, wenn sie merkte, daß ihre früheren Symptome wiederkämen und sie sich nicht in der Lage fühlte, mit John darüber zu reden.

Carol schien den Zusammenhang zwischen ihren Selbsttötungsversuchen und den vorausgegangenen Ereignissen nun besser zu verstehen, und sie sagte, sie fühle sich sicherer, da sie nun in einer positiveren Art und Weise mit schwierigen Situationen umgehen könne.

Carols verzerrte Wahrnehmung, John wolle sie verlassen, war dadurch verstärkt worden, daß sie schon einmal von einer geliebten Person im Stich gelassen worden war. Da sie John ihre Gefühle und Ängste nicht direkt mitteilen konnte, nahmen

7. Situative Krisen 249

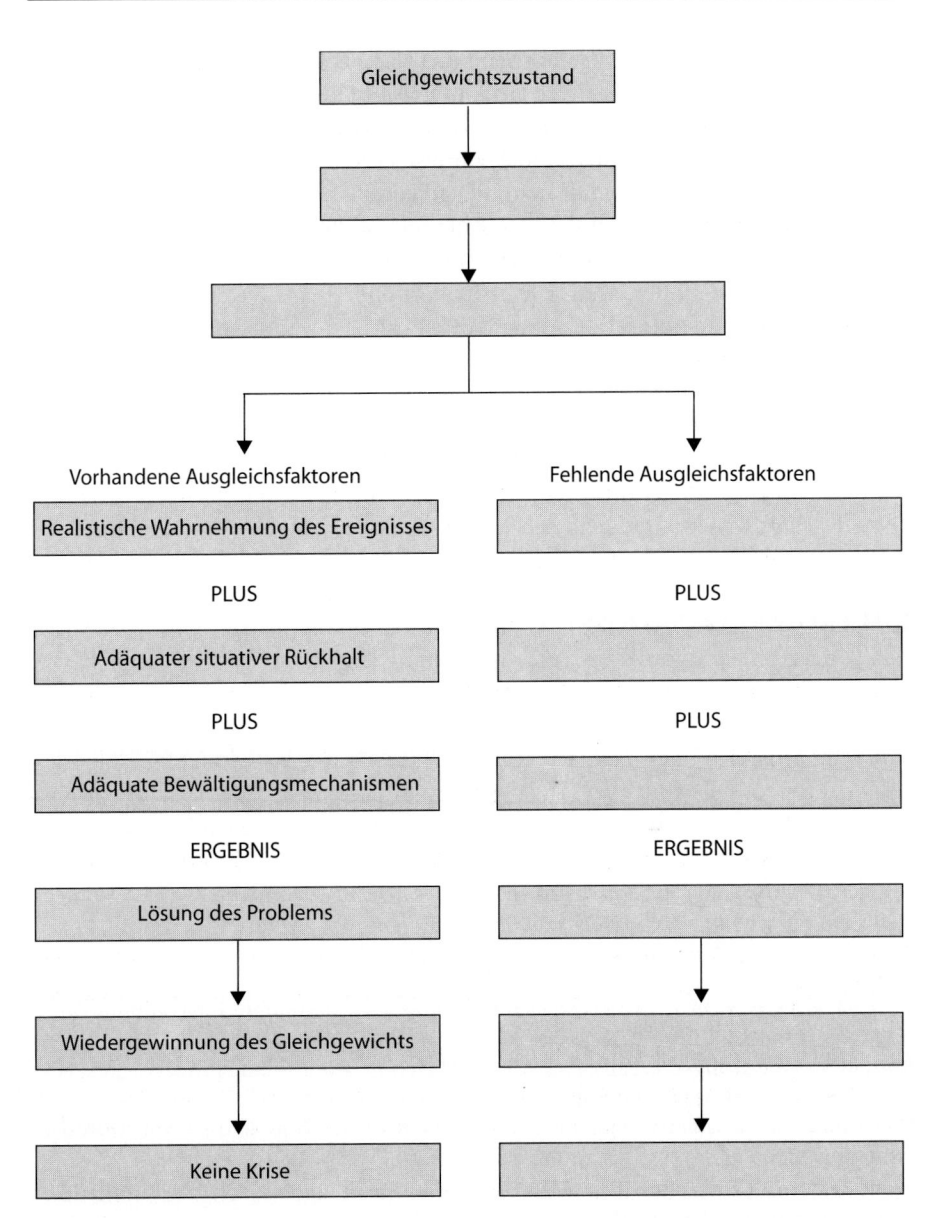

```
                    ┌─────────────────────────┐
                    │   Gleichgewichtszustand │
                    └───────────┬─────────────┘
                                ▼
                    ┌─────────────────────────┐
                    │                         │
                    └───────────┬─────────────┘
                                ▼
            ┌───────────────────────────────────────┐
            │                                       │
            └───────┬───────────────────────┬───────┘
                    ▼                       ▼
```

Vorhandene Ausgleichsfaktoren	Fehlende Ausgleichsfaktoren
Realistische Wahrnehmung des Ereignisses	
PLUS	PLUS
Adäquater situativer Rückhalt	
PLUS	PLUS
Adäquate Bewältigungsmechanismen	
ERGEBNIS	ERGEBNIS
Lösung des Problems	
↓	↓
Wiedergewinnung des Gleichgewichts	
↓	↓
Keine Krise	

Abbildung 7-5: Fallstudie: Carol

Angst und Depression bei ihr zu. Ohne die nötigen Bewältigungsmechanismen und den entsprechenden situativen Rückhalt war sie ihrer Hoffnungslosigkeit und Hilflosigkeit nicht gewachsen. Carol sah eine weitere Zurückweisung voraus, geriet in eine Krise und versuchte aus einem Impuls heraus, sich das Leben zu nehmen. Die therapeutischen Interventionen zielten darauf ab, sie verstehen zu lassen, warum sie ihr intensives Gefühl, in zwischenmenschlichen Beziehungen zu versagen, nicht artikulieren und verarbeiten konnte.

Tod, wo ist dein Sieg?
Tod, wo ist dein Stachel?
Neues Testament

Füllen Sie das Paradigma (**Abb. 7-5**) für diese Fallstudie aus und vergleichen Sie es mit der Auflösung in Anhang A. Orientieren Sie sich, falls nötig, an den Paradigmen in Kapitel 3.

Literaturverzeichnis

Becker, V., Kaplan, M.: Rape victims: issues, theories, and treatment, Annu Rev Sex Res 2:267, 1991.
Cathoun, K. S., Atkeson, B. M.: Treatment of rape victims: facilitating psychological adjustment, New York, x, 1991, Pergnon.
Hellerstein, H., Goldstone, E.: Rehabilitation of patients with heart disease, Postgrad Mod 15:265, 1954.
Hollender, M. H.: The psychology of medical practice, Philadelphia, 1958, WB Saunders.
Jivanjee, P.: Enhancing the well-being of family caregivers to patients with Alzheimer's disease, J Gerontol Soc Work 23:31, 1994.
King, S. H.: Perceptions of illness and medical practice, New York, 1962, Russell Sage Foundation.
Koss, M. P., Harvey, M. R.: The rape victim: clinical and community interventions, ed 2, Newbury Park, Calif, 1991, Sage.
Koss, M. P., Woodruff, W. J., Koss, P. G.: Criminal victimization among primary care medical patients: prevalence, incidents, and physician usage, Behav Sci Law 9:85, 1991.
Kotchick, B. A. and others: Coping with illness: interrelationships across family members and predictors of psychological adjustment, J Fam Psychol 10(3):358, 1996.
Kubie, L. S., Cited by Kaufman, J. G., Becker, M. D.: Rehabilitation of the patient with myocardial infarction, Geriatrics 10:355, 1955.
Ladely, S. J., Puskar, K.: Adolescent suicide: behaviors, risk factors, and psychiatric nursing interventions, Issues Ment Health Nurs 15:497, 1994.
Lee, P., Bryner, S.: Introduction to a symposium on rehabilitation in cardiovascular disease, Am J Cardiol 7:315, 1961.
Maugh, T. H. II, Times medical writer: Worldwide study finds big shift in causes of death, Los Angeles Times, September 16, 1996, World Health Organization.

Maugh, T. H. II, Times medical writer: Study says EMF may be linked to Alzheimer's, Los Angeles Times, December 18, 1996.
McIver, J.: Psychiatric aspects of cardiovascular diseases in industry. In Warshaw, L. J., editor: The heart in industry, New York, 1960, Harper & Row.
Munton, A. G., West, A.: Innovations and personal change: patterns of adjustment to reolocation, J Organiza Behav 16(1):363, 1995.
Munton, A. G. and others: Job relocation: managing people on the move, Chichester, United Kingdom, 1993, John Wiley & Sons.
National Center for Health Statistics, Hyattesville, Md, 1994, Public Health Service.
National Institute of Mental Health, Student Health and Human Services Division, Personal communication: Suicide facts: unpublished data, 1996, The Institute.
Parson, F.: The social system, New York, 1951, Free Press.
Reiser, M. F.: Emotional aspects of cardiac disease, Am J Psychiatry 107:781, 1951.
Shneidman, E. S.: A conspectus of the suicidal scenario. In Mans, R. W. and others, editors: Assessment and prediction of suicide, New York, 1992, Guilford Press.
Statistical Abstract of the United States, ed 115, Bureau of Census, Washington, DC, 1995, US Government Printing Office.
Stermac, C. E., Segal, Z. V., Gillis, R.: Cultural factors in sexual assault. In Marshall, W. R., Laws, D. K., Barbaree, H. E., editors: Handbook of sexual assault, New York, 1990, Plenum.
Yu-Chin, R., Arcuni, O. J.: Short term hospitalization for suicidal patients within a crisis intervention service, Gen Hosp Psychiatry 12:153, 1990.

Weiterführende Literatur

Alzheimer's Disease and Related Disorders Associated, Inc. (ADRDA). Scheibel, A., Chair: Statistics, Los Angeles, 1996, The Association.
Ambuel, B., Lewis, C.: Social policy of adolescent abortion, Child Youth Fam Serv Q 115:2, 1992.
Ambuel, B., Rappaport, J.: Developmental trends in adolescents' psychological and legal competence to consent to abortion, Law Human Behav 16:129, 1992.
Archer, J., Rhodes, V.: The grief process and job loss: a cross-sectional study, Br J Psychol 84:395, 1993.
Archer, J., Rhodes, V.: A longitudinal study of job loss in relation to the grief process, J Community Applied Soc Psychol 5:183, 1995.
Baker, J. E. and others: Psychological tasks for bereaved children, J Orthopsychiatry 62:105, 1992.
Carroll, J. L., Loughlin, G. M.: Sudden infant death syndrome, Pediatr Rev 14:88, 1993.
Chaplin, J. P.: Dictionary of psychology, ed 2, New York, 1985, Dell.
Cummings, E. M., Davies, P. T.: Maternal depression and child development, J Child Psychol Psychiatry 35:3, 1994.
Eisenberg, L.: The social construction of the human brain, Am J Psychiatry 152:1563, 1995.
Farran, C. J. and others: Finding meaning: an alternative paradigm for Alzheimer's disease family caregivers, Gerontologist 31(4):483, 1991.
Frazier, A., Burnett, W.: Immediate coping strategies among rape victims, J Counsel Dev 72:633, 1994.

Horowitz, M. J.: A model of mourning: change in schemas of self and other, J Amer Psychoanal Assoc 38:297, 1993.

Mace, N. L., Rabins, P. V.: The 36 hour day, Baltimore, 1981, Johns Hopkins University Press.

Maris, R. W.: Suicide Prevention in Adults (Age 30–65), Suicide Life Threat Behav 25(1):171, 1995.

Miles, M. S., Funk, S. G., Carlson, J.: Parental stressor scale: neonatal intensive care unit, Nurs Res 42:148, 1993.

Mintzer, J. R. and others: Behavioral Intensive Care Unit (BICU): A new concept in the management of acute agitated behavior in elderly demented patients, Gerontologist 33(6):801, 1993.

Sadowski, C., Kelley, M. L.: Social problem solving in suicidal adolescents, J Consult Clin Psychol 61:121, 1993.

Scott, E. S.: Judgment and reasoning in adolescent decision making, Villanova Law Rev, 37:1607, 1992.

Seiffge-Krenke, I.: Coping behavior in normal and clinical samples: more similarities than differences? J Adolesc 16:285, 1993.

Stroebe, W., Stroebe, M.: Bereavement and health: processes of adjusting to the loss of a partner, In Montada, L., Filipp, S. H., Lerner, M. J., editors: Life crises and experiences of loss in adulthood, Hillsdale, NJ, 1994, Erlbaum.

Tracey, N.: The psychic space in trauma, J Child Psychother 17(2):29, 1991.

8. Die Stressoren des Lebenszyklus

Dimidium facti, qui coepit, habet.
Wer nun begann, der hat schon halb vollendet.
Horaz

Um einen Überblick über die Literatur zu den Stressoren des Lebenszyklus und ihrer Bewältigung geben zu können, muß man zunächst auf die Definitionen einiger wichtiger Konzepte eingehen. Der Begriff *Lebenszyklus* bezieht sich auf die verschiedenen Phasen des menschlichen Lebens – von der Geburt bis zum Tode. *Streßstimuli* oder *Stressoren* sind Bedrohungen oder Verluste. Diese Umstände oder Situationen rufen unterschiedlich starke körperliche Reaktionen hervor, die zeigen, daß die betreffende Person *Streß* bzw. einen *Streßzustand* erlebt. *Streß*, ganz allgemein, ist ein Bündel unspezifischer physiologischer und psychischer Reaktionen, die ein Indivduum als Folge äußerer oder innerer Anforderungen zeigt; diese Reaktionen können als angenehm oder unangenehm erlebt werden. Wird das von Selye beschriebene Allgemeine Adaptationssyndrom durchlaufen, kommt es zunächst zu einer *Alarmreaktion*, in deren Verlauf die körperlichen Reserven mobilisiert werden. Darauf folgt die *Widerstandsphase*, in der die körperliche Abwehr gegen den Stressor über das Normalmaß hinaus ansteigt, und schließlich die Erschöpfungsphase, in der die Adaptationsenergie aufgezehrt oder verflogen ist. Eine positive *Adaptation* an die Streßsituation liegt vor, wenn die Reaktionen der betroffenen Person die Bedrohung abgewehrt oder ihr Überleben gesichert haben und sie innerhalb ihrer Umwelt erhöhte Funktionalität und Lebensfreude gewonnen hat. Eine Fehlanpassung oder *Maladaptation* hingegen liegt vor, wenn die Reaktionen zu einem internen Ungleichgewicht (beispielsweise einer Krankheit) oder einer Disharmonie zwischen der betroffenen Person und ihrer Umwelt geführt haben.

Jeder Mensch sieht sich an jedem Tag seines Lebens mit einer Unzahl von Stressoren konfrontiert. Eine Streßreaktion kann sowohl von angenehmen als auch von unangenehmen Stimuli ausgelöst werden; die Wahrnehmung dieser Stressoren und die psychophysiologische Reaktion können von Mensch zu Mensch sehr verschieden sein. Das eigentliche Problem liegt jedoch nicht darin, daß man kontinuierlich Stressoren ausgesetzt ist, sondern vielmehr in der Stärke und Dauer dieser

Streßsituationen sowie in der Vielfalt möglicher Reaktionen und der Verschiedenheit des individuellen Vermögens, Streß zu ertragen und zu bewältigen. Zwar sind die meisten Menschen in der Lage, relativ starken Streß für kurze Zeit auszuhalten, eine lang anhaltende Streßreaktion aber oder ein übermäßig starker Stimulus können zu maladaptiven oder destruktiven Reaktionen führen. Die in den folgenden Abschnitten zitierte Literatur legt den Schwerpunkt auf die Adaptationsfähigkeit der Menschen in verschiedenen Lebensphasen.

8.1 Präpubertät

Die Präpubertät ist eine Phase des Lernens, deren Motto lauten könnte: «Ich bin, was ich lerne» (Erikson 1959, 1992). Das Kind möchte erfahren, wie es alleine und gemeinsam mit anderen etwas leisten kann; es entwickelt großen Eifer und ist unzufrieden, wenn es nicht das Gefühl hat, zu etwas nütze zu sein bzw. etwas zu können, gut zu können oder gar perfekt zu können. Es lernt, sich Anerkennung zu verschaffen, indem es etwas Greifbares *produziert,* und freut sich, wenn es aufgrund seines Fleißes und seiner Sorgfalt etwas Komplettes zustande bringt.

Das Kind wächst langsam, aber kontinuierlich, und sein zentrales Nervensystem reift heran. Was die psychosexuelle Entwicklung anbelangt, so erfolgt eine Spannungsreduktion durch die Erforschung der eigenen Sinnlichkeit und der Geschlechterrolle, während gleichzeitig neue Fähigkeiten ausgebildet und genutzt werden.

Im Rahmen seiner kognitiven Entwicklung lernt das Kind, Objekte und Begriffe seines Kulturkreises zu handhaben; sein Denken tritt in die Phase der *konkreten Operationen* ein (Piaget 1963, 1989), und seine Fähigkeit, konkrete Probleme zu lösen, wächst, bis es gegen Ende dieser Phase schließlich auch fähig ist, abstrakte Probleme zu lösen. Die Lösung realer Probleme wird durch die Anwendung mentaler Operationen erreicht, die das Kind zuvor noch nicht zum Tragen bringen konnte. Bis zum Beginn der Pubertät hat das Kind die Fähigkeit entwickelt, einfache Schlußfolgerungen zu ziehen, und die Regeln und Grundtechniken seines Kulturkreises erfaßt, was das Zugehörigkeitsgefühl zur Umgebung verstärkt.

Seinen Selbstwert bezieht das Kind aus dem Gefühl, den Anforderungen gewachsen zu sein sowie aus beginnenden «Busenfreundschaften» und dem sozialen Austausch mit Gleichaltrigen. Seine Verbundenheit und Liebe gilt nun nicht mehr ausschließlich der eigenen Familie, und es lernt die Schwierigkeiten, Annehmlichkeiten und Probleme kennen, die mit der Abstimmung eigener aggressiver und erotischer Triebansprüche auf die der Altersgenossen verbunden sind. Über diesen Lern- und Anpassungsprozeß erarbeitet es sich seinen Platz als Gruppenmitglied und die Teilhabe am sozialen Leben, wobei die Gesellschaft von Geschlechtsgenossen vorgezogen und «Geheimbünde» oder Grüppchen gebildet werden. Diese Banden und Cliquen, vor allem solche, die aus Jungen bestehen, bekämpfen einander über Mannschaftssportarten und Spiele wie «Räuber und Gendarm», wodurch ein großen Teil ihrer Feindseligkeit und Aggression auf sozialverträgliche Weise abreagiert werden kann.

Fühlt ein Kind sich inkompetent, kann dies zu Minderwertigkeits- und Unterlegenheitsgefühlen führen. Möglicherweise wurde es in seiner Familie nicht ausreichend auf die Schule vorbereitet, oder die Schule hilft ihm nicht dabei, die nötigen Fähigkeiten zu entwickeln. Schließlich kann das Kind den Eindruck gewinnen, nichts, was es versucht, zu einem erfolgreichen Ende bringen zu können.

Ganz allgemein läßt sich sagen, daß Kinder Streß besser bewältigen können, wenn sie einen normalen familiären Rückhalt haben. Jede tatsächlich oder vermeintlich drohende Trennung von einem Mitglied der Kernfamilie kann die Fähigkeit des Kindes, mit neuen oder veränderten psychosozialen Anforderungen zurechtzukommen, drastisch vermindern. Im Hinblick auf krisenauslösende Situationen, wie es beispielsweise der Tod eines Elternteils sein kann, sind Kinder besonders verletzlich. Ähnlich belastend sind wiederholte partielle Verluste wie etwa zahlreiche Krankenhausaufenthalte von Vater oder Mutter oder die häufige, längere Abwesenheit eines Elternteils oder beider Eltern (Cassell 1991).

Immer mehr Kinder in der Phase der Präpubertät erleben einen schmerzlichen Verlust, wenn der Elternteil, der bislang wegen des Kindes zu Hause geblieben war, (wieder) ins Berufsleben eintritt. Dieser krasse Wandel der Elternrolle wirkt auf das Kind zurück und führt zu erheblichen Veränderungen der an das Kind herangetragenen Rollenanforderungen. Es muß selbständiger werden und mehr Verantwortung für sich selbst übernehmen, eine Anforderung, die viele Kinder von ihrem Entwicklungsstand her überfordert. Ist das Kind noch nicht in der Lage, die von ihm erwartete Eigenverantwortung zu übernehmen, kann es das Verhalten von Vater oder Mutter leicht als eine Form der Ablehnung interpretieren.

Das klassische Symbol dieser Rollenveränderung ist der Haustürschlüssel, den das «Schlüsselkind» nun erhält. Die Schlüsselübergabe weist auf neue soziale Regeln hin und gleicht häufig einem Initiationsritus. Die neuen Vorschriften beziehen sich im allgemeinen auf die Sicherheit des Kindes und der Wohnung, wobei dem Kind implizit oder explizit die alleinige Verantwortung dafür übertragen wird, daß in Abwesenheit der Eltern nichts Schlimmes geschieht.

Die folgende Fallstudie erzählt die Geschichte eines Achtjährigen, der sein Schlüsselkinddasein als Ablehnung durch seine alleinerziehende Mutter erlebte.

8.2 Fallstudie: Präpubertät

Der 8jährige Billy B. wurde von seiner Klassenlehrerin mit seiner Mutter zum Schulpsychologen geschickt. In den vergangenen Wochen, so die Lehrerin, habe er sich völlig verändert. Er sei nicht mehr das fröhliche, kontaktfreudige und aufgeschlossene Kind wie bisher, sondern grübele viel vor sich hin und reagiere launisch. Billy machte keine Hausaufgaben mehr, und in der vergangenen Woche war er nach der Mittagspause zweimal nicht wieder zum Unterricht erschienen. Beim ersten Mal hatte die Schule seine Mutter an ihrem Arbeitsplatz verständigt. Diese hatte geantwortet, Billy habe sie schon von zu Hause aus angerufen und ihr erzählt, daß ihm übel gewesen sei. Deshalb habe er beschlossen, nach Hause zu gehen und sie von dort anzurufen. Als der Anruf der Schule kam, wollte sie gerade nach Hause gehen. Gestern, so erfuhr der Psychologe, war Billy dem Unterricht erneut nach der Mittagspause ferngeblieben. Dieses Mal hatte er nicht bei seiner Mutter angerufen und war auch nicht nach Hause gegangen. Nachdem sie von der Schule verständigt worden war, hatte die Mutter zu Hause angerufen, da sie annahm, Billy würde wie beim letzten Mal dort sein. Als Billy jedoch nicht ans Telefon kam, ging sie sofort nach Hause, um ihn zu suchen. Etwa eine Stunde später hörte der Hausmeister des Appartementhauses, in dem Billy und seine Mutter wohnten, leise Geräusche von einer der Kellertreppen und ging nachsehen. Er fand Billy zusammengesunken auf der obersten Stufe, den Kopf auf den Knien und schluchzend, und brachte das Kind sofort zu seiner Mutter. Fragen, ob ihn irgend jemand erschreckt oder verletzt habe, verneinte er, und es gab keine Anzeichen dafür, daß er körperlich mißhandelt worden war. Er wollte nicht sagen, warum er die Schule erneut vorzeitig verlassen hatte und warum er nicht direkt nach Hause gegangen war.

Mrs. B. rief sofort in der Schule an und teilte mit, daß Billy wohlbehalten gefunden worden war. Sie wurde gebeten, am folgenden Tag mit ihm in die Schule zu kommen, um sich mit seiner Klassenlehrerin zu treffen, und stimmte zu. Auf Anraten der Lehrerin wurde für Billy und seine Mutter ein Termin mit dem Schulpsychologen vereinbart.

Der Psychologe traf sich zunächst alleine mit Billy. Dieser war in Größe und Gewicht durchschnittlich, schien abgesehen von seiner auffallenden Blässe körperlich gesund zu sein und sprach sehr zögerlich. Er saß zusammengesunken in seinem Sessel, die Augen auf den Boden gerichtet und wirkte ziemlich deprimiert. Auf die Frage, warum er die Schule in der vergangenen Woche zweimal ohne Erlaubnis verlassen hatte, brummelte er: «Ich weiß überhaupt nicht, warum sich alle so aufregen. Ich kann schon selbst auf mich aufpassen – Sie können meine Mutter fragen – ich kann alleine nach Hause gehen, weil ich meinen eigenen Schlüssel habe und reinkomme, wenn meine Mutter nicht da ist.»

Er erklärte, daß er immer gerne in die Schule gegangen sei, immer Einser und Zweier bekommen habe und Sport sein Lieblingsfach sei; besonders Fußball spiele er gerne. Bis vor etwa einer Woche habe er zusammen mit vielen seiner Freunde nach dem Unterricht eine Jungensportgruppe besucht. Diese Treffen seien jedoch kürzlich abgesetzt worden, weil der Leiter gekündigt hatte und weggezogen war. Außerdem erzählte Billy, daß sich seine Eltern getrennt hätten, als er noch ein «kleines Kind» (4 Jahre alt) gewesen sei, und daß er jetzt bei seiner Mutter lebe. Seinen Vater, der ganz in der Nähe wohnte, habe er aber häufig gesehen, bis dieser vor etwa vier Monaten wieder geheiratet habe und von seiner Firma in einen anderen Bundesstaat versetzt worden sei.

Nachdem er sich alleine mit Billy unterhalten hatte, sprach der Psychologe mit Mrs. B., um sich die erhaltenen Informationen bestätigen zu lassen und sie vertiefen zu können und um einzuschätzen, wie sie über die Probleme ihres Sohnes dachte und fühlte und ob sie damit fertig werden würde. Mrs. B. war eine hochgewachsene, attraktive, gutgekleidete Frau, die sich offensichtlich große Sorgen über den Wandel im Verhalten ihres Sohnes machte. Sie sagte, daß Billy, ihr einziges Kind, nie Probleme gemacht habe, stets gut mit seinen Freunden ausgekommen sei und seine Hausaufgaben immer zuverlässig erledigt habe. Dann berichtete sie, daß sie und Billys Vater sich viele Gedanken darüber gemacht hatten, wie die Scheidung sich auf das Kind auswirken würde. Während der Trennungsphase hatten sie regelmäßig einen Familientherapeuten aufgesucht, um Billy so gut wie möglich über die schwierige Umstellung hinwegzuhelfen.

Mrs. B. hatte ihren Mann am College kennengelernt, und sie hatten gleich nach ihrem Abschluß geheiratet. Er war Elektroingenieur, und ihr Hauptfach war Betriebswirtschaft gewesen. In den drei Jahren bis zu Billys Geburt war sie bis zu einer gutbezahlten Position als leitende Assistentin des Direktors einer großen Werbefirma aufgestiegen. Als sie erfahren hatte, daß sie schwanger war, hatte sie eine sechsmonatige Babypause arrangiert. Billy sei jedoch, so erzählte sie dem Therapeuten, ein kränkliches Baby gewesen und habe mehr als zwei Jahre lang ein medizinisches Problem nach dem anderen gehabt. Wann immer Entscheidungen über Billy anstanden, verhielt Billys Vater sich sehr dominant und besitzergreifend. Sie sagte: «Als ich endlich das Gefühl hatte, Billy ohne Probleme zeitweilig in fremder Obhut lassen und wieder arbeiten gehen zu können, wurde mir klar, daß uns einige unruhige Tage bevorstanden.»

Nachdem sie viele Tage darüber gestritten hatten, fanden sie schließlich zu einem Kompromiß: sie würde halbtags in ihren Beruf zurückkehren, aber nur dann, wenn sie beide davon überzeugt wären, daß Billy bestmöglich versorgt sei.

Billys Vater war strikt dagegen, den Sohn in eine Kinderkrippe zu geben, sondern bestand darauf, daß eine Tagesmutter ins Haus kam, um auf ihn aufzupassen. Er argumentierte: «Es ist genauso sein Zuhause wie unseres, und er hat das Recht, hier zu sein – und nicht in einem fremden Haus, wo ich nicht jederzeit nach dem Rechten sehen kann.»

Als Billy drei Jahre alt war, so sagte seine Mutter, hätten sie beide erkannt, daß sie emotionales Ping-Pong mit dem Kind spielten. Ihr Wunsch, wieder arbeiten zu gehen, und sei es nur für einen einzigen Tag, würde ein ewiger Streitpunkt zwischen ihnen sein. Ihr Mann war in einer sehr patriarchalischen Familie aufgewachsen, und seine Mutter hätte es nie gewagt, von etwas anderem zu träumen als der traditionellen Frauenrolle «Küche, Kinder und Kirche». Als er nun seine eigene Familie hatte, fiel es ihm schwer zu akzeptieren, daß seine Frau sich eine andere Rolle wünschte.

Mrs. B. selbst hingegen war in einer Familie aufgewachsen, die an der Gleichberechtigung von Mann und Frau festhielt. Ihre Mutter hatte trotz der vier Kinder als Anwältin praktiziert, und ihr Vater war Leiter einer Produktionsfirma gewesen. Sie konnte einfach nicht verstehen, wieso sie und ihr Mann schon mit nur einem Kind solche Probleme hatten. Als Billy vier Jahre alt war, hatten sie sich getrennt; als sie sich scheiden ließen, war er fünf. Die Mutter erhielt das Sorgerecht, der Vater das volle Besuchsrecht, und den Unterhalt für das Kind regelten beide zu gleichen Teilen.

Bis vor vier Monaten hatte Billys Mutter mit ihrer Halbtagsstelle genug verdient, so daß sie zu Hause sein konnte, bevor ihr Sohn aus der Schule kam. Mr. B. hatte jedoch zu Beginn des Jahres erneut geheiratet, und als er vor vier Monaten beruflich versetzt worden war, lag er bereits sechs Monate mit seinen Unterhaltszahlungen im Rückstand. Als – wie sie es ausdrückte – «sehr realistischer Mensch» hatte Mrs. B erkannt, daß sie sich in Zukunft nicht mehr auf die regelmäßige finanzielle Unterstützung von Billys Vater würde verlassen können. Vor drei Monaten war sie daher zu ihrem Chef gegangen und hatte ihn gebeten, ihr so bald wie möglich eine Ganztagsstelle zu geben. Billy hatte sich ihrer Aussage zufolge nie negativ darüber geäußert, daß sein Vater wieder geheiratet hatte und weggezogen war, außer daß er seine früheren häufigen Besuche vermissen werde. Mrs. B. hatte sich viele Gedanken darüber gemacht, wie Billy trotz ihrer Vollzeitbeschäftigung bestmöglich versorgt werden könnte. Es war ihr beispielsweise klar, daß sie nicht zu Hause sein konnte, wenn er aus der Schule kam. Also hatte sie ihn bei einer Sportgruppe angemeldet, die anschließend an den Unterricht stattfand. Die Betreuer würden ihn täglich nach der Schule abholen und ihn zur Abendbrotzeit zu Hause abliefern. «Bis dahin», so sagte sie, «war ich ebenfalls zu Hause, so daß er nicht in eine leere Wohnung kam.» Außerdem würde er so nicht alleine auf der Straße spielen, ohne daß sie ihn «im Auge» hatte.

Vor drei Wochen hatte Mrs. B. ihre Ganztagsstelle angetreten. Sie hatte es immer geschafft, zu Hause zu sein, bevor Billy von seiner Sportgruppe kam. So glaubte sie, würde sich keiner von beiden allzusehr umstellen müssen. Vor einer Woche jedoch hatte der Leiter der Sportgruppe sich ohne jegliche Vorwarnung zurückgezogen. Bis jetzt hatte noch kein Ersatz gefunden werden können, so daß die Gruppe vorübergehend aufgelöst werden mußte. Die einzige Lösung, die Mrs. B. eingefallen war, bestand darin, Billy einen eigenen Wohnungsschlüssel zu geben.

Da sie all die realen und eingebildeten Gefahren im Kopf hatte, die ihm zustoßen konnten, bevor sie nach Hause kam, hatte sie die Schlüsselübergabe zum Anlaß für eine Reihe von Ermahnungen genommen: er solle sofort nach der Schule nach Hause gehen, sich beim Hausmeister melden und die Tür verschlossen halten, bis sie kam. Sie sagte, Billy habe dagegen scheinbar nichts einzuwenden gehabt. Er habe sich sogar von sich aus eine Schlüsselkette gekauft, wie der Hausmeister eine hatte, um den Schlüssel an seinem Gürtel zu befestigen.

Als die Schule sie zum ersten Mal darüber informierte, daß Billy aus der Schule verschwunden und nach Hause gegangen sei, hatte sie ihrem Sohn zugeredet, er möge das nächste Mal in der Schule bleiben, wenn es ihm schlecht gehe, sie werde ihn dann dort abholen. Sie hatte ihm gesagt, er dürfe «nie wieder alleine nach Hause gehen, ohne in der Schule jemandem Bescheid zu sagen. Ich mag die Vorstellung nicht, daß du krank und alleine bist. Du weißt doch, daß ich mir Sorgen um dich mache.» Sie hatte ihn auch daran erinnert, daß sie dies alles gemeinsam geplant hätten und jeder dem anderen gegenüber eine gewisse Verantwortung habe, was die neuen Lebensregeln angehe. «Wissen Sie, keinem von uns blieb dabei eine große Wahl», sagte sie dem Psychologen. «Ich versuche, das beste aus allem zu machen, und Billy wird einfach mit mir kooperieren müssen. Ich weiß einfach nicht, warum er sich jetzt so aufführt.»

Die plötzlichen Veränderungen, die während der vergangenen Monate in Billys Leben vorgefallen waren, hatten ihn gezwungen, ein Maß an Selbständigkeit und Eigenverantwortung zu entwickeln, zu dem er bei seinem Entwicklungsstand eigentlich noch gar nicht fähig war. Den Verlust des Vaters, den er als persönliche Zurückweisung empfand, hatte er noch nicht ganz verarbeitet, und er war mit einem Mal auf seiner Suche nach Sicherheit voll auf seine Mutter angewiesen, die nun auch alle Entscheidungen fällte. Gerade rechtzeitig hatte seine Mutter ihn in die Sportgruppe geschickt, wo er seine durch die neue Situation ausgelöste Wut und Feindseligkeit durch den aggressiven sportlichen Wettbewerb mit seinen Altersgenossen abreagieren konnte. Leider wurde die Gruppe ungefähr zum selben Zeitpunkt aufgelöst, als seine Mutter ihre neue Beschäftigung aufnahm, und er verlor seine gewohnte Möglichkeit, solche Gefühle abzubauen. Er verlor nicht nur den situativen Rückhalt seiner Freunde, als er ihn am nötigsten brauchte, sondern mußte auch noch hinnehmen, daß seine Mutter einem Teil ihrer bisherigen familiären Aufgaben nicht mehr nachkam. Sie war jetzt nicht mehr immer für ihn da, wenn er sie brauchte. Da er dies als ein Zeichen einer weiteren Ablehnung durch eine Elternfigur wahrnahm, wuchs seine Angst. In Billys Repertoire gab es keine Bewältigungsmechanismen, die er im Umgang mit seiner zunehmenden Angst und Frustration hätte heranziehen können. Als er auf seine zuvor erfolgreichen Bewältigungsstrategien zurückgreifen wollte, nahm seine Mutter ihm diese Möglichkeit, indem sie ihm befahl, nach der Schule direkt nach Hause zu kommen und nicht mit seinen Freunden draußen zu spielen.

Der Psychologe vermutete, daß Mrs. B. Hilfe benötigte, um ein realistisches, intellektuelles Verständnis für den Zusammenhang zwischen Billys Verhalten und der derzeitigen Situation zu entwickeln. Sie hatte selbst zunehmend Angst vor der zusätzlichen Verantwortung, die ihr während der letzten Monate aufgebürdet worden war, und projizierte diese Unsicherheitsgefühle möglicherweise auf Billy, indem sie ein überbehütendes Verhalten ihm gegenüber an den Tag legte und sich sagte: «Nicht ich bin es, sondern Billy ist es, der nicht alleine und schutzlos sein sollte. *Ihm* könnte etwas Schreckliches zustoßen, wenn keine starke, verläßliche Person mehr in seiner Nähe ist, die ein Auge auf ihn hat.»

Beide Elternteile hatten sich aus den familiären Rollen zurückzogen, die sie bisher in Billys Leben eingenommen hatten, und ihm in psychsozialer Hinsicht einen doppelten Verlust zugefügt. Er würde die Eindrücke und Gefühle erforschen müssen, die dadurch verursacht worden waren. Er brauchte Hilfe dabei, seine Gefühle auf konstruktive Weise abzureagieren und eine positive Adaptation an die neuen Rollenerwartungen zu bewerkstelligen, denen er nachkommen sollte. Die erste Sitzung verbrachten der Psychologe und Mrs. B. damit, die einschneidenden Veränderungen herauszuarbeiten, die während der letzen Monate in Billys Leben stattgefunden hatten, und sich über deren Auswirkungen auf das Kind klarzuwerden. Die Mutter sollte dabei erkennen, wie Billy diese Ereignisse bei seinem Entwicklungsstand wahrnahm und interpretierte. Er war zwar alt genug, um die Ereignisse mit vollem Bewußtsein mitzubekommen, ihm fehlte jedoch die Fähigkeit, sie auf einer abstrakten Ebene zu verarbeiten. Als sein Vater wieder geheiratet hatte und so kurz darauf weggezogen war, hatte Billy dies vermutlich als ein Zeichen für die völlige Ablehnung durch seinen Vater empfunden und sich in einem gewissen Maße selbst die Schuld dafür gegeben. Insgeheim mochte er sich gefragt haben: «Warum sonst würde mein Vater eine andere heiraten, mit ihr fortziehen und mich und meine Mutter im Stich lassen?»

Der Psychologe zeigte Mrs. B. auch auf, daß Billy ihre Kommentare (wie z. B. «Wenn ich nicht wieder ganztags arbeiten gehe, haben wir bald kein Dach mehr über dem Kopf und nichts mehr zu essen!») vermutlich wörtlich genommen hatte. So auch ihre Ermahnung, nach der Schule immer direkt nach Hause zu gehen, durch die sie ihm den Eindruck vermittelt hatte, er sei für sie nur eine weitere Problemquelle.

In den nächsten beiden Sitzungen konnte Mrs. B. mit Hilfe direkter Fragen und der Analyse verbaler und nonverbaler Hinweise ihre eigenen Gefühle in bezug auf die neueren Ereignisse in ihrem Leben zum Ausdruck bringen, und sie begann, diese in Beziehung zu Billys Verhaltensänderungen zu setzen. Der Psychologe riet ihr, für Billy eine andere betreute Gruppe zu suchen, damit dieser wieder eine Gelegenheit bekäme, die Wut und Feindseligkeit, die er nach den kürzlich erlebten Verlusten immer noch empfinden mußte, auf normale, akzeptable Weise abzureagieren.

Zu Beginn jeder Sitzung traf der Psychologe sich mit Billy, um mit ihm darüber zu reden, wie er in der Schule zurechtkam und was er tat, um sich die Zeit zu vertreiben, bis seine Mutter nach Hause kam. Auch Billys Gefühle der Zurückweisung und Unsicherheit wurden dabei angesprochen.

8. Die Stressoren des Lebenszyklus 261

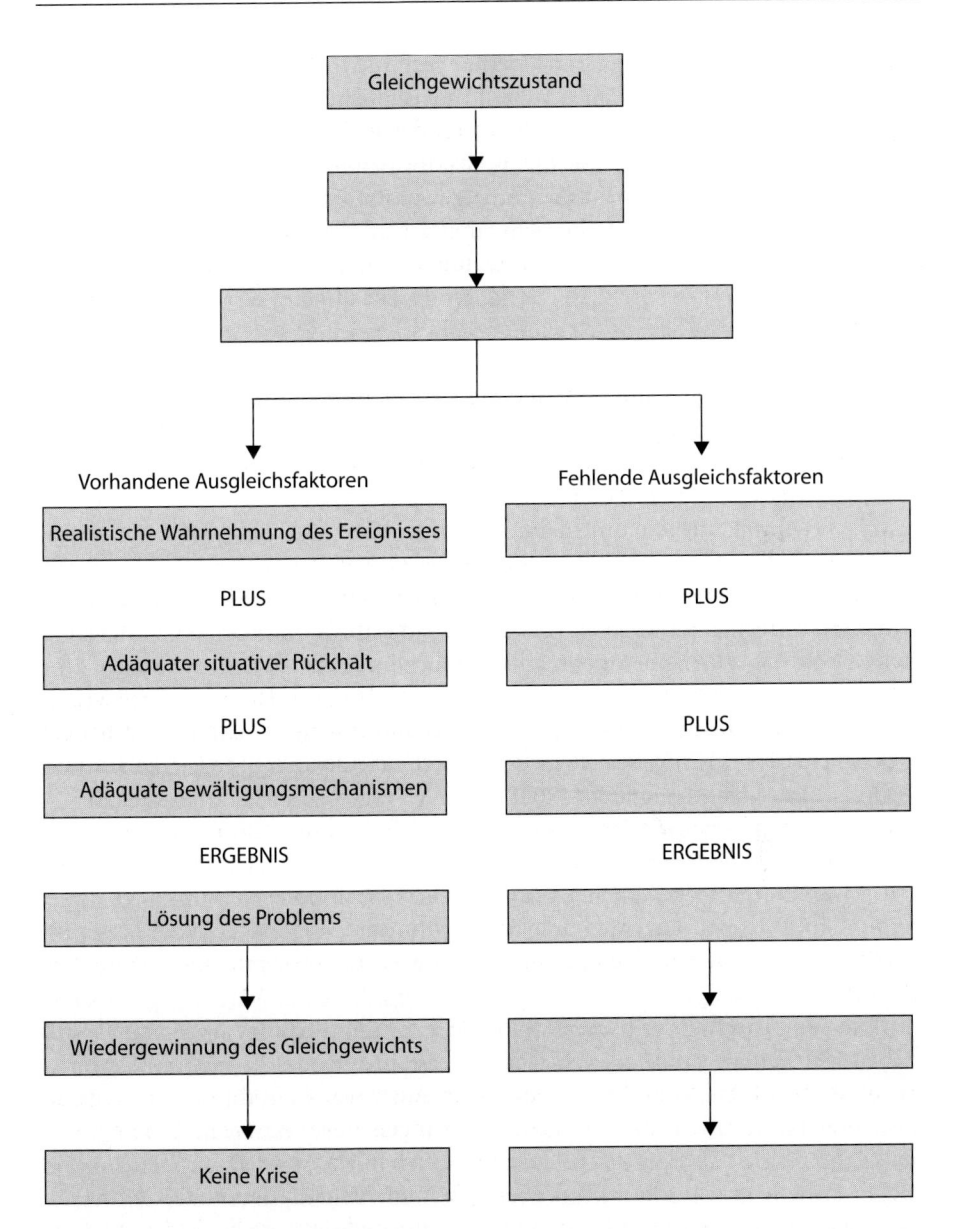

```
                    ┌─────────────────────────┐
                    │  Gleichgewichtszustand  │
                    └───────────┬─────────────┘
                                ▼
                    ┌─────────────────────────┐
                    │                         │
                    └───────────┬─────────────┘
                                ▼
        ┌───────────────────────────────────────────────┐
        │                                               │
        └───────────────────────┬───────────────────────┘
                ┌───────────────┴───────────────┐
                ▼                               ▼
   Vorhandene Ausgleichsfaktoren      Fehlende Ausgleichsfaktoren
   ┌─────────────────────────────┐   ┌─────────────────────────────┐
   │ Realistische Wahrnehmung    │   │                             │
   │ des Ereignisses             │   │                             │
   └─────────────────────────────┘   └─────────────────────────────┘
              PLUS                               PLUS
   ┌─────────────────────────────┐   ┌─────────────────────────────┐
   │ Adäquater situativer        │   │                             │
   │ Rückhalt                    │   │                             │
   └─────────────────────────────┘   └─────────────────────────────┘
              PLUS                               PLUS
   ┌─────────────────────────────┐   ┌─────────────────────────────┐
   │ Adäquate                    │   │                             │
   │ Bewältigungsmechanismen     │   │                             │
   └─────────────────────────────┘   └─────────────────────────────┘
            ERGEBNIS                          ERGEBNIS
   ┌─────────────────────────────┐   ┌─────────────────────────────┐
   │ Lösung des Problems         │   │                             │
   └──────────────┬──────────────┘   └──────────────┬──────────────┘
                  ▼                                 ▼
   ┌─────────────────────────────┐   ┌─────────────────────────────┐
   │ Wiedergewinnung des         │   │                             │
   │ Gleichgewichts              │   │                             │
   └──────────────┬──────────────┘   └──────────────┬──────────────┘
                  ▼                                 ▼
   ┌─────────────────────────────┐   ┌─────────────────────────────┐
   │ Keine Krise                 │   │                             │
   └─────────────────────────────┘   └─────────────────────────────┘
```

Abbildung 8-1: Fallstudie: Billy

Die restliche Zeit verbrachte der Psychologe mit Mrs. B. Er ermutigte sie dazu, Billy so unabhängig wie möglich zu machen, ohne ihn jedoch zu überfordern. Er stellte in den Vordergrund, wie wichtig es sei, daß Billy jede Möglichkeit bekam, neue soziale Fertigkeiten zu erlernen und Selbstbewußtsein und Eigenständigkeit zu entwickeln. Ebenfalls erörtert wurde die Tatsache, daß es Billy die Chance neuer Lernerfahrungen nahm, wenn er nicht an den normalen nachmittäglichen Aktivitäten seiner Altersgenossen teilnehmen durfte. Möglicherweise würde dies sogar dazu führen, daß er wieder in das maladaptive Bewältigungsverhalten verfiel, das er während der vergangenen Wochen an den Tag gelegt hatte.

Mrs. B. konnte für ihren Sohn keine andere Gruppe finden, die er nach der Schule hätte besuchen können. Statt dessen vereinbarte sie aber mit einem pensionierten älteren Herrn, der im selben Haus wohnte, daß er ein Auge auf Billy haben und als Ansprechpartner für ihn da sein würde, wenn der Junge aus der Schule kam und draußen mit seinen Freunden spielte.

Im Mittelpunkt der Zukunftsplanung standen die Entwicklungsfortschritte, die Mrs. B. in den kommenden Jahren von Billy erwarten konnte. Der Psychologe unterstrich, wie wichtig es war, daß sie Billy trotz allem weiterhin die Gelegenheit gab, sich normal zu entwickeln. Die Tatsache, daß Billy nur noch einen Elternteil hatte, sollte dabei keine besonderen Probleme verursachen, da diese Konstellation auch bei anderen Kindern seines Alters immer häufiger vorkam. Dennoch kamen potentiell belastende Situationen zur Sprache, und es wurde diskutiert, wie Mrs. B. gegebenenfalls im Hinblick auf sich selbst und auf Billy darauf reagieren konnte.

Billy wurde ermutigt, seiner Mutter offenere Fragen zu stellen und sie wissen zu lassen, wenn er verwirrt oder wütend über das war, was mit ihm geschah. Außerdem wurde ihm gesagt, daß er jederzeit vorbeikommen und den Psychologen um Rat fragen könne, wenn er wolle. Es wäre aber gut, wenn er sich in Zukunft, was seine Gefühle betraf, vertrauensvoll an seine Mutter wenden würde.

Billy hatte die Wiederverheiratung und den Wohnortwechsel seines Vaters als Zurückweisung empfunden. Unfähig, diese Gefühle seiner Mutter gegenüber zu artikulieren, bewältigte er die Situation, indem er seine Wut im aggressiven sportlichen Wettkampf mit Altersgenossen abreagierte. Obwohl Mrs. B. das Gegenteil angenommen hatte, wurde Billys Furcht vor einer weiteren Ablehnung noch dadurch verstärkt, daß sie ihren Wiedereinstieg als Ganztagskraft gemeinsam mit ihrem Sohn plante. Als er sich nicht mehr wie zuvor durch Sport abreagieren konnte, wuchs seine Angst. Da ihm keine geeigneten Bewältigungsmethoden zur Verfügung standen, wurde er von seinen Gefühlen überwältigt.

Kinder sind ein kostbares Produkt der Natur.
Saki

8.3 Pubertät und Jugendalter (Adoleszenz)

Während der Adoleszenz ist der Mensch sich der Veränderungen, die mit ihm vorgehen, wohl viel deutlicher bewußt als in jedem anderen Lebensabschnitt. Die Adoleszenz ist eine Phase, in der das Individuum und seine Familie mit zahlreichen Problemen und Herausforderungen konfrontiert werden. Erikson (1963, 1992) nennt als wichtigste Entwicklungsaufgabe der Adoleszenz die Identitätsbildung und arbeitet vier hauptsächliche Komponenten heraus:

- Physische und emotionale Trennung von den Eltern
- Aneignung sozial orientierter Einstellungen und Meinungen
- Vorbereitung auf die berufliche Rolle
- Festlegung der sexuellen Rolle

Unglücklicherweise finden diese bedeutenden psychischen Veränderungen ausgerechnet in einer Zeit statt, in der sich auch alles andere ändert – wenn die betreffende Person kein Kind mehr, aber auch noch kein richtiger Erwachsener ist. Jugendliche erleben rasante physiologische Veränderungen, ihre kognitive Entwicklung beschleunigt sich, sie spüren einen immer stärkeren (Alters-)Gruppendruck, ihre Aktivitäten verlagern sich immer mehr weg von der Familie und hin zum Freundeskreis, und ihre familiären und gesellschaftsbezogenen Einstellungen und Erwartungen wandeln sich. All diese beinahe gleichzeitig ablaufenden Veränderungen wirken in dieser Entwicklungsphase als Stressoren, wodurch der Prozeß der Identitätsbildung erheblich beeinträchtigt werden kann.

Die Loslösung von der Familie wird von Kindern und Eltern gleichermaßen herbeigesehnt und gefürchtet. Nicht selten wird von einem Jugendlichen erwartet, daß er seine Kinderrolle beibehält oder die Kinder- und Erwachsenenrolle gleichzeitig übernimmt. Diese uneinheitlichen Rollenerwartungen lösen oft aggressives Verhalten aus und führen zu familiären Konflikten, da der Jugendliche sich permanent zwischen dem Bedürfnis, sich bei seinen Eltern anlehnen zu können, und dem Wunsch nach Unabhängigkeit hin und her gerissen fühlt (Peterson 1972). Werden die Konflikte zu stark, erfolgt manchmal ein Rückzug in die Krankheit, denn tatsächliche oder vorgetäuschte Krankheit verstärkt die elterliche Zuwendung und fördert positive Beziehungen zu den Geschwistern, selbst wenn der Jugendliche sozial aktiv bleibt.

Auf der Suche nach der eigenen Identität versuchen viele Jugendliche, sich hinter einer Gruppenidentität zu verstecken, die ihnen zumindest vorübergehend das Gefühl von Wichtigkeit und Zugehörigkeit gibt. Die Peergroup erfüllt dabei einen doppelten Zweck: einerseits isoliert sie den Jugendlichen von der Welt der Erwachsenen und andererseits gibt sie ihren Mitgliedern ihre eigenen Normen. Zwar können die gruppeninternen Standards, Werte und Ansichten einen positiv zu sehenden Hintergrund darstellen, vor dem die Jugendlichen ihre sozialen Rollen als Heranwachsende und künftige Erwachsene austesten können, der Gruppendruck (z. B. in bezug auf Drogen oder Sex) kann sich aber auch insofern negativ auswirken, als er die Gruppenmitglieder vom Rest der Gesellschaft entfremdet (Starr & Goldstein 1975).

Tests der geistigen Fähigkeiten Jugendlicher haben ergeben, daß die Adoleszenz die Lebensphase ist, in der Wissen am besten aufgenommen und genutzt werden kann. Der Jugendliche ist zu einem hochgradig imaginativen Denken fähig, das, wenn auch noch in stark vereinfachter und wenig origineller Form, die Strukturen für die Denkmuster des Erwachsenen und seine berufliche Rolle anlegt (Piaget 1963). Unterschiedlich ausgeprägte kognitive Fähigkeiten bei Jungen und Mädchen (z. B. besseres verbales Ausdrucksvermögen bei den Mädchen und stärker entwickeltes Zahlen- und Raumverständnis bei den Jungen) werden als das Resultat von Interessen, gesellschaftlichen Erwartungen und früher beginnendem Training angesehen, jedoch nicht als Ausdruck geschlechtsspezifisch angeborener geistiger Fähigkeiten.

Der Jugendliche hat ein starkes Bedürfnis, seine Identität zu finden und zu bestätigen. Ein rasches körperliches Wachstum hat er zwar schon als Kind erlebt, nun jedoch kommt die physisch-genitale Reifung hinzu. Angesichts der physiologischen Revolution, die sich in ihm abspielt, macht er sich daran, seine sozialen Rollen zu konsolidieren. Die Frage, ob andere ihn anders sehen, als er selbst sich sieht, beschäftigt ihn außerordentlich stark. In ihrem Streben nach Kontinuität müssen manche Jugendliche erneut die Bewältigung von Krisen in Angriff nehmen, die in früheren Jahren nicht vollständig überwunden wurden (Adler & Clark 1991).

Die körperlichen Veränderungen, die parallel zur Entwicklung der sekundären Geschlechtsmerkmale auftreten, richten die Aufmerksamkeit des Jugendlichen auf sich selbst; er fühlt sich unwohl im Hinblick auf sich selbst und den Umgang mit seinen Freunden. Sein Körperbild wandelt sich, und da er sich merkwürdigen Gefühlen ausgesetzt sieht und mit seinem Aussehen unzufrieden ist, sucht er fortwährend nach Bestätigungen dafür, daß diese physischen Veränderungen «normal» sind. Erfolgt ein plötzlicher Wachstumsschub, befürchtet er, zu groß zu werden, bleibt dieser jedoch aus, hat er Angst, zu klein, zu dünn oder zu dick zu bleiben. In dieser Übergangsphase – halb Kind, halb Erwachsener – reagiert der Jugendliche an einem Tag mit kindischer Rebellion und am nächsten mit erwachsener Reife (Lau 1991).

Dabei ist das Verhalten des Jugendlichen für ihn selbst ebenso unvorhersehbar wie für seine Eltern und andere Erwachsene. Einerseits sucht er die Freiheit und rebelliert gegen Autoritäten, andererseits traut er seiner aufkeimenden Reife noch nicht ganz und versucht verstohlen, sich an den Erwachsenen in seiner Umgebung ein Beispiel zu nehmen. In seinem Ringen um die eigene Identität wendet der Jugendliche sich seinen Altersgenossen zu und übernimmt, oft zum Leidwesen der Erwachsenen, ihre Art, sich zu kleiden, sich zu geben, zu reden, sich zu verhalten. Er hat ein verzweifeltes Bedürfnis, irgendwo zu Hause zu sein, akzeptiert, geliebt und gewollt zu werden.

Die Adoleszenz ist das Alter der Cliquen und Banden. Die Eigengruppe kann Außenstehenden gegenüber überaus intolerant sein. Die Mitglieder verbünden sich gegen die Welt der Erwachsenen und versuchen, ihre Identität zu verinnerlichen; wegen ihres auffallenden und rebellischen Verhaltens werden sie allerdings oft irrtümlich als kriminell eingestuft.

Nachdem er das sichere Gefühl entwickelt hat, von seinen Altersgenossen akzeptiert zu sein, beginnt der Jugendliche, Kontakt zum anderen Geschlecht aufzunehmen. Zunächst findet diese Kontaktaufnahme ausschließlich im Rahmen von gruppenorientierten sozialen Ereignissen, z.B. bei Tanzveranstaltungen, Partys oder Fußballspielen, statt. Je wohler und sicherer der Jugendliche sich in seiner Rolle fühlt, desto weiter wagt er sich als Individuum vor und sucht vermehrt die emotional tiefergehende heterosexuelle Zweierbeziehung. Aufgrund des Konfliktes zwischen den eigenen sexuellen Triebansprüchen und Wünschen und den gesellschaftlichen Normen kann diese Phase außerordentlich schwierig und streßreich sein; wieder einmal wird der Jugendliche mit Unentschlossenheit und Konfusion konfrontiert (Rose-Gold 1991).

Auch die Problematik der Berufswahl und der beruflichen Identität gewinnt in dieser Phase an Bedeutung. Ständig fragen Eltern und Lehrer nach den beruflichen Zukunftsplänen. Ist der Jugendliche nicht in der Lage, eine definitive Entscheidung treffen, weil er sich noch nicht voll mit der Arbeitswelt der Erwachsenen identifizieren kann, wächst die Unsicherheit. Da er bislang nur Fragmente von Arbeitssituationen kennengelernt hat, fällt es ihm schwer, sich an die Vorstellung zu gewöhnen, einer Ganztagsbeschäftigung mit all den damit verbunden Verantwortlichkeiten nachzugehen. Es ist viel leichter und realitätsnäher für ihn, zu sagen, was er *nicht* werden möchte (Baack 1991).

Piaget (1963, 1989) bezeichnet dieses Stadium der kognitiven Entwicklung als die Phase der *formalen Operationen*. Der Jugendliche ist nunmehr imstande, abstrakt zu denken und komplexe deduktive Schlußfolgerungen zu ziehen. Sein Ziel heißt jetzt «Selbständigkeit», und er kann nachvollziehen, daß man eine Person gleichzeitig lieben und böse auf sie sein kann. Bewältigt er diese Phase erfolgreich, wird er die Fähigkeit entwickeln, Eigenverantwortung zu übernehmen; scheitert er an ihr, so kann dies dazu führen, daß er sich unfähig fühlt, sein Leben unter Kontrolle zu bekommen oder mit anderen in Wettstreit zu treten.

Während der Adoleszenz befindet sich der Jugendliche in einer gefährlichen Situation, denn er ist einer enormen Anzahl und Vielfalt innerer und äußerer Stimuli sowie rasanten Veränderungen ausgesetzt. Bereits eine keineswegs außergewöhnliche Anhäufung davon kann zu einer krisenauslösenden Situation führen (Cameron 1963; Erikson 1950, 1959, 1963, 1989; Piaget 1963, 1989; Zachry 1940).

Die folgende Fallstudie illustriert einige der Konflikte, die Jugendliche erleben, wenn sie versuchen, ihre eigene Identität zu finden, Unabhängigkeit zu erlangen und die Anerkennung ihrer Altersgenossen zu gewinnen. Außerdem unterstreicht sie, wie wichtig es ist, daß die Eltern Jugendlicher ihren Kindern verständnisvoll und geduldig zur Seite stehen.

8.4 Fallstudie: Pubertät

Mary V., 14 Jahre alt und im zweiten Jahr an der Highschool, wurde von der Schulkrankenschwester mit ihren Eltern in ein Krisencenter geschickt. Seit einigen Wochen hatte sie sich überängstlich gezeigt, war bei jeder Kleinigkeit in Tränen ausgebrochen und hatte das Interesse an schulischen Aktivitäten verloren. An diesem Morgen hatte sie, ohne daß ein Grund ersichtlich gewesen wäre, das Klassenzimmer plötzlich weinend verlassen. Die Lehrerin war ihr gefolgt und hatte sie in der benachbarten Abstellkammer gefunden, wo sie zusammengekauert in einer Ecke saß und unkontrolliert weinte. Sie konnte nicht erklären, warum sie die Kontrolle über sich verloren hatte, und war sehr verstört. Ihre Mutter, die auf einen Anruf der Schulschwester hin in die Schule gekommen war, stimmte deren Empfehlung zu, zur Familientherapie zu gehen.

In der ersten Sitzung traf sich der Therapeut mit Mary und ihren Eltern, um die familieninternen Interaktions- und Kommunikationsmuster einzuschätzen und Marys Probleme zu erkunden.

Mrs. V. war sehr still und überließ das Reden größtenteils ihrem Mann und Mary. Wenn sie doch einmal versuchte, etwas zur Unterhaltung beizutragen, wurde sie von ihrem Mann, der ihr einen strengen, kalten Blick zuwarf, oder von Mary, die ein empörtes «Ach, Mutter» von sich gab, schnell wieder zum Schweigen gebracht. Mr. V., der sehr beherrscht und gespreizt sprach, sagte, er könne sich nicht erklären, was Mary habe, und Mrs. V. antwortete zögernd, es müsse sich um schulische Probleme handeln.

Mary war für ihr Alter recht gut entwickelt, was auch ihr eher formloses Kleid nicht verbergen konnte. Hätte sie ihrer Haltung und ihrer äußeren Erscheinung mehr Aufmerksamkeit gewidmet, hätte sie sehr attraktiv sein können.

Als der Therapeut sie fragte, antwortete Mary, sie schlafe seit Wochen schlecht, habe keinen Appetit und könne sich nicht auf ihre Schularbeiten konzentrieren. Sie wisse nicht, warum sie sich so fühle, und ihre unkontrollierten Tränenausbrüche erschreckten und beschämten sie. Sie mache sich Sorgen darüber, was sie als nächstes tun könnte, und daß sie an diesem Morgen wieder geweint habe, läge wohl daran, daß sie in den letzten beiden Nächten kaum geschlafen habe. Sie versuchte zunächst, all dies auf ihre Angst vor den Jahresabschlußprüfungen zu schieben.

Fragen danach, ob es in ihrem Leben in letzter Zeit plötzliche Veränderungen gegeben habe, wich sie aus. Als der Therapeut sich erkundigte, ob es ihr lieber wäre, ohne ihre Eltern mit ihm zu sprechen, warf Mary einen kurzen Seitenblick auf ihren Vater und bejahte dann. Mr. und Mrs. V. wurden nun gefragt, ob sie etwas dagegen hätten, wenn Mary sich alleine mit dem Therapeut unterhielt. Beide hielten das für eine gute Idee und gingen ins Wartezimmer.

Eine Zeit lang versuchte Mary noch weiter, den Fragen des Therapeuten auszuweichen. Offensichtlich konnte sie nicht genau einordnen, wie sie sich dem Therapeuten gegenüber verhalten sollte – von Frau zu Mann oder von Kind zu Erwachsenem. In dieser und auch in den übrigen Sitzungen schwankte sie zwischen kindlichem und erwachsenem Rollenverhalten hin und her. Der Therapeut erkannte die Rollenambivalenz der Adoleszenz und bemühte sich, sein eigenes Rollenverhalten je nach Bedarf abzustimmen, so daß der jeweilige Problembereich effektiv behandelt werden konnte und Mary sich möglichst wohl in ihrer Haut fühlte.

Schließlich entspannte Mary sich jedoch und begann, offen über ihre Beziehung zu ihrer Familie, ihre schulischen Aktivitäten und einige der Gefühle zu sprechen, die ihr zu schaffen machten. Sie erzählte, daß sie zwei ältere Brüder habe. Der jüngere der beiden, Kirk, war 16 Jahre alt und im Abschlußjahr der Highschool. Dieser Bruder stehe ihr näher, da er «mich versteht und ich mit ihm reden kann». Mary sagte, ihre Kindheit sei «so gut» gewesen wie die all ihrer Freunde auch. Sie habe jedoch den Eindruck, daß ihr Vater ihre Aktivitäten genauer im Auge behalte als andere Eltern dies bei ihren Kindern täten. Er nenne sie immer noch «mein Baby» und «mein kleines Mädchen» und sei in letzter Zeit viel strenger geworden, was ihre Freundschaften und Aktivitäten angehe.

Sie gestand ein, daß sie im vergangenen Jahr erheblich gewachsen und weiblicher geworden sei. Sie war sich ihrer äußerlichen Veränderung voll und ganz bewußt und bemerkte auch, daß ihr Vater und ihre Freunde plötzlich anders mit ihr umgingen. Sie glaubte zu merken, daß ihr Vater sich Sorgen mache, weil sie «so schnell aus allem herauswachse». Er sei es auch, so sagte sie, der darauf bestehe, daß sie diese formlosen Kleider trage: «Eigentlich geht es gar nicht darum, daß mir alles sofort wieder zu klein ist – er denkt, daß ich für mein Alter zu sexy aussehe!»

Vor etwa drei Wochen habe sie ein Freund ihres Bruders Kirk eingeladen, mit ihm zum offiziellen Schulball zu gehen. Sie möge den Jungen, sei sich aber nicht sicher, was ihr Bruder davon halten würde, wenn sie zum selben Ball ginge wie er. Ein weiteres Problem bestehe darin, ihre Eltern dazu zu bringen, daß sie ihr erlaubten, ein Ballkleid zu kaufen. Sie habe sich schon nach Kleidern umgesehen und wisse genau, welches sie wolle, sei sich jedoch sicher, daß ihr Vater seine Zustimmung nicht geben werde.

Der Therapeut fragte Mary, ob sie glaube, daß sie ihren Eltern diese Sorgen und Bedenken würde schildern können, wenn er dabei sei und ihr Rückhalt gebe. Sie sagte, sie könne es sich vorstellen, wenn er ihre Eltern «irgendwie darauf vorbereiten» und ihnen erklären würde, wie wichtig es für sie war, sich so anziehen zu dürfen, wie ihre Freundinnen es auch taten. Der Therapeut schlug vor, Mary solle die Situation zuerst mit Kirk besprechen und herausfinden, was dieser davon halten würde, wenn seine Schwester mit seinem Freund zum Ball ginge, und Mary versprach, dies bis zur nächsten Sitzung zu erledigen. Der Therapeut sicherte ihr zu, er werde beim nächsten Treffen zuerst mit ihren Eltern über den Ball sprechen und feststellen, wie sie dazu stünden.

Der Therapeut hatte gemerkt, daß Mary Unterstützung brauchte, um ihren Eltern klarzumachen, daß sie sie erwachsen werden lassen mußten. Mr. und Mrs. V. mußten ein intellektuelles Verständnis für die Probleme gewinnen, mit denen sich heranwachsende Mädchen konfrontiert sehen, die nach ihrer eigenen Identität suchen, nach Unabhängigkeit streben und das Bedürfnis haben, so zu sein wie ihre Altersgenoss(inn)en. Mrs. V. mußte ermutigt werden, Mary mit Ratschlägen und Hilfestellungen zur Seite zu stehen und ihr gegen Mr. V. s Versuche beizustehen, die Tochter in der Rolle des Nesthäkchens festzuhalten.

Zu Beginn des nächsten Treffens ging der Therapeut zum Wartezimmer, um Mr. und Mrs. V. hereinzubitten, und sah, daß Mary ihren Bruder mitgebracht hatte. Sie fragte, ob Kirk im zweiten Teil des Sitzung mit hineinkommen könne, wenn sie als Familie mit dem Therapeuten sprächen. Der Therapeut erkannte, daß Mary sich zusätzlichen Rückhalt organisiert hatte und Kirk offenbar damit einverstanden war, daß sie zum Ball ging, und stimmte zu.

Im ersten Teil der Sitzung sprach der Therapeut mit Marys Eltern über die allgemeinen Probleme der meisten Teenager sowie über die Gründe, die hinter ihrem oft seltsamen und launenhaften Verhalten stecken. Beide Elternteile schienen diese neuen Informationen bereitwillig aufzunehmen, Mr. V. bemerkte jedoch, daß ihm etwas derartiges bei den beiden Söhnen nie aufgefallen sei. Mrs. V. sagte: «Nein. Aber die hast du auch ganz anders behandelt. Du warst stolz darauf, daß sie zu Männern wurden!» Der Therapeut gab Mrs. V. recht und erklärte, dies sei eines von Marys besonderen Problemen. Dann gab er wieder, was Mary ihm über die Dinge erzählt hatte, die sie bedrückten. Beide Elternteile wirkten peinlich berührt, und in Mr. V. s Stimme und Gebaren war sein Ärger zu erkennen, als er zu erklären versuchte, warum er Mary «schützen» wolle. «Sie ist doch noch so jung und unbedarft – ich will nicht, daß das jemand ausnutzt» usw.

Das Gespräch drehte sich dann um Marys Ängste und den Druck, unter dem sie stand, weil ihr Vater sie dazu gezwungen hatte, «anders als die anderen» zu sein. In der zweiten Hälfte der Sitzung stießen Mary und Kirk dazu, und es gelang, einen Kompromiß zwischen Mary und ihren Eltern zu finden. Nun, da sie ihren Bruder hatte, der auf ihrer Seite stand, konnte Mary ihre Gefühle besser zum Ausdruck bringen, und Kirk sagte zu seinem Vater: «Du bist zu altmodisch. Mary ist ein gutes Mädchen, und du brauchst dir keine Sorgen um sie zu machen. Du zwingst sie, sich anzuziehen wie eine 10jährige!» usw. Mr. V. schwieg für einen Moment, dann sagte er: «Vielleicht hast du recht, Kirk, ich weiß es nicht.» Schließlich fragte er seinen Sohn: «Denkst du, ich sollte sie zum Ball gehen lassen?» Kirk antwortete: «Ja, Dad. Ich werde ja auch dort sein. Wir könnten sogar zusammen hingehen.» Mr. V. gab sein Einverständnis und sagte, seine Frau solle mit Mary ein «anständiges Kleid» kaufen gehen. Mary fing an zu weinen, und ihr Vater fragte völlig konsterniert: «Was ist denn nun schon wieder?» Sie entgegnete: «Ich freue mich so, Daddy. Weißt du denn nicht, daß Frauen manchmal auch vor Glück weinen?»

Die verbleibenden Sitzungen wurden dazu genutzt, die einzelnen Familienmitglieder bei der Modifikation ihrer Einstellungen zueinander zu unterstützen. Die Zukunftsplanung zielte darauf ab, ein offenes Kommunikationsklima zwischen Mary und ihren Eltern zu schaffen, damit es nicht wieder zu kumulativen Spannungen und Mißverständnissen kam. Mary wurde ermutigt, Kirk auch in Zukunft als situativen Rückhalt zu nutzen, da dieser ein gutes Verhältnis zum Vater hatte. Die Familie erhielt die Zusage, jederzeit wiederkommen zu dürfen, wenn sie bei zukünftigen Krisen Hilfe brauchte, und alle wurden für die großen Fortschritte gelobt, die sie im Hinblick auf das gegenseitige Verständnis gemacht hatten.

Mary litt unter akuten Angstsymptomen, da sie ihren Vater um Erlaubnis bitten mußte, zum Schulball gehen zu dürfen. Sie wollte Mitglied ihrer Peergroup sein, fühlte sich in Gesellschaft ihrer Freunde und Freundinnen jedoch unwohl, weil sie sich nicht kleiden durfte wie sie. Sie strebte nach Selbständigkeit, verfügte aber nicht über die nötige Erfahrung und Kühnheit, um eine Entscheidung zu treffen, mit der sie sich gegen ihren Vater stellte. Da die Situation auch einen potentiellen Konflikt mit ihrem Bruder in sich barg, wagte sie es nicht, mit ihm über ihr Problem zu sprechen.

Füllen Sie das Paradigma (**Abb. 8-2**) für diese Fallstudie aus und vergleichen Sie es mit der Auflösung in Anhang A. Orientieren Sie sich, falls nötig, an den Paradigmen in Kapitel 3.

Die therapeutische Intervention bestand darin, die Problembereiche gemeinsam mit den Betroffenen zu erkunden und ihnen dabei zu helfen, Marys pubertäres Verhalten, ihr Streben nach Unabhängigkeit und ihren Wunsch, Mitglied ihrer Peergroup zu sein, zu verstehen, zu akzeptieren und sie darin zu bestärken.

Die Jugend ist ein großes Experiment.
Robert Louis Stevenson

Kriseninterventation

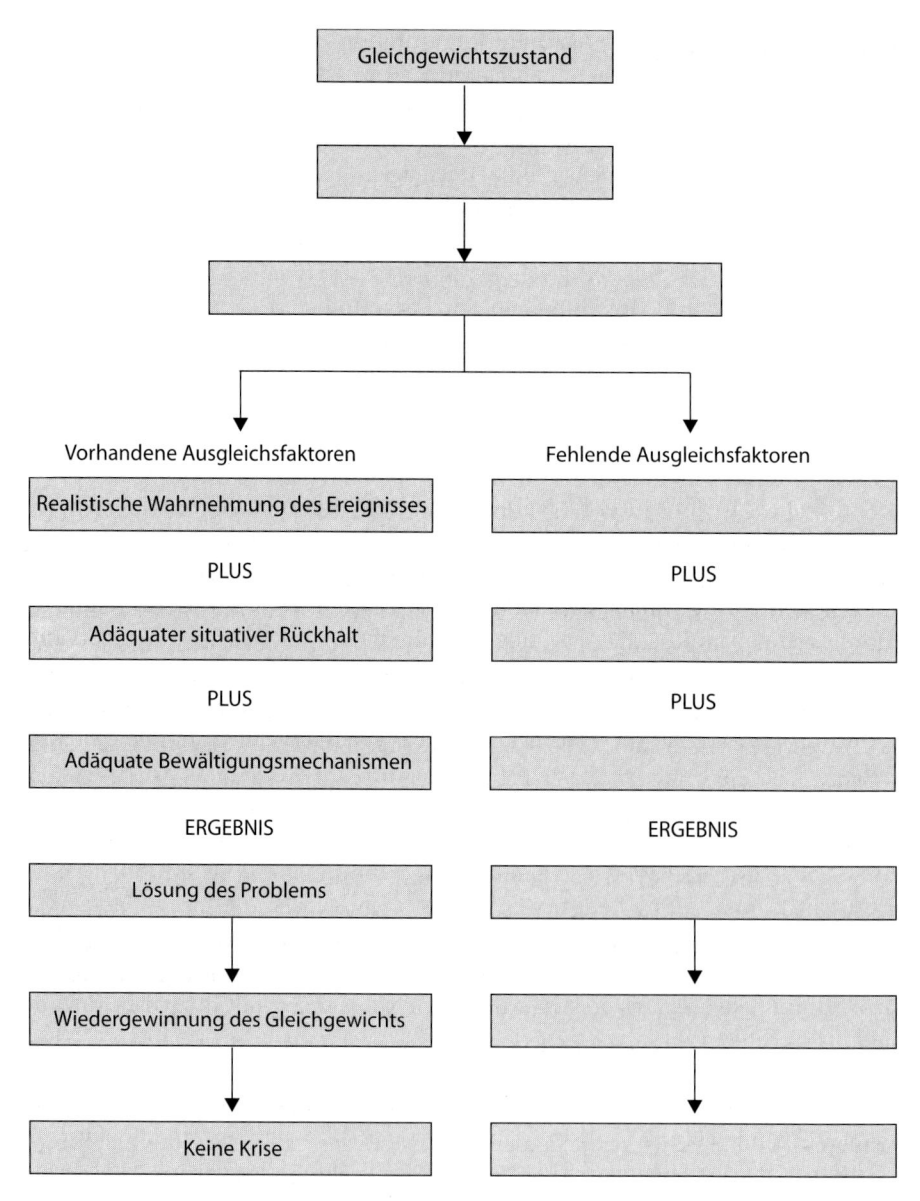

```
                    Gleichgewichtszustand
                            │
                            ▼
                    ┌─────────────────┐
                    └─────────────────┘
                            │
                            ▼
                ┌───────────────────────┐
                └───────────────────────┘
                    │               │
        ┌───────────┘               └───────────┐
        ▼                                       ▼
Vorhandene Ausgleichsfaktoren        Fehlende Ausgleichsfaktoren
```

Vorhandene Ausgleichsfaktoren	Fehlende Ausgleichsfaktoren
Realistische Wahrnehmung des Ereignisses	
PLUS	PLUS
Adäquater situativer Rückhalt	
PLUS	PLUS
Adäquate Bewältigungsmechanismen	
ERGEBNIS	ERGEBNIS
Lösung des Problems	
Wiedergewinnung des Gleichgewichts	
Keine Krise	

Abbildung 8-2: Fallstudie: Mary

8.5 Erwachsenenalter

Da das Erwachsenenalter bereits mit 18 Jahren beginnt und erst mit dem Tode endet, erscheint es sinnvoll, die während dieser Zeit möglicherweise auftretenden Stressoren anhand von drei Phasen einzuordnen – frühes, mittleres und spätes Erwachsenenalter. Trotzdem ist es natürlich eine unbestreitbare Tatsache, daß lebensverändernde Ereignisse von Person zu Person zu sehr unterschiedlichen Zeitpunkten auftreten können. Außerdem kann ein bestimmtes Erlebnis für die eine Person eine erhebliche Bedrohung darstellen, während es für die andere ganz harmlos ist; es kommt immer darauf an, wie die betreffende Person das Ereignis wahrnimmt und dessen Auswirkungen auf sich selbst bewertet. Ein lebensveränderndes Ereignis muß nicht unbedingt unangenehm sein, um Streß auszulösen (Dohrenwend & Dohrenwend 1974). Außerdem können bestimmte Arten von Stressoren im Verlauf eines Menschenlebens auch mehrmals auftreten.

Eine Reihe von Forschern haben den Schwerpunkt darauf gelegt, Typen von Lebenssituationen zu identifizieren, die für die psychophysiologische Stabilität des Menschen die größte Bedrohung darzustellen scheinen. Sie haben Listen von Lebensereignissen zusammengestellt, die in Abhängigkeit vom Ausmaß der von den jeweiligen Probandengruppen empfundenen Belastung gewichtet wurden. Das wohl bekannteste auf dieser Vorgehensweise beruhende Instrument zur Erfassung von Lebensstreß dürfte die 43 Items umfassende Social Readjustment Rating Scale (SRRS) von Holmes & Rahe (1967) sein. Die Skala enthält eine Zusammenstellung angenehmer und unangenehmer Lebensereignisse, die nach allgemeiner Auffassung physiologische Streßreaktionen auslösen. Dazu gehören z. B. Heirat, neuer Job, Verlust des Arbeitsplatzes, Tod einer geliebten Person und anderes mehr. Die SRRS wurde im Jahre 1967 veröffentlicht und war seitdem nicht nur Gegenstand öffentlicher wie fachlicher Aufmerksamkeit und Kritik, sondern gab auch den Anstoß für eine umfangreiche Forschungsarbeit auf diesem Gebiet. So stellten etwa Dohrenwend & Dohrenwend (1974) fest, daß sowohl ethnische Zugehörigkeit als auch Lebenserfahrung Einfluß darauf haben, inwieweit ein bestimmtes Lebensereignis als Stressor eingestuft wird. Anderson et al. (1977) analysierten mehrere Studien, die untersuchten, wie die Zugehörigkeit zu einer sozialen Klasse bzw. einer ethnischen Gruppe sich auf die subjektiv erlebte Intensität eines belastenden Lebensereignisses auswirkt. Sie fanden heraus, daß der kulturelle Einfluß dabei sogar noch größer war, als die bisherigen Studien vermuten ließen: bei der Voraustestung einer umfangreicheren Liste von 102 Lebensereignissen, die in unterschiedlichen Populationen auftraten, zeigte sich, daß die Differenzen zwischen den Gruppen in höherem Maß mit der ethnischen Herkunft kovariierten als mit Geschlechts- oder Schichtzugehörigkeit.

Ein wichtiger Faktor bei der Prävention oder Moderation von Streßreaktionen, die durch Lebensereignisse ausgelöst werden, ist der soziale Rückhalt. Cobb (1976) definiert sozialen Rückhalt als «Information, die einem Menschen die Überzeugung vermittelt, daß er beachtet, geliebt und wertgeschätzt wird und Teil eines Netzwerks gegenseitiger Bindungen ist». In seiner Analyse von über 50 Studien zitiert er Forschungsergebnisse, die darauf hinweisen, daß der soziale Rückhalt den ganzen Lebenszyklus hindurch in akuten Streßsituationen als Moderator fungiert.

Viel zu oft blieb unberücksichtigt, daß die Variable «soziale Rückhalt» im Wechselspiel zwischen belastenden Lebensereignissen und Krankheit als lindernder oder gar präventiver Faktor wirken kann. Daraus ergibt sich, daß auf diesem Gebiet noch einiges an empirischer Forschung zu leisten ist. Von den vielen möglichen Hypothesen, die zur Klärung der wichtigen Rolle des sozialem Rückhalts bei der Krankheitsprävention beitragen können, bieten sich zwei besonders zur Überprüfung an: erstens, daß soziale Normen das Gesundheitsverhalten der Gruppenmitglieder beeinflussen und zweitens, daß soziale Interaktionen vorbeugende gesundheitsbezogene Informationen liefern.

Viele Problemsituationen wie Ernährungsdefizite, Schlafstörungen, sexuelle Probleme, moralisch-religiöse Konflikte, gestörtes Selbstbild, Scheidung und Trauer können an jedem Punkt des Lebenszyklus auftreten; diese Stressoren sind weder vorhersagbar, noch erlebt sie jeder Mensch. Andere Lebensumstände, z. B. Umfeld, Bildung und finanzielle Lage, können Lebenskrisen mildern, verdecken oder begünstigen.

Die Festlegung bestimmter Phasen des Lebenszyklus und die Zuordnung der damit verbundenen Stressoren ist stets eine Ermessensfrage; dies gilt um so mehr, wenn der Lebenszeitraum zwischen 30 und 65 Jahren (das mittlere Erwachsenenalter also) betrachtet wird. Ganz allgemein läßt sich sagen, daß die Entscheidungen, die man in den frühen Erwachsenenjahren trifft, für die Jahre zwischen 30 und 40 maßgeblich und richtungweisend sind. Bestimmte Erwartungen haben sich erfüllt, bestimmte Fähigkeiten wurden erlernt und eine Reihe von Leistungen erbracht. Zu den Genugtuungen, die der durchschnittliche 30- bis 45jährige erlebt, gehören beruflicher Erfolg, Heirat und die Geburt der Kinder, die Erfüllung früherer Hoffnungen und Erwartungen. Nichtsdestoweniger muß er neue Entscheidungen fällen und seinen Lebensstil anpassen, er ist nun häufiger enttäuscht und unzufrieden, und sein Erfolgsstreben kann sich in Verzweiflung verkehren. Ängste, Depressionen und andere Symptome (z. B. psychosomatische Beschwerden, Panikreaktionen und andere emotionale Reaktionen), die zwischen 30 und 40 schon stark zu sein schienen, erreichen zwischen 40 und 50 neue Höchstwerte, nämlich dann, wenn die betreffende Person zu erkennen beginnt, daß das Leben nicht ewig währt, und daß ihre gesundheitlichen oder auch zwischenmenschlichen Probleme jetzt eher permanenter als vorübergehender Art sind. Bestimmte Stressoren wie berufliche Probleme, Veränderungen der Familienstruktur (durch Tod, Scheidung, Auszug des Nesthäkchens), biologische Alterungsprozesse usw. häufen sich in diesem Lebensabschnitt.

Eine Reihe von Studien kommt zwar zu dem Ergebnis, daß gute Beziehungen am Arbeitsplatz einiges an beruflichen Belastungen und den damit einhergehenden psychischen Problemen abfedern können, bei der Erforschung spezifischer Berufsgruppen zeigte sich jedoch, daß andere Faktoren wie Persönlichkeitsstrukturen und früher gemachte Erfahrungen für die Entwicklung effektiver Bewältigungsmechanismen meist wichtiger sind.

Das Erwachsenenalter ist die Lebensphase, in der man gewöhnlich die Verantwortlichkeit für die eigene Lebensgestaltung annimmt und eine Familie gründet. Es verlangt dem Paar die Fähigkeit ab, die Stärken und Schwächen des jeweils anderen zu akzeptieren und mit vereinten Kräften auf die gemeinsamen Ziele hinzuarbeiten. Während dieses Zeitabschnittes sollte eine Versöhnung mit der praktischen Realität des Lebens stattfinden.

Reife ist immer relativ; im allgemeinen sollte sie im Erwachsenenalter erreicht sein. Viele Erwachsene, die heiraten und Kinder bekommen, gelangen jedoch nie zu wirklicher psychischer Reife, während andere, die sich gegen eine Ehe entscheiden, oft ein höheres Maß an Verantwortungsbewußtsein beweisen als ihre verheirateten Altersgenossen.

Auch Normalität ist relativ. Eine Person ist «normal», wenn sie, sowohl auf psychodynamischer als auch auf zwischenmenschlicher Ebene ein vernünftiges, effektives Gleichgewicht erreicht hat und aufrechterhält. Der normale Erwachsene muß in der Lage sein, seine emotionalen Triebansprüche zu kontrollieren und zu lenken, ohne seine Initiative und Vitalität zu verlieren. Die üblichen persönlichen Probleme und die kleineren Enttäuschungen des Lebens müßte er verkraften können, ohne in eine längerfristige Krise zu geraten. Er sollte sich für berufliche und spielerische Aktivitäten gleichermaßen begeistern können und in der Lage sein, im Rahmen einer stabilen Zweierbeziehung Liebe und sexuelle Befriedigung zu geben und zu erfahren. Es sollte ihm nicht ungewöhnlich schwerfallen oder überflüssige Schuldgefühle bereiten, ein adäquates Maß an Aggression, Wut, Freude und Zuneigung zum Ausdruck zu bringen.

Realistisch gesehen ist es jedoch unvernünftig, von der Existenz irgendeines in diesem Sinne völlig normalen Erwachsenen auszugehen. Die absolute physische und physiologische Perfektion ist eine seltene Ausnahme, und ein völliges emotionales Gleichgewicht ist ebenso ungewöhnlich.

Das folgende Beispiel schildert den Fall einer jungen Frau, deren mangelnde psychosoziale Reife zu Problemen führte, als sie mit der Verantwortung der Mutterschaft konfrontiert wurde. Die Selbstverständlichkeit und Freude, mit der ihr Mann mit dem Baby umging, steigerte ihre Gefühle der Unzulänglichkeit und Zurücksetzung.

8.6 Fallstudie: Mutterschaft

Myra und John, eine junges Ehepaar, wurden von Myras Gynäkologen an ein Krisencenter überwiesen, weil Myra Depressionssymptome zeigte. Myra gab an, Schlafstörungen zu haben, fortwährend müde zu sein und aus nichtigen Gründen zu weinen anzufangen.

Myra war eine blonde, attraktive, aber zarte 22jährige, der ihr Verhalten und ihr Aussehen aber das Erscheinungsbild einer 16jährigen verliehen. John hingegen, der 28 Jahre alt war, wirkte ruhig und reif. Die beiden waren seit eineinhalb Jahren verheiratet und hatten einen drei Monate alten Sohn, der wie sein Vater John hieß. John senior war Ingenieur in einem Großbetrieb, Myra hatte im Hauptfach Kunst studiert, als die beiden sich kennengelernt und geheiratet hatten. John stammte aus einer gefestigten, aber finanziell eher bescheiden ausgestatteten Familie und war das älteste von vier Kindern, während das Einzelkind Myra von ihren wohlhabenden Eltern ziemlich verwöhnt worden war.

Als der Therapeut Myra direkt nach dem Beginn ihrer Symptome fragte, antwortete sie, es habe gleich nach der Geburt des Babys begonnen. Immer wieder kamen ihr die Tränen, und sie sagte mehrfach, sie sei «keine gute Mutter», und die Versorgung des Babys mache sie ganz nervös. Sie fühle sich unfähig, und sogar John könne besser mit dem Kind umgehen als sie. John versuchte sie zu trösten, indem er ihr sagte, sie sei eine hervorragende Mutter, und er habe bemerkt, daß sie im Umgang mit dem Baby unsicher sei. Deshalb schlug er vor, jemanden einzustellen, der Myra helfen sollte. Myra entgegnete, sie wolle das nicht, da es ihr Baby sei, und sie könne gar nicht verstehen, warum sie so fühle, wie sie es tat. Auf die Frage nach dem Verlauf von Schwangerschaft und Geburt antwortete Myra, es habe keine Komplikationen gegeben und fügte dann zögerlich hinzu, die Schwangerschaft sei eigentlich gar nicht geplant gewesen. Als der Therapeut sie bat, dies näher zu erläutern, entgegnete sie, John und sie hätten mit der Gründung einer Familie warten wollen, bis sie drei Jahre verheiratet waren. Sie erklärte weiterhin, ihrer Meinung nach hätten sie und John vor der Geburt des Babys noch nicht genug Zeit gehabt, ihre Zweisamkeit zu genießen.

Nachdem sie den ersten Schreck über die Schwangerschaft verwunden hatte, war sie von der Vorstellung, ein Baby zu haben, entzückt, genoß ihre Schwangerschaft und kaufte mit Begeisterung Babysachen ein. Gegen Ende der Schwangerschaft litt sie unter Schlafstörungen und Alpträumen. Sie war sich nicht mehr sicher, ob sie wirklich eine gute Mutter sein würde und sah ihrer Mutterschaft mit Furcht entgegen, da sie keine Erfahrungen im Umgang mit Babys hatte.

Als sie mit dem Baby nach Hause kam, engagierten sie für zwei Wochen eine Kinderschwester, die das Baby betreuen und Myra mit der Säuglingsversorgung vertraut machen sollte. Danach wußte Myra zwar im Prinzip, was sie zu tun hatte, sie geriet jedoch außer sich, wenn das Baby nicht zu weinen aufhörte, wenn sie es hochnahm. Wenn er zu Hause war, kümmerte John sich in der Regel um das Baby, und seine Kompetenz verstärkte ihr Gefühl der Unzulänglichkeit zusätzlich. Als Auslöser der Krise wurde ein Ereignis betrachtet, das in der vergangenen Woche vorgefallen war. Als John von der Arbeit kam, fand er Myra mit dem laut weinenden Kind auf dem Arm den Flur auf und ab gehend vor. Myra erzählte ihm, daß sie am Morgen zur Impfung beim Kinderarzt gewesen seien; seit sie wieder zu Hause seien, sei das Baby sehr empfindlich, höre gar nicht mehr zu weinen auf und wolle sein Fläschchen nicht trinken; sie wisse nicht mehr, was sie tun solle. John nahm das Baby und merkte, daß es sich heiß anfühlte. Nachdem sie Fieber gemessen und eine Temperatur von 39° C festgestellt hatten, rief John den Kinderarzt an, der ihnen ein Medikament gegen das Fieber und die Beschwerden nannte. John besorgte die Medizin, gab sie dem Baby und fütterte es. Während das Baby bald zu weinen aufhörte und einschlief, brach Myra in Tränen aus und zog sich völlig aufgewühlt ins Schlafzimmer zurück.

Ziel der Therapie war es, Myras ambivalente Empfindungen gegenüber dem Baby sowie ihre Inkompetenzgefühle im Hinblick auf die Versorgung des Kindes zu erkunden. Offensichtlich lehnte sie die mit der Mutterrolle verbundenen Verantwortlichkeiten ab, weil sie noch nicht bereit dafür war. Da sie ihre Feindseligkeit gegenüber dem Baby nicht zum Ausdruck bringen konnte, richtete sie ihre Aggressionen gegen sich selbst, wodurch es zu offenen Depressionssymptomen kam. Um die Krise bewältigen zu können, würden diese Gefühle an die Oberfläche gebracht werden müssen. Außerdem mußte Myra gezeigt werden, daß ihre Inkompetenzgefühle völlig normal waren, da sie erstens noch keine Erfahrung im Umgang mit Säuglingen hatte und sich zweitens fast alle jungen Eltern mehr oder weniger von den neuen Situation überfordert fühlen. John, der an seinen jüngeren Geschwistern reichlich Erfahrungen hatte sammeln können und daher im Umgang mit Babys emotional sowie praktisch sehr sicher war, sollte als starker situativer Rückhalt dienen.

Der Therapeut war der Ansicht, daß ein leichtes Antidepressivum genügen müßte, um Myras Symptome zu beseitigen, und er arrangierte einen Arzttermin für seine Klientin. Da Myra weder für sich selbst noch für andere eine Gefahr darzustellen schien, wurde sofort mit den Interventionen begonnen.

Die in der ersten Sitzung gefallene Bemerkung, sie und John hätten noch nicht genug Zeit für sich gehabt, wurde als ein erster Hinweis auf Myras negative Gefühle in bezug auf Schwangerschaft und Mutterrolle gewertet. Indem der Therapeut seiner Klientin direkte Fragen stellte und ihr ihre eigenen verbalen und nonverbalen Hinweise vor Augen führte, konnte er Myra in den folgenden Sitzungen dazu bringen auszudrücken, mit welch unterschiedlichen Gefühlen sie ein Familienleben mit Baby im Gegensatz zu der Zeit als Ehepaar ohne Kind verband. Es zeigte sich, daß Myra und John vor der Geburt des Kindes sozial sehr aktiv gewesen waren, während sie, seit das Baby da war, fast nur noch zu Hause blieben.

Myra sagte, das habe sie am Anfang zwar kaum gestört, aber in letzter Zeit fühle sie sich, als ob ihr die Decke auf den Kopf fallen würde. John schien überrascht, das zu hören und fragte seine Frau, warum sie ihm nichts gesagt habe. Mit leichtem Ärger in ihrer Stimme antwortete Myra, ihm habe es ja offenbar solchen Spaß gemacht, mit dem Baby zu spielen, wenn er von der Arbeit nach Hause kam, daß es ihn überhaupt nicht interessiert habe, wie sie sich fühle. Der Therapeut hielt es für wichtig, daß John und Myra ihre sozialen Aktivitäten wieder steigerten, und John erklärte seiner Frau, daß seine Mutter sicher gerne den Babysitter für ihren Enkel spielen werde, damit sie ab und an alleine oder mit Freunden ausgehen könnten. Myras Gesicht hellte sich bei dieser Bemerkung sichtlich auf, und sie schien sich über Johns Aufmerksamkeit ihr gegenüber zu freuen.

Der Therapeut erkundete außerdem Myras und Johns Gefühle in bezug auf die Verantwortlichkeiten der Elternschaft und Myras Gefühl der Unzulänglichkeit als Mutter. Myra konnte ihrem Mann und dem Therapeuten gegenüber artikulieren, daß sie den Eindruck habe, das Baby erhalte mehr Beachtung von John als sie selbst, und daß sie es nicht ertragen könne «nur noch die zweite Geige zu spielen». John erklärte ihr, daß er sich ursprünglich nur so häufig um das Baby gekümmert habe, um sie zu entlasten, daß er aber natürlich viel lieber mit ihr zusammen sei als mit dem Kind. Er sagte ihr, daß er sie liebe und sie bei ihm immer an erster Stelle stehen werde.

Myra erkannte schließlich, daß es kindisch war, das Baby abzulehnen und mit ihm um Johns Zuneigung und Aufmerksamkeit zu konkurrieren. Je mehr sie wieder sozial aktiv war, desto weniger negative Gefühle hatte Myra ihrem Sohn gegenüber, und sie sagte, sie fühle sich nun viel wohler, wenn sie ihn betreue. Nach der vierten Sitzung konnten Myras Medikamente abgesetzt werden, und ihre depressive Symptomatik ging weiter zurück.

Füllen Sie das Paradigma (**Abb. 8-3**) für diese Fallstudie aus und vergleichen Sie es mit der Auflösung in Anhang A. Orientieren Sie sich, falls nötig, an den Paradigmen in Kapitel 3.

Der Therapeut hielt es für sinnvoll, John, der eine große innere Reife besaß, darauf vorzubereiten, daß Myras Ablehnungsgefühle unter Umständen wiederkehren würden. Falls die ursprünglichen Symptome erneut auftreten sollten, würde er sie an ihrem charakteristischen Muster erkennen und ihnen rechtzeitig entgegenwirken können, indem er seine Frau offen darauf ansprach und sie fragte, was mit ihr los sei. Als der Therapeut mit den beiden im Rückblick die Lernfortschritte und Anpassungsleistungen betrachtete, die sie im Umgang mit ihrer neuen Situation bewerkstelligt hatten, äußerten sich sowohl John als auch Myra sehr zufrieden über die bewirkten Veränderungen. Sie erhielten die Zusage, jederzeit wiederkommen zu dürfen, falls es zu einer erneuten Krise kommen sollte.

Myra hatte als Einzelkind bis zu ihrer Hochzeit nur selten Verantwortung für andere übernehmen müssen. Sie hatte vorgehabt, noch drei Jahre zu warten, bis

8. Die Stressoren des Lebenszyklus 277

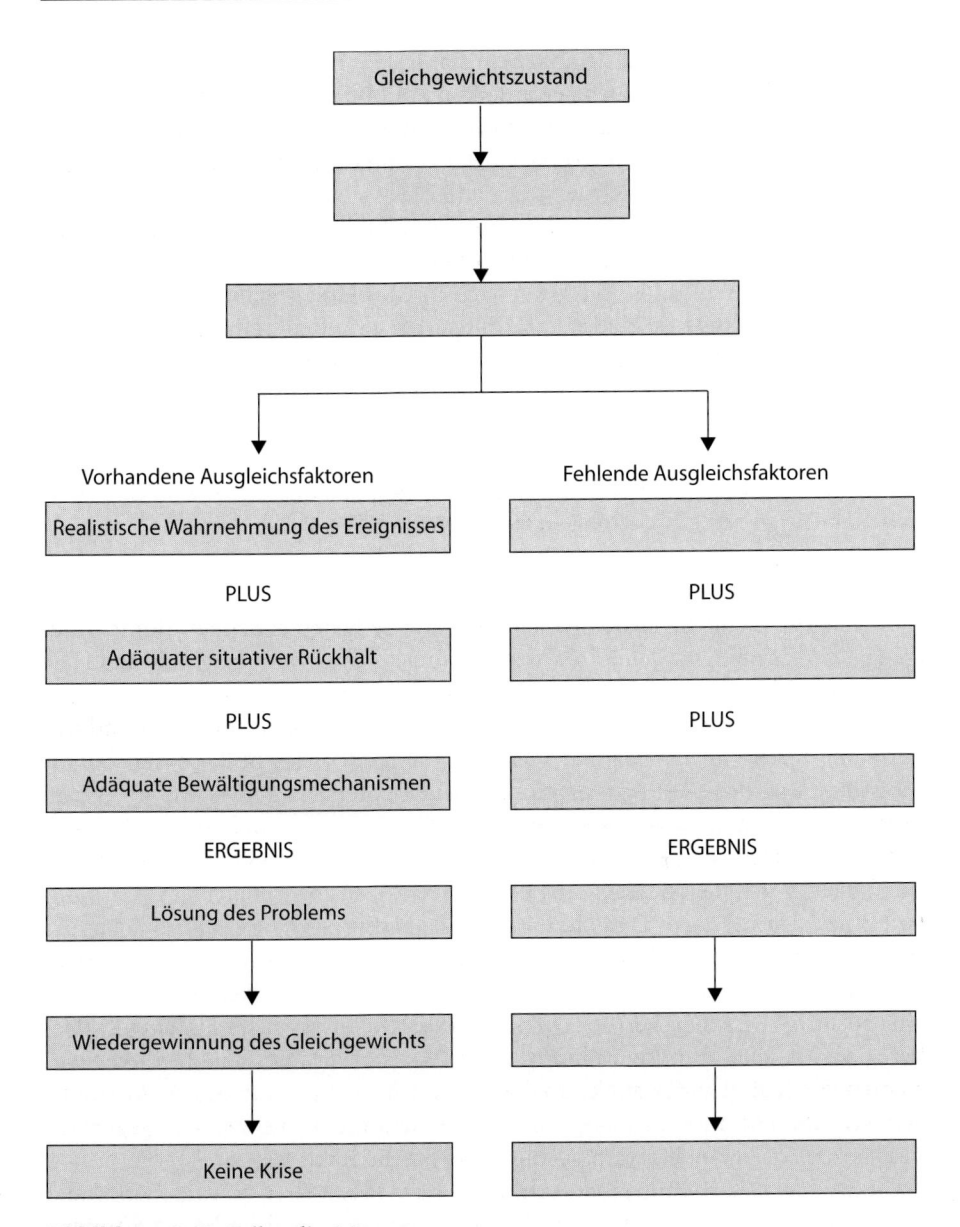

```
                    Gleichgewichtszustand
                            │
                            ▼
                     ┌─────────────┐
                     └─────────────┘
                            │
                            ▼
          ┌─────────────────────────────────┐
          └─────────────────────────────────┘
                   │                │
         ┌─────────┘                └─────────┐
         ▼                                    ▼
Vorhandene Ausgleichsfaktoren      Fehlende Ausgleichsfaktoren
```

Vorhandene Ausgleichsfaktoren	Fehlende Ausgleichsfaktoren
Realistische Wahrnehmung des Ereignisses	
PLUS	PLUS
Adäquater situativer Rückhalt	
PLUS	PLUS
Adäquate Bewältigungsmechanismen	
ERGEBNIS	ERGEBNIS
Lösung des Problems	
↓	↓
Wiedergewinnung des Gleichgewichts	
↓	↓
Keine Krise	

Abbildung 8-3: Fallstudie: Myra

sie ein Kind bekommen würde, und nun stand sie ihrer vorzeitigen Mutterschaft mit sehr verworrenen Gefühlen gegenüber und fühlte sich von der Verantwortung überfordert. Zu sehen, wie gut ihr Mann mit dem Baby umgehen konnte, während sie versagte, verstärkte ihre Inkompetenzgefühle noch. Die Einschränkungen auf dem Gebiet des gemeinsamen sozialen Lebens und der Verlust der alleinigen Aufmerksamkeit ihres Mannes gaben ihr das Gefühl, abgewiesen zu werden. Sie war nicht in der Lage, ihre ambivalenten Gefühle zu erkennen und zu akzeptieren, und weil sie ihre Wut und Aggression auch ihrem Mann gegenüber nicht artikulieren konnte, richtete sie beides nach innen. Da sie keine Erfahrung mit der Betreuung eines Babys hatte, konnte sie ihre Situation nicht bewältigen, Frustration und Wut nahmen zu, und es kam zu Angstzuständen und Depressionssymptomen.

> **Der Mensch hat viele Häute abzuwerfen, bis er seiner selbst und der weltlichen Dinge nur einigermaßen sicher wird.**
> *Goethe*

Erreicht eine Person das späte Erwachsenenalter, so bedeutet das gewöhnlich, daß ihr Leben recht festgefügt und für Veränderungen kaum noch zugänglich ist. Die Erkenntnis dieses Umstands kann Angst auslösen, wenn die betreffende Person in familiärer bzw. beruflicher Hinsicht keine Erfolge erzielt hat. Derartige Ängste äußern sich häufig in Symptomen wie exzessivem Alkoholgenuß, psychosomatischen Beschwerden, Verfolgungsgefühlen und Depressionen (English & Pearson 1955).

Unsere Kultur scheint unfähig zu sein, den Alterungsprozeß in klare Phasen zu unterteilen. Nach der gängigen Sichtweise steigt der Lebensbogen von der Kindheit bis zu den mittleren Lebensjahren mehr oder weniger steil an, um nach diesem Höhepunkt wieder kontinuierlich abzufallen. Angesichts der großen Bedeutung, die unsere Gesellschaft der Jugendlichkeit beimißt, ist es kein Wunder, wenn eine 50jährige Person wegen der Dinge, die ihrer Meinung nach unerledigt geblieben sind, bedauernd in die Zukunft blickt. Hahn (1963) umschreibt diesen Zustand bildhaft als den Zeitpunkt, an dem man sich «den Kopf an der Decke stößt», als den Moment, in dem man schlagartig erkennt, daß die Wahrscheinlichkeit nennenswerter Veränderungen gering ist. «Manche Menschen», fährt Hahn fort, «erblicken die Decke schon recht früh, während es bei anderen überraschend lange dauert, aber für uns alle endet die Leiter spätestens an der Decke.» An anderer Stelle spricht er von einer Phase, in der jemand miterlebt, daß «jüngere Männer und Frauen die Schauplätze des wirtschaftlichen, politischen und sozialen Lebens erobern.» In Anbetracht der rasanten technologischen Veränderungen, die auch im Berufsleben zum Tragen kommen, sind junge Leute oft besser in der Lage, mit dem nötigen Wissen und den nötigen Fähigkeiten aufzuwarten.

Wenn die Kinder älter werden, in die Schule kommen, einen Beruf ergreifen und eigene Familien gründen, verändert sich das Familienleben. Für die Eltern ist irgendwann ein Punkt erreicht, an dem ihre elterlichen Pflichten und Verantwortlichkeiten enden; sie müssen sich wieder neu als Paar definieren und ihren Rollenstatus in bezug auf ihre Kinder und die Allgemeinheit modifizieren. Um die wegfallenden Werte zu ersetzen, müssen sie ihrem Leben einen neuen Sinn geben, sich neue Ziele setzen. Erkennen sie diese Notwendigkeit nicht, kann es zu Frustration und Verzweiflung kommen. Vor allem die Hausfrau und Mutter ist von einem Großteil ihrer bisherigen Aufgaben und Verpflichtungen entbunden. Waren die Kinder ihr wichtigster Lebensinhalt, fehlen ihr möglicherweise die nötigen Interessen und Fähigkeiten, um den Rollenwandel bewerkstelligen zu können.

Die Menopause, d. h. das Erlöschen der zyklischen Ovarialfunktion, wird oft als Trennlinie zwischen dem frühen und dem mittleren Erwachsenenalter gesehen. Der Zeitpunkt der letzten Menstruation kann jedoch innerhalb einer recht langen Zeitspanne, zwischen dem 45. und dem 55. Lebensjahr, auftreten. Für eine Frau bedeutet der Beginn der Wechseljahre ein abruptes Ende ihrer Fertilität, während das Klimakterium des Mannes langsam und erst wesentlich später vonstatten geht.

Aufgrund ihrer potentiellen psychischen Folgen kann die Menopause für Frauen eine Bedrohung darstellen. Manche Frauen empfinden den Verlust der Fruchtbarkeit als Ende ihres Sexuallebens und Wegfall ihrer Rollenidentität. Hat eine Frau sich bewußt gegen Kinder entschieden, kann ihr die Menopause die Endgültigkeit ihres Entschlusses vor Augen führen und Zweifel an seiner Richtigkeit aufkeimen lassen. Wurde eine Frau dazu erzogen, die Wechseljahre als den Beginn des mittleren Erwachsenenalters und somit als das definitive Ende ihrer Jugendlichkeit zu betrachten, wird sie die Menopause vermutlich als negatives Ereignis erleben und kann darüber in eine Krise geraten (Pruett 1980).

Es gibt keine Belege dafür, daß die Produktion von Sexualhormonen bei Männern einem ähnlich raschen Verfall und Ende unterworfen wäre, trotzdem erleben Männer zwischen 45 und 55 Jahren ähnliche Symptome wie Frauen. Pruett (1980) hält derartige Beschwerden für neurotische Erscheinungen und nicht für die Folge einer hormonellen Umstellung.

Eine Person, die immer noch darauf gehofft hatte, eines Tages zu heiraten und Kinder zu bekommen, sieht sich nun mit der Tatsache konfrontiert, daß es hierfür zu spät sein dürfte. Für alle diejenigen Menschen, die stets großen Wert auf ihre körperliche Attraktivität gelegt hatten, bricht jetzt eine kritische Phase an. Ihnen mag der einsetzende körperliche Abbau als der Anfang vom Ende erscheinen. Vielleicht verfolgt die Person ihre Karriere noch weiter, die Chancen für ein weiteres berufliches Vorankommen sind jedoch eingeschränkt.

Die folgende Fallstudie handelt von einer 40jährigen Hausfrau und Mutter, deren Pläne für die Zeit nach der Hochzeit der jüngsten Tochter scheinbar durch das vorzeitige Einsetzen ihrer Wechseljahre bedroht wurden.

8.7 Fallstudie: Menopause

Mrs. C., eine 40jährige, jugendlich wirkende Mutter von drei Töchtern (17, 20 und 22 Jahre alt), wurde von ihrem behandelnden Arzt an das Krisencenter überwiesen. Sie litt unter schweren Angstzuständen und Depressionen, die sich in Appetitlosigkeit, Gewichtsverlust, Schlafstörungen, Weinkrämpfen und Grübelei äußerten. Die Symptome hatten nach einem etwa drei Wochen zurückliegenden Arztbesuch eingesetzt. Damals war ihr mitgeteilt worden, daß sie sich bereits in der Menopause befinde. Die jüngste Tochter sollte in einem Monat heiraten, die beiden älteren waren bereits verheiratet und in andere Bundesstaaten gezogen.

Mrs. C. sagte von sich selbst, sie sei sozial immer sehr aktiv gewesen; sie habe sich sowohl in der Gemeinde engagiert als auch starkes Interesse für die Arbeit ihres Mannes gehegt. Mr. C. arbeitete als Chefverkäufer einer landesweit tätigen Firma für Damenoberbekleidung. Durch seinen Beruf war er oft unterwegs, und auch zu Hause mußte er viele geschäftliche Termine wahrnehmen. Seine Frau war wegen der Kinder nur selten mit ihm gereist, hatte sich aber stark an der Planung und Durchführung seiner gesellschaftlichen und geschäftlichen Verpflichtungen am Wohnort beteiligt. Sie sagte, dies habe ihr immer viel Freude bereitet und sie habe nie daran gezweifelt, daß sie ihre Sache gut mache. Zu ihren Aufgaben gehörte es auch, bei solchen Anlässen als eine Art inoffizielles Model Kleider aus der Firma ihres Mannes zu tragen, und dieser hatte sich stets stolz über ihre Attraktivität geäußert.

In den letzten Wochen jedoch war ihr diese Rolle plötzlich unpassend vorgekommen, und sie begann, an ihren Fähigkeiten zu zweifeln. Gleichzeitig hatte sie den Eindruck, ihr Mann nehme ihre Bemühungen, sich selbst und das gemeinsame Zuhause für ihn attraktiv zu machen, gar nicht mehr wahr. Diese Symptome hatten sich in den vergangenen beiden Tagen erheblich verstärkt, und nun befürchtete sie, die Kontrolle über ihre Emotionen völlig zu verlieren.

Mr. C. war zwei Jahre älter als seine Frau und ein sehr umgänglicher Typ. Mrs. C.s Freundinnen sagten ihr immer wieder, wie «jugendlich, gutaussehend und galant» er doch sei. Sie selbst schätzte sich glücklich, ihn zum Ehemann zu haben. Er nahm seine geschäftlichen Aufgaben sehr offensiv wahr und durfte sich seines weiteren beruflichen Aufstiegs sicher sein. Mrs. C. sagte, ihr Mann und sie hätten ein harmonisches Sexualleben, viele gemeinsame Interessen und schätzten einander hoch.

Auf die Frage, was denn vor zwei Tagen geschehen sei und ihre Symptome verstärkt habe, antwortete sie, ihr Mann sei an jenem Abend nach Hause gekommen und habe sie zum zweiten Mal in dieser Woche verstört und in Tränen aufgelöst vorgefunden, obwohl sie eigentlich mit ihm zu einem Geschäftsessen hätte gehen sollen. Er habe wütend gesagt, er wisse nicht mehr, was er tun solle, und sie solle sich «zusammenreißen und jemanden suchen, der dir hilft, denn ich habe es versucht und kann es nicht!» Dann sei er alleine zu seiner Verabredung gegangen. Bevor er am nächsten Tag zu einer Geschäftsreise aufgebrochen sei, habe er sich von ihr versprechen lassen, daß sie zum Arzt gehen werde.

Mrs. C. erzählte, daß sie in den vergangenen Monaten wegen diverser Beschwerden bei mehreren Ärzten gewesen sei. Keiner von ihnen habe jedoch eine organische Ursache finden können. Man habe ihr lediglich geraten, sich zu schonen, und einer der Ärzte habe ihr sogar empfohlen, sich ein Hobby zu suchen. Der letzte der Ärzte, die sie aufgesucht hatte, habe ihr dann mitgeteilt, daß sie vorzeitig in die Wechseljahre komme.

Mrs. C. hatte ihrem Mann nichts von dieser Diagnose gesagt, da sie sich in Anbetracht ihrer eigenen negativen Gefühle vor seiner Reaktion fürchtete. Sie selbst hatte es zunächst nicht glauben wollen, dann setzte die Angst vor einer «Lebensveränderung» ein, da sie von so vielen schlimmen Dingen gehört hatte, die einer Frau in dieser Zeit widerfahren konnten. Wie andere Frauen wollte auch sie nicht alt und unattraktiv werden und war wütend darüber, daß es ausgerechnet ihr so früh passieren sollte. Sie glaubte, sie könne ihrem Mann nun nicht mehr von beruflichem Nutzen sein, weil die Kleider, die er verkaufte, nicht für Damen mittleren Alters gedacht seien.

Mrs. C. hatte sich darauf gefreut, nach der Hochzeit ihrer jüngsten Tochter mit ihrem Mann reisen zu können. Sie hatten ihre gemeinsame Zukunft mit großer Begeisterung geplant, und Mrs. C., die stolz darauf war, zum Erfolg ihres Mannes beigetragen zu haben, befürchtete nun, er werde sie nicht mehr brauchen, und ihre Pläne seien ruiniert.

Die von Mrs. C. artikulierten Schuldgefühle und ihre Angst vor dem Verlust ihrer Weiblichkeit und den damit verbundenen Rollen wurden als Krisenauslöser eingestuft. Obwohl sie deprimiert war und sich wertlos fühlte, war sie weder suizidgefährdet noch stellte sie eine Gefahr für andere dar. Trotz ihrer immensen Ängste hatte sie ihr Verhalten voll unter Kontrolle.

Mrs. C. hatte sich aus ihren bisherigen sozialen und familiären Aktivitäten zurückgezogen. Ihr Mann war häufig unterwegs, und die jüngste Tochter, die zwar noch bei ihren Eltern wohnte, orientierte sich hinsichtlich ihrer Anlehnungsbedürfnisse zunehmend an ihrem Verlobten. In den vergangenen drei Monaten hatte Mrs. C. sich körperlich nicht wohl gefühlt und daher ihre sozialen Aktivitäten auf gelegentliche Essen reduziert, wenn sie sich «danach fühlte». Ihr Freundes- und Bekanntenkreis bestand durchweg aus 35- bis 40jährigen, die sich aktiv im Gemeindeleben, in Familienangelegenheiten usw. engagierten. Die meisten Gespräche ihrer Freundinnen drehten sich noch immer um Kindererziehung, und da Mrs. C.s Töchter schon erwachsen waren, glaubte sie, nicht mehr viel zur Unterhaltung beitragen zu können.

Ihre Absicht, sich aus der Rolle der treusorgenden Mutter zu lösen und sowohl geschäftlich als auch privat zu einem aktiven Partner ihres Mannes zu werden, war nun gefährdet, und im Umgang mit dieser völlig neuen Situation fehlten ihr mangels Erfahrung die nötigen Bewältigungsmechanismen. Als das Gespräch darauf kam, wie sie in der Vergangenheit mit Streß umgegangen war, erklärte Mrs. C., sie habe sich voll auf die Kinder konzentriert und die Probleme entweder vergessen oder sie mit engen Freunden oder ihrem Mann besprochen. Keine ihrer Freundinnen war schon in den Wechseljahren und somit als Gesprächspartnerin geeignet, und vor der potentiellen Reaktion ihres Mannes fürchtete sie sich zu sehr, als daß sie mit ihm über ihre Gefühle hätte reden mögen. Da sie ihre Gefühle weder artikulieren noch sich mit der Betreuung ihrer Kinder ablenken konnte, fehlte ihr der nötige situative Rückhalt, und der Zugriff auf früher erfolgreich benutzte Bewältigungsstrategien war ihr verwehrt. Das von der Therapeutin aufgestellte Interventionsziel bestand darin, Mrs. C. ein intellektuelles Verständnis ihrer Krise zu vermitteln.

Es war offensichtlich, daß Mrs. C. kaum etwas über die physischen und psychischen Veränderungen wußte, die während der Menopause zu erwarten sind. Sie verstand nicht, warum sie Schuldgefühle hatte oder sich so davor fürchtete, ihre Weiblichkeit zu verlieren. Außerdem mußten ihre unerkannten Gefühle hinsichtlich der Beziehung zu ihrem Mann erkundet werden. Indem die Therapeutin ihrer Klientin direkte Fragen stellte und mit ihr auf ihre verbalen und nonverbalen Hinweise einging, wurde Mrs. C. in die Lage versetzt, einen Zusammenhang zwischen ihrer aktuellen Krise und ihren Auswirkungen, den früheren Trennungen von ihrem Ehemann (Geschäftsreisen) und ihren bisher erfolgreichen Bewältigungsmechanismen herzustellen.

Mrs. C. hatte mit 17 Jahren geheiratet. Ihrer eigenen Beschreibung zufolge war sie in ihrer Schulzeit sehr attraktiv und beliebt gewesen und hatte an einer Vielzahl schulischer Aktivitäten teilgenommen. Mr. C. war das, was man landläufig als eine «gute Partie» bezeichnete. Er stammte aus einer wohlhabenden Familie, war Kapitän der Football-Schulmannschaft, Schülersprecher und der Schwarm aller Mädchen gewesen. Als die beiden geheiratet hatten, war er im ersten Collegejahr.

Ihre Attraktivität und ihre Fähigkeit, die Rollenerwartungen ihres Mannes zu erfüllen, hatten Mrs. C. stets sehr viel bedeutet. All die Jahre, in denen er ohne sie auf Reisen ging, hatte es sie geschmerzt, nicht ein Teil dieses Aspektes seines Lebens sein zu können, und um so mehr hatte sie sich darauf gefreut, in Zukunft immer mit ihm zusammensein zu können. Sie wußte, daß ihr Mann beruflich mit vielen anderen attraktiven Frauen, Verkäuferinnen und Mannequins zusammenkam, und so betrachtete sie ihre eigene Attraktivität als Hauptvoraussetzung, um «der Konkurrenz standhalten zu können». Da Mr. C. so selten zu Hause war, hatte seine Frau in ihrer Mann-Frau-Beziehung stärker auf die physisch-soziale Komponente gesetzt als auf die gemeinsame elterliche Verantwortung.

Mrs. C. hatte die Diagnose ihres Arztes hingenommen, ohne genauere Fragen zu stellen, und ihr Wissen in bezug auf die Menopause basierte eindeutig eher auf

Hörensagen und Schauermärchen als auf fundierten medizinischen Informationen. Daher sprach die Therapeutin mit ihr über die physiologische Seite des Alterungsprozesses, und ein Großteil ihrer Ängste und Befürchtungen konnte ausgeräumt werden. Diese Gespräche stellten eine wichtige Phase der Zukunftsplanung dar.

Mrs. C. erhielt den notwendigen situativen Rückhalt sowie die Gelegenheit, über ihr Unsicherheitsgefühl bezüglich ihrer Ehe zu sprechen und zu einer realistischeren Sichtweise zu gelangen. Ebenfalls ergründet wurden die Zusammenhänge zwischen den auslösenden Ereignissen und den Krisensymptomen.

Bis zur dritten Woche hatte Mrs. C. bereits beträchtliche Fortschritte hin zur Wiedererlangung ihres Bewältigungsvermögens gemacht. Sie hatte keine Angst mehr, «über Nacht alt zu werden», und hatte es über sich gebracht, ihrem Mann zu sagen, daß sie vorzeitig in die Wechseljahre gekommen sei. Seine Reaktion war: «Heiliger Strohsack! Hast du dich deshalb in letzter Zeit so komisch aufgeführt? Das hättest du mir aber auch gleich sagen können; so wie du dich benommen hast, hätte man denken können, du hättest nur noch sechs Monate zu leben!» Mrs. C. s erster Impuls war zwar, diese Reaktion als Bestätigung dafür zu sehen, daß ihr Mann sich nicht mehr für sie als Frau interessierte, später erkannte sie in seinen Worten jedoch den Beweis dafür, wie unrealistisch ihre Befürchtungen gewesen waren. Auf Anraten der Therapeutin suchte sie ihren Arzt erneut auf, um sich medizinisch beraten zu lassen und sich auf physische Probleme einstellen zu können, die in Zukunft möglicherweise auftraten.

Füllen Sie das Paradigma (**Abb. 8-4**) für diese Fallstudie aus und vergleichen Sie es mit der Auflösung in Anhang A. Orientieren Sie sich, falls nötig, an den Paradigmen in Kapitel 3.

In der fünften Sitzung zeigte Mrs. C. sich zuversichtlich, daß ihr Mann und sie die Ziele würden realisieren können, die sie sich für die Zukunft gesetzt hatten. Die Hochzeit der Tochter hatte inzwischen stattgefunden, und Mrs. C. traf die Vorbereitungen für die erste Geschäftsreise, auf die sie ihren Mann begleiten würde. Bevor die Therapeutin die Therapie für beendet erklärte, besprach sie mit ihrer Klientin noch einmal die Anpassungsleistungen, die im Prozeß der Krisenbewältigung zustande gekommen waren.

Mrs. C. war damit überfordert gewesen, gleichzeitig die Symptome einer vorzeitigen Menopause und die anstehenden Veränderungen ihrer familiären Rollen zu bewältigen. Sie sprach mit niemandem über ihre Sorgen und Probleme, der ihr den nötigen situativen Rückhalt hätte geben können, da sie Angst hatte, der Gesprächspartner könnte genauso negativ reagieren wie sie selbst. Sie fühlte sich zunehmend minderwertig, und die daraus entstehenden Ängste und Depressionen führten zu einem Verlust des emotionalen Gleichgewichts.

Zunächst lief die therapeutische Intervention darauf hinaus festzustellen, was Mrs. C. über die physischen und psychischen Veränderungen wußte, die durch die

Kriseninterventention

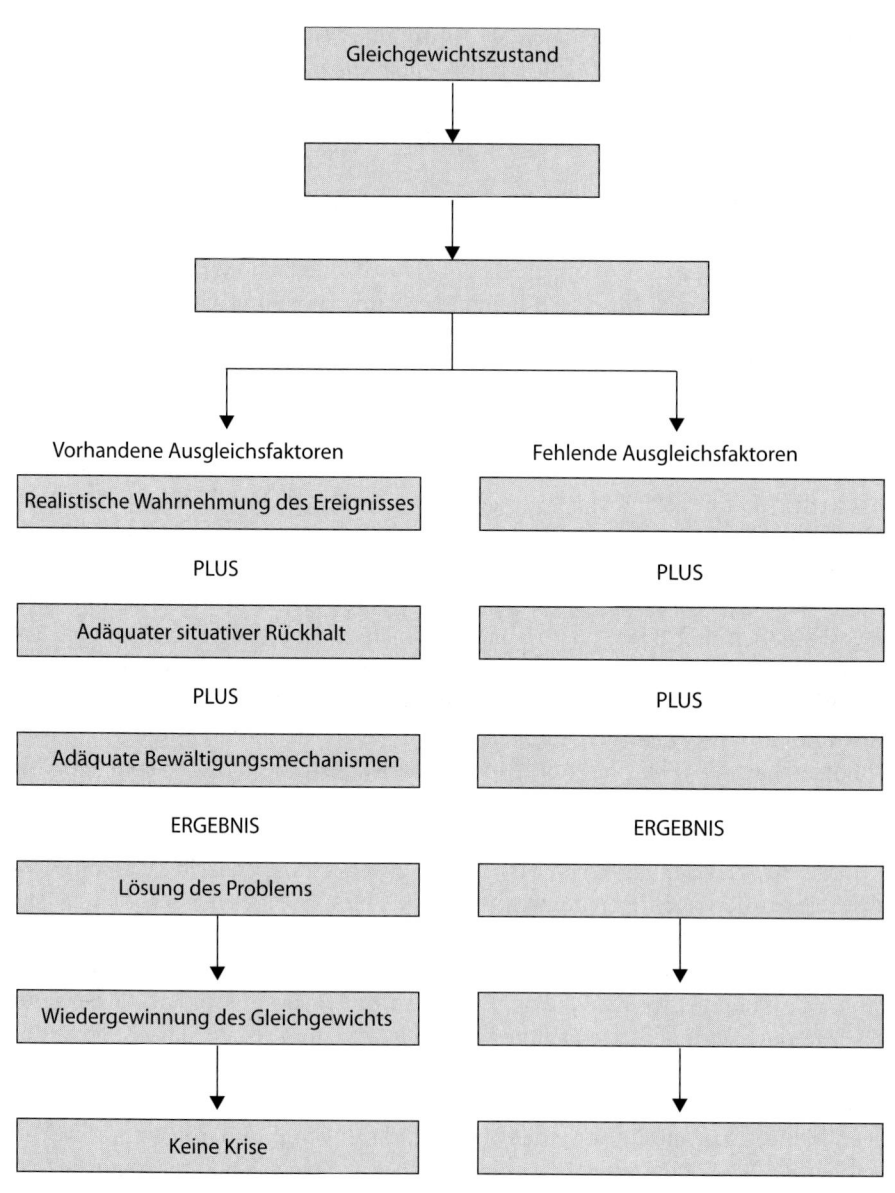

```
                    ┌─────────────────────────┐
                    │   Gleichgewichtszustand │
                    └────────────┬────────────┘
                                 ▼
                    ┌─────────────────────────┐
                    │                         │
                    └────────────┬────────────┘
                                 ▼
              ┌──────────────────────────────────────┐
              │                                      │
              └──────────┬───────────────────┬───────┘
                         ▼                   ▼
        Vorhandene Ausgleichsfaktoren    Fehlende Ausgleichsfaktoren

   ┌──────────────────────────────────┐  ┌──────────────────────────────────┐
   │ Realistische Wahrnehmung des     │  │                                  │
   │ Ereignisses                      │  │                                  │
   └──────────────────────────────────┘  └──────────────────────────────────┘
                 PLUS                                PLUS

   ┌──────────────────────────────────┐  ┌──────────────────────────────────┐
   │ Adäquater situativer Rückhalt    │  │                                  │
   └──────────────────────────────────┘  └──────────────────────────────────┘
                 PLUS                                PLUS

   ┌──────────────────────────────────┐  ┌──────────────────────────────────┐
   │ Adäquate Bewältigungsmechanismen │  │                                  │
   └──────────────────────────────────┘  └──────────────────────────────────┘
               ERGEBNIS                             ERGEBNIS

   ┌──────────────────────────────────┐  ┌──────────────────────────────────┐
   │ Lösung des Problems              │  │                                  │
   └────────────────┬─────────────────┘  └────────────────┬─────────────────┘
                    ▼                                     ▼
   ┌──────────────────────────────────┐  ┌──────────────────────────────────┐
   │ Wiedergewinnung des Gleichgewichts│ │                                  │
   └────────────────┬─────────────────┘  └────────────────┬─────────────────┘
                    ▼                                     ▼
   ┌──────────────────────────────────┐  ┌──────────────────────────────────┐
   │ Keine Krise                      │  │                                  │
   └──────────────────────────────────┘  └──────────────────────────────────┘
```

Abbildung 8-4: Fallstudie: Mrs. C.

Menopause möglicherweise ausgelöst werden. Indem die Therapeutin Mrs. C. dazu ermutigte, ihre Gefühle bezüglich ihrer Ehe zu erkunden und herauszulassen, verschaffte sie ihrer Klientin eine realistischere Sicht der belastenden Situation und half ihr, ihr Bewältigungsvermögen wiederzuerlangen.

Das mittlere Alter ist nicht der Anfang vom Ende, sondern das Ende vom Anfang.
Eric Butterworth

8.8 Rentenalter

Obwohl es in unserer Gesellschaft keine festen Grenzlinien zwischen den verschiedenen Phasen des Erwachsenenalters gibt, beginnt der späte Abschnitt des Erwachsenenalters definitionsgemäß mit 65 Jahren. Entscheidungen hinsichtlich beruflicher Veränderungen, partnerschaftlicher bzw. ehelicher Bindungen, Gesundheit, Wohnung und Freizeitaktivitäten ziehen sich durch das gesamte Erwachsenenleben hindurch, und viele der damit verbundenen Stressoren haben, ungeachtet des chronologischen Alters der betroffenen Person, in bezug auf deren Lebensgestaltung dieselbe Mächtigkeit, Häufigkeit und Wirkung. Funktionsbeeinträchtigungen von Organen bzw. Organsystemen eines Menschen oder eine Minderung seiner psychosozialen Fähigkeiten können in jeder Lebensphase auftreten, zumindest konnten bislang noch keine empirisch belegten zeitlichen Grenzen dafür festgestellt werden. Man kann allerdings nachweisen, daß die Wahrscheinlichkeit bestimmter wichtiger Ereignisse, wie z. B. die Zwangspensionierung oder der Verlust von Freunden oder geliebten Personen, mit zunehmendem Alter steigt, und daß Ereignisse dieser Art im Vergleich zu angenehmen bzw. positiven Ereignissen als belastender empfunden werden. Um die kumulativen physischen, emotionalen und sozialen Streßfaktoren bewältigen zu können, die anderenfalls zu einer funktionellen Beeinträchtigung führen könnten, bedarf es der Fähigkeit, die eigenen Ziele, das Selbstbild und die persönlichen Rollenanforderungen neu zu definieren. Der Ausprägungsgrad dieses Adaptationsvermögens ist von Person zu Person unterschiedlich.

75% der amerikanischen Bevölkerung erreichen heute ein Alter von 65 Jahren und darüber, und 95% davon leben nicht in einem Heim. Der Anteil dieser Population an der Gesamtbevölkerung ist kontinuierlich gewachsen: Während im Jahre 1900 erst 4% der Menschen 65 Jahre und älter wurden, stiegt ihr Anteil bis 1975 bereits auf 10% an, und Schätzungen zufolge wird sich diese Quote bis zum Jahr 2000 auf mindestens 12% erhöhen. Die gerontologische Literatur läßt erkennen, daß Menschen, die über 65 Jahre alt werden, im allgemeinen drei Lebensphasen durchlaufen: Zwischen dem 65. und dem 75. Lebensjahr setzen die meisten ihre normalen Aktivitäten fort, es sei denn, sie leiden an einer konkreten Krankheit. Zwischen dem 75. und dem 85. Lebensjahr beginnen viele Menschen, erste Alterserscheinungen zu zeigen, auch wenn sie nicht an einer konkreten Krankheit leiden; der Großteil der Betreffenden setzt aber auch weiterhin seine gewohnten Aktivitäten fort. Im Alter von 85 Jahren hingegen sind nur noch relativ wenige Menschen in der Lage, ohne erhebliche Unterstützung (z. B. Heimbetreuung) ihren normalen Aktivitäten nachzugehen.

Neben der Variable Krankheit bzw. Behinderung werden oft Einflußfaktoren wie der frühere Lebensstil, Adaptation an den Verlust der beruflichen Rolle, Bewältigung kleinerer Beschwerden und Stressoren, Offenheit gegenüber Gefühlen und Ideen sowie die Aufrechterhaltung sozialer Kontakte und Aktivitäten für Unterschiede zwischen diesen bzw. innerhalb dieser Alterskohorten verantwortlich gemacht.

Die Krankheiten und Behinderungen von Senioren sind in der Regel altersbedingt und eher chronisch als akut. Die meisten chronischen Erkrankungen beeinträchtigen die Mobilität und das Wohlbefinden des betroffenen älteren Menschen; sie sind die häufigsten Ursachen für eine Heimunterbringung. Ungeachtet der Probleme und Gefahren, die das Älterwerden mit sich bringt, geht es den meisten älteren Menschen gesundheitlich noch viele Jahre lang gut genug, um an einer Vielzahl von Aktivitäten teilzunehmen und soziale Beziehungen zu Freunden und Angehörigen zu pflegen. Außerdem lebt der größte Teil dieser Bevölkerungsgruppe in gesicherten finanziellen Verhältnissen.

Unabhängig von ihrem chronologischen Alter jedoch werden ältere Menschen, die multiple Verluste (berufliche Rolle, Mobilität, Gesundheit, Sehvermögen, Partner, geistige Klarsicht, eigenes Zuhause usw.) zu verkraften haben, mit größerer Wahrscheinlichkeit professionelle Hilfe irgendeiner Art benötigen, als solche, die nur einen oder wenige Verluste hinnehmen mußten. Der wohl zwingendste Grund für eine Heimunterbringung ist, daß der alte Mensch die Personen, die ihm Rückhalt geben, entweder überlebt hat oder überfordert. Weniger bekannt ist hingegen, was die Betroffenen tun, um nicht in ein Heim zu müssen. Der funktionale Status älterer, nicht in Heimen untergebrachter Menschen kann trotz zahlreicher und schwerwiegender chronischer Beschwerden recht hoch sein. Die Höhe des Funktionalitätsstatus hängt maßgeblich von den Bewältigungsmechanismen ab, die von der betreffenden Person in der Vergangenheit im Umgang mit Stressoren entwickelt wurden, und die sie nun zur Bewältigung der durch ihre chronische Krankheit und sonstige Alterserscheinungen bedingten Verluste einsetzt.

Einer meiner eigenen Artikel (Aguilera 1980) über die Stressoren, mit denen Senioren konfrontiert sind, listet einige Bedürfnisse älterer Menschen auf, die weiterhin selbständig leben. Darunter fallen beispielsweise genügend Geld, angemessene Wohnung, gesunde Ernährung und die Verfügbarkeit von Transportmitteln. Diese Personen müssen auch einer Reihe von Anforderungen nachkommen: um sich weiterhin selbst versorgen zu können, müssen sie bisherige Aktivitäten aufrechterhalten und neue aufnehmen, angesichts gesellschaftlicher und kommunaler Veränderungen flexibel und anpassungsfähig bleiben sowie medizinische, pflegerische und sonstige soziale Dienste gezielt in Anspruch nehmen und akzeptieren. Inwieweit einem alten Menschen sozialer Rückhalt zur Verfügung steht und er diesen nutzt, scheint wesentlichen Einfluß darauf zu haben, ob er einigermaßen glücklich und autonom leben kann. Zweifellos haben auch ältere Menschen ein starkes Bedürfnis nach Sozialkontakten, und die meisten davon haben auch noch Interesse und Freude an sexuellen Kontakten.

Wie bei den Angehörigen aller anderen Altersgruppen auch, reichen die gesundheitsbezogenen Bedürfnisse älterer Menschen von regelmäßigen Untersuchungen zur Bewahrung ihres körperlich-geistigen Wohlbefindens über die komplexen Behandlungsanforderungen akuter Krankheiten bis hin zur kontinuierlichen Therapie langfristiger chronischer Beschwerden. Da die Gesundheitsprobleme von Kindheit und Jugend genauso wie die des frühen Erwachsenenalters in die späteren Jahre mit einfließen und durch die altersbedingten Gebrechen ergänzt werden, gestalten sich die gesundheitlichen Beschwerden von Person zu Person sehr unterschiedlich. Obwohl einiges getan werden kann, um die Auswirkungen des Alterungsprozesses zu lindern oder unter Kontrolle zu bringen, sind Krankenhausaufenthalte bei Senioren aufgrund der oft zahlreichen Gesundheitsprobleme und der altersbedingt längeren Genesungszeiten häufiger und länger. Ein alter Menschen, der nach einem Krankenhausaufenthalt weiterhin medizinisch oder pflegerisch betreut werden muß, und sei es auch nur in geringem Maße, sieht sich einer Reihe neuer Probleme gegenüber. In den meisten Fällen lassen sich zwar theoretische Alternativen zu einer Heimunterbringung finden, praktisch jedoch ist es oft nicht zu vermeiden, daß der alte Mensch sich in irgendeine Art von Pflegeeinrichtung begibt. Sind die familiären Ressourcen inadäquat und fehlt ein Familienersatz, kann die Pflegebedürftigkeit des alten Menschen seine Unterbringung in einem qualifizierten Pflegeheim erforderlich machen.

Ob die Patienten Lebenszufriedenheit und Moral aufrechterhalten können, ob sie mit den Behandlungsmethoden zufrieden sind und auch, wie lange sie überleben, hängt maßgeblich davon ab, wie sie die Einrichtung subjektiv wahrnehmen und welche Gründe ihrer Meinung nach dafür oder dagegen sprechen, darin zu leben. Der Verlust der Kontrolle über das eigene Leben ist zumindest teilweise für die Depressionen, den körperlichen Verfall und den frühen Tod vieler Heimbewohner verantwortlich. Daraus ergibt sich die Notwendigkeit, dem kognitiven und emotionalen Status eines Patienten besonders bei der Aufnahme und in der Anfangsphase seines Heimaufenthalts, aber auch während dessen gesamter Dauer erhöhte Aufmerksamkeit zu widmen.

Das wohl häufigste Problem des späten Erwachsenenalters sind Depressionen, die von Erschöpfung, Antriebslosigkeit, geringem Selbstwertgefühl und Schlaflosigkeit begleitet werden können. Nicht selten werden Depressionen durch einen Trauerfall ausgelöst. Der Tod eines Lebensgefährten wird in der Regel als der größtmögliche Verlust empfunden, den ein Mensch im Verlauf seines Lebens erleiden kann.

Bei einer kranken Person und erst recht bei einer Person, die aufgrund ihrer Krankheit in eine Pflegeeinrichtung muß, kann die Tatsache, daß sie auf andere angewiesen ist, Angst davor auslösen, die Unabhängigkeit zu verlieren. Diese Befürchtung kann sich in Reizbarkeit, mangelnder Kooperationsbereitschaft in bezug auf Behandlungsmaßnahmen und einer generellen Unzufriedenheit mit dem Leben äußern. Rückt eine Krankheit dem Betroffenen die Wahrscheinlichkeit einer verminderten Lebenserwartung oder gar des nahen Todes vor Augen, so kann dieser plötzlich ein direkt oder indirekt selbstzerstörerisches Verhalten an den Tag legen. Diese Selbstzerstörungsversuche können aktiv oder passiv, tödlich oder vergleichsweise harmlos, offensichtlich oder verdeckt sein. Mögliche Beispiele wären Alkohol- oder Drogenmißbrauch, Adipositas, Vernachlässigung der eigenen Gesundheit bzw. Sicherheit und Abkehr von der sozialen Umgebung. Verhaltensweisen, die dem Pflegepersonal als unkooperativ bzw. aggressiv und destruktiv erscheinen, können einen doppelten psychischen Zweck erfüllen: erstens bieten sie dem Patienten eine Möglichkeit, Wut und Frustration über Krankheit und Abhängigkeit abzureagieren, und zweitens verschaffen sie ihm den Eindruck, einen Teil der Kontrolle zurückerobert zu haben, und heben damit sein Selbstwertgefühl.

Eine genaue Abfolge von Entwicklungsphasen anzugeben fällt bei dieser Altersgruppe noch schwerer als bei den übrigen, da auf der einen Seite ein Verfall und auf der anderen eine Reifung stattfindet, wobei sich beide Prozesse jedoch nicht die Waage halten. Der Verlauf des Alterns ist für jeden Einzelfall anders gelagert, und die große Variabilität physiologischer, psychologischer und soziologischer Faktoren macht es unmöglich, eine definitive chronologische Reihenfolge zu erstellen.

Sucht eine ältere Person um Hilfe nach, muß ihre Symptomatologie besonders genau untersucht werden, bevor man die gesammelten Daten mit Blick auf eine Intervention interpretiert. Der Therapeut muß sich zunächst seine eigenen Stereotypisierungstendenzen bewußt machen; er darf das Erscheinungsbild und die Beschwerden seines Patienten nicht einfach als normale Alterserscheinungen abtun. Da plötzliche Verhaltensänderungen auch von zerebrovaskulären und anderen altersbedingten organischen Veränderungen ausgelöst werden können, muß genau überprüft werden, ob bestimmten Krisensymptomen vielleicht organische Ursachen zugrunde liegen. Während der Phase der Ersteinschätzung sollte eine detaillierte medizinische Anamnese erstellt werden.

Oftmals ist der Betroffene aufgrund organischer Probleme außerstande, seine Krise intellektuell zu erfassen oder seine momentanen Gefühle zu erkennen und zu akzeptieren. Es kommt auch vor, daß Angehörige eine Person zur Therapie überreden bzw. schicken, obwohl eigentlich sie selbst es sind, die in einer Krise stecken. In diesem Fall muß der Therapeut sich vielleicht zunächst mit den Gefühlen befassen, die der betreffende Angehörige auf die scheinbar hilfsbedürftige ältere Person projiziert.

Im Verlauf des Alterungsprozesses muß das Ich des Betroffenen immer stärkeren Bedrohungen seiner Integrität standhalten. Leider übersteigt diese Belastung das Bewältigungsvermögen vieler alter Menschen. Sich neue Wertesysteme zu eigen zu machen und den in früheren Jahren erreichten Entwicklungsstand zurückzuschrauben, ohne jedoch das Selbstvertrauen zu verlieren, ist für alte Menschen in der Tat eine sehr anspruchsvolle Aufgabe, an der sie zwar wachsen, aber auch scheitern können. Die folgende Fallstudie schildert die Probleme eines älteren Ehepaares.

8.9 Fallstudie: Rentenalter

Sarah wurde von ihrem Mann John ins Krisencenter begleitet, der dort selbst vor etwa 10 Jahren Klient gewesen war, als er nach dem Tod des einzigen Sohnes in eine Krise geraten war und professionelle Hilfe gebraucht hatte. Sarah war 69 Jahre alt, drei Jahre älter als John. Sie war sorgfältig gekleidet, wirkte ein wenig besorgt und hatte unübersehbare Schwierigkeiten beim Gehen. Sie benutzte eine Krücke und stützte sich auf den Arm ihres Mannes. Nachdem sie sich mit Hilfe ihres Mannes und der Therapeutin auf einen Sessel im Sprechzimmer gesetzt hatte, bat sie hastig darum, daß John während der Sitzung im Raum bleiben dürfe. Sie sagte: «Eigentlich war es Johns Idee, daß wir beide heute hergekommen sind. Ich denke, er kann das Problem besser erklären als ich.» Nach einer kurzen Pause und mehreren Ansätzen begann John schließlich zu sprechen. Sarah saß die ganze Zeit über stocksteif in ihrem Sessel und ließ ihren Mann nicht aus den Augen.

John zufolge hatte ihr Problem «wohl» vor etwa drei Monaten seinen Anfang genommen, als Sarah zu Hause gestürzt war und sich die Hüfte gebrochen hatte. Nach einem Monat im Krankenhaus war sie nach Hause in seine Obhut entlassen worden. Der Pflegeplan sah vor, daß sie auf ambulanter Basis physiotherapeutisch behandelt werden sollte. Trotz aller Behandlungsmaßnahmen und häuslicher Übungen blieben die erwarteten Fortschritte jedoch aus. «Sehen Sie sie doch an, sie kann noch immer nicht alleine gehen! Wenn ihr niemand helfen würde, könnte sie wieder stürzen, und Gott weiß, was dann passiert! Wir machen uns beide große Sorgen.»

Als John weitersprach, wurde deutlich, daß er es vermied, von sich selbst zu reden. Er beschrieb, daß Sarah in letzter Zeit an Schlaflosigkeit, Angstzuständen und Depressionen leide und sagte, er habe Angst, sie könne in dieselben Krisensymptome verfallen, wegen denen er vor 10 Jahren ins Krisencenter gekommen sei. «Wie ich mich damals gefühlt habe, das war die reinste Hölle. Ich finde, sie sollte nicht dasselbe durchmachen müssen, wenn jetzt schon etwas dagegen unternommen werden kann.»

Je länger er sprach, desto erregter wurde er. Er vermied jeglichen Blickkontakt mit seiner Frau, rutschte ruhelos auf seinem Stuhl hin und her und wurde immer angespannter und zittriger. Immer wieder traten ihm die Tränen in die Augen, und mehrmals brach seine Stimme. Sarah hingegen hatte die tröstende Rolle übernommen, strich ihrem Mann wiederholt beruhigend über den Arm und hielt ihn schließlich fest an der Hand.

Als John kurz davor zu sein schien, offen in Tränen auszubrechen, stand er abrupt auf und sagte: «Also, Sarah, ich habe ihr alles erzählt. Jetzt werde ich für eine Weile spazieren gehen und dir das Reden überlassen. Ich bin in 20 Minuten wieder hier.» Mit diesen Worten verließ er das Büro.

Sobald John gegangen war, fing Sarah leise zu weinen an. Dann seufzte sie einige Male tief und lehnte sich zum ersten Mal, seit sie gekommen war, entspannt in ihrem Sessel zurück. «Bitte», wandte sie sich an die Therapeutin, «können Sie ihm helfen wie beim letzten Mal?» Sie berichtete, in der vergangenen Woche habe John keine Nacht länger als eine Stunde am Stück geschlafen, laufe immerzu auf und ab, weine oft aus völlig nichtigen Gründen und sei an einem Punkt angelangt, wo er vor lauter Angst und Grübelei nicht einmal mehr die einfachsten Entscheidungen treffen könne.

Sarah erzählte, daß sie und John seit 42 Jahren verheiratet waren. Ihr einziger Sohn war vor 10 Jahren unverheiratet gestorben. Sarah hatte zwar nie einen Beruf ausgeübt, war aber in den verschiedensten kirchlichen und kommunalen Gruppen und Organisationen aktiv gewesen. Als John, der Beamter gewesen war, in den Ruhestand ging, hatte sie sich aus einigen dieser Ehrenämter zurückgezogen, um mehr Zeit für gemeinsame Aktivitäten zu haben. Die beiden hatten viele neue Interessen entwickelt, und ihr soziales Leben war recht aktiv gewesen. Sie hatten stets Pläne «für die Zukunft» geschmiedet und viele neue Freunde gefunden. Ihr Haus war abbezahlt; sie hatten finanziell gut für ihr «Alter» vorgesorgt, und bis zu ihrem Unfall hatten sie kaum gesundheitliche Probleme gehabt.

Selbst nach ihrer Hüftfraktur hatten sie sich gegenseitig den nötigen Rückhalt geben können, um mit den vielen Veränderungen zurechtzukommen, die sich für ihr Alltagsleben ergaben. «Schließlich», sagte Sarah, «geht unsere Welt davon nicht unter; sie muß sich nur ein wenig langsamer drehen, bis wir wieder Schritt halten können.»

Nach einem einmonatigen Krankenhausaufenthalt wurde Sarah nach Hause entlassen und konnte die Behandlung auf ambulanter Basis fortsetzen. Obwohl sie regelmäßig zur Krankengymnastik ging und John streng darüber wachte, daß sie sich an den Trainingsplan hielt, den er für sie erstellt hatte, ging ihre Rehabilitation viel langsamer voran, als sie erwartet hatten. Letzte Woche hatte ihr der Arzt, der mit dem Genesungsverlauf ebenfalls nicht zufrieden war, empfohlen, einen stationären Aufenthalt in einem nahegelegenen renommierten Rehabilitatonszentrum zu erwägen. Er wollte sich nicht festlegen, wie lange sie dort würde bleiben müssen, schätzte aber, daß ihre Behandlung mindestens einen Monat dauern werde.

Sie erzählte, daß John zu diesem Zeitpunkt ebenso mit dieser Lösung einverstanden zu sein schien, wie sie es war, erinnerte sich jedoch im nachhinein daran, daß ihr Mann auf der Rückfahrt sehr still und grüblerisch war. Am Abend habe er sie zum Essen ausgeführt, um ihre neue Chance auf eine völlige Genesung zu feiern. In der Nacht wachte sie mehrfach davon auf, daß John aufstand und im Haus umherging. Als sie ihn am Morgen darauf ansprach, entschuldigte er sich hastig dafür, sie gestört zu haben, und schob seine Schlaflosigkeit darauf, daß er am Abend zuvor «zuviel Kaffee getrunken und zu schwer gegessen» habe. Den ganzen Tag über war er dann aber völlig in sich versunken und sie mußte ihn sogar daran erinnern, daß es Zeit für ihre Übungen war. Mehrmals fragte er seine Frau, ob sie sicher sei, daß sie die richtige Entscheidung getroffen hätten, oder ob sie nicht lieber einen anderen Arzt aufsuchen sollten, der vielleicht «bessere Behandlungsvorschläge» habe.

In den darauffolgenden Tagen nahmen Johns Anspannung und Angst zu. Er schien sich ungewöhnlich große Sorgen darum zu machen, wie sie in bezug auf die Entscheidung empfand, und nichts, was sie auch sagte, konnte ihn davon überzeugen, daß sie wirklich in diese Klinik gehen und sich behandeln lassen wollte. Am gestrigen Tag habe sie ihn dann immer wieder dabei ertappt, wie er sie mit Tränen in den Augen angesehen habe. Seine einzige Erklärung war, daß sie ihm «so leid tue», weil sie «an einen völlig fremden Ort gehen» müsse und er vielleicht nicht da sei, wenn sie ihn brauche. Am letzten Abend sei er überhaupt nicht ins Bett gegangen, sondern habe die ganze Nacht im Wohnzimmer gesessen. Sarah hatte es nicht gewagt, schlafen zu gehen, weil sie befürchtete, daß er nach draußen gehen und herumirren könnte.

Immer wieder hatte sie ihm in den vergangenen Tagen geraten, ins Krisencenter zu gehen und mit seinem früheren Therapeuten zu reden. Diese Aufforderungen hatte er völlig ignoriert, bis er gestern schließlich selbst mit dem Vorschlag gekommen sei, sie sollten zusammen ins Krisencenter gehen. «Ich bin mir sicher», so sagte er zu seiner Frau, «daß dir diese ganze Sache genauso viel Angst machen muß wie mir.» Sarah hatte diesem Plan zugestimmt, da sie sonst keine Möglichkeit sah, ihren Mann dazu zu bringen, daß er sich im Krisencenter Hilfe holte.

«Natürlich bin ich nicht gerade glücklich darüber, daß ich wieder ins Krankenhaus muß», sagte sie der Therapeutin. «Jeder, der in meiner Lage ist, hätte wohl gerne eine Art Garantie dafür, daß er wieder gesund wird, aber am meisten Sorge bereitet es mir, wie John von dieser Angelegenheit mitgenommen wird.» Nachdem sie noch etwas länger mit Sarah über ihre Gefühle gesprochen hatte, entschied die Therapeutin, daß sie scheinbar recht gut mit den aktuellen Ereignissen zurechtkam. Sie hatte zwar Angst und machte sich Sorgen, befand sich aber keinesfalls in einer Krise.

Als die Therapeutin einen Blick in den Flur warf, stellte sie fest, daß John inzwischen von seinem Spaziergang zurückgekehrt war. Sie bat Sarah, draußen zu warten und rief John noch einmal alleine in ihr Büro. Dieser war noch immer sehr angespannt; als die Therapeutin ihn aber damit konfrontierte, daß alles darauf hindeute, daß er derjenige sei, der unter Depressionen und Angstzuständen litt, leugnete er die Schwere seiner Symptome zunächst. Nachdem er einige vergebliche Versuche unternommen hatte, das Thema zu wechseln, begann er jedoch ganz offen zu beschreiben, wie groß die Angst und das Gefühl der Überforderung in der zurückliegenden Woche wirklich gewesen waren. «Was sollen wir denn noch alles erdulden? Ich war mir so sicher, daß sie bis jetzt wieder würde laufen können. Wir haben alles gemacht, was uns die Ärzte gesagt haben – ich habe so hart mit ihr gearbeitet, all die Übungen und Termine haben wir eingehalten –, und es hat überhaupt nichts gebracht. Und jetzt muß sie wieder ins Krankenhaus. Ich glaube, das ist alles meine Schuld. Vielleicht habe ich mir nicht genug Mühe gegeben oder ich habe die Übungen irgendwie falsch gemacht. Sie haßt es, so leben zu müssen. Manchmal denke ich, sie muß mich dafür hassen, daß sie in allem so abhängig von mir ist!»

Nachdem Sarah vor zwei Monaten aus dem Krankenhaus gekommen war, hatte John alle Hände voll damit zu tun gehabt, sie zu ihren Behandlungsterminen zu fahren, den Haushalt in Ordnung zu halten und ihr bei ihren häuslichen Übungen zu helfen. Diese Rolle hatte ihm viel gegeben, da er den Eindruck hatte, einen großen Beitrag zu ihrer Genesung leisten zu können. Als jedoch Wochen und Monate vergingen, ohne daß sich ihr Zustand merklich verbessert hätte, war er erschrocken, feststellen zu müssen, daß er wütend auf seine Frau wurde und ihr mitunter sogar den Vorwurf machte, sich nicht genug anzustrengen. In letzter Zeit war es ihm immer schwerer gefallen, diese Gefühle vor Sarah zu verbergen, und er spürte den Wunsch in sich aufkeimen, der Situation für eine Weile zu entrinnen, wie früher eine Reise zu unternehmen – selbst wenn das bedeuten würde, daß er ohne seine Frau fahren müßte! Jetzt, da sie sich dafür entschieden hatte, sich in der Reha-Klinik behandeln zu lassen, bekam er plötzlich die Gelegenheit, für eine Weile «alles hinter sich zu lassen». Er konnte die Verantwortung für ihre Betreuung und die täglichen Übungen an andere abschieben und fühlte sich deswegen sehr schuldig. Vielleicht hatte er ihr ja wirklich nicht genug beim Üben geholfen; vielleicht hätte er Wege finden müssen, um ihr einen größeren Ansporn zu geben. Je mehr er darüber nachdachte, desto mehr bildete er sich ein, er alleine sei daran schuld, daß seine Frau keine Fortschritte machte. Also war es auch seine Schuld, daß sie wieder ins Krankenhaus mußte, und er alleine wäre dafür verantwortlich, wenn sie nie wieder nach Hause käme!

Das Interventionsziel bestand darin, John zu einer realistischen Wahrnehmung der Situation zu verhelfen, ihn seine Gefühle hinsichtlich der Veränderungen, die Sarahs Krankheit für seinen Alltag bedeutete, artikulieren zu lassen und ihm den situativen Rückhalt zu geben, den er benötigte, um den drohenden partiellen Verlust seiner Frau zu verarbeiten, wenngleich dieser auch noch nicht endgültig war. Vor der nächsten Sitzung wurde mit Johns Einverständnis der Hausarzt konsultiert, um herauszufinden, ob es organische Ursachen für Johns Verhaltensänderungen gab; der Befund des Arztes war jedoch negativ.

In den folgenden beiden Sitzungen stellte die Therapeutin John direkte Fragen und führte ihm seine eigenen verbalen und nonverbalen Hinweise vor Augen. So bewirkte sie, daß ihr Klient seine Angst zum Ausdruck brachte, Sarah werde nie wieder über ihren momentanen Zustand hinaus gesunden. Mit Hilfe des situativen Rückhalts der Therapeutin konnte er auch über die Wut sprechen, die er seiner Frau gegenüber empfunden hatte, weil sie durch ihren Unfall ihre «gemeinsame Zukunft gefährdet» hatte. Von Tag zu Tag schien die sorgfältige Planung, die sie für ihr «Alter» getroffen hatten, unsicherer zu werden. «Es ging weniger um die finanzielle Sicherheit», sagte John, «unsere Versicherungen decken mögliche Krankheiten recht gut ab. Aber all unsere Pläne galten für uns *beide*, nicht nur für *einen* von uns!» Johns Angst, seine Frau zu verlieren, hatte der Wut darüber Platz gemacht, daß Sarah in ihm unangenehme Empfindungen weckte.

Während der ersten Sitzung hatte sich gezeigt, daß John keine klare Vorstellung davon hatte, was Sarahs Verletzung wirklich bedeutete. Für ihn war ein gebrochener Knochen – ganz gleich welcher – eben nur ein gebrochener Knochen. Dieser Knochen war gebrochen, also würde er auch wieder heilen! Nie war er auf die Idee gekommen, dem Orthopäden, der seine Frau behandelt hatte, irgendwelche Fragen zu stellen, sondern hatte es seiner Frau überlassen, ihn aufzuklären. Die Therapeutin riet ihm nun, sofort einen Termin mit diesem Arzt zu vereinbaren und sich aus erster Hand über den zu erwartenden Verlauf von Sarahs Genesung informieren zu lassen, statt sich weiter auf seine eigenen laienhaften Vermutungen zu stützen.

Bei der nächsten Sitzung erzählte John, daß er den Rat befolgt und mit dem Orthopäden gesprochen hatte. Er war sehr erleichtert, erfahren zu haben, daß Sarahs Rekonvaleszenz zwar etwas langsamer voranschritt, als man ursprünglich angenommen hatte, der Arzt aber trotzdem davon ausging, daß sie nahezu ihre volle Funktionalität wiedererlangen werde. Das dauere allerdings seine Zeit, und John müsse Sarah helfen, die nötige Geduld aufzubringen. Die Empfehlung, sich in der Reha-Klinik behandeln zu lassen, sei ausgesprochen worden, um Sarahs Genesung zu beschleunigen; sie dürfe von John nicht als ein Zeichen dafür gewertet werden, daß seine Frau nie wieder gesund werde. Als Johns Angst und Depression zurückgingen, konnte er die Ereignisse, die seine Krise ausgelöst hatten, realistischer sehen. Er erkannte, daß es völlig normal war, in einer Situation wie der ihren Wut zu empfinden, es jedoch nicht normal war, wie er mit dieser Wut umging. Statt offen mit seiner Frau über seine Gefühle zu reden, wie er es zu jedem anderen Zeitpunkt getan haben würde, versuchte er, sie davor zu «schützen», und machte sie innerlich für seine Misere verantwortlich. Da er sonst niemanden hatte, der ihm situativen Rückhalt hätte geben können, wuchsen seine Angst und Depression stetig an und führten zu einer immer stärker verzerrten Wahrnehmung der Situation.

Als Sarah sich dafür entschied, den Rat ihres Arztes zu befolgen und in die Reha-Klinik zu gehen, konnte John dies in seiner übergroßen Angst nur noch als den Beginn eines Prozesses sehen, an dessen Ende er seine Frau endgültig verlieren würde. Später erklärte er es der Therapeutin so: «Wenn man erst mal in meinem Alter ist, hat man diese Befürchtung permanent im Hinterkopf. Wenn ein junger Mensch ins Krankenhaus kommt, stehen die Chancen gut, daß er wieder nach Hause kommt, aber wenn man so alt ist wie Sarah und ich, kann man sich da nicht mehr so sicher sein! Und dann hat sie mich auch noch gebeten, ihr bei der Entscheidung, ob sie in diese Klinik gehen sollte, zu helfen – wo ich doch sowieso schon nicht mehr wußte, wie ich darüber denken sollte, daß ich mich für den Rest meines Lebens so um sie kümmern muß!»

Nach der dritten Sitzung waren Johns Symptome so weit zurückgegangen, daß er Sarah beim Packen helfen und sie in die Reha-Klinik bringen konnte, ohne daß seine Angst angestiegen wäre. Ihm war nun klar, daß er durch seine Versuche, seine wahren Gefühle vor Sarah zu verbergen, nicht nur seine Frau geängstigt, sondern auch seine eigene Krise heraufbeschworen hatte. Er plante, Sarah dreimal pro Woche zu besuchen. Beide waren sich darin einig, daß sie so ausreichend Zeit haben würde, um sich voll darauf zu konzentrieren, «wieder richtig gehen zu können». John würde damit beginnen, die Kontakte zu alten Freunden wieder aufleben zu lassen, damit er während Sarahs Abwesenheit nicht so alleine wäre.

Füllen Sie das Paradigma (**Abb. 8-5**) für diese Fallstudie aus und vergleichen Sie es mit der Auflösung in Anhang A. Orientieren Sie sich, falls nötig, an den Paradigmen in Kapitel 3.

Indem die Therapeutin mit John auf die Gefühle einging, die der Gedanke bei ihm auslöste, Sarahs Zustand werde sich möglicherweise nicht mehr verändern, half sie ihrem Klienten, sich für diese Eventualität zu wappnen. John schaffte es ganz allmählich, alternative Lebensweisen für sich und seine Frau zu erwägen. Beispielsweise kam er zu der Erkenntnis, sie sollten ernsthaft darüber nachdenken, ihr zweistöckiges Haus zu verkaufen. «Schließlich», sagte er, «ist es ja nicht nur ihre gebrochene Hüfte. In ein paar Jahren werde ich mit meiner Arthritis sicher auch so weit sein, daß mir die Treppe wie der Mount Everest vorkommt!» Er setzte sich auch mit der Vorstellung auseinander, was auf ihn zukäme, wenn Sarah ihn eines Tages für immer verlassen würde. Er wußte, daß er, während seine Frau in der Reha-Klinik war, zu lernen anfangen sollte, wie er alleine zurechtkommen konnte. Selbst wenn Sarah ihren Mann überleben sollte, so war diese Zeit ohne sie für ihn ein Ausblick darauf, «wie mein Leben ohne Sarah aussehen würde – und ich müßte schon ziemlich dumm sein, um nicht zu erkennen, daß ich besser daran täte, mich darauf vorzubereiten – und zwar schnell!»

8. Die Stressoren des Lebenszyklus 295

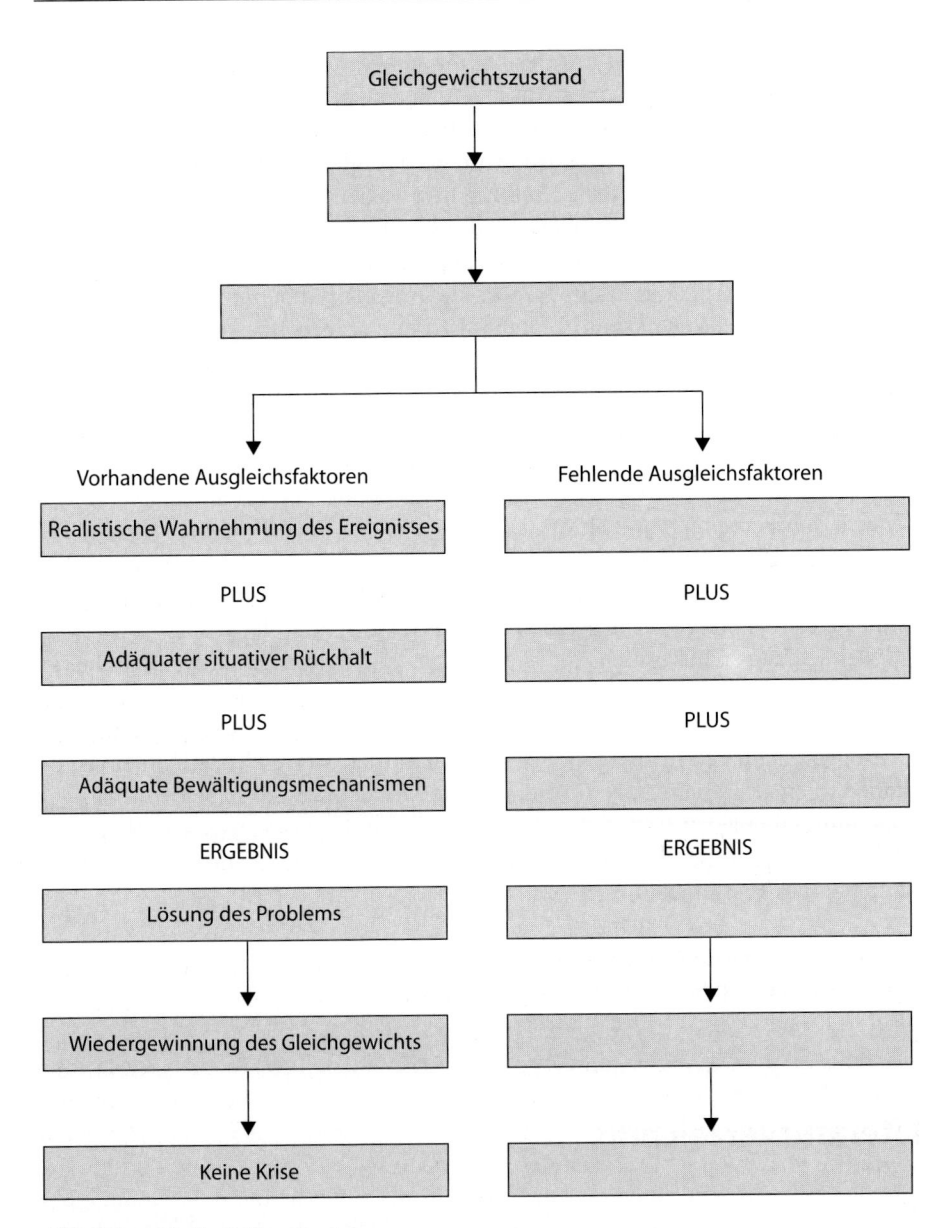

```
                    Gleichgewichtszustand
                            │
                            ▼
                    ┌───────────────┐
                    └───────────────┘
                            │
                            ▼
          ┌─────────────────────────────────┐
          └─────────────────────────────────┘
                    │           │
          ┌─────────┘           └─────────┐
          ▼                               ▼
Vorhandene Ausgleichsfaktoren   Fehlende Ausgleichsfaktoren
```

Vorhandene Ausgleichsfaktoren	Fehlende Ausgleichsfaktoren
Realistische Wahrnehmung des Ereignisses	
PLUS	PLUS
Adäquater situativer Rückhalt	
PLUS	PLUS
Adäquate Bewältigungsmechanismen	
ERGEBNIS	ERGEBNIS
Lösung des Problems	
↓	↓
Wiedergewinnung des Gleichgewichts	
↓	↓
Keine Krise	

Abbildung 8-5: Fallstudie: John

Da er völlig unvorbereitet mit der für ihn neuen Aufgabe konfrontiert wurde, Sarah zu versorgen, wuchs Johns Angst und beeinträchtigte seine Wahrnehmung der belastenden Situation. Als Sarah nicht die Fortschritte machte, die John erwartet hatte, frustriert ihn das. Er wurde wütend und glaubte, in seiner neuen Rolle versagt zu haben. Unfähig, diese Gefühle herauszulassen, verschob er seine Wut auf Sarah. Als er ihr nun bei der Entscheidung helfen sollte, ob sie wieder ins Krankenhaus gehen sollte, fühlte er sich durch einen dauerhaften Rollentausch und den potentiellen Verlust seiner Frau bedroht. Im Umgang mit den immer stärker werdenden situativen Streßfaktoren fehlten ihm die entsprechenden Bewältigungsmechanismen, und er erstarrte in einem Zustand der Entscheidungsunfähigkeit.

Die Interventionen zielten darauf ab, John bei der Artikulation seiner Gefühle und der Wiedergewinnung einer realistischen Situationswahrnehmung zu helfen. Seine Angst und seine Depression nahmen ab, und er konnte wieder Pläne für seine und Sarahs Zukunft machen. Im Mittelpunkt der letzten Sitzung stand der Versuch, John erkennen und akzeptieren zu lassen, daß seine biopsychosoziale Integrität mit zunehmendem Alter in immer höherem Maße gefährdet war und er lernen mußte, sich bei auftretenden Problemen Hilfe zu holen und nicht die gesamte Verantwortung auf die eigenen Schultern laden zu wollen.

Zwei Monate später erhielt die Therapeutin einen Anruf von John: Sarah war vor zwei Wochen aus dem Reha-Zentrum gekommen. Ihr dortiger Aufenthalt hatte leider nicht die erwarteten Fortschritte gebracht. Trotzdem, so John, hatte sie es fertiggebracht, sich in die Küche zu stellen und «das absolut beste Dinner zu kochen, das ich seit einem ganzen verdammten Monat gegessen habe», und das genüge ihm. Die beiden hatten ihr Haus bereits zum Verkauf ausgeschrieben und wollten sich ein großes Wohnmobil kaufen, in dem sie durchs Land fahren und das Rentendasein beginnen konnten, das sie für sich geplant hatten.

> **Peu de gens savent être vieux.**
> **Wenige Menschen verstehen, alt zu sein.**
> *de La Rochefoucauld*

Literaturverzeichnis

Adler, E. S., Clark, R.: Adolescence: a literary passager Adolescence 26:757, 1991.
Aguilera, D. C.: Stressors in late adulthood. In Aguilera, D. C., editor: Coping with life stressors a life cycle approach, Fam Community Health 2(4):61, 1980.
Anderson, C. R. and others: Managerial response to environmentally induced stress, Academy Management, J 20(2):260, 1977.
Baack, D.: The personal impact of company policies: a social penetration theory perspective, J Managerial Issues 3:196, 1991.

Cameron, N.: Personality development and psychopathology, Boston, 1963, Houghton Mifflin.
Cassell, R. N.: The child «at risk» for drug abuse rating schedule (DARS), Psychol A J Human Behav 28:52, 1991.
Cobb, S.: Social support as a moderator of life stress, Psychosom Med 38(5):300, 1976.
Dohrenwend, B. S., Dohrenwend, B. P., editors: Stressful life events: their nature and effects, New York, 1974, John Wiley & Sons.
English, O., Pearson: Emotional problems of living, New York, 1955, WW Norton.
Erikson, E. H.: Growth and crises of the health personality. In Senn, M. J. E., editor: Symposium on the healthy personality, New York, 1950, Josiah Macy Jr Foundation.
Erikson, E. H.: Identity and the life cycle. In: Psychological Issues, vol 1, No. 1, mono 1, New York, 1959, International Universities Press.
Erikson, E. H.: Childhood and society, ed 2, 1963, WW Norton.
Erikson E. H.: Maturational crisis. In Stantrock, J. W., editor: Life span development, ed 4, Dubuque, 1992, WC Brown.
Hahn, M. E.: Psychoevaluation: adaption, distribution, adjustment, New York, 1963, McGraw-Hill.
Holmes, T. E., Rahe, R. H.: Social readjustment rating scale, J Psychosom Res, vol 11, 1967.
Homonoff, E. E., Meltz, P.: Developing and maintaining a coordinated system of community based services to children, Community Ment Health J 27(5):347, 1991.
Lau, S.: Crisis and vulnerability in adolescent development: erratum, J Youth Adoles 20:561, 1991.
Peterson, C. and others: The attributional style questionnaire, Cognitive Therapy Res 6:287, 1972.
Piaget, J.: The child's conception of the world, Totowa, NJ, 1963, Littlefield.
Piaget, J.: The life cycle. In Carter, B., McGoldrick, M., editors: The changing family life cycle, ed 2, Boston, 1989, Allyn & Bacon.
Pruett, H.: Stressors in middle adulthood, Fam Community Health 2(47):53, 1980.
Rose-Gold, M. S.: Intervention strategies for counseling at-risk adolescents in rural school districts, Sch Counselor 39:122, 1991.
Starr, Goldstein: Human development and behavior, Psychol Nurs, 1975.
Zachry, C. B.: Emotion and conduct in adolescence, New York, 1940, Appleton-Century-crofts.

Weiterführende Literatur

Barabander, C. S.: Alcohol and drugs in the workplace. In Ashenberg Straussner, S. L., editor: Clinical work with substance-abusing clients, New York, 1993, Guilford.
Cowger, C. D.: Assessing client strengths: clinical assessment for client empowerment, Soc Work 39:262, 1994.
Goldmeier, J.: Intervention with elderly substance abusers in the workplace, J Contemp Human Ser p 624, 1994.
Lewis, J. A. and others: Substance abuse counseling, an individualized approach, ed 2, Belmont, Calif, 1994, Brooks/Cole.

9. Drogenmißbrauch

Opium: Eine unverriegelte Tür im Gefängnis der Identität. Sie führt in den Gefängnishof.
Ambrose Bierce

Leben ist Veränderung. Die Menschen ändern sich, die Mode ändert sich – im einen Jahr sind lange, flatternde Röcke modern, im nächsten tragen Mädchen und Frauen reinste Feigenblätter von Miniröcken. Auch die Herrenmode ist solchen Veränderungen unterworfen – von großen Kragen zu kleinen Kragen und von Hosen mit Bundfalten zu Hosen ohne Bundfalten. Diese Veränderungen der *Kleidermode* allerdings sind vergleichsweise harmlos; sie vermehren lediglich die Gewinne der Modedesigner und Einzelhändler.

Es gibt jedoch noch einen anderen Modetrend, der für Jugendliche und die Angehörigen der heutigen Generation weitaus gefährlicher ist. Heutzutage sind *Designerdrogen* «in». Zwar dürften vielen von uns Begriffe wie *Pot*, *Crack*, *Schnüffeln*, *Speed* und *Downers*, *H* und *Junkie* einigermaßen geläufig sein, aber haben Sie schon einmal von *Roofies* oder *Scoop* gehört? Wieviel wissen wir wirklich über diese modernen Straßendrogen? Wer nimmt sie und warum – und *wo* bekommt man sie? Wie wirken sie sich aus? Sind diese Effekte vorübergehend oder dauerhaft? Können sie den Tod der Person verursachen, die sie einnimmt oder von anderen verabreicht bekommt?

Aber auch die «althergebrachten» Drogen werden wieder verstärkt konsumiert: Keine sieben Tage nachdem Senator Bob Doyle in seinem Bundesbericht (1996) ähnliche Erkenntnisse veröffentlicht hatte, berichtete auch der kalifornische Justizminister Dan Lungren über einen Anstieg des Drogenkonsums amerikanischer Teenager. Ganz im Einklang mit den nationalen Statistiken findet sich auch unter Schülern ein erschreckender Trend zum vermehrten Griff zu Drogen.

In den späten achziger Jahren war der Drogenkonsum bei Schülern rückläufig; Anfang der neunziger Jahre gab es, abgesehen von einigen Warnsignalen für einen drohenden Wiederanstieg, im großen und ganzen keine wesentlichen Veränderungen. Während der letzten vier Jahre jedoch hat es eine alarmierende Zunahme des Drogenkonsums gegeben; die Spitzenwerte von vor zehn Jahren könnten in den Schatten gestellt werden. Der Bundesstudie zufolge ist der Drogenkonsum unter 12- bis 17jährigen von 5,3% im Jahre 1992 auf 10,9% im Jahre 1995 hochgeschnellt. Staatliche Dienststellen für Alkohol- und Drogenprogramme, Schulbehörden und Gesundheitsdienste ermittelten zwischen November 1995 und März 1996 in einer Erhebung an 6000 Schülern in ganz Kalifornien folgende Ergebnisse: (Die Vergleichswerte stammen aus einer Erhebung, die in den Jahren 1993/94 durchgeführt wurde.)

- Der *Alkoholkonsum* während der vergangenen 6 Monate war bei den Neuntkläßlern von 68,6 auf 67,2% *gesunken*, während er bei den Elftkläßlern von 74,3 auf 75,3% *gestiegen* war.

- Der *Marihuanakonsum* während der vergangenen 6 Monate war bei den Neuntkläßlern von 30,4 auf 34,2% und bei den Elftkläßlern von 40,0 auf 42,8% *gestiegen*.

- Der *Amphetaminkonsum* während der vergangenen 6 Monate war bei den Neuntkläßlern von 7,5 auf 10,8% und bei den Elftkläßlern von 10,1 auf 10,4% *gestiegen*.

- Der *LSD-Konsum* während der vergangenen 6 Monate war bei den Neuntkläßlern von 8,6% auf 9,9% *gestiegen*, während er bei den Elftkläßlern von 12,2 auf 10,8% *gesunken* war.

- Der *Heroinkonsum* während der vergangenen 6 Monate war bei den Neuntkläßlern auf 2,9% und bei den Elftkläßlern von 1,4 auf 2,2% *gestiegen*.

- Der *Kokainkonsum* während der vergangenen 6 Monate war bei den Neuntkläßlern von 6,1% auf 6,4% und bei den Elftkläßlern von 4,9 auf 7,2% *gestiegen*.

9.1 Marihuana/Haschisch

Die Gefahr ist da. Immer jüngere Schüler trinken Alkohol und rauchen Zigaretten oder gar Pot, um «high» zu werden. Einige dieser Jungkonsumenten sehen, wie ihre Eltern, älteren Geschwister oder Kameraden trinken und Haschisch rauchen und sich dabei offensichtlich recht wohlfühlen. So fängt gewöhnlich alles an. Um aufzuhören jedoch bedarf es meist der Hilfe anderer, einer starken Selbstdisziplin und Motivation oder einer versehentlichen – tödlichen – Überdosis.

Junge Potraucher rauchen aus Spaß und wegen des Kicks, den ihnen ein guter Joint gibt, und nicht, weil sie in den trostlosen Zentren der großen Städte leben oder keine anderen Freizeitmöglichkeiten hätten (Ferrell 1996). Sie können sich meist gut ausdrücken, sind selbstbewußt und machen sich keine größeren Sorgen über die Zukunft. Für viele dieser Teenager ist Marihuana nur eine Würze des Lebens – die geheime Zutat, um vermeintlich cooler, mutiger oder auch nur anders als die anderen zu sein.

Viele dieser Jugendlichen rauchen Haschisch schon in der zweiten Generation; sie sind die Kinder der Hippiegeneration der sechziger Jahre. Andere werden von Freunden, Songs, Filmen oder dem Wandel der öffentlichen Meinung animiert. Sie haben wegen ihres Doppellebens kaum ein schlechtes Gewissen, verstecken den «Stoff» in ihren Schrankfächern oder Sockenschubladen, wickeln ihre Deals über ihr eigenes Telefon ab und rauchen ihre Joints heimlich in Garagen, Hinterhöfen oder auch zu Hause, wenn die Eltern abends ausgegangen sind.

Ein 17jähriger Schüler der Abschlußklasse einer der besten amerikanischen High-Schools sagte: «Alle tun es ... die Sportfreaks, die Streber, die Spießer, die Surfer, die Hippies..... Ich kenne Leute, die hauen dich mit ihrer Intelligenz glatt aus den Socken und ziehen sich jeden Abend Joints rein!» (Ferrell 1996).

Einigen Konsumenten gelingt es, Marihuana zu einem festen Bestandteil ihres Lebens zu machen, ohne daß sie die Kontrolle verlieren. Sie sind gute Schüler und haben tolle Jobs. Das ist das Rätselhafte an dieser Droge – ein Grund dafür, daß auch viele Erwachsene nicht wissen, was sie davon halten sollen.

Haschisch ist im amerikanischen Denken in einer Grauzone angesiedelt. Obwohl die Forschung Belege dafür gefunden hat, daß Pot suchterzeugend ist und die Lungen schädigt, ist sein Status als Gesundheitsbedrohung nicht ganz eindeutig und selbst unter Wissenschaftlern umstritten. Alkohol und Tabak bringen in vielen Punkten dieselben Probleme mit sich, und diese Substanzen sind legal. Eine erhebliche Zahl von Haschischkonsumenten steigt später auf härtere Drogen um, ein großer Anteil jedoch tut dies nicht. Im Januar 1997 sprach sich die American Medical Association für den Einsatz von Marihuana zu medizinischen Zwecken aus (Shuster 1997). Zur gleichen Zeit äußerte der Drogenpapst Barry McCaffrey im Namen der amerikanischen Regierung, es sei noch «zu früh», um Marihuana offiziell als Medikament anzuerkennen (S. A20).

Leider ist es nicht nur so, daß immer mehr Teenager Haschisch rauchen, sondern die Konsumenten werden auch immer jünger. Vor 10 Jahren rauchte der durchschnittliche Konsument seinen ersten Joint mit 17 oder 18 Jahren; heute sind die Erstkonsumenten zwischen 13 und 14 Jahre alt. Außerdem beschränkte sich das Problem vor 10 Jahren auf Pot, Alkohol und manchmal etwas Kokain oder LSD. Die Kids von heute hingegen probieren alles aus. Sie differenzieren nicht mehr so stark, wie es früher der Fall war, und sie sind wesentlich risikobereiter (Ferrell 1996).

Während die Wissenschaft einerseits Fortschritte dabei macht, Marihuana und seine Wirkung besser zu verstehen, trägt sie andererseits dazu bei, die Droge immer wirksamer zu machen. Aufgrund von Hybridisierung und speziellen Anbautechniken sind Händler wie z. B. *Hemp BC*, ein Hanfladen in Vancouver (British

Columbia), heute in der Lage, ihren Kunden mehr als 70 verschiedene Sorten Cannabis-Samen anzubieten. Der Kunde kann diese per Katalog bestellen oder über das Internet beziehen und Haschisch anbauen, das viel stärker als das Marihuana der sechziger Jahre ist.

9.2 Heroin

Barry R. McCaffrey, der Drogenpapst Amerikas (Greenberg 1996), betont, daß der Heroinkonsum amerikaweit mit einer besorgniserregenden Geschwindigkeit zunehme und Dealer neue und immer erfolgreichere Wege fänden, um die Droge zu vermarkten.

Der durchschnittliche Straßenpreis für Heroin ist inzwischen so niedrig und die Qualität des Stoffs so hoch, daß neue Heroinkonsumenten die Droge rauchen oder inhalieren können, anstatt sie sich zu injizieren, so warnt McCaffrey in der neuesten Ausgabe von *Pulse Check*, einem vierteljährlichen Bericht über den amerikanischen Drogenkonsum, der vom Weißen Haus herausgegeben wird.

Außerdem wurde festgestellt, daß die leichtere Verfügbarkeit und die höhere Reinheit des Heroins dafür gesorgt haben, daß die Droge ihre Anhänger zunehmend auch unter den Arbeitern und Vorstadtbewohnern findet. Etwa drei Viertel der Heroinkonsumenten inhalieren die Droge nicht, sondern injizieren sie, was dafür sprechen könnte, daß die Inhalation nur eine Übergangsphase zur Injektion ist.

Viele Leute, die Mitte der achziger Jahre Kokain geschnupft haben, sind inzwischen auf Heroin umgestiegen. Heroin ist genau die Art von Droge, die nach einer Phase auftritt, in der vorwiegend ein Stimulans wie Kokain benutzt wurde. Der Drogenkonsum zeigt in den USA eine zyklische Bewegung; Drogen kommen abwechselnd in und aus der Mode. Nachdem in den achziger Jahren verschiedene Sportler, Schauspieler und Musiker an Kokain gestorben waren, nahm der Kokainkonsum ab, und Heroin rückte auf der Beliebtheitsskala an die erste Stelle vor.

McCaffrey unterstreicht außerdem die Gefahr, die von Speed (Methamphetamin) ausgeht, das Kokain beinahe schon an Beliebtheit übertrifft. Speed sei «das Heroin des armen Mannes», stelle eine enorme Gefahr für die körperliche und geistige Gesundheit dar und könne die Fähigkeit, Maschinen zu führen, erheblich einschränken (Greenberg 1996).

Bis 1990 stammte der größte Teil des in Amerika gehandelten Heroins aus Asien. Dann begannen kolumbianische Drogenringe, neben Kokain auch Heroin herzustellen und über die Südgrenze der USA zu schmuggeln. Bis zu 70% der Drogenlieferungen kommen nun über Mexiko ins Land. Durch die Produktion und den Verkauf von Heroin erhoffen die kolumbianischen Drogenkartelle sich eine

Diversifizierung ihres Marktes. Indem sie ihre Dealer nun Kokain *und* Heroin verkaufen lassen, d. h. «zweigleisig» fahren, haben sie sich eine gewinnträchtige Marktposition gesichert.

Der Tod eines Musikers der *Smashing Pumpkins*, einer der erfolgreichsten alternativen Rockbands Amerikas, hat zu einem makabren Anstieg der Nachfrage nach eben der Droge geführt, an der er starb. Jonathan Melvoin, der 34jährige Keyboarder der Gruppe, starb in einem New Yorker Luxushotel an einer Überdosis Heroin der Sorte «Red Rum». Seit seinem Tod wollen immer mehr Heroinkonsumenten «den Stoff, den Melvoin benutzt hat» kaufen. Der Tod des Musikers hat sich für die Droge zu einem werbeträchtigen Ereignis entwickelt, das Käufer anlockt. Um vor den potentiellen Folgen des Konsums von «Red Rum» zu warnen, das sich rückwärts übrigens *murder* (Mord) liest, berief die Polizei eine Pressekonferenz ein. Sie versucht, die Konsumenten davon zu überzeugen, sich die starke und hochgefährliche Droge nicht zu spritzen (Goldman 1996).

9.3 Speed (Methamphetamin)

Speed (Methamphetamin) ist ein Amphetaminderivat, das 1919 von einem japanischen Pharmakologen entwickelt wurde. Eigentlich zur Behandlung von Konzentrationsschwäche und Adipositas gedacht, wurde es seit seiner Markteinführung in den dreißiger Jahren ebenso mißbraucht wie andere Amphetamine.

Die Existenz einer injizierbaren, hochgradig suchterzeugenden Form der Droge, die besonders die «Speed-Freaks» der sechziger Jahre benutzten, veranlaßte die Regierung, im Jahre 1970 die Produktionskontrollen zu verschärfen. In den siebziger Jahren, als Kokain immer leichter zu bekommen war, ging der Speedkonsum zurück.

In den vergangenen Jahren jedoch wurde die Droge wieder beliebter, besonders in Kalifornien, das heute das amerikanische Zentrum der illegalen Speedherstellung ist. Die Droge ist leicht herzustellen, kostet weniger als Kokain und erzeugt ein Hochgefühl, das für Stunden anhält, was Speed besonders für Arbeitnehmer interessant macht, die wachzubleiben versuchen (Marsh 1996).

Die Droge wird überall dort konsumiert, wo nicht mit einer Entdeckung zu rechnen ist – z. B. in der Toilette, im Treppenhaus, im eigenen Büro, während der Pause im Auto oder auf Reisen im Waschraum des Flugzeugs. Das gängigste Konsumierungsmuster sieht wie folgt aus: der Konsument schnupft morgens, bevor er zur Arbeit geht, zum ersten Mal Speed, um in die Gänge zu kommen, und frischt seinen Rausch im Laufe des Tages immer wieder auf, wenn die Wirkung nachläßt. Am Abend kippt er sich mit Alkohol zu, um seine Euphorie abzubauen, wacht am Morgen mit einem Kater auf und beginnt den Kreislauf von neuem.

Je länger ein Speedkonsument die Droge benutzt, desto mehr bemerken seine Kollegen, daß mit ihm etwas nicht stimmt, sie können jedoch nicht genau sagen, was. Die Utensilien sind leicht zu verstecken: ein kleiner Plastikbeutel oder ähnliches, der den Stoff enthält, ein Spiegel oder eine andere glatte Unterlage, eine Rasierklinge, um die Droge zu pulverisieren und zu Linien zusammenzuschieben, und ein kurzer Strohhalm, um das Pulver zu inhalieren.

Ein möglicher Hinweis ist, daß der Betroffene auf der Toilette verschwindet, aber nicht abzieht, und dann schniefend oder an seiner Nase herumfingernd ins Büro zurückkommt. Manche Speedkonsumenten halten die Hygienegewohnheiten aufrecht, die meisten starken Konsumenten jedoch, die oft lange Zeit nicht schlafen, waschen oder duschen sich häufig nicht und erscheinen mit ungekämmten Haaren und zerknitterten Kleidern zur Arbeit. Sie pulen oft an ihrer Haut herum und verursachen dabei an Armen, Beinen oder im Gesicht Rötungen und Schwellungen, die typischen «Speed-Pocken».

Konsumiert eine Person schon lange Speed, verliert sie in der Regel an Gewicht, sieht blaß aus und wirkt fast gebrechlich. Sie ist sehr reizbar, nervös und schreckhaft (Marsh 1996). Ganz alltäglichen Situationen, wie z. B. mit den Kollegen zum Mittagessen zu gehen, geht sie oft aus dem Weg. Kontakte zu Kollegen brechen häufig ganz ab, da der Konsument immer schwieriger wird, bei der kleinsten Kritik in die Luft geht und gar nicht selten auch tätlich wird. Speedkonsumenten können sich körperlich und emotional so zugrunde richten, daß Freunde und Nachbarn sie fast nicht mehr wiedererkennen.

Die steigende Zahl von Polizeirazzien in Speedlabors, von Explosionen bei der Produktion und von drogenbedingten Notfällen zeigt, daß der Speedkonsum immer mehr um sich greift; auch in der Arbeitswelt wird er immer stärker spürbar. Von den 300 000 jährlich durchgeführten Drogentests sind 15 000, d. h. 5 %, positiv. In 35 % dieser Fälle ist Speed im Spiel, das sind 15 % mehr als noch vor zwei Jahren. Speed hat damit das Kokain verdrängt, dessen Anteil von 35 % auf 30 % gesunken ist. In fast jedem Industriezweig ist die Zahl der Speedkonsumenten gestiegen; diese Personen nehmen fälschlicherweise an, die Droge könne ihnen helfen, härter, besser, schneller und länger zu arbeiten.

9.4 Designerdrogen

9.4.1 Rohypnol

Die Droge Rohypnol, die bei den amerikanischen Konsumenten unter dem Namen *Roofies* bekannt ist, hat angeblich in verschiedenen Vergewaltigungsfällen eine Rolle gespielt. Die vergewaltigten Frauen gaben an, ihre Angreifer hätten ihnen die kleine weiße Pille in ihre Drinks gemischt, weshalb sie sich an die darauffolgenden Stunden nicht vollständig erinnern könnten (Shuster 1997). Die Pillen werden auf der Straße für einen US-Dollar pro Stück verkauft. Sie führen häufig zu Gedächtnisausfällen, und aufgrund solcher Blackouts können sich einige der Vergewaltigungsopfer nicht an die Details des Verbrechens erinnern; ihre Erinnerung reicht gerade aus, um sie zu traumatisieren. Jede Vergewaltigung hinterläßt ernste Verletzungen und Schäden. Kein Opfer kann sie jemals vergessen.

Nach Angaben der Polizei von Los Angeles ist Rohypnol recht weit verbreitet, aber selbst wenn jemand gefaßt wird, der die Droge bei sich hat, kann sie nichts dagegen unternehmen. Der Besitz ist legal. Der Senat des Bundesstaates Kaliforniens hat einen Antrag von Senator Tom Hayden gebilligt, der den Verkauf oder Besitz des Hypnotikums verbietet. «Wir möchten den Verkauf und Besitz dieser gefährlichen Droge – die ein heimtückisches Gewaltpotential in sich birgt – zu einem Straftatbestand machen», sagte Hayden. «Da draußen herrscht die Illusion, es handele sich um ein billiges Relaxans. In Wirklichkeit jedoch ist Rohypnol zehnmal so stark wie Valium.»

Die Tabletten erlangten traurige Berühmtheit, als *Nirvana*-Sänger Kurt Cobain sich – einen Monat vor seinem Suizid – mit Rohypnol, das er in Champagner aufgelöst hatte, eine Überdosis verpaßte. Die Droge wird in 64 Ländern als Einschlafhilfe verkauft, der Hersteller hat sich jedoch nicht um eine Verkaufsgenehmigung für die USA bemüht.

Hoffmann-La Roche, die Herstellerfirma der 20 Jahre alten Droge, wehrt sich gegen Haydens Bemühungen, das Medikament auf eine Stufe mit Substanzen wie LSD zu stellen, da dies kein wirksames Mittel gegen den Mißbrauch des Präparats sei. Vertreter der Firma gaben bekannt, man arbeite gemeinsam mit Behörden in Texas und Florida an der Entwicklung eines Tests, mit dem Rohypnol im Urin nachgewiesen werden kann. Die Firma stellt in Mexiko und Kolumbien eine schwächere Version des Medikaments mit etwa der halben Dosis her. Dort, so nehmen die Behörden an, kaufen die Drogenhändler ihre Ware ein und schmuggeln sie in die Vereinigten Staaten.

Rohypnol wird von Heroinabhängigen benutzt, um die Wirkung minderwertigen Heroins zu verstärken, und Kokainkonsumenten verwenden es, um den «Crash» zu mildern, wenn die Wirkung des Kokains abnimmt. Auch junge Erwachsene und Teenager nehmen die Pillen, um die Wirkung von Alkohol und Haschisch zu verstärken.

Rohypnol ist aber nicht nur eine Droge, die benutzt wird, um sich selbst in einen Rauschzustand zu versetzen, sie wird auch als Waffe bei einem Gewaltverbrechen eingesetzt – bei der Vergewaltigung nämlich (Shuster 1997). Die Ermittlungsbehörden im Regierungsbezirk Los Angeles wollen nun neue Methoden einsetzen, um Vergewaltigungsfälle zu untersuchen, bei denen der Verdacht besteht, daß desorientierende und mitunter *tödliche* Drogen benutzt wurden, um die Opfer wehrlos zu machen (Gold 1996).

Mit sofortiger Wirkung sind Pflegekräfte angewiesen, Urinproben von Vergewaltigungsopfern zu nehmen, und Polizisten werden geschult, damit sie erkennen lernen, ob es in einem Vergewaltigungsfall Anzeichen dafür gibt, daß solche wirkungsstarken und unsichtbaren Substanzen verwendet wurden.

9.4.2 Gamma-Hydroxybuttersäure (*Scoop* oder GHB)

Die Behörden untersuchen gegenwärtig, ob vier Personen, die nach einem Barbesuch krank (zwei davon schwerkrank) wurden, Drinks zu sich genommen hatten, die mit einer Designerdroge versetzt worden waren. Urintests bei zwei der Opfer ergaben Spuren einer illegalen Droge namens *Scoop*. Diese absolut geruchs- und geschmacksfreie flüssige Droge ist für ihre angeblich aphrodisierende und halluzinogene Wirkung bekannt (Tawa 1996).

Drogen wie Rohypnol und GHB, die in Party- und Nachtclubkreisen zirkulieren, haben das nationale Interesse geweckt. Sechs Personen mußten ins Krankenhaus gebracht werden, nachdem sie in einem Club GHB konsumiert hatten. Das Büro des Bezirksstaatsanwaltes von Los Angeles untersucht zwei Vergewaltigungsfälle, bei denen diese Drogen im Spiel waren, und in den USA werden insgesamt sechs Todesfälle auf sie zurückgeführt. Nachdem das Opfer die Droge zu sich genommen hat, wird ihm schwindelig, und es verliert die Orientierung bis hin zum Blackout.

Seit dem 1. Januar 1997 ist der Besitz von Rohypnol in Kalifornien verboten. GHB hingegen, in der Szene besser bekannt als *cherry meth* oder *liquid X*, ist nach wie vor eine legale Droge. Monatlich werden fünf bis sechs Fälle sexueller Übergriffe gemeldet, bei denen eine dieser beiden Drogen im Spiel war, doch dies ist nur die Spitze des Eisbergs. Die meisten Opfer erstatten keine Anzeige, weil sie sich schämen oder sich nicht sicher sind, was eigentlich geschehen ist.

9.5 Inhalationsmittel (Die schleichende Gefahr)

Das Schnüffeln galt in der Drogenszene traditionell immer als der «Kinderkram» – eine Dummheit von Kindern und Jugendlichen, die sich mit Hilfe lösungsmittelhaltiger Stifte oder Klebstoffe berauschen. Drogenberater und Entzugsexperten jedoch sehen das anders: ihrer Meinung nach entwickelt sich ein landesweit verbreitetes Potential unwissender Teenager und Eltern, und eine breite Palette toxischer Substanzen wird immer leichter verfügbar.

Nach den Angaben der National Inhalant Prevention Coalition sind schnüffelbare Substanzen zum «Kokain der neunziger» geworden. Diese Form des Drogenkonsums kennt keine ethnischen oder sozioökonomischen Grenzen, und jährlich sterben in den USA mehr als 1000 Personen an den Folgen des Schnüffelns von Substanzen, die in jedem Küchenschrank zu finden sind.

Das Schnüffeln ist schon lange nicht mehr den Slumbewohnern aus der Dritten Welt vorbehalten; bei amerikanischen Schülern der Klassen 8 bis 12 stellt es nach Alkoholkonsum und Haschischrauchen inzwischen die dritthäufigste Art des Drogenkonsums dar. Nationale Erhebungen haben gezeigt, daß 20% aller Achtkläßler schon einmal giftige Substanzen geschnüffelt haben, wobei Inhalationsmittel bei älteren Jugendlichen besonders beliebt sind.

Mehr als 1000 Produkte, die in Haushalt, Büro oder Schule zur Verwendung kommen, eignen sich zum Schnüffeln, wobei Benzin, Klebstoffe, Sprays, Butangas und Lösungsmittel wie Toluol am häufigsten benutzt werden. Besonders sachkundige Schnüffler wählen Produkte mit dem Totenkopf, der ein *besseres* «High» verspricht.

Drogenexperten berichten von Drittkläßlern, die *Tipp-Ex* schnüffeln, das sie sich unter die Fingernägel schmieren. Duftsprays, Nagellackentferner und Mottenkugeln, all dies hat das Zeug für einen billigen Kick, ist völlig legal und preiswert und führt nicht zur körperlichen Abhängigkeit.

Dennoch können diese Substanzen weitaus gefährlicher und schädlicher sein als Heroin, Kokain oder Haschisch. Langfristige und bleibende neurologische Schäden, ähnlich denen der Multiplen Sklerose, können durch das Schnüffeln bewirkt werden. Eine Studie aus dem Jahr 1986 an 20 chronischen Toluol-Schnüfflern ergab, daß fast zwei Drittel der Probanden Schädigungen des Nervensystems davongetragen hatten. Toluol findet sich in vielen Lacken und Sprühfarben (Brown 1995). Da die Gase der geschnüffelten Substanzen direkt ins Gehirn eindringen, kann der Tod schon nach einmaligem intensivem Schnüffeln eintreten. Außerdem besteht die Gefahr, daß Schnüffler Chemikalien inhalieren, die ihre Lungen verkleben und somit die Sauerstoffversorgung stören oder sogar ganz unterbinden.

Einer britischen Studie zufolge gibt es beim Schnüffeln einen dreißigprozentigen Anteil von Todesfällen unter den Erstkonsumenten. Einige Schnüffler sterben auch an Herzversagen, das durch einen Adrenalinschock ausgelöst wird. Bedenkt man die rasche Wirksamkeit der Methode (schneller als eine Injektion) und die Art der verwendeten Chemikalien, bekommt man geradezu eine Gänsehaut.

Einige der erwähnten Substanzen werden auch zur Selbsttötung verwendet. Deshalb erscheint der Drogentod in solchen Fällen häufig als Selbsttötung, obwohl es sich eigentlich um einen Unfall handelt. Denn man kann nie genau wissen, welche Dosis man noch überlebt. Hat sich der Betreffende beispielsweise mit Butan vergiftet, wird gewöhnlich eine Selbsttötung angenommen, sofern nicht von anderswo die Information kommt, daß der Tote ein Schnüffler war.

Die Unwissenheit über die Gefahren des Schnüffelns ist bei Konsumenten, Ärzten und Ermittlungsbehörden gleichermaßen groß, weshalb die Dunkelziffer hinsichtlich der Verbreitung sehr hoch angesetzt werden muß. Nur wenige Ärzte oder Polizisten achten auf mögliche Anzeichen für den Mißbrauch von Inhalationsmitteln, wenn sie mit toten Teenagern konfrontiert werden, die mit dem Auto verunglückt sind. Ermittlern und Medizinern sind die Probleme des Schnüffelns kaum bewußt. Auch die Eltern sind oft uninformiert und machen sich daher keine weiteren Gedanken, wenn ihre Kinder Farbflecken im Gesicht und an den Händen haben oder mit roten, tränenden Augen oder triefenden Nasen herumlaufen. Weitere Anzeichen für einen Inhalationsmittelmißbrauch sind Benommenheit und ein der Trunkenheit ähnliches Erscheinungsbild.

Da die meisten Inhalationsstoffe mit den üblichen Drogentests nicht nachgewiesen werden können, werden Schnüffler oft als «clean» eingestuft. In Anbetracht der schier endlosen Palette verfügbarer Schnüffelsubstanzen konzentrieren die Experten sich vorwiegend auf die Aufklärung. Schnüffeln ist wie Russisches Roulette; man legt die Kugeln ein und fragt: «Ist heute mein Glückstag?»

9.6 Medikamentenabhängigkeit im höheren Lebensalter

Bei Kaffeekränzchen und ähnlichen scheinbar harmlosen Veranstaltungen betagter Herrschaften werden die Namen der neuesten Wundermittelchen – und der Ärzte, die sie verordnen – ausgetauscht wie Kochrezepte. Die eine Pille garantiert einen schmerzfreien Nachmittag, die andere eine durchgeschlafene Nacht (Weber 1996).

Wenn der Arzt es doch verschreibt, wie kann es dann schlecht sein? Viele ältere Menschen, die ihre weit entfernt lebenden und sehr beschäftigten Kinder oder Enkel nicht mit ihren Problemen belästigen wollen, geraten ernsthaft in Schwierigkeiten, wenn sie versuchen, ihre Beschwerden selbst zu behandeln; schließlich laufen sie Gefahr, am Haken der Tablettensucht zu hängen.

Die Medikamente, die sie gegen Schlaflosigkeit oder Schmerzen schlucken, nehmen ihrem Alltag den Schrecken vor der wachsenden Gefahr, die Kontrolle über das eigene Leben zu verlieren, der Vorstellung, arm oder krank zu sein, und der Erfahrung, Freunde sterben zu sehen. Die Tabletteneinnahme wird Teil eines bequemen, ärztlich sanktionierten Rituals, Teil eines Alltags mit immer weniger Zukunftsaussichten. Drogenspezialisten und Gerontopsychiater bemängeln, daß Ärzte oft nicht über ausreichend Zeit und das nötige Wissen verfügen, um tieferliegende seelische Probleme wie etwa Depressionen zu erkennen. Aus diesen Gründen heraus verordneten sie häufig Tabletten, um die «Wehwehchen» der alten Leute zu kurieren.

Niemand weiß genau, wie viele ältere Menschen tablettenabhängig sind. Da ältere Tablettenabhängige meist schon Rentner, oft verwitwet und häufig ohne Freunde sind, fallen sie nicht auf. Es gibt keine Arbeitskollegen oder Lebenspartner, die ihr seltsames Verhalten oder ihre geistigen Aussetzer bemerken könnten, keine juristischen Probleme wegen Drogenbesitz oder -erwerb, keinen verräterischen Geruch, der aus ihrem Mund dringt. Sie nehmen ihre Drogen zu Hause, «im stillen Kämmerlein». Sie sind alleine. Sie haben Angst. Sie verstecken sich. Ihr Dealer ist der Arzt ihres Vertrauens.

Schamgefühle und die Angst, ihrer Selbständigkeit beraubt zu werden, bringen viele ältere Abhängige dazu, ihre Probleme zu verleugnen oder zu verbergen – *niemand* darf ihre schmutzige Wäsche sehen. Nur die wenigsten von ihnen schaffen es, an Therapieprogrammen teilzunehmen, denn diese arbeiten meist nach dem Motto «Stülpe dein Innerstes nach außen».

Oft haben sich Angehörige weit entfernt von ihren betagten Eltern oder Großeltern eine Existenz aufgebaut und sind überzeugt davon, es sei in der Seniorenresidenz, in der sie wohnen, bestens für sie gesorgt. Andere glauben, sie lebten glücklich und zufrieden im Haus der Familie. In beiden Fällen schreiben die Angehörigen die eventuell vorhandene Zittrigkeit, die undeutliche Aussprache und das Auftreten von Gedächtnislücken – typische Anzeichen für einen Medikamentenmißbrauch – häufig und fälschlicherweise dem hohen Alter und der Senilität des alten Menschen zu. Oder sie forcieren das Problem gar noch, weil sie eine ruhiggestellte Oma einer griesgrämigen und nörgelnden vorziehen. Medikamente können gerade bei alten Menschen, die kaum über Bewältigungsmöglichkeiten verfügen, Depressionen auslösen oder verschlimmern, was unter Umständen sogar zu einem früheren Tod führen kann. Im Bereich der geriatrischen Versorgung liegt einiges im argen, doch Medikamentenabhängigkeit ist eines der größten Geheimnisse auf diesem Gebiet. Auch für die Ärzteschaft ist sie ein Tabuthema.

Amerikanische Geriatriespezialisten und Ärzte beklagen, die Gesundheitsreform zwinge die Mediziner, immer mehr Patienten in derselben Zeit zu behandeln, um ihr Einkommensniveau aufrechterhalten zu können. Zwar könne durch die strengeren Vorschriften verhindert werden, daß die Patienten von Arzt zu Arzt laufen, andererseits aber bliebe den Ärzten immer weniger Zeit zu, um sich eingehend mit ihren Patienten zu unterhalten und etwas über die wahren Ursachen von Schmerzen zu erfahren. Bei einem grantelnden Alten wird diese Problematik noch verschärft.

Herauszufinden, was wirklich hinter den Beschwerden eines älteren Menschen steckt, ist ein extrem zeitaufwendiger und nervenaufreibender Prozeß. Ein Rezept zu schreiben nimmt höchstens zwei Minuten in Anspruch, aber es kann zwei Jahre dauern, jemanden davon zu überzeugen, daß er seinen Drogenkonsum einstellen sollte (Weber 1996).

9.7 Kokain

Kokain erzeugt sowohl physische als auch psychische Abhängigkeit. Es kann die Leber schädigen, zu Unterernährung führen und die Gefahr von Herzanfällen steigern. Nach einem Kokainhigh kann der Konsument in eine derart düstere Stimmung verfallen, daß er nur mit der Hilfe einer weiteren Dosis wieder aus seinem seelischen Tief herauskommt. Die Dosis wird immer weiter gesteigert, und schließlich kommt der Konsument überhaupt nicht mehr ohne die Droge aus. Dadurch kann eine psychische Abhängigkeit verursacht werden, die sich nicht allzu sehr von einer physischen unterscheidet. Die klinischen Belege häufen sich, daß Kokain, wenn es als Flüssigkeit injiziert oder als chemisch veränderte Substanz geraucht wird, suchterzeugend ist. Diese beiden Arten des Kokainkonsums sind die wirkungsvollsten und gefährlichsten.

Crack ist keine neue Droge, läßt aber eine neue Verkaufsstrategie der Drogenhändler erkennen. Es wird in Form von kleinen Kügelchen oder Bröckchen verkauft, die ohne weitere chemische Behandlung geraucht werden können. Diese neue Verkaufsform ist deswegen so gefährlich, weil potentielle Konsumenten nun viel schneller an rauchbares Kokain herankommen und sich nicht mehr mit der Aufbereitung, der sogenannten Basenfreisetzung, aufhalten müssen (Washton & Gold 1987).

Ein Kokainhigh ist ein sehr intensives, bewußtseinserweiterndes Erlebnis; keine Beweise konnten hingegen dafür gefunden werden, daß Kokain, wie behauptet wird, eine aphrodisierende Wirkung hat. Im Gegenteil, der fortgesetzte Kokainkonsum kann sogar sexuelle Dysfunktionen und Impotenz verursachen. Schon gelegentliches «Schniefen» birgt die Gefahr, daß der Konsument irgendwann auf wirksamere und gefährlichere Arten des Drogenkonsums umsteigt. Viele Kokainkonsumenten nehmen Beruhigungsmittel ein, um sich nach einem High zu sedieren und ihr Verlangen nach mehr Kokain zu stillen. Einige rauchen aus denselben Gründen Haschisch oder versetzen ihr Kokain mit Heroin. Dadurch entsteht ein Drogengemisch, das zu einem körperinternen Tauziehen führt, wobei das Heroin die aufputschende Wirkung des Kokains unterdrückt.

Einige Mittelschicht-Konsumenten rauchen eine Heroin-Kokain-Mixtur, statt sie zu injizieren; sie glauben, so eine Sucht verhindern zu können. Diese Annahme ist jedoch falsch; Heroin, ganz gleich in welcher Form es konsumiert wird, ist eine hochgradig suchterzeugende Droge. Viele Drogenberatungsstellen erleben einen beachtlichen Zustrom gutgekleideter, wohlhabender Männer und Frauen, die die Folgen des Heroinkonsums gewaltig unterschätzt haben. Eine der größten Gefahren des Kokains ist, daß es die Konsumenten völlig von anderen Aktivitäten ablenken kann, so daß ihr Denken und Handeln irgendwann nur noch um die Droge kreist.

Immer wieder tauchen neue Drogen und Methoden zum Highwerden auf. Einige bleiben längere Zeit auf dem Markt, weil sie «neu» sind und ihre Wirkung auf ihre Konsumenten nicht verfehlen. In den neunziger Jahren kamen zwei «Soft»-Drogen in Umlauf: *blond hash*, das ein «schwindeliges High» verursacht, und *dark hash*, das verwendet wird, wenn es darum geht, echt «stoned» zu sein.

Eine noch recht neue Droge ist *Ice*, das ursprünglich von den Philippinen stammt und von dort über Hawaii nach Amerika kam. Es ist mindestens dreimal so stark wie Speed und hat bereits viele Todesfälle verursacht.

Eine weitere neue Droge ist *Cat*, ein Pulver, das leicht aus Haushaltschemikalien wie Batteriesäure und Sprays hergestellt werden kann. Es wird wie Kokain gesnifft und ist in der Herstellung ziemlich billig (25 US-Dollar). Ein Cathigh kann bis zu drei Tage anhalten. Auch diese Droge hat schon vielen Konsumenten das Leben gekostet.

Eine neue Methode, die benutzt wird, um high zu werden, ist die sogenannte *Autoerektionsejakulation*. Der Anwender dieser Methode begibt sich in die Dusche und schlingt sich den Duschschlauch eng um den Hals. Dann stranguliert er sich so lange, bis er fast das Bewußtsein verliert. Der Körper reagiert auf diese Prozedur mit einer massiven Erektion und Ejakulation. Pech hat der Betreffende allerdings, wenn er zu bewußtlos ist, um den Schlauch wieder zu lösen, und tatsächlich erstickt.

In Somalia setzen sich jeden Nachmittag Gruppen von sechs oder sieben Männern zusammen, um sich zu unterhalten und *Kat* (manchmal auch *Qut* oder *Khat* geschrieben) zu kauen, bis sie in eine narkotische Euphorie verfallen. Die Katpflanze trägt hellgrüne Blätter, die beim Zerkauen einen berauschenden Stoff absondern.

Kat ist eine Lebensphilosophie. Es wird im benachbarten Kenia angebaut und ist eine Goldgrube für die Händler. In der Herstellung kostet es nur Pfennige, und riesige Mengen von Kat werden mit Charterflugzeugen zu 8000 US-Dollar pro Maschine nach Somalia eingeflogen. Bislang gibt es noch keine Anhaltspunkte dafür, daß US-Soldaten Kat aus Somalia mit nach Hause brachten. Offizielle Stimmen warnen jedoch bereits davor, daß dies in Zukunft geschehen könnte, da die Droge zunehmend auch in den USA Interessenten findet (Freed 1992).

Obwohl ständig neue Aufputsch- und Beruhigungsmittel auftauchen, wird der Kokainboom wohl kaum so rasch nachlassen. Es ist sehr unwahrscheinlich, daß jemand, der Drogen nimmt, um den schlechten Nachrichten des Lebens zu entkommen, sich durch weitere schlechte Nachrichten über die verwendete Droge selbst davon abbringen läßt. Viele Amerikaner werden also weiterhin Kokain konsumieren, um sich von dem weißen Pulver in eine bessere Welt tragen zu lassen. Nur die wenigsten wissen bzw. sind bereit sich einzugestehen, daß der Kokainkonsum zumindest eine Gefahr für ihre psychische Gesundheit darstellt (Demarest 1996).

Die Droge von heute war auch die Droge von gestern und von vorgestern; wir erleben derzeit den dritten oder vierten Kokainboom. Schon vor 5000 Jahren war die Droge bekannt. Ihre erste große Glanzzeit erfuhr sie jedoch erst im 19. Jahrhundert. Angelo Mariani, ein korsischer Chemiker, erfand ein Elixier aus Kokain und Alkohol, womit er wohl am nächsten drangewesen sein dürfte, «die Welt anzuturnen». Zahlreiche medizinische Größen wie Freud, Koller, Corning, Halsted, Crile und Cushing priesen Kokain als «die Entdeckung des Jahrhunderts»; der Nutzen, den das Kokain für die Menschheit habe, sei unschätzbar. Seine Gegner hingegen bezeichneten es als die dritte Geißel der Menschheit (nach Alkohol und Morphium). Die *New York Times* schrieb, Kokain zerstöre seine Opfer schneller und sicherer als Opium. Coca-Cola ist schon lange «clean», das nur noch im Namen enthaltene Kokain wurde durch Koffein ersetzt. Im Harrison Tax Act (1914) wurde Kokain als Narkotikum eingestuft, und seit dieser Zeit reißt die Debatte um sein Mißbrauchs- und Suchtpotential nicht ab.

In den USA verfünffachte sich zwischen 1982 und 1992 die Zahl derer, die wegen ihrer Kokainabhängigkeit professionelle Hilfe suchten; die Zahl der durch Kokain verursachten medizinischen Notfälle und die der Todesfälle vervierfachte sich jeweils. Mindestens 1,5 Millionen Amerikaner sind inzwischen kokainsüchtig, das sind weitaus mehr, als es Heroinabhängige gibt. Ungefähr 15% der Schüler von Highschool-Abschlußklassen konsumieren regelmäßig Kokain. Im amerikanischen Kokaingeschäft werden jährlich 50 Milliarden US-Dollar umgesetzt; mit dieser Summe rangiert die Branche unter den 10 amerikanischen Top-Firmen. Kokain ist längst nicht mehr die Droge der Reichen: 25% der regelmäßigen Konsumenten sind Arbeiter. Der Anteil von Männern und Frauen liegt bei 3:1; der typische Konsument ist weiß, etwa 30 Jahre alt, hat eine Collegeausbildung und ein jährliches Einkommen von etwa 45 000 US-Dollar.

Eine vom National Institute on Drug Abuse durchgeführte Erhebung (1992) ergab, daß 31 Millionen Amerikaner schon mindestens einmal Kokain probiert haben. Eine Untersuchung aus dem Jahre 1996 kam zu dem Ergebnis, daß 19% der Schüler von Highschool-Abschlußklassen schon einmal Kokain versucht haben. Parallel zum Anstieg der Gesamtzahl der Kokainkonsumenten kam es auch zu einem Zuwachs bei denjenigen Konsumenten, die sich wegen Problemen, die durch starken Kokainkonsum verursacht wurden, in medizinische Behandlung begeben mußten. Die Anzahl der durch Kokain verursachten Notfälle verneunfachte sich zwischen 1990 und 1995, während die Zahl der durch Kokainkonsum bedingten Todesfälle sogar auf mehr als das elffache wuchs. Kokain ist in Amerika inzwischen eine weitverbreitete Droge, die von allen Gesellschaftsschichten, von Männern und Frauen, von Jugendlichen und Erwachsenen und von Armen und Reichen gleichermaßen konsumiert wird (Statistical Abstract of the United Staates 1995).

Kokain wird von den Schleimhäuten rasch aufgenommen, eine lokale Vasokonstriktion kann die Absorptionsrate jedoch mindern. Abgesehen davon kann die Absorptionsrate leicht die Entgiftungs- und Ausscheidungsrate übersteigen und somit zu einer hohen Toxizität führen. Kokain wird im Körper einer raschen Biotransformation unterzogen; seine beiden Hauptmetaboliten, Ekgonin und Benzoylekgonin, werden binnen 24 bis 36 Stunden zu 25–50% der Ursprungsdosis mit dem Urin ausgeschieden. Je nach Harnsäuregehalt werden 10–15% des Kokains unverändert ausgeschieden. Um eine Entdeckung zu vermeiden, versuchen Kokainabhängige die Ausscheidung zu fördern, indem sie große Mengen Preiselbeersaft trinken oder Megadosen Vitamin C zu sich nehmen. Ärzte versuchen die Ausscheidung durch die intravenöse Gabe von Ammoniumchlorid zu beschleunigen. Fünf Minuten, nachdem ein Konsument sich 100 mg Kokain gespritzt hat, ist die höchste Konzentration im Blut erreicht; die distributionale Halbwertzeit beträgt zwischen 20 und 40 Minuten. Die beliebtesten Methoden des Kokainkonsums sind die intranasale Zufuhr (Sniffen), die intravenöse Zufuhr (Spritzen) und das Rauchen (Hankes 1984).

Kokain ist eine besonders verführerische Droge, da es weder einen Hang-over noch Lungenkrebs noch Löcher im Arm verursacht. Der Konsument sniff eine Dosis und erlebt für 20 bis 30 Minuten eine Steigerung seines Elans, seines Esprits und seiner Energie, ohne jedoch das Gefühl zu haben, unter Drogen zu stehen. Daneben haben verschiedene Konsumenten folgende subjektive Effekte angegeben: Verbesserung der Laune bis hin zur Euphorie, Verminderung von Hungergefühlen, Steigerung von Energie und Kontaktfreudigkeit, Schmerzunempfindlichkeit und erhebliche Abnahme des Müdigkeitsgefühls. Der Konsument fühlt sich, als könne er körperliche und geistige Höchstleistungen vollbringen; er überschätzt seine Fähigkeiten kolossal. Das beeindruckende Erlebnis eines Kokainhighs kann den Konsumenten dazu veranlassen, immer öfter und immer mehr Kokain zu nehmen. Zu den am häufigsten angegebenen Nebenwirkungen eines regelmäßigen Kokainkonsums gehören Angst, Dysphorie, Argwohn, Störungen von Eß- und Schlafgewohnheiten, Gewichtsverlust, Müdigkeit, Reizbarkeit, Konzentrationsschwäche und Wahrnehmungsprobleme. Bei einer Steigerung des Konsums kann es zu Übererregbarkeit, deutlicher Agitiertheit, Paranoia, Hypertonie und Tachykardie kommen. Je unruhiger der Konsument wird, desto häufiger benutzt er Alkohol, Sedativa oder andere Narkotika, um die Überstimulation zu beheben.

Kokainbedingte paranoide Psychosen manifestieren sich in einer Vielzahl von Symptomen wie Sehstörungen und visuellen Halluzinationen (z. B. geometrische Muster), taktilen Halluzinationen (z. B. das wahnhafte Spüren von Insekten auf, in oder unter der Haut, die sogenannten *Kokainkäfer*), Wahnvorstellungen (z. B. von der Polizei verfolgt zu werden) und Gewalttätigkeit. Kokain reagiert mit den Neurotransmittern, den Katecholaminen Norepinephrin und Dopamin, und stört die normale interneuronale Kommunikation. Es verstärkt die Wirkung dieser Katecholamine, vermutlich indem es die Wiederaufnahme an den Rezeptoren verhindert oder verzögert, wodurch ein Überschuß an Neurotransmittern zurückbleibt, der die Rezeptoren erneut stimuliert. Dopamin ist eine Vorstufe des Norepinephrins, und man findet es im Striatum, einem Teil des Netzwerks zur

Steuerung der Motorik sowie in dem Teil des Hypothalamus, der für die Regulierung von Durst und Hunger zuständig ist. Norepinephrin ist der wichtigste Neurotransmitter des aufsteigenden retikulären aktivierenden Systems (ARAS), das von verschiedenen sensiblen (afferenten) Erregungen unspezifisch angeregt wird und daraufhin über seine Impulse die Großhirnrinde aktiviert. Auch im Hypothalamus, der Wärmeregulation, Wach- und Schlafrhythmus und Sexualfunktionen koordiniert und ganz allgemein emotionale Depression weiterleitet, wirkt es als wichtiger Transmitter. Außerdem übermittelt es nervöse Impulse an das Zwischenhirn, das als das Zentrum des menschlichen Wohlbefindens angesehen wird.

Im Hinblick auf eine Droge bzw. ein Medikament, das – ohne ärztliche Verordnung – mit dem Ziel eingenommen wird, eine Veränderung der Gefühlslage oder des Verhaltens herbeizuführen, sollten folgende Punkte bedacht werden:

- das Risiko einer Überdosis,
- die Gefahr einer akuten Toxizität,
- potentielle körperliche Störungen,
- mögliche geistige Beeinträchtigungen und
- eventuelle Verhaltensmodifikationen.

Konkret heißt dies: Inwieweit hindert die Droge den Konsumenten daran, seinen gewohnten Aktivitäten nachzugehen und ein normales Leben zu führen? Zu den auftretenden akuten Beschwerden gehören Hyperpyrexie, Hypertonie bis hin zur Apoplexie, Arrhythmie oder Myokardinfarkt; ferner kann es durch Beeinträchtigungen des Urteilsvermögens und des Zeitgefühls zu Unfällen kommen, und es besteht die Gefahr, daß dem Konsumenten etwas zustößt, wenn er sich in die Szene begibt, um seinen Stoff zu kaufen. Epileptische Anfälle bis hin zum Status epilepticus sind keine Seltenheit. Ob es zu chronischen Schädigungen kommt, hängt ab von der Reinheit des Stoffes, der Art der Applikation, der Häufigkeit des Konsums und der dabei beobachteten Sterilität. Nur allzu oft verwechseln Konsumenten Sterilität mit bloßer Sauberkeit.

Zu den häufigsten chronischen Beschwerden gehören Zahnprobleme. Kokain ist ein starkes Lokalanästhetikum, und Kokainkonsumenten vernachlässigen oft ihre Zähne, da sie Warnsignale, wie etwa Zahnschmerzen, nicht wahrnehmen. Sehr häufig sind fehlende Füllungen, kariöse oder lose Zähne, Entzündungen und Vereiterungen und sogar Zahnfleischabzesse. Eine eingehende orale Untersuchung ist angeraten (Woods & Downs 1073).

Auch Unterernährung ist weit verbreitet, da die Kokainkonsumenten keinen Hunger spüren und daher die Nahrungsaufnahme vernachlässigen. Die meisten kokainabhängigen Patienten sind sehr schlank (nur sehr wenige sind übergewichtig) und einige sogar völlig abgemagert; 73% weisen mindestens ein massives

Vitamindefizit auf, in der Regel Pyridoxin (Vitamin B6), gefolgt von Thiamin (Vitamin B1) und Ascorbinsäure (Vitamin C). Das Schnupfen von Kokain führt häufig zu Entzündungen der Nasenschleimhaut mit daraus resultierendem Sekretfluß, Ulzeration oder Perforation der Nasenscheidewand, Heiserkeit, Aspirationspneumonie und Sinusitis. Thorax- und Sinusröntgenuntersuchungen sind angeraten. Bei der Aufbereitung von Kokain zu Crack, der sogenannten Basenfreisetzung, kommt es häufig zu Verbrennungen, weil der Äther, der dazu benutzt wird, explodiert. Bei Abhängigen, die Kokain rauchen, sollte die Lungenfunktion geprüft werden. Personen, die Kokain spritzen, sind anfällig für die verschiedensten bakteriellen Infektionen und Pilzerkrankungen der Haut, der Lunge, der Herzklappen, des Gehirns und der Augen, von denen Nichtsüchtige normalerweise verschont bleiben. Ungefähr 86% der intravenösen Kokainkonsumenten haben sich, wie Antikörpertests zeigen, mit Hepatitis B und Aids infiziert. Talk- und Silikonbeimischungen fördern die Bildung von Granulomen in der Lunge, in der Leber, im Gehirn und in den Augen. Kokain wird in der Lunge verarbeitet und durch die Nieren ausgeschieden; bestehende Dysfunktionen dieser Organe verstärken die meisten der oben genannten Beschwerden.

Vor einer Krankenhauseinweisung «dröhnen» viele Patienten sich noch einmal völlig «zu», da sie Entzugserscheinungen (den sogenannten *turkey*) befürchten. Dadurch steigt das Toxizitätspotential, und viele Behandlungszentren lehnen es ab, Patienten an Wochenenden oder am Abend aufzunehmen, weil dann die medizinische Betreuung nicht gewährleistet ist. Die tödliche Dosis liegt im Falle von Kokain bei 1,2 g; schwere Vergiftungen können jedoch schon bei durchschnittlich 20 mg auftreten. Welche Dosis genau tödlich ist, hängt von der Toleranz des Konsumenten sowie der Art der Einnahme ab. Der «plötzliche Tod» durch Kokain tritt *so* plötzlich ein, daß der Betroffene oft nur noch ein Fall für den Leichenbeschauer ist. Der Tod kann durch einen epileptischen Anfall, eine Atemlähmung, einen Herzinfarkt und in seltenen Fällen durch einen anaphylaktischen Schock ausgelöst werden. Antiepileptika scheinen bei durch Kokain verursachten Anfällen wirkungslos zu sein. Wegen des chronischen Schlafmangels und der durch die Droge bewirkte Anästhesie des Halses kann es geschehen, daß der Konsument in einen ohnmachtsähnlichen Schlaf fällt und an seiner eigenen Zunge oder an Schleim erstickt. Die Zahl der durch eine Kombination aus Kokain und anderen Drogen verursachten Todesfälle ist ebenfalls gestiegen, nicht so stark jedoch wie die Zahl der im Zusammenhang mit reinem Kokain zu Tode gekommenen Opfer. Auch die Kombination von Kokain und Alkohol kann tödlich sein. Das Kokain hält den Konsumenten so lange wach, daß er immer weitertrinkt und anschließend versucht, noch selbst nach Hause zu fahren. Die Wirkung des Kokains läßt dann nach, bevor der Alkohol abgebaut ist, und der viel zu hohe Blutalkoholspiegel kommt plötzlich zum Tragen, was zu einem tödlichen Unfall führen kann. Häufig wird in solchen Fällen nur der Alkoholspiegel gemessen, so daß der Todesfall später fälschlicherweise alleine auf den Alkoholgenuß zurückgeführt wird. Der Versuch, mit der Hilfe von Narkotika das Kokainhigh zu steigern oder die Nebenwirkungen des Kokains selbst zu behandeln, endet oft in einer Katastrophe. Ein weiterer im Zusammenhang kokainbedingter Todesfälle relevanter Faktor ist der Suizid Kokainsüchtiger, die sich so hilf- und hoffnungslos fühlen, daß ihnen die Selbsttötung als einzige Möglichkeit zur Lösung ihrer gesundheitlichen, persönlichen, häuslichen, beruflichen oder finanziellen Probleme erscheint. Die Angst vor Krankheit oder Behinderung hält jedoch kaum einen Konsumenten davon ab, Kokain zu nehmen, da diese medizinischen Berichten meist keinen Glauben schenken oder sich einfach nicht vorstellen können, daß sie das Opfer einer Krankheit oder Behinderung werden könnten (Hankes 1984).

Das Streben nach Nahrung, Wasser, Wohnung, Freundschaft und sexueller Partnerschaft – und auch das Genießen all dieser Dinge – ist ein wichtiger Bestandteil des gemeinhin als normal erachteten menschlichen Lebens. Forscher nehmen an, daß eine Hauptfunktion der Verstärkungszentren des Gehirns darin besteht, den Menschen nach diesen Zielen streben zu lassen, auch wenn sie nur in begrenztem Umfang verfügbar sind. Die Gefahr des Kokains liegt nun darin, daß es den normalen Verstärkungsprozeß umgeht. Es programmiert den Konsumenten dahingehend um, daß die Beschaffung der Droge absolute Priorität bekommt und alle normalen Bedürfnisse unterdrückt werden. Konsumenten und ihre Kokainprobleme können anhand der Zugriffsmöglichkeit auf die Droge klassifiziert werden. Eine Person, die reichlich frei verfügbares Geld besitzt, hat das Problem des uneingeschränkten Zugriffs; sie kann leicht in eine Abhängigkeit geraten. Je mehr Geld die Person zur Verfügung hat, desto mehr Kokain wird sie konsumieren – bis ihre finanziellen Mittel erschöpft sind (Zinberg & Robertson 1972).

Viele Mediziner und Konsumenten streiten über die Frage, ob Kokain suchterzeugend sei oder nicht. Löst die Droge keine Abhängigkeit aus, so lautet die der Debatte zugrundeliegende Annahme, ist sie auch nicht gefährlich. Die Definition von *Abhängigkeit* beinhaltet drei Aspekte: erstens zwanghafter Konsum, zweitens Kontrollverlust bei der Drogeneinnahme und drittens fortgesetzte Einnahme trotz negativer Folgen. Geht man von dieser Definition aus, ist Kokain zweifellos höchstgradig suchterzeugend. Der Kokainkonsum erfüllt alle Voraussetzungen für eine Abhängigkeit. Toxische Manifestationen bringen den Konsumenten nicht von der Einnahme ab; im Gegenteil, Kokain zu nehmen bringt ihn dazu, noch mehr davon zu konsumieren. Kokainkonsumenten zeigen ein eindeutiges Suchtverhalten, das auf eine hochgradige psychische Abhängigkeit hindeutet. Das Gefährliche daran ist, daß regelmäßige Konsumenten, besonders solche, die hohe Dosen Kokain schnupfen, rauchen oder injizieren, danach streben, ihr Niveau zu halten. Der Preis und die Zusammensetzung des Kokains verhindern eine selbstkontrollierte Anwendung. Der Konsument könnte tagelang Kokain rauchen oder sich alle 10 Minuten einen Schuß setzen. Einige Kokainabhängige werden von ihrer Angst, ihrem Argwohn und ihrer konstanten Hypervigilanz überwältigt. Aber auch sie hören nicht mit dem Drogenkonsum auf, wenn sie wieder zu sich kommen und ihr paranoides Erlebnis erinnern, sondern beginnen mit dem Vorsatz von vorne, aufzuhören, bevor sie den Verstand verlieren. Sogar erfolgsorientierte Personen, die selten Drogen nehmen, können der Verlockung des Kokains erliegen, und in zwei bis drei Jahren haben sie sich hoffnungslos in illegale Aktivitäten verstrickt oder sehen sich sogar mit einer drohenden Haftstrafe konfrontiert. Ein beständiger Kokainkonsum kann in einer schweren depressiven Reaktion resultieren, wenn die körpereigenen Norepinephrinressourcen erschöpft sind. Um sich von diesem Problem zu «heilen», nimmt der Konsument ein anderes «Medikament» oder die nächst höhere Dosis ein und vertieft damit seine Sucht. Andere, die an leichten Depressionen leiden, versuchen eine Selbstmedikation mit Kokain; sie lernen rasch, daß sie selbst nichts sind, die Droge aber alles ist. Von nun an wird jeder Erfolg fälschlicherweise der Droge zugerechnet, und der Konsument kommt zu der Überzeugung, daß er seine Funktionalität ohne die Droge nicht mehr aufrechterhalten kann (Garwin & Kepler 1984).

9.8 Drogenabhängigkeit bei Ärzten

Drogensucht bei Ärzten ist ein ernstzunehmendes Problem und nicht minder gefährlich als Nachlässigkeit oder Inkompetenz. Drogenexperten behaupten, aufgrund ihres Berufes seien Ärzte weit mehr als andere Bevölkerungsgruppen gefährdet, nicht nur selbst drogenabhängig zu werden, sondern auch ihren Patienten zu leicht und zu viele Medikamente zu verordnen. Insgesamt 18% der Ärzte, das sind 14000 der 77000 in Kalifornien praktizierenden Mediziner, werden im Verlauf ihres (Berufs-) Lebens Probleme mit Drogen haben. Unter Spezialisten, die im Rahmen ihrer Arbeit Narkotika anwenden, ist dieser Anteil noch erheblich höher (Bernstein 1995).

Die Ursachen dafür, daß Ärzte suchtgefährdet sind und ihren Patienten viel zu leicht stimmungsverändernde Präparate wie Tranquilizer oder Amphetamine verschreiben, liegen in ihrer Ausbildung. Medizinstudenten lernen, daß Pharmazeutika in vielen Fällen die korrekte Antwort auf die Probleme von Patienten sind, erhalten aber erstaunlich wenig Informationen über das Wesen einer Sucht. Die Suchtprobleme vieler Ärzte reichen bis in ihre Studienzeit oder in die aufreibende praktische Ausbildung als Assistenzarzt zurück.

Im Jahre 1994 erhielten in Kalifornien 41 Ärzte Disziplinarstrafen, weil sie zu leichtfertig Medikamente verordnet hatten, und weitere 23, weil sie selbst Drogen konsumiert hatten. Diese Zahlen sind jedoch irreführend. Die meisten Ärzte, die Drogen nehmen, fahren «mehrgleisig», d.h. sie benutzen verschiedene Substanzen. Ungefähr die Hälfte trank Alkohol, teilweise auch in Kombination mit Drogen. Von 202 Ärzten, die von Alkohol oder anderen Drogen abhängig waren, konsumierten 134 verschreibungspflichtige Präparate, 43 nahmen Kokain und 18 Marihuana.

Das Leben eines Patienten ist leicht ruiniert; ein Mediziner, der bei seiner Arbeit unter Drogen steht, kann enormen Schaden anrichten. Verschiedene Ärzte haben zugegeben, schon einmal während einer Operation einen Blackout gehabt zu haben (Bernstein 1995). Die folgende Fallstudie schildert die tragische Geschichte eines kokainsüchtigen jungen Arztes.

9.9 Fallstudie: Drogenabhängigkeit

An einem späten Donnerstagnachmittag rief der Herzchirurg Steve eine Bekannte an, die Psychotherapeutin war. Er machte sich große Sorgen, daß jemand das Gespräch mithören könnte. Er wollte mit der Therapeutin sprechen, nicht jedoch im Krankenhaus, wo andere Mitarbeiter ihn sehen könnten. Die beiden vereinbarten, daß Steve die Therapeutin am frühen Abend desselben Tages zu Hause besuchen würde. Die Therapeutin wußte, daß Steve aus einer renommierten Medizinerfamilie stammte; sein Vater, sein Großvater und schon sein Urgroßvater waren hochangesehene Ärzte gewesen, und Steve selbst war Mitglied der Phi-Beta-Kappa-Studentenverbindung an einer namhaften Universität, hatte als Jahrgangsbester abgeschlossen, mit magna cum laude promoviert und war Assistenzarzt bei einem berühmten Kardiologen gewesen. Er war mit einer intelligenten und attraktiven Frau verheiratet und hatte drei reizende Kinder. Seine Kollegen, Mitarbeiter und Patienten mochten und schätzten ihn. Mit anderen Worten, er hatte alles, was man sich nur wünschen kann.

Als Steve in die Wohnung der Therapeutin kam, bemerkte diese sofort, daß er angespannt war und zitterte. Er steckte sich eine Zigarette an, was sie noch nie zuvor bei ihm gesehen hatte; er hatte sich stets vehement gegen das Rauchen ausgesprochen. Er schien zu zögern, der Therapeutin zu erzählen, was los war. Sie erklärte ihm, sie könne ihm nicht helfen, wenn er ihr nicht sage, wo sein Problem liege, und daß er ein Problem habe, sei nicht zu übersehen.

Steve eröffnete ihr, daß er auf unbestimmte Zeit vom Dienst suspendiert worden sei. Seine Erklärung für diesen Umstand begann mit seiner Zeit als Famulus, in der die Arbeitszeit lang und die körperliche und seelische Belastung hoch gewesen sei. Damals habe er begonnen, Kokain zu nehmen, «nicht jeden Tag oder jede Nacht, sondern immer nur dann, wenn ich so müde und erschöpft war, daß ich meine Augen kaum noch offenhalten konnte».

Die Therapeutin war angesichts dieses Geständnisses schockiert und bekümmert, ließ sich ihre Gefühle aber nicht anmerken und bat Steve, mit seiner Geschichte fortzufahren. Die darauffolgende Assistenzzeit sei schwierig gewesen, sagte er, scheinbar habe er dem Herzchirurgen nichts recht machen können. Als die Assistenzzeit jedoch vorbei gewesen sei, habe dieser ihm ein «glänzendes Zeugnis» geschrieben, das besagte, Steve habe eine «großartige Karriere» zu erwarten und sei der beste Assistent gewesen, den er jemals gehabt habe. Steve berichtete der Therapeutin, daß er auch während seiner Assistenzzeit Kokain genommen habe, etwas mehr vielleicht als vorher, aber noch immer nicht täglich.

Die Therapeutin erkundigte sich, wie er das Kokain nehme, und er antwortete: «Ich habe es nur gesnieft – damals». Sie fragte zurück: «Und jetzt?» Er erwiderte: «Jetzt rauche ich es – mein Crack mache ich mir selbst – und spritze es.» Er fügte hinzu, daß er das Kokain mit Heroin strecke, wenn er es spritzen wolle, da er «nicht komplett verrückt» sei. Seit zweieinhalb Jahren rauche er Crack, und seit etwas mehr als einem Jahr spritze er.

Die Therapeutin fragte Steve, wer entdeckt habe, daß er Kokain nehme und wann. Er fing an, im Zimmer auf und ab zu gehen und bat um einen Drink. Da er ihr gestanden hatte, unmittelbar vor seinem Besuch etwas Kokain geraucht zu haben, schlug die Therapeutin ihm diese Bitte ab. Sie ging ihn hart an und stellte ihn vor die Wahl, ihre Fragen entweder gleich zu beantworten oder zu gehen. Nach kurzem Zögern fing Steve zu berichten an: Am vergangenen Montagmorgen war er für eine komplizierte Bypassoperation eingeteilt gewesen. Drei Tage vor Operationen spritzte er grundsätzlich nicht, sondern rauchte lediglich Crack. Er sah stets zu, daß er als erster zu den OP-Vorbereitungen da war, so daß niemand seine Arme (mit den Einstichen) sah, sondern er bereits gewaschen und angezogen war, wenn die anderen kamen. An jenem Morgen war alles gut gelaufen, bis er sich versehentlich mit einem Skalpell schnitt. Aus irgendwelchen Gründen (vermutlich weil er zuviel Kokain intus hatte) war er an diesem Tag ein wenig zittrig. Einer seiner Partner übernahm seinen Platz am Tisch, und er ging hinaus, um sich erneut zu desinfizieren. Unglücklicherweise war sein Vorgesetzter Dr. A. im Raum, als Steve hereinkam. Er zog seinen Kittel aus, streifte die Handschuhe ab und suchte sich zum Waschen ein Becken aus, das möglichst weit von Dr. A. entfernt war. Dr. A. fragte ihn, warum er die OP unterbrochen habe, und Steve erklärte ihm, daß er sich in den Finger geschnitten habe. Dr. A. wollte seinen Finger begutachten, und Steve hielt kurz seine Hand hoch und sagte, es sei nicht weiter schlimm. Dr. A. mußte aber wohl die Einstichstellen an seinem Arm entdeckt haben und befahl Steve, ihm beide Arme zu zeigen. Steve tat wie geheißen, und Dr. A. schaute sich seine Arme an und wies ihn an, zu bleiben, wo er war. Er rief dann einen Assistenzarzt herbei, der Steve bei der Operation ersetzen sollte, und forderte Steve auf, all seine Termine in dieser Woche abzusagen und in seinem Büro auf ihn zu warten. Dr. A. kam in sein Büro und fragte Steve, was er spritze, warum er das tue und wie lange das schon gehe. Nachdem Steve ihm seine Geschichte erzählt hatte, sagte er, das sei keine Entschuldigung. Jeder Arzt habe menschliches Leben in der Hand und könne sich keinen einzigen Fehler erlauben.

Füllen Sie das Paradigma (**Abb. 9-1**) für diese Fallstudie aus und vergleichen Sie es mit der Auflösung in Anhang A. Orientieren Sie sich, falls nötig, an den Paradigmen in Kapitel 3.

Dr. A. berief ein sofortiges Treffen des Ethikkomitees ein. Er machte deutlich, daß er nichts unternehmen werde, um Steve zu helfen, der «versuchen» solle, den Mitgliedern des Komitees sein Verhalten «zu erklären». An dieser Stelle brach Steve ab, und die Therapeutin mußte ihn drängen fortzufahren. Er erzählte dann, das Treffen sei «furchtbar» gewesen, die Mitglieder hätten ihn «angestarrt, als ob sie mich noch nie zuvor gesehen haben». Alles, was sie ihn gefragt hätten, sei gewesen, wieviel er nehme und wie er es sich beschaffe (indem er Rezepte für erfundene Patienten schrieb). Sie teilten ihm mit, daß er in eine Entzugsklinik gehen und dort bleiben müsse, bis er als «clean» entlassen werde. Er wurde mit sofortiger Wirkung vom Dienst suspendiert. Wenn er sich nicht binnen einer Woche in einer entsprechenden Einrichtung melde, werde man die Ärztekammer informieren und dafür sorgen, daß ihm seine Zulassung entzogen werde.

Die Therapeutin fragte ihn, ob er den Anweisungen des Komitees am nächsten Tag nachkommen wolle, und er antwortete: «Ich weiß es nicht. Deshalb wollte ich ja mit dir reden. Kannst du nicht mit mir arbeiten und mich vom Kokain losbringen?» Sie antwortete bestimmt: «Auf gar keinen Fall; das ist völlig unmöglich!» Sie erklärte ihm, daß die Menge, die er einnahm, die Form der Applikation und die Dauer der Einnahme eine ambulante Psychotherapie sinnlos und gefährlich machten. Sie sagte ihm, daß er bei dem Versuch, ohne Hilfe «clean» zu werden, sterben könnte.

Darauf sagte Steve: «Es wäre sowieso das beste, wenn ich tot wäre!» Die Therapeutin machte ihm deutlich, daß er seiner Frau und den Kindern ein schreckliches Vermächtnis hinterlassen würde. Er könne nach der Therapie weiter als Chirurg arbeiten, wenn es auch nicht leicht sein werde. Die Frage, ob er mit seiner Frau Jennifer über die Angelegenheit gesprochen habe, verneinte Steve. Die Therapeutin sagte Steve, er solle nach Hause fahren, mit seiner Frau reden und später mit dieser wiederkommen. Unterdessen werde sie einige Pläne für ihn machen. Steve war damit einverstanden.

Der erste Schritt bestand darin, mit Steve und Jennifer zu sprechen, um festzustellen, ob ihr Mann Beistand von ihr erwarten konnte, wenn er in eine Entzugsklinik ging. Außerdem wollte die Therapeutin mit der besten ihr bekannten Einrichtung Kontakt aufnehmen und herausfinden, ob dort ein Einzelzimmer für ihn frei war. Weiterhin würde sie erfragen, ob er noch in derselben Nacht aufgenommen werden könnte. Da die Therapeutin davon ausging, daß Steve sich nicht gerne in einer lokalen Institution würde behandeln lassen, hatte sie eine Klinik gewählt, die etwa 200 km entfernt war.

Die Psychotherapeutin rief in der Klinik, die von einem Bekannten, Mr. B., geführt wurde, an und schilderte den Fall. Mr. B. teilte ihr mit, daß er ein Zimmer frei

9. Drogenmißbrauch **321**

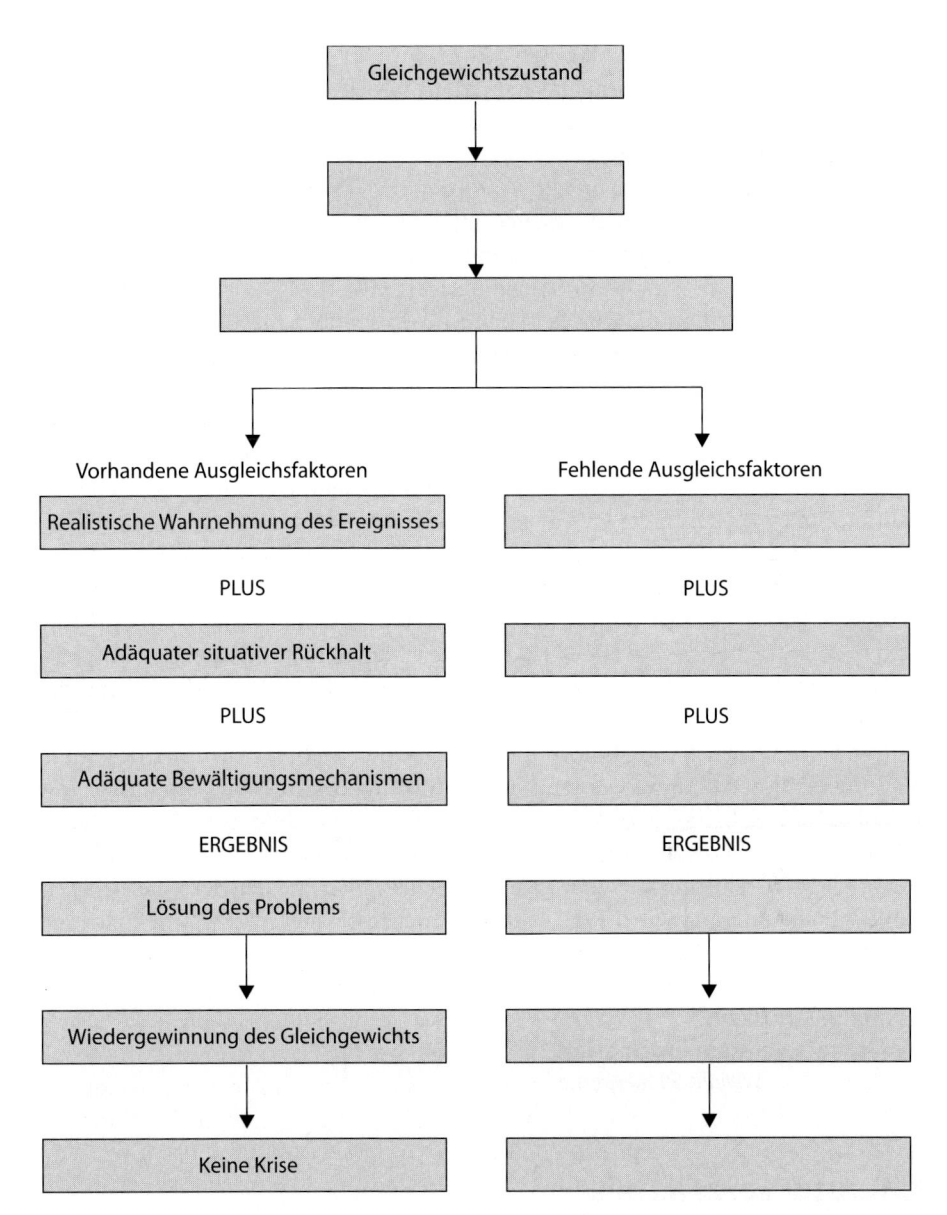

```
                    ┌─────────────────────────┐
                    │   Gleichgewichtszustand │
                    └───────────┬─────────────┘
                                ▼
                    ┌─────────────────────────┐
                    │                         │
                    └───────────┬─────────────┘
                                ▼
              ┌─────────────────────────────────────┐
              │                                     │
              └──────────┬──────────────────┬───────┘
                         ▼                  ▼
```

Vorhandene Ausgleichsfaktoren	Fehlende Ausgleichsfaktoren
Realistische Wahrnehmung des Ereignisses	
PLUS	PLUS
Adäquater situativer Rückhalt	
PLUS	PLUS
Adäquate Bewältigungsmechanismen	
ERGEBNIS	ERGEBNIS
Lösung des Problems	
▼	▼
Wiedergewinnung des Gleichgewichts	
▼	▼
Keine Krise	

Abbildung 9-1: Fallstudie: Steve

habe, und machte den Vorschlag, Steve könne während der Therapie einen Decknamen benutzen. Er war damit einverstanden, daß Steve und Jennifer noch in derselben Nacht kommen sollten; er versprach, ihnen im Zug Plätze zu reservieren und sie am Bahnhof abzuholen.

Als Steve mit seiner Frau in die Wohnung der Therapeutin zurückkam, war diese von dem, was ihr Mann ihr soeben erzählt hatte, völlig erschüttert, sagte aber, sie würden alles tun, was die Therapeutin für richtig halte, um ihrem Mann zu helfen. Die Therapeutin wies sie an, sofort die nötigen Vorbereitungen zu treffen und noch in dieser Nacht in die Klinik zu fahren. Sie versprach Steve, mit seinem Chef zu sprechen und ihn über Steves Entscheidung in Kenntnis zu setzen. Bevor sie aufbrachen, bat Jennifer sich aus, zu einer Therapie wiederkommen zu dürfen, nachdem sie ihren Mann in der Klinik abgeliefert hatte. Sie konnte nicht verstehen, wie ihr Mann dazu gekommen sein konnte, Drogen zu nehmen.

Nachdem die beiden gegangen waren, rief die Therapeutin Dr. A. an und berichtete ihm, was sich an diesem Abend abgespielt hatte. Er fragte, wie hoch sie Steves Chance einschätzte, clean zu werden und wirklich von seiner Sucht loszukommen. Sie entgegnete, wenn er es die erste Woche durchhalte, könne er es schaffen. Aufgrund des langen Zeitraumes, über den hinweg Steve Kokain konsumiert hatte, und in Anbetracht der verwendeten Methoden war eine optimistischere Einschätzung unmöglich. Die Therapeutin hatte dennoch das Gefühl, ihr Möglichstes getan zu haben.

In der Nacht erhielt die Therapeutin einen Anruf vom Leiter der Entzugsklinik. Er teilte ihr mit, daß Steve während der Eisenbahnfahrt zu Tode gekommen war; offenbar hatte er sich «total vollgedröhnt» und war im Schlaf gestorben. Jennifer war mit einem Schock ins Krankenhaus eingeliefert worden.

Da für Steve selbst nichts mehr getan werden konnte, konzentrierte sich die Zukunftsplanung darauf, seiner Frau und den Kindern bei der Trauerarbeit zu helfen. Sie mußten sich ein Leben ohne ihn aufbauen.

**Meine Milchzeit,
Als mein Verstand noch grün!**
William Shakespeare

Literaturverzeichnis

Bernstein, S., Times staff writer: Drug abuse by doctors a malady of the system, Los Angeles Times, September 18, 1995.
Brown, S. S., Times staff writer: In a fight against a silent epidemic, Los Angeles Times, April 2, 1995.
Demarest, M.: Cocaine: middle class high, Time, May 12, 1996.

Ferrell, D., Times staff writer: Pot's deep roots in unlikely soil, Los Angeles Times, December 15, 1996.
Freed, K.: Chewing the fat, with a side of qut, Los Angeles Times, December 26, 1992.
Garwin, F., Kepler, H.: Cocaine abuse treatment, Arch Gen Psychiatry 41:903, 1984.
Gold, M.: Special to the Times, New rules revealed in date rape drug checks, LosAngeles Times, December 12, 1996.
Goldman, J. J., Times staff writer: Musician's death spurs heroin demand, Los Angeles Times, July 16, 1996.
Greenberg, J., Times staff writer: Federal authorities see alarming trends in heroin use, Los Angeles Times, June 15, 1996.
Hankes, L.: Cocaine: today's drug, J Fla Med Assoc 71:235, 1984.
Marsh, B., Times staff writer: Meth at work, Los Angeles Times, July 7, 1996.
National Institute on Drug Abuse: National survey on drug abuse, Rockville, Md, 1992, National Clearing House for Drug Abuse Information.
Shuster, B., Times staff writer: Penalty sought for possession of date rape drug, Los Angeles Times, January 30, 1997.
Tawa, R., Times staff writer: Police investigate illnesses at bar, Los Angeles Times, November 4, 1996.
U. S. Department of Commerce, Bureau of the Census: Statistical abstract of the United States, 1995, ed 115, Washington, DC, 1995, U. S. Government Printing Office.
Washton, A. M., Gold, M. S., editors: Cocaine: a clinician's handbook, New York, 1987, Guilford.
Weber, T., Times staff writer: Addiction mars the golden years, Los Angeles Times, December 20, 1996.
Woods, J. H., Downs, D. A.: The psychopharmacology of cocaine. In Drug use in America: problem in perspective, vol 1, Washington, DC, 1973, National Commission on Marijuana & Drug Abuse.
Zinberg, N. E., Robertson, J. A.: Drugs and the public, New York, 1972, Simon & Schuster.

Weiterführende Literatur

Associated Press: Drug use among students up state poll finds, Los Angeles Times, August 27, 1996.
Jones, E., Ackatz, L.: Availability of substance abuse treatment programs for pregnant woman: results from three national surveys, Chicago, 1992, NCPCA.
Jones, E. and others: Substance abuse treatment programs for pregnant and parenting women: a program guide, Chicago, 1992, NCPCA.
Newcomb, M. D., Bentler, P. M.: Impact of adolescent drug use and social support on problems of young adults: a longitudinal study, J Abnorm Psychol 97:64, 1988.
Sheehan, M., Oppenheimer, E., Taylor, C.: Why drug users sought help from one London drug clinic, Br J Addict 8 1:765, 1986.
Shelowitz, P. A.: Drug use, misuse, and abuse among the elderly, Med Law 6:235, 1987.
Snyder, C. A. and others: «Crack smoke» is a respirable aerosol of cocaine base, Pharmacol Biochem Behav 29:93, 1988.
Ventrua, W. P.: Cocaine use: your choice now-no choice later, Imprint 35:28, 1988.

10. Aidskranke und HIV-positive Personen

Temporis ars medicina fere est.
Die Kunst der Medizin ist meist eine Frage der Zeit.
Ovid

Am 22. Dezember 1996 gab die Associated Press in der *Los Angeles Times* bekannt, daß der Aidsforscher Dr. David Ho zum *Time-Magazine*-Mann des Jahres 1996 gewählt worden sei. Dr. Ho hatte eine erfolgversprechende Methode zur Bekämpfung des Aidsvirus entdeckt. Die *Time* schrieb hierzu, seine Arbeit «könnte vielleicht, aber auch nur vielleicht zu einem Heilmittel führen».

Im Jahre 1996 infizierten sich 3,1 Millionen Menschen mit dem Aidsvirus, so daß weltweit insgesamt 22,6 Millionen Menschen HIV-positiv oder aidskrank waren. Solange das Aidsvirus noch irgendwo auf der Welt existiert, gefährdet es uns alle (Purvis 1997). Aber zumindest gibt es nun einen Hoffnungsschimmer; Dr. Hos Entdeckung könnte für all die Personen, die bereits mit dem Virus infiziert sind oder sich in nächster Zeit damit infizieren werden, eine Genesungschance bringen.

Außerhalb der USA und Westeuropas schlägt Aids erbarmungslos zu. Forscher schätzen, daß in Indien bis zum Jahre 2000 zwischen 15 und 50 Millionen Menschen HIV-positiv sein könnten. Die Hälfte der Prostituierten Bombays sind bereits infiziert, und Ärzte berichten, daß die Krankheit sich durch Lastwagenfahrer entlang der Fernstraßen und durch heimkehrende Wanderarbeiter in den ländlichen Bereich hinein ausweitet. In Mittel- und Osteuropa sehen sich Länder, die das Virus schon weitgehend eingedämmt hatten, plötzlich wieder mit einem rapiden Anstieg der Fälle konfrontiert – hauptsächlich bei Fixern und ihren heterosexuellen Geschlechtspartnern.

In weiten Teilen Afrikas breitet sich das Virus ungehindert aus. Schon heute leben mehr als 60 % der weltweit Infizierten, d. h. etwa 14 Millionen Männer, Frauen und Kinder, südlich der Sahara. Alleine in diesem Jahr werden so viele Menschen an Aids sterben, wie vor zwei Jahren in Ruanda massakriert wurden. Die sozialen

Folgen dieses Massensterbens sind katastrophal; bis zum Jahre 2000 werden in Kenia, Ruanda, Uganda und Sambia circa 2 Millionen Kinder ihre Eltern durch die Seuche verloren haben (Purvis 1997).

Die teuren «Medikamentencocktails», d. h. Kombinationsbehandlungen sind für die meisten Betroffenen in afrikanischen, asiatischen oder osteuropäischen Ländern unerschwinglich. Eine aussichtsreichere Alternative ist die Prävention durch öffentliche Aufklärung und Safer-Sex-Programme. Derartige Bemühungen haben in den vergangenen Jahren einigen Erfolg gezeigt. In Afrika und Teilen Asiens wurden ähnliche Programme allerdings durch eine Kombination aus Armut, staatlicher Gleichgültigkeit und – teilweise – geradezu paranoiden Vorstellungen behindert. So ist das allgemein vorhandene Wissen selbst über die elementarsten Zusammenhänge in bezug auf Aids in diesen Regionen noch immer bruchstückhaft. Die meisten Menschen, die in den ländlichen Gegenden Afrikas an Aids sterben, haben keine Ahnung, was sie eigentlich umbringt, geschweige denn, wie sie es hätten verhindern können.

10.1 Historischer Hintergrund

Das Ende des zwanzigsten Jahrhunderts wird als ein Zeitraum in die Geschichte eingehen, in dem Aids die Einstellungen und Überzeugungen der Menschen auf der gesamten Welt verändert hat. Die Menschheit ist im Hinblick auf Aids mit einer Vielzahl von Ungewißheiten konfrontiert. Wann wird ein Heilmittel gefunden? Wird es der Wissenschaft gelingen, einen Impfstoff zu produzieren? Wieviel Männer, Frauen und Kinder werden noch an Aids und seinen Begleiterkrankungen sterben müssen? In der jüngeren Vergangenheit hat es keine andere Infektionskrankheit gegeben, deren psychosoziale Auswirkungen denen von Aids gleichgekommen wären. Infolge der vielen wissenschaftlichen und pseudowissenschaftlichen Aidsberichte, mit denen uns seriöse Medien und Sensationspresse bombardiert haben, ist es weltweit zu einer regelrechten Aidshysterie gekommen. Aidspatienten müssen daher nicht nur die ganz persönliche Katastrophe verarbeiten, die die Diagnose einer tödlichen Krankheit für sie bedeutet, sondern sich auch noch mit der gesellschaftlichen Diskriminierung auseinandersetzen, die durch Ängste und Unwissenheit ausgelöst wird (Johnson 1988).

40 000 Amerikaner, die im Jahre 1996 «nur» als *HIV-positiv* diagnostiziert worden waren, wachten am Neujahrstag 1997 auf und waren plötzlich *aidskrank* – die Folge einer neuen, strengeren offiziellen Definition. Diese Maßnahme wird die finanziell ohnehin völlig überforderten Sozialdienste zusätzlich belasten und das emotionale Trauma vieler Infizierter noch vertiefen.

Bei den U. S. Centers for Disease Control and Prevention (CDC), die für die Überwachung der Aidsausbreitung zuständig sind, gibt es konkrete Vorschriften darüber, wann eine HIV-positive Person als aidskrank zu gelten hat. Nach der momentanen Definition ist aidskrank, wer einen von insgesamt 23 Krankheitsindikatoren aufweist. Im Jahre 1993 wurde die ursprüngliche Definition um drei Krankheitsbilder erweitert, die bei aidsinfizierten Frauen und Fixern häufig sind: Gebärmutterhalskrebs, Lungentuberkulose und rekurrente Lungenentzündung. Die erweiterte Definition enthielt außerdem einen vierten neuen Indikator: ein Abfallen der T4-Helferzellen auf 200 pro Mikroliter Blut. (Beim gesunden Menschen liegt dieser Wert in der Regel etwa fünfmal so hoch). Für die behandelnden Ärzte stellt Aids in weit höherem Maße als die meisten anderen Krankheiten eine psychische Belastung dar, denn sie müssen sich mit den oft übermächtigen sozialen, emotionalen und medizinischen Problemen ihrer Patienten auseinandersetzen. Nicht selten sehen sich diese Mediziner ganz unvermittelt mit ihren eigenen negativen Gefühlen, Einstellungen und Ängsten (z. B. vor Ansteckung) konfrontiert (Johnson 1987).

Aidsinfizierte Personen und solche, die sich gefährdet glauben, entwickeln in bezug auf die Krankheit eine Vielzahl von Ängsten und Besorgnissen (Faulstich 1987; Holland & Tross 1985; Johnson 1987; Nichols 1985). Eine HIV-Infektion kann katastrophale Folgen für die zwischenmenschlichen Beziehungen des Betroffenen haben; er hat Isolation, Ablehnung und sogar den Verlust jeglichen sozialen Rückhalts zu befürchten. Die gesundheitlichen Auswirkungen des Virus (Schwäche, körperlicher und geistiger Verfall) können selbst die einfachsten und unbedingt notwendigen Lebensaktivitäten erschweren. Durch Arbeitsplatzverlust oder Arbeitsunfähigkeit, durch zahllose Krankenhaus- und Arztrechnungen oder durch Aussteuerung seitens der Krankenversicherung kann der Patient leicht in finanzielle Schwierigkeiten geraten. Auch psychische Probleme wie Depressionen, Angstzustände und Hoffnungslosigkeit treten häufig auf; der Gedanke an Tod und Sterben kommt immer wieder an die Oberfläche (Markowitz 1986).

Ein Arzt, der Aidspatienten behandelt, kann sich mit deren medizinischen, psychischen, sozialen und sonstigen Problemen leicht überfordert fühlen, zumal er in einer hektischen Praxis möglicherweise überhaupt nicht in der Lage ist, auf all diese Aspekte einzugehen. In den meisten größeren Kommunen, aber auch in vielen kleineren ländlichen Orten, gibt es spezielle Aids-Beratungsdienste und Unterstützungsprojekte für Betroffene. Listen dieser Anlaufstellen sind bei den lokalen Gesundheitsämtern und den Aids-Stationen der Kliniken erhältlich. Die Gesundheitsämter bieten außerdem anonyme Aidstests an, deren Ergebnisse vertraulich behandelt werden müssen.

10.2 Der Antikörpertest

Der HIV-Antikörpertest wurde im Jahre 1985 von der U. S. Food and Drug Administration für die gezielte Untersuchung von Blutspenden zugelassen (CDC 1987). Inzwischen kommt er auch bei Personen zur Anwendung, die einem Ansteckungsrisiko ausgesetzt sind oder waren, sowie bei solchen, die Symptome einer HIV-Infektion aufweisen. Dieser serologische Test umfaßt meist eine Sequenz von zwei oder drei Testungen. Die erste davon besteht aus dem sogenannten ELISA-Test (**e**nzyme-**l**inked **i**mmuno**s**orbent **a**ssay; heterogener Enzym-Immunassay). Fällt dieser positiv aus, wird zur genaueren Befunderhebung ein Western-Blot-Test angeschlossen. Fällt dieser ebenfalls positiv aus, sollte der Immunfluoreszenztest (IFT) durchgeführt werden. Ist auch dieser Befund positiv, gilt die getestete Person als infiziert und als potentieller Überträger der Krankheit (APLA 1997).

Um die Anonymität des Patienten zu wahren, führen einige Labors Aidstests getrennt von anderen Labortätigkeiten durch. Blutproben, die mit dem Namen des Patienten versehen sind, werden häufig gar nicht erst angenommen, sondern nur solche, die statt dessen lediglich eine Codenummer tragen. Um den Patienten vor möglichen Nachteilen zu schützen, werden die Testkosten oft nicht direkt mit den Versicherungen abgerechnet. Viele Labors geben keinerlei telefonischen Auskünfte über Testergebnisse, nicht einmal dem überweisenden Arzt. Auch Ärzte sollten in bezug auf Krankenakten oder Personalverhalten darauf achten, daß die Anonymität ihrer Patienten gewahrt bleibt (Johnson 1988).

10.3 Aidsberatung

Mittlerweile ist es selbstverständlich, die Patienten sowohl vor als auch nach einem Aidstest eingehend zu beraten. Dies kann der behandelnde Arzt oder ein speziell ausgebildeter Berater tun. Geht es um eine Beratung vor einem Test, ist auch eine Gruppensitzung möglich (CDC 1997b). Inhalt jeder Beratung ist es, den Patienten über den HIV-Antikörpertest aufzuklären. Grundsätzlich sollte ein Aidstest nur durchgeführt werden, wenn der Patient sein wohlüberlegtes Einverständnis gegeben hat. Dies bedeutet, daß der Patient weiß, daß die Tests durchgeführt werden, warum sie durchgeführt werden und welche medizinischen, sozialen und rechtlichen Konsequenzen ein positives oder negatives Testergebnis mit sich bringen könnte. Außerdem sollte der Patient bei der Beratung Gelegenheit haben, Ängste und Gefühle in bezug auf Aids zur Sprache zu bringen. Auch über die Testergebnisse sollte gesprochen werden; die Aufgabe des Klinikers besteht darin, die emotionale Fähigkeit des Patienten einzuschätzen, ein positives oder negatives Testergebnis zu verkraften, und dann gemeinsam mit dem Patienten zu entscheiden, ob ein Aidstest durchgeführt werden soll oder nicht (Johnson 1987).

Zweck einer testvorbereitenden Beratung ist es, den Patienten über Aids und die entsprechenden Präventionsmaßnahmen aufzuklären und ihm bei der Entscheidung zu helfen, ob ein Aidstest tatsächlich angebracht und erwünscht ist. Bei der nachbereitenden Beratung hingegen werden dem Patienten seine Testergebnisse mitgeteilt, und er erhält die nötige emotionale Unterstützung. Der Patient sollte dazu ermutigt werden, seine Gefühle in bezug auf die Ergebnisse zu artikulieren, wobei aber darauf zu achten ist, daß er nicht zu stark deprimiert wird, um im Alltag zurechtzukommen, oder eine Gefahr für sich selbst darstellt. Manche Menschen können ihre Gefühle allerdings nur mit professioneller psychiatrischer Hilfe verarbeiten; in solchen Fällen ist eine entsprechende Überweisung angeraten (Johnson 1987).

Therapeuten, die Aidspatienten betreuen, müssen wissen, daß der Begriff «Familie» eine weitaus umfassendere Bedeutung besitzt als gemeinhin angenommen. Die herkömmliche Vorstellung von Familie umfaßt die Kernfamilie, beruhend auf der gemeinsamen genetischen Herkunft. Zusätzlich aber existiert noch eine Wahlfamilie, deren Mitglieder für den Betroffenen ebenfalls sehr wichtig sein können und in bestimmte Bereiche der Therapie einbezogen werden sollten. Zu dieser erweiterten Familie gehören beispielsweise Sexualpartner bzw. Lebensgefährten, aber auch enge Freunde, die wichtige Bezugspersonen und Quellen des sozialen Rückhalts für den Patienten darstellen. Die Vereinigung dieser beiden «Familien» hat einen erheblichen therapeutischen Effekt, wobei dem Therapeuten die Aufgabe zufällt, den Beteiligten aufzuzeigen, daß diese Verschmelzung richtig und notwendig ist (Appell & Blatt 1992).

10.3.1 Die Rolle des Therapeuten bei der Aidsberatung

Die wichtigste Eigenschaft eines Therapeuten, der mit Aidspatienten arbeitet, ist Flexibilität. Gehört ein Therapeut noch eher der alten Schule an, kann durch den Umgang mit Aids sein gesamtes therapeutisches Denken in Frage gestellt werden. Denn der Aids-Therapeut hilft seinem Klienten nicht nur dabei, aktuelle und zurückliegende Beziehungs- und Familienangelegenheiten aufzuarbeiten, er muß ihm auch als Wissensquelle, Krisenberater und Kontaktperson zu anderen Ressourcen dienen. Je unbeschwerter er zwischen diesen Rollen hin und her wechselt, desto hilfreicher kann er für seinen Klienten sein.

Viele Familien haben weder Erfahrungen mit Aids, noch verfügen sie über das entsprechende Vorwissen. Daher ist der Therapeut zunächst ihre wichtigste Informationsquelle. Er klärt sie über mögliche Übertragungswege auf und geht auf ihre Ängste in bezug auf eine Ansteckung ein. Diese Ängste sind durchaus berechtigt, und die Auseinandersetzung damit ist ein wichtiger Schritt auf dem Weg zu einem fundierten Wissen über Aids. Je mehr die Familie über Aids weiß, desto realistischer kann sie ihre Situation betrachten.

Es ist wichtig, daß der Therapeut jederzeit für die Familie da ist. Spricht er offen und unvoreingenommen über die Krankheit, dient er seinen Klienten ganz nebenbei, aber sehr wirksam als Vorbild, was offene Kommunikation anbelangt. Eine weitere Aufgabe des Therapeuten besteht darin, der Familie Selbsthilfegruppen, nützliche Bücher und Aids-Hilfsorganisationen zu empfehlen, die als Informationsquellen geeignet sind. In seinem eigenen Interesse sollte der Therapeut seinen Klienten so viele Kontakte wie möglich verschaffen, damit er nicht die einzige Quelle ist, aus der sie Unterstützung und Rückhalt beziehen können.

Außerdem kann der Therapeut seine Rolle nutzen, um seinen Patienten zu stärken, sein Selbstbewußtsein zu steigern und ihm das Gefühl zurückzugeben, sein Leben unter Kontrolle zu haben, indem er es ihm überläßt, die Themen zur Sprache zu bringen, die angesprochen werden müssen. Dieses Vorgehen ist zwar nicht immer angezeigt, z. B. wenn unangebrachte Verleugnungsmechanismen auf seiten des Patienten den Fortgang der Therapie behindern, generell jedoch hilft es, die Autonomie des Patienten zu wahren, was gerade bei Aids sehr wichtig ist.

10.3.2 Grenzen

Für das Verhalten des Therapeuten muß es sowohl ethische als auch therapeutische Grenzen geben. Arbeitet ein Therapeut mit einem aidsinfizierten Patienten, muß er sich auch auf dessen Familie bzw. Umfeld einstellen. Die Therapie wird häufig eine Herausforderung an die Flexibilität der Therapeuten sein. Mitunter wird der Patient seine Termine nicht wahrnehmen können und in letzter Minute absagen, weil er krank ist oder einen Arzttermin hat. Berechnet der Therapeut ihm einen solchen Termin? Ist sein Terminplan locker genug, um vielleicht noch für dieselbe Woche einen neuen Termin zu vereinbaren? Ist er grundsätzlich bereit, seinen Klienten auch zu Hause zu besuchen, falls dieser nicht mehr in der Lage ist, in seine Praxis zu kommen? Dies ist eine Gewissensfrage; ob ein Hausbesuch stattfindet oder nicht, sollte nicht von den Ängsten des Therapeuten abhängen, sondern von den Bedürfnissen des Patienten (Appell & Blatt 1992).

Bei der Arbeit mit Aidspatienten können nahezu alle theoretischen Therapiekonzepte eingesetzt werden. Um den besonderen Bedürfnissen Aidsinfizierter gerecht zu werden, sollte man jedoch der Funktion und den Strukturen der Familie große Aufmerksamkeit schenken. Familien können sich in dieser Hinsicht stark voneinander unterscheiden. Die Einschätzung der Familie kann erheblich bei der Entwicklung geeigneter Therapiepläne und -ziele helfen.

Die meisten Patienten wünschen sich, daß ihre Familie für sie da ist und sie unterstützt. Der Therapeut muß abschätzen, wie realistisch dieser Wunsch ist und wie die Chancen dafür stehen, daß er erfüllt wird. Beispielsweise könnte eine

Familie im Zusammenhang mit einer Aidsinfektion überhaupt erst erfahren, daß der Betroffene homosexuell ist. Wann und wie die Familie über die Aidsinfektion informiert werden sollte, hängt von der bestehenden Familiendynamik und den Bedürfnissen des Patienten ab (Appell & Blatt 1992).

10.3.3 Familiensystem

Bei der Arbeit mit der Familie, gleich ob er dabei mit einer einzelnen Person oder einer größeren Gruppe anfängt, sollte der Therapeut die Grenzen innerhalb des Familiensystems betrachten und zu verstehen versuchen. Er sollte erkunden, wo solche Grenzen bestehen und welche Funktionen sie in der Vergangenheit erfüllt haben bzw. in der Gegenwart erfüllen.

In sogenannten «verstrickten» oder «überbeteiligten» Familien beipielsweise sind diese Grenzen eher verwischt und ineinander verflochten. Bei hochverstrickten Familien stehen die Familienmitglieder in sehr enger emotionaler Bindung und Abhängigkeit zueinander, der Familienzusammenhalt genießt absolute Priorität, und die Autonomie der einzelnen Familienmitglieder wird unterdrückt. In solchen Familien kann es geschehen, daß die Aidsinfektion zu früh enthüllt wird, also bevor die Familienmitglieder emotional bereit sind, sich mit ihr auseinanderzusetzen. Der Therapeut kann dem HIV-positiven Patienten helfen, seine Angst so lange zu beherrschen, bis er sich genau überlegt hat, wann und wie er seine Familie informieren möchte und inwieweit er die einzelnen Angehörigen mit der Diagnose belasten kann. Es besteht die Gefahr, daß es zu einer zu starken emotionalen Beteiligung und damit zur Überbehütung kommt. Da Autonomie für das aidsinfizierte Familienmitglied aber von enormer Wichtigkeit ist, muß der Rest der Familie seiner natürlichen Tendenz, den Patienten überzubehüten, aktiv entgegenwirken. Je mehr er von anderen beschützt wird, desto hilfloser wird der Aidsinfizierte sich fühlen und desto weniger wird er in der Lage sein, seine Stärken und Ressourcen zu mobilisieren. Der Therapeut muß den Angehörigen den Unterschied zwischen *helfen* und *retten* deutlich machen. Rettungsverhalten basiert auf der Ansicht, daß der Patient ein hilfloses und hoffnungsloses Opfer ist, und kann, wenn nichts dagegen unternommen wird, zu einer Infantilisierung des Patienten führen (Appell & Blatt 1992).

Bestehen in einer Familie, wenn überhaupt, nur wenige emotionale Bindungen, oder sind die Familienmitglieder emotional voneinander abgeschnitten, so wird sie als «entkoppelt» bezeichnet. In einem solchen Familiensystem kommt es häufig vor, daß die anderen Familienmitglieder nichts von der Aidsinfektion des Patienten wissen. Hat die infizierte Person ihre Angehörigen verständigt, und war sie schon immer das schwarze Schaf der Familie, so kann die Krankheit diese Rolle noch verstärken, und der Patient wird zum Sündenbock gemacht. Wegen der ohnehin großen Scham, die mit einer Aidsinfektion oft einhergeht, kann dies schlimme Folgen haben.

Ob die Aidsinfektion überhaupt enthüllt werden sollte, hängt vom Funktionsgrad der Familie und der psychischen Stabilität des Patienten ab. Therapeuten müssen hierbei darauf achten, inwieweit sie selbst das Bedürfnis verspüren, daß eine Enthüllung erfolgt; eventuell hegen sie die Grundeinstellung, eine Enthüllung sei immer hilfreich, obwohl sie im konkreten Fall unmöglich ist. Patienten, die aus entkoppelten Familiensystemen stammen, werden angesichts einer Aidsdiagnose mit höherer Wahrscheinlichkeit feste Grenzen um sich herum ziehen. Unter diesen Umständen kann es zu einer schädlichen Isolation kommen bzw. dazu, daß der Patient Bindungen vorzeitig lockert oder abbricht. Möchte ein Patient aus einer solchen Familie seine Infektion enthüllen, kann der Therapeut ihn darauf vorbereiten, indem er ihm bei der Erschließung neuer Rückhaltsysteme hilft und ihn ein positiveres Bild entwerfen läßt. Auch indem er immer wieder eine deutliche Unterscheidung zwischen der Krankheit und der Persönlichkeit des Patienten vornimmt, kann der Therapeut diesem helfen, sich von der moralischen Verurteilung freizumachen, die seine Schamgefühle auslöst. Entschließt sich der Patient, nachdem er diesen Prozeß durchlaufen hat, dazu, seine Infektion zu enthüllen, ist er emotional vermutlich besser in der Lage, mit der Reaktion seiner Familie umzugehen. Mitunter kann es in einer solchen Situation angebracht sein, zunächst nicht die gesamte Familie zu informieren, sondern nur ein ausgewähltes Mitglied. Wie beim verstrickten Familiensystem ist auch hier der richtige Zeitpunkt der Enthüllung wichtig (Appell & Blatt 1992).

Wie erfolgreich eine Familie mit Streß und schlechten Nachrichten umgeht, ist am vorliegenden Verleugnungsgrad zu erkennen. Ob nun heilsam oder schädlich, Verleugnung spiegelt die Schwierigkeiten wider, die die Familie damit hat, die Realität der Situation zu erfassen, ihre vielen Gefühle zu verarbeiten und sich schließlich auf die Achterbahnfahrt zu begeben, die vor ihr liegt. Schädlichem Verleugnungsverhalten muß der Therapeut behutsam entgegenwirken. Eine Familie kann ihr Verleugnungsverhalten nicht über Nacht ablegen. Um sich von ihren Verleugnungstendenzen freimachen zu können, müssen die Familienmitglieder miteinander kommunizieren, anderenfalls wird es ihnen nicht gelingen, einander Halt zu geben. Für den Therapeuten ist die Konfrontation mit der Verleugnung ein Drahtseilakt. Ignoriert er sie jedoch, tut er damit weder sich noch den anderen Beteiligten einen Gefallen.

Ebenfalls berücksichtigt werden müssen die religiösen Neigungen und Überzeugungen des Patienten und seiner Familie. In diesem Bereich kann ein Konflikt vorliegen. Viele Homosexuelle beispielsweise haben sich aufgrund religiöser Meinungsverschiedenheiten mit ihren Familien entzweit. Derartige Differenzen lassen sich nicht immer beseitigen.

Aidsinfizierte Patienten zieht es mitunter zurück zu ihren religiösen Wurzeln, oder sie suchen eine neue Art der Spiritualität. Einige möchten vielleicht alternative Richtungen ausprobieren, wie z. B. Meditationskassetten hören oder Karten legen, oder sie engagieren sich in bestimmten religiösen oder spirituellen Organisationen. Der Therapeut muß sich von eigenen Vorurteilen frei machen, seinem Patienten dabei helfen, für sich zu definieren, was richtig und was falsch ist, und die Familie des Patienten dabei unterstützen, dessen Sichtweisen zu akzeptieren (Stribling 1990).

10.3.4 Isolation

Bei der Einschätzung von Familiensystemen sollte der Therapeut auf Formen der Isolation achten. Isolation kann durchaus ein normaler Teil des Adaptionsprozesses sein, in dessen Verlauf neue Informationen akzeptiert und verarbeitet werden. So könnte beispielsweise ein Familienmitglied nach der Enthüllung der Infektion vorübergehend auf Distanz gehen bzw. sich zurückziehen. Der Therapeut muß dieses Verhalten normalisieren, so daß die betreffende Person nicht überreagiert und diesen Zustand als dauerhafte Lösung ansieht.

In anderen Fällen jedoch ist Isolation anpassungsschädlich. Es gibt viele Gründe für eine Isolation; einer davon wäre die Angst vor Ansteckung, ein anderer das Gefühl der Hilflosigkeit. Viele Angehörige fragen: «Was soll ich denn nun tun? Was kann ich noch sagen?» Aus Angst, etwas falsch zu machen, ziehen sie sich vom Patienten zurück. Familienmitglieder können den Kontakt auch scheuen, weil es schwierig für sie ist, jemandem nahe zu sein, den sie zu verlieren fürchten. Für sie bedeutet Aids Tod.

Für einen Partner, der selbst HIV-positiv ist, mag der Grund zum Rückzug darin liegen, daß er mit der eigenen Sterblichkeit konfrontiert wird. Schließlich können einzelne Familienmitglieder hinsichtlich ihrer Sozialkontakte in Isolation geraten, weil Aids in unserer Gesellschaft ein Stigma darstellt. In einer Zeit, da die Familie die Unterstützung anderer besonders nötig hat, stellt das eine zusätzliche Belastung dar.

In all diesen Fällen hat der Therapeut die Aufgabe, seine Klienten aufzuklären und ihnen Rückhalt zu geben, außer Kontrolle geratendes Verhalten zu normalisieren und auf Gefühle und Ängste einzugehen. Er sollte die Gefahr der Isolation erkennen und falls nötig intervenieren und eine offene Kommunikation zwischen den Familienangehörigen fördern, um diese einander näherzubringen (Appell & Blatt 1992).

Trauer ist bei der Arbeit mit Aidsinfizierten und ihren Familien allgegenwärtig; sie stellt einen kontinuierlichen Adaptationsprozeß an reale und symbolische Verluste dar. Nicht nur der Patient selbst erleidet viele Verluste, sondern auch seine Angehörigen. Eltern sehen sich mit dem Verlust ihres Kindes konfrontiert, der

Partner mit dem Verlust des Lebensgefährten. Diese Verluste sind enorm, besonders weil das Aidsvirus häufig Menschen befällt, die noch sehr jung sind.

Auch die Hoffnungen und Zukunftsträume des Patienten und seiner Familie werden durch die drohenden Verluste in Frage gestellt. Die durch Aids verursachten körperlichen Beeinträchtigungen können frühere Aktivitäten der Familie unmöglich machen. Vielleicht haben der Infizierte und seine Familie bereits andere geliebte Menschen durch die Krankheit verloren, wodurch ihr Rückhaltsystem geschrumpft und ihre Trauerlast gewachsen ist. Der Therapeut kann seine Klienten bei der Trauerarbeit unterstützen, indem er ihnen hilft, ihre Gefühle zu artikulieren und zu normalisieren. Viele Menschen wissen nicht, wie man richtig trauert oder was in diesem Zusammenhang «normal» ist. Oft wird Trauer von Wut begleitet, und wer nicht weiß, daß dies nichts Außergewöhnliches ist, wird zusätzlich noch unter Schuldgefühlen zu leiden haben.

Der Therapeut sollte seine Klienten dazu bewegen, sowohl individuell als auch gemeinsam über ihre Gefühle zu sprechen, ihrem Bedauern Ausdruck zu verleihen und sich schöne Erinnerungen ins Gedächtnis zu rufen. Dies bringt nicht nur den Trauerprozeß voran, sondern wird auch dafür sorgen, daß den Hinterbliebenen die Trauer nach dem tatsächlichen Tod des Patienten leichter fällt. Schuldgefühle, die daraus resultieren, daß wichtige Dinge unausgesprochen blieben, erschweren die Trauerarbeit. Es ist wichtig und heilsam, über Verluste zu sprechen, wenn sie sich ereignen, und über den Tod, noch bevor er eintritt (Aguilera 1997b).

Auch seine eigene Trauer darf der Therapeut nicht vergessen. Während der Arbeit mit einem HIV-positiven Klienten kümmert er sich um ihn, baut eine Bindung zu ihm auf und muß ihn wieder loslassen. Therapeuten ebenso wie Pflegekräfte sollten ihre Trauer zulassen und auch bei anderen Hilfe suchen.

10.3.5 Tod

Wir leben in einer Gesellschaft, die von Todesphobie gekennzeichnet ist. Todgeweihte sprechen ihrer Familie zuliebe nicht über ihren Zustand; die Angehörigen und Partner schweigen ebenfalls, weil sie den Aidsinfizierten nicht beunruhigen wollen. Oft möchten beide Seiten über ihre Gefühle in bezug auf den Tod reden, trauen sich aber nicht, davon anzufangen. Eine der wichtigsten Dienste, die man leisten kann, ist es, für einen friedlichen Abschied zu sorgen. Wer den Tod nicht akzeptieren und über ihn reden kann, der wird sich sehr schwer damit tun, Abschied zu nehmen, wenn die Zeit gekommen ist. Gelingt es, das Schweigen über den Tod zu brechen, so bedeutet dies, daß die Betroffenen die Chance bekommen, die Verbindung aufrechtzuerhalten und trotzdem loszulassen. Dieser Aspekt ist außerordentlich wichtig.

Eine psychiatrische Behandlung muß psychologische, biologische und soziale Ansätze vereinen. Die Abfolge innerpsychischer Zustände, die eine Aidsinfektion begleitet, betrifft Personen, bei denen ein konkreter Verdacht besteht – z. B. homosexuelle Männer mit einer Lymphadenopathie – ebenso wie tatsächlich als HIV-positiv diagnostizierte Patienten. Die körperlichen Aspekte der Krankheit und ihre Folgen sind für den Aidspatienten furchtbar. Übelkeit, Müdigkeit, schwere Infektionen und der Verlust der Kontrolle über die Ausscheidungsfunktionen können gravierende Depressionen auslösen. Dadurch werden die intrapsychischen Effekte von Aids verstärkt, die ihrerseits wiederum zu verstärkten Depressionen und Angstzuständen führen sowie zur Intensivierung kognitiver Dysfunktionen in Form von delirösen Zuständen, die durch Fieberschübe, Meningitis oder die schädlichen Nebenwirkungen verschiedener chemotherapeutischer Medikamente verursacht werden (Wise 1986).

10.4 Aids in den USA

Aids ist nicht nur die Krankheit der Homosexuellen und Drogenabhängigen, sie bedroht, unabhängig von Alter, Geschlecht, Hautfarbe oder Wohnort, Millionen sexuell aktiver Menschen. Die Krankheit ist äußerst heimtückisch. Ist das Virus erst einmal in den Körper eingedrungen, heftet es sich an bestimmte Zellen des Immunsystems und verändert ihre DNA. Da es das Immunsystem direkt angreift, ist Aids unheilbar und tödlich. Die Seuche breitet sich zwar weltweit aus, sie ist jedoch ein besonders akutes Problem für alle Amerikaner, eine soziale und medizinische Krise und, einigen der besten Wissenschaftler der Nation zufolge, eine in der Entstehung befindliche nationale Katastrophe (Conant 1997).

Die offiziellen Schätzungen zum weiteren Verlauf der Epidemie – 179 000 Tote und 270 000 Neuinfizierte in den kommenden zehn Jahren – haben in den Medien eine weite Verbreitung erfahren. Bis zum Jahre 2000 werden schätzungsweise 10 Millionen Amerikaner das Virus in sich tragen. Weniger bekannt und doch von erheblicher Bedeutung ist, daß diese Schätzungen mit großer Sicherheit zu niedrig sind. Der sogenannte Aids-related complex (ARC) beispielsweise, ein Krankheitssyndrom, das tödlich sein kann und fast zwangsläufig ein Vorbote von Aids ist, findet in diesen Schätzungen keine Berücksichtigung; man geht davon aus, daß es ungefähr zehnmal mehr ARC-Fälle gibt als Aidsfälle. Die meisten Aids-Fachleute glauben, daß die Schätzungen der Regierung durch die große Zahl unerkannter Fälle erheblich verzerrt werden (Conant 1997). Die tatsächlichen Zahlen seien um 75% höher als die offiziellen. Ein weiterer Grund dafür, daß die Vorhersagen zu niedrig ausfallen, besteht darin, daß sie auf Schätzungen des *momentanen* Ausmaßes der Epidemie beruhen. Die Vorhersagen gehen wahrscheinlich unrealistischerweise davon aus, daß bis zum Jahre 2000 nur bei denjenigen Menschen Aids zu Ausbruch kommen wird, die heute bereits infiziert sind (APLA 1997).

Wer wird in 10 Jahren an Aids erkrankt sein? Mehr als 90% der Opfer werden Mitglieder der beiden Hauptrisikogruppen (Homosexuelle und Fixer) sein. Die heterosexuelle, drogenabstinente Mehrheit sollte sich angesichts dieser Tatsache jedoch keinesfalls in Sicherheit wiegen, da Aids auch durch konventionellen Geschlechtsverkehr übertragen werden kann. Man nimmt an, daß 1100 der Aidsfälle des Jahres 1986 infolge heterosexueller Geschlechtskontakte zustande kam. Bis zum Jahre 2000 wird diese Zahl vermutlich auf 7000 Fälle, d. h. 9% der Gesamtsumme, angestiegen sein. Tragischerweise werden auch 3000 Babys mit einer Aidsinfektion zur Welt kommen. Kinder, die sich bei oder vor der Geburt mit Aids infiziert haben, erwartet ein kurzes und schmerzvolles Leben (Frierson & Lippmann 1987).

Viele Amerikaner haben die Aidsepidemie abgetan, da die Krankheit vorwiegend mit Homosexuellen und Fixern in Verbindung gebracht wird; diese Einstellung beginnt sich jedoch in letzter Zeit zu wandeln. Ein anderer Grund für das allgemeine Desinteresse der Nation könnte die Annahme sein, daß die Wissenschaft schon bald ein Heilmittel finden wird. Diese Hoffnung ist jedoch kaum berechtigt. Trotz des Optimismus vieler Forscher und trotz erster Siege im Kampf gegen die Seuche ist Aids immer noch eine der größten Herausforderungen, vor denen die moderne Medizin jemals gestanden hat.

Offensichtlich sind vielen Amerikanern zwei Hauptaspekte der Krankheit noch immer nicht ganz klar. Der erste ist der Zusammenhang zwischen der Ansteckung mit dem Aidsvirus und dem Ausbruch der Krankheitssymptome. Aus vielen Gründen, und sei es nur aus Anstand und Mitgefühl, wird HIV-Infizierten erzählt, ihr Risiko, tatsächlich Aids zu bekommen, liege zwischen 1:10 und 1:3. Ihre Chancen könnten aber auch weitaus schlechter stehen; Experten gehen inzwischen davon aus, daß die Hälfte aller Infizierten schließlich an Aids erkranken und sterben wird, und der tatsächliche Prozentsatz könnte sogar noch höher liegen (CDC 1997a). Der zweite entscheidende Punkt sind die Ansteckungswege. Im allgemeinen ist Aids bei weitem nicht so ansteckend wie viele andere Krankheiten. Bei ungeschütztem Geschlechtsverkehr, bei der gemeinsamen Benutzung von Spritzbestecken und bei Bluttransfusionen ist das Ansteckungsrisiko jedoch sehr hoch. Jeder, der das Virus in sich trägt, kann andere damit infizieren (Conant 1997).

Die momentane Hauptsorge ist, daß Aids sich in die Gesamtbevölkerung auszubreiten droht. Die Ansteckung wird vermutlich von den Fixern ausgehen, einer verborgenen Subpopulation, deren Zahl sich auf insgesamt circa 1,5 Millionen beläuft. Bei diesen Drogenkonsumenten, zumeist Heroinabhängigen, besteht die geringste Wahrscheinlichkeit, daß man ihnen vermitteln kann, wie die Seuche unter Kontrolle zu bringen ist. Die meisten Fixer sind junge Männer mit unzureichender Bildung, kriminellen Tendenzen und bestenfalls loser Bindung an ihre Familien oder Kommunen. Man vermutet, daß in New York, einer Stadt, die in ganz Amerika das höchste Aufkommen an Heroinabhängigen hat, bereits 60% der Fixer mit dem Aidsvirus infiziert sind. Geht man davon aus, daß die meisten Fixer heterosexuell veranlagt sind, stellen deren Partner die nächste Risikogruppe dar. Die Ansteckungsrate unter Frauen nimmt zu und wird bis zum Jahre 2000 die der Männer überstiegen haben (Conant 1997).

Diejenigen, die gegen Aids kämpfen, stehen zwei Feinden gegenüber: der Seuche selbst und der Angst. Aids konfrontiert die amerikanische Gesellschaft mit einigen Grundsatzfragen und stellt das Mitgefühl und den gesunden Menschenverstand der Nation auf eine harte Probe. Millionen von Menschen hat die Seuche schon gezwungen, ihr Sexualverhalten zu überdenken, und sie hat die sexuelle Revolution der sechziger und siebziger Jahre zu einem abrupten Stillstand gebracht. Aids wirft eine Unmenge rechtlicher Fragen in bezug auf Diskriminierung auf und könnte sogar einen nationalen politischen Aufruhr verursachen.

Ein Blick auf die homosexuelle Minderheit Amerikas zeigt deren täglichen Kampf gegen Aids. Angesichts rapide ansteigender Zahlen haben Homosexuelle in New York, Los Angeles, San Francisco und anderen Städten gegen die Epidemie mobil gemacht. Sie haben ihr gefährliches Verhalten – Analverkehr mit häufig wechselnden Partnern – erheblich reduziert und leisten Großes bei der Betreuung von tatsächlichen oder potentiellen Aidsopfern. Der drohende Tod ist omnipräsent, und viele Homosexuelle haben in ihrem Freundeskreis bereits zahlreiche Todesopfer zu beklagen (Morganthau 1986).

Was die Gleichberechtigung Homosexueller anbelangt, ist Kanada den USA weit voraus. In den letzten Jahren und Monaten wurden diesbezügliche Bemühungen so weit vorangetrieben, daß nicht nur Schwulenaktivisten, sondern auch Rechtswissenschaftler davon sprechen, in Kanada seien die Fundamente für eine völlig neue juristische Definition von «Familie» gelegt. In Zukunft sollen homosexuelle Paare ganz legal heiraten und Kinder adoptieren können, gegenseitig rentenberechtigt und heterosexuellen Ehepaaren auch in allen anderen Angelegenheiten gleichgestellt sein.

David Pepper, ein Assistent Svend Robinsons, des einzigen bekennenden homosexuellen Parlamentsmitglieds Kanadas, hat kürzlich gesagt, Kanada sei den Vereinigten Staaten in bezug auf das Homosexuellenrecht um Lichtjahre voraus. Einige Beispiele sollen dies verdeutlichen:

- In 7 der 12 kanadischen Provinzen ist es ausdrücklich verboten, Personen aufgrund ihrer sexuellen Orientierung zu diskriminieren; in den USA hingegen ist dies nur in 7 von 50 Bundesstaaten der Fall.

- Die kanadische Justizministerin Kim Campbell kündigte kürzlich an, sie werde eine auf das ganze Land bezogene Gesetzesvorlage einbringen, nach der der Canadian Human Rights Act dahingehend geändert werden solle, daß er die Diskriminierung Homosexueller verbiete. Dieses Gesetz war zuvor schon durch eine Entscheidung des Bundesgerichtshofs ergänzt worden. Auf Bundesebene gibt es in den USA kein vergleichbares Verbot; Homosexuellenvertreter hoffen aber, daß Bill Clinton endlich die lange erwartete Abänderung des Civil Right Act aus dem Jahre 1964 in Angriff nehmen wird.

- Im Jahr 1990 wurde Kanada nach einem Gerichtsbeschluß, wie es scheint, das erste Land der Welt, in dem Homosexuelle durch nationale Gesetze vor Diskriminierung geschützt sind.

- Im Oktober bezog das kanadische Militär Stellung zur Voreingenommenheit gegenüber Homosexuellen in der Armee und sensibilisierte die Rekruten in ähnlichen Veranstaltungen, wie sie zum Thema sexuelle Belästigung von Frauen durchgeführt werden.

Durch die Aufhebung des Verbots, Homosexuelle in die Armee aufzunehmen, hat Kanada mit der großen Mehrheit der Streitkräfte der westlichen Welt gleichgezogen. Außerdem wurde dadurch der Druck auf Präsident Clinton verstärkt, sein Wahlversprechen einzulösen, er werde das Verbot des Pentagons gegen Homosexuelle in Uniform aufheben (Walsh 1992).

Die Homosexuellenbewegung muß aber auch Rückschläge befürchten. In der Befürchtung, daß eine neue Welle von Vorurteilen, Anschuldigungen und Stigmatisierungen auf sie zukommen könnte, klammern sich die meisten Homosexuellen verzweifelt an ihre neu gewonnenen Rechte. Sie wissen genau, daß die Toleranzbereitschaft der heterosexuellen Mehrheit schon unter den günstigsten Bedingungen begrenzt ist, und deswegen ist man sich in der homosexuellen Gemeinde sehr wohl der Tatsache bewußt, das Aids ihre Außenseiterrolle wieder verstärkt hat. Trotzdem hat die Offensive gegen die Diskriminierung recht gute Erfolge zu verzeichnen: in 33 US-Bundesstaaten fallen Aidskranke inzwischen unter Gesetze, die den Schutz Kranker und Behinderter zum Inhalt haben, und andere Staaten befinden sich auf dem Wege dorthin. Rechtsexperten sagen für die nächsten fünf Jahre eine Flut von Prozessen voraus, die mit Aids zu tun haben (Aguilera 1997a).

Ohne Zweifel wird Aids zu einem politischen Thema gemacht werden. In vieler Hinsicht ist die Seuche eine soziale Angelegenheit; das demagogische Potential ist enorm. In Kalifornien brachten die Anhänger des Extremisten Lyndon La Rouche eine Gesetzesvorlage, die *Proposition 54*, zur Abstimmung. Hätte die Vorlage Erfolg gehabt, wären die Gesundheitsbehörden gezwungen gewesen, bestimmte Aidspatienten in Quarantäne zu schicken. Das Referendum scheiterte mit mehr als Zweidrittelmehrheit, was die Aidsaktivisten triumphieren ließ. Der Streit ist aber noch lange nicht vorbei. Im Jahre 1988 stimmten die Kalifornier über zwei Vorlagen ab, die die bislang erzielten Erfolge gegen die Diskriminierung Homosexueller hätten rückgängig machen können. *Proposition 96*, die das Referendum passierte, sieht vor, daß Personen, die sexueller Übergriffe oder der Absicht verdächtigt werden, Polizisten, Feuerwehrleute oder Notfallhelfer mit dem Aidsvirus zu infizieren, gerichtlich zu einem Aidstest verpflichtet werden können. *Proposition 102*, die am Referendum scheiterte, hätte alle im Gesundheitsbereich Tätigen dazu verpflichtet, Patienten oder Blutspender, bei denen ein Aidsverdacht besteht bzw. eine HIV-Infektion nachgewiesen wurde, bei den lokalen Gesundheitsbehörden zu melden.

Derartige Regelungen könnten sämtliche Bemühungen von Ärzten, Forschern und Gesundheitsbehörden, die Seuche einzudämmen, zunichte machen; sie würden die Epidemie nur verschlimmern (Conant 1997). Es ist zwar wichtig, das öffentliche Interesse zu wecken, dabei sollte jedoch keine Hysterie ausgelöst werden.

10.4.1 Der Americans With Disabilities Act (1990)

Der Americans With Disabilities Act (ADA; Gesetz über den Umgang mit Behinderten) trägt der Befürchtung Rechnung, daß in der Gesellschaft eine Tendenz dahin besteht, behinderte Menschen auszusondern. Der ADA soll geistig und körperlich Behinderte in *allen* Lebensbereichen vor Diskriminierung schützen. Arbeitgeber, Pflegedienste oder Betreuungseinrichtungen müssen in jedem einzelnen Fall die Fähigkeiten einschätzen, die eine behinderte Person zur Erfüllung einer bestimmten Aufgabe mitbringt, und alle billigerweise zu verlangenden Bedingungen schaffen, damit die behinderte Person dieser Aufgabe nachkommen kann.

In den meisten Institutionen der Gesundheitspflege war eine Diskriminierung aufgrund von Behinderung ausgeschlossen. Die entsprechende Verpflichtung findet sich in Paragraph 504 des Vocational Rehabilitation Act, der im Jahre 1973 verabschiedet wurde. Der ADA orientiert sich an diesem Paragraphen; grundlegende Unterschiede bestehen nur in der genauen Definition des Begriffes *Behinderung*.

Alle Gerichte, die über HIV- bzw. Aidsdiskriminierungsfälle zu entscheiden hatten, stimmten darin überein, daß Aidskranke im Sinne des Paragraphen 504 als behindert zu gelten haben. ADA und Paragraph 504 schützen aber nicht nur Personen mit tatsächlichen Behinderungen, sondern auch solche Menschen, die in der Vergangenheit unter eine Behinderung gelitten haben oder die von anderen als behindert angesehen werden, obwohl weder eine aktuelle noch eine frühere Behinderung vorhanden ist (Palm 1992). Um die Geltung des Paragraphen 504 zu demonstrieren, zitiert Palm einen Fall, in dem das Beth Israel Hospital wegen der Diskriminierung eines Aidsinfizierten angeklagt wurde. Ein im Krankenhaus praktizierender Privatdozent hatte sich geweigert, eine Operation an einem HIV-positiven Patienten vorzunehmen. Das Gericht ging zunächst davon aus, die Klinik sei zur Einhaltung des Paragraphen 504 verpflichtet, da sie für ihre Dienstleistungen Medicare- und Medicaidzahlungen erhielt. Schließlich wurde die Klage gegen den Arzt jedoch abgewiesen, da dieser als Privatdozent keine öffentlichen Mittel erhielt. Der ADA soll solche Gesetzeslücken schließen (Stine 1993).

Der ADA gilt für alle Betriebe mit mehr als 15 Mitarbeitern und betrifft nahezu alle Kommunalverwaltungen. Für größere Städte trat der ADA im Jahre 1992 in Kraft, für kleinere erst 1994. Der ADA setzt für die Rechte des aidsinfizierten Mitarbeiters dieselben Kriterien an wie Paragraph 504 des Vocational Rehabilitation Act aus dem Jahre 1973, geht jedoch über die bestehende Rechtslage hinaus und stärkt die Rechte aidsinfizierter Arbeitskräfte in verschiedenen Punkten. Erstens gelten HIV und Aids nach dem erklärten Willen des Kongresses als Behinderungen im Sinne des ADA. Zweitens gibt der ADA konkrete Beispiele für Veränderungen, die billigerweise verlangt werden können. Drittens wird der ADA es Arbeitgebern verbieten, abgesehen von einem Drogentest medizinische Untersuchungen von Bewerbern zu fordern. Berufsbezogene körperliche Untersuchungen werden jedoch unter Beachtung bestimmter Voraussetzungen erlaubt bleiben. Ferner werden HIV-Infizierte davon profitieren, daß die Einhaltung des ADA unter die Aufsicht und Kontrolle der Equal Employment Opportunity Commission fallen wird (Stine 1993).

10.4.2 Aids und das Gesundheitspflegesystem

Ganz besonders für eine amerikanische Institution, nämlich das nationale Gesundheitspflegesystem, bedeutet die ausfernde Aidsepidemie eine enorme Belastung. Selbst die moderatesten Schätzungen über die aktiven Aidsfälle der kommenden fünf Jahre lassen keinen Zweifel daran, daß Veränderungen hinsichtlich Form, Finanzierung und Art der gesundheitspflegerischen Dienstleistungen notwendig sind, die an den Betroffenen erbracht werden. Praktisch jedes große Krankenhaus der Vereinigten Staaten wird im Jahre 2000 Aidskranke zu betreuen haben, und Großstädte wie New York werden gezwungen sein, ihre bestehenden Krankenhausstrukturen neu zu organisieren, um dem wachsenden Bedarf nachkommen zu können. Momentan gibt es noch kaum konkrete Pläne für die Bewältigung der Krise, die vor uns liegt (Hager 1986).

Bereits jetzt fordert Aids überproportional viele Opfer unter den schätzungsweise 35 Millionen Amerikanern, die nicht krankenversichert sind. Angesichts der enormen Kosten, die die Behandlung eines Aidskranken in der Endphase mit sich bringt, läßt diese Versorgungslücke drei wenig angenehme Möglichkeiten vermuten:

- Medicaid, das staatliche Sicherheitsnetz für bedürftige Patienten, wird einer Flut von Rechnungen ausgesetzt sein,

- in den am schlimmsten betroffenen Großstadtkrankenhäusern wird es zu einer Budgetkrise kommen, und

- viele, wenn nicht gar alle Aidspatienten werden nicht mehr die bestmögliche Versorgung erhalten können (Hager 1986).

Gesundheitspflegeplaner sagen eine die erheblich vermehrte Nutzung von alternativen Pflegeeinrichtungen (Hospize, Pflegeheime, ambulante Pflegedienste) durch Aidspatienten voraus. Eine Krankenhausbehandlung bliebe solchen Aidspatienten vorbehalten, die sich in einer akuten medizinischen Krise befinden; die übrigen Kranken würden eine weniger intensive Betreuung erhalten. Auch die alternative Pflege hat ihre Tücken. Erst wenige Städte haben die Voraussetzungen für das komplizierte ambulante Versorgungssystem geschaffen, das vonnöten sein wird; alle Städte auf diesen Stand zu bringen, wird viel Zeit, Geld und Arbeit kosten. Ein Altenwohnheim ist nicht der geeignete Ort für die Unterbringung eines jungen Aidskranken, der an einem Kaposi-Sarkom leidet, und die wenigsten ambulanten Pflegedienste sind auf die komplizierten Bedürfnisse eines Patienten eingerichtet, der an einer durch Aids verursachten Toxoplasmose stirbt. Viele Aidspatienten sind rund um die Uhr auf die Betreuung qualifizierter Fachleute angewiesen, und ist das Aidsvirus erst einmal ins Gehirn vorgedrungen, kommt es häufig zu einer Demenz sowie zu Beeinträchtigungen des Nervensystems (Reese 1986).

Aids kann sich sehr wohl zum größten sozialen und politischen Problem des nächsten Jahrzehnts entwickeln, zunächst einmal stürzt die außer Kontrolle geratende Epidemie jedoch die öffentlichen Gesundheitsversorgung in eine Krise. Es gibt zwei wichtige Unterschiede zwischen Aids und anderen Seuchen: erstens ist das Aidsvirus, soweit bekannt, in jedem Fall tödlich, und zwischen Ansteckung und Ausbruch der Krankheit können 5 bis 15 Jahre liegen. Zweitens zerstört das Aidsvirus das menschliche Immunsystem, das bisher der Angriffspunkt für sämtliche medizinischen und gesundheitspflegerischen Bemühungen war. Findet die Wissenschaft keine Lösung für das Rätsel Aids oder findet sie sie nicht schnell genug, muß mit einem Massensterben gerechnet werden. Tausende sind bereits an der Seuche gestorben, und viele tausend andere werden bald folgen; in nächster Zukunft werden Millionen Amerikaner in ihrem Bekanntenkreis einen oder mehrere Aidstote zu beklagen haben. Kommt es nicht bald zu einem medizinischen Wunder, wird es harter Entscheidungen und unseres ganzen Mitgefühls bedürfen, um der Krankheit Herr zu werden (Ernsberger 1986).

10.5 Übertragung durch Geschlechtsverkehr

Die Zahl der HIV-Infektionen und Aidsfälle in der heterosexuellen Population steigt in den USA inzwischen rascher als die Zahl der HIV-Infektionen und Aidsfälle in den Populationen der Homosexuellen und Fixer (Friedland 1987). 1985 stellte die heterosexuelle Bevölkerungsgruppe noch weniger als 2% der Aidsfälle; 1989 betrug diese Quote 5%. 1991 wurden bereits 7% der Aidsinfektionen durch heterosexuelle Kontakte übertragen.

Auch Studien in Afrika, Haiti und anderen Ländern der Karibik und der Dritten Welt zeigen, daß Aids sich dort momentan besonders in der heterosexuellen Bevölkerung auszubreiten scheint. In Afrika sind Männer und Frauen in gleichem Maße betroffen. Ende 1991 gab die Weltgesundheitsorganisation bekannt, daß weltweit 75% der Aidsübertragungen bei heterosexuellen Kontakten zustande kommen. Bis zum Jahr 2000 wird diese Zahl auf 90% ansteigen. Zwar gibt es auch in Afrika Homosexuelle und Fixer, jedoch werden nur sehr wenige Fälle berichtet. Das hohe Vorkommen von Aidsinfektionen in Drittweltländern wird zurückgeführt auf mangelnde Hygiene, medizinische Unterversorgung, eine Population, die eine Vielzahl durch sexuelle Kontakte übertragbarer Krankheiten und sonstiger Infektionskrankheiten aufweist, die unsachgemäße Entsorgung kontaminierter Materialien, fehlende Kühlungsmöglichkeiten und die Wiederverwendung von Spritzen und Kanülen aufgrund von Materialknappheit.

Für Nairobi konnte gezeigt werden, daß die Übertragung von Mann zu Frau durch häufig vorkommende Genitalulzera, die Bevorzugung oraler Kontrazeptiva gegenüber Kondomen sowie durch Chlamydiabefall begünstigt wird. Dieser verstärkt vermutlich die Entzündungsbereitschaft der Scheidenwände und erhöht die Wahrscheinlichkeit, daß in der Scheidenregion Lymphozyten vorhanden sind, die sich an das Virus binden und eine Übertragung ermöglichen. Durch Geschlechtskrankheiten verursachte Läsionen im Genitalbereich können die Übertragungsgefahr erhöhen. Da davon auszugehen ist, daß vorliegende Geschlechtskrankheiten die Aidsansteckung begünstigen, ist eine Population, in der diese Art von Krankheiten weitverbreitet ist, einem höheren Aidsrisiko ausgesetzt. Die Prävention und frühzeitige Behandlung von Geschlechtskrankheiten könnte die Aidsübertragung sowohl in den USA als auch in anderen Ländern bremsen.

10.5.1 Vaginaler und analer Geschlechtsverkehr

Es konnte eindeutig nachgewiesen werden, daß Aids durch analen und vaginalen Geschlechtsverkehr übertragbar ist. Beim vaginalen Geschlechtsverkehr ist eine Übertragung von Mann zu Frau weitaus wahrscheinlicher als der umgekehrte Fall. Als Grund hierfür vermutet man erstens die Tatsache, daß Aidsviren im männlichen Sperma in höherer Konzentration auftreten als im Scheidensekret, und zweitens das Zustandekommen von Läsionen der Scheidenschleimhaut. Durch derartige Gewebeläsionen kann das Aidsvirus in größerer Menge in den Blutkreislauf eindringen, als es vielleicht bei einer einzelnen Eintrittstelle möglich wäre.

Dieselbe Überlegung erklärt, warum bei Analverkehr der penetrierende Partner weitaus seltener infiziert wird als der penetrierte. Offenbar ist die Schleimhaut im Analbereich noch empfindlicher für Verletzungen als die Scheidenwände. Neuere

Studien konnten außerdem HIV-Rezeptoren in der rektalen Schleimhaut nachweisen.

Von allen sexuellen Praktiken wird Aids beim analen Geschlechtsverkehr am leichtesten übertragen (De Vincenzi et al. 1989). Daten, die im Rahmen von Querschnitt- und Längsschnittstudien erhoben wurden, belegen eindeutig, daß der penetrierte Analverkehr-Partner das höchste Ansteckungsrisiko überhaupt hat. Circa 90% aller Neuansteckungen unter homosexuellen Männern sind auf eine anale Penetration durch einen Virenträger zurückzuführen.

Im Hinblick auf die Ausbreitung der HIV-Infektion unter männlichen Homosexuellen stellen ungeschützter Analverkehr, oral-anale Praktiken, die Anzahl der Sexpartner sowie die Dauer praktizierter homosexueller Kontakte die Hauptrisikofaktoren dar (Kingsley et al. 1990).

10.6 Fallstudie: HIV-positive heterosexuelle Frau

Diane kam von sich aus in ein Gemeindepsychiatriezentrum und bat um ein Gespräch mit einem Therapeuten. Man ließ sie ein kurzes Formular ausfüllen, und sie wurde einer Therapeutin zugewiesen. Diese ging, nachdem sie Dianes Akte gelesen hatte, mit einer Mischung aus Wut, Frustration und Hoffnungslosigkeit in den Aufnahmebereich, um ihre Klientin abzuholen, und *hoffte*, man werde ihr ihre Gefühle nicht ansehen.

Sie rief Diane auf, und eine sehr attraktive junge Frau erhob sich. Sie war etwa 1,75 m groß und hatte eine tolle Figur, trug eine Sonnenbrille und war sehr gut gekleidet. Sie kam auf die Therapeutin zu und streckte ihr die Hand entgegen. Die beiden begrüßten sich per Handschlag, und die Therapeutin bemerkte, daß Dianes Hand kalt und ihr Händedruck nicht sehr energisch war. Die Therapeutin schaffte es, die Contenance zu bewahren, obwohl sie die Frau erkannte! Bei ihrer Klientin handelte es sich um ein ehemals sehr bekanntes Model, das inzwischen einige kleine, aber gute Rollen in Filmen und Fernsehproduktionen spielte. Die Therapeutin bat Diane, mit in ihr Büro zu kommen, und Diane folgte ihr.

In ihrem Büro bot die Therapeutin ihrer Klientin einen Stuhl an und sagte zu ihr: «Ich habe Ihre Akte gelesen, und Ihr Fall macht mich traurig und wütend. Wissen Sie, ich habe Sie nämlich erkannt. Vielleicht läßt sich unter meinen Kollegen jemand finden, der Sie nicht kennt; wenn Sie möchten, können Sie gerne wechseln.»

Diane nahm ihre Sonnenbrille ab und seufzte: «Ich hätte nicht gedacht, daß sich noch jemand an mich erinnert. Ich habe seit Jahren nicht mehr als Model gearbeitet und hatte nur einige winzige Rollen im Fernsehen und in ein paar Filmen.» Die Therapeutin antwortete mit einem Lächeln: «Aber Sie waren mein

Lieblingsmodel; Ihre wundervollen grünen Augen, Ihr schönes blondes Haar flattert im Wind, und Sie reiten auf einem Pferd den Strand entlang. Ich liebe Pferde!» Beide lachten.

Plötzlich wurde ihnen bewußt, wo sie eigentlich waren, und sie wurden sofort wieder ernst. Die Therapeutin fragte Diane noch einmal: «Möchten Sie lieber einen anderen Therapeuten?» Diane sah sie an und sagte: «Nein, ich fühle mich bei Ihnen sehr wohl und ich habe das Gefühl, daß Sie mich mögen. Ich weiß zwar nicht, ob mir überhaupt jemand helfen kann, aber wenn, dann glaube ich, daß Sie es sind.» Die Therapeutin nickte dankend und sagte zu ihrer Klientin: «Falls Sie hier in der Klinik jemand erkennt, wir haben oben einen Raum, wo ich Ihre Akte einschließen werde, so daß niemand außer mir sie einsehen kann, und Sie wissen ja, daß unsere Gespräche vertraulich sind.» Diane lächelte ein wenig und sagte: «Danke».

Die Therapeutin fragte: «Wie haben Sie Aids bekommen? Haben Sie keine Präservative benutzt? Ich nehme mal an, daß Sie wissen, wie man sich mit Aids infiziert, oder?» Diane entgegnete: «Lassen Sie mich Ihnen erzählen, wie alles gekommen ist. Dann halten Sie mich vielleicht nicht mehr für dumm und unvernünftig.» Sie begann, ihre Geschichte zu erzählen.

Sie und Dave, der ebenfalls als Model arbeitete, als sie sich kennenlernten, hätten zusammengelebt. Sie sagte, es sei eigentlich «Haß» auf den ersten Blick gewesen. Sie habe ihn für einen eingebildeten Schnösel und Frauenhelden gehalten, der sich mit einem Mädchen nach dem anderen verabredete. Dann seien sie zu einem «Shooting» in die Karibik geflogen. Sie selbst sei eines der drei glücklichen weiblichen Models gewesen und Dave einer der beiden ausgewählten Männer. Sie lächelte und sagte, von diesem Trip stamme die Aufnahme mit dem Pferd am Strand. In der Karibik habe Dave sich ganz anders benommen; er sei sehr locker gewesen und habe sie immer geneckt. Sie seien zusammen schwimmen, reiten und essen gegangen und seien einander immer nähergekommen. Zuerst sei aus ihrem Haß Sympathie und dann Liebe geworden. Als der Aufenthalt dem Ende zuging, hätten sie bereits vom Zusammenziehen gesprochen. Sie selbst habe im siebten Himmel geschwebt, und auch Dave habe einen glücklichen Eindruck gemacht.

Als die Frage aufkam, wo sie leben würden, wünschte sie sich, daß sie gemeinsam in ihr Stadthaus zögen, und Dave wollte, daß sie in seinem wohnten. Beide Häuser waren nur drei Blocks voneinander entfernt. Schließlich war Dave damit einverstanden, daß sie zwar in ihrem Haus *wohnten*, er das seine aber behielt. Als Gründe gab er an, daß «auf dem Immobilienmarkt eine Flaute» herrsche und er mitunter «seine Privatsphäre» brauche. Diane stimmte diesen Konditionen zu. Also zogen sie gemeinsam in ihr Haus, er blieb jedoch gelegentlich über Nacht in seinen eigenen vier Wänden, wenn er beispielsweise ein frühes «Shooting» hatte und sie ausschlafen konnte. Etwas über ein Jahr lebten sie, wie sie es vereinbart hatten, in einer monogamen Beziehung (zumindest hatte Diane das geglaubt). Beide waren sehr glücklich. Dave arbeitete mehr als Diane («Männer können länger modeln als Frauen. Je älter sie sind, desto distinguierter wirken sie; Frauen werden einfach nur alt!»)

Dann, erzählte Diane, habe sie sich einen Termin bei ihrem Arzt geben lassen, weil sie Ausfluß hatte und ihre Scheide zu jucken anfing. Der Arzt machte verschiedene Tests, gab ihr Zäpfchen und sagte, er werde ihr am folgenden Tag telefonisch Bescheid geben. Am nächsten Tag rief die Sprechstundenhilfe an und sagte, der Arzt wolle Diane noch einmal persönlich sehen. Als sie in sein Sprechzimmer kam, brachte er ihr so schonend wie eben möglich bei, daß sie sich nicht nur einen Pilz eingefangen habe, sondern die Blutuntersuchung außerdem ergeben habe, daß sie HIV-positiv sei. Diane sagte, sie habe es einfach nicht glauben können, da sie *wußte*, daß sie mit niemand anderem zusammengewesen war als mit Dave.

Sie erzählte, sie sei schon auf dem Weg nach Hause gewesen, als sie es sich plötzlich anders überlegt habe und zu Daves Haus gefahren sei. Sein Wagen stand in der Garage, und sie benutzte ihren Schlüssel, um hineinzukommen. Im Schlafzimmer fand sie Dave mit einem der neuen Models im Bett. «Ich habe ihn nur angestarrt. Dann sagte ich: ‹Du Bastard, du hast mir Aids angehängt!› Dann sah ich das Mädchen an und sagte zu ihr: ‹Du solltest dich besser auch testen lassen›.» Diane sagte, Dave sei aus dem Bett gesprungen und habe mit ihr reden wollen, aber das einzige, an das sie habe denken können, sei gewesen, «wie dämlich ich war, ihm zu vertrauen». Sie erklärte: «Ich habe das halbe Haus demoliert und ihm die schlimmsten Schimpfworte an den Kopf geworfen. Dann fuhr ich nach Hause und fing an zu heulen. Mir war klar, daß ich mehr über Aids wissen mußte. Mir fiel dieses Krisencenter ein, und so kam ich her.»

Diane brauchte fundierte Informationen über Aids, und sie brauchte jemanden, mit dem sie über alles reden konnte. Da Diane vermutlich bekannter war, als sie selbst annahm, wollte die Therapeutin sie nicht in eine Selbsthilfegruppe schicken; sie würde die anderen Mitglieder einschüchtern. Daher wollte die Therapeutin sich ihr solange selbst widmen, bis sie sich wieder einigermaßen gefangen hatte.

Füllen Sie das Paradigma (**Abb. 10-1**) für diese Fallstudie aus und vergleichen Sie es mit der Auflösung in Anhang A. Orientieren Sie sich, falls nötig, an den Paradigmen in Kapitel 3.

Der Fallmanager der Aids-Hilfe wurde konsultiert und sagte zu, einen selbst betroffenen Ansprechpartner für Diane zu finden. Er stimmte mit der Therapeutin darin überein, daß Diane die anderen Mitglieder einer Selbsthilfegruppe verschrecken würde. Er versprach jedoch, das neueste Informationsmaterial zu schikken, damit Diane sich über die HIV-Infektion bzw. über Aids informieren konnte. Die Therapeutin sollte weiter als ihr situativer Rückhalt fungieren. Das Hauptziel

Kriseninervention

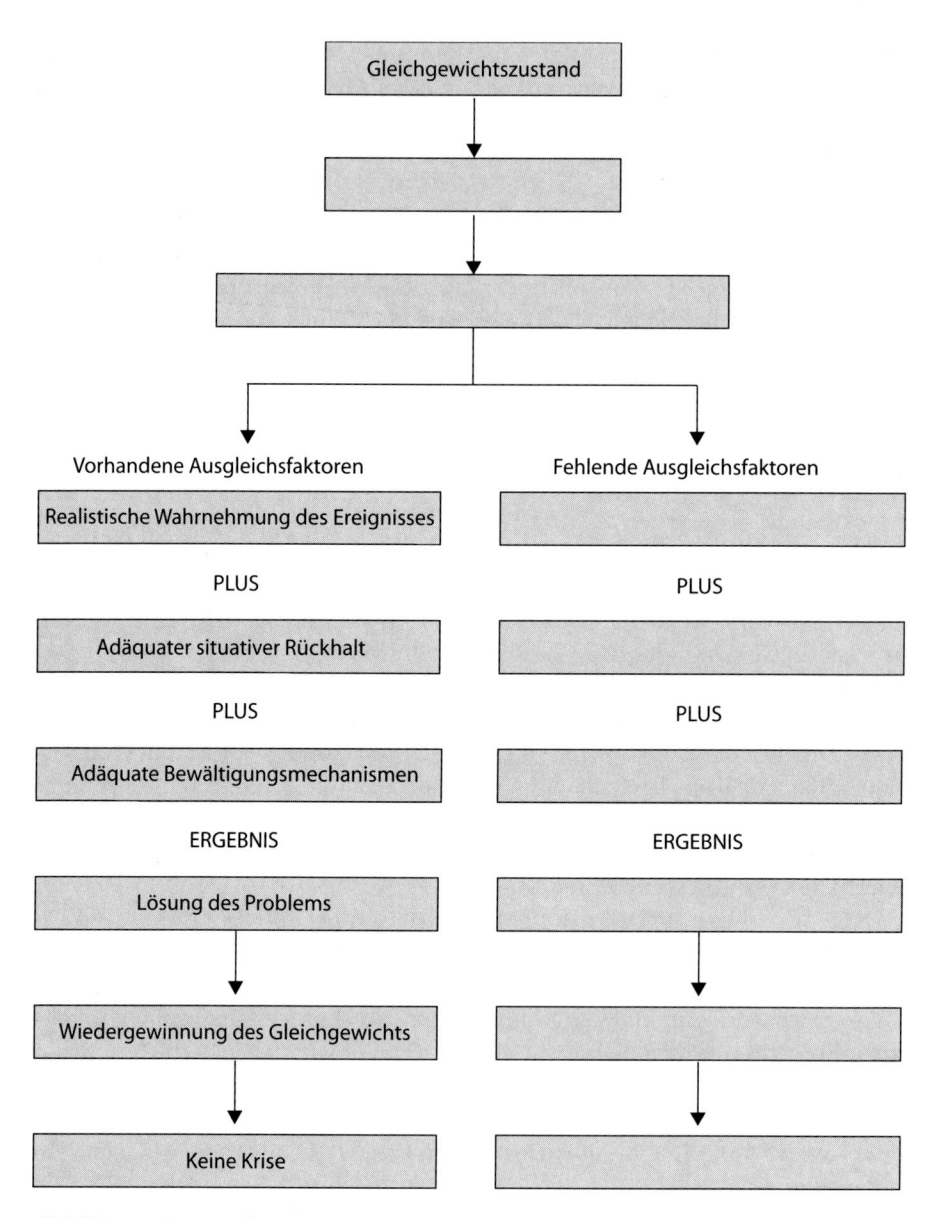

```
                    Gleichgewichtszustand
                            │
                            ▼
                    ┌─────────────────┐
                    └─────────────────┘
                            │
                            ▼
        ┌───────────────────────────────────────┐
        └───────────────────────────────────────┘
              │                         │
              ▼                         ▼
    Vorhandene Ausgleichsfaktoren    Fehlende Ausgleichsfaktoren
    
    Realistische Wahrnehmung des Ereignisses    [                    ]
    
              PLUS                          PLUS
    
    Adäquater situativer Rückhalt    [                    ]
    
              PLUS                          PLUS
    
    Adäquate Bewältigungsmechanismen    [                    ]
    
            ERGEBNIS                     ERGEBNIS
    
    Lösung des Problems              [                    ]
              │                             │
              ▼                             ▼
    Wiedergewinnung des Gleichgewichts    [                    ]
              │                             │
              ▼                             ▼
    Keine Krise                      [                    ]
```

Abbildung 10-1: Fallstudie: Diane

bestand darin, jederzeit, Tag und Nacht, für Diane erreichbar zu sein, die keine Familie hatte und wegen ihrer außergewöhnlichen Schönheit nicht leicht Freunde fand.

Diane würde früher oder später Aids bekommen, sie war von ihrem Lebensgefährten betrogen worden, sie hatte keinen situativen Rückhalt, stand vor einer für sie völlig neuen Situation und konnte nicht auf die entsprechenden Bewältigungsmechanismen zurückgreifen; deswegen geriet sie in eine Krise.

Außergewöhnliche Krankheiten erfordern außergewöhnliche Heilmittel.
Hippokrates

10.7 Aidskranke und HIV-positive Jugendliche

Eine neuere Umfrage der Zeitschrift *People* ergab, daß 95% der Highschool- und 99% der Collegestudenten wissen, daß Aids sich auch in der heterosexuellen Bevölkerungsgruppe ausbreitet. Die Mehrheit der Befragten gab jedoch an, trotzdem keinen Safer Sex zu praktizieren. Nimmt man die Daten aus Erhebungen zusammen, die in den Jahren 1993 und 1996 durchgeführt wurden, kommt man zu dem Ergebnis, daß nur 15% der sexuell aktiven Teenager Kondome benutzen. Peter Jennings sagte 1991 in einer Fernsehsendung zum Thema Aids, daß 26% der amerikanischen Teenager Analverkehr betreiben. Erkenntnisse wie diese haben eine Reihe von Medizinern und Forschern bewogen, ihre Sorge um die nächste Generation auszudrücken. Breitet sich Aids unter den heutigen Teenagern aus, so besteht die reale Gefahr, die Erwachsenen von morgen zu verlieren. Die verfügbaren Daten belegen, daß die schulische oder anderweitige Aidsaufklärung nicht die erhoffte Wirkung bringt und die amerikanischen Teenager ihr Sexualverhalten kaum verändert haben (Stine 1993).

Besonders gefährdet sind die etwa 200 000 Teenager, die jedes Jahr entweder eine Laufbahn als Prostituierte einschlagen oder beginnen, Drogen zu spritzen. Ungefähr 1% der Schüler in der Abschlußklasse der Highschool haben schon einmal Heroin gespritzt, und viele haben bereits Erfahrungen mit Kokain (Stine 1993). Bereits viele Zehnjährige konsumieren Alkohol. Aber messen wir der Aidsaufklärung vielleicht eine zu große Bedeutung für die Prävention der Seuche bei? Ende Juni 1992 stellten Teenager circa 0,5% der 225 000 registrierten Aidsfälle; das macht 1125 Fälle. Die Jugend muß davon überzeugt werden, daß auch sie nicht gegen Aids und den Tod gefeit ist. Sie muß erkennen, daß eben nicht immer nur «die anderen» betroffen sind. Jonathan Mann, der frühere Leiter der Weltgesundheitsorganisation, schätzt, daß weltweit zwischen einer und zwei Millionen Teenager mit dem Aidsvirus infiziert sind.

Wie die Erwachsenen müssen auch die Jugendlichen über ihr Infektionsrisiko aufgeklärt werden, dies sollte jedoch nicht durch Abschreckung geschehen. Verhaltensänderungen, die auf Abschreckung basieren, sind meist nur von kurzer Dauer. Wie auch immer die Botschaft aber vermittelt wird, soll sie eine langfristige Wirkung zeigen, muß sie verinnerlicht werden (Stine 1993).

Teenager fühlen sich unverwundbar. Hormone durchfluten ihren Körper, und sie neigen zu dem Glauben, sie wüßten alles. Obwohl sie eigentlich noch viel zu jung sind, trinken sie Alkohol, rauchen und praktizieren Sex. So fühlen sie sich reif, erwachsen und cool. Sie prahlen vor ihren Freunden damit, wie viele Biere sie hatten, wie viele Zigaretten sie geraucht haben und mit wie vielen Mädchen sie «es gemacht» haben. Kurioserweise fangen immer mehr Jugendliche zu rauchen an, während der Raucheranteil unter den Erwachsenen immer weiter abnimmt.

Statistiken deuten darauf hin, daß die in Aufklärungskursen gepredigte Abstinenz oder Verwendung von Kondomen schlicht und einfach ignoriert wird. Jugendliche wollen permanent ihre Grenzen austesten und machen dabei auch vor Verbotenem nicht halt, um sich und ihren Freunden zu beweisen, daß sie vor nichts (auch nicht vor Aids) und niemandem Angst haben. Die Mehrheit der Teenager benutzt keine Kondome. Warum sollten sie auch? Sie kennen doch die Leute, mit denen sie Sex haben; sie sind ja jahrelang mit ihnen zur Schule gegangen. Vielleicht haben sie im entscheidenden Moment sogar ein Kondom in der Tasche, aber das letzte Bier hat ihre Urteilskraft vernebelt, und sie benutzen es nicht. Und dann bilden sie plötzlich seltsame und lästige Symptome aus, fehlen häufig in der Schule, und ihre Freunde sagen ihnen, sie sähen nicht allzu gut aus.

Die folgende Fallstudie schildert, wie der 14jährige Jack sich mit Aids infizierte. Da er seinem älteren Bruder Bill vertraute, sprach er mit ihm über seine Symptome und fragte ihn um Rat. Bill rief bei der Aids-Hotline an und erkundigte sich, wo man einen anonymen Aidstest durchführen lassen konnte. Jack wurde getestet und als HIV-positiv diagnostiziert. Die Teststelle schickte ihn ins Krisencenter, wo er vorsprechen sollte, um Genaueres zu erfahren.

10.8 Fallstudie: HIV-positiver Jugendlicher

Die Therapeutin nahm Jacks Akte entgegen und ging in den Warteraum, um ihn zu treffen. Jack war mit seinem Bruder Bill gekommen. Beide sahen aus, als seien sie in einem Schockzustand. Die Therapeutin stellte sich Jack vor; er nickte und fragte, ob sein Bruder mit in ihr Büro kommen könne. Sie antwortete: «Natürlich!» Alle drei gingen gemeinsam zum Büro der Therapeutin.

Nachdem Jack und Bill sich gesetzt hatten, sagte die Therapeutin zu ihrem Klienten: «Ich habe gesehen, daß du von der Aids-Hotline hierher verwiesen worden bist. Hat man dich schon getestet?» Jack antwortete, er habe einen Aidstest gemacht und sei HIV-positiv. Auf die Frage, ob er wisse, bei wem er sich angesteckt haben könnte, erwiderte Jack: «Es kann nur eines von drei Mädchen sein. Sonst habe ich mit niemandem was gehabt.» Die Therapeutin sagte, er solle die Mädchen durch das Gesundheitsamt verständigen lassen, damit auch sie getestet werden könnten.

Jacks Bruder Bill hatte bis dahin geschwiegen, aber jetzt sagte er mit Wut und Trauer in der Stimme zu Jack: «Wie oft habe ich dir gesagt, daß du dich *immer* schützen sollst! Dafür sind Gummis doch da! Wie sollen wir das nur Mom und Dad beibringen?»

Jack entgegnete: «Ich weiß, daß ich ein Idiot war, aber ich kannte die drei doch schon seit Jahren. Ich habe ja auch immer ein Gummi dabei, aber ich *hasse* es, die Dinger zu benutzen. Meistens habe ich schon ein paar Bier intus, und die Mädels scheren sich genauso wenig wie ich darum, ob wir es mit oder ohne machen – also nehmen wir keins.» Wütend sagte Bill: «Und jetzt hast du den Salat!»

Die Therapeutin unterbrach die beiden und fragte Jack: «Was weißt du darüber, was es heißt, HIV-positiv zu sein?» Er schaute sie verdattert an und antwortete: «Es heißt, daß ich Aids habe und nicht geheilt werden kann!» Die Therapeutin sagte: «Du bist zwar HIV-positiv, aber du hast ja noch keine Symptome. Es können gut und gerne noch 15 Jahre vergehen, bis die Krankheit wirklich ausbricht. Und das bedeutet, daß du andere anstecken kannst, also mußt du von jetzt an immer Kondome benutzen oder auf Sex verzichten.»

Es war nicht zu übersehen, daß Jack bei der schulischen Aidsaufklärung nicht besonders aufgepaßt hatte. Er mußte noch viel über die HIV-Infektion und Aids erfahren. Da Jack offensichtlich Schwierigkeiten hatte, «Erwachsenen» bzw. Autoritätspersonen zu vertrauen und zu glauben, ging die Therapeutin davon aus, daß er mit seinesgleichen besser zurechtkäme und eher bereit wäre, von ihnen zu lernen. Da Jack seinem Bruder Bill zu vertrauen schien, sollte dieser als wichtige Bezugsperson sowie als Vermittler gegenüber den Eltern auftreten. Die Therapeutin plante, sich mit Jacks Eltern zu treffen.

Die Therapeutin nahm Kontakt mit einem Aidsprojekt auf und sprach mit dem Fallmanager. Sie schilderte Jacks Situation und erkundigte sich, ob dieser eventuell in einer Gruppe aus Gleichaltrigen informelle Informationsveranstaltungen besuchen könne. Der Beauftragte berichtete ihr, daß er derzeit zwei Gruppen betreue und am nächsten Tag einen weiteren Kurs beginne, der für Jack geeignet zu sein schien. Er fügte hinzu, die Mitglieder seien alle ungefähr in Jacks Alter und befänden sich noch in einer Phase des Schocks und der Ungläubigkeit.

Das Hauptziel der Therapeutin bestand darin, mit Bill und Jack in Kontakt zu bleiben, damit sie überwachen konnte, ob Jack die Gruppe bei der Aids-Hilfe besuchte. Falls er Fragen hätte, wollte sie ihm zur Verfügung stehen. Außerdem würde sie sich mit seiner Familie treffen, sie davon überzeugen, daß sie zur Krisentherapie kamen, und ihnen den nötigen situativen Rückhalt geben.

Jack war erst 14 Jahre alt, als bei ihm eine HIV-Infektion diagnostiziert wurde. Er wußte kaum etwas über Aids und er kannte niemanden in seinem Alter, der ebenfalls HIV-positiv war. Er fand sich in einer völlig neuen Situation und konnte nicht auf geeignete Bewältigungsmechanismen zurückgreifen. Seine Angst und Frustration wuchsen, und er geriet in einen Krisenzustand.

**Jüngling und Jungfrau goldgehaart,
Zu Essenkehrers Staub geschart.**
William Shakespeare

10.9 Häufige Fragen zu Aids

Aids ist zweifellos eine furchterregende Krankheit. Sie ist aber bei weitem nicht so ansteckend, wie oft angenommen wird, und die Ansteckung kann relativ leicht vermieden werden. Die folgenden Fragen und Antworten können helfen, ein elementares Wissen über die Krankheit zu vermitteln, und zeigen, wie man sich, seine Familie und Freunde vor Aids schützen kann (APLA 1997).

Füllen Sie das Paradigma (**Abb. 10-2**) für diese Fallstudie aus und vergleichen Sie es mit der Auflösung in Anhang A. Orientieren Sie sich, falls nötig, an den Paradigmen in Kapitel 3.

10.9.1 Was ist Aids?

Aids ist die Abkürzung für **A**cquired **i**mmune(o) **d**eficiency **s**yndrome (erworbenes Immundefekt-Syndrom), wird durch eine Virusinfektion verursacht und führt in den meisten Fällen zum Tode. Das Aidsvirus ist so gefährlich, weil es die körpereigene Abwehr gegen Krankheiten vernichtet, das *Immunsystem*. Ohne diesen natürlichen Krankheitsschutz werden Aidspatienten von Krankheiten befallen, die für einen Menschen mit einem intakten Immunsystem harmlos sind. Diese Krankheiten werden als *opportunistisch* bezeichnet. Zu den häufigsten opportunistischen Erkrankungen bzw. Infektionen, Parasiten und Erregern gehören die folgenden:

- Kaposi-Sarkom, eine Art Hautkrebs;
- *Pneumocystis carinii*, ein Mikroorganismus, der eine Lungenentzündung auslöst;

10. Aidskranke und HIV-positive Personen

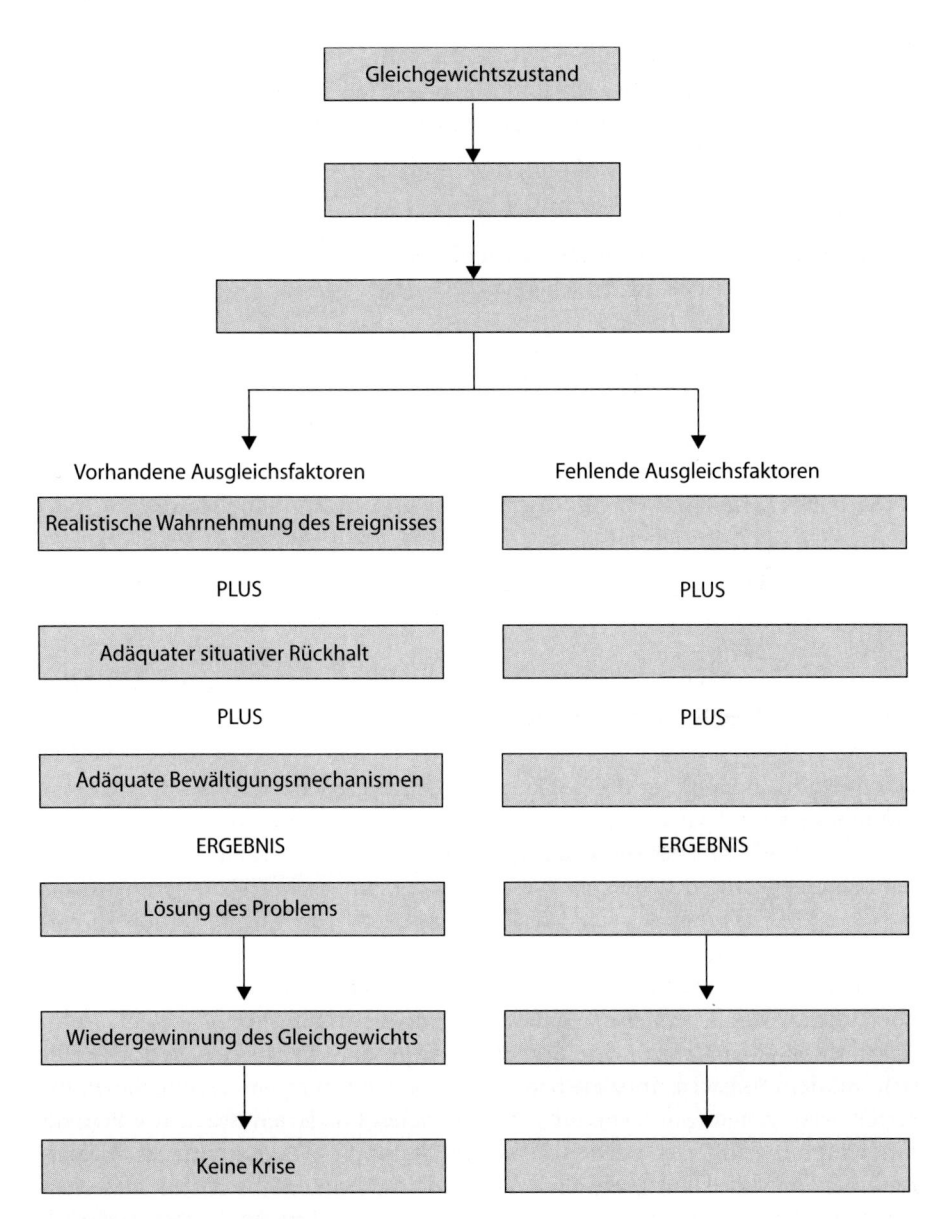

```
                    ┌─────────────────────────┐
                    │  Gleichgewichtszustand  │
                    └───────────┬─────────────┘
                                ▼
                    ┌─────────────────────────┐
                    │                         │
                    └───────────┬─────────────┘
                                ▼
            ┌───────────────────────────────────────┐
            │                                       │
            └───────────────────┬───────────────────┘
                ┌───────────────┴───────────────┐
                ▼                               ▼
    Vorhandene Ausgleichsfaktoren       Fehlende Ausgleichsfaktoren
┌─────────────────────────────────┐   ┌─────────────────────────────────┐
│ Realistische Wahrnehmung des    │   │                                 │
│ Ereignisses                     │   │                                 │
└─────────────────────────────────┘   └─────────────────────────────────┘
              PLUS                                  PLUS
┌─────────────────────────────────┐   ┌─────────────────────────────────┐
│ Adäquater situativer Rückhalt   │   │                                 │
└─────────────────────────────────┘   └─────────────────────────────────┘
              PLUS                                  PLUS
┌─────────────────────────────────┐   ┌─────────────────────────────────┐
│ Adäquate Bewältigungsmechanismen│   │                                 │
└─────────────────────────────────┘   └─────────────────────────────────┘
            ERGEBNIS                              ERGEBNIS
┌─────────────────────────────────┐   ┌─────────────────────────────────┐
│ Lösung des Problems             │   │                                 │
└───────────────┬─────────────────┘   └───────────────┬─────────────────┘
                ▼                                     ▼
┌─────────────────────────────────┐   ┌─────────────────────────────────┐
│ Wiedergewinnung des Gleichgewichts│  │                                 │
└───────────────┬─────────────────┘   └───────────────┬─────────────────┘
                ▼                                     ▼
┌─────────────────────────────────┐   ┌─────────────────────────────────┐
│ Keine Krise                     │   │                                 │
└─────────────────────────────────┘   └─────────────────────────────────┘
```

Abbildung 10-2: Fallstudie: Jack

- Toxoplasmose, eine Krankheit, die von einem Parasiten (*Toxoplasma gondii*) verursacht wird, der das Gehirn und das zentrale Nervensystem angreift und eine Lungenentzündung verursachen kann;
- Kryptosporidiose, eine von einem Darmparasiten (*Cryptosporidium*) verursachte schwere Durchfallerkrankung;
- Candida-Mykose, ein Pilzbefall des Verdauungstraktes, der meist im Rachen als harte weiße Besiedelung zu sehen ist;
- Zytomegalie-Virus, ein Virus, das eine infektiöse Erkrankung des Verdauungstraktes verursacht;
- Herpes simplex, ein Virus, das Entzündungen der Schleimhäute sowie des Verdauungstraktes und der Blutbahnen hervorruft;
- Malignes Lymphom, eine Krebserkrankung der Lymphknoten, die bei Aidskranken das Gehirn befällt;
- Kryptokokkenmeningitis bzw. Cryptococcus-Mykose, ein Pilzbefall der Lunge, der in die Gehirnareale disseminiert.

10.9.2 Wodurch wird Aids ausgelöst?

Das Aidsvirus oder besser das humane Immuninsuffizienz-Virus (HIV = **H**uman **i**mmunodeficiency **v**irus) gehört zu einer neu entdeckten Art von Viren, den sogenannten *Retroviren*. Retroviren geben der Wissenschaft Rätsel auf, da sie fortwährend neue Strukturen ausbilden. Diese Fähigkeit zur Strukturveränderung macht es schwer, Medikamente gegen Aids oder Impfstoffe zur Aidsprävention zu entwickeln. Ob das Aidsvirus die unmittelbare Ursache von Aids ist, oder ob es einer zerstörten Immunabwehr bedarf, damit es eine Aidsinfektion auslösen kann, ist noch unklar. Möglicherweise treffen auch beide Vermutungen zu.

Wissenschaftler haben keine Erklärung dafür, daß die meisten Personen, die sich mit dem Aidsvirus infiziert haben, noch keine Symptome einer Erkrankung zeigen. Man geht sogar davon aus, daß bei vielen Infizierten überhaupt niemals Aidssymptome auftreten werden. Jedenfalls glaubt die Wissenschaft, daß diejenigen Infizierten, die keine Symptome zeigen (d. h. asymptomatisch sind), das Virus viele Jahre lang in sich tragen können, ohne daß die Krankheit zum Ausbruch kommt. Neben der voll zum Ausbruch gekommenen Aidsvariante gibt es auch noch das weniger lebensbedrohliche Krankheitsbild des ARC (**A**ids-**r**elated **c**omplex), das eine Kombination mehrerer durch das Aidsvirus verursachter Krankheitserscheinungen darstellt. Diese Bezeichnung ist mit der von der Weltgesundheitsorganisation festgelegten Kategorie B der HIV-Erkrankung gleichbedeutend.

10.9.3 Wie wird Aids übertragen?

Das Aidsvirus kann außerhalb des menschlichen Körpers kaum überleben, daher ist es nicht durch Luft, Nahrungsmittel oder Wasser übertragbar. Es wird durch übliche Desinfektionsmaßnahmen rasch inaktiviert. Man kann sich mit dem Virus nur über bestimmte Körperflüssigkeiten (Blut und Sperma) infizieren, die in den eigenen Blutkreislauf gelangen. Die häufigsten Infektionswege sind:

- (Ungeschützter) Geschlechtsverkehr (vaginaler, analer und oraler Sex sowie oral-analer Kontakt) mit einer HIV-positiven Person;
- Die Benutzung von Spritzen und Nadeln, die zuvor von einer HIV-positiven Person verwendet wurden;
- Bluttransfusionen, Blutprodukte oder Organspenden, die von einem HIV-positiven Spender stammen;
- Die Kontamination offener Wunden oder Läsionen mit HIV-verseuchten Körperflüssigkeiten;
- Bestehende bzw. während der Schwangerschaft erworbene HIV-Infektion der Mutter.

10.9.4 Welche Symptome verursacht Aids?

Als Symptome der häufig mit Aids einhergehenden opportunistischen Erkrankungen können auftreten:

- Schwellung bzw. Verhärtung der Lymphdrüsen am Hals, in der Leistengegend oder in der Achselhöhle;
- Auftreten eines dicken, weißlichen Belags auf der Zunge bzw. im Mund- und Rachenraum, des sogenannten Soors, der auch mit Halsschmerzen einhergehen kann;
- Wachsende Kurzatmigkeit bzw. Atemlosigkeit;
- Anhaltende harte, trockene Hustenanfälle, die nicht auf andere Krankheiten oder starkes Rauchen zurückzuführen sind;
- Anfälle schwerer unerklärlicher Müdigkeit, die mit Kopfschmerzen und Schwindelgefühlen einhergehen können;
- Ungewollter Gewichtsverlust von 5–10%;
- Erhöhte Hämatomneigung;

- Unerklärliche Blutungen aus Hautwucherungen, Schleimhäuten oder Körperöffnungen;
- Wiederholte Durchfälle.

Auch wenn diese Symptome nicht unbedingt auf eine HIV-Infektion hindeuten müssen, so ist es doch ratsam, einen Arzt zu konsultieren, wenn sie auftreten.

10.9.5 Wie wird Aids diagnostiziert?

Bei der Diagnose werden verschiedene Faktoren berücksichtigt: der Zustand des Immunsystems, das Vorkommen von HIV-Antikörpern und das Vorliegen aidstypischer opportunistischer Erkrankungen.

10.9.6 Wie kann man sich vor Aids schützen?

Um einer HIV-Infektion vorzubeugen, sollten folgende Vorsichtsmaßnahmen befolgt werden:

1. Vermeiden Sie ungeschützten Geschlechtsverkehr.
2. Befolgen Sie die «Safer Sex»-Richtlinien:
   - Informieren Sie sich über den Gesundheitszustand ihres Sexpartners und bringen Sie in Erfahrung, ob er bzw. sie außer mit Ihnen noch mit anderen Personen Geschlechtsverkehr hat/hatte.
   - Vermeiden Sie einen Austausch von Blut und Sperma.
   - Beschränken Sie sich auf möglichst wenige Sexpartner (vorzugsweise auf einen festen Partner, der ebenfalls keine weiteren sexuellen Kontakte hat).
   - Benutzen Sie Kondome.
3. Teilen Sie nie ihr (Drogen-)Spritzbesteck mit anderen (Erhitzen garantiert keine Sterilität!).
4. Teilen Sie keine Zahnbürsten, Rasierklingen oder andere, möglicherweise mit Blut kontaminierte Gebrauchsgegenstände mit anderen.
5. Sorgen Sie dafür, daß Ihr Immunsystem gut funktioniert:
   - Ernähren Sie sich gesund.
   - Sorgen Sie für ausreichenden Schlaf und ein vernünftiges Maß an körperlicher Betätigung.

- Nehmen Sie keine Drogen.
- Konsumieren Sie nicht zuviel Alkohol oder Tabak.
- Lassen Sie sich regelmäßig ärztlich untersuchen.

Personen, die aidskrank bzw. HIV-positiv sind oder einer Risikogruppe angehören, dürfen weder Blut noch Blutplasma, Samen, Organe o. ä. spenden.

10.9.7 Sollte eine HIV-positive Mutter ihr Kind stillen?

Nein. Durch das Stillen kann das Virus von der Mutter auf das Kind übertragen werden.

10.9.8 Gibt es Tests zur Feststellung einer HIV-Kontamination?

Sogenannte Aidstests, serologische Untersuchungen, mit deren Hilfe festgestellt werden kann, ob eine Person sich mit dem Aidsvirus infiziert hat, werden unter anderem in Arztpraxen, in Krankenhäusern und von Blutbanken sowie bei den Gesundheitsämtern durchgeführt. Diese Tests basieren auf der Suche nach HIV-Antikörpern. Hat eine Person diese Antikörper im Blut, bedeutet dies, daß sie mit dem Aidsvirus infiziert ist, nicht aber, daß sie Aids hat oder daß die Krankheit jemals ausbrechen wird. Obwohl die HIV-Antikörpertests an und für sich sehr genau sind, können sie eine Infektion, die seit weniger als vier Monaten besteht, nicht zuverlässig nachweisen.

10.9.9 Wann ist ein Antikörpertest angebracht?

Bevor man sich für einen Aidstest entscheidet, sollte man einige Dinge beachten:

- Ein positiver Testbefund bedeutet nicht, daß die betreffende Person Aids hat oder jemals bekommen wird.
- Das Testergebnis gibt keinen Aufschluß darüber, ob die betreffende Person gegen Aids immun ist oder nicht.
- Erfährt ein Arbeitgeber oder eine Versicherungsgesellschaft von einem positiven Testergebnis, so kann dies Vorurteile und Benachteiligungen zur Folge haben.
- Die Einnahme der Antibabypille, Alkoholismus und andere Faktoren können das Testergebnis verfälschen.

Ein anonymer Aidstest kann für Angehörige von Risikogruppen und/oder ihre Partner angebracht sein, die:

- erwägen, ein Kind zu bekommen,
- in die Armee eintreten wollen oder
- seit Jahren in einer monogamen Beziehung leben und auf die Safer-Sex-Maßnahmen verzichten möchten.

10.9.10 Kann man sich beim Blutspenden mit Aids infizieren?

Nein. Blutbanken und andere Blutspendeorganisationen benutzen sterile Einwegspritzen und -kanülen.

10.9.11 Wie wird Aids behandelt?

Derzeit ist Aids weder heilbar, noch gibt es einen sicher protektiven Impfstoff. Für die unterschiedlichen opportunistischen Erkrankungen, die Aidspatienten befallen können, stehen verschiedene Therapien zur Verfügung, deren Erfolge von Patient zu Patient variieren.

Die Auswirkungen dieser furchteinflößenden, tragischen und oft langwierigen Krankheit können abgemildert werden. Vielen aidskranken und HIV-positiven Personen, ihren Angehörigen, Freunden und Nachbarn sowie dem Pflegepersonal und den Ärzten fällt es schwer, die Gefühle der Angst, Hilflosigkeit und Unzulänglichkeit zu verarbeiten, die durch Aids ausgelöst werden können. Als man lernte, mit der überwältigenden persönlichen Katastrophe umzugehen, die eine HIV-Infektion bedeutet, kam die Erkenntnis, daß auch andere, nichtmedizinische Aspekte für die Behandlung von Aidspatienten wichtig sind.

Aidsinfizierte brauchen nicht nur die besten Medikamente und chemischen Therapien, sondern auch ein in psychologischer Hinsicht positives Umfeld. Die neuesten medizinischen Forschungsergebnisse belegen einen direkten Zusammenhang zwischen dem psychischen Zustand einer Person und der Funktion ihres Immunsystems. Damit sich eine aidsinfizierte Person eine gesunde Einstellung bewahren kann, ist sie auf dieselben Faktoren angewiesen wie jeder andere Mensch – sei er gesunde oder krank. Er braucht:

- Freundschaft und Sozialkontakte,
- einen Job,
- Bildungs- und Freizeitmöglichkeiten,
- einen Ort der Andacht.

10.9.12 Was kann man allgemein tun?

Entweder man verzichtet ganz auf Sex. Oder man praktiziert Safer Sex. Schlafen Sie nach Möglichkeit nur mit Personen, über deren Gesundheitsstatus und eventuelle andere Sexualpartner Sie informiert sind. Wechseln Sie ihre Sexualpartner möglichst selten und benutzen Sie immer Kondome. Verwenden Sie keine gewöhnlichen Cremes oder Öle (z. B. Nivea-Creme, Babyöl oder Vaseline) als Gleitmittel, sie können bewirken, daß ein Kondom sich innerhalb einer Minute zersetzt und undicht wird. Als Gleitmittel geeignet sind nur spezielle Präparate auf Wasserbasis, die außerdem Spermizide enthalten können (Parachini 1989).

Man kann Angehörige, Freunde und Nachbarn vor einer Ansteckung schützen, indem man dafür sorgt, daß sie über die Krankheit und die potentiellen Infektionswege Bescheid wissen. Jedem Aidskranken sollte man helfen, den Rest seines Lebens so schön und menschenwürdig zu gestalten wie irgend möglich (APLA 1997).

Literaturverzeichnis

Aguilera, B. A. (Vice President/General Councel, The Mirage, Las Vegas): Personal communication, January 1997a.
Aguilera, C. S. (Chief Investigator, Orange County Health Care Agency, Public Health and Medical Services): Personal communication, January 1997b.
AIDS Project Los Angeles (APLA): Personal communication, January 1997.
Appell, T., Blatt, T.: How HIV has changed traditional therapy, Pacific Center J 4:1, 1992.
Associated Press: Man of the year: 1996, Los Angeles Times, December 22, 1996.
Centers for Disease Control and Prevention: Update: acquired immunodeficiency syndrome – United States, MMRW 34:245, 1987.
Centers for Disease Control and Prevention: Personal communication, December 1997a.
Centers for Disease Control and Prevention: Public health service guidelines for counseling and antibody testing to prevent HIV infection and AIDS, MMRW 36:509, 1997b.
Chua-Eoan, H.: The Tao of Ho, Time, p 69, December 30, 1996/January 6, 1997.
Cohen, B.: The AIDS epidemic: future shock, Newsweek, November 24, 1986.
Conant, M. (Chairperson, AIDS Leadership Committee, State of Califomia): Personal communication, January 1997.
DeVincenzi, I. and others: Risk factors for male to female transmission of HIV, BMJ p 298, 1989.
Ernsberger, R. Jr.: The AIDS epidemic: future shock, Newsweek, November 24, 1986.
Faulstich, M. E.: Psychiatric aspects of AIDS, Am J Psychiatry 144:551, 1987.
Friedland, G.: Fear of AIDS, NY State J Med 87(5):260, 1987.
Frierson, R., Lippmann S: Psychologic implications of AIDS, Am Fam Physician 35:109,1987.
Hager, M.: The AIDS epidemic: future shock, Newsweek, November 24, 1986.

Holland, J. C., Tross, S.: The psycho social and neuropsychiatric sequelae of the acquired immunodeficiency syndrome and related disorders, Ann Intern Med 103:760, 1985.
Johnson, J.: Psychiatric aspects of AIDS: overview for the general practitioner, JAOA 87:99, 1987.
Johnson, J.: AIDS-related psychosocial issues for the patient and the physician, JAOA 88:94, 1988.
Kingsley, L. A. and others: Sexually transmission efficiency of hepatitis B virus and human immunodeficiency virus among homosexuals, JAMA 264:230, 1990.
Morganthau, T.: The AIDS epidemic: future shock, Newsweek, November 24, 1986.
Nichols, S. E.: Psycho social reactions of persons with the acquired immunodeficiency syndrome, Ann Intern Med 103:765, 1985.
Palm, L. L.: Americans with Disabilities Act (ADA): Take the first steps now, AIDS Newsline: Mountain Plains Regional AIDS Education and Training Center 3:8, 1992.
Parachini, A.: Condom failure stressed by panel, Los Angeles Times, February 28, 1989.
Perry, S. W., Markowitz, J.: Psychiatric interventions for AIDS-spectrum disorders, Hosp Community Psychiatry 37:1001, 1986.
Purvis, A.: The global epidemic, Time, p 76, December 30, 1996/January 6, 1997.
Reese, M.: The AIDS epidemic: future shock, Newsweek, November 24, 1986.
Stine, G. J.: Acquired immune deficiency syndrome, Englewood Cliffs, NJ, 1993, Prentice Hall.
Stribling, T. B.: Love broke through: a husband, father and a minister tells his own story, 1990, Grand Rapids, Mich, Zondervan Books.
Walsh, M.: Los Angeles Times, p 1, December 29, 1992.
Wise, T. N.: Psychiatric aspects of acquired immunodeficiency syndrome, Psychiatr Med 4:79, 1986.

Weiterführende Literatur

Bor, R. and others: The relevance of a family counseling approach in HIV/AIDS: discussion paper, Patient Education Counseling 17:235, 1991.
Cameron, P., Playfair, W. L.: AIDS: intervention works, «education» is questionable, Psychol Rep 68:467, 1991.
Centers for Disease Control and Prevention: HIV/AIDS surveillance report 7(I):l, 1995.
Centers for Disease Control and Prevention: Update: acquired immunodeficiency syndrome – United States, MMWR 34:245, 1995.
Gorman, C.: Invincible AIDS, Time, p 30, August 3, 1992.
Holtzman, S. and others: Changes in HIV-related information services, instruction, knowledge, and behaviors among U. S. high school students, 1989–1990, Am J Public Health 84(3):388, 1994.
Hunter, C. E., Ross, M. W.: Determinants of health-care workers' attitudes toward people with AIDS, J Appl Soc Psychol 21:947, 1991.
Kessler, R. C. and others: Stressful life events and symptom onset in HIV infection, Am J Psychiatry 148:733, 1991.

Mastojanni, C. M., Liuzzi, G. M., Riccio, P.: AIDS dementia complex: on the relationship between HIV- 1 infection, immune-mediated response and myelin damage in the brain, Acta Neurol (Napoli) 1:184, 1991.
Maugh, H., Times medical writer: New AIDS tests may predict disease course, Los Angeles Times, July 11, 1996.
Moffatt, B. and others, editors: AIDS: a self-care manual, Los Angeles, 1992, AIDS Project Los Angeles.
Moore, S. M., Barling, N. R.: Developmental status and AIDS attitudes in adolescence, J Genet Psychol 152:5, 1991.
O'Dowd, M. A. and others: Characteristics of patients attending an HIV related, psychiatric clini,. Hosp Community Psychiatry 42:615, 1992.
Olsen, J. A., Jensen, L. C., Greaves, P. M.: Adolescent sexuality and public policy, Adolescence 25:419, 1991.
Owen, N., Mylvaganam, A.: AIDS prevention: epidemiologic and behavioral perspectives, Aust Psychol 26:11, 1991.
Power, R., Dale, A., Jones, S.: Toward a process evaluation model for community-based initiative aimed at preventing the spread of HIV amongst injecting drug users, AIDS Care 3:123, 1991.
Salisbury, D.: AIDS psychosocial implications, J Psychosoc Nurs Ment Health Serv 24, 1986.
Shilts, R.: And the band played on, New York, 1987, St. Martin's Press.
Simonton, SM.: The healing family: the Simonton approach for families facing illness, New York, 1984, Bantam.
Skinner, A., Walls, L., Brown, L. S.: Aids related behavioral research and nursing, J Nat Med Assoc 83:585, 1991.
Snell, W. E., Finney, P. D.: Interpersonal strategies associated with the discussion of AIDS, Ann Sex Res 3:425, 1990.
Stolberg, S.: New AIDS definition to increase tally, Los Angeles Times, p 1, December 31, 1992.
Wallack, J. J. and others: An AIDS bibliography for the general psychiatrist, Psychosomatics 32:243, 1991.
Williams, R. J., Stafford, W. B.: Silent casualties: partners, families and spouses of persons with AIDS, J Counsel Dev 69:423, 1991.
Zimet, G. D. and others: Knowing someone with AIDS: the impact on adolescents, J Pediatr Psychol 16:287, 1991.

11. Das Burnout-Syndrom

**Mein Körper ist müde, so müde, den garstigen Kopf zu tragen;
ich habe es satt, so satt, immer tapfer zu sein.**
Elinor Wylie

Das Burnout-Syndrom und seine Auswirkungen waren Gegenstand vieler Studien mit unterschiedlicher Ausrichtung; im großen und ganzen konzentrierte sich die Forschung jedoch auf die Frage, wie Individuen in einem pflegerischen Umfeld auf personenbezogene Stimuli reagieren. Obwohl Freudenbergers (1975) ursprüngliche Definition dahin ging, daß es sich beim Burnout-Syndrom um ein Versagen oder um einen Ermüdungs- bzw. Erschöpfungszustand handele, der durch die Überforderung der Energien, Stärken und Ressourcen einer Person seitens einer Organisation verursacht werde und damit zumindest Bezug auf das Arbeitsumfeld genommen wurde, geriet das Individuum selbst immer mehr in den Mittelpunkt des Interesses. Ausgehend von Freudenbergers Definition kamen als weitere Kennzeichen das Erlöschen des Interesses an den betreuten Personen sowie die emotionale Erschöpfung hinzu (Maslach & Pines 1977; Rogers 1984). Diese Elemente blieben auch im Verlauf der theoretischen Weiterentwicklung des Burnout-Konzepts erhalten.

Ansonsten gibt es ebenso viele Definitionen für das Burnout-Syndrom, wie es Autoren gibt, die sich damit befassen. Freudenberger (1974), eine Kapazität, was das Burnout-Syndrom angeht, schreibt, Burnout sei eine Erschöpfung der Energiereserven, die von Vertretern der helfenden Berufe empfunden werde, wenn sie sich von anderen Problemen überfordert fühlten. Das Maslachsche Burnout-Inventory ist eine hervorragende Meßskala, die entwickelt wurde, um bei Pflegekräften, die Anzeichen dafür zeigen, daß sie betroffen sind, das tatsächliche Ausmaß des Burnouts festzustellen. Pflegekräfte, die in besonders belastenden Bereichen wie Notaufnahmen, Intensivstationen, Herzstationen, Aidsstationen oder Hospizeinrichtungen arbeiten, sollten sich ihrer erhöhten Anfälligkeit für das Burnout-Syndrom bewußt sein (Raphael 1983).

In jüngerer Zeit wurde Burnout als ein Syndrom definiert, das von emotionaler Erschöpfung, der Depersonalisierung anderer und subjektiv empfundener Erfolglosigkeit gekennzeichnet ist und aus der starken seelischen Beteiligung am Schicksal der Betreuten in einem pflegerischen Umfeld resultiert (Garden 1989; Maslach & Jackson 1986; Pines & Aronson 1981). Die Arbeitsbedingungen haben in der Literatur weitaus weniger Interesse erfahren als der Verlauf der individuellen Streßreaktion oder die berufsspezifischen Aspekte des Burnout-Syndroms (Turnipseed 1994). Freudenberger (1974) beschreibt fünf Persönlichkeitstypen, die am stärksten durch das Burnout-Syndrom gefährdet sind:

- Der Hingebungsvolle, der sich zu lange und zu intensiv zuviel Arbeit aufbürdet.
- Der Überengagierte, dessen Verhalten aus der Unzufriedenheit mit Privatleben und Freizeitgestaltung resultiert.
- Der Autoritäre, der sich auf Autorität und Gehorsamsbereitschaft verläßt, um andere unter Kontrolle zu behalten.
- Der Administrator, der chronisch überarbeitet ist und anfängt, sich unersetzlich zu fühlen.
- Der Mitfühlende, der sich zu stark mit den Menschen identifiziert, mit denen und für die er arbeitet.

11.1 Arbeitsklima und Arbeitsbedingungen

Das Auftreten emotionaler Erschöpfung steht in umgekehrtem Zusammenhang mit kollegialem Zusammenhalt und durchschaubaren Arbeitsstrukturen, während hinsichtlich beruflichem Druck und Streß eine gleichgerichtete Korrelation besteht. Die Bedeutung des sozialen Rückhalts in Verbindung mit Streß wird in der Literatur weitgehend anerkannt, wobei dem kollegialen Zusammenhalt das Potential zugesprochen wird, der emotionalen Erschöpfung und damit dem Burnout-Syndrom entgegenzuwirken. Andererseits muß die Arbeit in einem Umfeld, dem es an Kollegialität und gegenseitiger Unterstützung mangelt, fast zwangsläufig zur emotionalen Erschöpfung führen. Dies dürfte besonders für Arbeitsbereiche gelten, in denen eine enge Zusammenarbeit notwendig ist, beispielsweise also für die Pflege. Aber auch dort, wo die speziellen Belastungen des Pflegeberufes nicht vorliegen, kann mangelnder kollegialer Zusammenhalt emotionale Erschöpfung verursachen.

Auch die Organisations- und Kommunikationsstrukturen am Arbeitsplatz stehen in Zusammenhang mit der emotionalen Erschöpfung. Ständige Ungewißheit zum Beispiel wirkt sich förderlich darauf aus. Informationsmangel oder widersprüchliche Informationen über betriebsinterne Arbeitsabläufe, Firmenphilosophie oder andere wichtige berufliche Aspekte können die Ungewißheit verstärken oder allein für sich bereits emotional auslaugend wirken. Eine unklare Aufgabenverteilung und fehlender Rückhalt (Kollegialität) können ebenfalls zu emotionaler Erschöpfung führen. Zudem besteht die Möglichkeit, daß durch mangelnde Kollegialität die Anfälligkeit des einzelnen für sonstige Belastungen am Arbeitsplatz erhöht wird (Tighe 1991).

Die Erklärung dafür, daß beruflicher Druck sich emotional auslaugend auswirkt, dürfte die übermäßige geistige Beschäftigung mit dem Stressor sein, der diesen Druck auslöst. Die betroffene Person wird bewußt und unbewußt versuchen, den Streß zu vermindern oder zu beseitigen, und da dies unmöglich ist, wird der Kampf gegen den Streß mit der Zeit ihre emotionalen Reserven aufzehren. Beruflicher Druck kann entweder direkt zu emotionaler Erschöpfung führen oder zunächst die Fähigkeit reduzieren, anderen Belastungen zu widerstehen.

Unter beruflichem Streß sind hier nicht die Belastungen zu verstehen, die mit der eigentlichen Berufsausübung einhergehen, sondern vielmehr der Grad, in dem Arbeits- und Zeitdruck das Arbeitsklima dominieren. Deswegen kann eine betroffene Person ihrem Burnout vielleicht schon durch einen Wechsel der Arbeitsstelle beikommen, eine berufliche Umorientierung braucht nicht nötig zu sein. Druck ist ein fester Bestandteil vieler beruflicher Tätigkeiten, mit Hilfe sorgfältiger Überlegungen und genauer Analysen jedoch läßt sich unter Umständen ein Teil dieses Drucks beseitigen – etwa durch Delegation nachgeordneter Aufgaben oder Verminderung des «Papierkrams».

[Anmerkung des Bearbeiters: die folgenden Ausführungen bis zum Ende des Abschnittes und teilweise noch darüber hinaus befassen sich im englischen Originaltext mit dem sogenannten *supervisor*. Dabei handelt es sich um eine Führungskraft, die sowohl als Vorgesetzter wie auch als Mentor fungiert. In der deutschen Arbeitswelt besitzt die Position *supervisor* jedoch keine Entsprechung. Deshalb wurde der weitere Text im Vergleich zum Original leicht verändert und den deutschen Verhältnissen angepaßt. Es ist von Vorgesetzten im deutschen Sinne die Rede – und deren Verhalten wird in der Theorie der Burnout-Entwicklung ebenfalls erhebliche Bedeutung beigemessen.]

Auch die Arbeitsweise und das berufliche Selbstverständnis der für den jeweiligen Mitarbeiter zuständigen Führungskräfte besitzt im Zusammenhang mit der Entwicklung des Burnout-Syndroms Bedeutung. Vorgesetzte haben erheblichen Einfluß darauf, wie eindeutig und klar die jeweiligen Aufgaben verteilt und formuliert werden, und sie können zumindest versuchen, etwas gegen den Arbeitsdruck zu unternehmen.

Ein Mangel an Bestätigung durch Vorgesetzte kann in Verbindung mit fehlender beruflicher Autonomie zu Burnout-typischen Depersonalisierungstendenzen führen. Dabei wird der Betreute zum bloßen «Fall» oder zur Nummer, oder er wird Opfer von Zynismen.

Depersonalisierungen können auf unterschiedlichen psychischen Prozessen beruhen. Ein Mitarbeiter könnte beispielsweise in seinen Augen unangemessene Verhaltensweisen des Vorgesetzten (oder das Ausbleiben von angemessenen) gegenüber Patienten als schädlich für den Pflegeprozeß empfinden. Um seine Psyche vor den tatsächlichen oder vermeintlichen Anforderungen zu schützen, die eine Person an ihn stellen könnte, welche infolge eines (für ihn) unfähigen Managements schlecht betreut wird, depersonalisiert der Betroffene diese Person möglicherweise im Sinne eines Abwehrmechanismus. Derartige Entwicklungen können aber auch daher rühren, daß der Betroffene keine akzeptable Möglichkeit sieht, seinen Vorgesetzten zur Rechenschaft zu ziehen, und dienen dann der Bewältigung von Schuldgefühlen. Eine weitere mögliche Erklärung wäre, daß der Betroffene das Gefühl hat, von der Institution nicht genug bestätigende Rückmeldung zu erhalten und daher die Bedürfnisse des Betreuten durch Depersonalisierung abwehrt: er depersonalisiert, weil er von der Institution (sprich von seinem Vorgesetzten) nichts bekommt und deshalb auch nichts geben kann. Auf diese Weise wird eine Art Gleichgewicht hergestellt.

Da Vorgesetzte Einfluß darauf haben, wieviel Autonomie dem einzelnen Mitarbeiter zugestanden wird, kann eine zu geringe Autonomie von diesem als mangelnder Rückhalt, mangelndes Vertrauen oder als Weigerung des Vorgesetzten, etwas von seiner Macht aus der Hand zu geben, verstanden werden. Ein Mitarbeiter, der sich in seiner Autonomie eingeschränkt fühlt und dies auf einen der genannten Gründe zurückführt, empfindet unter Umständen Wut gegenüber seinem Vorgesetzten und entwickelt starke Unzufriedenheit mit seiner Arbeit. Eine Depersonalisierung kann auch aus der Verschiebung dieser Gefühle auf den Patienten resultieren (Turnipseed 1994).

Autonomie ist für den einzelnen Mitarbeiter deshalb so wichtig, weil sie ihm Gelegenheit gibt, persönliche Erfolge zu erzielen, und je häufiger dies gelingt, desto geringer ist die Gefahr, in die typische Burnout-Triade abzurutschen: in emotionale Erschöpfung, Depersonalisierung und subjektiv empfundene Erfolglosigkeit. Der Grad an Autonomie, der einem Mitarbeiter zugestanden wird, liegt maßgeblich in der Entscheidungsbefugnis des Vorgesetzten; andere mitbestimmende Faktoren sind Ausbildung und Berufserfahrung. Fördert das Management die Eigenständigkeit der Mitarbeiter und wird ihnen Autonomie gewährt, vermittelt dies dem einzelnen das Gefühl der Wertschätzung und Kompetenz. Zumindest ein Teil der erlebten Erfolge kann dann auf persönliche Fähigkeiten und Bemühungen zurückgeführt werden – ein Umstand, der geradezu als Burnout-Antagonist wirkt. Außerdem gibt größere Autonomie dem einzelnen Mitarbeiter die Möglichkeit, die für ihn optimale Arbeitsweise zu wählen, wodurch er seine Leistung vermutlich in quantitativer wie in qualitativer Hinsicht steigern kann. Dies wiederum wird natürlich die Chance für persönliche Erfolge erhöhen.

Mit Ausnahme des Arbeitsdrucks fallen alle für das Burnout-Syndrom relevanten Faktoren des Arbeitsumfeldes in die Bereiche Arbeitsstruktur (Klarheit der Aufgabenverteilung und Autonomie) und zwischenmenschliche Beziehungen

(Kollegialität und Verhältnis zu Vorgesetzten). Auf diesen Gebieten aber können relativ leicht Veränderungen erreicht werden. Außerdem kann ein Mitarbeiter erwarten und verlangen, daß er in dieser Hinsicht Bedingungen vorfindet, die ihm Motivation und Rückhalt geben. Fehlen diese Bedingungen jedoch, können Bewältigungs- und Rationalisierungsversuche zu emotionaler Erschöpfung, Depersonalisierung und genereller Unzufriedenheit führen.

Unter gewissen Bedingungen kann jeder Mensch im Rahmen seiner Arbeit ein Burnout-Syndrom ausbilden. Besonders gefährdet aber sind Pflegekräfte, Supervisoren, Psychotherapeuten, Sozialarbeiter und alle anderen Helferberufe.

11.2 Stressoren bei der Betreuung von Hospiz- und AIDS-Patienten

11.2.1 Hospizpatienten

Die Arbeit in einem Hospiz birgt einerseits Stressoren, die aufgrund der Arbeitsbedingungen zustandekommen, andererseits aber auch solche, die sich aus der subjektiven Erlebensweise der dort Beschäftigten ergeben. Folgende Punkte sind hierbei von Wichtigkeit:

- Alle Patienten werden demnächst sterben.

- Die Krankheitsbilder konfrontieren das Personal mit zahlreichen deprimierenden Symptomen.

- Die Arbeit ist physisch und psychisch sehr anspruchsvoll.

- Viele pflegerische Aspekte unterliegen nicht der Entscheidung des Personals alleine, sondern die Familien der Patienten haben ein bedeutendes Mitspracherecht.

- Hospize sind nur schwer in das Gesundheitspflegesystem zu integrieren.

Die größte Belastung liegt natürlich im Wesen tödlicher Krankheiten selbst. Sterbende Patienten und ihre Angehörigen stehen unter enormem Streß, der sich auch auf das Hospizpersonal überträgt. Die meisten Familien haben kaum Erfahrung im Umgang mit todkranken Menschen und sind daher außerordentlich besorgt, unsicher und ängstlich. Deswegen sind sie auch in hohem Maße auf den Rückhalt und Trost der Hospizmitarbeiter angewiesen. Die Gefühle, die sie in bezug auf den Tod eines Familienmitglieds empfinden, können außerdem Probleme im zwischenmenschlichen Bereich verursachen.

Schon vor dem endgültigen Verlust der todkranken Person, d. h. schon vor deren Tod, erleben Patient und Familie viele weitere Verluste. Je stärker diese Verluste sich häufen, desto schwerer fällt es dem Kranken und seinen Angehörigen, einen neu hinzukommenden zu bewältigen. Ihre emotionalen Reaktionen werden oft durch vorhergegangene Trauer- oder Verlusterfahrungen verstärkt, die erfolgreich bewältigt worden sein können, es aber nicht sein müssen (Friel & Tehan 1980). Auch die Bedürfnisse des sterbenden Patienten sind erheblich. Da sind nicht nur die körperlichen Symptome, die gelindert werden müssen, sondern daneben auch noch zahlreiche psychische, spirituelle, emotionale und finanzielle Probleme.

Man darf nicht vergessen, daß Hospizmitarbeiter immer nur das eine Ende des Kontinuums von Gesundheit und Krankheit zu sehen bekommen. Außerdem haben sie mit Familien zu tun, die eine der schwersten Zeiten ihres Lebens durchmachen. Sie haben keinerlei Gelegenheit, an einem Heilungsprozeß teilzunehmen, der eine positivere und hoffnungsvollere Atmosphäre mit sich bringt. Kurzum, das Hospizpersonal hat keine anderen Ansatzpunkte für die Arbeit mit einer Familie als den Tod. Zwar hat auch diese Art der Arbeit ihren Lohn, die Schmerzen und das Leid der Patienten und ihrer Familien nehmen jedoch einen wichtigen Platz im Alltag des Hospizpersonals ein. Die zahllosen Probleme, mit denen Pflegekräfte bei der Betreuung sterbender Patienten konfrontiert sind, tragen erheblich zum Burnoutpotential von Hospizangestellten bei.

Auch organisatorische Bedingungen kommen als Stressoren hinzu. Hospizpatienten müssen sieben Tage in der Woche rund um die Uhr versorgt werden, daher ist an geregelte Arbeitszeiten kaum zu denken. Selbst wenn eine Pflegekraft sich ihre Arbeitszeit wohlüberlegt einteilt, um all ihren Aufgaben gerecht zu werden, können unvorhergesehene Notfälle und Krisen, die im Hospizbereich an der Tagesordnung sind, diesen Plan völlig zunichtemachen. Um dennoch das Tagespensum zu schaffen, müssen oft Überstunden gemacht werden. Flexibilität und Anpassungsfähigkeit sind die wohl wichtigsten Eigenschaften von Hospizmitarbeitern.

In den meisten häuslichen Pflegesituationen wird der Patient von Angehörigen gepflegt, die auf diesem Gebiet ungeschult und unerfahren sind. Obwohl die Hospizpflege eigentlich auf dem Teamansatz basiert, bleibt die Verantwortung für die Koordination von Pflege, Material und Personal bei der betreuenden Pflegekraft, da keine andere Schicht übernimmt, wenn sie geht.

Je mehr Patienten einer Hospizpflegekraft zugeteilt werden und je gravierender die Probleme der einzelnen Familien sind, desto größer ist der Streß für die Pflegekraft. Bei der Zuweisung der Fälle sollten daher die Schwere der Probleme und das Ausmaß der Bedürfnisse der jeweiligen Familieneinheit berücksichtigt werden.

11.2.2 Aidspatienten

Bei dem heutigen Ausmaß der Aidsepidemie in den USA gibt es für im Gesundheitswesen Tätige viele Risikofaktoren für die Entwicklung eines Burnout-Syndroms:

- Angst vor Ansteckung und Tod,
- das geringe Alter der Betroffenen,
- die Unausweichlichkeit des Todes der Patienten,
- der körperliche und geistige Verfall der Betroffenen,
- die Notwendigkeit besonderer Vorsichtsmaßnahmen und
- die oft gegen das Pflegepersonal gerichtete Wut der Patienten.

Eine zusätzliche Belastung für das Personal liegt im Bedürfnis der Angehörigen nach fachlicher Aufklärung und emotionaler Unterstützung. Gerät eine Pflegekraft in die Situation, zwischen dem Patienten, seiner Familie und seinem Partner vermitteln zu müssen, kann ihr dies eine weitere große Last aufbürden (Salisbury 1986).

Eine Pflegekraft, die ablehnende Gefühle in bezug auf Homosexualität, Bisexualität oder Aids hegt, erlebt zusätzlichen Streß, besonders, wenn sie versucht, diese Gefühle und Einstellungen zu unterdrücken und ihre Arbeit wertungsfrei zu verrichten. Weiterhin besteht die Möglichkeit, daß Betreuer von Aidskranken von Angehörigen, Freunden, Kollegen, Nachbarn etc. geschnitten werden. Unter Umständen versuchen sie, sich vor sozialer Isolation zu schützen, indem sie ihre wahre Tätigkeit vor anderen verbergen. Insgesamt bewirkt das Zusammenspiel der zahlreichen mit der Betreuung von Aidspatienten verbundenen Stressoren ein erhöhtes Burnoutpotential für die betroffenen Berufsgruppen (Nichols 1985).

11.3 Indikatoren des Burnout-Syndroms

Ein Burnout-Syndrom wird nie nur von einem einzelnen Stressor verursacht. Verantwortlich ist vielmehr eine Kombination zahlreicher Streßfaktoren, denen eine «helfend» tätige Person in ihrem Berufsalltag ausgesetzt ist und deren Wirkung von persönlichen Stressoren noch verstärkt wird. Man «brennt» nicht von einem Tag auf den anderen «aus», sondern man durchläuft einen allmählichen Prozeß, der von leicht erkennbaren physischen, emotionalen und verhaltensbezogenen Indikatoren begleitet wird.

Was die *physische* Komponente anbelangt, so geben viele Betroffene einen nicht mehr endenden Erschöpfungszustand an, klagen häufig über Kopfschmerzen, Magen-Darm-Probleme und Atembeschwerden, leiden an Appetitmangel und Schlaflosigkeit, verlieren plötzlich stark an Gewicht oder nehmen unkontrolliert zu und sind ständig erkältet. Ergänzend kann ein vermehrter Alkohol-, Tabak- oder Drogenkonsum hinzukommen.

Auf *emotionaler* Ebene ist der Betroffene reizbar, wirkt deprimiert oder hegt Verfolgungsgedanken – oft in Verbindung mit einem negativen Selbstbild, weil ihm nicht gefällt, was mit ihm und um ihn herum vorgeht und wie er sich fühlt. Möglicherweise äußert er das Gefühl, machtlos zu sein und mißachtet zu werden. Sämtlichen beruflichen Veränderungen oder auch ganz allgemein seiner Arbeit steht er völlig negativ gegenüber. Mit seiner Tätigkeit ist er immer weniger zufrieden, weil er für seine Mühen bei weitem nicht den entsprechenden Lohn erhält.

Zu den *Verhaltens*kennzeichen gehören erhöhte Fehlzeiten, die Unfähigkeit oder Unlust, so produktiv zu arbeiten wie zuvor, und Reizbarkeit im Umgang mit Patienten und Kollegen. Außerdem tut die betreffende Person so, als sei sie omnipotent und könne alles alleine schaffen, und isoliert sich dabei immer mehr von ihren Kollegen. Das Auftreten von Alpträumen, die sich auf Patienten oder die Arbeit beziehen, kann ein solches Ausmaß annehmen, daß der Betroffene nicht mehr richtig schlafen kann. Sein Partner, seine Freunde oder seine Kinder beschweren sich häufig darüber, völlig ignoriert zu werden, und es kann im Hinblick auf diese Beziehungen zu erheblichen Veränderungen kommen. Viele Burnout-Opfer klagen darüber, nicht abschalten und entspannen zu können (Friel & Tehan 1980).

11.3.1 Das Voranschreiten des Burnouts

Zwei Faktoren begünstigen die Entstehung eines Burnout-Syndroms am meisten: Erstens sind Therapeuten gefährdet, wenn sie die psychologischen Grenzen nicht beachten, die ihr Leben von dem des jeweiligen Patienten trennen, oder wenn diese Grenzen unklar oder unrealistisch definiert sind. Fehlt diese Abgrenzung, nimmt der Therapeut die emotionalen Regungen, die sein Patient in die Sitzung hineinbringt (Trauer, Wut, Angst), mit hinüber in sein eigenes Leben. Obwohl sich die Identifikation des Therapeuten mit seiner Arbeit oftmals günstig auf den Therapieverlauf auswirkt, sollten Grenzziehungen verhindern, daß das Privatleben des Therapeuten von seiner Arbeit überdeckt wird (Tighe 1991).

Zweitens bereiten unrealistische Ziele und Erwartungen den Weg für Frustration und Burnout. Beispielsweise kann ein Therapeut, der anläßlich der Durchführung eines Aidstests ein einziges Beratungsgespräch mit dem Betroffenen führt, nur begrenzte Erfolge erzielen. Setzt er es sich jedoch zum Ziel, seinen Klienten völlig von seinem Risikoverhalten abzubringen oder die Gefahr der Ansteckung vollständig zu bannen, muß er zwangsläufig scheitern. Hinzu kommt der oft vorhandene Eindruck, daß ein unzulängliches Gesundheitswesen die Bedürfnisse der Patienten nie ganz befriedigen kann und diese Aufgabe daher an den Therapeuten abschiebt. Umgekehrt kann ein Therapeut, der das Scheitern seiner Bemühungen beinahe schon voraussetzt, indem er etwa denkt, daß seine Patienten nie die adäquate Betreuung erhalten werden, obwohl er anbietet, sie an die richtigen Stellen zu überweisen, ein Gefühl der Hoffnungslosigkeit und Machtlosigkeit entwickeln (Stine 1993).

Der Seelenzustand eines Therapeuten und die Art und Weise, wie er seine Arbeit erledigt, können Warnsignale für ein bevorstehendes Burnout erkennen lassen. Personen, die sich in der Anfangsphase eines Burnout-Syndroms befinden, äußern häufig, sie seien außerhalb der Arbeit lustlos und träge, verspürten den Wunsch, Verantwortlichkeiten, die ihnen von Angehörigen und Freunden übertragen werden, möglichst abzublocken, und ihr Schlafbedürfnis sei größer. Sie neigen zu Suchtverhalten wie übermäßigem Essen, verstärktem Tabak- oder Alkoholkonsum und exzessiver Anwendung von Beruhigungs- oder Aufputschmitteln.

11.3.2 Die Phasen der Desillusionierung

Die wichtigste Arbeit über das Burnout-Syndrom ist ein Text von Edelwich & Brodsky (1980). Sie postulieren vier Phasen der Burnot-Entwicklung: Enthusiasmus, Stagnation, Frustration und Apathie.

Im folgenden wird jede dieser Phasen kurz diskutiert; hinzu kommt eine fünfte Phase, die der Hoffnungslosigkeit. Ebenfalls angesprochen werden einige Interventionstechniken.

11.3.2.1 Enthusiasmus

In der Phase des Enthusiasmus steckt der Betroffene voller Hoffnung, Energie und unrealistischer Erwartungen. In seinem Leben braucht er nichts außer seinem Job, denn der verspricht ihm, alles zu werden und sein zu können. Die Hauptgefahren dieses Stadiums bestehen darin, daß er sich zu sehr mit seinen Klienten identifiziert und seine Energiereserven verausgabt und sinnlos verschwendet.

Wer sich für einen Sozialberuf entscheidet, tut dies, um seinen Lebensunterhalt zu verdienen und nicht, weil er reich werden will. Auch wenn ihm das volle Ausmaß des Lohnunterschieds zwischen dem öffentlichen und privaten Sektor des Gesellschaftssystems erst nach langen Berufsjahren deutlich werden mag, dürfte er sich der Tatsache, daß solche Jobs nicht besonders gut bezahlt werden, durchaus bewußt sein. Seine Motivation ist der Wunsch, Menschen zu «helfen». Er arbeitet gerne mit Menschen und möchte ihr Leben verändern. Ehrlich engagierte Personen sind in diesen Berufsgruppen wesentlich öfter zu finden als zynische und selbstsüchtige.

Ein wichtiger Anstoß dafür, einen helfenden Beruf zu ergreifen, ist das Vorbild anderer. Die Betroffenen eifern den Menschen nach, die *ihnen* geholfen haben. Dieser Zusammenhang gilt besonders in den Bereichen Medizin und Pädagogik, da jeder Mensch als Kind mit Lehrern und Ärzten zu tun hat, von denen einige Vorbildwirkung haben.

Die Erfahrung, Hilfe erhalten zu haben, löst oft den Wunsch aus, selbst «Helfer» zu werden (Edelwich & Brodsky 1980). Ein solches persönliches Erlebnis vermittelt den Wert des Helfens wohl am nachdrücklichsten. Gleichzeitig erzeugt es eine Vorstellung davon, wie es wäre, selbst die Rolle des Helfers zu übernehmen.

Ein Mensch, der schlechte Erfahrungen mit Beratungen gemacht hat, wird wohl kaum den Beruf des Beraters wählen. Wer sich entscheidet, Berater zu werden, wurde in der Vergangenheit selbst erfolgreich beraten, und seine Erfahrungen als kooperativer Klient, der von den angebotenen Dienstleistungen profitierte, können unrealistische Erwartungen in ihm auslösen. Möglicherweise erwartet er, daß alle Patienten so empfänglich und aufgeschlossen sind, wie er es war, und daß alle Berater so kompetent und einfühlsam sind, wie der seine damals.

Der anfängliche Enthusiasmus wird nicht nur durch die hohe initiale Motivation bedingt, sondern außerdem auch noch durch die ersten beruflichen Erfolge und der daraus resultierenden Befriedigung. Der junge Berater oder Sozialarbeiter, der noch ein gewisses Maß an vorgegebener Ordnung und Supervision braucht, wird meist mit Aufgaben betraut, die leichter zu lösen und angenehmer sind als jene, die er später wird bewältigen müssen. Wird er dann ins wirkliche, rauhe Berufsleben gestoßen und hat erste Ernüchterungen erlebt, denkt er mit nostalgischer Wehmut an diese glücklichen Tage zurück. Im Enthusiasmusstadium glauben die meisten Betroffenen, der Job sei ihr gesamtes Leben, und nur er könne ihnen die gesuchte Genugtuung geben. Diese eindimensionale Sichtweise setzt einen Teufelskreis in Gang. Einerseits verschleiert die überhöhte Vorstellung von der beruflichen Tätigkeit persönliche Bedürfnisse und Sorgen, andererseits kann die Glorifizierung der Arbeit aber auch durch Defizite im Privatleben ausgelöst werden. Der Teufelskreis des übermäßigen Engagements entwickelt bald sein Eigenleben, denn je mehr der Betreffende sich in seine Arbeit stürzt und sein Privatleben vernachlässigt, desto weiter verkümmert er. Gibt ihm der Job dann plötzlich nicht mehr das, was er ihm früher gegeben hat, findet er sich in einer äußerst prekären Situation wieder (Edelwich & Brodsky 1980).

Die Überidentifikation mit dem Patienten ist in zweifacher Hinsicht ein wichtiges Glied in der Ereigniskette, die vom Enthusiasmus zum Burnout führt. Zum einen verführt sie den Helfer dazu, zum Nachteil des Patienten zu handeln, und zum anderen wird das emotionale Wohlbefinden des Helfers untrennbar an die Bedingung gekoppelt, daß der Patient die unrealistischen Erwartungen erfüllt, die er an ihn richtet. Ursächlich für die Überidentifikation sind ein Überschuß an Energie und Eifer, ein Mangel an Wissen und Erfahrung und das Vermengen der eigenen Bedürfnisse mit denen des Patienten. Letzteres manifestiert sich in der mangelnden Abgrenzung zwischen der Helfer- und der Patientenrolle. Wohlmeinende Therapeuten werden dadurch veranlaßt, ihren Klienten anzubieten, sie zu jeder Tages- und Nachtzeit anzurufen, was sich auf das Privatleben des Helfers fatal auswirken kann.

Für den engagierten Helfer besteht das Problem darin, realistisch genug zu sein, um auch entmutigende Umstände zu bewältigen, ohne jedoch seinen Idealismus völlig einzubüßen. Diese Lektion sollte bereits Schülern, Studenten und Praktikanten vermittelt werden. Gerade in dieser Hinsicht ist ein frühes Eingreifen entscheidend, damit jeder Helfer erkennt, daß gerade der anfängliche Mangel an Realitätssinn ihn extrem anfällig für eine spätere Desillusionierung macht.

11.3.2.2 Stagnation

Nach der Definition von Edelwich & Brodsky (1980) meint *Stagnation* den Stillstand, der eintritt, nachdem die erste Woge des Enthusiasmus abgeklungen ist. Der Schwung der Hoffnung und Begeisterung, der den Betreffenden dazu gebracht hat, einen helfenden Beruf zu wählen, hat sich verloren.

Der Übergang zwischen Stagnation und Frustration ist fließend, wie eigentlich jeder der Übergänge zwischen den vier Phasen des Burnouts. Der Verlauf der vier Phasen findet auch nicht immer in einer rein chronologischen Abfolge statt.

Erkennt die betreffende Person, daß auch sie nur Menschliches leisten kann, beginnt sie, kleinere Ärgernisse wie etwa geringe Bezahlung und lange Arbeitszeiten zu bemerken. Die Enttäuschungen, die sie in dieser Zeit erlebt, reichen aber noch nicht aus, um sie an ihrem Beruf zweifeln zu lassen. Etwas anderes wird nun aber deutlich: der Job allein ist nicht genug. In der Stagnationsphase verrichtet die Person zwar noch ihre Arbeit, aber die berufliche Tätigkeit kann sie nicht mehr über die Tatsache hinwegtäuschen, daß wichtige persönlichen Bedürfnisse unerfüllt bleiben. Dazu gehört beispielsweise, ausreichend Geld zur Verfügung zu haben, im Beruf und privat respektiert zu werden, befriedigende familiäre und soziale Beziehungen aufzubauen und ein wenig Freizeit zu haben, um das alles genießen zu können. Werden diese Bedürfnisse nicht befriedigt, wird die betreffende Person ihre Tätigkeit nicht mehr lange ausüben können.

Die Phase der Stagnation beginnt oft mit der Erkenntnis, daß die erwarteten Resultate der eigenen Arbeit im Dunkeln bleiben oder nicht eintreten. Zunächst wird die betreffende Person sich noch darüber wundern, daß ihr Job nicht das hält, was er zu sein versprach, später wird ihr dies ein echtes Ärgernis sein. Am Höhepunkt der Stagnation angelangt, wird die Person von dem Gefühl beherrscht, ihre berufliche Karriere sei in eine Sackgasse geraten (Edelwich & Brodsky 1980).

11.3.2.3 Frustration

In der Frustrationsphase stellt der Helfer, der mit dem Ziel angetreten war, anderen zu geben, was sie brauchen, fest, daß er selbst nicht das bekommt, was er möchte. Die Arbeit, die er verrichtet, hat nichts mit seinen ursprünglichen Vorstellungen zu tun. Im Grunde kann er gar nicht richtig «helfen». Zusätzlich zur geringen Bezahlung, der langen Arbeitszeit und dem niedrigen Status tritt nun eine Art grundsätzlicher Frustration in den Vordergrund: Menschen lassen sich nur sehr schwer ändern, insbesondere dann, wenn die Arbeitsbedingungen als unzureichend empfunden werden.

Das Gefühl der Machtlosigkeit greift auf allen Ebenen der helfenden Berufsgruppen um sich. Am augenfälligsten ist die Machtlosigkeit des «Frontkämpfers», der in der Entscheidungshierarchie die niedrigste Position einnimmt, also z. B. des Therapeuten, der keine Handhabe hat, um seine Krisenpatienten zur Einhaltung ihrer Termine zu bewegen. Zwar hängt das Gefühl der Machtlosigkeit von der Position des Betroffenen ab, aber auch Vorgesetzte beklagen sich häufig, ihre Untergebenen hielten sie für weitaus mächtiger, als sie es tatsächlich sind (Larson et al. 1978).

Ingesamt gesehen scheint das Gefühl der Machtlosigkeit eher universellen Charakter zu tragen und ist nicht unbedingt an eine niedrige Position in der Hierarchie gebunden. Dahinter stehen immer die Enttäuschung über die Unmöglichkeit, das System zu verändern und das Unvermögen, Patienten, Untergebene, Vorgesetzte bzw. die Organisation insgesamt zu beeinflussen. Genau das ist aber die Art von Frustration, die geradewegs zum Burnout führt.

Trotz aller idealistischen Vorstellungen, die Menschen dazu bewegen, helfende Berufe zu ergreifen, ist die Machtfrage ein wichtiger Bestandteil der Beziehung zwischen Helfer und Klient. Während manche Helfer sich beklagen, sie hätten zuwenig Macht, beschweren sich andere, sie hätten zuviel. Die Gleichgültigkeit des Systems gegenüber seinen Mitarbeitern kann von diesen als Mangel an angemessener Würdigung empfunden werden. Mitarbeiter, die nicht mit Verantwortung betraut, bei Entscheidungen nicht gehört und von der Bürokratie generell übersehen werden, entwickeln mit Bestimmtheit das Gefühl, von ihren Vorgesetzten bzw. der übergeordneten Stelle geringgeachtet zu werden. In solchen Fällen ist es die Würdigung und Anerkennung seitens der Klienten, die den Mitarbeiter trotz fehlender Unterstützung «von oben» weitermachen läßt. Ein Mitarbeiter kann dem Druck, den die Institution auf ihn ausübt, standhalten, wenn er von seinen Klienten ein positives Feedback bekommt. Wissen aber auch die Klienten seine Bemühungen nicht zu würdigen, fängt er an, sich zu fragen, warum er überhaupt da ist.

Natürlich wird die Qualität der erbrachten Dienstleistungen beeinträchtigt, wenn der Helfer in Frustration und Stagnation gefangen ist. Überarbeitung, ungenügende finanzielle Mittel, Unstimmigkeiten innerhalb des Personals, Bürokratismus und andere Quellen der Entmutigung und Demoralisierung – all das sind Bedingungen, unter denen der Patient fast zwangsläufig direkt oder indirekt zu leiden hat.

Frustration spielt für das Burnout-Syndrom eine große Rolle; entscheidend ist, wie die betreffende Person mit ihr umgeht. Die jeweilige Reaktion auf die Frustration bestimmt darüber, ob der Helfer tiefer hineingerät und schließlich die Flinte ins Korn wirft. Man kann auf drei verschiedene Arten mit Frustration umgehen: Man benutzt sie als Quelle negativer Energie, man benutzt sie als Quelle positiver Energie, oder man kehrt der Situation den Rücken.

Frustration setzt zweifellos Energien frei. Kommt es zur aktiven Verleugnung, einer verzweifelten mentalen Bemühung, der Frustration zu entgehen oder ihre Ursachen zu ignorieren, sind selbstzerstörerische, negative Energien am Werk. Die Frustrationsenergie kann aber auch in konstruktive Bahnen gelenkt werden. Indem die betreffende Person Verantwortung übernimmt, Probleme angeht und Maßnahmen ergreift, die eine Veränderung bewirken könnten, kann sie einen Teil der frustrationsbedingten emotionalen Anspannung abbauen. Die Frustrationsphase kann der Wendepunkt in der Entstehung eines Burnout-Syndroms sein. Bleibt diese Gelegenheit jedoch ungenutzt, wird die betroffene Person vermutlich als nächstes in Apathie verfallen.

Die häufigste Reaktion auf Frustration dürfte wohl darin bestehen, sie nicht herauszulassen, sondern sie zu internalisieren und sich aus der bedrohlichen Situation zurückzuziehen. Der Helfer meidet seine Patienten, ärgert sich über sie oder verabscheut sie, verzweifelt daran, nichts für sie tun zu können, oder fühlt sich körperlich erschöpft. Viele Betroffene wenden sich von ihrer beruflichen Tätigkeit ab und brechen mit ihren idealistischen Einstellungen. In solchen Fällen werden sie mitunter wütend, setzen sich endlich durch und kehren in die Arena zurück. Andere rutschen leider in die vierte und letzte Phase des Burnouts ab, die der Apathie (Edelwich & Brodsky 1980).

11.3.2.4 Apathie

Apathie ist die progressive emotionale Entfremdung angesichts frustrierender Erfahrungen. Am Beginn dieser Entwicklung stehen der Enthusiasmus, der Idealismus und die Überidentifikation des Anfängers. Um von den rosigen Wolken herunterkommen und vernünftig arbeiten zu können, ist ein gewisser Abstand nötig und wünschenswert, den meisten Personen fehlen jedoch die idealen Lernbedingungen und die einfühlsame Anleitung, um das richtige Maß an Abstand zu entwickeln. Wenn dann die ersten Frustrationen auftreten, mal mehr, mal weniger brutal, kommt es zu einer Entfremdung, die weniger mit emotionaler Distanz als mit Abstumpfung zu tun hat. Distanziert die betreffende Person sich von ihren frustrierenden Erfahrungen, kehrt sie oft gleichzeitig auch den Bedürfnissen des Patienten und ihrem eigenen Engagement den Rücken. Apathie wird oft als Langeweile empfunden. Der einstmals idealistische Helfer spürt, wie sein Wunsch, anderen zu helfen, und seine emotionale Beteiligung am Schicksal seiner Klienten immer mehr abbröckeln. Viele Helfer, die sich anfangs zu viele Gedanken um ihre Klienten gemacht haben, enden damit, sich nur noch um die eigene physische und psychische Gesundheit, ihren privaten Seelenfrieden und ihr persönliches Überleben zu sorgen.

Die schwerste und traurigste Form der Apathie liegt vor, wenn der Betreffende seinen Job nur noch aus dem einzigen Grund ausübt, daß er ohne ihn nicht überleben kann. Er merkt sehr wohl, was passiert, sieht jedoch keine Notwendigkeit darin, etwas dagegen zu unternehmen. Warum ein Risiko eingehen, wenn er einfach so weitermachen kann wie bisher, sich seine Stellung sichert und sich so wenig Arbeit macht wie möglich. Sicherheit ist für ihn die oberste Priorität. Von allen Phasen des Burnouts ist die der Apathie diejenige, aus der man sich am schwersten befreien kann und gegen die am wenigsten von außen her interveniert werden kann. Immerhin dauert es seine Zeit, bis dieses Stadium erreicht ist, und so hält es auch am längsten an und ist am tiefsten verwurzelt. Das Fundament der Apathie ist eine Entscheidung, die erst mit der Zeit zustande kommt und durch das Verhalten der Umwelt bestärkt wird, nämlich der Entschluß, sich um nichts mehr zu kümmern. Ohne eine erhebliche persönliche oder berufliche Veränderung oder eine konzertierte Intervention kann dieses Stadium für immer anhalten.

11.3.2.5 Hoffnungslosigkeit

Edelwich & Brodsky (1980) betrachten Hoffnungslosigkeit zwar nicht als ein eigenständiges Stadium im Verlauf der Desillusionierung, sie ist jedoch implizit in den Phasen Stagnation, Frustration und Apathie enthalten. Laut Horney (1967) ist Hoffnungslosigkeit das Endresultat ungelöster Konflikte. Die Betroffenen blicken zukünftigen Ereignissen mit der tiefempfundenen Überzeugung entgegen, daß sich ihre Erwartungen nicht verwirklichen werden.

Dieser Verlust von Hoffnung kann in jeder der drei Phasen Stagnation, Frustration und Apathie auftreten. Hoffnungslosigkeit muß nicht zwangsläufig ein konstanter Zustand sein, sondern sie kann von Zeit zu Zeit zurückgehen, um dann mit voller Wucht wiederzukommen und der betroffenen Person das Gefühl zu geben, es wäre besser, wenn sie ihren Job an den Nagel hinge. Der hoffnungslose Helfer tendiert dazu, persönliche Gefühle und Gedanken, die für «unprofessionell» gehalten werden könnten, vor anderen zu verbergen oder gar zu leugnen und sich statt dessen so zu verhalten, als habe er die Situation voll unter Kontrolle und komme gut zurecht. Da er nicht mit anderen über seine wahren Gefühle spricht, gewinnt er den Eindruck, er sei der einzige mit solchen Problemen. Dieser Irrtum wird dadurch noch verstärkt, daß ein Helfer, der glaubt, mit seinen Gefühlen allein zu sein, besonders sorgsam darauf achten wird, sie vor anderen zu verbergen und die Fassade der Professionalität zu wahren (McConnell 1982).

11.4 Prävention

Der erste Schritt zur Vermeidung von Burnout besteht darin, sich die Schwierigkeiten und Grenzen bewußt zu machen, die mit dem Beruf des Therapeuten verbunden sind: seine Patienten sieht er immer nur für kurze Zeit, er muß ihnen Informationen über Dinge entlocken, die viele als ihre Privatsphäre ansehen, und er muß sie aufklären und beraten und ihnen emotionalen Rückhalt geben. Als zweiten Schritt muß man akzeptieren lernen, daß das Leben jedes Patienten eine komplexe Angelegenheit ist, daß seine Bedürfnisse und Probleme nicht im Rahmen einer einzigen Sitzung gestillt bzw. gelöst werden können und daß der Therapeut nicht alle Defizite des Gesundheitswesens und des Sozialsystems kompensieren kann. Therapeuten sollten sich nicht so sehr darauf konzentrieren, was sie *nicht* leisten können, sondern sich vielmehr selbst Anerkennung für die vielen positiven Veränderungen zollen, die sie *bewirken* (Miller et al. 1990).

Erfahrene Therapeuten sagen, «sich selbst zu pflegen», sei das wichtigste, um sich eine gesunde Einstellung zur Arbeit zu bewahren. Dies bedeutet, seine persönlichen Bedürfnisse zu befriedigen, also z. B. das Bedürfnis nach Unabhängigkeit, Anerkennung und/oder Rückhalt oder danach, die eigenen Gefühle zum Ausdruck bringen zu dürfen und sich in bezug auf die eigene Person und die eigene Arbeit gut zu fühlen. Die lebenspraktischen, psychischen und informativen Bedürfnisse des Patienten sind zwar während der Therapie wichtig, aber der Therapeut sollte die Probleme seiner Patienten nicht mit nach Hause nehmen. Um dies zu gewährleisten, muß er sich entschiedene psychologische Grenzen setzen und seine Arbeit und sein Verhalten genau überwachen, damit er diese Grenzen nicht unbemerkt übertritt. Institutionen und Organisationen, die mit Aidspatienten arbeiten, müssen sich dieser Stressoren bewußt sein und Maßnahmen ergreifen, um dem Burnout ihrer Mitarbeiter vorzubeugen. Wöchentliche Personaltreffen können nen bei der Streßbewältigung helfen, indem die Teilnehmer ermutigt werden, ihre Gefühle zu artikulieren. Solche Zusammenkünfte können Angst abbauen helfen, eine Gelegenheit schaffen, um sich gegenseitig Rückhalt zu geben, und eine Versöhnung mit der Situation ermöglichen. Diese Treffen können mehr oder weniger formell ablaufen. Ebenfalls als nützlich zur Burnoutprävention können sich Entspannungsübungen, eine wechselnde Aufgabenverteilung und regelmäßige freie Tage erweisen, an denen die Mitarbeiter gezielt ihr «Nervenkostüm» pflegen.

Auch das Aufklärungsbedürfnis der Helfer sollte berücksichtigt werden. So sollten etwa immer die neuesten Informationen über Aids o. ä. verfügbar sein. Institutionen und Organisationen, die Aidspatienten betreuen, können diesen nur dann eine optimale Pflege angedeihen lassen, wenn sie ihre Mitarbeiter optimal versorgen (Salisbury 1986).

11.4.1 Intervention

Maßnahmen gegen das Burnout-Syndrom können vom Betroffenen aus eigenem Antrieb eingeleitet werden oder die Reaktion auf eine unmittelbar vorliegende Frustration oder Bedrohung darstellen. Genährt werden sie einerseits durch die Kraft der betroffenen Person selbst und andererseits durch die Unterstützung von Kollegen, Vorgesetzten, Angehörigen und Freunden oder sonstigen wichtigen Bezugspersonen. Es kann sich um eine vorübergehende Notlösung, aber auch um eine wirkliche Veränderung handeln. Alle vier Phasen der Desillusionierung können und sollen im Mittelpunkt von Interventionen stehen. Eine Hauptaufgabe von Ausbildern und Supervisoren sollte es sein, ihre Schützlinge dazu zu bringen, die vier Phasen bewußter zu erleben, und sie dadurch besser gegen plötzliche Gefühlsaufwallungen zu wappnen. In der Praxis findet eine Intervention meist erst in der Phase der Frustration statt, also wenn es schon fast zu spät ist. Im Enthusiasmusstadium fühlen sich die Betroffenen viel zu gut, um die Notwendigkeit von Interventionen einzusehen, und in der Stagnationsphase fehlt ihnen die nötige Energie, um eine Kursänderung herbeizuführen. Trotzdem werden in dieser Phase manchmal Interventionen eingeleitet, die auf eine theoretische oder praktische Weiterbildung oder auf ein Vorankommen auf der Karriereleiter abzielen. Was die Phase der Apathie betrifft, so hat der Betroffene schon den Großteil des Weges in Richtung Desillusionierung und Burnout zurückgelegt, und der Weg zurück ist so hart und weit, daß nur einigen Personen die Umkehr gelingt, während andere es gar nicht erst versuchen.

Meist ist es jedoch die Frustration, die eine Person aus dem Gleichgewicht bringt und sie zu Veränderungen zwingt. Frustration ist dann konstruktiv, wenn sie die betroffene Person so wütend macht, daß sie aus einer schlimmen Situation ausbricht, statt apathisch zu werden.

Nichts ist im Umgang mit Burnout wichtiger, als daß der einzelne weiß, wo seine Verantwortlichkeiten liegen. Ein Mitarbeiter ist nicht für seine Patienten und nicht für die Organisation verantwortlich, sondern in erster Linie für sich selbst.

Das soll natürlich nicht heißen, daß er sich nicht in die Arbeit mit seinen Patienten einbringt oder daß er nicht versuchen kann, die Institution, bei der er arbeitet, zu verändern, sondern vielmehr, daß er für sein eigenes Tun verantwortlich ist, ganz gleich, was seine Patienten und Vorgesetzten tun oder lassen.

Werden andere Lebensbereiche gestärkt, gibt dies dem Betroffenen auch mehr Kraft, um sich mit beruflichen Problemen auseinanderzusetzen. Was der einzelne tut, um sein außerberufliches Leben zu verbessern und seine Welt zu erweitern, ist von Mensch zu Mensch verschieden. Der vielleicht wichtigste Schritt besteht darin, klar zwischen Beruf und anderen Lebensbereichen zu trennen; das bedeutet auch, daß man außerhalb des Jobs nicht zuviel Zeit mit Kollegen verbringen und sich möglichst selten mit beruflichen Dingen beschäftigen sollte. Die eigentliche Arbeitszeit ist in der Regel festgelegt, der Rest des Tages jedoch untersteht der alleinigen Kontrolle des einzelnen Mitarbeiters. Beispielsweise ist es sein gutes Recht, Freunden und Angehörigen eine «kostenlose Behandlung» ihrer persönlichen Probleme zu verweigern. Ob es wirklich sinnvoll und notwendig ist, einem Klienten die private Telefonnummer zu geben, damit er im Notfall jederzeit Kontakt aufnehmen kann, sollte von Fall zu Fall sorgfältig abgewogen werden.

Die beste Möglichkeit, die eigene soziale Welt zu erweitern, sind enge persönliche und familiäre Kontakte. Der Aufbau und die Unterhaltung solcher Bindungen erfordert auf beiden Seiten ein erhebliches zeitliches und emotionales Engagement, das die jeweilige Person davor bewahrt, sich von ihrem Beruf zu sehr vereinnahmen zu lassen. Es mag nicht ganz einfach sein, mit Freunden und Angehörigen auszuhandeln, wieviel Zeit und Raum man für berufliche Angelegenheiten braucht und wieviel Zeit alle Beteiligten fernab von allem, was den Betroffenen an seinen Job erinnert, gemeinsam verbringen sollten, aber es ist sicher die Mühe wert, denn nur so kann man sich eine Identität schaffen, die nichts, aber auch gar nichts mit dem Beruf zu tun hat. Natürlich gibt es auch viele andere Gründe dafür, daß es wünschenswert wäre, ein erfülltes Privatleben zu haben. Im Hinblick auf das Burnout-Syndrom jedoch sind enge persönliche Beziehungen besonders wichtig. Wer von seiner Familie geliebt und wertgeschätzt wird, für den ist es keine Frage von Leben und Tod mehr, ob ihn seine Patienten und Vorgesetzten lieben und schätzen. Ein Mensch, der sich der tiefen und dauerhaften Liebe und Unterstützung seiner Angehörigen und Freunde gewiß ist, hat nicht jeden Morgen das Gefühl, sich in seiner Gesamtheit aufs Spiel zu setzen.

Auch eine geplante, vorübergehende soziale Isolation kann sinnvoll sein. Jeder braucht Zeiten, in denen er denjenigen Personen entkommen kann, die oft die unmittelbare Quelle seiner beruflichen Belastung sind, nämlich den Hilfeempfängern und mitunter auch den Administratoren. Dies kann beispielsweise durch einen langen Urlaub geschehen (Edelwich & Brodsky 1980).

Eine andere Möglichkeit ist die Schaffung einer «Dekompressionsroutine». Auf dem Weg vom Arbeitsplatz nach Hause übt die betreffende Person für sich alleine

eine bestimmte – vorzugsweise körperliche und geistig wenig anspruchsvolle – Tätigkeit aus, die ihr hilft, wieder einen klaren Kopf zu bekommen und sich zu entspannen. Nachdem sie eine Zeitlang ganz für sich alleine war, wird die Person wieder besser darauf eingestellt sein, mit anderen Menschen zusammenzukommen, besonders wenn es sich dabei um Menschen handelt, die ihr nahestehen.

Viele Menschen, die in Sozialberufen tätig sind, gehen in ihrer Freizeit gezielt solchen Aktivitäten nach, bei denen sie zur Abwechslung mit normalen, gesunden und funktionsfähigen Personen umgehen. Durch die angenehme und erfolgreiche Interaktion mit diesen Menschen kann der Betroffene der Entwicklung negativer Einstellungen in bezug auf seine Klienten und seine Fähigkeit, mit diesen zu arbeiten, entgegenwirken.

11.5 Fallstudie: Burnout-Syndrom

Sabrina, eine 34jährige examinierte Krankenschwester, kam in ein Gemeindepsychiatriezentrum. Sie füllte das kurze Anmeldeformular aus, und es wurde ihr gesagt, eine der Therapeutinnen habe später am Nachmittag, in etwa drei Stunden, für sie Zeit. Sabrina sagte der freiwilligen Aushilfe am Empfang, sie werde einen Kaffee trinken gehen und später zurückkommen – vielleicht. Die Aushilfe berichtete der Therapeutin, der Sabrina zugeteilt wurde, daß diese den Eindruck erweckt habe, «sehr wütend» zu sein.

Sabrina kam wieder und setzte sich ins Wartezimmer. Sie blätterte jede der ausliegenden Zeitschriften durch und warf sie anschließend nachlässig zurück auf den Tisch; fiel eine herunter, ließ sie sie einfach auf dem Boden liegen. Die Therapeutin kam herein und rief Sabrina auf. Diese stand auf und schaute die Therapeutin trotzig an. Die Therapeutin stellte sich vor, und die beiden schüttelten sich die Hand. Die Therapeutin sah zuerst auf die Zeitschriften, die auf dem Boden lagen, dann auf Sabrina, lächelte sie an und fragte: «Haben Sie all diese Zeitungen auf den Fußboden geworfen?» Sabrina reckte ihr Kinn vor und sagte: «Ja, das habe ich.» Die Therapeutin lächelte ihre Klientin erneut an und sagte bestimmt: «Dann heben Sie sie bitte wieder auf, damit wir in mein Büro gehen und mit der Therapie anfangen können. Wir haben nur eine Stunde, und Sie verschwenden meine Zeit.» Sabrina schaute sie leicht schockiert an und hob die Zeitschriften auf. Als sie damit fertig war, sah sie die Therapeutin an, lächelte ein wenig und sagte: «Nennen Sie mich doch Bree, alle meine Freunde nennen mich so.» Dann gingen die beiden zum Büro der Therapeutin.

Die Therapeutin bat Bree, sich hinzusetzen, und nahm ihre Akte zur Hand, die sie bereits zuvor gelesen hatte. Sie wußte, daß ihre Klientin 34 Jahre alt war, einen sechsjährigen Sohn namens Brian hatte und bis vor drei Tagen als Oberschwester in einem Hospiz gearbeitet hatte. Sie war mittelgroß, normalgewichtig und attraktiv und hatte große graue Augen und rötlichbraune Haare. Als Antwort auf die Frage, warum sie gekommen war, hatte sie geschrieben: «*Ich halte es nicht mehr aus!!!*»

Die Therapeutin erzählte Bree, daß sie ihre Akte gelesen habe und fragte nach: «Was halten Sie nicht mehr aus?» Bree sah mit Tränen in den Augen zu ihr auf und antwortete: «Ich kann das Sterben nicht ertragen... nicht mehr; ich kann einfach nicht!» Die Therapeutin bat Bree, ihr zu erzählen, was vor drei Tagen passiert sei. Bree reagierte verärgert: «Es ist nicht erst drei Tage her; ich *weiß* nicht, wann es angefangen hat. Aber vor drei Tagen bin ich einfach gegangen und habe denen gesagt, daß ich nicht wiederkomme.»

Die Therapeutin fragte Bree, wie lange sie im Hospiz gearbeitet habe, und diese antwortete, sie sei dort die erste Krankenschwester gewesen, als die Einrichtung vor drei Jahren eröffnet worden sei. Die Therapeutin fragte, ob sie gerne dort gearbeitet habe. Bree erwiderte: «Es war einfach toll! Ich habe mich gefühlt wie eine *richtige* Krankenschwester. Ich durfte mit Menschen arbeiten und mußte nicht auf irgendeinem Schreibtisch Papiere umschichten. Es hat mir so viel gegeben, in diesem wundervollen Hospiz zu arbeiten. Die Zimmer waren wie ganz normale Wohn- und Schlafzimmer, nicht wie kalte, sterile Krankenhausräume! Angehörige, Freunde und sogar Haustiere konnten, wann immer sie wollten, zu Besuch kommen; ich habe es wirklich geliebt, dort zu arbeiten. Natürlich war es traurig, wenn jemand gestorben ist, aber wir vom Personal waren immer füreinander da; man hatte nie das Gefühl, mit seiner Trauer alleine zu sein.» Sie machte eine Pause und fuhr dann fort: «Ich bin eine gute Krankenschwester, eine wirklich gute Krankenschwester. Ich glaube, eine bessere Krankenschwester kann man gar nicht sein.» Sie fing an zu weinen. Die Therapeutin reichte ihr ein Taschentuch und ließ sie weinen. Schließlich hörte sie auf und entschuldigte sich dafür, geweint zu haben. Die Therapeutin sagte ihr, sie müsse sich nicht dafür entschuldigen.

Bree sah die Therapeutin an und erzählte weiter. Sie sagte, sie wisse nicht, was mit ihr los sei. In letzter Zeit sei sie so reizbar; zu Hause könne man es mit ihr «nicht aushalten», und vor einer Woche habe ihr Mann gesagt, sie solle sich eine Weile frei nehmen, damit sie ein paar Tage wegfahren könnten. Sie sei daraufhin sehr wütend geworden und habe ihm gesagt, sie könne sich nicht einfach freinehmen, da sie gebraucht werde. Nun sei ihr Mann aufgebraust und habe gesagt: «Wir brauchen dich auch! Weißt du eigentlich, daß wir keinen einzigen Tag ganz für uns hatten, seit du im Hospiz arbeitest?»

Die Therapeutin fragte sie, ob das stimme, und Bree antwortete widerstrebend, sie sei zu beschäftigt gewesen. Im Hospiz habe es so viel zu tun gegeben, und sie als Oberschwester sei die einzige, die in der Lage gewesen sei, die anfallenden Dinge zu erledigen.

Die Therapeutin fragte ihre Klientin: «Warum glauben Sie, daß Sie im Hospiz für *alles* zuständig sind? Sind sie allmächtig? Jeder ist in seinem Job ersetzbar, auch

Sie oder ich. Ist Ihnen Ihre Familie denn völlig gleichgültig? Bree, Sie haben sicher schon vom sogenannten Burnout-Syndrom gehört, oder? Für mich klingt das, was Sie mir erzählt haben, sehr nach Burnout. Kein Job dieser Welt kann die Freude und Liebe ersetzen, die sie bei Ihrem Mann und Ihrem Sohn erleben können.»

Bree hatte der Therapeutin aufmerksam und nachdenklich zugehört. Schließlich sagte sie: «Ich denke, Sie haben recht. Ich bin so entsetzlich müde. Ich habe schon Alpträume; immerfort überlege ich, ob ich Mrs. A. oder Mrs. C. ihr Schmerzmittel auch wirklich gegeben habe. Also fahre ich zurück ins Hospiz und sehe nach; und natürlich habe ich die Medikamente verabreicht. Ich hasse es einfach, Fehler zu machen! Ich habe noch nie versagt.»

Füllen Sie das Paradigma (**Abb. 11-1**) für diese Fallstudie aus und vergleichen Sie es mit der Auflösung in Anhang A. Orientieren Sie sich, falls nötig, an den Paradigmen in Kapitel 3.

Die Therapeutin entgegnete: «Bree, Sie haben nicht versagt! Ich bezweifle, daß viele andere Krankenschwestern es schaffen würden, so lange in einem Hospiz zu arbeiten wie Sie; drei Jahre sind eine lange Zeit. *Ich* könnte das ganz sicher nicht! Könnten Sie sich vorstellen, drei Monate Pause zu machen und möglichst gar nicht mehr ins Hospiz zu gehen? Sie brauchen dringend Erholung und sollten sich eine Weile ganz Ihrer Familie widmen. Sie sind doch noch jung; sie brauchen ein wenig Spaß in Ihrem Leben. Würden Sie jetzt nach Hause gehen und mit Ihrem Mann darüber reden? Rufen Sie mich an und sagen Sie mir, was er dazu meint, und ich sehe sie dann nächste Woche. Und versuchen Sie doch mal, jeden Tag einen strammen Spaziergang zu machen, damit Sie Ihre überschüssigen Energien loswerden.»

Bree antwortete: «Ich weiß gar nicht, was ich mit drei Monaten Urlaub anfangen soll. Ich rede mit Patrick und melde mich dann bei Ihnen.» Die Therapeutin sagte: «Prima, kommen Sie, wir machen einen Termin für nächste Woche!» Sie gingen gemeinsam aus dem Büro, um einen Termin für Bree zu vereinbaren, und unterhielten sich auf dem Weg weiter.

Bree litt ganz offensichtlich unter dem Burnout-Syndrom. Sie brauchte eine Pause und Abstand von ihrem Beruf und dem Hospiz. Sie befürchtete, niemand könne sie ersetzen. Die Therapeutin hielt es für wichtig, sich auch mit Brees Mann zu treffen und zu erfahren, was er davon hielt, wenn seine Frau eine dreimonatige Pause einlegte.

Bree rief bei der Therapeutin an und sagte, sie habe mit Patrick gesprochen und er wolle mit der Therapeutin am Telefon sprechen. Die Therapeutin sagte: «Okay, Bree, geben Sie ihn mir.» Patrick begrüßte die Therapeutin und sagte: «Ich kann nicht glauben, daß jemand es geschafft hat, Bree davon zu überzeugen, daß das Hospiz ohne sie nicht zusammenfällt. Ich muß Sie unbedingt kennenlernen!» Die

11. Das Burnout-Syndrom **381**

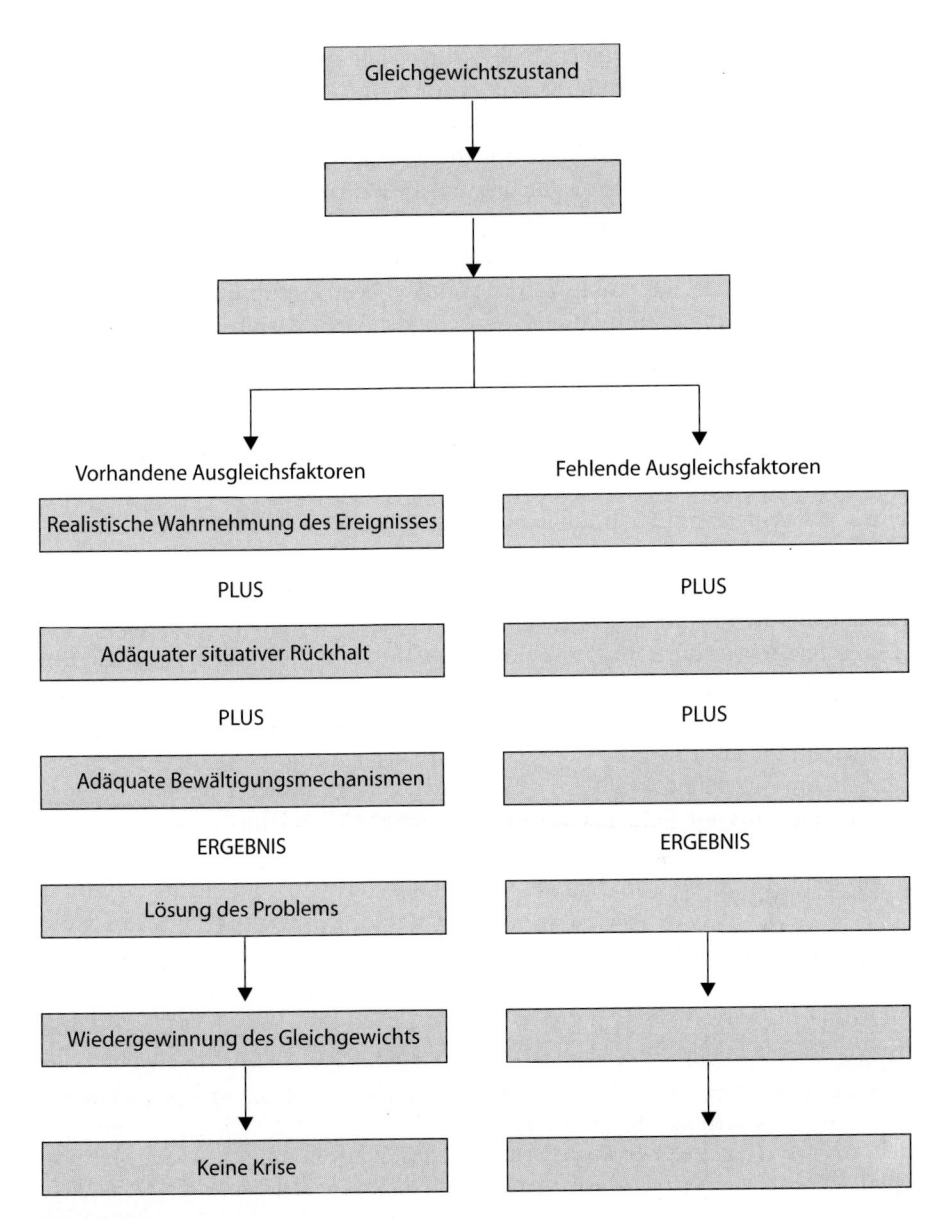

```
                    Gleichgewichtszustand
                              │
                              ▼
                    ┌─────────────────┐
                    └─────────────────┘
                              │
                              ▼
              ┌───────────────────────────────┐
              └───────────────────────────────┘
                  │                       │
                  ▼                       ▼
      Vorhandene Ausgleichsfaktoren    Fehlende Ausgleichsfaktoren
  ┌──────────────────────────────┐  ┌──────────────────────────────┐
  │ Realistische Wahrnehmung     │  │                              │
  │ des Ereignisses              │  │                              │
  └──────────────────────────────┘  └──────────────────────────────┘
              PLUS                              PLUS
  ┌──────────────────────────────┐  ┌──────────────────────────────┐
  │ Adäquater situativer Rückhalt│  │                              │
  └──────────────────────────────┘  └──────────────────────────────┘
              PLUS                              PLUS
  ┌──────────────────────────────┐  ┌──────────────────────────────┐
  │ Adäquate Bewältigungs-       │  │                              │
  │ mechanismen                  │  │                              │
  └──────────────────────────────┘  └──────────────────────────────┘
            ERGEBNIS                          ERGEBNIS
  ┌──────────────────────────────┐  ┌──────────────────────────────┐
  │ Lösung des Problems          │  │                              │
  └──────────────────────────────┘  └──────────────────────────────┘
              │                               │
              ▼                               ▼
  ┌──────────────────────────────┐  ┌──────────────────────────────┐
  │ Wiedergewinnung des          │  │                              │
  │ Gleichgewichts               │  │                              │
  └──────────────────────────────┘  └──────────────────────────────┘
              │                               │
              ▼                               ▼
  ┌──────────────────────────────┐  ┌──────────────────────────────┐
  │ Keine Krise                  │  │                              │
  └──────────────────────────────┘  └──────────────────────────────┘
```

Abbildung 11-1: Fallstudie: Sabrina

Therapeutin lachte und erwiderte: «Sie können wohl meine Gedanken lesen! Können Sie zu Brees nächstem Termin mitkommen?» Patrick antwortete: «Darauf können Sie wetten!»

In den verbleibenden Sitzungen traf die Therapeutin sich stets mit beiden – Bree und Patrick. Letzterer hatte sich große Sorgen um seine Frau gemacht und akzeptierte die Auffassung der Therapeutin, daß Bree unter dem Burnout-Syndrom litt. Mit der Zeit begann Bree, sich zu entspannen. Sie verbrachte mehr Zeit mit ihrem Sohn Brian, der unter ihrer Aufmerksamkeit ebenso aufblühte wie Patrick. In ihrer letzten Sitzung erzählte Bree glücklich: «Ich habe darum gebeten, aus dem Hospiz versetzt zu werden – jetzt kriege ich eine ‹normale› Schicht in der Pädiatrie. Ich habe meinem Boß gesagt, wenn es sein müsse, aber nur wenn es wirklich sein müsse, könnte ich von Zeit zu Zeit mal für eine Woche im Hospiz einspringen.»

Die Therapeutin sagte Bree und Patrick, sie könnten bei künftigen Krisen jederzeit wieder zu ihr ins Zentrum kommen. Bree ermahnte sie, sich nicht wieder so sehr in ihre Arbeit zu stürzen, daß sie über ihr gesamtes Leben bestimme. Bree versprach dies und sagte, sie wechsele wirklich gerne in die Pädiatrie. Die Therapeutin riet ihr, weiterhin so oft wie möglich einen langen Spaziergang zu machen, um ihre ungenützte Energie abzuarbeiten.

Bree hatte ihre Burnout-Symptome nicht erkannt. Die Hilfe ihres Mannes lehnte sie ab. Ihre Bewältigungsmechanismus waren in ihrer Situation ineffektiv, und ihre Angst und Frustration nahmen immer weiter zu. Sie war ausgebrannt und geriet in eine Krise.

Ruhe dich aus; ein Feld das geruht hat, bringt eine reiche Ernte.
Ovid

Literaturverzeichnis

Cameron, M.: The moral and ethical component of nurse-burnout, Nurs Manage 17:42B, 1986.
Edelwich, J., Brodsky, S.: Burn-out, stages of disillusionment in the helping professions, New York, 1980, Human Sciences Press.
Freudenberger, H. J.: Staff burn-out, J Soc Issues 30:159, 1974.
Freudenberger, H. J.: The staff burnout in alternative institutions, Psychother 12:73, 1975.
Friel, M., Tehan, C.: Counteracting burn-out for the hospice care-giver, Cancer Nurs 3:258, 1980.
Fulton, R., Fulton, J.: A psychological aspect of terminal care: anticipatory grief, Omega 2:91, 1971.
Garden, A. M.: Burnout: the effect of psychological type on research findings, J Occup Psychol 62:223–235, 1989.
Horney, K.: Feminine psychology, New York, 1967, WW Norton.

Larson, C., Gilbenson, D., Powell, J.: Therapist burn-out: perspectives on a critical issue, Soc Casework 59:563, 1978.
Maslach, C., Jackson, S. E.: Burned out cops and their families, Psychol Today 12:59, 1979.
Maslach, C., Pines, A.: The burnout syndrome in the day care setting, Child Care Q 6:100, 1977.
McConnell, E.: Burnout in the nursing profession, St. Louis, 1982, Mosby.
Miller, E. N. and others: Neuropsychological performance in HIV-1 infected homosexual men: the Multicenter AIDS Cohort Study (MACS), Neurology 40:197, 1990.
Nichols, S. E.: Psychological reactions of persons with the acquired immunodeficiency syndrome, Am Intern Med 103:765, 1985.
Parkes, C. M.: Terminal care: evaluation of in-patient care at St. Christopher's Hospice, Postgrad Med J 55:517, 1979.
Pines, A. M., Aronson, E.: Burnout, New York, 1981, Free Press.
Rando, T.: A comprehensive analysis of anticipatory grief. In Loss and anticipatory grief, Lexington, Mass, 1986, Heath.
Ransford, E., Smith, M.: Grief resolution among the bereaved in hospice and hospital wards, Soc Sci Med 32:295, 1991.
Raphael, B.: The anatomy of bereavement, New York, 1983, Basic Books.
Rogers, D. P.: Helping employees cope with burnout, Business 22:3, 1984.
Salisbury, D. M.: AIDS psychosocial implications, J Psychosoc Nurs Ment Health Serv 24:13, 1986.
Stine, G.: Acquired immune deficiency syndrome, Englewood Cliffs, NJ, 1993, Prentice Hall.
Tighe, J. B.: Taking control, focus: a guide to AIDS research and counseling, California Department of Health Services 6:2, 1991.
Turnipseed, D. L.: An analysis of the influence of work environment variables and moderaton on the burnout syndrome, J Appl Soc Psychology 24(9):782, 1994.

Weiterführende Literatur

Bruning-Nealia, S.: Gender differences in burnout: observations from an «unbiased» researche,. Can Psychol 32(4):575, 1991.
Cherniss, C.: Long-term consequences of burnout: an exploratory study, J Organ Behav 13(11):l, 1992.
Day, H. I., Chambers, J.: Empathy and burnout in rehabilitation counselors, Can Rehab 5(1):33, 1991.
Eichinger, J., Heifetz, L. J., Ingraham, C.: Situational shifts in sex role orientation: correlates of work satisfaction and burnout among women in special education, Sex Roles 25(7–8):425, 1991.
Green, D. E., Walkey, F. H., Taylor, A. J.: The three-factor structure of the Maslach Burnout Inventory: a multicultural, multinational confirmatory study, J Soc Behav Pers 6(3):453, 1991.
Greenglass, B. R.: Burnout and gender: theoretical and organizational implications, Can Psychol 32(4):562, 1991.

Jayaratne, S., Himle, D. P., Chess, W. A.: Job satisfaction and burnout: is there a difference? J Appl Soc Sci 15(2):245, 1991.

Kruger, L. J., Botman, H. I., Goodenow, C.: An investigation of social support and burnout among residential counselors, Child Youth Care Forum 20(5):335, 1991.

Leiter, M.: The dream denied: professional burnout and constraints of human service organizations, Can Psychology 32(4):547, 1991.

Naisberg-Fennig, S. and others: Personality characteristics and proneness to burnout: a study among psychiatrists, Stress Med 7(4):201, 1991.

Revenson, T. A., Cassel, B. J.: An exploration of leadership in a medical mutual help organization, Am J Community Psychol 19(5):683, 1991.

Rosse, J. G. and others: Conceptualizing the role of self-esteem in the burnout process, Group Organization Stud 16(4):428, 1991.

Seidman, S. A., Zager, J.: A study of coping behaviours and teacher burnout, Work Stress 5(3):205, 1991.

Nachwort

Im nächsten Jahrhundert wartet nicht nur eine Vielzahl von Herausforderungen und Problemen auf Patienten und Bedienstete in der psychiatrischen Gesundheitspflege, sondern es besteht auch die Aussicht, daß sich einige Hoffnungen erfüllen. Nein, ich habe keine Kristallkugel, die ich zu Rate ziehen könnte. Was ich aber habe, sind einige fundierte Vorhersagen, die aus verläßlichen Quellen stammen, nämlich von der Harvard-Universität und der Weltgesundheitsorganisation. Besonders dem Schicksal der Kinder wird dabei Bedeutung beigemessen, denn sie sind unsere Zukunft. Richmond & Harper (1996) stellen fest, daß die folgenden Punkte für die nächste Generation der Kinder- und Jugendpsychiatrie oberste Priorität haben müssen:

- Es muß für größere Gerechtigkeit gesorgt werden, so daß alle Kinder und Familien Zugang zu den entsprechenden Diensten haben.
- Gesundheitsförderung und Krankheitsprävention müssen stärker betont werden, d. h. das professionelle Wissen muß eingesetzt werden, um nicht nur die Gesundheitspolitik, sondern auch die Sozialpolitik zu beeinflussen, da Prävention und Gesundheitsförderung oft nur möglich sind, wenn die Umfelder, in denen Kinder und Familien leben, verbessert werden.
- Wenn die Situation der Kinder verbessert werden soll, muß man um die Grenzen und Potentiale der vorhandenen Ressourcen wissen.
- Sollen Interventionen verbessert werden, müssen weiterhin Forschungsmittel bereitgestellt werden; die Forschung ist der Motor des Wandels.

Auch die Berufs- und Standesorganisationen werden sich ihrer sozialen Verantwortung stellen müssen. Ihre Funktion besteht darin, Prioritäten zu setzen und die Aufgabenvielfalt innerhalb des Gesundheitswesens zu verdeutlichen, indem sie:

- zur Wahrung beruflicher Standards und ethischer Grundsätze beitragen,
- ein soziales Gewissen aufbauen und die Belange des Individuums zum Kristallisationspunkt ethischer Berufsstandards machen,
- sich für ein ganzheitliche Verständnis vom Kind einsetzen,

- für einen integrierten biopsychosozialen Betreuungsansatz sowie für kommunale Interventionszentren eintreten,
- mit Gruppen zusammenarbeiten, die das öffentliche Interesse vertreten, um für eine breitere Lobby zu sorgen.

Eine auf fünf Jahre angelegte Studie eines internationalen Teams der Harvard University School of Public Health zeigt, daß sich die Ursachen für Tod und Behinderungen bis zum Jahre 2020 dramatisch verändern werden (Maugh 1996). Die Studie trägt den Titel «The Global Burden of Disease» und steht unter der Ägide der Weltgesundheitsorganisation; wenn sie abgeschlossen ist, wird sie zehn Bände umfassen. In den ersten beiden Bänden werden die Todesstatistiken aus dem Jahre 1990 mit den für das Jahr 2020 geschätzten Werten verglichen. Die untenstehende Tabelle zeigt die vermuteten Häufigkeitsveränderungen bei den wichtigsten Krankheiten:

1990		2020	
Rang	Krankheit	Rang	Krankheit
1	Infektionen der unteren Atemwege	1	Ischämische Herzinsuffizienz
2	Durchfallerkrankungen	2	Schwere unipolare Depression

Sie erkennen sicher, warum schon ein Vergleich dieser wenigen Daten ausreicht. Die schwere unipolare Depression wird als zweithäufigste Krankheit vorhergesagt, mit der die Beschäftigten im Gesundheitswesen in Zukunft zu tun haben werden. Allein dies stellt eine große Herausforderung für uns als Betreuer von Menschen mit psychischen Störungen und Problemen dar.

Die wirklich großen Herausforderungen werden aber kommen, wenn wir als Selbständige arbeiten, eigene Büros haben und unter nur minimaler ärztlicher Aufsicht Patienten behandeln.

Damit sind wir aber bereits bei den *Hoffnungen* angelangt: Wir werden Kollegen der Mediziner sein; wir werden *mit* ihnen arbeiten, nicht *für* sie. Der Gedanke, auf diese Weise mit anderen Berufsgruppen zu kooperieren ist keine bloße Utopie; die Gleichstellung, die wir in der Forschung bereits erreicht haben, wird sich auch auf die Praxis auswirken. Zu guter Letzt wird man endlich auch anerkennen, daß unsere Fachkenntnisse eine angemessene Bezahlung rechtfertigen.

Aber auch auf medizinisch-wissenschaftlichem Gebiet sind Hoffnungen berechtigt. Dazu gehören einmal die Genforschung und die darauf beruhenden Behandlungsmöglichkeiten, die derzeit untersucht und zur Identifikation und Verhinderung einer Vielzahl von Krankheiten nutzbar gemacht werden. Zum anderen deutet vieles darauf hin, daß das Gehirn, der Herrscher über den Körper, schließlich seine Geheimnisse preisgibt. Außerdem arbeitet die Pharmaforschung Tag und Nacht, um Medikamente zu finden, die jede bekannte Krankheit verhüten oder heilen können.

Aus all diesen Gründen sollten wir nicht den Mut verlieren, auch wenn die Gegenwart zuweilen düster aussieht.

Oh, zaubrischer Schlaf! Oh, trostreicher Vogel,
Der du dich senkst über das aufgewühlte Meer meiner Seele,
Bis es besänftigt ist und still!
John Keats

Anhang A:
Auflösungen zu den Fallstudienparadigmen

Anhang A **391**

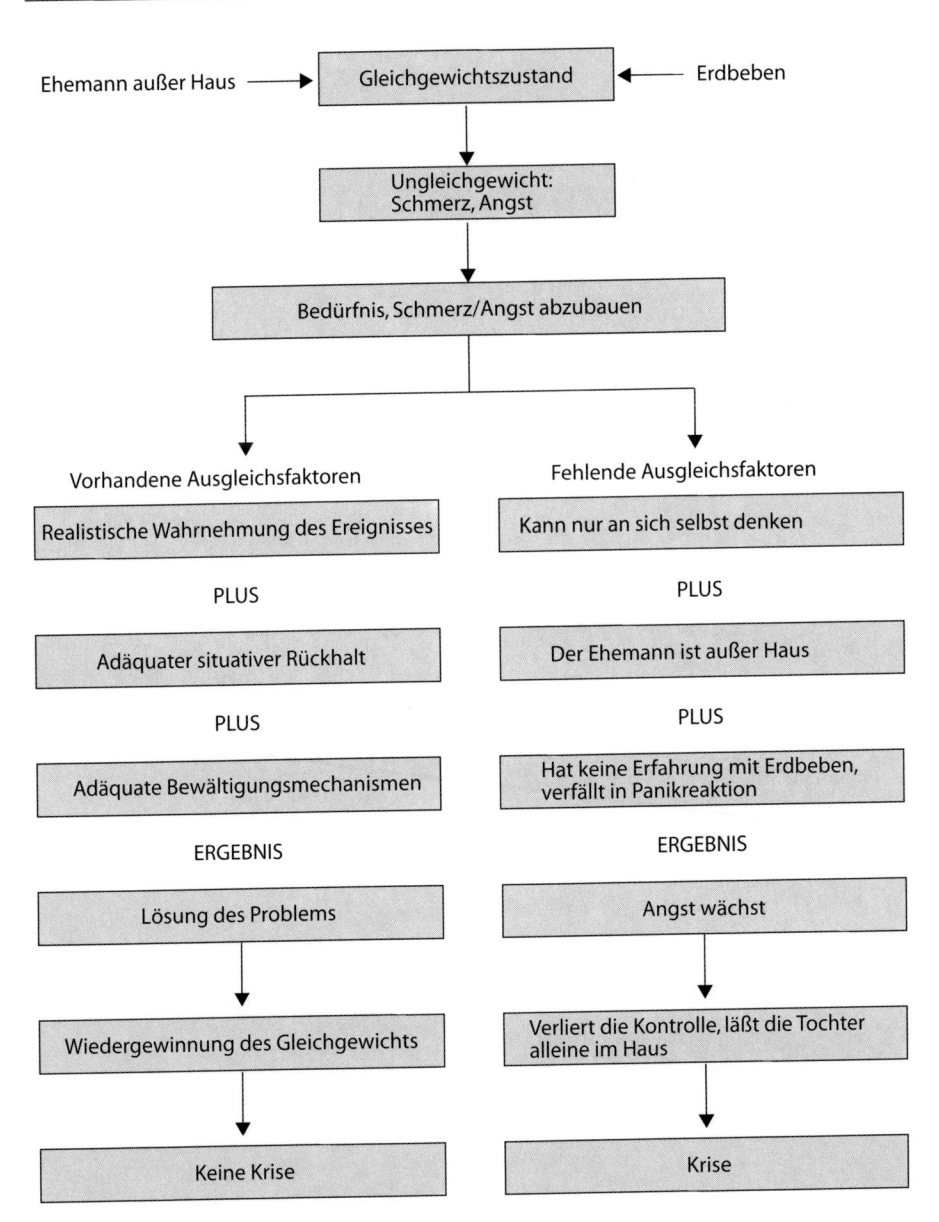

```
Ehemann außer Haus ──▶ [Gleichgewichtszustand] ◀── Erdbeben
                                │
                                ▼
                      [Ungleichgewicht:
                       Schmerz, Angst]
                                │
                                ▼
                [Bedürfnis, Schmerz/Angst abzubauen]
                        ┌───────┴───────┐
                        ▼               ▼
```

Vorhandene Ausgleichsfaktoren	Fehlende Ausgleichsfaktoren
Realistische Wahrnehmung des Ereignisses	Kann nur an sich selbst denken
PLUS	PLUS
Adäquater situativer Rückhalt	Der Ehemann ist außer Haus
PLUS	PLUS
Adäquate Bewältigungsmechanismen	Hat keine Erfahrung mit Erdbeben, verfällt in Panikreaktion
ERGEBNIS	ERGEBNIS
Lösung des Problems	Angst wächst
▼	▼
Wiedergewinnung des Gleichgewichts	Verliert die Kontrolle, läßt die Tochter alleine im Haus
▼	▼
Keine Krise	Krise

Auflösung zu **Abbildung 4-1:** Fallstudie: Ann

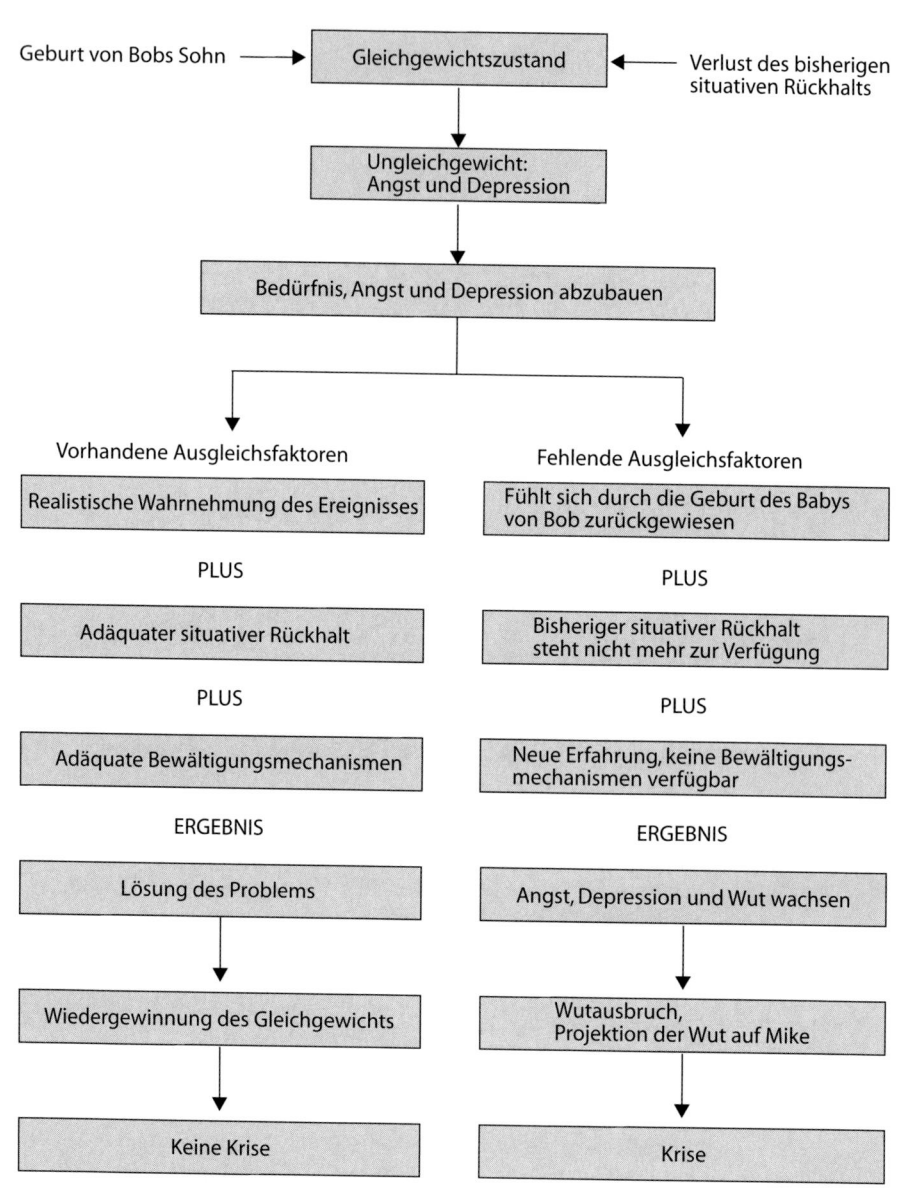

Kriseninterventation

```
Geburt von Bobs Sohn ──▶ Gleichgewichtszustand ◀── Verlust des bisherigen
                                   │                situativen Rückhalts
                                   ▼
                          Ungleichgewicht:
                          Angst und Depression
                                   │
                                   ▼
                    Bedürfnis, Angst und Depression abzubauen
                         │                          │
                         ▼                          ▼
           Vorhandene Ausgleichsfaktoren   Fehlende Ausgleichsfaktoren

        Realistische Wahrnehmung           Fühlt sich durch die Geburt des Babys
        des Ereignisses                    von Bob zurückgewiesen

                PLUS                               PLUS

        Adäquater situativer Rückhalt      Bisheriger situativer Rückhalt
                                           steht nicht mehr zur Verfügung

                PLUS                               PLUS

        Adäquate Bewältigungsmechanismen   Neue Erfahrung, keine Bewältigungs-
                                           mechanismen verfügbar

              ERGEBNIS                           ERGEBNIS

        Lösung des Problems                Angst, Depression und Wut wachsen
                   │                                   │
                   ▼                                   ▼
        Wiedergewinnung des Gleichgewichts  Wutausbruch,
                                            Projektion der Wut auf Mike
                   │                                   │
                   ▼                                   ▼
              Keine Krise                          Krise
```

Auflösung zu **Abbildung 5-1:** Fallstudie: Alice

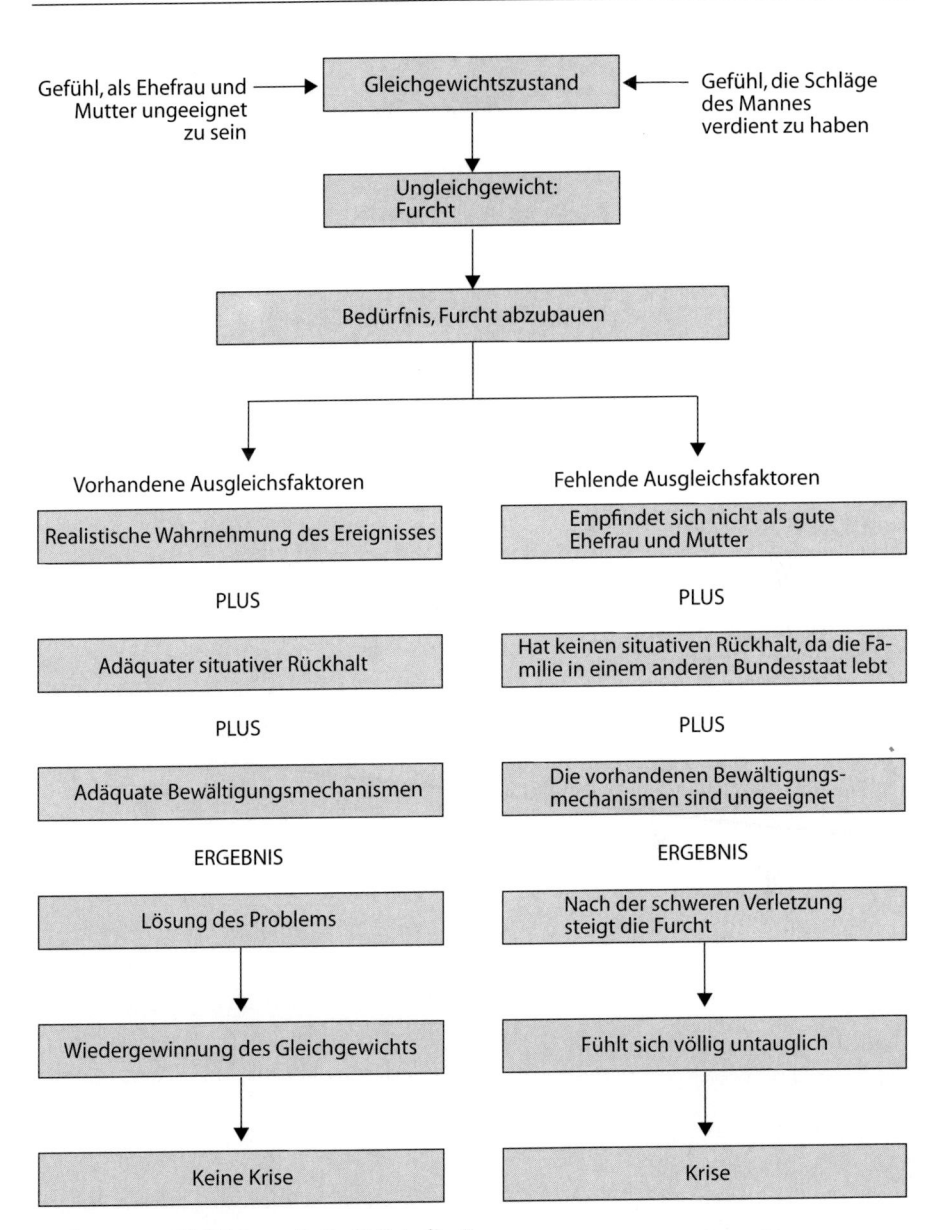

Anhang A **393**

```
Gefühl, als Ehefrau und  →  Gleichgewichtszustand  ←  Gefühl, die Schläge
Mutter ungeeignet                                      des Mannes
zu sein                                                verdient zu haben
                                  ↓
                          Ungleichgewicht:
                              Furcht
                                  ↓
                      Bedürfnis, Furcht abzubauen
```

Vorhandene Ausgleichsfaktoren	Fehlende Ausgleichsfaktoren
Realistische Wahrnehmung des Ereignisses	Empfindet sich nicht als gute Ehefrau und Mutter
PLUS	PLUS
Adäquater situativer Rückhalt	Hat keinen situativen Rückhalt, da die Familie in einem anderen Bundesstaat lebt
PLUS	PLUS
Adäquate Bewältigungsmechanismen	Die vorhandenen Bewältigungsmechanismen sind ungeeignet
ERGEBNIS	ERGEBNIS
Lösung des Problems	Nach der schweren Verletzung steigt die Furcht
↓	↓
Wiedergewinnung des Gleichgewichts	Fühlt sich völlig untauglich
↓	↓
Keine Krise	Krise

Auflösung zu **Abbildung 5-2:** Fallstudie: Suzan

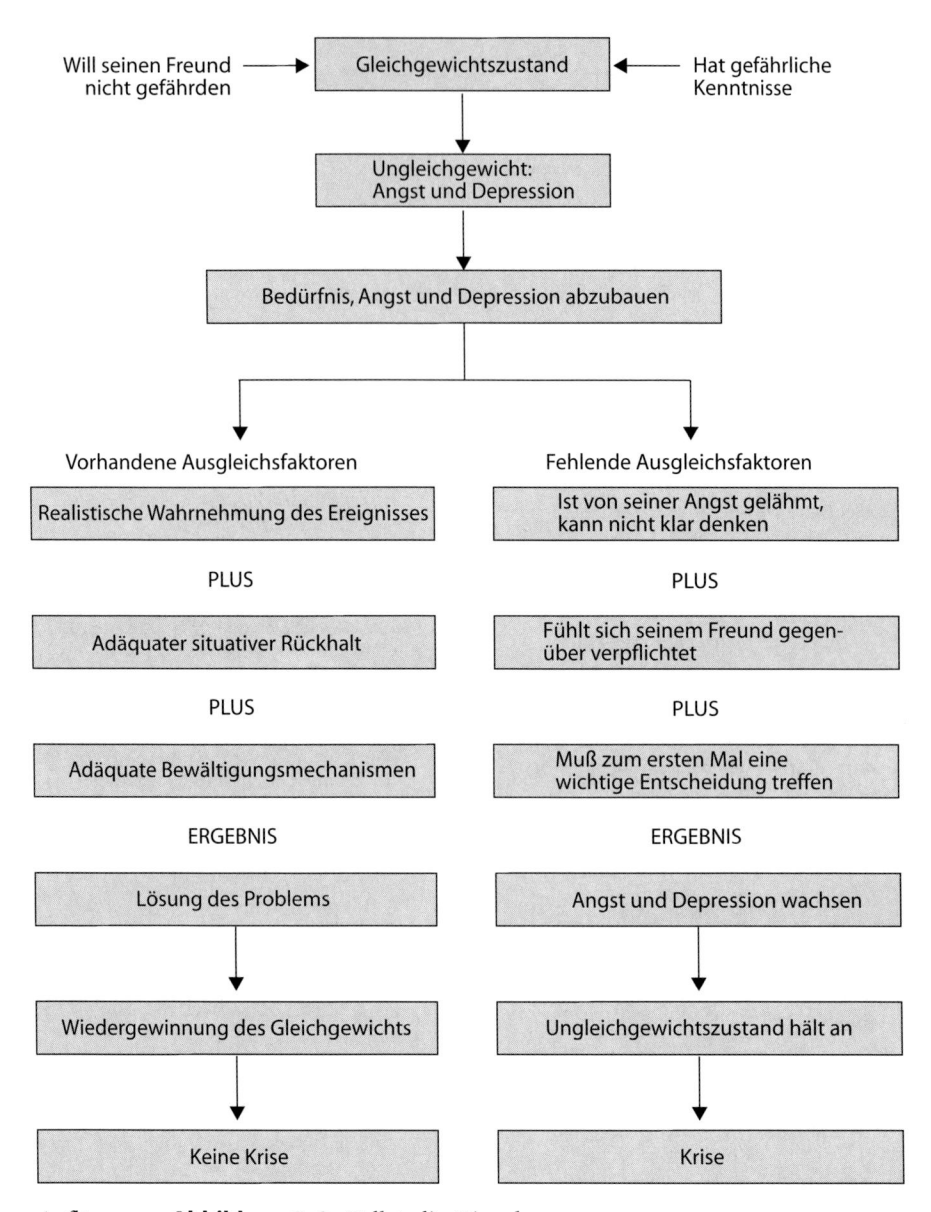

```
                    Will seinen Freund ──▶  Gleichgewichtszustand  ◀── Hat gefährliche
                    nicht gefährden                                     Kenntnisse
                                                    │
                                                    ▼
                                            Ungleichgewicht:
                                            Angst und Depression
                                                    │
                                                    ▼
                                Bedürfnis, Angst und Depression abzubauen
                                    │                           │
                    ┌───────────────┘                           └───────────────┐
                    ▼                                                           ▼
        Vorhandene Ausgleichsfaktoren                           Fehlende Ausgleichsfaktoren
        Realistische Wahrnehmung des Ereignisses                Ist von seiner Angst gelähmt,
                                                                kann nicht klar denken
                        PLUS                                            PLUS
        Adäquater situativer Rückhalt                           Fühlt sich seinem Freund gegen-
                                                                über verpflichtet
                        PLUS                                            PLUS
        Adäquate Bewältigungsmechanismen                        Muß zum ersten Mal eine
                                                                wichtige Entscheidung treffen
                      ERGEBNIS                                        ERGEBNIS
              Lösung des Problems                               Angst und Depression wachsen
                        ▼                                               ▼
        Wiedergewinnung des Gleichgewichts                      Ungleichgewichtszustand hält an
                        ▼                                               ▼
                  Keine Krise                                         Krise
```

Auflösung zu **Abbildung 5-3:** Fallstudie: Ricardo

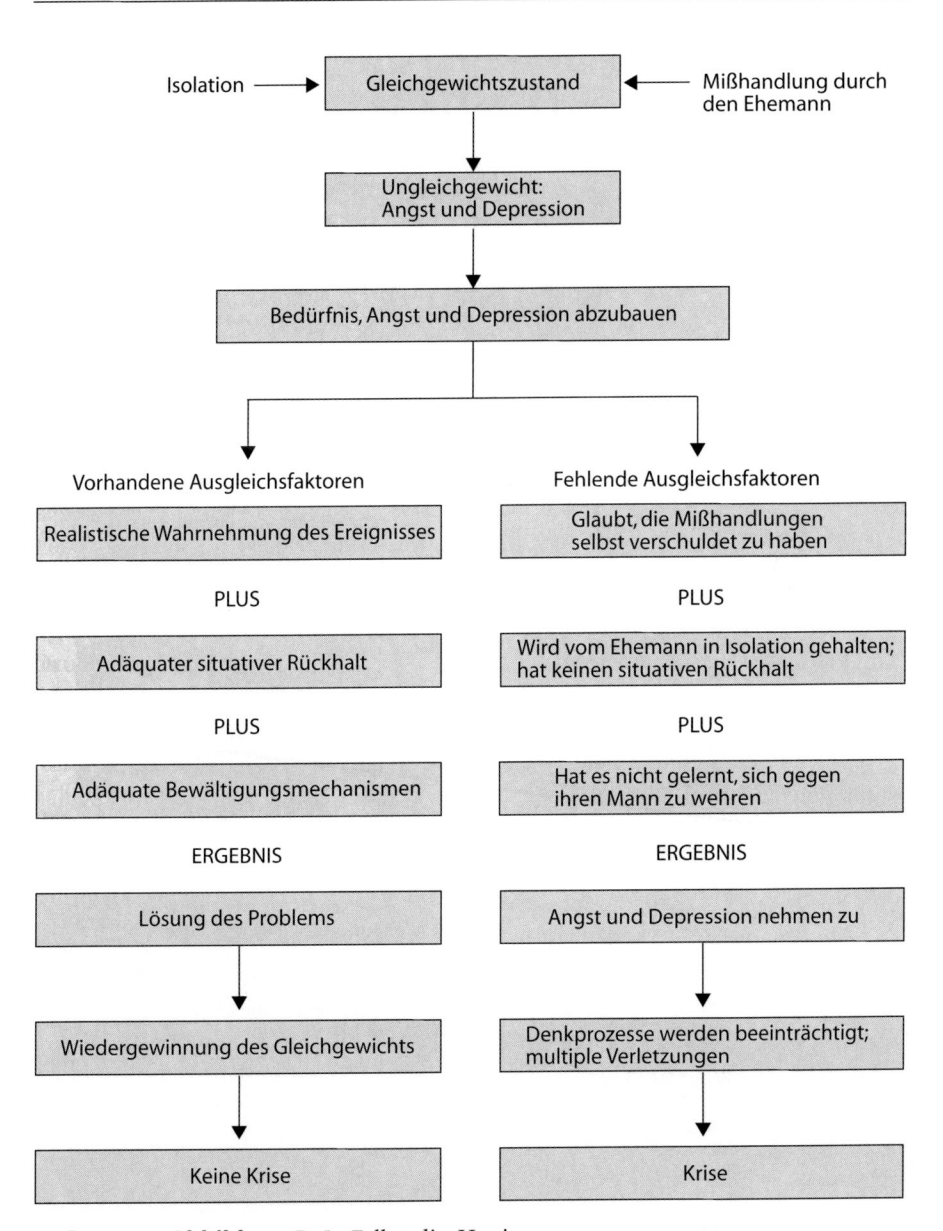

Anhang A 395

```
Isolation ──▶ Gleichgewichtszustand ◀── Mißhandlung durch
                                         den Ehemann
                     │
                     ▼
            Ungleichgewicht:
            Angst und Depression
                     │
                     ▼
    Bedürfnis, Angst und Depression abzubauen
                     │
           ┌─────────┴─────────┐
           ▼                   ▼
```

Vorhandene Ausgleichsfaktoren	Fehlende Ausgleichsfaktoren
Realistische Wahrnehmung des Ereignisses	Glaubt, die Mißhandlungen selbst verschuldet zu haben
PLUS	PLUS
Adäquater situativer Rückhalt	Wird vom Ehemann in Isolation gehalten; hat keinen situativen Rückhalt
PLUS	PLUS
Adäquate Bewältigungsmechanismen	Hat es nicht gelernt, sich gegen ihren Mann zu wehren
ERGEBNIS	ERGEBNIS
Lösung des Problems	Angst und Depression nehmen zu
Wiedergewinnung des Gleichgewichts	Denkprozesse werden beeinträchtigt; multiple Verletzungen
Keine Krise	Krise

Auflösung zu **Abbildung 5-4:** Fallstudie: Hattie

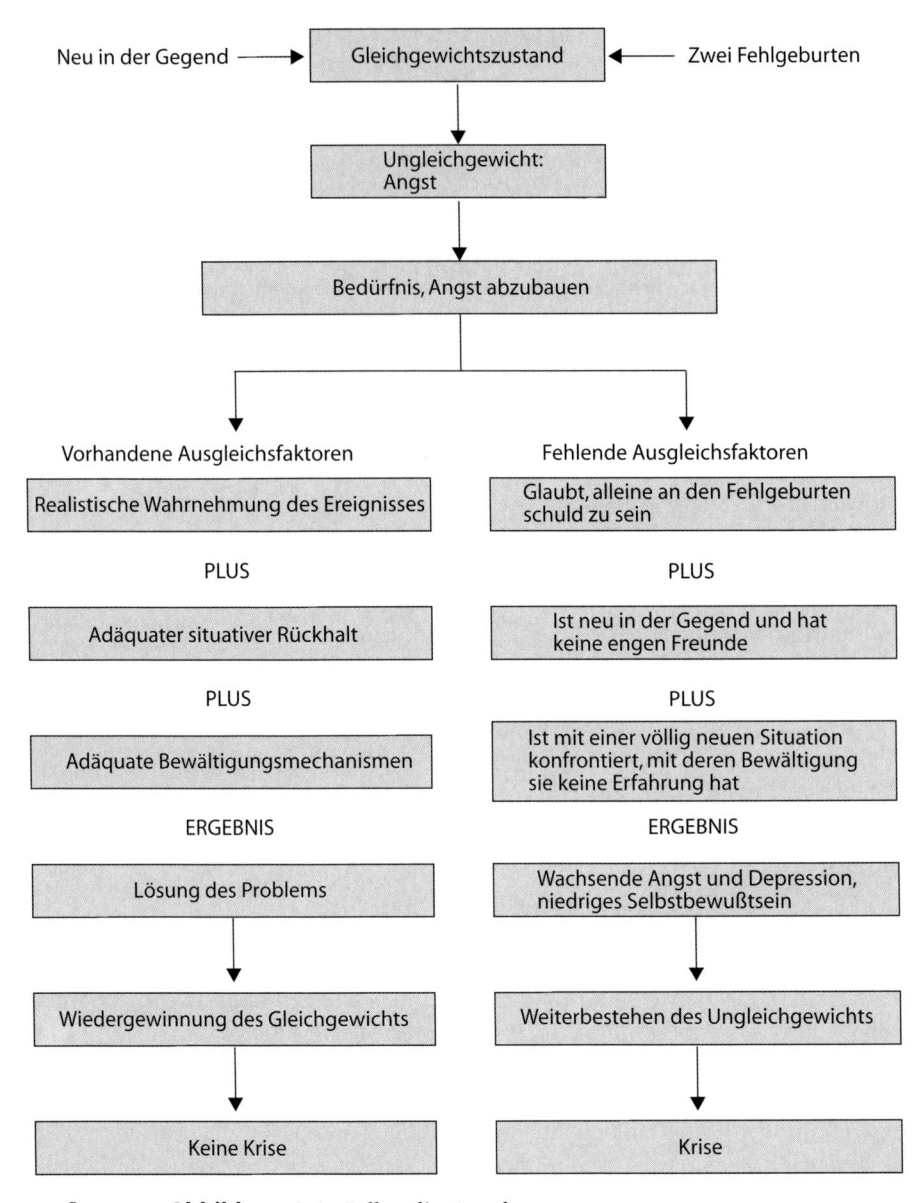

Krisenintervention

```
Neu in der Gegend ──▶ Gleichgewichtszustand ◀── Zwei Fehlgeburten
                              │
                              ▼
                     Ungleichgewicht:
                          Angst
                              │
                              ▼
                  Bedürfnis, Angst abzubauen
                      │               │
          ┌───────────┘               └───────────┐
          ▼                                       ▼
Vorhandene Ausgleichsfaktoren          Fehlende Ausgleichsfaktoren

Realistische Wahrnehmung des Ereignisses    Glaubt, alleine an den Fehlgeburten
                                            schuld zu sein

           PLUS                                    PLUS

Adäquater situativer Rückhalt              Ist neu in der Gegend und hat
                                           keine engen Freunde

           PLUS                                    PLUS

Adäquate Bewältigungsmechanismen           Ist mit einer völlig neuen Situation
                                           konfrontiert, mit deren Bewältigung
                                           sie keine Erfahrung hat

         ERGEBNIS                                ERGEBNIS

Lösung des Problems                        Wachsende Angst und Depression,
                                           niedriges Selbstbewußtsein
          │                                         │
          ▼                                         ▼
Wiedergewinnung des Gleichgewichts         Weiterbestehen des Ungleichgewichts
          │                                         │
          ▼                                         ▼
      Keine Krise                                 Krise
```

Auflösung zu **Abbildung 6-1:** Fallstudie: Angela

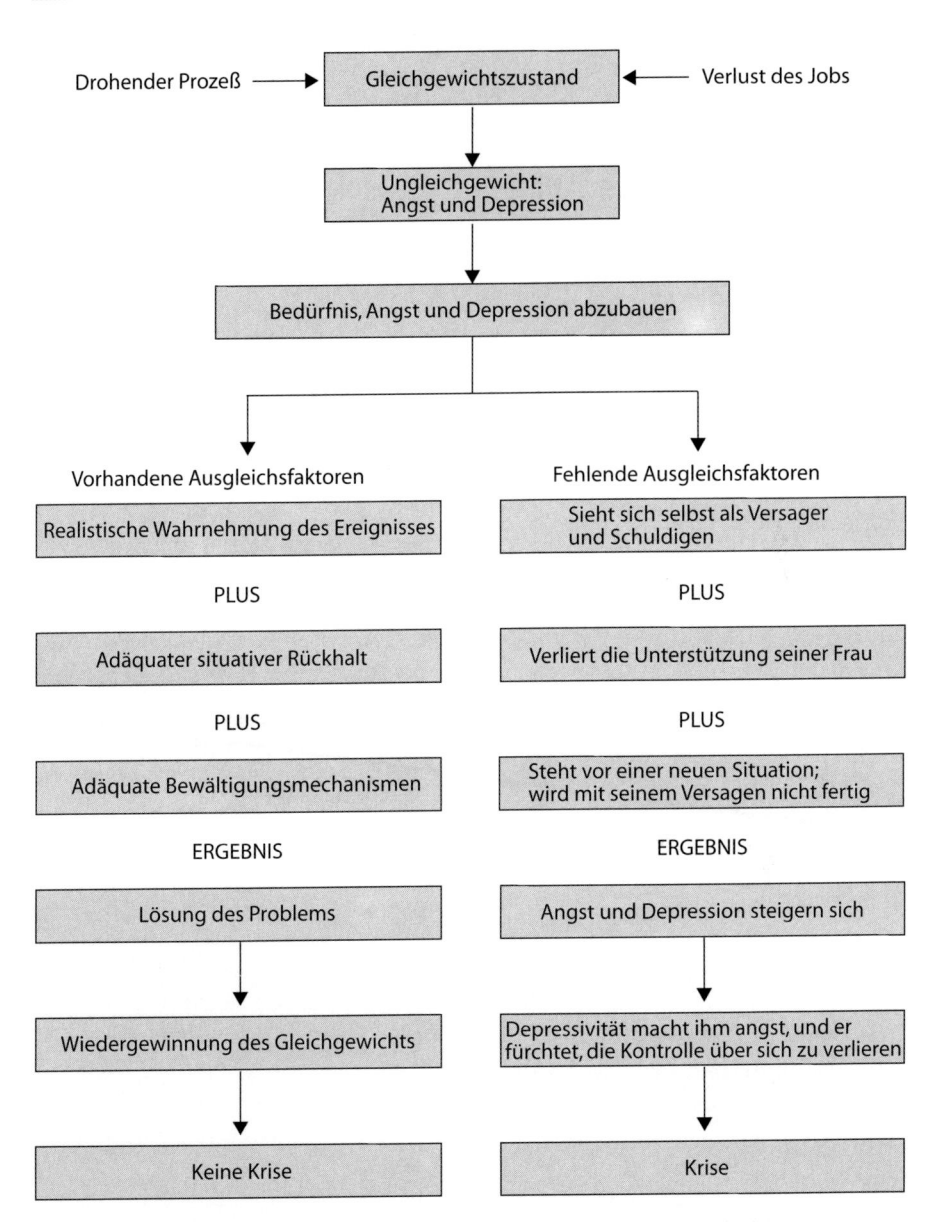

Anhang A **397**

```
Drohender Prozeß ──▶ Gleichgewichtszustand ◀── Verlust des Jobs
                              │
                              ▼
                    Ungleichgewicht:
                    Angst und Depression
                              │
                              ▼
              Bedürfnis, Angst und Depression abzubauen
```

Vorhandene Ausgleichsfaktoren	Fehlende Ausgleichsfaktoren
Realistische Wahrnehmung des Ereignisses	Sieht sich selbst als Versager und Schuldigen
PLUS	PLUS
Adäquater situativer Rückhalt	Verliert die Unterstützung seiner Frau
PLUS	PLUS
Adäquate Bewältigungsmechanismen	Steht vor einer neuen Situation; wird mit seinem Versagen nicht fertig
ERGEBNIS	ERGEBNIS
Lösung des Problems	Angst und Depression steigern sich
Wiedergewinnung des Gleichgewichts	Depressivität macht ihm angst, und er fürchtet, die Kontrolle über sich zu verlieren
Keine Krise	Krise

Auflösung zu **Abbildung 7-1:** Fallstudie: Mr. E.

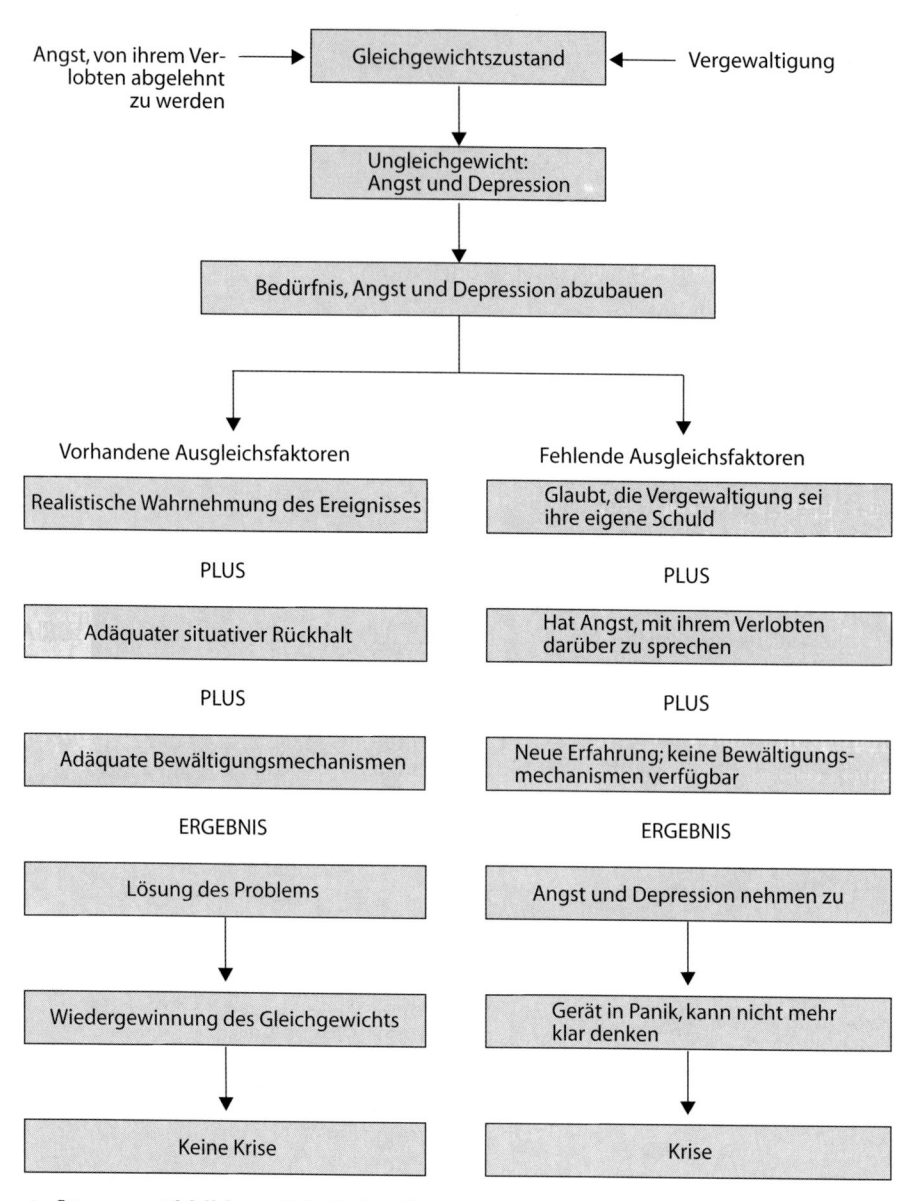

Kriseninterventie

```
Angst, von ihrem Ver-  ──▶  Gleichgewichtszustand  ◀──  Vergewaltigung
lobten abgelehnt
zu werden
                              │
                              ▼
                      Ungleichgewicht:
                      Angst und Depression
                              │
                              ▼
              Bedürfnis, Angst und Depression abzubauen
                    │                       │
                    ▼                       ▼
```

Vorhandene Ausgleichsfaktoren	Fehlende Ausgleichsfaktoren
Realistische Wahrnehmung des Ereignisses	Glaubt, die Vergewaltigung sei ihre eigene Schuld
PLUS	PLUS
Adäquater situativer Rückhalt	Hat Angst, mit ihrem Verlobten darüber zu sprechen
PLUS	PLUS
Adäquate Bewältigungsmechanismen	Neue Erfahrung; keine Bewältigungsmechanismen verfügbar
ERGEBNIS	ERGEBNIS
Lösung des Problems	Angst und Depression nehmen zu
Wiedergewinnung des Gleichgewichts	Gerät in Panik, kann nicht mehr klar denken
Keine Krise	Krise

Auflösung zu **Abbildung 7-2:** Fallstudie: Ann

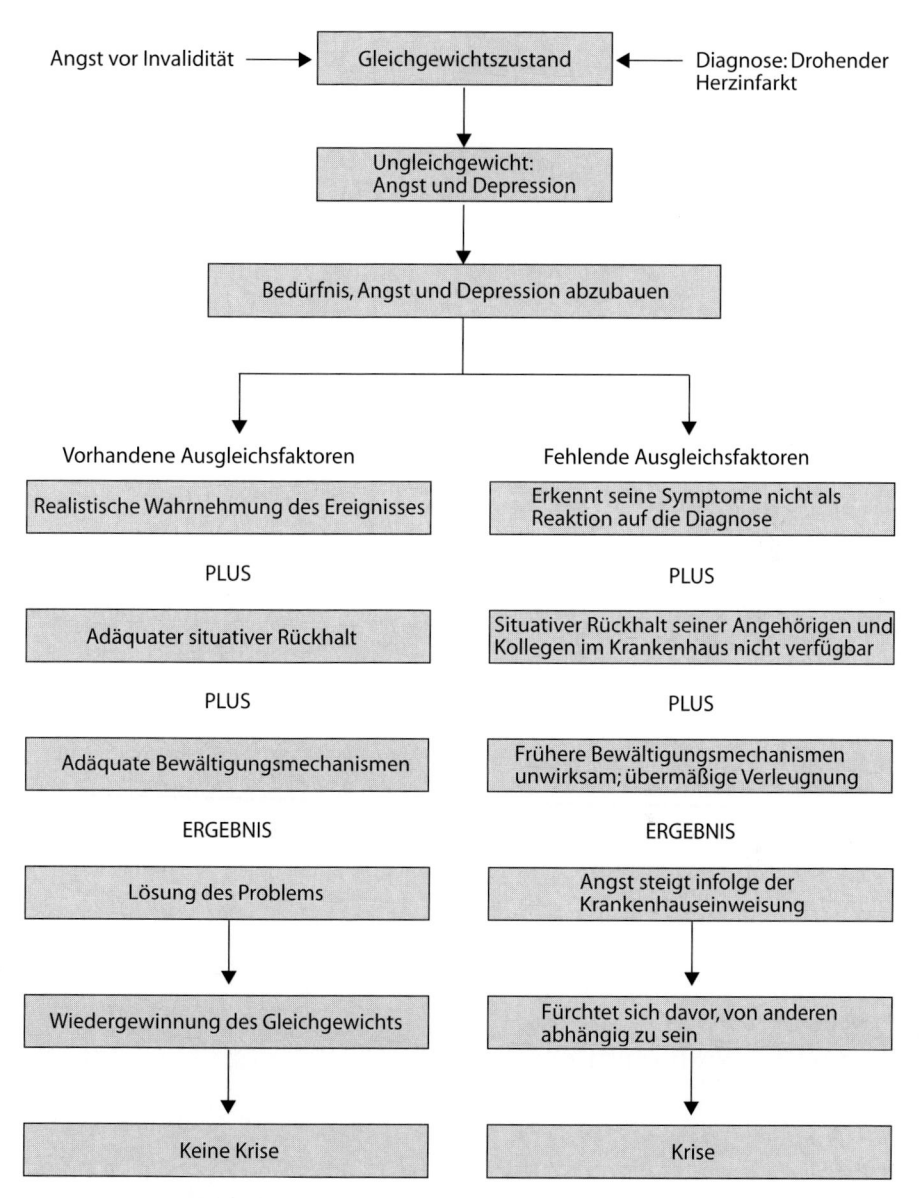

```
                    Angst vor Invalidität ──▶ Gleichgewichtszustand ◀── Diagnose: Drohender
                                                                          Herzinfarkt
                                                      │
                                                      ▼
                                              Ungleichgewicht:
                                              Angst und Depression
                                                      │
                                                      ▼
                                       Bedürfnis, Angst und Depression abzubauen
```

Vorhandene Ausgleichsfaktoren | Fehlende Ausgleichsfaktoren

| Realistische Wahrnehmung des Ereignisses | Erkennt seine Symptome nicht als Reaktion auf die Diagnose |

PLUS | PLUS

| Adäquater situativer Rückhalt | Situativer Rückhalt seiner Angehörigen und Kollegen im Krankenhaus nicht verfügbar |

PLUS | PLUS

| Adäquate Bewältigungsmechanismen | Frühere Bewältigungsmechanismen unwirksam; übermäßige Verleugnung |

ERGEBNIS | ERGEBNIS

| Lösung des Problems | Angst steigt infolge der Krankenhauseinweisung |

| Wiedergewinnung des Gleichgewichts | Fürchtet sich davor, von anderen abhängig zu sein |

| Keine Krise | Krise |

Auflösung zu **Abbildung 7-3:** Fallstudie: Mr. Z.

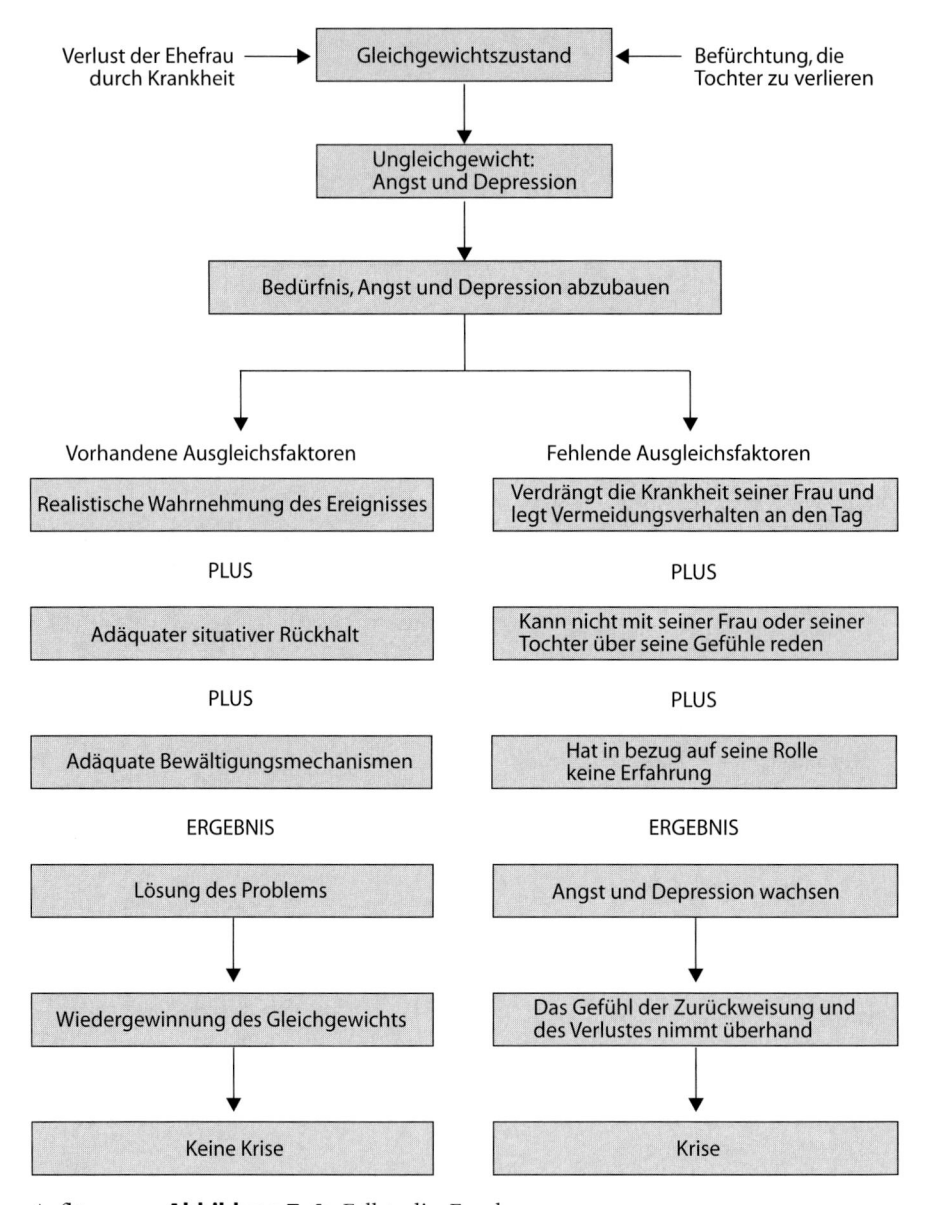

```
                    Verlust der Ehefrau ──▶ Gleichgewichtszustand ◀── Befürchtung, die
                    durch Krankheit                                    Tochter zu verlieren
                                                   │
                                                   ▼
                                          Ungleichgewicht:
                                          Angst und Depression
                                                   │
                                                   ▼
                                   Bedürfnis, Angst und Depression abzubauen
                    ┌──────────────────────────────┴──────────────────────────────┐
                    ▼                                                             ▼
       Vorhandene Ausgleichsfaktoren                              Fehlende Ausgleichsfaktoren

    Realistische Wahrnehmung des Ereignisses            Verdrängt die Krankheit seiner Frau und
                                                        legt Vermeidungsverhalten an den Tag

                  PLUS                                                PLUS

    Adäquater situativer Rückhalt                       Kann nicht mit seiner Frau oder seiner
                                                        Tochter über seine Gefühle reden

                  PLUS                                                PLUS

    Adäquate Bewältigungsmechanismen                    Hat in bezug auf seine Rolle
                                                        keine Erfahrung

                ERGEBNIS                                            ERGEBNIS

    Lösung des Problems                                 Angst und Depression wachsen
                    │                                                 │
                    ▼                                                 ▼
    Wiedergewinnung des Gleichgewichts                  Das Gefühl der Zurückweisung und
                                                        des Verlustes nimmt überhand
                    │                                                 │
                    ▼                                                 ▼
              Keine Krise                                           Krise
```

Auflösung zu **Abbildung 7-4:** Fallstudie: Frank

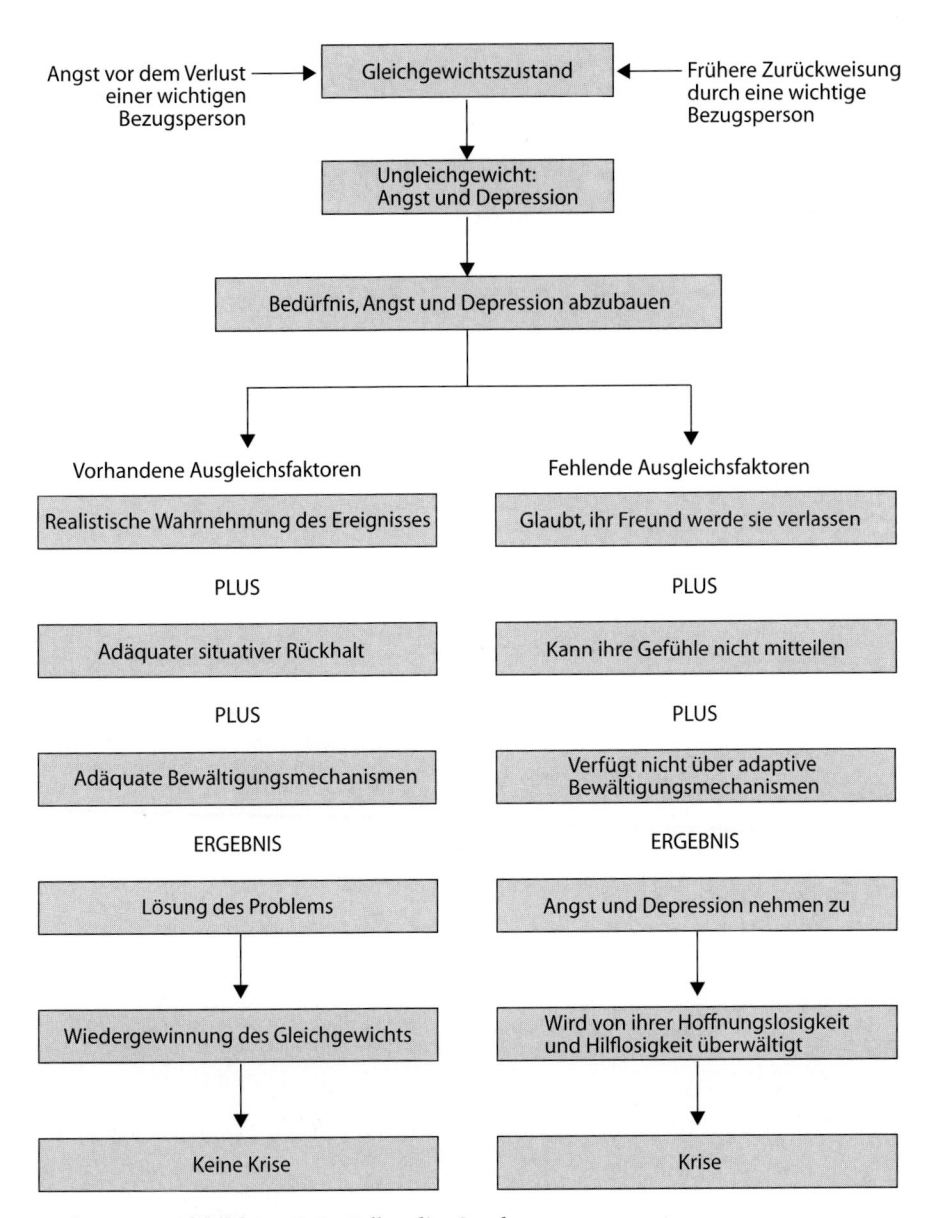

```
                    Angst vor dem Verlust ──▶  Gleichgewichtszustand  ◀── Frühere Zurückweisung
                      einer wichtigen                                      durch eine wichtige
                       Bezugsperson                                         Bezugsperson
                                                       │
                                                       ▼
                                              Ungleichgewicht:
                                              Angst und Depression
                                                       │
                                                       ▼
                                    Bedürfnis, Angst und Depression abzubauen
                                           │                      │
                                           ▼                      ▼
                            Vorhandene Ausgleichsfaktoren   Fehlende Ausgleichsfaktoren
                            Realistische Wahrnehmung         Glaubt, ihr Freund werde
                            des Ereignisses                  sie verlassen
                                    PLUS                            PLUS
                            Adäquater situativer Rückhalt   Kann ihre Gefühle nicht mitteilen
                                    PLUS                            PLUS
                            Adäquate Bewältigungs-          Verfügt nicht über adaptive
                            mechanismen                     Bewältigungsmechanismen
                                  ERGEBNIS                        ERGEBNIS
                            Lösung des Problems             Angst und Depression nehmen zu
                                    │                               │
                                    ▼                               ▼
                            Wiedergewinnung des             Wird von ihrer Hoffnungslosigkeit
                            Gleichgewichts                  und Hilflosigkeit überwältigt
                                    │                               │
                                    ▼                               ▼
                                Keine Krise                       Krise
```

Auflösung zu **Abbildung 7-5:** Fallstudie: Carol

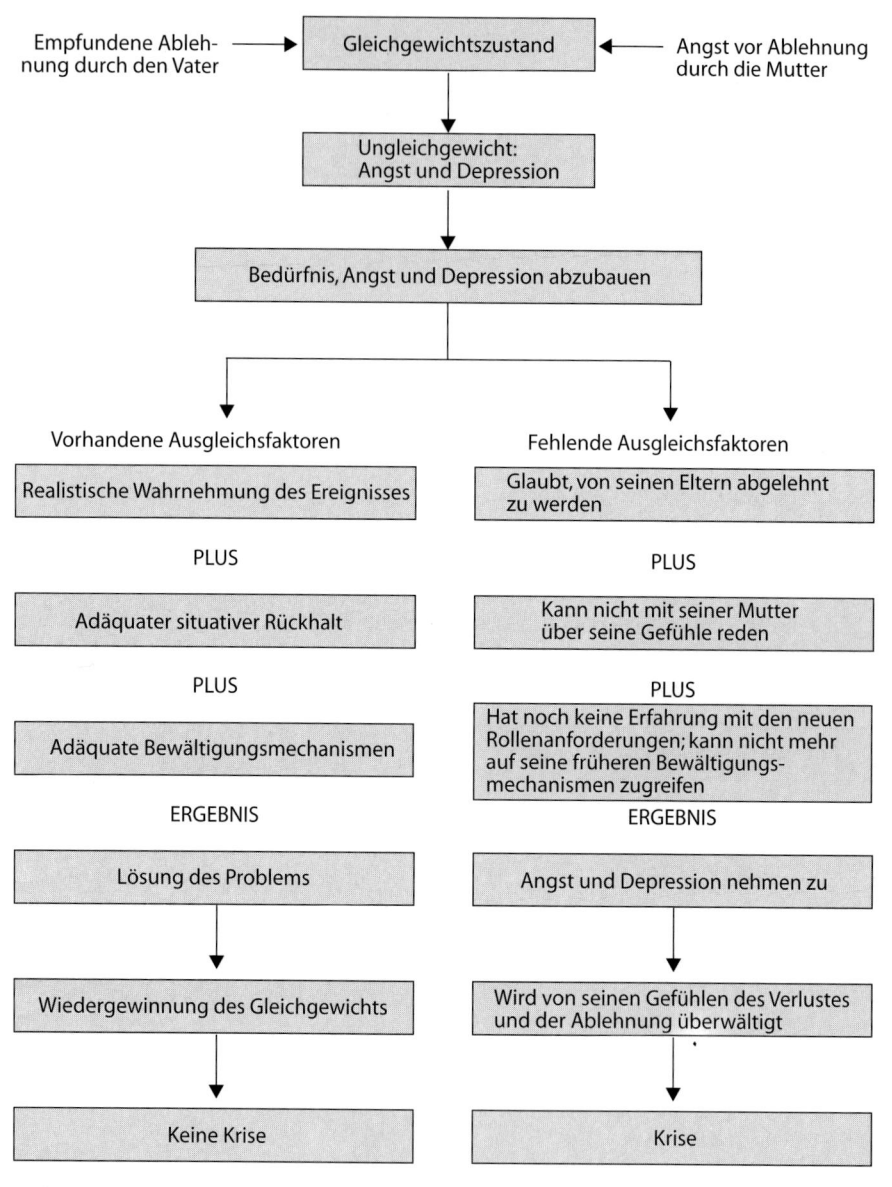

Kriseninterventon

```
Empfundene Ableh-  →  Gleichgewichtszustand  ←  Angst vor Ablehnung
nung durch den Vater                             durch die Mutter
                              ↓
                    Ungleichgewicht:
                    Angst und Depression
                              ↓
              Bedürfnis, Angst und Depression abzubauen
                    ↓                    ↓
```

Vorhandene Ausgleichsfaktoren	Fehlende Ausgleichsfaktoren
Realistische Wahrnehmung des Ereignisses	Glaubt, von seinen Eltern abgelehnt zu werden
PLUS	PLUS
Adäquater situativer Rückhalt	Kann nicht mit seiner Mutter über seine Gefühle reden
PLUS	PLUS
Adäquate Bewältigungsmechanismen	Hat noch keine Erfahrung mit den neuen Rollenanforderungen; kann nicht mehr auf seine früheren Bewältigungs- mechanismen zugreifen
ERGEBNIS	ERGEBNIS
Lösung des Problems	Angst und Depression nehmen zu
↓	↓
Wiedergewinnung des Gleichgewichts	Wird von seinen Gefühlen des Verlustes und der Ablehnung überwältigt
↓	↓
Keine Krise	Krise

Auflösung zu **Abbildung 8-1:** Fallstudie: Billy

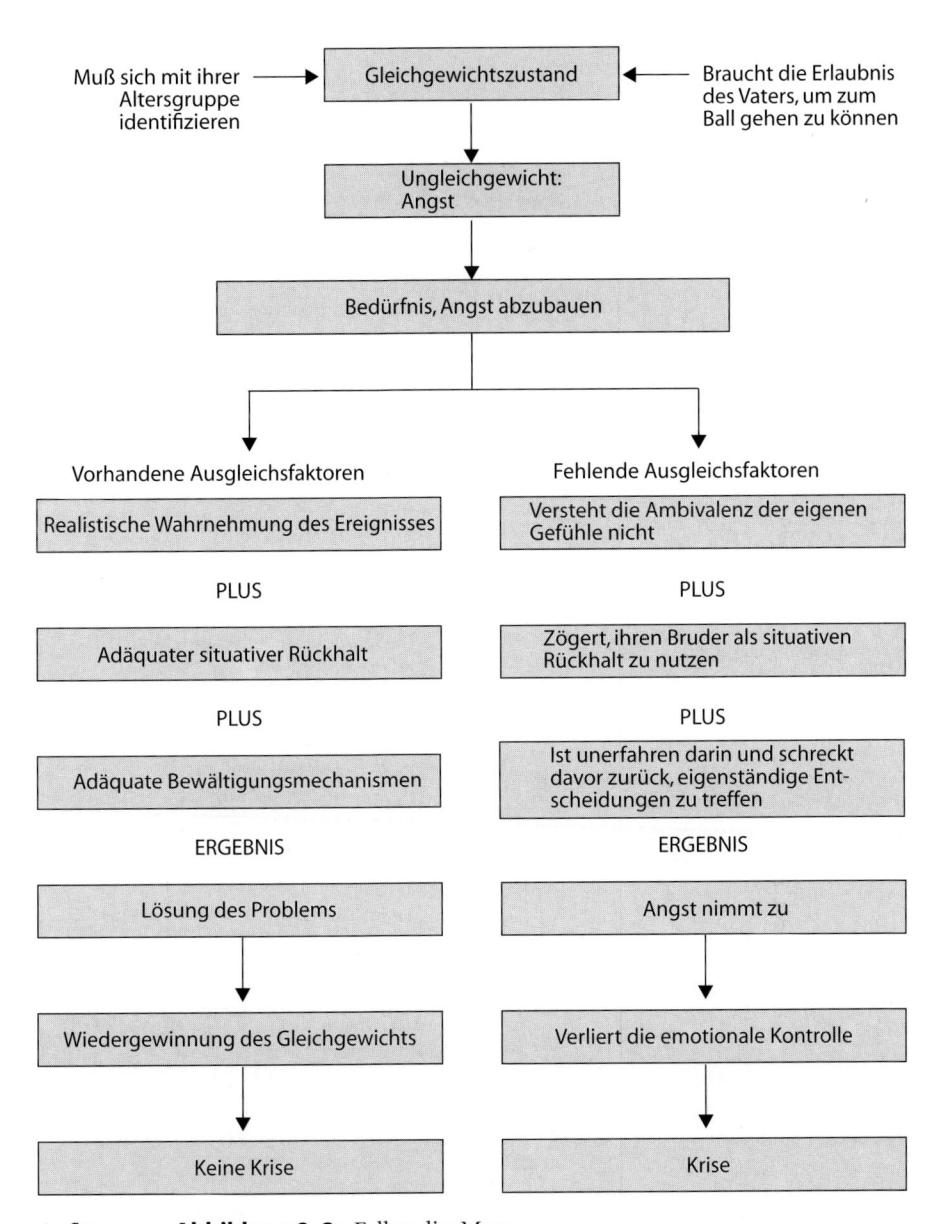

Anhang A **403**

```
                    ┌─────────────────────┐
 Muß sich mit ihrer │ Gleichgewichtszustand │  Braucht die Erlaubnis
 Altersgruppe    →  │                     │ ← des Vaters, um zum
 identifizieren     └──────────┬──────────┘   Ball gehen zu können
                               ▼
                    ┌─────────────────────┐
                    │   Ungleichgewicht:  │
                    │        Angst        │
                    └──────────┬──────────┘
                               ▼
                    ┌─────────────────────┐
                    │ Bedürfnis, Angst abzubauen │
                    └──────────┬──────────┘
```

Vorhandene Ausgleichsfaktoren	Fehlende Ausgleichsfaktoren
Realistische Wahrnehmung des Ereignisses	Versteht die Ambivalenz der eigenen Gefühle nicht
PLUS	PLUS
Adäquater situativer Rückhalt	Zögert, ihren Bruder als situativen Rückhalt zu nutzen
PLUS	PLUS
Adäquate Bewältigungsmechanismen	Ist unerfahren darin und schreckt davor zurück, eigenständige Entscheidungen zu treffen
ERGEBNIS	ERGEBNIS
Lösung des Problems	Angst nimmt zu
Wiedergewinnung des Gleichgewichts	Verliert die emotionale Kontrolle
Keine Krise	Krise

Auflösung zu **Abbildung 8-2:** Fallstudie: Mary

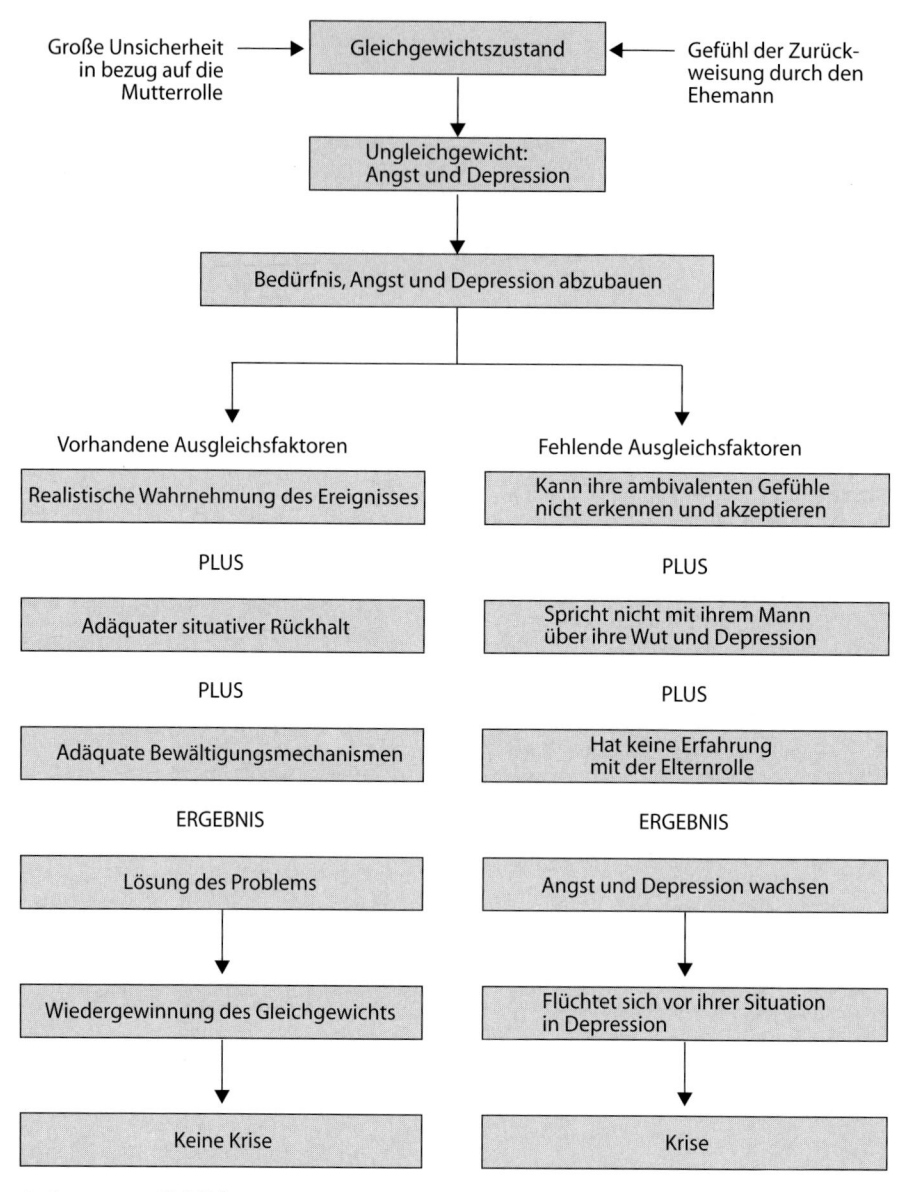

```
Große Unsicherheit ──▶ Gleichgewichtszustand ◀── Gefühl der Zurück-
in bezug auf die                                  weisung durch den
Mutterrolle                                       Ehemann
                              │
                              ▼
                   Ungleichgewicht:
                   Angst und Depression
                              │
                              ▼
          Bedürfnis, Angst und Depression abzubauen
                    │                    │
          ┌─────────┘                    └─────────┐
          ▼                                        ▼
Vorhandene Ausgleichsfaktoren          Fehlende Ausgleichsfaktoren
Realistische Wahrnehmung des Ereignisses   Kann ihre ambivalenten Gefühle
                                           nicht erkennen und akzeptieren

          PLUS                                    PLUS

Adäquater situativer Rückhalt          Spricht nicht mit ihrem Mann
                                       über ihre Wut und Depression

          PLUS                                    PLUS

Adäquate Bewältigungsmechanismen       Hat keine Erfahrung
                                       mit der Elternrolle

        ERGEBNIS                               ERGEBNIS

Lösung des Problems                    Angst und Depression wachsen
          │                                        │
          ▼                                        ▼
Wiedergewinnung des Gleichgewichts     Flüchtet sich vor ihrer Situation
                                       in Depression
          │                                        │
          ▼                                        ▼
      Keine Krise                               Krise
```

Auflösung zu **Abbildung 8-3:** Fallstudie: Myra

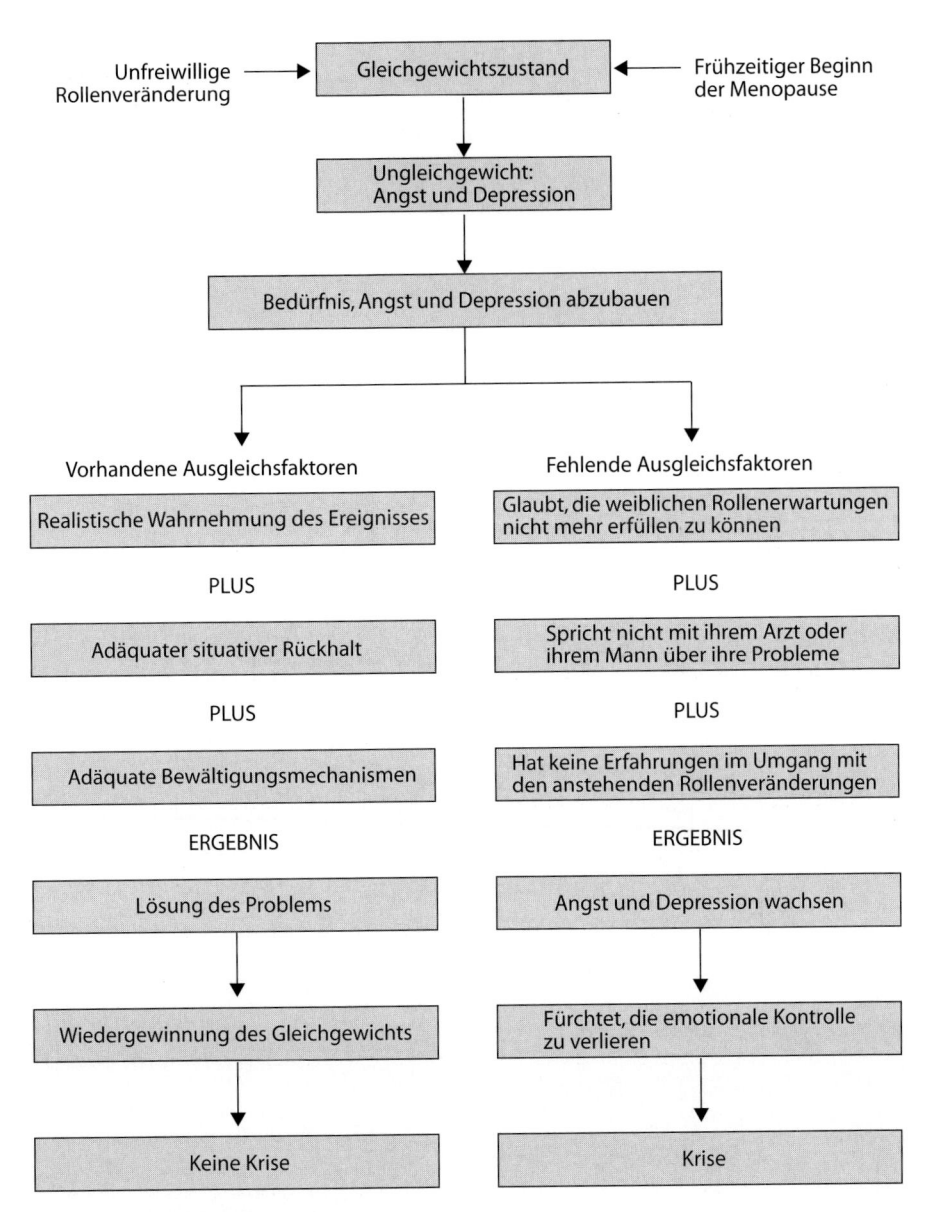

Anhang A **405**

```
   Unfreiwillige    ──▶ Gleichgewichtszustand ◀── Frühzeitiger Beginn
Rollenveränderung                                  der Menopause
                              │
                              ▼
                       Ungleichgewicht:
                     Angst und Depression
                              │
                              ▼
            Bedürfnis, Angst und Depression abzubauen
                  │                           │
                  ▼                           ▼
     Vorhandene Ausgleichsfaktoren    Fehlende Ausgleichsfaktoren
    ┌──────────────────────────────┐ ┌──────────────────────────────┐
    │ Realistische Wahrnehmung     │ │ Glaubt, die weiblichen       │
    │ des Ereignisses              │ │ Rollenerwartungen            │
    │                              │ │ nicht mehr erfüllen zu können│
    └──────────────────────────────┘ └──────────────────────────────┘
                 PLUS                            PLUS
    ┌──────────────────────────────┐ ┌──────────────────────────────┐
    │ Adäquater situativer Rückhalt│ │ Spricht nicht mit ihrem Arzt │
    │                              │ │ oder ihrem Mann über ihre    │
    │                              │ │ Probleme                     │
    └──────────────────────────────┘ └──────────────────────────────┘
                 PLUS                            PLUS
    ┌──────────────────────────────┐ ┌──────────────────────────────┐
    │ Adäquate                     │ │ Hat keine Erfahrungen im     │
    │ Bewältigungsmechanismen      │ │ Umgang mit den anstehenden   │
    │                              │ │ Rollenveränderungen          │
    └──────────────────────────────┘ └──────────────────────────────┘
               ERGEBNIS                         ERGEBNIS
    ┌──────────────────────────────┐ ┌──────────────────────────────┐
    │ Lösung des Problems          │ │ Angst und Depression wachsen │
    └──────────────────────────────┘ └──────────────────────────────┘
                   │                              │
                   ▼                              ▼
    ┌──────────────────────────────┐ ┌──────────────────────────────┐
    │ Wiedergewinnung des          │ │ Fürchtet, die emotionale     │
    │ Gleichgewichts               │ │ Kontrolle zu verlieren       │
    └──────────────────────────────┘ └──────────────────────────────┘
                   │                              │
                   ▼                              ▼
    ┌──────────────────────────────┐ ┌──────────────────────────────┐
    │ Keine Krise                  │ │ Krise                        │
    └──────────────────────────────┘ └──────────────────────────────┘
```

Auflösung zu **Abbildung 8-4:** Fallstudie: Mrs. C.

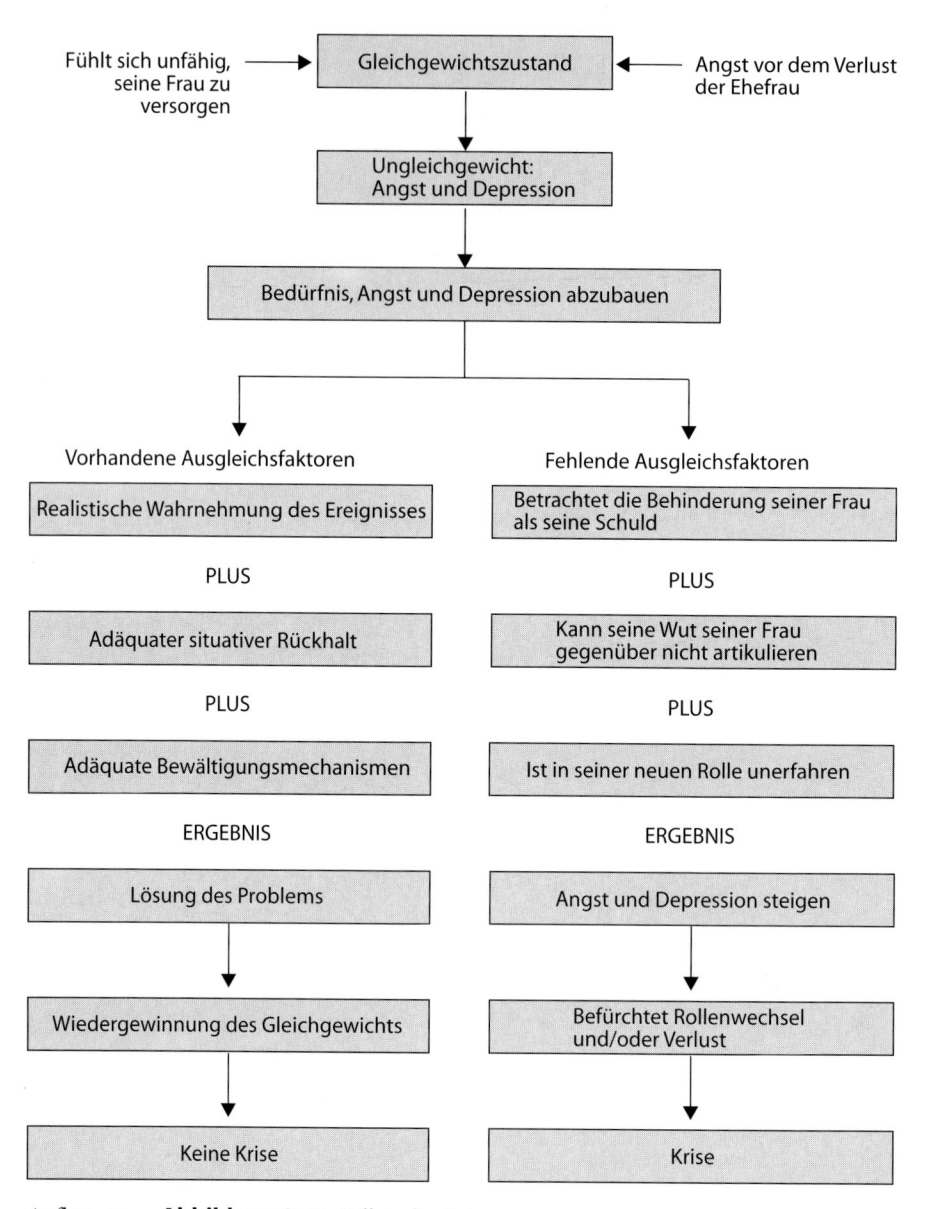

Krisenintervention

```
Fühlt sich unfähig,  ──►  Gleichgewichtszustand  ◄──  Angst vor dem Verlust
seine Frau zu                                              der Ehefrau
versorgen
                                    │
                                    ▼
                          Ungleichgewicht:
                          Angst und Depression
                                    │
                                    ▼
                    Bedürfnis, Angst und Depression abzubauen
                           │                    │
                           ▼                    ▼
           Vorhandene Ausgleichsfaktoren    Fehlende Ausgleichsfaktoren

           Realistische Wahrnehmung          Betrachtet die Behinderung seiner Frau
           des Ereignisses                   als seine Schuld

                    PLUS                              PLUS

           Adäquater situativer Rückhalt     Kann seine Wut seiner Frau
                                             gegenüber nicht artikulieren

                    PLUS                              PLUS

           Adäquate Bewältigungsmechanismen  Ist in seiner neuen Rolle unerfahren

                  ERGEBNIS                         ERGEBNIS

           Lösung des Problems               Angst und Depression steigen
                    │                                  │
                    ▼                                  ▼
           Wiedergewinnung des Gleichgewichts  Befürchtet Rollenwechsel
                                               und/oder Verlust
                    │                                  │
                    ▼                                  ▼
           Keine Krise                         Krise
```

Auflösung zu **Abbildung 8-5:** Fallstudie: John

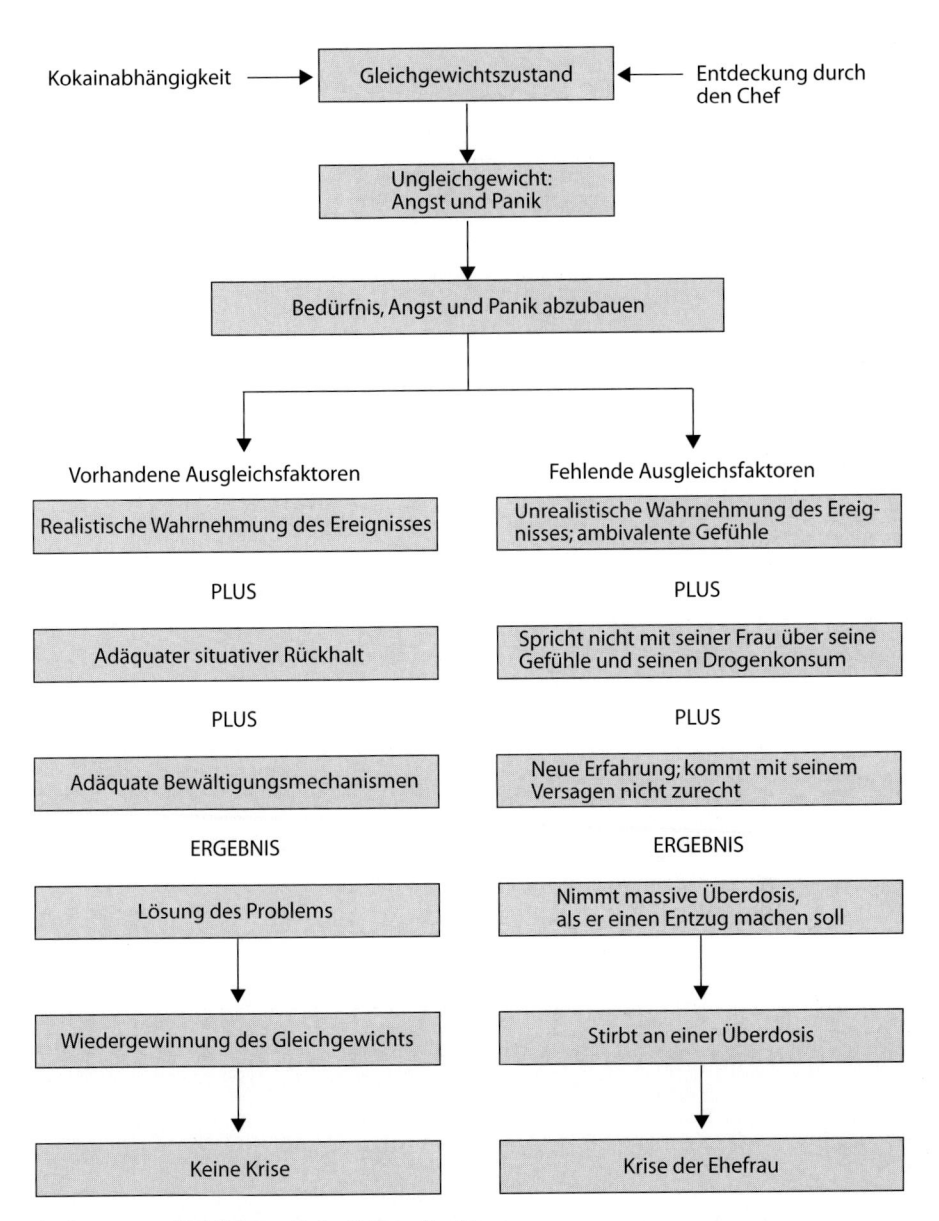

Anhang A   **407**

```
Kokainabhängigkeit  →  Gleichgewichtszustand  ←  Entdeckung durch
                              │                    den Chef
                              ▼
                      Ungleichgewicht:
                      Angst und Panik
                              │
                              ▼
             Bedürfnis, Angst und Panik abzubauen
                     ┌────────┴────────┐
                     ▼                 ▼
```

Vorhandene Ausgleichsfaktoren	Fehlende Ausgleichsfaktoren
Realistische Wahrnehmung des Ereignisses	Unrealistische Wahrnehmung des Ereignisses; ambivalente Gefühle
PLUS	PLUS
Adäquater situativer Rückhalt	Spricht nicht mit seiner Frau über seine Gefühle und seinen Drogenkonsum
PLUS	PLUS
Adäquate Bewältigungsmechanismen	Neue Erfahrung; kommt mit seinem Versagen nicht zurecht
ERGEBNIS	ERGEBNIS
Lösung des Problems	Nimmt massive Überdosis, als er einen Entzug machen soll
↓	↓
Wiedergewinnung des Gleichgewichts	Stirbt an einer Überdosis
↓	↓
Keine Krise	Krise der Ehefrau

Auflösung zu **Abbildung 9-1:** Fallstudie: Steve

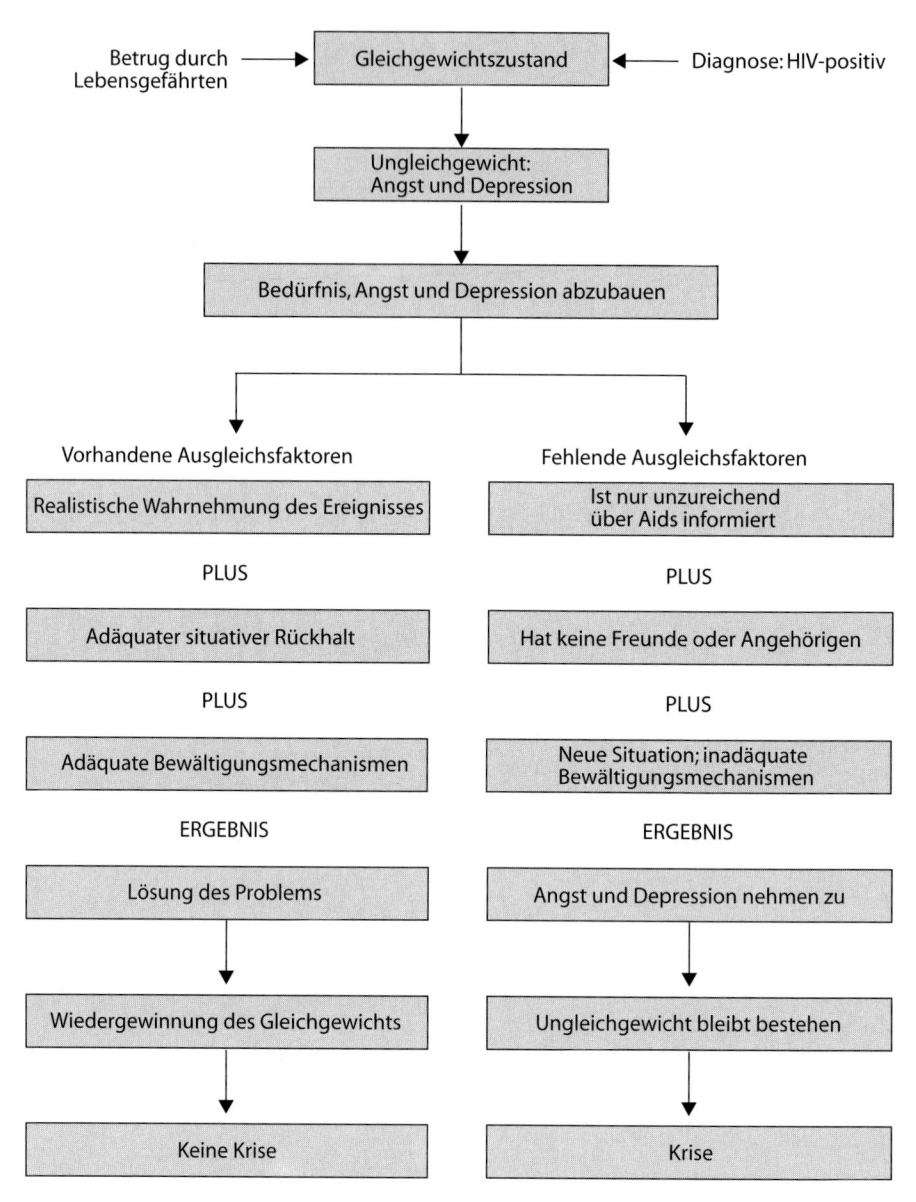

Kriseninterventionen

```
         Betrug durch  ──────▶  Gleichgewichtszustand  ◀──────  Diagnose: HIV-positiv
       Lebensgefährten
                                          │
                                          ▼
                                  Ungleichgewicht:
                                  Angst und Depression
                                          │
                                          ▼
                          Bedürfnis, Angst und Depression abzubauen
                                 │                    │
                                 ▼                    ▼
               Vorhandene Ausgleichsfaktoren     Fehlende Ausgleichsfaktoren

         Realistische Wahrnehmung des Ereignisses   Ist nur unzureichend
                                                    über Aids informiert

                        PLUS                              PLUS

            Adäquater situativer Rückhalt        Hat keine Freunde oder Angehörigen

                        PLUS                              PLUS

         Adäquate Bewältigungsmechanismen        Neue Situation; inadäquate
                                                 Bewältigungsmechanismen

                      ERGEBNIS                           ERGEBNIS

              Lösung des Problems               Angst und Depression nehmen zu
                        │                                 │
                        ▼                                 ▼
         Wiedergewinnung des Gleichgewichts     Ungleichgewicht bleibt bestehen
                        │                                 │
                        ▼                                 ▼
                   Keine Krise                          Krise
```

Auflösung zu **Abbildung 10-1:** Fallstudie: Diane

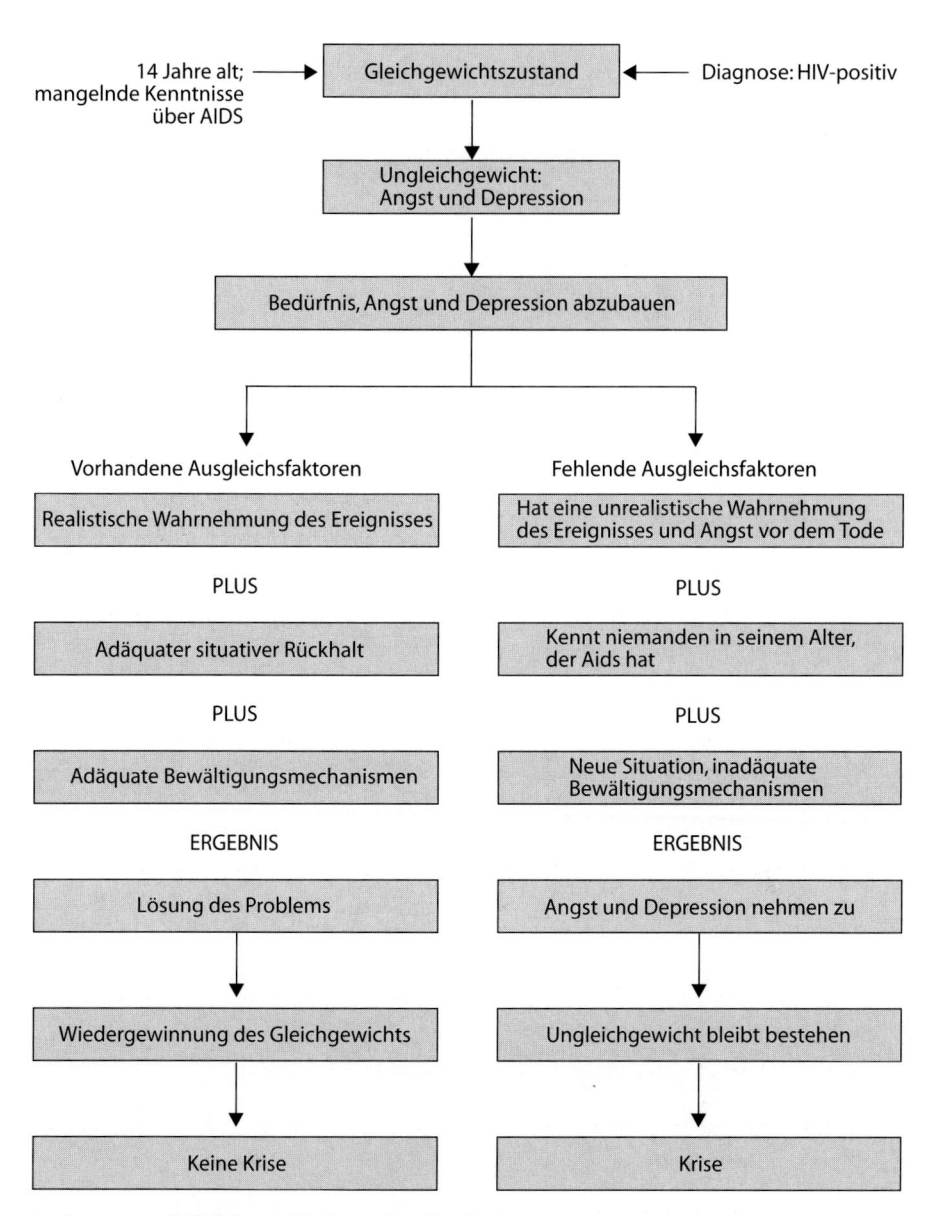

```
                         ┌─────────────────────────┐
14 Jahre alt;      ───→  │  Gleichgewichtszustand  │  ←─── Diagnose: HIV-positiv
mangelnde Kenntnisse     └─────────────────────────┘
über AIDS                             │
                                      ▼
                         ┌─────────────────────────┐
                         │     Ungleichgewicht:    │
                         │   Angst und Depression  │
                         └─────────────────────────┘
                                      │
                                      ▼
                    ┌──────────────────────────────────┐
                    │ Bedürfnis, Angst und Depression  │
                    │            abzubauen             │
                    └──────────────────────────────────┘
```

Vorhandene Ausgleichsfaktoren	Fehlende Ausgleichsfaktoren
Realistische Wahrnehmung des Ereignisses	Hat eine unrealistische Wahrnehmung des Ereignisses und Angst vor dem Tode
PLUS	PLUS
Adäquater situativer Rückhalt	Kennt niemanden in seinem Alter, der Aids hat
PLUS	PLUS
Adäquate Bewältigungsmechanismen	Neue Situation, inadäquate Bewältigungsmechanismen
ERGEBNIS	ERGEBNIS
Lösung des Problems	Angst und Depression nehmen zu
Wiedergewinnung des Gleichgewichts	Ungleichgewicht bleibt bestehen
Keine Krise	Krise

Auflösung zu **Abbildung 10-2:** Fallstudie: Jack

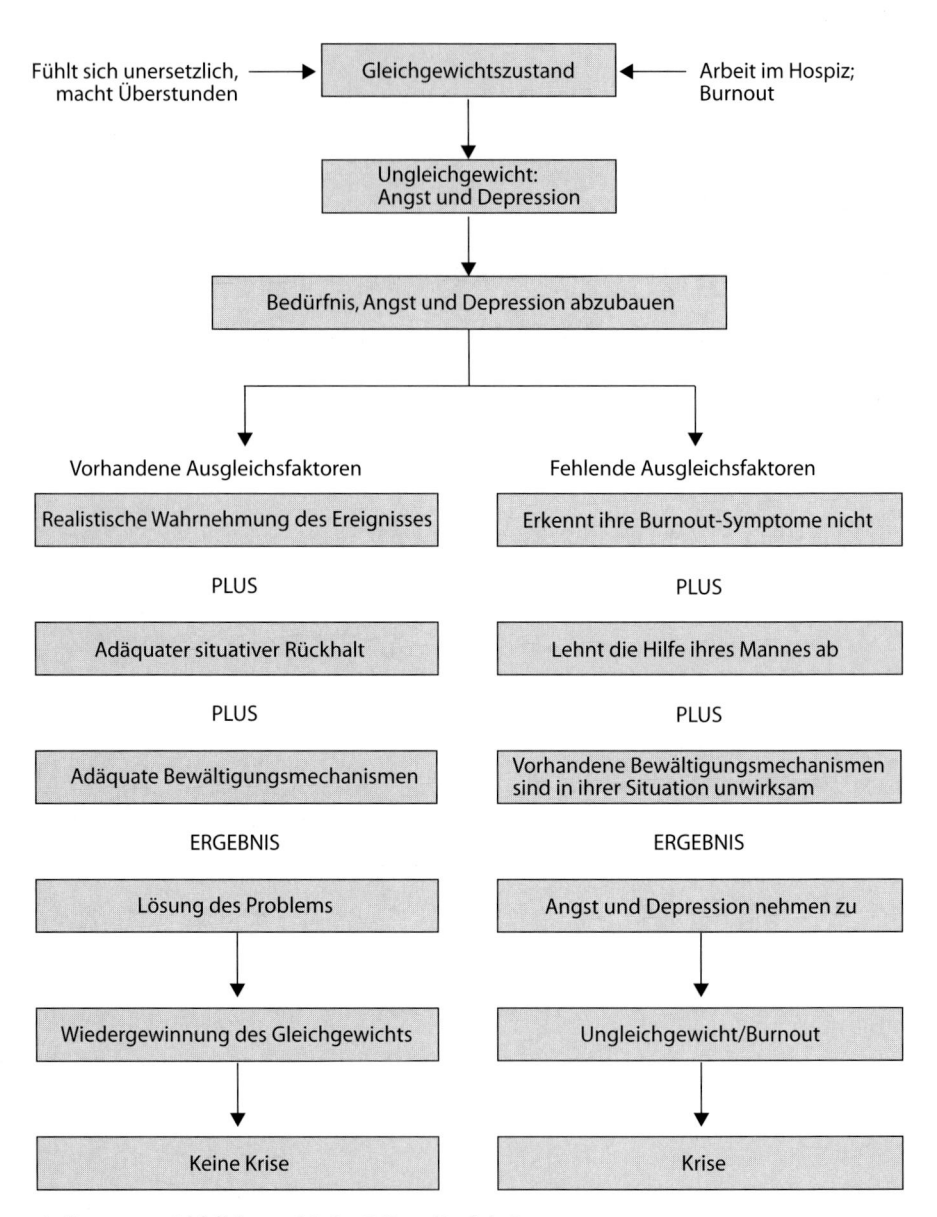

Krisenintervention

```
Fühlt sich unersetzlich,  ──▶  Gleichgewichtszustand  ◀──  Arbeit im Hospiz;
macht Überstunden                                            Burnout
                                    │
                                    ▼
                        Ungleichgewicht:
                        Angst und Depression
                                    │
                                    ▼
                Bedürfnis, Angst und Depression abzubauen
                        │                        │
                        ▼                        ▼
        Vorhandene Ausgleichsfaktoren    Fehlende Ausgleichsfaktoren
        Realistische Wahrnehmung         Erkennt ihre Burnout-Symptome
        des Ereignisses                  nicht
                 PLUS                             PLUS
        Adäquater situativer Rückhalt    Lehnt die Hilfe ihres Mannes ab
                 PLUS                             PLUS
        Adäquate Bewältigungsmechanismen Vorhandene Bewältigungsmechanismen
                                          sind in ihrer Situation unwirksam
              ERGEBNIS                         ERGEBNIS
        Lösung des Problems              Angst und Depression nehmen zu
                 ▼                                ▼
        Wiedergewinnung des Gleichgewichts   Ungleichgewicht/Burnout
                 ▼                                ▼
        Keine Krise                      Krise
```

Auflösung zu **Abbildung 11-2:** Fallstudie: Sabrina

Anhang B:
Begriffe zur Beschreibung der geistigen Verfassung eines Patienten

Beobachtungsbereich	Normal	Klinisch auffällig
Erscheinungsbild und Verhalten		
Haltung	Normal	Verkrampft, schlaff, unhöflich, bizarr
Gestik	Angemessen	Hyperaktiv, agitiert, nervös, fahrig, aggressiv, absurd, plump, ziellos, bizarr; Tics, Zucken, Fingerknacken, Händeringen
Äußere Erscheinung (Haare, Fingernägel)	Sauber und ordentlich; gepflegt	Schlampig, übertrieben reinlich
Kleidung	Angemessen, leger, aber sauber	Unordentlich, aufreizend, schmutzig, unangemessen, bizarr
Mimik/Gesichtsausdruck	Angemessen	Benommen, perplex, verzerrt, fehlender Blickkontakt, starr
Sprache		
– Duktus	Normal	Gehetzt, gepreßt, retardiert, stockend, gedämpft, stotternd
– Lautstärke	Normal	Sehr laut, sehr leise, monoton
– Form	Logisch, zusammenhängend	Unlogisch, verschachtelt, unzusammenhängend, ausweichend, metikulös
– Deutlichkeit	Klar, deutlich	Undeutlich, gemurmelt
– Inhalt	Normal, unauffällig	Ideenflucht, Wortsalat, Gedankensprünge, Reimform, Echolalie, Idiolalie, Neologismen, Obszönitäten

Beobachtungsbereich	Normal	Klinisch auffällig
Einstellung und Sinnesaktivität		
Aufmerksamkeit	Normal ausgeprägt, vigilant, wach	schwach ausgeprägt, hypervigilant, schwankend, schläfrig, geistesabwesend, leicht ablenkbar
Stimmung	Fröhlich, freundlich, glücklich, gutgelaunt	Ekstatisch, euphorisch, erregt, ängstlich, panisch, feindselig, apathisch, traurig
Affektivität	Angemessen	Unangemessen, übersteigert, mechanisch, monoton, abgestumpft, labil, indifferent
Wahrnehmung und Denken		
Halluzinationen	Keine	–
Akustisch	–	Stimmen (eigene, fremde, viele; sprechen mit dem Patienten/über den Patienten; schmeichelnd, beschuldigend, befehlend)
Optisch	Keine	Schatten, Licht, Auren, Formen, Figuren
Haptisch/kinästhetisch	Keine	Mißempfindungen vorhanden
Gustatorisch	Keine	Mißempfindungen vorhanden
Olfaktorisch	Keine	Mißempfindungen vorhanden
Wahnvorstellungen	–	Paranoia/Verfolgungswahn, Größenwahn, Beziehungswahn, Dermatozoenwahn, Versündigungswahn, nihilistischer Wahn, Gedankeneingebung, -verbreitung, -entzug
Illusionen	–	Optisch, akustisch
Sonstige Erscheinungen	–	Derealisation, autistisches Denken, Phobien, Ambivalenz, Obsessionen, Zwänge, Grübelneigung, Suizid-/Mordgedanken bzw. -pläne

Beobachtungsbereich	Normal	Klinisch auffällig
Orientierung	Im Hinblick auf Zeit, Ort und/oder Person orientiert	Im Hinblick auf Zeit, Ort und/oder Person desorientiert
Urteilsvermögen	Intakt	Beeinträchtigt, gestört
Kognitiver Bereich		
Kurzzeitgedächtnis	Intakt	Gestört
Gedächtnisspanne	Gut	Schlecht (5 oder weniger Einheiten)
Rückwärtsbuchstabieren	Gut	Schlecht (4 oder weniger Einheiten)
Konzentration	Gut	Schlecht
Rechnen	Gut	Schlecht
Abstraktion		
Ähnlichkeiten	Erkannt	Nicht erkannt, bizarre Reaktion
Absurditäten	Erkannt	Nicht erkannt
Interpretation von Redensarten	Gut, befriedigend	Wortwörtlich, halbkonkret, konkret, bizarr
Verständnis	Gut, hervorragend	Ausreichend, schlecht, fehlt

Literaturverzeichnis

Aue, Michael; Bader, Birgit; Lühmann, Jörg: Krankheits- und Sterbebegleitung. Ausbildung, Krisenintervention, Training. Beltz, Weinheim 1995
Beck, Manfred; Meyer, Barbara (Hrsg.): Krisenintervention: Konzepte und Realität. DGVT, Tübingen 1994
Egidi, Karin; Boxbücher, Marion (Hrsg.): Systemische Krisenintervention. DGVT, Tübingen 1996
Gehrmann, Gerd; Müller, Klaus D.: Praxis sozialer Arbeit: Familie im Mittelpunkt. Handbuch effektives Krisenmanagement für Familien. Soziale Arbeit als Krisenintervention. Walhalla u. Praetoria, Regensburg 1997
Fertig, Bernd; Wietersheim, Hanjo (Hrsg.): Menschliche Begleitung und Krisenintervention im Rettungsdienst. Ein Arbeitsbuch für Ausbildung und Praxis. Stumpf & Kossendey, Edewecht 1997
Freytag, Regula; Witte, Michael (Hrsg.): Leitlinien für die Organisation von Krisenintervention. Roderer, Regensburg 1992
Giernalczyk, Thomas; Freytag, Regula (Hrsg.): Qualitätsmanagement von Krisenintervention und Suizidprävention. Vandenhoeck & Ruprecht, Göttingen 1998
Hillers, Uta: Sozialpädagogische Netzwerkförderung und Krisenintervention im Krankenhaussozialdienst. Handlungskonzepte für die soziale Arbeit im Krankenhaus. Kohlhammer, Stuttgart 1994
Krauss, Günter: Nichts wie weg. Krisenintervention, Beratung und Zuflucht für Jugendliche. Institut für soziale und kulturelle Arbeit, Nürnberg, unbek. Erscheinungsjahr
Kretschmann, Ulrike: Das Vergewaltigungstrauma. Krisenintervention und Therapie mit vergewaltigten Frauen. Westfälisches Dampfboot, Münster 1993
Küfner, Heinrich et al.: Stationäre Krisenintervention bei Drogenabhängigen. Ergebnisse der wissenschaftlichen Begleitung des Modellprogramms. Nomos, Baden Baden 1994
Rupp, Manuel: Notfall Seele. Methodik und Praxis der ambulanten psychiatrisch-psychotherapeutischen Notfall- und Krisenintervention. Matthias-Grünewald, Mainz 1996
Schnyder, Ulrich; Sauvant, Jean D.: Krisenintervention in der Psychiatrie. Hans Huber, Bern 1996
Sonneck, Gernot (Hrsg.): Krisenintervention und Suizidverhütung. Ein Leitfaden für den Umgang mit Menschen in Krisen. Facultas, Wien 1997
Straumann, Ursula E.: Beratung und Krisenintervention. Materialien zu theoretischem Wissen im interdisziplinären Bezug. Gesellschaft f. wiss. Gesprächspsychotherapie, Köln 1992

Anschriftenverzeichnis

NAKOS
Die Nationale Kontakt- und Informationsstelle zur Anregung und Unterstützung von Selbsthilfegruppen informiert und unterstützt Selbsthilfegruppen und Interessenten, wirkt in der Gesellschaft und der Fachwelt auf ein Selbsthilfegruppen-freundliches Klima hin und zeigt Wege der Unterstützung und Förderung von Selbsthilfegruppen auf.

Informationen zu einzelnen Selbsthilfegruppen, die in Krisen zur Seite stehen, oder eine umfassende und aktuelle «grüne Adressen»-Liste können unter folgender Anschrift angefordert werden:

NAKOS
Albrecht-Achilles-Straße 65
D-10709 Berlin
Tel: 0 30/8 91 40 19
Fax: 0 30/8 93 40 14

Sachwortverzeichnis

Abgrenzung 368
Abhängigkeit 115, 158, 223, 316
Abschied 334
Abschreckung 348
Abstraktion, selektive 55
Abwehrmechanismus 75
Adaptation 28, 193, 253
Adoleszenz 263
Adrenalin 63
Aggressivität 93
Aids (s.a. HIV) 325 ff, 350 ff
Aidsberatung 328
Aidspatienten 367
Akute Belastungsstörung (ABS) 91 ff
    Behandlung 94
    Symptome 91, 97
Alarmbereitschaft 93
Alarmreaktion 253
Alkoholmißbrauch 93
Allgemeines Adaptationssyndrom 253
Alpträume 87, 92
Alte Menschen 149 ff, 285
Alterungsprozeß 278, 288
Alzheimer-Krankheit 220 ff
American Medical Association (AMA) 155
Amnesie, dissoziative 91
Amphetamine 303
Anerkennung 254
Angehörige 50, 94, 211
    –, pflegebedürftige 149
Angriff 75
Angst 53, 92, 201
Anonymität 328
Antikörpertest (HIV) 328, 355
Apathie 373
Arbeitsbedingungen 362

Arbeitslosigkeit 133
Arbeitsplatz 273
Armut 106, 108
Arzt-Patient-Beziehung 170, 211
Ärzte 317
Assoziation, freie 42
Ausbeutung, finanzielle 152
Ausfilterung 65
Ausgleichsfaktoren 71
Autonomie 331, 364
Autopsie 176

Battered-child-Syndrom 111 f
Beck, Aaron T. 54
Behinderung 339
Belästigung, sexuelle 200
Beobachtung 66
Beruf 191, 273, 363
Berufswahl 265
Bewältigung (coping) 77 f, 210
Bewältigungsmechanismen 68, 71, 77
Bewältigungsvermögen 53, 74
Bewältigungsstrategien, vermeidende 210
Bewertung 66, 74, 75
Beziehungskonflikte 95
Bezugsperson 244, 329
Blackout 91
Burnout-Syndrom 361 ff

Cannon, W. B. 77
Caplan, Gerald 27, 29 f
Clique 265
Crack 310

Demenz 222
Denken

–, absolutistisches 56, 92
–, kritisches 66
–, primitives 55
Denkmuster 95
Denkstrukturen 55
Depersonalisierung 91, 363
Depression 53 ff, 88, 201, 287
Designerdrogen 304
Desillusionierung 369
Desorganisationsphase 200
Determinismus 27 f
Diskriminierung 337 ff
Dissoziation 91
Disziplin 142
Drogenmißbrauch 93, 299 ff

Eheprobleme 94
Einschätzung 51, 66
Eltern 89, 107, 279
  –, mißhandelnde 114 f
Entfremdung 92, 171
Enthusiasmus 369
Entscheidungen 272
Entscheidungsfindung 64 f
Entscheidungsfreiheit 192
Entwicklung, epigenetische 29
Entwicklung, psychosoziale 29
Ereignis
  –, belastendes 71, 272
    Bewertung 74 f
  –, krisenauslösendes 52, 67, 240
  –, lebensveränderndes 271
  –, traumatisches 86 f
    Wahrnehmung 71, 74
Erikson, Erik 29
Erinnerung 87, 91, 95
Erstaunen 170
Erstbewertung 74
Erziehung 113

Familie 30, 128, 130, 210, 225, 329, 330 f, 366
Fehlgeburt 174, 180
Fight-or-flight-Theorie 77
Flashback 87, 95
Flucht 75, 77

Fluchtreaktion 78
Fortschritt, technischer 35
Freud, Sigmund 27, 41 ff
Frustration 372
Fugue 93
Funktionsstörung, seelisch, sozial, beruflich 91
Furcht 78, 201
Fürsorgebereitschaft 115

Gamma-Hydroxybuttersäure 306
Gegengewalt 141
Gemeindepsychiatrie 30
Gemeinschaft, therapeutische 32
Genesungsprozeß 211
Geschlechterrolle 254
Gesundheit 151
  –, psychische 27
Gesundheitsverhalten 272
Gewalt 106 ff
  Anzeichen 116, 153 f
  Bekämpfung 142
  –, eheliche/häusliche 128 ff
  – gegen alte Menschen 149
  –, physische 150
  –, psychische 150
  –, schulische 140 ff
Gleichaltrige 254
Grenzüberschreitung 144
Gruppendruck 264
Gruppentherapie 177

Hartmann, Heinz 28
Heilung 29
Heim 149
Heimunterbringung 286
Helferrolle 370 f
Heroin 302
Herzkrankheit 210 f
Hilfe, äußere 25
Hilflosigkeit 25
HIV 130, 199, 325 ff
Hoffnungslosigkeit 374
Homosexuelle 130, 337 f
Hospizpatienten 365
Hypnose 41

Ich-Funktionen 28
Ich-Kontrolle 41
Ich-Psychologie 28 f
Ich-Zustand 27
Identität 191, 263
Immunsystem 350
Impulsivität 93
Infertilität 167
Informationsverarbeitung, fehlerhafte 55
Inhalationsmittel 306
Initiationsritus 255
Input 65
Institution (s. Heim)
Interaktion, soziale 272
Internetsucht 35 ff
Intervention 52, 69
Interventionsparadigma 70
Inzest 112
Isolation, soziale 75, 117 f, 158, 171, 333

Jahrestagreaktion 92
Jugendliche 29, 235, 263, 347

Katastrophenreaktion 223 f
Katecholamine 63, 313
Kategorisierung 66
Kernfamilie 128, 131, 329
Kinder 88 f, 106, 254 f
Kinder- und Jugendpsychiatrie 385
Kinderlosigkeit 167 ff
    Ursachen 180
Kindesmißhandlung 107 ff
    (s. a. Mißhandlung)
    –, aktive 112
    Dynamik 111
    Indikatoren 116
    Inzidenz 107
    –, passive 112
    Prävalenz 109
    Vorbeugung 110
Klient
    Einschätzung 66
Kognition 66
Kognitive Therapie bei Depression 53
Kokain 310
Kollegialität 363

Kommunikation 242
Kompromiß 75
Kontrollverlust 170, 287
Konzentrationsschwäche 91
Körperbild 264
Krankenrolle 213
Krankheit 190, 208 ff, 272, 286, 288
Kriegsveteran 88
Kriminalität 140
Krise 25, 168
    Auslöser 52
    Definition 30
    Entstehung 70
    –, psychische 25
    –, situative 189 ff
    Zeitraum 48
Krisenintervention 48 ff, 68
    –, generelle 48
    Grundpfeiler 50
    –, individuelle 50
    Methodik 48
    Planung 52, 68
    Schritte 51
    Ziel 51, 169
Krisentheorie 190
Kultur 144
Kurztherapie 45 ff

Labilität, emotionale 92
Lebensereignisse (s. a. Ereignis) 271
    –, objektive 190
    –, subjektive 190
Lebensrhythmus 241
Lebensstil 77
Lebenszyklus 253
Lehrer 89, 140, 144
Leistungen, schulische 89
Lindemann, Eric 26
Loslösung 263

Macht 142, 144
Machtlosigkeit 372
Maladaptation 253
Malborough-Experiment 32
Männerbild, traditionelles 133
Marihuana 300

Medikamentenabhängigkeit 308
Meldepflicht 155 f
Menopause 279
Minderwertigkeitsgefühl 255
Mißbrauch, sexueller 111 f, 199
Mißhandlung 128 ff, 149
   Anzeichen 153, 154
   Bedingungen, fördernde 154
   Dokumentation 153
   –, Gesetze gegen 134, 200
   –, seelische 129
   – von Kindern (s. Kindesmißhandlung)
Mitwisser 112
Motivation 28

Neubewertung 75
Noradrenalin 63
Normalität 273
Normen, soziale 272

Operationen
   –, formale 265
   –, konkrete 254
Opfer von Mißhandlung 112, 133
Orientierung, sexuelle 131

Pädagogik 144
Patientenpersönlichkeit, prämorbide 211
Peergroup 263
Personalisierung 56
Phobie 92
Piaget, Jean 265
Planung 52
Posttraumatische Belastungsstörung
   (PTBS) 85 ff
   Behandlung 94
   Symptome 87, 97
Präpubertät 254
Problemlösung 61 ff
   –, Fähigkeiten der 62
   –, Fertigkeiten der 66
   –, produktive 63
   –, reproduktive 63
Problemlösungsprozeß 62, 65, 67
Produktion 66
Projektion 114

Psychoanalyse 41 ff
Psychopharmaka 31
Psychotherapie 41 ff, 96, 176
Pubertät 263

Rado, Sandor 28
Rationalisierung 78
Reaktion, physiologische 63 f
Realitätsverlust 91
Regression 78
Reife 273
Reizbarkeit 92
Rentenalter 285
Reorganisationsphase 201
Residuen 28
Ressourcen 241
Rettungsverhalten 331
Rohypnol 304
Rollenerneuerung 192
Rollenumkehr 117
Rollenveränderungen 191, 225, 279
Rückblende 87, 95
Rückhalt
   –, familiärer 255
   –, situativer 68, 71, 75 f
   –, sozialer 271 f
Rückzug 78, 93

Schädel-Hirn-Trauma 108
Schemata, kognitive 55
Schlaflosigkeit 88, 95
Schlüsselkind 255
Schlußfolgerung, willkürliche 55
Schreckreaktion 89, 93
Schuldgefühle 88, 92, 115, 172
Schule 140, 144
Schulpolitik 141
Selbständigkeit 265
Selbstbeschuldigung 92
Selbstkonzept 76
Selbsttötung 235 ff
   Einflußfaktoren 238
   Planung 239
   Risiko 242, 243
   Risikogruppen 238
   Symptome 240

Selbstvernachlässigung 151
Selbstverstümmelung 93
Selbstwert 76, 192, 254
Seniorenmißhandlung 150
Sexualität 172, 265, 279
Shaken-Baby-Syndrom 108
Sorgentelefon 34
Speed 303
Spiritualität 333
Stagnation 371
Statusveränderungen 191
Sterblichkeit 333
Sterilität 167
Stigma 333
Stil, kognitiver 74
Stimulation, soziale 151
Streß 63, 240, 253
Stressor 253ff, 367
Streßverhalten 49
Strukturierung 66
Suchtverhalten 316
Suizid (s. Selbsttötung)
Suizidgefährdung,
    Anzeichen 236
Sündenbock 114, 331

Täter 112f, 133, 154, 202
Technik, Fortschritt der 35
Tests 179, 328, 355
Therapeut
    Aufgaben 51ff, 57, 177, 178
    Einstellungen 50
    Rolle 43, 46, 57, 329
Therapie
    –, Beendigung der 47
    –, psychosoziale 178
Tod 334
Totgeburt 174
Trauer 172, 333
Trauerarbeit 48, 175
Trauerprozeß 26
Trauerrituale 173

Trennung 255
Triade, kognitive 54

Übergeneralisierung 56
Übertragung 42ff
    –, positive 46
Übertragungsneurose 42
Übertreibung 56
Unfruchtbarkeit 168ff
Ungleichgewicht 253
Unterschicht 108
Untertreibung 56

Validierung 66
Verantwortung 255
Verdrängung 78
Vergewaltiger 202
Vergewaltigung 199ff
    – und Drogen 304ff
Vergewaltigungstrauma-
    Syndrom 200
Verhalten 28
Verhaltenstherapie 95
Verletzlichkeit 168
Verleugnung 170, 213, 332
Vermeidungsverhalten 87, 92
Vernachlässigung 107, 111, 149, 151
Verwandtschaft 156
Vorgesetzter 363

Wachsuggestion 42
Wahrnehmung 67, 71
Wellesly-Projekt 26f
Wertesystem 96
Widerstandsphase 253
Wiedererleben eines traumatisches
    Ereignisses 87, 91
Wut 92, 170

Zukunftsplanung 53
Zweitbewertung 75

Anzeigen

Elisabeth Holoch / Ulrika Gehrke / Barbara Knigge-Demal /
Elfriede Zoller (Hrsg.)

Kinderkrankenpflege

Die Förderung und Unterstützung selbstpflegebezogenen Handelns im Kindes- und Jugendalter

1999. XIV + 1119 Seiten, zweifarbig, 380 Abb., 140 Tab., Gb DM 148.– / Fr. 128.– / öS 1080.–
(ISBN 3-456-83179-X)

Ein umfassendes, von 35 AutorInnen aus allen Bereichen der Kinderkrankenpflege verfaßtes Lehrbuch, das zum Mit- und Weiterdenken anregt und deshalb auch über die Grundausbildung hinaus nutzbar bleibt.

Rein Tideiksaar

Stürze und Sturzprävention

2000. 216 Seiten, 80 Abb., 10 Tab., Kt
DM 49.80 / Fr. 44.80 / öS 364.–
(ISBN 3-456-83269-9)

Ein praxisnahes Handbuch zum Erkennen von Sturzursachen und Sturzgefahren individueller und institutioneller Art mit ersten Hilfemaßnahmen nach einem Sturz und effektiven Methoden zur Verhinderung von Stürzen.

Verlag Hans Huber   http://Verlag.HansHuber.com
Bern Göttingen Toronto Seattle

Jos Arets / Franz Obex / John Vaessen / Franz Wagner

Professionelle Pflege 1

Theoretische und praktische Grundlagen

3. Auflage 1999. XIV + 407 Seiten, 111 meist farbige Abb.,
13 Tabellen und Checklisten, Gb
DM 62.– / Fr. 55.80 / öS 453.– (ISBN 3-456-83292-3)

Viele Rückmeldungen bestätigen, daß dieses Buch ein Schülerbuch ist! Die beschreibende Ausdrucksweise und die einfache Sprache transportieren die anspruchsvollen theoriegeleiteten Inhalte durchaus versteh- und nachvollziehbar. Lernende, Lehrende und Studierende haben bestätigt, daß dieses Buch die zeitgemäßen Ansprüche der heutigen Pflege erfüllt.

Set aus Bd. 1 und Bd. 2:
DM 120.– / Fr. 108.– / öS 876.–
(ISBN 3-456-83076-9)

Jos Arets / Franz Obex / Lei Ortmans / Franz Wagner

Professionelle Pflege 2

Fähigkeiten und Fertigkeiten

1999. XXX + 1063 Seiten, über 500 meist farbige Abb.,
85 Tabellen und Checklisten, 75 Handlungsschemata Gb
DM 89.90 / Fr. 81.– / öS 656.– (ISBN 3-456-83075-0)

Professionelle Pflege 2 erweitert und komplettiert das Angebot professioneller Pflegeliteratur für die Pflegeausbildung und definiert einen neuen Standard zur Vermittlung sozialer, kommunikativer, fachlicher und personaler Kompetenzen in der Pflege. Professionelle Pflege 2 stellt pflegerische Fähigkeiten und Fertigkeiten in den Mittelpunkt, die im Krankenpflegegesetz unter § 4 «zur verantwortlichen Mitwirkung bei der Verhütung, Erkennung und Heilung von Krankheiten» verlangt werden. Differenziert werden begleitende, beratende und instrumentell-technische Fertigkeiten schrittweise, praxisorientiert und begründet dargestellt und vermittelt.

Verlag Hans Huber http://Verlag.HansHuber.com
Bern Göttingen Toronto Seattle

Vjenka Garms-Homolovà / Ruedi Gilgen

RAI 2.0 - Resident Assessment Instrument

Beurteilung, Dokumentation und Pflegeplanung in der Langzeitpflege und geriatrischen Rehabilitation

2., vollständig überarbeitete und erweiterte Auflage
2000. XII + 289 Seiten, 5 Abb., 105 Tab., Gb
DM 64.– / Fr. 56.– / öS 467.– (ISBN 3-456-83260-5)

Das vorliegende Assessment-Instrument bietet ein detailliert ausgearbeitetes und evaluiertes Hilfsmittel zur Einschätzung und Planung der Situation alter Menschen in der Langzeitpflege. Die neue zweite Auflage bietet zahlreiche Formblätter und Einschätzungsbögen für eine strukturierte Klientenbeurteilung und Dokumentation.

Mave Salter

Körperbild und Körperbildstörungen

1998. 352 S., 12 Abb., 4 Tab., Kt
DM 64.– / Fr. 58.– / öS 467.– (ISBN 3-456-83274-5)

Dieses Standardwerk stellt Veränderungen und Störungen des Körperbildes dar, die Personen durch eine Erkrankung, Behinderung oder eine Verletzung erfahren haben. Es beschreibt die Rolle der Pflegenden, stellt Skalen zur Bestimmung von Körperbildveränderungen vor und zeigt pflegerische Interventionsmöglichkeiten auf.

Verlag Hans Huber   http://Verlag.HansHuber.com
Bern Göttingen Toronto Seattle